»Wie vieles seh ich, das ich nicht mehr seh!« klagte Mascha Kaléko, als sie nach dem Zweiten Weltkrieg wiederkam, in West-Ost-Berlin.

Hier setzt der »Literarische Führer Berlin« mit seinen Recherchen und Rückblenden ein: Autor für Autor (von Paul Gerhardt und den Humboldts bis Günter Bruno Fuchs und Irmtraud Morgner), Ort für Ort (vom verschwundenen Alt-Berlin bis zur »Deportationsrampe« am Bahnhof Grunewald) werden die (oft schon verblaßten oder ganz gelöschten) Spuren gesichert. »Berlin in der Literatur«, ob im Gedicht oder Roman, auf der Bühne oder in Sagen oder Reportagen, gilt ein eigenes Kapitel, die Devise ist vorgegeben: »Wenn es nur Baugruben und (dann) völlig neue Bauten gibt, wird die Literatur über diesen Platz um so wichtiger.« LiteraTouren führen schließlich durch die 23 alten Bezirke, die jetzt zu 12 neuen zusammengefaßt sind. Von der historischen »Mitte« ausgehend bis nach Pankow und Zehlendorf will das wiedervereinigte Berlin neu entdeckt werden. »Grenzstein des Lebens, aber nicht der Liebe« lautet die vor ein paar Jahren noch so merkwürdig doppeldeutige Inschrift auf Carl Ludwig Schleichs Grab auf dem Südwestkirchhof von Stahnsdorf, als die Stadtgrenze dort noch die Staatsgrenze war.

Die Nachauflage berücksichtigt Korrekturen und Hinweise, v. a. in bezug auf den keineswegs abgeschlossenen Komplex ›Straßen‹ und ›Originalgebäude‹ – zumal Berlin nach dem Regierungsumzug mehr denn je Bau- und Schauplatz zugleich ist. So wurde eine Reihe von Einzelverbesserungen im Text angebracht, außerdem enthält die Rubrik »Nachträge« weitere Ergänzungen und aktuelle Zusätze.

insel taschenbuch 2177
Literarischer Führer
Berlin

Tullio Pericoli. Ohne Titel, 1990

Literarischer Führer Berlin

Von Fred Oberhauser
und Nicole Henneberg
Mit zahlreichen Abbildungen,
Karten und Registern

Insel Verlag

insel taschenbuch 2177
Erstausgabe
Dritte, korrigierte Auflage 2003
© Insel Verlag Frankfurt am Main und Leipzig 1998
Alle Rechte vorbehalten, insbesondere das der Übersetzung,
des öffentlichen Vortrags sowie der Übertragung
durch Rundfunk und Fernsehen, auch einzelner Teile.
Kein Teil des Werkes darf in irgendeiner Form
(durch Fotografie, Mikrofilm oder andere Verfahren)
ohne schriftliche Genehmigung des Verlages
reproduziert oder unter Verwendung elektronischer Systeme
verarbeitet, vervielfältigt oder verbreitet werden.
Vertrieb durch den Suhrkamp Taschenbuch Verlag
Umschlag nach Entwürfen von Willy Fleckhaus
Druck: Memminger MedienCentrum AG
Printed in Germany
3-458-33877-2

3 4 5 6 7 8 – 08 07 06 05 04 03

Inhalt

Anhang

Vorwort

Der Literarische Führer Berlin basiert auf dem Berlin-Kapitel des Literarischen Führers durch Deutschland von 1983, das seinerzeit für den Ostteil der Stadt allerdings fragmentarisch bleiben mußte. Die Wiedervereinigung erst machte eine umfassende Neubearbeitung möglich, für die das bewährte Konzept der Literarischen Führer von 1974 und 1983 beibehalten werden konnte. In erster Linie berücksichtigt ist demnach die (nach dem herkömmlichen Kanon) Schöne Literatur deutscher Sprache, anderes (z.B. wissenschaftliches) Schrifttum nur, wenn es für die Stadt-Topographie wichtig erschien. Dieser Aspekt galt auch für die Einbeziehung von Gelehrten, Philosophen, Historikern, Publizisten und Verlegern. Der Katalog der Autoren beschränkt sich aus naheliegenden Gründen auf Dichter und Schriftsteller, die bis Winter 1996/97 verstorben sind. Noch lebende werden nur im Zusammenhang mit Werken genannt, die spezielle Berliner Bezüge haben.

Den drei Hauptkapiteln – »Berliner Autoren«, »Autoren in Berlin«, »Berlin in der Literatur« – sind, wie in den anderen Literaturführern von großen Städten, kurze Übersichten über die zur Zeit wichtigsten (und womöglich zur Literatur in irgendeiner Beziehung stehenden) Hochschulen, Akademien, Theater und Museen, Medien und allgemeine Kultureinrichtungen vorangestellt. Ein eigenes Kapitel informiert darüber hinaus über die großen Bibliotheken, über Literatur-Sammlungen, Autorenvereinigungen, literarische und bibliophile Gesellschaften und Institutionen sowie über Preise und besondere Fördereinrichtungen. (Stand auch hier Winter 1996/97. Zu bedenken ist dabei, daß der Prozeß der Zusammenführung der bis 1989 in West- und Ost-Berlin meist doppelt existierenden Institutionen noch keineswegs abgeschlossen ist.) So wurden inzwischen z.B. die Berlin-Sammlungen der Amerika-Gedenkbibliothek und der Berliner Stadtbibliothek zusammengeführt und im März 1996 im Ribbeck-Haus in der Breiten Straße das »Zentrum für Berlin-Studien« eröffnet.)

Unter dem Signet **EXKURS** werden besondere Motiv- und Stoffkreise noch einmal, auch nach ihren »Schauplätzen«, zusammengefaßt, so z.B. Fontanes »alte Wendenwelt« in den Sagen, die »Berliner Romantik«, die »Revolution von 1848«, »Sturm«, »Aktion« und »Dada«, die »Russen in Berlin« nach dem Ersten Weltkrieg, »Verfolgung und Widerstand im Dritten Reich« oder eine »Prenzlauer-Berg-LiteraTour«.

Über 700 Autoren sind in den drei Hauptkapiteln – in Auswahl, wie es sich verstehen sollte – behandelt. Am ausführlichsten die als »Berliner Autoren« registrierten (rund 250, von Paul Gerhardt bis Irmtraud Morgner),

Autoren also, die entweder hier geboren und gestorben sind oder länger in der Stadt gelebt und entscheidende Impulse für ihr Werk hier empfangen haben. Von »Barock und Aufklärung« bis »West-Ost-Berlin« nach dem Zweiten Weltkrieg sind sie (Haupt- wie Minderautoren) chronologisch nach Geburtsjahrgängen aufgeführt, was nicht immer die paßgerechte Einreihung in »ihre« Epoche zur Folge haben kann, die jeweiligen biographischen Abrisse – mit Verweisen auf weitere relevante Orte in anderen Bundesländern – hauptsächlich auf Berlin hin orientiert, ebenso – nach topo- und autobiographischen Kriterien – die Werkverzeichnisse. Dazu kommen Verweise, was an Spuren gesichert ist: auf Geburts- und Wohnhäuser (bzw. die Plätze, an denen sie standen), auf Gräber und Gedenkstätten. Schließlich – in einer Art »Doppelspur« – dichterische Zeugnisse von »Berufskollegen«.

Die Grenzen zu dem Kapitel »Autoren in Berlin« sind fließend. Denn hier wird nicht nur, sofern literarisch dokumentiert, über Besuche und Aufenthalte illustrer (auch ausländischer) Reisender berichtet, sondern auch über all die »Zugereisten«, die über kurz oder lang, oft zeitlebens, hierblieben und wie der Stettiner Alfred Döblin bekannten: »Ich gehöre zu Berlin.«

»Berlin in der Literatur« will vor allem zum literarischen Lokalaugenschein verführen. Das heißt, lesend – ob Gedicht oder Roman, Sage oder Reportage – die Stadt neu (oder doch anders)

zu sehen, und (umgekehrt) von den »Schauplätzen« sich Aufschlüsse über »ihre« Literatur zu holen. Das gilt erst recht, wenn es – wie hier um Jahrtausendende und -wende – immer mehr Baugruben gibt und völlig neue Bauten im Gefolge. Da wird die Literatur über diese Plätze um so wichtiger, sie erst erschließt eine zweite Welt hinter der in Lokalaugenschein genommenen ersten.

Die »Rundgänge« durch die 23 Berliner Bezirke, mehr als Feuilleton denn Lexikon gedacht, sollen als Vademecum (in einer Art »Lektüre der Straße«, wie sie Franz Hessel meinte) schließlich noch einmal zu den wichtigsten literarischen Stätten führen und neue entdecken helfen. Sonderkarten für spezielle Itinerare sind beigefügt, etwa zu dem »Industriegebiet der Intelligenz« rund um den Kurfürstendamm oder auf der Spur von Erich Kästners »Emil und die Detektive«, auch über die berühmten Friedhöfe. Zur generellen Orientierung empfiehlt sich hier das Straßenregister (das auch Plätze, öffentliche Gebäude, Parks und Friedhöfe verzeichnet). Die Straßennamen – immer noch ein vieldiskutiertes und keineswegs abgeschlossenes Kapitel – sind nach dem Stand vom Frühjahr 1997 registriert, Rück- und Umbenennungen soweit wie möglich berücksichtigt.

Alles in allem wurde eine (in der notwendigen Auswahl ausgewogene) möglichst umfassende Dokumentation angestrebt. Daß sie Fehler und Lücken aufweist, letztlich auch subjektiv bleibt, obwohl alle Vorschläge diskutiert und Namen und Daten vor Ort noch einmal überprüft wurden, dessen sind sich die Herausgeber bewußt. Ebenso, daß ein solches Buch weder Literaturgeschichte noch Reiseführer allein sein kann, »in der Mitten« liegt sein »Bescheiden«. Es versteht nicht zuletzt Literatur als Medium des Widerstands gegen das Vergessen. Wie es auch die Aufgabe jeder richtig verstandenen literarischen Topographie sein sollte: daß sie »all das Vergangene« nicht nur registriert, sondern auch Augen und Ohren für die Gegenwart schärfen kann ... und den besonderen Sinn für die Berührung zwischen (eben) dem Damals und dem Heute.

Bleibt einer Reihe von Institutionen zu danken, die uns bei speziellen Recherchen und bei der Bildbeschaffung geholfen haben. Stellvertretend seien genannt: Akademie der Künste Berlin-Brandenburg, Amerika-Gedenkbibliothek (Berlin-Abteilung), Märkisches Museum, Literarisches Colloquium Berlin, Literaturhaus Berlin, Referat Literatur- und Autorenförderung beim Senat, die Kulturämter und Pressestellen der Bezirksämter Charlottenburg, Köpenick, Schöneberg und Wilmersdorf, Deutsches Literaturarchiv Marbach a. N. Besonderer Dank gebührt nicht zuletzt Michael Bienert und Gotthard Erler.

Die Herausgeber, 10. Mai 1997

Zur 3. Auflage

Die Resonanz auf den »Literarischen Führer« von 1998 war groß und erfreulich differenziert. Lob überwog den Tadel. Auch an korrigierenden Hinweisen fehlte es nicht, vor allem zu dem keineswegs abgeschlossenen Komplex ›Straßen‹ und ›Originalgebäude‹. (Zu bedenken dabei, daß auch nach dem Regierungsumzug Berlin mehr denn je Bau- und Schauplatz zugleich ist.) Die Nachauflage versucht die Mehrzahl dieser Hinweise zu be-

rücksichtigen. So wurde eine Reihe von Einzelverbesserungen im Text angebracht und darüber hinaus eine Rubrik mit Ergänzungen und aktuellen Zusätzen (für die Zeit Mitte 1997 bis Winter 2001) angefügt. Die »Nachträge« finden sich auf den Seiten 476-486. Nicht zuletzt, Martin Kessels »Gegengabe« gilt nach wie vor: »Berlin muß man fortwährend wiederentdecken, sonst verflüchtigt sich es.«

F. O., 1. August 2002

Abkürzungen und Zeichen

Nicht aufgeführt sind allgemein gebräuchliche Abkürzungen (wie usw., z.B.) und solche, die durch Weglassung der Adjektivendungen -ich und -isch gebildet werden. In der Regel gilt die Abkürzung für Singular und Plural, nur in Ausnahmefällen sind Plural- und Konjugationsendungen angeführt.

*	geboren	GNM	Germanisches National-
†	gestorben		museum
B	Bayern	GSA	Goethe-und-Schiller-
BR	Brandenburg		Archiv Weimar
BW	Baden-Württemberg	HAAB	Herzogin Anna Amalia
H	Hessen		Bibliothek Weimar
MVP	Mecklenburg-	HAB	Herzog August Biblio-
	Vorpommern		thek Wolfenbüttel
NDS	Niedersachsen	HB	Hochschulbibliothek
NRW	Nordrhein-Westfalen	LA	Landesarchiv
RP	Rheinland-Pfalz	LB	Landesbibliothek
S	Saarland	LuHB	Landes- und Hochschul-
SA	Sachsen		bibliothek
SAN	Sachsen-Anhalt	ÖNB	Österreichische National-
SH	Schleswig-Holstein		bibliothek
TH	Thüringen	SA	Staatsarchiv
EXKURS	Motiv- und Stoff-	SB	Staatsbibliothek
	geschichte	StA	Stadtarchiv
AKBB	Akademie der Künste	StB	Stadtbibliothek
	Berlin Brandenburg	StuLB	Stadt- und Landesbiblio-
BSB	Bayerische Staatsbiblio-		thek
	thek München	StuUB	Stadt- und Universitätsbi-
DDB	Die Deutsche Bibliothek		bliothek
	Frankfurt a. M.	SuStB	Staats- und Stadtbiblio-
DLA	Deutsches Literaturarchiv		thek
	Marbach a. N.	SuUB	Staats- und Universitäts-
DSB	Deutsche Staatsbibliothek		bibliothek
	Berlin	UB	Universitätsbibliothek
FDH	Freies Deutsches Hoch-	ULB	Universitäts- und Landes-
	stift Frankfurt a. M.		bibliothek
GHS-B	Gesamthochschul-	UStB	Universitäts- und Stadt-
	Bibliothek		bibliothek

A.	Archiv	ersch.	erschienen
Abh.	Abhandlung	erw.	erweitert
Abtlg.	Abteilung	Es(s).	Essay(s)
AG	Ateliergebäude	europ.	europäisch
althd.	althochdeutsch	ev.	evangelisch
anschl.	anschließend	f., ff.	folgende(s)
Anth.	Anthologie	Faks.	Faksimile
AT.	Altes Testament	Forts.	Fortsetzung
Auff.	Aufführung	Fragm.	Fragment
Aufl.	Auflage	franz.	französisch
Aufs.	Aufsatz	G.	Gedicht(e)
Ausg(g).	Ausgabe(n)	Geb.	Gebirge
ausgew.	ausgewählt	geb.	geboren, gebürtig
Ausw.	Auswahl	gedr.	gedruckt
Aut.	Autobiographie	gef.	gefallen
aut.	autobiographisch	gegr.	gegründet
B.	Bibliothek, Biographie	Gem.	Gemeinde
b.	bei	gen.	genannt
-b.	buch	germ.	germanisch
Ball.	Ballade	ges.	gesammelt(e)
bay.	bayerisch	Gesch.	Geschichte
Bd(e, n).	Band, Bände(n)	gesch.	geschichtlich
Bek.	Bekenntnis	Geschn.	Geschichten
Ber.	Bericht	gest.	gestorben
bes.	besonders	GG	Gartengebäude
Bibl.	Bibliographie	hebr.	hebräisch
Br.	Brief(e)	hg.	herausgegeben (von)
ders.	derselbe	hist.	historisch
Dicht.	Dichtung	hl.	heilig
Diss.	Dissertation	Hrsg.	Herausgeber
Dr(r).	Drama(en)	Hs(s).	Handschrift(en)
dt.	deutsch	intern.	international
Dtl.	Deutschland	ital.	italienisch
E(n).	Erzählung(en)	Jb.	Jahrbuch
ebd.	ebenda	Jg(g).	Jahrgang(e)
ehem.	ehemals(ig)	Jh(h).	Jahrhundert(e)
eig.	eigentlich	K.	Komödie
Einl.	Einleitung	kath.	katholisch
entst.	entstanden	-kdl.	kundlich
Ep.	Epos	kgl.	königlich
Erinn.	Erinnerungen	lat.	lateinisch

Leg.	Legende	Schr(r).	Schrift(en)
Lit.	Literatur	Schw.	Schwank
lit.	literarisch	Sk(k).	Skizze(n)
Lsp.	Lustspiel	Slg(g).	Sammlung(en)
M.	Märchen	sog.	sogenannt
MA.	Mittelalter	Son.	Sonett
ma.	mittelalterlich	soz.	sozialistisch
mhd.	mittelhochdeutsch	Sp.	Spiel
Mio	Million	St.	Studie
Ms(s).	Manuskript(e)	-st.	-stück
N(n).	Novelle(n)	Sz(z).	Szene(n)
n.	neu herausgegeben	Tgb.	Tagebuch
nachgel.	nachgelassen(e)	TH	Technische Hochschule
Nat.-Wiss.	Naturwissenschaft	Theol.	Theologie
neuhd.	neuhochdeutsch	theol.	theologisch
niederld.	niederländisch	Tr.	Tragödie
NT.	Neues Testament	trad.	traditionell
Obb.	Oberbayern	Tril.	Trilogie
Öst.	Österreich	TU	Technische Universität
öst.	österreichisch	u. d. T.	unter dem Titel
OFr.	Oberfranken	Übers.	Übersetzung
o. J.	ohne Jahr	urspr.	ursprünglich
Op.	Oper	verh.	verheiratet
OPf.	Oberpfalz	Veröff.	Veröffentlichung
Orat.	Oratorium	veröff.	veröffentlicht
Philol.	Philologie	versch.	verschiedene
philol.	philologisch	verw.	verwitwet
Philos.	Philosophie	vgl.	vergleiche(nde)
philos.	philosophisch	vollst.	vollständig
pol.	politisch	vorw.	vorwiegend
port.	portugiesisch	Vst.	Volksstück
Prof.	Professor	W.	Werke
prot.	protestantisch	-w.	-weise
Ps.	Pseudonym	wahrsch.	wahrscheinlich
R.	Roman	Wiss.	Wissenschaft
Rep.	Reportage	wiss.	wissenschaftlich
rel.	religiös	Württ.	Württemberg
RG	Rückgebäude	württ.	württembergisch
S.	Seite	Zs(s).	Zeitschrift(en)
Sat.	Satire	Zt.	Zeitung
Sch.	Schauspiel	z. T.	zum Teil

| zus. | zusammen |
| z.Z. | zur Zeit |

Orts- und Autorennamen sind im Text bei Wiederholungen nur mit dem Anfangsbuchstaben bezeichnet.

1. Alte Bezirkseinteilung

2. Neue Bezirke:
12 statt 23

Allgemeiner Überblick

»Hier ist Berlin Paris, dort London, hier Krähwinkel, dort Kaserne, hier eine Demokratie, dort ein Bureau, hier ein Bethaus, dort ein lustiger Markt, und nur, wenn man aus allen diesen streitenden Eigenschaften durch seine Familienkreise gegangen ist, kommt man erst in das eigentliche Berlin zurück.« (Adolf Glaßbrenner, vor 1850)

Das von der Spree und dem »aparten Fluß« (Th. Fontane) Havel durchflossene »Spree-Athen« wurde durch den Großen Kurfürsten, Friedrich Wilhelm (1640-88), befestigt. Der »Soldatenkönig« Friedrich Wilhelm I. (1713-40) zog 1734 um B. eine Mauer, die auch Desertionen verhindern sollte. Friedrich II. (»der Große«) verordnete im Jahr seines Regierungsantritts 1740, daß »Gazetten, wenn sie interessant sein sollen, nicht geniert werden müssen«, und machte B. zu einer der schönsten Metropolen Europas und zum Zentrum der deutschen Aufklärung.

Die 1920 aus 8 bis dahin selbständigen Städten, 59 Landgemeinden und 27 Gutsbezirken gebildete Einheitsgemeinde B. war die viertgrößte Stadt der Welt, »eine literarische Karawanserei« (H. Kesten), durchlebte eine höchst produktive »alexandrinische Epoche« (W. Haas), zählte in den zwanziger Jahren 50 »aktive Bühnen«

(F. Luft), 1928 um die 150 Tages- und Wochenzeitungen, 1929 dazu 363 Kinos (100 mit mehr als 1000 Plätzen) und – nicht zuletzt – im selben Jahr rund 500 Schriftsteller. B. wurde 1945 – als »Inselstadt« – geviertteilt, 1948 gespalten in West- und Ost-B. und war 40 Jahre lang »die einzige geteilte Stadt der Erde und daher auch die einzige Stadt, in der nahezu alle Institutionen doppelt existieren« (Merian I/1970).

Am 9. November 1989 fiel die Mauer, knapp ein Jahr später wurden West- und Ostdeutschland wiedervereinigt.

Viele der bislang zweifach vorhandenen Institutionen sind oder werden in naher Zukunft zusammengelegt.

Freie Universität B. (Bibliothek mit rd. 2,5 Mio Bdn.), Humboldt-Universität (Bibliothek mit über 6 Mio Bdn.), Technische Universität, Kirchliche Hochschule (Bibliothek); Hochschule für Musik; Universität der Künste, Kunsthochschule und viele andere Fachhochschulen und Forschungsinstitute (u. a. 4 Institute d. Max-Planck-Gesellschaft); Akademie der Künste; Berlin-Brandenburgische Akademie der Wissenschaften (Nachlässe u. a. von Kant, Schleiermacher, A. v. Humboldt); Dt. Film- und Fernsehakademie; Europäische Akademie; Akademie der Pädagog. Wissenschaften. – Zentralbibliothek der Staatl. Museen

Bücherverbrennung auf dem Opernplatz, 10. Mai 1933

zu Berlin, Geheimes Staatsarchiv Preuß. Kulturbesitz (Nachlässe u.a. von Gneisenau, Hardenberg und Scharnhorst); Landesarchiv Berlin, Bundesarchiv (Potsdam); Institut für Zeitungsgeschichte (Archiv), Filmarchiv; Bibliothek des Osteuropa-Instituts an der FU, Bibliothek des Ibero-Amerikanischen Instituts, Pädagogische Zentralbibliothek; Internat. Pressezentrum.

Staatliche Museen zu B., Preußischer Kulturbesitz (mit den Zentren Charlottenburg, Dahlem, Tiergarten/Kulturforum, Mitte/Museumsinsel, Schloß Köpenick (einige Sammlungen wurden oder werden umgruppiert): u.a. Pergamonmuseum (Keilschrifturkunden, pers. und ind. Miniaturen), Bodemuseum (Papyrus-Slg.), Ägyptisches Museum (Papyrus-Slg.), Museum für Indische Kunst (Mss.), Museum für Islam. Kunst (Buchmalerei), Alte und Neue Nationalgalerie, Kupferstichkabinett (mit Sammlung der Zeichnungen), Kunstbibliothek (Slg. zur Geschichte der Buchkunst), Zentralarchiv der Staatl. Museen (Museumsinsel). Hamburger Bahnhof/Museum für Gegenwart; »Picasso und seine Zeit« (Slg. Berggruen), Am Schloß Charlottenburg.

Deutsches Historisches Museum (Zeughaus), Märkisches Museum (Theodor-Fontane-Sammlung, Slgg. zur Geschichte der Stadt B. und der Mark Brandenburg), Berlinische Galerie (Martin-Gropius-Bau), Berlin Museum (Stadtgeschichte, Porträt-Galerie, Theaterleben, B.er Humor, Jüd. Abteilung), Hugenottenmuseum (mit Th. Fontane-Abteilung im Franz. Dom, Gendarmenmarkt), Schinkelmuseum (Friedrichswerdersche Kirche); Bauhaus-Archiv/Museum für Gestaltung (Bibliothek), Kunstgewerbemuseum im Schloß Friedrichsfelde (Buchkunst); Dt. Rundfunkmuseum, Postmuseum; Freimaurermuseum Berlin (Bibliothek), Museum des Blindenwesens; Schloß Charlottenburg (mit Galerie der Romantik), Humboldt-Museum Schloß Tegel, Schloß Köpenick. »Fragen an die deutsche Geschichte«, Ausstellung im Deutschen Dom (Gendarmenmarkt), »Widerstand gegen den Nationalsozialismus« (Gedenk- und Bildungsstätte Stauffenbergstraße Nr. 14), Gedenkstätte Haus der Wannseekonferenz, Dt.-russ. Museum B.-Karlshorst, Maria Regina Martyrum (Kirche, Kloster und Gedenkstätte), Gedenkstätte Plötzensee; ASTAK (Forschungs- und Gedenkstätte für die Opfer des Stalinismus), »Topographie des Terrors« (Dokumentationsausstellung, früheres Prinz-Albrecht-Gelände), Museum Haus am Checkpoint Charlie.

1945. Vor der Humboldt-Universität. Wiedereröffnung: 30. Januar 1946

Heimatmuseen: In Charlottenburg, Friedrichshain, Hellersdorf/Marzahn, Hohenschönhausen, Köpenick, Lichtenberg, Mitte, Neukölln, Pankow, Prenzlauer Berg, Reinickendorf, Schöneberg, Steglitz, Spandau (Zitadelle), Tempelhof, Tiergarten, Treptow, Wedding, Weißensee, Wilmersdorf, Zehlendorf. In Zehlendorf auch Großsiedlung »Onkel Toms Hütte«, rund um die Argentinische Allee, 1926-33 unter maßgeblicher Beteiligung von Bruno Taut (Gedenktafel Argentinische Allee/Ecke Riemeisterstraße), Hugo Aärning und Otto Rudolf Salvisberg gebaut; in Z.-Süd Museumsdorf Düppel.

Deutsche Oper Berlin, Staatsoper Unter den Linden, Komische Oper; Metropol-Theater, Neuköllner Oper, Theater des Westens, Musical Theater Berlin; Berliner Ensemble, Deutsches Theater (mit Kammerspielen), Hansa-Theater, Hebbel-Theater, Maxim-Gorki-Theater, Renaissance-Theater, Schaubühne am Lehniner Platz, Theater am Kurfürstendamm, Volksbühne am Rosa-Luxemburg-Platz; Freie Theateranstalten Berlin, Grips-Theater, Theater zum Westlichen Stadthirschen, Vagantenbühne, Tacheles, TEMPODROM u.a.; Berliner Figurentheater, Puppentheater (Zitadelle Spandau), Figurentheater Grashüpfer, Klecks (Kindertheater mit Puppen) u.a.; Berliner Kabarett Anstalt (»BKA«), Die Distel, Die Stachelschweine, Die Wühlmäuse, Kabarett Klimperkasten; Friedrichstadtpalast u.a. Freilichtbühnen: Am Juliusturm B.-Spandau, Jungfernheide, Naturtheater Volkspark Hasenheide, Rehberge, Wuhlheide.

Sender Freies Berlin (SFB), DeutschlandRadio Berlin (DLRB), Deutsche Welle, Zweites Deutsches Fernsehen (ZDF/Landesstudio Berlin), Ostdeutscher Rundfunk Brandenburg (OSB/Sitz Potsdam); Berliner Rundfunk, Radio Hundert, RTL Radio, RTL-Television, SpreeRadio; BBC u.a.

Internationale Filmfestspiele (März), Theatertreffen (Mai), Berliner Festwochen.

Berliner Autoren

Barock und Aufklärung

Paul Gerhardt (Gemälde nach 1676)

Paul Gerhardt, * 12. 3. 1607 Gräfen-
hainichen bei Wittenberg (SAN), † 27.
5. 1676 Lübben/Spreewald (BR), nach
M. Luther (Eisleben/SAN) bedeutendster prot. Kirchenlieddichter (»Befiehl
du deine Wege«, »O Haupt voll Blut
und Wunden«). Fürstenschule Grimma
(SA), 1642-51 Hauslehrer in B., ab 57
Diakon der Nikolaikirche. Verweigerte
1664 Unterzeichnung des Toleranz-
edikts des Großen Kurfürsten, deswegen 67 suspendiert. 1669 als Archidia-
kon nach Lübben. – W.: Geistl. Andachten (1666f.). Dichtungen und
Schriften (Hrsg. E. v. Cranach-Sichart,
1957). – Gedenktafel an der **Nikolaikirche** (Mitte), Dokumentation in der
Kirche.

Philipp Jakob Spener, * 13. 1. 1635
Rappoltsweiler/Elsaß, † 5. 2. 1705 B.,
Hauptvertreter des dt. Pietismus. 1691
Berufung als Propst an die Nikolaikir-
che. – W.: Pia desideria... (1675); Die
Seligkeit der Kinder Gottes (1692);
Geistreiche Gesänge (1708). Wenn du
könntest glauben (Br.-Ausw., Hrsg.
H.-G. Feller, 1960). – Grabstein an der
Nikolaikirche (Mitte) – Briefe und
Schriften LB Karlsruhe.

**Friedrich Rudolf Ludwig Freiherr
von Canitz**, * 27. 11. 1654 B. (nach anderen Blumberg/Kreis Bernau/BR),
† 11. 8. 1699 Blumberg (BR), Geheimer
Rat im diplomat. Dienst des Großen
Kurfürsten, höfisch-apologet. Dichter
des Spätbarock, der M. Opitz' Dichtung wieder »nach Hofe« zu ziehen
hoffte. Fontane (in »Spreeeland«):
»Blumberg wurde... ein Mittelpunkt
geistigen Lebens, dichterischen Schaffens, wie damals kein zweiter in Mark
Brandenburg zu finden war.« –
»Neben-Stunden unterschiedener Gedichte« (Hrsg. J. Lange, 1700); »Des
Freiherrn von Canitz satirische und
sämtliche übrige Gedichte...« (Hrsg.
J. J. Bodmer, 1737). – Beigesetzt (nach
Fontane) im Röbelschen Erbbegräbnis
in der **Marienkirche** (Mitte).

Johann Kaspar Schade, * 13. 1. 1666
Kühndorf (TH), † 25. 7. 1698 B. Zuletzt Diakonus in B., seit 1691 rel. Lyrik (»Mein Seel ist stille zu Gott«). –
Grabstein an der **Nikolaikirche** (Mitte).

Ewald Christian von Kleist, * 7. 3.
1715 Gut Zeblin b. Köslin/Pommern,
† 24. 8. 1759 Frankfurt a. d. O. (BR),
philos. Naturdichter der Aufklärung.
1740 preuß. Offizier, in Potsdam (BR),
Bekanntschaft mit J. W. L. Gleim und
K. W. Ramler, in B. mit F. Nicolai.

1752/53 Werbeoffizier in der Schweiz. 1758 in Leipzig (SA) Freundschaft mit G. E. Lessing, Vorbild für »Tellheim« in »Minna von Barnhelm«. Tödlich verwundet in der Schlacht bei Kunersdorf. – W.: Der Frühling (G. 1749). Sämtl. Werke (Hrsg. J. Stenzel, 1971). »Ihn foltert Schwermut, weil er lebt.« Gedichte, Prosa, Stücke, Briefe, Aufsätze (Hrsg. G. Wolf, 1982). Nachlaß Gleim-Haus, Halberstadt. – Kleist-Gedenk- und Forschungsstätte Frankfurt a. d. Oder.

Immanuel Jakob Pyra, *25. 7. 1715 Cottbus (BR), †14. 7. 1744 B., Lehrdichter, Vorläufer F. G. Klopstocks (Hamburg). Gründete in Halle/SAN (mit seinem Freund S. G. Lange) eine »Poetische Gesellschaft«, 1736 Streit mit J. Ch. Gottsched, 42 Konrektor am Kölln. Gymnasium in B. – Grab **Alter Friedhof der Luisenstadtkirche** (Mitte) eingeebnet.

Johann Wilhelm Ludwig Gleim, * 2. 4. 1719 Ermsleben b. Halberstadt (SAN), †18. 2. 1803 Halberstadt, Lyriker der Aufklärung. Mit J. P. Uz (Ansbach/B) und J. N. Götz (Worms/RP) Gründer des Halleschen, als »Vater Gleim« Mittelpunkt des Halberstädter Dichterkreises. 1740 Hauslehrer in Potsdam (BR); 44 im 2. Schles. Krieg. 1747-91 Sekretär des Domkapitels in Halberstadt. Befreundet in Berlin mit K. W. Ramler, gemeinsame Wohnung u. a. in der **Spandauer** und Neuen Friedrichstraße (Mitte). – W.: Preußische Kriegslieder ... von einem preußischen Grenadier (Flugblätter 1757/58). Sämtl. Werke (Hrsg. W. Körte, 1811-13, 41, n. 1971). – Nachlaß G.-Haus Halberstadt, Briefe SB B.

Audienz der »Karschin« bei Friedrich dem Großen (Stich von D. Chodowiecki, 1789)

Anna Luise Karsch, *1. 12. 1722 Meierhof »Auf dem Hammer« zw. Züllichau und Crossen/Oder, †12. 10. 1791 B., dichterisches Naturtalent, als »deutsche Sappho« überschätzt. Kam 1761 nach B., wurde gefördert u. a. von K. W. Ramler, M. Mendelssohn, G. E. Lessing und hatte Zugang zum preuß. Hof, Friedrich Wilhelm II. ließ ihr ein »propper Häusgen« (Bereich **Neue Promenade** am S-Bhf. **Hackescher Markt**/Mitte) bauen. – »Auserlesene Gedichte« (Hrsg. J. W. L. Gleim, 1764). »O, mir entwischt nicht, was die Menschen fühlen«. Gedichte und Briefe von A. L. Karschin (Hrsg. G. Wolf, 1981); »A. L. Karsch. Herzgedanken. Das Leben der ›deutschen Sappho‹, von ihr selbst erzählt« (Hrsg. B. Beuys, 1981); »A. L. Karsch. Dichterin für Liebe, Brot und Vaterland« (Ausstellungskatalog SB Preuß. Kulturbesitz, 1991). – Gedenktafel an der

Lessing und Lavater zu Besuch bei Mendelssohn (Gemälde 1856)

Sophienkirche (Mitte): »Kennst du, Wanderer, sie nicht, / so lerne sie kennen«.
Die »**Tochter der Karschin**« (Ps. für **Caroline Luise von Klencke**/1754-1802) gab 1792 »Gedichte und Lebenslauf« ihrer Mutter heraus. Von der »**Enkelin der Karschin**« (Ps. für **Helmina von Chézy**/1783-1856) stammen das Libretto zu C. M. v. Webers »Euryanthe« (1823) und »Ach, wie ist's möglich dann« (1812).

Karl Wilhelm Ramler, *25. 2. 1725 Kolberg, †11. 4. 1798 B., vaterländ. Barde der Aufklärung, Hrsg. eigenwillig bearbeiteter älterer und zeitgenöss. Poesie (u.a. 1766 »Lieder der Deutschen«, n. 1965). 1746 Hauslehrer, 48-90 Prof. der Logik an der B.er Kadettenanstalt, dann bis 96 Intendant des Nationaltheaters. Akademiemitglied erst unter Friedrich Wilhelm II. – W.: Lyrische Gedichte (1772). Poet. Werke (Hrsg. L. F. G. v. Göckingk, 1800f.); Briefwechsel mit J. W. L. Gleim (Hrsg. C. Schüddekopf, 1906). – Vom »Goldenen Lamm« des Brauers Hamann in der **Neuen Friedrichstraße** (heute **Littenstraße**/Mitte), wo Gleim ihn zeitweilig aufgenommen hatte, zog R. nach seiner Pensionierung 1794 in das Haus **Neue Promenade** Nr. 5, wo er bis zu seinem Tod zurückgezogen lebte. – Grab in der Gruft der **Sophienkirche** (Mitte), Gedenktafel an der Außenseite. – Nachlaß GSA Weimar.

Gotthold Ephraim Lessing (Kamenz/SA) kam neunzehnjährig nach B., wo er sich viermal im ganzen (zehn Jahre insgesamt) inmitten der Stadt aufhielt. Wohnungen in der **Spandauer Straße** Nr. 68, am **Nikolaikirchplatz** (Gedenktafel an Nr. 7), in der **Heilige Geist Straße** und **Am Königsgraben** Nr. 10 (heute Südfront des Kaufhauses am Alex/Mitte). Freier Publizist, gab von April 1751 an u. a. die Beilage »Das Neueste aus dem Reiche des Witzes« der »Vossischen Zeitung« heraus. 1755 »Miß Sara Sampson«, 58 Mithrsg. (mit F. Nicolai und M. Mendelssohn) der »Briefe, die neueste Literatur betreffend«. Ab 1765 für zwei Jahre wieder in B., 67 Vollendung von »Minna von Barnhelm«. »Nathan der Weise« am 14. 4. 1783 in B. uraufgeführt. – Denkmal im Tiergarten; an den Pfeilern der **Lessingbrücke** in Alt-Moabit Reliefs mit jeweils den Schlußszenen der großen Dramen. – (L.-Preis des Ministeriums für Kultur der DDR, seit 1954). – G. Sichelschmidt, »Lessing in Berlin«, 1979; »Die Ehre hat mich nie gesucht«, Lessing in Berlin. Gedichte, Stücke, Prosa (Hrsg. G. Wolf, 1985).

Moses Mendelssohn, *6. 9. 1729 Dessau (SAN), †4. 1. 1786 B., Religionsphilosoph, leitete Emanzipation des Judentums in Dtl. ein, seit 1754 Freund G. E. Lessings, Vorbild für dessen »Nathan«. Kam 14jährig nach B. und fristete, nach selbständiger Ausbildung, sein Leben als Erzieher, Buchhalter, Korrespondent. Auf seine Anregung hin wurde in der **Großen Hamburger Straße** Nr. 27 (Mitte) die erste schulgeldfreie jüdische Knabenschule errichtet (Gedenktafel). 1763 Preis der B.er Akademie und zum »Schutz-Juden« erklärt. – W.: Philosophische Gespräche (1755); Phädon oder über die Unsterblichkeit der Seele (1767); Jerusalem oder über religiöse Macht und Judentum (1783); Morgenstunden oder Vorlesungen über das Dasein Gottes (1785). Ges. Schriften (Hrsg. I. Elbogen u.a., 1929ff.); Briefwechsel mit Lessing (Hrsg. R. Petsch, 1910); Selbstzeugnisse (»Ein Plädoyer für Gewissensfreiheit und Toleranz«, Hrsg. M. Pfeideler, 1979). – H. Knobloch, »Herr Moses in Berlin – Auf den Spuren eines Menschenfreundes«, 1979/1993 (K. schildert das Haus **Spandauer Straße** Nr. 68/Mitte, in dem M. seit seiner Heirat wohnte); E. Kleßmann, »Die Mendelssohns. Bilder aus einer deutschen Familie«, 1990. – Gedenkstein auf dem **ehem. Jüd. Friedhof, Große Hamburger Straße**. – M.-Archiv SB B., M.M.-Zentrum an der Universität Potsdam. – M.-Gesellschaft (seit 1967); M.-M.-Preis (zur Förderung der Toleranz, seit 1979).

Friedrich Nicolai, * 18. 3. 1733 B. (im Haus **Poststraße** Nr. 4/Mitte), † 8. 1. 1811 B., Buchhändler, Verleger, Orga-

nisator der Aufklärung, Reiseschriftsteller, Kritiker. »Er war der richtige, der geborene Berliner, und mit ihm trat diese Spezies zum erstenmal in die deutsche Literatur ein« (J. Rodenberg). Autodidakt. Bildung; 1757 mit G. E. Lessing und M. Mendelssohn Gründung der Zs. »Bibliothek der schönen Wiss. und der freien Künste«. N.s Buchhandlung 1755-70 Mittelpunkt des geistigen Lebens, aber auch als reaktionär angefeindet. – W.: Briefe über den itzigen Zustand der schönen Wissenschaften in Deutschland (1755); Beschreibung der kgl. Residenzstädte Berlin und Potsdam (1769ff., n. 1968); Das Leben und die Meinungen des Herrn M. Sebaldus Nothanker (R. 1773-76); Freuden des jungen Werthers (1775, Goethe-Parodie); Vertraute Briefe von Adelheid B. an ihre Freundin Julie S. Werther-Parodien, zeitgenössische Rezensionen und Schmähungen (Hrsg. G. de Bruyn, 1982). – Gedenktafel am Nicolai-Körner-Haus, **Brüderstraße** Nr. 13 (Mitte), das N. mit seiner Buchhandlung (heute **Kurfürstendamm** Nr. 153/Wilmersdorf) 1787 bezog; N.-Zimmer im Märk. Museum. – Briefe SB B., FDH Frankfurt a.M.

August Friedrich Ernst Langbein, * 6. 9. 1757 Radeberg b. Dresden (SA), † 2. 1. 1835 B., Advokat und Volksschriftsteller. Mitarbeiter an G. A. Bürgers »Musenalmanach« (→ Göttingen/NDS), ging 1800 nach B., wurde hier 20 freisinniger Zensor für belletrist. Werke. Modeerfolge mit humorist. (auch frivolen) Erzählungen, Romanen (»Thomas Kellerwurm«, 1806) und Gedichten (»Als der Großvater die Großmutter nahm«). – »Sämtl. Schriften« (1835-37). – Grab **Friedhof der Dorotheenstädt. und Friedrich-Werderschen Gem., Chausseestraße** (Mitte) eingeebnet.

An die Stadt Berlin

Ich sah sie! (noch erzittern die Gebeine)
Ich sah, bekümmertes Berlin,
Die Göttin deines Stroms vor deinem Tannenhaine
Mit ihren Schwänen ziehn.

Vergönne mir, Najade, nachzulallen,
Was tief in meine Seele drang,
Als dein entzückter Mund es allen Frauen, allen
Hamadryaden sang. – –

Sei mir gegrüßt, Augusta, meine Krone!
Die Städte Deutschlands bücken sich!
Es hören meinen Stolz Belt, Donau, Wolga, Rhone,
Und weichen hinter mich!

Was fürchten wir, ist gleich die Zahl des Feindes
Wie dieser beiden Ufer Sand?
O Tochter! Hast du nicht zur Seite meines Freundes
Stets einen Gott erkannt?

Stritt Jupiter nicht selbst mit Friedrichs Volke,
Und donnerte den Feind zurück?
Warf nicht Latonens Sohn, sein Schutzgott, eine Wolke
Vor seines Mörders Blick?

Ward nicht das Blutpanier, von ihm gefasset,
Zur drohenden Ägide? Stand
Die Riesenhorde nicht, sie, die Minerva hasset,
Erstarrt an Haupt und Hand?

Bis alle, von dem kleinen Heer zerschlagen,
Das unaufhaltsam weiterdrang,
Wie Halme von des Himmels Schloßen, niederlagen
Dreihundert Hufen lang?

Ja! dinget nur die halbe Welt zusammen,
Und raset wider einen Mann,
Und wendet wider ihn Verrat und Gift und Flammen,
Den ganzen Orkus an!

Borussiens gerechter Held soll siegen:
Die Götter schützen ihren Sohn.
Bald wird er im Triumph zu seinen Kindern fliegen.
Er kömmt! ich seh' ihn schon.

Er kömmt, das Haupt mit Strahlen rings umwunden,
Wie Delius-Apollo kam,
Als er den Python schlug und ihm mit tausend Wunden
Die schwarze Seele nahm.

Eilt, ihn in Erz den Enkeln aufzustellen!
Eilt, einen Tempel ihm zu weihn
Am Rande meines Stroms! Ich brenne, seine Schwellen
Mit Blumen zu bestreun.

Karl Wilhelm Ramler, 1759

Karl Philipp Moritz, * 15. 9. 1757 Hameln (NDS), † 26. 6. 1793 B (**Münzstraße Nr. 10/Mitte**), kam 1778 als Lehrer vom Militärwaisenhaus Potsdam an das **Gymnasium zum Grauen Kloster** (Kirchenruine **Klosterstraße Nr. 74/Mitte**). 1784 wurde M. Prof. am Kölln. Gymnasium, gleichzeitig arbeitete er als Redakteur der Vossischen Zeitung. Zwei Jahre später Abbruch des Schuldienstes, Reise nach Italien, Bekanntschaft mit Goethe (Frankfurt a.M./H), Winter 1788/89 Besuch in Weimar (TH), Gast in Goethes Haus, der von M. sagte: »Er ist wie ein jüngerer Bruder von mir.« Rückkehr nach B. als Begleiter des Herzogs Karl August; durch dessen Vermittlung erhielt M. eine Professur an der Preuß. Akademie der mechan. Wissenschaften und der freyen Künste (unter seinen Zuhörern A. v. Humboldt, W. Tieck und W. H. Wackenroder). 1791 Mitglied der Philos. Klasse der Kgl.-Preuß. Akademie der Wissenschaften. – W.: Sechs deutsche Gedichte, dem König von Preußen gewidmet (1781); Deutsche Sprachlehre für die Damen. In Briefen (1782); Reisen eines Deutschen in England im Jahre 1782 (1783); Anton Reiser. Ein psychologischer Roman (1785-90); Denkwürdigkeiten, aufgezeichnet zur Beförderung des Edlen und Schönen (1786-88); Über die bildende Nachahmung des Schönen (Schr. 1786); Fragmente aus dem Tagebuch eines Geistersehers (1787; Anhang Briefwechsel Jean Pauls mit M. und dessen Bruder, n. 1968); Götterlehre oder mythologische Dichtung der Alten (1791). Werke (30 Bde., Hrsg. P. und U. Nettelbeck, 1987/88 ff.). – Grab auf dem **ehem. St. Georgen-Friedhof** (Friedrichshain) nicht erhalten.

August Wilhelm Iffland, * 19. 4. 1759 Hannover (NDS), † 22. 9. 1814 B., Schauspieler, Bühnenschriftsteller. Besuchte in Hannover das Lyzeum. »Ohne Vorwissen seiner Aeltern« 1777 ans Gothaer Hoftheater/TH, 79 nach Mannheim/BW. Ab 1796 Direktor des Kgl. Preuß. Nationaltheaters und 1811/14 der Kgl. Schauspiele. Setzte Goethe und F. Schiller (Ludwigsburg/Marbach/BW) in B. durch, lehnte H. von Kleist ab. Angeblich Stifter des Iffland-Rings (dem Museum der Staatstheater in Wien vermacht). – Ehrengrab **Friedhof der Jerusalems- und Neuen Kirchen-Gem. II, Baruther**

Straße (Abtlg. 3/1/Kreuzberg); Bildnis im B.-Museum.

Johann Gottlieb Fichte, * 19. 5. 1762 Rammenau/Oberlausitz (SA), † 29. 1. 1814 B., Philosoph, Hauptvertreter des klass. dt. Idealismus. Kam 1799, durch Atheismus-Streit aus Jena vertrieben, nach B. 1800 Vorlesungen über die »Grundzüge des gegenwärtigen Zeitalters«, 07/08 »Reden an die deutsche Nation«; 1810 erster Rektor der Universität. – »Sämtl. Werke« (1965, Nachdruck der Ausg. 1845/46). – Grabmal auf dem **Friedhof der Dorotheenstädt. und Friedrich-Werderschen Gem., Chausseestraße** (H 4/22 Mitte); Gedenktafel vom ehem. Wohnhaus, **Neue Promenade** Nr. 9/10, im **Märk. Museum.** – Nachlaß SB B., DSB.

Berliner Romantik

Wilhelm von Humboldt, * 22. 6. 1767 Potsdam (BR), † 8. 4. 1835 B.-Tegel (Reinickendorf), Universalgelehrter und Staatsmann, Mitbegründer der vergleichenden Sprachwiss. und neueren Sprachphilos. Ab 1809 Leiter des preuß. Kultus- und Unterrichtswesens, Schöpfer des humanist. preuß. Gymnasiums, Gründer der Universität (1810), die 1949 nach ihm umbenannt wurde, und des Alten Museums am Lustgarten (1830). 1819 Rücktritt, nur mehr wiss. Arbeit auf Schloß Tegel. – »Ges. Schriften« (Hrsg. A. Leitzmann, 1903-36); Studienausg. (Hrsg. K. Müller-Vollmer, 1971 ff.); Briefwechsel: mit Ehefrau Caroline (1906-

Alexander von Humboldt in seiner Bibliothek (1856)

16), Goethe (1909), F. Schiller (1900), A. W. Schlegel (1908). – Stadtwohnung: 1809-19 **Unter den Linden** Nr. 26 (Ecke Friedrichstraße), danach bis 31 **Behrenstraße** Nr. 30 (dort auch lit. Salon). Im Schloß Tegel Wohn- und Arbeitszimmer, Antikensammlung. Erbbegräbnis auf dem Campo Santo im Park Tegel. – Hss. SB B.; Briefe DLA Marbach.

Friedrich Ernst Daniel Schleiermacher, * 21 11. 1768 Breslau, † 12. 2. 1834 B., ev. Theologe und Philosoph, Übersetzer. »Klosterianer« am Gymnasium zum Grauen Kloster, Klosterstraße Nr. 74 (Mitte). 1796 Anstaltsgeistlicher der Charité, 1809 Prediger an der Dreifaltigkeitskirche, 10 auch Professur. Gehörte zum Kreis der Romantiker. – W.: Über die Religion. Reden an die Gebildeten unter ihren Verächtern (anonym 1799); Vertraute Briefe über Schlegels Lucinde (1801). Sämtl. Werke (1835-64). – Wohnung (1809-16) Pfarrhaus Ecke **Tauben-/Kano-**

nier- (heute **Glinka-)straße** Nr. 16/ Mitte, Gedenktafel am Nachbarhaus; Wohnung um 1830 **Wilhelmstraße** Nr. 73. Ehrengrab **Friedhof der Dreifaltigkeitsgem., Bergmannstraße** (B-OA-118/Kreuzberg). – Nachlaß Akademie der Wiss.

Alexander von Humboldt, * 14. 9. 1769 B., † 6. 5. 1859 ebd., Naturforscher, Universitätslehrer. 1790 Reisen mit J. G. Forster (Mainz/RP) durch Westeuropa, 1799-1804 mit A. Bonpland nach Amerika, 1829 nach Asien. Nach 22jährigem Paris-Aufenthalt 1827 von Friedrich Wilhelm II. nach B. zurückberufen, wo er u. a. in der Singakademie im Kastanienwäldchen (heute Maxim-Gorki-Theater/Mitte) seine berühmten Kosmos-Vorlesungen hielt. – W.: Kosmos (1845-62). Ges. Werke (1889). – Gedenktafel im Vestibül der Dt. Akademie der Wiss., **Jägerstraße** Nr. 22/23 (Mitte), wo bis 1901 H.s Geburtshaus stand; letzte Wohnung (1842-59) **Oranienburger**

G. W. F. Hegel in der Universität (1828)

Straße Nr. 67 (Mitte, Gedenktafel am Neubau); Grab **Campo Santo, Park Tegel**; Gedenkstein im **H.-Hain** (Wedding); Denkmäler für die Brüder vor der H.-Universität; Porträts im B.-Museum. – Die von Alexander von H. 1828 gegr. »Gesellschaft für Erdkunde zu Berlin« hat seit 1967 ihr Forschungszentrum im A.-v.-H.-Haus, **Arno-Holz-Straße** (Steglitz). – Nachlaß SB B., DSB, Briefe DLA Marbach, GNM Nürnberg. A. v. H. – Forschungsstelle der Berlin-Brandenburg. Akademie d. Wiss. (Histor.-krit. Herausgabe des Nachlasses).

Georg Wilhelm Friedrich Hegel, * 27. 8. 1770 Stuttgart (BW), † 14. 11. 1831 B. Aus Heidelberg (BW) wurde er als Nachfolger J. G. Fichtes 1818 an die B.er Universität berufen, wo er bis zu seinem Tod (durch Cholera) lehrte. – »Von Stuttgart nach Berlin. Die Lebensstationen Hegels«, bearbeitet von F. Nicolin (Marbacher Magazin 56/1991). – W.: Phänomenologie des Geistes (1807). Wissenschaft der Logik (1812ff.); Enzyklopädie der philosophischen Wissenschaften im Grundrisse (1817). Sämtl. Werke. Neue krit. Ausg. (Hrsg. J. Hoffmeister, 1952ff.; Bd. 27-30 Briefe von und an H.). Hist.-krit. Gesamtausgabe (Hg. im Auftrag der Dt. Forschungsgemeinschaft, 1968ff.). – Das H.-Haus **Am Kupfergraben** Nr. 5 (Mitte), wo der Philosoph von 1820 bis zu seinem Tod wohnte, ist teilweise rekonstruiert; Grab **Friedhof der Dorotheenstädt. und Friedrich-Werderschen Gem.** (H 4-20), **Chausseestraße**; Denkmal auf dem **H.-Platz** (beides Mitte). – Mss. SB B. – H. bezeichnete die schimpflustigen B.er Hökerinnen als Musterbeispiele für abstraktes Denken.

Rahel Varnhagen von Ense (geb. **Levin**), * 26. 5. 1771 B., † 7. 3. 1833 ebd., die »geistreichste Frau des Universums« (H. Heine). Lebte zeitw. auch in Paris, Frankfurt a.M. (H) und Prag und heiratete 1814 den Schriftsteller

und Diplomaten **Karl August Varn-
hagen von Ense** (Düsseldorf/NRW).
Ihr erster (Anfang der neunziger Jahre)
und zweiter (ab 1827) lit. Salon wur-
den als »Salz und Quirl« der Gesellig-
keit – neben dem Salon der Henriette
Herz – Mittelpunkt des kulturellen
B.er Lebens. – »Rahel-Bibliothek«, 10
Bde., 1983; »Briefe«, 4 Bde., Hrsg. F.
Kemp 1966-68. K. A. Varnhagen v.
Ense: »Schriften und Briefe«, Hrsg. W.
Fuld 1991; »Journal einer Revolution.
Tagesblätter 1848/49«, Hrsg. H. M.
Enzensberger 1986. – Rahels Berliner
Adressen: **Spandauer Straße** Nr. 26/
Ecke **Königstraße** (Geburtshaus);
Heilige Geist Straße Nr. 23/Ecke
Königstraße Nr. 63 (Wohnung der Fa-
milie ab 1784); **Poststraße** Nr. 6 (ab Fe-
bruar 1790 nach dem Tod des Vaters);
Jägerstraße Nr. 54 (ab 1793, erster Sa-
lon in der »Dachstube«); **Charlotten-
straße** Nr. 32 (ab 1808); **Behrenstraße**
Nr. 48 (1810-13); **Behrenstraße** Nr. 45
(September/Oktober 1814, Haus ihres
Bruders Moritz, dort 27. 9. Eheschlie-
ßung mit Varnhagen); **Französische
Straße** Nr. 20/Ecke **Friedrichstraße**
(ab Oktober 1819, zweiter Salon);
Mauerstraße Nr. 36 (ab 1827, Sterbehaus Rahels). Ehrengrab (von Rahel
und Karl August) **Friedhof der Dreifaltigkeitsgem.**, **Baruther Straße**
(VII-2-39/Kreuzberg). – »Rahel Varnhagen 1771-1833. Eine jüdische Frau in
der Berliner Romantik«, Ausstellungskatalog zum 160. Todestag (2. ergänzte
Aufl. 1995).
Ludwig Tieck (Ps. **Peter Lebrecht,
Gottlieb Färber**), *31. 5. 1773 B. (in
der **Roßgasse** auf der **Fischerinsel**

Der lesende Tieck (Schattenriß)

beim Köllnischen Rathaus/Mitte).
† 28. 4. 1853 ebd., Dramatiker, Kritiker,
Erzähler und Übersetzer (Shake-
speare). Mit W. H. Wackenroder zu-
sammen Schüler des **Friedrich-Wer-
derschen Gymnasiums.** Ab 1792 Stu-
dium in Halle (SAN), Göttingen
(NDS) und Erlangen (B). Auf einer
Wanderung mit Wackenroder durch
Mainfranken entwickelte sich 1792 der
Plan zum Künstlerroman »Franz
Sternbalds Wanderungen« (1798). In
Jena (TH) 1799, Kreis der Frühroman-
tiker. Zusammen mit den Brüdern
Schlegel, W. und A. v. Humboldt und
Wackenroder Gründung der Zeitschrift »Athenäum«. Dann wechselnde
Aufenthalte, 1819-42 seßhaft in Dresden (SA), berühmte Leseabende. Von
Friedrich Wilhelm IV. nach B. beru-
fen. – Die N. »Weihnachtsabend«
spielt auf dem damaligen Weihnachts-
markt **Breite Straße** (Mitte). – W.: Ab-
dallah (E. 1795); Der gestiefelte Kater
(Märchensp. 1797); Volksmärchen
(1797); Prinz Zerbino (Travestie auf

B.er Theaterbetrieb, 1799). Werke (Hrsg. M. Thalmann, 1963-66). – Wohnung 1794-99 **Friedrichstraße** Nr. 208 (Kreuzberg/Gedenktafel am Nachfolgebau); Ehrengrab auf dem **Kirchhof der Dreifaltigkeitsgem.**, **Baruther Straße** (B-oben-3-3/Kreuzberg). – Nachlaß SB B., Slg. FDH Frankfurt a. M., LB Dresden. **Wilhelm Heinrich Wackenroder,** * 13. 7. 1773 B., † 13. 2. 1798 ebd., rel. orientierter Kunstschriftsteller. Schüler am **Friedr.-Werderschen Gymnasium.** 1793 Kommilitone L. Tiecks in Erlangen (B), dessen Entwicklung er stark beeinflußte. Gemeinsame Kunstwanderungen (Bamberg, Nürnberg/B). 1796 Kammergerichts-Assessor in B. – W.: Herzensergießungen eines kunstliebenden Klosterbruders (1797). Werke und Briefe (Hrsg. L. Schneider, 1938); Schriften (Hrsg. K. O. Conrady, 1968). – Grab (eingeebnet) **Friedhof der Jerusalems- und Neuen Kirchen-Gem., Baruther Straße** (Kreuzberg).
Ernst Theodor Amadeus (eig. Wilhelm) Hoffmann, * 24. 1. 1776 Königsberg, † 25. 6. 1822 B., Maler und Musiker (mit »Undine«, 1816, Begründer der romant. Oper), spätromant. Erzähler, der »Physiognomiker von Berlin« (W. Benjamin), von weltweiter Wirkung. Kam 1798 nach B., ging 1800 nach Posen, 04 nach Warschau (Umgang mit Z. Werner). 1808-13 in Bamberg (B). Über Leipzig und Dresden 1814 wieder nach B.: 16 Regierungsrat am Kammergericht (seit 1969 B.-Museum, **Lindenstraße** Nr. 14 / Kreuzberg / Demagogenprozesse gegen Bur-

schenschaften); führend bei den »Serapionsbrüdern« (En. 1819-21) im (nicht mehr existenten) Weinkeller »Lutter & Wegner« beim **Gendarmenmarkt (Charlottenstraße** Nr. 49/Ecke **Französische Straße**/Mitte) und im Kreise von L. Devrient, J. E. Hitzig, C. Brentano, A. v. Chamisso u. a. – W.: Fantasiestücke in Callot's Manier (En. 1815); Die Elixiere des Teufels (R. 1815f.); Lebens-Ansichten des Katers Murr ... (1820-22). Dichtungen u. Schriften, Briefe u. Tagebücher (Hrsg. W. Harich, 1924); Sämtl. Werke (Hrsg. W. Müller-Seidel, 1960-65); Handzeichnungen E.T.A. Hoffmann (n. F. Schnapp, 1972). – Wohnung (1815-22) **Charlottenstraße** Nr. 56/Ecke **Taubenstraße**/Mitte (zwei Tafeln am Neubau); letzte Erzählung: »Des Vetters Eckfenster« (auch in »E.T.A. Hoffmann/Gespenster in der Friedrichstadt. Berlinische Geschichten«, Hrsg. G. de Bruyn, 1986). – Ehrengrab (mit der Inschrift: »Ausgezeichnet im Amte als Dichter als Tonkünstler als Maler«) **Friedhof der Jerusalems- und Neuen Kirchen-Gem. III, Mehringdamm** (Abt. 1/1-32-6/Kreuzberg); Kopie eines vermutl. Selbstbildnisses B.-Museum; Hoffmann-Büste **Karl-Liebknecht-Straße** (Mitte). – Teilnachlaß Märk. Museum, Slg. SB Bamberg. – J.E. Hitzig »E.T. A. Hoffmanns Leben und Nachlaß« (n. 1986); – »E.T.A. H.s Leben und Werk in Daten und Bildern« (Hrsg. G. Wittkopp-Ménardeau, 1968); »E.T.A. H. in Aufzeichnungen seiner Freunde und Bekannten« (Hrsg. F. Schnapp, 1974); »Die Serapionsbrüder. Märchendichtungen der Berliner Roman-

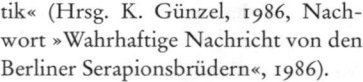

Friedrich de la Motte Fouqué

E. T. A. Hoffmann

tik« (Hrsg. K. Günzel, 1986, Nachwort »Wahrhaftige Nachricht von den Berliner Serapionsbrüdern«, 1986).

Friedrich Baron de la Motte Fouqué (Ps. **Pellegrin**), * 12. 2. 1777 Brandenburg (BR), † 23. 1. 1843 B., spätromant. Erzähler, Dramatiker, Lyriker, thematisch rückgewandt (german. Altertum und MA). Aus altadeliger Hugenottenfamilie. Gehörte zum »Nordsternbund« und zur »Christlich Deutschen Tischgesellschaft« in B. Kämpfte bis 1815 als Freiwilliger (»Frisch auf, zum fröhlichen Jagen«). 1831 Privatvorlesungen in Halle (SAN), 41 von Friedrich Wilhelm IV. nach B. berufen. – W.: Undine (1811; Grundlage die Sage vom Stauffenberger / Offenburg/Durlach/BW, G. um 1320, die F. bei Paracelsus fand; vertont 1816 von E. T. A. Hoffmann, 45 von A. Lortzing; dramatisiert 1939 von J. Giraudoux; 58 Ballett von H. W. Henze). Lebensgeschichte (Aut. 1840); Romant. Erzählungen; Gespenstersagen und Rittergeschichten (Hrsg. C. G. Maassen, 1922); Romant. Erzählungen (Hrsg. G. Schulz, 1977/G. de Bruyn, 80). – Übersiedelte 1803 nach Gut Nennhausen b. Rathenow (BR), wo fast sein gesamtes dichter. Werk entstand. Oft in B., Winterwohnungen von 1820-31 **Unter den Linden** (Mitte); von 1841 bis zu seinem Tod Wohnung in der **Reinhardtstraße** (Mitte); Grab **Garnisonfriedhof, Kleine Rosenthaler Straße** (Mitte); Bildnis im Ephraimpalais. – Nachlaß SB B., DLA Marbach. – Literarische Friedrich de la Motte-Fouqué-Gesellschaft. A. Schmidt, »Fouqué und einige seiner Zeitgenossen« (2. Aufl. 1960).

Karl Wilhelm Contessa (Salice-C.), * 19. 8. 1777 Hirschberg/Schlesien, † 2. 6. 1825 B., Novellist, Lustspielautor, Landschaftsmaler. 1805-16 und ab 24 in B.; Urbild des »Sylvester« in E. T. A. Hoffmanns Erzählung »Die Serapionsbrüder«, deren Mitglied er war. – W.: Kindermärchen (mit F. de la Motte

Adelbert von Chamisso   *Achim von Arnim*

Fouqué und E. T. A. Hoffmann, 1816/17); Sämtl. Schriften (Hrsg. E. Ch. v. Houwald, 1826).

Heinrich von Kleist, *18. 10. 1777 Frankfurt a.d.O. (BR), †21. 11. 1811 Kleiner Wannsee, »der preußischste aller Dichter« (W. Goetz), Dramatiker, Erzähler und Journalist. Als Leutnant a.D. (1799) Studien und Reisen. Staatsdienst in Königsberg (1805). Als Spion 1807 vor B. verhaftet und zeitw. in franz. Gefängnis. 1808 in Dresden (SA) mit dem Staats- und Gesellschaftstheoretiker A. H. Müller Gründung der Zs. »Phöbus«. In B. seit 1. 10. 1810 Hrsg. und Autor der »Berliner Abendblätter«, die nur bis März 11 erschienen. Freitod zus. mit Henriette Vogel. – W.: Amphitryon (Lsp. 1807); Erzählungen (u.a. »Michael Kohlhaas«, 1810f.); Der zerbrochne Krug (K. 1811). Hinterlassene Schriften (u.a. »Der Prinz von Homburg«, Hrsg. L. Tieck, 1821); Sämtl. Werke und Briefe (Hrsg. H. Sembdner, 6. Aufl. 1977);

Sämtl. Werke. Brandenburger Ausg. (Hrsg. R. Reuß und P. Staengle, 1988ff.). – Anstelle des Wohnhauses **Mauerstraße** Nr. 53 (Mitte) Neubau von 1912 mit Gedenktafel und »Penthesilea«-Relief von G. Kolbe; Grabstätte am Todesort über dem Südufer des Kleinen Wannsees, Grundstück **Bismarckstraße** Nr. 3 (Zehlendorf/Stein von 1861 im Märk. Museum); Herme im **Viktoriapark** auf dem Kreuzberg. – Slg. Amerika-Gedenk-B. B.-Kleist-Preis (seit 1985, in Anknüpfung an den von 1912-32 vergebenen »Kleist-Preis«). H.-v.-K.-Gesellschaft (seit 1960); Kleist-Gedenk- und Forschungsstätte Frankfurt a.d.O. – »Heinrich von Kleists Lebensspuren« (Hrsg. H. Sembdner, n. 1977); »Heinrich von Kleist. Leben und Werk im Bild« (Hrsg. E. Siebert, 1980). Karin Reschke, »Verfolgte des Glücks. Findebuch der Henriette Vogel«, 1982.

Clemens Brentano, *9. 9. 1778 Koblenz (RP), †28. 7. 1842 Aschaffenburg

Kleist-Grab am Kleinen Wannsee

Deutschen Tischgesellschaft«, vollendete hier die »Romanzen vom Rosenkranz« und schrieb eine Kantate zur Eröffnung der Berliner Universität am 15. Okt. 1810. 1816 Bekanntschaft mit Luise Hensel (Paderborn/NRW), unter ihrem Einfluß Rückkehr zum kath. Glauben. (Ablegung der Generalbeichte am 27. 2. 1817 in der **St.-Hedwigs-Kirche**.) – W.: Godwi (R. 1801); Ponce de Leon (Lsp. 1804); Des Knaben Wunderhorn (Hrsg. mit A. v. Arnim, 1805/08); Geschichte vom braven Kasperl und dem schönen Annerl (1838); Die Märchen (1846f.); Gedichte (1854); Romanzen vom Rosenkranz (vollst. 1912); Werke (Hrsg. F. Kemp, 1963-68); Briefe (Hrsg. F. Seebaß u.a., 1951); Sämtl. Werke und Briefe. Hist.-krit. Ausg. (Hrsg. J. Behrens, W. Frühwald, D. Lüders, 1975ff.).

(B), lebte 1808-18, anfangs zus. mit A. von Arnim in der **Mauerstraße** (Ecke **Behrenstraße**/Mitte) in einem »Chaos von Guitarren, Büchern etc.« wohnend, meist in B., »als sei es seine Heimatstadt«. Mitglied der »Christlich-

Sonnenaufgang über Berlin

Die Sonne, die den goldumsäumten Fächer
Des Morgenrots entfaltet hat,
Vergüldet nun mit ihrem Strahl die Dächer
Und grüßt mit Lächeln unsre Königsstadt.

Aus grauer Dämmrung wälzen hohe Erker,
Besonnte Gipfel sich hervor.
Des blau gewölbten Tages Glanz wird stärker,
Und majestätisch steigt Berlin empor.

Mit seiner Häuser und Paläste Menge
Hat es die ganze Flur bedeckt:
Dort dehnt es sich in ungeheurer Länge
Und hat die weiten Arme ausgestreckt

Von da, wo seiner Dächer helles Schimmern
Sich in des Waldes Grün verliert,
Bis an die Wiesen, deren sanftes Flimmern,
Im Sonnenglanz, die Morgenseite ziert.

Schon seh ich hier Paläste an Palästen,
Die ihre stolzen Häupter blähn,
Und, wie an einer graden Schnur, in festen,
Geschlossnen Reihn, gleich unsern Kriegern, stehn.

Wie eine Stadt erhebt in ihrer Mitte
Der Königssitz sein Haupt und ragt
Hoch über sie, wie über eine Hütte
Das kleinste unsrer Felsenhäuser ragt.

Rund, um die hohe Königsburg zu schmücken,
Im Kreis erheben überall
Paläst' und Tempel sich vor meinen Blicken,
Und wie ein Fels das mächt'ge Arsenal.

Wie in dem Ofen goldne Feuergluten,
Wie Tröpfchen, die der Morgen taut,
So glänzt der ganze Strom, in dessen Fluten
Der Städte Königin ihr Antlitz schaut.

Nun strömt das Licht herab wie Flammenbäche,
Und alle Gipfel sind besonnt,
Unübersehbar ist die weite Fläche
Der Stadt und reicht bis an den Horizont.

Und Türme dämmern noch in weiter Ferne
Und sind beinah dem Aug' entrückt,
Das dennoch, voll von süßer Sehnsucht, gerne
In diesen Dämmerschein hinüberblickt.

Wer mit der Morgenröt' erwacht, den lohnet
Sie mit der Fülle jeder Lust,
Und Heiterkeit und süßer Friede wohnet
Dann einen ganzen Tag in seiner Brust.

Du aber, träger Schlummrer, o erröte
Vor ihrem holden Angesicht,
Das dich so freundlich lächelnd weckt, und töte
Die besten Stunden deines Lebens nicht.

Karl Philipp Moritz, 10. 8. 1780

(Julius) Eduard Hitzig, * 26. 3. 1780 B., † 26. 11. 1849 ebd., Kriminaldirektor, Verleger, Schriftsteller. Befreundet mit Z. Werner, F. de la Motte Fouqué und E. T. A. Hoffmann, schrieb deren Biographien, gründete 1824 die »Neue Mittwochsgesellschaft«, gehörte zum »Nordsternbund« und zur Runde bei »Lutter & Wegner«. – Haus **Friedrichstraße** Nr. 242; Grab **Friedhof der Dorotheenstädt. und Friedrich-Werderschen Gem., Chausseestraße** (M 1-21/Mitte). – Nachlaß Märk. Museum, Briefe BSB und DLA Marbach.

Achim (eig. **Ludwig Joachim) von Arnim,** * 26. 1. 1781 B. (im Arnimschen Palais am »Quarré«, **Pariser Platz** Nr. 4/Mitte), † 21. 1. 1831 Wiepersdorf/Kreis Jüterbog (BR), bedeutender Vertreter der Hochromantik, v.a. Erzähler und Lyriker. Studium in Halle (SAN) und Göttingen (NDS). Hier 1801 Beginn lebenslanger Freundschaft mit C. Brentano, mit dem er in Heidelberg (BW) die Volkslieder-Slg. »Des Knaben Wunderhorn« (1805-08) herausgab. 1808-12 in B., 11 Gründung der konservativen »Christlich Deutschen Tischgesellschaft« und Heirat mit Bettina Brentano. Wohnung zunächst im Gartenhaus des (im 2. Weltkrieg zerstörten) Gräflich Vossischen Palais in der **Wilhelmstraße/** Ecke **Voßstraße** (Mitte). Ab 1814 Schriftsteller und Landwirt auf Gut Wiepersdorf. – W.: Trösteinsamkeit (Zs. 1808); Die Kronenwächter (R. 1817). Der Stralauer Fischzug (Lsp. 1846); Sämtl. Romane und Erzählungen (Hrsg. W. Migge, 1962-65); Achim und Bettina in ihren Briefen (Hrsg. W. Vordtriede, 1961). »Mir ist zu licht zum Schlafen«, Gedichte, Prosa, Stücke, Briefe, Aufsätze (Hrsg. G. Wolf, 1983). – Nachlaß FDH Frankfurt a.M., GSA. Weimar; Slg. UB Heidelberg. – »Achim von Arnim« (Ausstellungskatalog des FDH 1981).

Adelbert von Chamisso (eig. **Louis Charles Adelaide de Chamisso de Boncourt),** * 30. 1. 1781 Schloß Boncourt/Champagne, † 21. 8. 1838 B., Lyriker und Erzähler. Die Familie kam 1796 nach B., Ch. wurde Page der Königin Luise und war 1798-1807 preuß. Offizier. (Der »Nordsternbund« traf sich gern in seiner Wachstube am Brandenburger Tor). Dichtete seit 1803 in dt. Sprache. 1804/06 zusammen mit Varnhagen von Ense Herausgabe des »Grünen Musenalmanachs«. 1810-12 auf Reisen, 15-18 Teilnahme an einer russ. wiss. Expedition (»Reise um die Welt«, 1836-39). Seit 1819 Adjunkt, später Kustos beim Alten Botan. Garten (Schöneberg/heute **Kleist-**

park). **Chamissoplatz** in Kreuzberg Treffpunkt und Veranstaltungsort. – W.: Peter Schlemihls wundersame Geschichte (E. 1814); Gedichte (1831). Sämtl. Werke, Hist.-krit. Ausg. (Hrsg. H. Tardel, 1907); Sämtl. Werke (Hrsg. J. Perfahl und V. Hoffmann, 1975). – Ehrengrab **Friedhof der Jerusalems- u. Neuen Kirchen-Gem. III, Mehringdamm** (Abt. 3/1-38-1/Kreuzberg); Denkmal am Eingang zum **Monbijoupark** (Mitte); Gedenktafel von ehem. Wohnhaus **Friedrichstraße** Nr. 235 im **Botan. Museum** Steglitz. – Adelbert von Chamisso-Preis (der Robert Bosch Stiftung, seit 1984/85 für bedeutende Beiträge ausländ. Autoren zur dt. Literatur). – Nachlaß DSB.

Ernst Raupach (Ps. **Em. Leutner**), * 21. 5. 1784 Straupitz b. Liegnitz, † 18. 3. 1852 B., erfolgreicher Modedramatiker. Schrieb 117 (darunter 16 Hohenstaufen-)Dramen, Lustspiele im Stil A. v. Kotzebues (Mannheim/BW), gängige Rührstücke (»Der Müller und sein Kind«, 1835). – Grab **Friedhof der Dreifaltigkeitsgem., Baruther Straße** (VII-HA-16/Kreuzberg).

Jacob Ludwig Karl Grimm, * 4. 1. 1785 Hanau (H), † 20. 9. 1863 B., Begründer der modernen Germanistik, Forschungen über Grammatik, Lit.- und Sprachgeschichte, Altertumskunde, Märchen und Sagen. Lebte in Steinau und Kassel (beides H), studierte danach in Marburg (H) u. a. bei F. K. von Savigny, dessen Mitarbeiter er 1804 in Paris war. 1808-29 Bibliothekar in Kassel, 14/15 in Paris und Legationsrat am Wiener Kongreß. 1829 Berufung nach Göttingen (NDS), wo er

37 als einer der »Göttinger Sieben« des Landes verwiesen wurde. 1840 von Friedrich Wilhelm IV. nach B. berufen; Mitglied der Akademie der Wiss. Von 1841 an wohnte er im »Geheimratsviertel« (zuerst **Lennéstraße** Nr. 8, später **Linkstraße** Nr. 7, dicht am Potsdamer Platz/Tiergarten); häufig zu Gast waren J. Rodenberg, L. v. Ranke, F. W. J. Schelling (Leonberg/ BW), F. K. von Savigny, Bettina von Arnim. Mit seinem Bruder Wilhelm ab 1852 Hrsg. des »Deutschen Wörterbuchs«. – W.: Kinder- und Hausmärchen (mit Wilhelm G., 1812, 15, 23); Deutsche Sagen (mit Wilhelm G., 1816-18); Deutsche Grammatik (1819-37); Kleinere Schriften (mit Aut., 1864-90). – Ehrengrab **Friedhof der St. Matthäi-Gem., Großgörschenstraße** (F-s-1-2/Schöneberg). – W. Schoof, »Die Brüder Grimm in B.« (1964).

Bettina von Arnim (geb. Brentano), * 4. 4. 1785 Frankfurt a. M. (H), † 20. 1. 1859 B., Tochter der mit Goethe befreundeten Maximiliane, Enkelin der Sophie von La Roche (Kaufbeuren/B). Kam 1810 nach B. und lebte zunächst im Haus ihres Schwagers F. K. von Savigny (Marburg/H) am **Monbijouplatz** Nr. 1 (Mitte). Verlobung mit Achim von A. auf einem Spaziergang am **Schiffbauerdamm** (Mitte) im Dezember des gleichen Jahres. Glückliche Ehe (sieben Kinder). Ab 1831 ständig in B. Wohnung und lit. Salon: 1835-44 im Palais Raczynski **Unter den Linden** Nr. 21 (heute Nr. 39/Neubau), von 1847 bis zu ihrem Tod **In den Zelten** Nr. 5 beim Tiergarten, mit zwei Salons, einem aristokratischen und einem de-

Quartettabend bei Bettina von Arnim (Aquarell von J. C. Arnold, um 1854/56)

mokratischen (heute dort Kongreß-
halle; Gedenktafel im Eingang). Grab
wie das ihres Mannes in Wiepersdorf
(Gedichte von P. Huchel, G. Eich und
S. Kirsch). – »Dieses Buch gehört dem
König« (d. h. Friedrich Wilhelm IV.,
dem »Romantiker auf dem Thron«):
Protokoll der Mißstände im B.er Ar-
beiter- und Armenviertel im sog.
Vogtland zwischen dem **Hamburger**
und **Oranienburger Tor** (Mitte, 1843);
»Gespräche mit Dämonen (1852). –
W.: Goethes Briefwechsel mit einem
Kinde (1835); Die Günderode (Br.
1840); Clemens Brentano Frühlings-
kranz (Br. 1844). Werke und Briefe
(Hrsg. G. Konrad, 1958-61). – Bettina-
von-Arnim-Gesellschaft verleiht B.-v.-
A.-Forschungspreis (seit 1987). – I.
Drewitz, »Bettina von Arnim. Roman-
tik – Revolution – Utopie« (1969);
»Die Sehnsucht hat allemal Recht«,
Gedichte, Prosa, Briefe (Hrsg. G.
Wolf, 1984).

Wilhelm Karl Grimm, * 24. 2. 1786

Hanau (H), †16. 12. 1859 B., Haupt-
sammler und (Nach)Erzähler der Märchen. Lebte und arbeitete größtenteils
mit seinem Bruder Jacob zusammen.
Studierte 1803-06 in Marburg (H) Jura
und war dort Privatgelehrter. 1814-29
Bibliothekssekretär in Kassel (H), 30
Bibliothekar. Ab 1831 Prof. in Göttingen (NDS); ebenfalls ausgewiesen. Seit
1841 Mitglied der Akademie der Wiss.
in B. Anfang der fünfziger Jahre gaben
Wilhelm und sein Bruder ihre Vorlesungen auf, um nur noch am »Deutschen Wörterbuch« zu arbeiten. – W.:
Die deutschen Heldensagen (1829);
Kleinere Schriften (mit Aut. 1881-
87). – Ehrengrab neben dem seines
Bruders **Friedhof der St. Matthäi-Ge-
meinde, Großgörschenstraße**/Schö-
neberg). Gedenktafel für J. und W.
Grimm **Potsdamer Str. Nr. 5** (Tiergarten). – Nachlaß der Brüder SB B.,
Kreismuseum Haldensleben (SAN);
Slg. DSB, LB Kassel, UB Marburg
(Volksliederslg.). – Brüder-Grimm-

Preis des Landes Berlin zur Förderung des Kinder- und Jugendtheaters (seit 1961) u.a.

Joseph Freiherr von Eichendorff, * 10. 3. 1788 Schloß Lubowitz/Oberschlesien, † 26. 11. 1857 Neiße, bedeutendster Dichter der Hochromantik. Schul- und erste Studienjahre in Breslau, später in Halle (SAN) und Heidelberg (BW). 1809 kam Eichendorff nach Berlin, und er und sein Bruder hausten in der »schönen und sehr belebten« **Königstraße** (Mitte) als »gute arme Schlucker«. Umgang u.a. mit A. von Arnim, H. von Kleist, A. H. Müller und C. Brentano. Nach Abschluß des Studiums in Wien 1816 Eintritt in den Staatsdienst; abwechselnd in Breslau, Danzig, Königsberg; 1831-44 Vortragender Rat für kath. Kirchen- und Schulwesen im Kultusministerium. Mitglied der »Neuen Mittwochsgesellschaft« von 1824. Vollendete in B. den Roman »Dichter und ihre Gesellen« (1834) und das Lustspiel »Die Freier« (1837). 1847 und 50-55 abermals in B. Unterkunft in der Dienstwohnung seines Schwiegersohnes in der Kadettenanstalt in der **Neuen Friedrichstraße** (heute im Bereich des Stadtgerichts, **Littenstraße** Nr. 14/15/Mitte), in den Sommermonaten Quartier am Fuß des Kreuzbergs; im Frühjahr 50 Gartenhaus **Am Karlsbad** Nr. 4 (Schöneberg): »Wie Robinson auf seiner Insel, auf der die Nachtigallen schlagen«. – Teilnachlaß DSB, Mss. Dt. E.-Museum Wangen.

Die Romantiker

Um 1789 wurde das preußisch-protestantische Berlin in Nachbarschaft zu Jena Hochburg der Romantik. **W.H. Wackenroder** und seinem Freund **L. Tieck** (der ihrer Freundschaft in »Franz Sternbalds Wanderungen«, 1798, ein Denkmal setzte) erschien die Stadt, nach ihren Wanderungen durch Franken, als »trockene, dürre, erbärmliche Welt.« **F. Schlegel**, den die Freunde in den literarischen Salons, u.a. bei **Henriette Herz** in der **Neuen Friedrichstraße** (heute existiert nur der südl. Teil noch als **Littenstraße**/Mitte) trafen, sah die neue Bewegung als »Antithese des alten Berlinismus«. Tiecks Stück »Der gestiefelte Kater«, eine Lokalposse, in der er auch die literar. Salons karikierte (ähnlich wie in den sog. »Berliner Novellen«), hatte 1798 viel Aufsehen erregt. F. Schlegels »Lucinde« verursachte ein Jahr später einen Skandal. (Kurz zuvor hatte F. Nicolai als Gegenentwurf die »Vertrauten Briefe von Adelheid B. an ihre Freundin Julie« veröffentlicht.) Zu diesem ersten romantischen Freundeskreis gehörten, neben den Brüdern Humboldt, auch **F.E.D. Schleiermacher** (»Über die Religion. Reden an die Gebildeten unter ihren Verächtern«, 1799), der F. Schlegel in seine Wohnung im Charité-Gelände aufnahm (**Luisenstraße/Mitte**), sowie Tiecks früherer Lehrer Ferdinand Bernhardi, der mit den Geschwistern Tieck eine Wohnung vor dem damaligen **Rosenthaler Tor** bewohnte. 1798 gründeten sie die Zs. »Athenäum«, wichen aber nach dem offenen Bruch, u.a. mit F. Nicolai, nach Jena aus: Dort war »das ›Paradies‹, die Idylle ... der Romantik, Berlin hingegen ein Kampfplatz, und zwar der wichtigste und naturgemäße.« **A.W. Schlegel** gelang es, mit seiner 1801 begonnenen Vorlesungsreihe über »Schöne Kunst und Literatur« die neue Auffassung durchzusetzen. (Zu seinen begeisterten Hörern gehörte auch **Madame de Staël**.) Als **E.T.A. Hoffmann** 1814 zu seinem letzten Aufenthalt nach Berlin kam, sammelte er einen Kreis um sich, der Mitglieder des ›Nordstern‹-Bundes und »Veteranen« der B.er romantischen Schule vereinte und durch den Erzählzyklus »Die Serapionsbrüder« (ersch. 1819-21) berühmt wurde. Die Teilnehmer an den »Seraphinenabenden«, darunter **J.E. Hitzig**, L. Tieck (dessen 1812-16 ersch. »Phantasus« Hoffmann beeinflußte), Professor F. Bernhardi, **A.v. Chamisso** (»Peter Schlemihls wundersame Geschichte« regte H.s Berlin-Erzählung »Abenteuer der Silvesternacht« an) und der Dichter der »Undine«, **F. von Fouqué**, trafen sich in Hoffmanns Wohnung am **Gendarmenmarkt**. »Du kennst die Treu, die mir die Hand geführet«, überschrieb Hitzig 1823 seine Hoffmann-Biographie.

Leopold von Ranke, *21. 12. 1795 Wiehe (TH), †23. 5. 1886 B., Historiker (»Fürst der deutschen Geschichtsschreibung«), Grundsatz: feststellen, »wie es eigentlich gewesen«. 1825-71 Professor; 41 zum Historiographen des preuß. Staats bestellt. Wohnhaus **Luisenstraße** Nr. 24a (Mitte), wo R. von 1844 bis zu seinem Tod lebte, kriegszerstört. – W.: Zwölf Bücher preußischer Geschichte (1874); Weltgeschichte (1881-88). Zur eigenen Lebensgeschichte (1890); Sämtl. Werke (n. 1914ff.). – Grab **Alter Sophienkirchhof** (Mitte); Bildnis B.-Museum. – Nachlaß SB B.

Heinrich Heine, *13.12.1797 Düsseldorf/NRW, †17. 2. 1856 Paris, betrieb 1821-23 als Jurastudent in B. mehr Philosophie (bei G. W. F. Hegel) und

Heine-Denkmal im Volkspark am Weinberg

Literatur als Jus. Fleißiger Gast im Salon und Verehrer R. von Varnhagens (»Ich wünsche mir ein Hundehalsband mit der Inschrift: Ich gehöre Frau von Varnhagen«). Vom »wohlbekannten Venusberg« B. berichtete er als Korrespondent des »Rheinisch-Westfälischen Anzeigers« (»Briefe aus Berlin«). 1824 und 29 besuchte H. noch einmal die Stadt. – Wohnungen: zunächst im »Schwarzen Adler« (**Poststraße** Nr. 30), dann u. a. **Behrenstraße** Nr. 71 (Gedenktafel am Haus Nr. 12), **Mauerstraße** Nr. 51, **Unter den Linden** Nr. 24 (bei seinem Vetter Schiff), **Neue Friedrichstraße** Nr. 47, **Taubenstraße** Nr. 32; 1829 **Friedrichstraße** Nr. 47 (bei Friedländer, nördlich der Weidendammer Brücke). Denkmal im **Volkspark am Weinberg** (Mitte). – (Heinrich-Heine-Preis der DDR, seit 1956). – »Und grüß mich nicht Unter den Linden. Heine in Berlin« (Hrsg. G. Wolf, 1980).

Biedermeier und Realismus

Karl von Holtei, * 24. 1. 1798 Breslau, † 12. 2. 1880 ebd., populärer Schauspieler und Regisseur, Dramatiker (Liederspiele), Lyriker (lit. Entdecker des schles. Dialekts), Erzähler. 1823-28, u.a. als Direktionssekretär und Spielleiter am Königstädt. Theater (**Alexanderplatz**/Mitte), wohnte später in Charlottenburg. Ab 1833 Wanderleben (Riga, Graz). Ab 1864 in Breslau, 67 (als Protestant) Eintritt ins Kloster der Barmherzigen Brüder. – W.: Die Berliner in Wien (Lsp. 1825); Leonore (Sp. 1829, darin Mantellied »Schier dreißig Jahre bist du alt«); Ein Trauerspiel in Berlin (1831, zum erstenmal Gestalt des Eckenstehers Nante); Schlesische Gedichte (1830); Vierzig Jahre (Aut. 1843-50); Erzählende Schriften (1861-66). – H.-Archiv in Köln.

Christian Friedrich Scherenberg, * 5. 5. 1798 Stettin, † 9. 9. 1881 B., patriot. Lyriker (»Ligny«, »Waterloo«, »Leuthen«, »Hohenfriedberg«). Ab 1837 ständig in B., zum »Tunnel über der Spree« gehörig, 55 Bibliothekar im Kriegsministerium. – »Ausgew. Dichtungen« (Hrsg. H. Spiero, 1914). – Th. Fontane erzählt in seiner Scherenberg-Studie (1884) von Sch.s vier Wohnungen: **Bendlerstraße** Nr. 2, Ecke **Tiergartenstraße** (1838-50), **Grabenstraße** Nr. 28 (Gartenhäuschen, dem Grundstück **Tiergartenstraße** Nr. 19 zugehörig), **Lützowstraße**, heute Nr. 93/1852-60), **Potsdamer Straße** Nr. 82 (Tiergarten/»in Nähe des Botanischen Gartens«/

1860-81). – Grab **Kirchhof der Ge-meinde Alt-Schöneberg, Haupt-straße** Nr. 47.

Willibald Alexis (eig. **Georg Wilhelm Heinrich Häring**), * 29. 6. 1798 Breslau, † 16. 12. 1871 Arnstadt (TH), »deutscher Scott, Romancier Preußens« (W. Goetz). Kam 1806 nach B., war 20-24 Referendar am Kammergericht, dann freier Schriftsteller. Frühwerke (»Walladmor«, 1823 u. a.) als Romane W. Scotts ausgegeben. Redakteur, Hrsg. (des »Neuen Pitaval«, 1842-62, mit J. E. Hitzig), auch Spekulant, Makler, Gründer von Zss. und Buchhandlungen. Sein Haus in der **Wilhelmstraße** Nr. 97 (Mitte) frequentiert von Literaten (E. Geibel) und Künstlern. – W.: Cabanis (R. 1832); Der Roland von Berlin (R. 1840); Die Hosen des Herrn von Bredow (R. 1846); Der Wärwolf (R. 1848); Ruhe ist die erste Bürgerpflicht (R. 1852); Ges. Werke (1861-66). Erinnerungen (Hrsg. M. Ewert, 1899). – Teilnachlaß LB Potsdam, Slg. Amerika-Gedenk.-B. B.

Ludwig Rellstab (Ps. Freimund Zuschauer), * 13. 4. 1799 B., † 28. 11. 1860 ebd., Erzähler (hist. Unterhaltungsromane), Dramatiker, Opernlibrettist, gilt als Begründer des B.er Feuilletons. Kam 1823 nach B. zurück, wurde Musikkritiker und gab 30-40 eine eigene Musik-Zs., »Iris«, heraus. Eine satir. Schrift über Henriette Sonntag trug ihm Gefängnis ein. Einige seiner Gedichte (»Leise flehen meine Lieder«) von F. Schubert vertont. – W.: »1812« (Napoleon-R. 1834); Der Wildschütz (R. 1835); Aus meinem

Leben (Aut. 1861). – Grab **Friedhof der St.-Petri-Gem., Friedenstraße** (Friedrichshain).

Charlotte Birch-Pfeiffer (Stuttgart/BW) wurde 1844 Mitglied des Kgl. Schauspielhauses und gehörte ihm bis zu ihrem Tod (1868) an. Auf dem Balkon ihrer Wohnung an der **Potsdamer Brücke,** wo sie als »weiblicher Kotzebue« ihr Rührstück »Die Waise von Lowood« schrieb, notierte sie: »Die Berliner lassen sich nur für Augenblicke verblüffen, dann finden sie schon von selber den Weg.« – Grab **Friedhof der Jerusalems- und Neuen Kirchen-Gem., Bergmannstraße** (Kreuzberg).

August Kopisch, * 26. 5. 1799 Breslau, † 3. 2. 1853 B., Maler, volkstüml. Liederdichter (»Heinzelmännchen von Köln«), auch Novellist, Dramatiker und Übersetzer (Dante). 1823-28 in Italien: Umgang mit A. v. Platen (Ansbach/B); mit E. Fries Entdeckung der Blauen Grotte bei Capri. Seit 1833 in B. (Wohnung **Friedrichstraße** Nr. 218), Hofmarschallamt, 47 Übersiedlung nach Potsdam (BR) als Schloßkonservator (»Geschichte der königlichen Schlösser und Gärten bei Potsdam«). – »Ges. Werke« (Hrsg. K. Bötticher, 1856); Kopisch. Ausw. (Hrsg. M. Landmann, 1960). – Grab **Dreifaltigkeitsfriedhof, Bergmannstraße** (c-w. s.-52/Kreuzberg).

Franz Freiherr von Gaudy, * 19. 4. 1800, Frankfurt a. d. O. (BR), † 6. 2. 1840 B., epigonaler Spätromantiker. Ab 1810 am Franz. Gymnasium B., Jugendkamerad Friedrich Wilhelms IV. 1818-33 Offizierslaufbahn; dann freier Schriftsteller in B.; Reisen bis 39; Mithrsg. des »Deutschen Musenalmanachs«. Seine Wohnung in der heutigen **Markgrafenstraße** Nr. 17 (Mitte/ Gedenktafel) beschrieb er in der Humoreske »Besuch bei einem Dichter« (1837). – »Sämtl. Werke« (Hrsg. A Müller, 1844). – Grab **Friedhof der Jerusalems- und Neuen Kirchen-Gem. I, Zossener Straße** (Abtlg. 2/3-3-8/9/ Kreuzberg).

Karl Simrock (Bonn/NRW), 1822 in B. Jura- und Germanistikstudium (bei K. Lachmann/Braunschweig/NDS). Ab 1826 Referendar am Kammergericht. 1830 wegen eines Gedichts auf die Juli-Revolution entlassen. (Der dänische Dichter H. Ch. Andersen 1831: S. hatte »mit einem politischen Gedicht, ›Drei Tage und drei Farben‹, große Aufmerksamkeit erregt und war dafür aus seinem Amt entlassen worden, genoß jedoch allgemeine Achtung und wartete darauf, daß man ihn wieder einstellte.«) In B. arbeitete S. an der Übertragung des Nibelungenliedes und des »Armen Heinrich«.

Michael Beer, * 19. 8. 1800 B., † 22. 3. 1833 München (B), klassizist. Dramatiker. Sein Einakter »Der Paria« (1826), für die Emanzipation der Juden eintretend, fand Goethes Beifall. – W.: Struensee (Tr. 1829, mit Musik seines Bruders J. Liebmann B., gen. Meyerbeer). Sämtl. Werke (Hrsg. E. v. Schenk, 1835). – Gedenktafel **Jüd. Friedhof, Schönhauser Allee** (Prenzlauer Berg).

Heinrich Stieglitz, * 22. 2. 1801 Arolsen (H), † 23. 8. 1849 Venedig, sollte durch den schwärmerischen Freitod seiner Frau **Charlotte Sophie** (geb. Willhöft/1806-34) dichterisch (neu) inspiriert werden. Schrieb u.a. noch »Gruß an Berlin, ein Zukunftstraum« (1838). Starb in Venedig an der Cholera. – Sein Grab wie das seiner Frau (»Charlotte St., Ein Denkmal«, Hrsg. Th. Mundt, 1835), **Friedhof der Sophienkirchengem., Bergstraße** (Mitte), eingeebnet. – »Charlotte Stieglitz. Geschichte eines Denkmals« (Hrsg. S. Ledanff, 1986); Ch. St. Gedichte und Briefe (Hrsg. F. J. Görtz, 1987). – Nachlaß Goethe-Museum Düsseldorf.

Theodor Mügge, * 8. 11. 1806 B., † 18. 2. 1861 ebd., fruchtbarer Unterhaltungs- und Reiseschriftsteller (spezialisiert für den nord.-balt. Raum: »Afraja«, R. 1854). Von der reaktionären Zensur verfolgt; 1848 Mitbegründer der liberalen »Nationalzeitung«. – »Ges. Romane« (1862-67). – Grab **Friedhof der Jerusalems- und Neuen Kirchen-Gem. I, Zossener Straße** (Kreuzberg).

Franz Theodor Kugler (Ps. **Franz Theodor Erwin**), * 19. 1. 1808 Stettin, † 18. 3. 1858 B., Maler, Dichter, Kunsthistoriker. Seit 1833 Prof. in B., Schwiegersohn von J. E. Hitzig, Schwiegervater P. Heyses. Seine gastfreie Mansardenwohnung in der **Friedrichstraße** (Kreuzberg) Mittelpunkt des »Tunnels über der Spree«. Vergessen sind seine Dramen und Prosa, in Erinnerung noch sein Lied »An der Saale hellem Strande«. – Ehrengrab **Friedhof der St. Matthäi-Gem., Großgörschenstraße** (A-s4/Schöneberg). – Nachlaß Kunst-B. B., BSB.

Theodor Mundt, *19. 9. 1808 Potsdam (BR), †30. 11. 1861 B., Journalist, Erzähler, Theoretiker des Jungen Deutschland. Übersiedelte 1839 nach B., kämpfte als Redakteur gegen preuß. Zensur, wurde 48 Prof. in Breslau, 50 Bibliothekar der UB Berlin. – Schrieb hist. Romane (»Thomas Münzer«, 1841), eine »Geschichte der Literatur der Gegenwart« (1842). Ehefrau »die Birch-Pfeiffer des deutschen Unterhaltungsromans« **Klara Müller** (Ps. **Luise Mühlbach**/1814-73). – Beider Grab **Friedhof der St. Matthäi-Gem.**, **Großgörschenstraße** (Schöneberg). – Slg. UB Berlin.

Adolf Glaßbrenner (Ps. **Adolf Brennglas**), *27. 3. 1810 B. (im Haus »Zum fliegenden Roß« in der **Leipziger Straße**/Mitte), †25. 9. 1876 ebd., »Aristophanes der Spree-Athener«, »Vater des Berliner Witzes«. Kaufmannslehrling, seit 1830 Schriftsteller. Liberaler Journalist, u. a. ab 1841 in Neustrelitz (MVP), dort 48 Führer der Demokrat. Partei, 50 des Landes verwiesen. 1850 nach Hamburg, 58 wieder in B. Schrieb »Berlin, wie es ist – und trinkt« (32 Hefte, von 1832-50), »Buntes Berlin« (15 Hefte, von 1837-41) sowie den »Komischen Volkskalender« (1846-67) – eine dreibändige Auswahl erschien 1981 u. d. T. »Unterrichtung der Nation«. – Wohnung um 1830 **Leipziger Straße** Nr. 31; Ehrengrab **Friedhof der Jerusalems- und Neuen Kirchen-Gem. III** (Abtlg. 1/2-17-20/21) am **Mehringdamm** (Kreuzberg) – Glaßbrenner-Gesellschaft (1982). – I. Heinrich-Jost, »Adolf Glaßbrenner. Preußische Köpfe«, 1981.

Karl Ferdinand Gutzkow, *17. 3. 1811 B., †16. 12. 1878 Frankfurt a. M. (H), »brillanter Journalist, der sich das Dichten angewöhnte« (Th. Fontane). Geboren als Sohn eines Leibkutschers in der damaligen **Stallstraße** Nr. 17 (heute **Universitätsstraße** Nr. 6), wuchs auf im alten Akademiegebäude **Unter den Linden** (Mitte): »Aus der Knabenzeit«, Aut. 1852. Unstetes Leben: Freisinniger Programmatiker des pol.-liberalen Jungen Deutschland; während der 48er Revolution in B.; 1855 Mitbegründer und (61-64) Generalsekretär der dt. Schillerstiftung in Weimar. Zuletzt zunehmendes Nervenleiden. – W.: Wally, die Zweiflerin (R. 1835); Zopf und Schwert (Lsp. 1844); Die Ritter vom Geiste (R. 1850-52, Schauplatz u. a. »Tempelheide« = Tempelhof); Rückblicke auf mein Leben (1875). Werke (Hrsg. H. H. Houben, 1908). »Unter dem schwarzen Bären. Erlebtes zwischen 1811-1848« (Hrsg. F. Böttger, 1971); »Berlin – Panorama einer Residenzstadt« (Hrsg. W. Rasch in der Reihe »Märkischer Dichtergarten«, 1995). – Gedenktafel vom Wohnhaus in der Universitätsstraße (Mitte) im **Märk. Museum**. – Nachlaß StuUB Frankfurt a. M., Mss. und Briefe DLA Marbach, Briefe Heine-Institut, Düsseldorf.

Fanny Lewald (eig. **Stahr**), *24. 3. 1811 Königsberg, †5. 8. 1889 Dresden (SA), Frau des Erzählers und Literaturhistorikers **Adolf Stahr** (1805-76), kämpfte für die Frauenemanzipation (Persiflage »Diogena« auf ihre Antipodin Ida Hahn-Hahn/Mainz, RP). – Wohnung zunächst in einem verfallenen Haus in der **Markgrafenstraße** »dicht am Gendarmenmarkte« (Mitte). Im Roman »Freigeboren« (1902) schildert F. Spielhagen ihren Salon in der **Matthäikirchstraße** (damals Nr. 21/Tiergarten), in dem u. a. F. Liszt zu Gast war. – Viel gelesene Unterhaltungsromane, bedeutender ihre ostpreuß. Erzählungen (»Die Familie Darner«, 1887) und die Memoiren (»Erinnerungen aus dem Jahre 1848«; »Meine Lebensgeschichte«, 1861, n. 1980). – »Freiheit des Herzens«, Lebensgeschichte – Briefe – Erinnerungen, Hrsg. G. Wolf, 1987. – Nachlaß DSB.

Theodor Mommsen, * 30. 11. 1817 Garding (SH), † 1. 11. 1903 B., Historiker und bedeutender Erforscher der röm. Geschichte. Kindheit in G., wo sein Vater Pastor war. Studium u. a. in Kiel (SH), 1852 Ordinarius in Zürich. Seit 1858 Prof. für Alte Geschichte in B., war als Mitglied des preuß. Abgeordnetenhauses Gegner O. v. Bismarcks. 1902 Nobelpreis für Literatur. – **Mommsenstraße** in Lichterfelde und Charlottenburg, wo M. als Ehrenbürger in seinem (heute zerstörten) Haus in der **Marchstraße** Nr. 6 starb. – Grab **Friedhof I der Dreifaltigkeitsgemeinde** am **Blücherplatz** (O-UA-36/Kreuzberg). – Denkmal im Ehrenhof der Universität (Mitte); Bildnis im B.-Museum. – Nachlaß DSB, Dt. Akademie der Wiss. B. – A. Mommsen, »Mein Vater«. Erinn. an Th. M. (1936, n. 92); H. Müller, »Mommsens Block« (G. 1993).

Ernst Dohm, * 24. 5. 1819 Breslau, † 5. 2. 1883 B., seit 1849 führender Kopf des pol.-satir. Wochenblattes »Kladderadatsch«, das er 34 Jahre lang leitete; »Erfinder« des dt. Kalauers (Calau/BR). Hielt mit seiner Frau **Hedwig** (20. 9. 1833-4. 6. 1919), Schriftstellerin und eine der bedeutendsten Vertreterinnen der bürgerl. Frauenbewegung, in der **Potsdamer Straße** Nr. 27a (heute Nr. 72) ein gastfreies Haus in der Tradition des lit. Salons. Im Alter lebte Hedwig D. im Hause ihrer Tochter Else in der **Tiergartenstraße** Nr. 19 (Tiergarten). Dort besuchten Katja, die H. D.s Enkelin war, und Thomas Mann (Lübeck/SH) sie kurz vor ihrer Hochzeit im November 1904. Th. Mann beschreibt die »Little Grandma« in seinem Versidyll »Gesang vom Kindchen« (1919) und als »eifernde Verfechterin der Ehre ihres Geschlechts« in einer 1942 veröffentlichten Skizze. – W. (von H. D.): »Was die Pastoren von den Frauen denken« (1872); »Schicksale einer Seele« (aut. R. 1899); in der Slg. »Erinnerungen und weitere Schriften von und über H. D.« ihre Aut. von 1912 »Kindheitserinnerungen einer alten Berlinerin« (Hrsg. B. Rahm, 1980).

Theodor Fontane, * 30. 12. 1819 Neuruppin (BR), † 20. 9. 1898 B., urbaner Erzähler und Balladendichter: »Das Poetische hat immer recht; es wächst weit über das Historische hinaus« (»Frau Jenny Treibel«, R. 1892). »Gascogner an der Spree«. 1833 auf Klödens Gewerbeschule, **Wallstraße** (Mitte). 1844 Militärdienst, dann bis 49 Apotheker in B., zuletzt Instrukteur (Aut. »Von Zwanzig bis Dreißig«, 1898) am **Bethanien-Krankenhaus**,

Fontane am Schreibtisch (Fotografie von 1896)

Mariannenplatz in Kreuzberg (heute »Künstlerhaus Bethanien«, Apotheke erhalten/Gedenktafel). 1844 Dichterkreis »Tunnel über der Spree« (Archiv UB Humboldt-Universität). 1854-60 Korrespondent in London, dann bis 70 Redakteur der konservativen »Kreuz-Zeitung« in B. Ab 1862 »Wanderungen durch die Mark Brandenburg« 1862/82; Kriegsberichterstatter; 70-89 der moderne, aufgeschlossene Theaterkritiker bei der »Vossischen Zeitung« (»Parkettplatz 23« im Kgl. Schauspielhaus). Reisen; Schillerpreis. – W.: Vor dem Sturm (R. 1878); Schach von Wuthenow (E. 1883); Irrungen, Wirrungen (R. 1888); Stine (R. 1890); Unwiederbringlich (R. 1891); Effi Briest (R. 1895); Der Stechlin (R. 1899). Wanderungen durch die Mark Brandenburg, Bde. 1-5 (n. Bd. 6: »Dörfer und Flecken im Lande Ruppin«, Bd. 7: »Das Ländchen Friesack und die Bredows«, Hrsg. G. Erler, Mitarbeit Th.

Erler, 1991). »Die schönsten Wanderungen durch die Mark Brandenburg in Erstdrucken« (Hrsg. G. de Bruyn, 1989). Sämtl. Werke (Hrsg. K. Schreinert, 1955 ff.); Schriften und Briefe (Hrsg. W. Keitel und H. Nürnberger, 1962 ff.); Romane und Erzählungen (Hrsg. P. Goldammer, G. Erler, A. Golz u. a., 4. Aufl. 1993). Brief-Ausgg. u. a. von K. Schreinert, zu Ende geführt von Ch. Jolles (4 Bde. 1968); von W. Keitel und H. Nürnberger (5 in 6 Bdn. 1976-94); G. Erler (2 Bde. 1968). Tagebücher (innerhalb der von G. Erler hg. Großen Brandenburger Fontane-Ausgabe), 2 Bde. (1994).

Von den 18 Wohnungen F.s – vom »Dreitreppenhochzimmer« in der **Luisenstraße** (damals Nr. 12), heute im Bereich der HNO-Klinik der **Charité** gegenüber der Tierarzneischule/Mitte, wo er das erste Jahr als Schriftsteller verbrachte, bis zum Sterbehaus in der **Potsdamer Straße** Nr. 134c/Tiergarten, wo er seit 1872 lebte und

»bei geöffnetem Fenster unter ohrenbetäubendem Straßenlärm« an seinem letzten Roman schrieb – keine mehr erhalten: neun im Krieg zerstört, neun zugunsten von Neubauten abgerissen. Grab **Friedhof der Franz. Reformierten Gemeinde, Liesenstraße** (Mitte); F.-Zimmer im **Märk. Museum**; Denkmal im Tiergarten. 7 Straßen in Berlin nach F. benannt. – Theodor-Fontane-Archiv Potsdam (seit 1935); Theodor-Fontane-Gesellschaft (Potsdam, seit 1990); Fontane-Preis (Kunstpreis B., seit 1948).

»Das große Theodor Fontane Buch« (Hrsg. W. Pleister, 1980); G. Heller, »Unterwegs mit Fontane in Berlin und der Mark Brandenburg« (1992); G. Erler, »Die Stadt wächst, doch eine Schusterhaftigkeit bleibt«, in »LiteraturOrt Berlin« (Hrsg. G. Rühle, 1994); Ch. Grawe, »Führer durch Fontanes Romane« (1996); H. Knobloch, »Wanderung zu Fontanes Grab«: der Aufsatz über die seinerzeit komplizierten Wege zu F.s Grab im Schatten der Mauer entstand im Sommer 1978, durfte aber nicht gedruckt werden und erschien erstmals 1980 im Augustheft der Zs. »Sinn und Form«.

Georg Büchmann, * 4. 1. 1822 B., † 24. 2. 1884 ebd., Lehrer und Sprachforscher. Sammelte und veröffentlichte 1864 u. d. T. »Geflügelte Worte« seine »landläufigen Zitate« (viele Auflagen und Neubearbeitungen). – Sterbehaus (»Maison de santé«) **Hauptstraße** Nr. 14-16 (Schöneberg); Ehrengrab **Friedhof der St. Matthäi-Gem., Großgörschenstraße** (k-7-20/ Schöneberg).

Albert Emil Brachvogel, * 29. 4. 1824 Breslau, † 27. 11. 1878 B., erfolgreicher Dramatiker, Unterhaltungsromancier. Kam 1848 nach B., lebte nach 56 zeitw.

in Eisenach (TH) und Weißenfels (SAN), ab 71 wieder in B. – W.: Narciß (Tr. 1858); Friedemann Bach (R. 1858); Schubart und seine Zeitgenossen (R. 1864); Geschichte des Kgl. Theaters zu Berlin (1877 f.). Ges. Romane, Novellen und Dramen (Hrsg. M. Ring, 1879-83). – Ehrengrab **Friedhof der Domgemeinde, Müllerstraße** Nr. 72/73 (Abtlg. 1-7-1/ Wedding).

Karl Frenzel, * 6. 12. 1827 B., † 10. 6. 1914 ebd., Journalist (»Die Berliner Märztage und andere Erinnerungen«, 1911), Kritiker (»Berliner Dramaturgie«, 1877) und Romancier (»Charlotte Corday«, 1864). – Grab **Invalidenfriedhof, Scharnhorststraße** (Mitte). – Mss. und Briefe SB B.

Emil Frommel (Karlsruhe/BW) wurde 1867 in B. Garnison-, 72 Hofprediger. – Gedenktafel am »Garnison-Pfarrhaus«, **Burgstraße** Nr. 21; Grab **Garnisonfriedhof, Kleine Rosenthaler Straße** (Mitte).

Julius Rodenberg (Rinteln/Rodenberg/NDS) zog 1853 als junger Student in Berlin ein und fand »**Dorotheenstraße** Nr. 91« (Mitte), Otto Roquette schräg gegenüber, eine »freundliche, helle Stube«. 1862 Redakteur in B., edierte 1867-74 mit E. Dohm die belletrist. Zs. »Der Salon« und dann bis zu seinem Tod (1914) die von ihm gegründete »Deutsche Rundschau«. Veröffentlichte neben seinen damals vielgelesenen B.-Romanen (wie »Die Grandidiers«, 1879) von 1885-87 »Bilder aus dem Berliner Leben« (Ausw. n. 1987, Nachwort H. Knobloch). – Wohnung **Margaretenstraße** (Tier-

garten, heute dort Kulturforum). –
Grab **Zentralfriedhof Friedrichsfelde** (Lichtenberg), Mittelallee-Rondell 4, in den siebziger Jahren eingeebnet.

Friedrich Spielhagen, * 24. 2. 1829
Magdeburg (SAN), † 25. 2. 1911 B.,
volkstüml. pathet.-tendenziöser Er-
zähler der Gründerjahre, Lit.-Theore-
tiker. Gymnasiallehrer und Schriftleiter in Leipzig (SA), Hannover (NDS),
B. (»Deutsche Wochenschrift«, »We-
stermanns Monatshefte«). Zuletzt
freier Schriftsteller; Wohnung in der
Kantstraße Nr. 165 (Charlottenburg),
Gedenktafel. – W.: Problematische
Naturen (R. 1860, Schauplatz ist u.a.
Berlin im Jahr 1848); In Reih und
Glied (1867); Hammer und Amboß
(R. 1869); Finder und Erfinder (Aut.
1890). – Grab **Friedhof der Kaiser-
Wilhelm-Gedächtnis-Gem., Für-
stenbrunner Weg** (D-1-Erbb./Char-
lottenburg).

Paul Heyse, * 15. 3. 1830 (in der **Heilige Geist Straße** in Alt-Berlin, Mitte),
† 2. 4. 1914 München (B), epigonaler
Novellist, auch Lyriker, Dramatiker,
Übersetzer. Studium in B. (seit 1848
im Dichterkreis »Tunnel über der
Spree«) und Bonn (NRW). 1854 von
Maximilian II. nach München berufen,
68 Verzicht auf bay. Pension. Ab 1871
zus. mit H. Kurz (Reutlingen/BW)
Hrsg. des »Deutschen Novellenschat-
zes« (in der Einleitung »Falkentheo-
rie«). 1910 geadelt und Lit.-Nobel-
preis. – W.: Novellen (1855); Kolberg
(Dr. 1868); Kinder der Welt (R. 1873);
Jugenderinnerungen und Bekenntnisse (1900). Briefwechsel, u.a. mit Th.

*Einladungskarte der Berliner Dichter-
vereinigung »Tunnel über der Spree« zu
einer »Rütli«-Sitzung, Paul Heyse in der
Mitte mit einer Lyra (Federzeichnung
von A. von Menzel)*

Storm (1917/18), E. Geibel (1922), Th.
Fontane (1929); Ges. Werke (u.a.
1924); Werke (Hrsg. B. und J. Knick,
H. Korth, 1980). – Archiv BSB, Slg.
FDH Frankfurt a.M., LB Kiel, DLA
Marbach.

Wilhelm Raabe, * 8. 9. 1831 Eschers-
hausen (NDS), † 15. 11. 1910 Braun-
schweig (NDS), kam 23jährig als Student nach B. und wohnte **Spreestraße**
Nr. 11. Am 15. 11. 1854 »Federansetz-
zungstag« (nach W. Fuld »Legende«)
für sein erstes Werk: »Die Chronik der
Sperlingsgasse« (1857). Die Häuser in
der zum 100. Geburtstag des Dichters
(1931) in **»Sperlingsgasse«** umgetauf-
ten Straße z.T. kriegszerstört, 1964 abgerissen (Mitte). – R.s »zwiespältiges
Wesen« (W. Goetz) nachklingend auch
im »Hungerpastor« (1864), in »Deut-

Wilhelm Raabe: Umschlagbild »Die Chronik der Sperlingsgasse« (R. de Baux, 1858)

scher Adel« (1880) und »Villa Schönow« (1884). »Im alten Eisen« (1887) spielt – zwischen Mietskaserne, Trödelkeller und Friedhof – in Kreuzberg.

Julius Stettenheim, *2. 11. 1831 Hamburg, †30. 10. 1916 B., Humorist, Satiriker, Schöpfer des kom. Kriegsberichterstatters »Wippchen« aus Bernau (bei B.). Als Journalist 1857 in B., 62 in Hamburg (Gründung des Witzblatts »Die Wespen«), 67 wieder in B. (»Berliner Wespen«). – W.: Wippchens Sämtl. Berichte (18 Bde., 1878-1905); Wippchens Tage- und Nachtbuch (Aut. 1911). Wippchens lustige Auslese (1924). – Wohnung um 1890 **Lützowstraße** Nr. 100, um 1900 **Schöneberger Ufer** Nr. 31 (heute Nr. 57), um 1910 **Potsdamer Straße** Nr. 52 (heute

Nr. 130). Grab **Städt. Friedhof Wedding, Gerichtstraße.**

Friedrich Dernburg, *3. 10. 1833 Mainz (RP), †3. 12. 1911 B., Roman- und Reiseschriftsteller (»Ein Berliner auf Helgoland, 1894), seit 1875 Redakteur der »Nationalzeitung« und des »Berliner Tageblatts«. – »Berliner Geschichten« (1968). – Ehrengrab **Friedhof Grunewald, Bornstedter Straße** (Abtlg. III-Erbb.-9-15/Wilmersdorf).

Julius Wolff, *16. 9. 1834 Quedlinburg (SAN), †3. 6. 1910 B., Butzenscheiben-Lyriker, Dramatiker und Erzähler (v. a. Sagen und hist. Stoffe). Seine »Aventiure« »Der Rattenfänger von Hameln« (1876) brachte ihm die Ehrenbürgerschaft von H. ein. Gründete 1869 die »Harz-Zeitung« und lebte nach 70/71 (Landwehroffizier) als freier Schriftsteller in Charlottenburg. – »Sämtl. Werke« (Hrsg. J. Lauff, 1912ff.). – Grab **Alter Luisenfriedhof II, Königin-Elisabeth-Straße** (Charlottenburg).

Johannes Trojan, *14. 8. 1837 Danzig, †23. 11. 1915 Rostock (MVP). Erzähler (B.er Volksleben), Inspirator des »Allgemeinen deutschen Reimvereins«, 1862-99 Mitarbeiter, ab 86 Chefredakteur des »Kladderadatsch«. – »Berliner Bilder. Hundert Momentaufnahmen.« (1903); »Erinnerungen« (1912). – Letzte Berliner Wohnung **Marburger Straße** Nr. 12 (Charlottenburg).

Georg Moritz Ebers, *1. 3. 1837 B., †7. 8. 1898 Tutzing (Starnberg/B), Ägyptologe, beliebter Vertreter des hist. »Professorenromans«. Auf einer

Ägyptenreise (für K. Baedeker/Essen/ NRW) 1872/73 in Theben Entdeckung des sog. Papyrus E. – W.: Eine ägyptische Königstochter (R. 1864);

Die Geschichte meines Lebens (Aut. 1892); Barbara Blomberg (R. 1896). – Kindheit **Linkstraße** Nr. 7 (Tiergarten). – Nachlaß SB B.

Berlin

Im Jahre 1831

Du, meine liebe deutsche Heimat, hast,
Warum ich bat, und mehr noch mir gegeben,
Du ließest freundlich dem gebeugten Gast
Die eigne traute Hütte sich erheben,
Und der bescheidne kleine Raum umfaßt
Ein neuerwachtes, heitres, reiches Leben;
Ich habe nicht zu bitten, noch zu klagen,
Dir nur aus frommem Herzen Dank zu sagen. –

Du siehst mich zweifelnd halb und halb erschrocken
Mit feuchten Augen an, mein gutes Kind,
Laß nicht den Schein in Irrtum dich verlocken,
Es ist ja nur des Abends kühler Wind,
Des Mondes bleicher Schein auf meinen Locken,
Die fast wie Silber anzusehen sind;
Ein halbes Hundert mir entrauschter Jahre
Hat nicht mein Herz berührt, nur meine Haare.

Mit duft'gen üpp'gen Blumenkränzen mußt
Mit Rosen du beschatten ihren Glanz;
Ich bin noch jung, noch stark, noch voller Lust,
Und windet um die Stirne sich der Kranz,
Und wieget sich mein Haupt an deiner Brust,
Und wird der Traum zur Wirklichkeit so ganz,
Erblühet zum Gesang mein heimlich Weinen,
Und alle meine Lieder sind die deinen.

Ja! Lieder, neue Lieder will ich singen;
Du, meine Muse, lauschest unverwandt,
Und wenn die Weisen dir zum Herzen dringen,
Drückst leise du belohnend mir die Hand;

Laß ungestraft um uns die Kinder springen,
Vielleicht daß sie der Geist der Lieder bannt;
Kein Zwang: es würden mich die armen dauern,
Sie dürfen nicht um unsre Freude trauern.

Und, liebes Kind, laß Tür und Fenster offen;
Erworben hab ich mir der Freunde viele,
Und habe derer manche schon getroffen,
Die Freude hatten an dem heitern Spiele;
Willkommen sei, wer lauschen will: mein Hoffen
Wär eben, daß es vielen wohlgefiele;
Wem aber unsre Lieder nicht gefallen,
Der stört uns nicht, der wird vorüber wallen.

Adelbert von Chamisso

Paul Lindau, * 3. 6. 1839 Magdeburg (SAN), † 31. 1. 1919 B. Leitete Zeitungen in Düsseldorf (NRW), Leipzig (SA) und B., war ab 1895 Theaterintendant und schrieb Dramen in der Nachfolge A. Dumas' und V. Sardous sowie Romane aus aktuellen Anlässen; Zyklus »Berlin« (1886-88); »Der Prozeß Graef« (n. 1990). – »Nur Erinnerungen« (Aut. 1916). – Briefe und Mss. DLA Marbach, UB Münster.

Heinrich Seidel, * 25. 6. 1842 Perlin (Mecklenburg), † 7. 11. 1906 B., Erzähler. Kam 1866 an die Gewerbeakademie B., konstruierte als Ingenieur das Hallendach des Anhalter Bahnhofs (Teil der Fassade erhalten, Südwestseite **Askanischer Platz**/Kreuzberg). Seit 80 freier Schriftsteller, literarische Anerkennung im Dichterkreis »Tunnel über der Spree«. Gründete 1882 mit J. Trojan und J. Stinde den anti-naturalistischen »Allgemeinen Deut-

schen Reimverein«. Am bekanntesten wurde sein B.-Roman »Leberecht Hühnchen« (vollst. 1899), der im damaligen B.er »Feuerland« rund um das **Oranienburger Tor** spielt. – W.: Vorstadt-Geschichten (1880/topograph. Skizzen u.a. in »Daniel Siebenstern« – Kreuzberger Friedhöfe, »Penelope« – **Fontanestraße** »dicht bei dem Bahnhofe Grunewald«, »Das alte Haus« – **»Am Karlsbade«**/Schöneberg); Glockenspiel (G. 1889); Von Perlin nach Berlin (Aut. 1894); Ges. Schriften (20 Bde. 1888-1907). – Wohnung u.a. **Boothstraße** Nr. 29 (Steglitz/Gedenktafel); Ehrengrab **Friedhof Lichterfelde, Moltkestraße** (Westmauer/23). – Nachlaß DLA Marbach.

Ernst von Wildenbruch, * 3. 2. 1845 Beirut, † 15. 1. 1909 B., pathet.-patriot. Dramatiker und Balladendichter, realist. Erzähler. Nachkomme Prinz

Louis Ferdinands v. Preußen. Kindheit und Studium in B. Staatsdienst, seit 1877 im Auswärtigen Amt. Ruhestand ab 1900 in Weimar/TH (dort auch Grab) und B. – W.: Sedan (Ep. 1875); Die Quitzows (Dr. 1888); Letzte Gedichte (1909). Ges. Werke (Hrsg. B. Litzmann, 1912-24). – Nachlaß Akademie der Wiss. B., DLA Marbach, GSA Weimar.

Karl Emil Franzos, * 25. 10. 1848 Czortków/Galizien, † 28. 1. 1904 B., Vertreter der Welt des Ostjudentums. Wiederentdecker G. Büchners (Groß-Gerau/Goddelau/H). Redigierte, aus Wien kommend, in B. seit 1887 die von ihm gegründete Zs. »Deutsche Dichtung«. – »Der Pojaz« (aut. R. 1905, n. 79). – Grab **Jüd. Friedhof Weißensee, Herbert-Baum-Straße** (Abtlg. A I – Ehrenreihe – 26 268).

Oskar Blumenthal, * 13. 3. 1852 B., † 24. 4. 1917 ebd., Theaterkritiker (»blutiger Oskar«) und erfolgreicher Lustspielschreiber (meist zus. mit S. Kadelburg). 1888 Gründer, bis 97 Leiter des Lessingtheaters; dort 1889 Uraufführung von G. Hauptmanns »Vor Sonnenaufgang«. Sein größter Erfolg: »Im weißen Rößl« (1898). – Grab **Jüd. Friedhof Weißensee, Herbert-Baum-Straße** (Abtlg. U II).

Hanns von Zobeltitz (Ps. Hanns von Spielberg), * 9. 9. 1853 Schloß Spiegelberg (Kreis Ost-Sternberg/Neumark/MVP), † 4. 4. 1918 Bad Oeynhausen (Minden/NRW), Redakteur und Schriftsteller. Unterhaltungsnovellen und -romane: Gräfin Langeweile – Ihr Bild (1889); Lichterfelder Straße Nr. 1 (Aut. 1899); Arbeit (Borsig-R. 1904);

Ina Seidel und ihr Onkel und Schwiegervater Heinrich Seidel (1906)

Auf märkischer Erde (R. 1910); Im Knödelländchen und anderswo (1916).

Vom Naturalismus zum Expressionismus

Max Kretzer, * 7. 5. 1854 Posen, † 15. 7. 1941 B., naturalist. Erzähler, auch Dramatiker. War mit 13 Jahren Fabrikarbeiter. Begann nach einem Unfall auf dem Krankenlager zu schreiben; sozial anklagende, auch religionskrit. Milieuromane. – W.: Die beiden Genossen (R. 1880); Meister Timpe (R. 1888); Der Millionenbauer (R. um einen Schöneberger Bauern der Gründerjahre, 1891); Das Gesicht Christi (R. 1897); Berliner Skizzen (1883 u. 98) – Geschichten (1916) – Erinnerungen und Studien (u. d. T. »Wilder Champagner«, 1919). – Wohnung

Mommsenstraße Nr. 60 (Charlottenburg/Gedenktafel); Grab **Alter Luisenfriedhof II**, **Königin-Elisabeth-Straße** (Charlottenburg/B 4. 13.).

Ernst von Wolzogen (München/B) gründete 1. 1. 1901 mit O.J. Bierbaum (München/B), G. Falke (Lübeck/SH) und D. v. Liliencron (Kiel/SH) das bes. die bürgerl. Moral attackierende lit. Kabarett »Überbrettl«. Im Roman »Die kühle Blonde« (1891) agieren B.er Literaten; die Tragikomödie »Das Lumpengesindel« (1892) zeichnet Boheme um die Brüder Hart in der **Luisenstraße** (Mitte); B. auch in den »Erinnerungen und Erfahrungen – Wie ich mich ums Leben brachte« (1923). – Wohnungen vor und nach der Jahrhundertwende u.a. zunächst **Nürnberger Straße** Nr. 26 (Schöneberg), dann **Fasanenstraße** Nr. 72/73 (Charlottenburg).

Paul Schlenther, * 20. 7. 1854 Insterburg/Ostpreußen, † 30. 4. 1916 B., Schriftsteller und Theaterleiter. Trat als Kritiker der »Vossischen Zeitung« 1886-98 als einer der ersten für den Naturalismus ein; erster Biograph G. Hauptmanns (1897f.). Leitete 1898 bis 1910 das Wiener Burgtheater. – Grab **Städt. Friedhof, Gerichtstraße** (Wedding).

Hermi(o)ne von Preuschen, * 7. 8. 1854 Darmstadt (H), † 12. 12. 1918 B., Lyrikerin, Journalistin, Malerin »historischer Stilleben«; Skandal wegen ihres 1887 von der Berliner Kunstausstellung zurückgewiesenen Portraits Wilhelms I. »Mors imperator«. Wohnsitz seit 1898 in B. Ihre Gedichte, »Deklamationen im Purpurgewand« (Lou Andreas-Salomé), damals viel gelesen. – Regina vitae (G. 1888); Aut. »Roman meines Lebens« (1926). – Wohnte **Prinzessinnenstraße** Nr. 14 (»Tempio Hermione«/Tempelhof).

Heinrich Hart, * 30. 12. 1855 Wesel (NRW), † 11. 6. 1906 Tecklenburg (NRW), Schriftsteller, Literaturkritiker. War Journalist in Bremen und Glogau, kam 1877 nach B. und edierte als Vorkämpfer des Naturalismus, zus. mit seinem Bruder Julius, u.a. die »Kritischen Waffengänge« und die »Deutschen Monatsblätter«. Um 1885 mit Julius »möblierte Stube in der **Luisenstadt** ... drei Schritte von der Charité«, Treffpunkt der Boheme. Von 1891 an dann für mehrere Jahre gemeinsam in Friedrichshagen. Wohnung dort **Ahornallee** Nr. 52 (im Zweiten Weltkrieg zerstört), um 1895 auch in Wilhelmshagen, in der **Moltkestraße** Nr. 16 (heute **Eichbergstraße**). Um 1900-05 »Neue Gemeinschaft« in der **Seestraße** Nr. 35 (heute **Am Schlachtensee**) in Zehlendorf. – Nachlaß Berlin-Brandb. Akademie, StuLB Dortmund.

Otto Brahm (eig. **Abrahamsohn**), * 5. 2. 1856 Hamburg, † 28. 11. 1912 B., Literarhistoriker und Theatermann. Leitete in B. seit 1889 den von ihm mitgegründeten Verein »Freie Bühne«, 1894-1904 das **Deutsche Theater** (Büste auf dem Platz vor dem Theater, **Schumannstraße** Nr. 13a/ Mitte), dann das **Lessing-Theater**. Grab in Hamburg (Dissidenten-Friedhof). – »Kritische Schriften« (Hrsg. P. Schlenther, 1913/14). – Erinn. im Märk. Museum.

Hermann Sudermann, * 30. 9. 1857
Matziken/Memelland, †21. 11. 1928
B., erfolgreicher Dramatiker und Erzähler des Naturalismus. Studium in
Königsberg und B., seit 1881 Redakteur, Hauslehrer, freier Schriftsteller.
Anreger des modernen Entwicklungs-
romans mit »Frau Sorge« (1887); die
dekadente Gesellschaft des B.er Westens entlarvt er in »Sodoms Ende«
(Dr. 1891), engstirnige Aristokratie in
»Heimat« (Sch. 1893). Weitere W.: Der
Katzensteg (R. 1889); Die Ehre (Dr.
1890); Litauische Geschichten (En.
1917); Das Bilderbuch meiner Jugend
(Aut. 1922). – Wohnhaus **Bettinastraße** Nr. 3 (Grunewald/Gedenk-
tafel, Sitz der S.-Stiftung). Sommer-
wohnsitz auf dem 1903 erworbenen
Gut in Blankensee (BR), Gedenkzim-
mer im dort. Schloß. Ehrengrab **Friedhof Grunewald, Bornstedter Straße**
(Wilmersdorf/Abtlg. V-G-58/59). –
Nachlaß DLA Marbach (Marbacher
Magazin 10/1978).

Fedor von Zobeltitz, * 5. 10. 1857
Schloß Spiegelberg (Kreis Ost-Stern-
berg/Neumark/MVP), †10. 2. 1934 B.,
Gesellschaftsromancier (»Der gemor-
dete Wald«, 1898; »Besser Herr als
Knecht«, 1900), auch Dramatiker und
Erzähler. Bruder von Hanns v. Z., Offizier und Gutsherr. Übersiedlung
nach B. als Redakteur, 1899 Vorsitzender der von ihm gegründeten »Gesellschaft der Bibliophilen«. – Aut. »Ich
hab' so gern gelebt« (1934). – Letzte
Wohnung **Bregenzer Straße** Nr. 4
(Wilmersdorf). Ehrengrab **Landeseigener Friedhof Wilmersdorf** (Urnenhalle), **Berliner Straße.** – Mss. SB B.

*Kastanienallee Nr. 9 beim Bahnhof
Friedrichshagen, wo Bruno Wille wohnte*

Karl Bleibtreu, * 13. 1. 1859 B., †30. 1.
1928 Locarno, Kritiker, Dramatiker,
Erzähler (»Schlechte Gesellschaft«,
Nn. 1885; »Größenwahn«, R. 87),
kraftgenialischer Naturalist (»Revolution der Literatur«, 1887). Freier
Schriftsteller in Charlottenburg, 1890
Mitbegründer der »Deutschen Bühne«. Schrieb 1888 poet. Schlachtenbil-
der, denen später eine ganze Kampa-
gne von Schlachtendichtungen, v.a.
über den Krieg 1870/71, folgte. –
Wohnte vor seiner Übersiedlung nach
Zürich 1908 einige Jahre am **Ludwigkirchplatz** (Charlottenburg). – Nachlaß SB Berlin.

Julius Hart, * 9. 4. 1859 Münster
(NRW), †7. 7. 1930 B., Kritiker und
Schriftsteller des Naturalismus, später
verfaßte er symbol. Werke. Besuchte
mit seinem Bruder Heinrich und Peter

Hille (Bad Driburg/Erwitzen, NRW) das Gymnasium in Münster. Studierte 1877 Jura in B. und lebte hier ab 81 als Mitarbeiter seines Bruders Heinrich. Gehörte ebenfalls zum Verein »Durch« und zum Friedrichshagener Kreis (Köpenick), den »Berliner Vorortrealisten«. Begründete zus. mit seinem Bruder den »Deutschen Literatur-Kalender«, noch heute als »der Kürschner« in Gebrauch. – Wohnung in Friedrichshagen u.a. **Köpenicker Straße** Nr. 31 (heute Bereich Fürstenwalder Damm) und **Ahornallee** Nr. 24, von wo er 1897 nach Berlin verzog. Ehrengrab **Landeseigner Friedhof Zehlendorf, Onkel-Tom-Straße** (Abtlg. 26 W-135-136). – Archiv Akademie der Künste.

Bruno Wille, * 6. 2. 1860 Magdeburg (SAN), † 31. 8. 1928 Lindau (B), neuromant. Lyriker, reflexiver Erzähler, Begründer freirel. Gemeinschaften. 1890 Hrsg. der »Freien Volksbühne«, 94 der »Neuen Freien Volksbühne«. Wohnung 1890-1920 in Friedrichshagen, **Kastanienallee** Nr. 9 (Köpenick), Mitglied des F.er Dichterkreises. 1901, mit W. Bölsche (Köln/NRW), der von 1890 bis 1918 auch in Friedrichshagen lebte, Gründung der »Freien Hochschule«. – W.: Sibirien in Preußen (Schr. 1896); Offenbarungen des Wacholderbaumes (R. 1901, mit Vignetten von Fidus); Das Gefängnis zum Preußischen Adler (Aut. 1914/1985); Mein sechzigjähriges Leben (1920). Die Philosophie der Liebe (1930). – **Rahnsdorfer Straße** Nr. 5 in Friedrichshagen lag der Gasthof »Zum Schwarzen Adler«, dahinter das ehem.

Ortsgefängnis, wo B. W. 1895 eine Haft verbüßte. Ehrengrab **Parkfriedhof Lichterfelde, Luzerner Straße** (Steglitz)/Heideweg 35.

Clara Viebig, * 17. 7. 1860 Trier (RP), † 31. 7. 1952 B., naturalist. und sozialkrit. Erzählerin. Jugend in Düsseldorf (NRW) und Westpreußen, kam 1883 nach B. und heiratete 96 den Verlagsbuchhändler F. Th. Cohn. Im Dritten Reich bis zum Tod ihres Mannes verfolgt, verließ sie 1942 B. Lebte nach dem 2. Weltkrieg bis zu ihrem Tod (1952) in Zehlendorf (»Haus Clara«, **Königstraße** Nr. 3); Grab in Düsseldorf. – 1900 erschien ihr B.er Dienstbotenroman »Das tägliche Brot«, 1910 »Die vor den Toren«, die Geschichte der Tempelhofer »Millionenbauern«, 1915, im Laubenkolonienmilieu angesiedelt, »Eine Handvoll Erde«. – Wohnung 1896 **Kaiser-Friedrich-Straße** Nr. 16 (Charlottenburg). – Teilnachlaß SB B., Briefe Heinrich-Heine-Inst. Düsseldorf.

Maximilian Harden (eig. **M. Felix Ernst Witkowski**, Ps. auch **Apostata**), * 20. 10. 1861 B., † 30. 10. 1927 Montana/Wallis, Essayist, Kritiker, Satiriker. Förderte den Naturalismus (»Freie Bühne«); gründete 1892 die als »Spiegel der Kaiserzeit« vielbeschriene pol. Wochenschrift »Die Zukunft« (1922 eingestellt), Redaktion **Wilhemstraße** Nr. 3a (Kreuzberg); bekämpfte als Demokrat Wilhelminismus und Nationalismus. – W.: Berlin als Theaterhauptstadt (1888); Köpfe (Ess. 1910-24); Von Versailles nach Versailles (Aut. 1927). – Wohnte ab 1900 **Wernerstraße** Nr. 16 in der

Villenkolonie Grunewald (Wilmersdorf/Gedenktafel am Nachfolgebau); Ehrengrab **Friedhof Heerstraße** (Abtlg. 8-c-10/Charlottenburg). – Nachlaß Bundes-A. Koblenz.

Johannes Schlaf, * 21. 6. 1862 Querfurt (SAN), † 2. 2. 1941 ebd., Erzähler, Dramatiker, Übersetzer. Studium in Halle (SAN) und B. (1885); Wohnung in Niederschönhausen (Pankow). Freundschaft und (bis 1892) Zusammenarbeit mit A. Holz: »Kleinkunstfirma ›Holz und Schlaf‹« (R. Dehmel). Begründung des konsequenten Naturalismus (»Sekundenstil«). Seit 1893 in verschiedenen Nervenheilanstalten, ab 1904 freier Schriftsteller in Weimar (TH). Später Annäherung an die nationalsoz. Bewegung. – W.: Papa Hamlet (Nn. aus B.er Mietshaus, 1889), Die Familie Selicke (Dr. 1890), beide zus. mit A. Holz; Meister Oelze (Dr. 1892); Das dritte Reich (R. 1900); Aus meinem Leben (1941). – Teilnachlaß GSA. Weimar, Gedichte und Briefe Amerika-Gedenk-B. Berlin. – J. Sch.-Museum und -Gesellschaft in Querfurt.

Ludwig Fulda, * 15. 7. 1862 Frankfurt a. M. (H), † 30. 3. 1939 B., Theaterautor, Übersetzer und Essayist. Gehörte zwischen 1910 und 1930 zu den meistgespielten Boulevardautoren, von H. Ihering deshalb der »Klassiker des deutschen Lustspiels« genannt. (Besonders erfolgreich die Komödien »Jugendfreunde«, 1898, und »Die Zwillingsschwester«, 1901, sowie die Gesellschaftssatiren »Des Esels Schatten«, 1920, und »Die Karriere«, 1932.) Engagierte sich für die literarische

Spaziergänger Gerhart Hauptmann am Landwehrkanal

Moderne (Mitbegründer der »Freien Bühne«, gehörte zum Freundeskreis S. Fischers). Gründungsmitglied der Sektion für Dichtkunst der Preuß. Akademie der Künste. Nach 1933 aller Ämter enthoben, Aufführungsverbot seiner Stücke. Beging am 30. März 1939 Selbstmord. – W.: Gedichte (1890); Die Sklavin (Dr. 1892); Der Talismann (Dr. 1892); Aus der Werkstatt (Ess. 1904); Amerikanische Eindrücke (Reisenotizen, 1906); Filmromantik (K. 1928); Briefwechsel 1882-1939 (Hg. B. Gajek/W. v. Ungern-Sternberg, 1988). – Letzte Wohnung **Miquelstraße** Nr. 86; Ehrengrab **Waldfriedhof Dahlem**, (Abtlg. 17-U-33), **Hüttenweg** (beides Zehlendorf). – Nachlaß FDH Frankfurt a. M.

Gerhart Hauptmann, * 15. 11. 1862 Ober-Salzbrunn/Schlesien, † 6. 6. 1946 Agnetendorf/Schlesien, vielseitiger

Dramatiker, Erzähler, der »das Dichterisch-Deutsche in gelassenem Selbstbewußtsein repräsentierte« (Th. Mann). Kunstschule Breslau, Studium in Jena (TH), 1883/84 als Bildhauer in Rom. 1884 Dresden (SA) und Studium in B. (erstes Quartier **Kleine Rosenthaler-Straße** Nr. 11), 85 Villa Lassen in **Erkner** (Kreis Fürstenwalde/BR). Anschluß an den lit. Verein »Durch«, dann an den Friedrichshagener Kreis (Köpenick), bes. A. Holz und J. Schlaf. 1889 Übersiedlung nach Charlottenburg (**Schlüterstraße** Nr. 78/Gedenktafel am Neubau). Mitte neunziger Jahre in die **Gravelottestraße** Nr. 9 (heute **Fasanenstraße** Nr. 39); Denkmal-Büste im benachbarten **G.H.-Park, Bundesallee/** Ecke **Meierottostraße** (Wilmersdorf). Später zeitw. im Grunewald (Villenkolonie: **Trabener Straße**, dann, 1912-18, **Hubertusallee** Nr. 25/ Nr. 54/Wilmersdorf). Ab 1891 im Sommer meist in Schreiberhau/Schlesien, Reisen (Amerika, Italien, Griechenland u.a.). Seit 1901 Hauptwohnsitz »Haus Wiesenstein« in Agnetendorf. 1912 Lit.-Nobelpreis, 28 Preuß. Dichterakademie. Grab in Kloster auf Hiddensee (MVP). – W.: Vor Sonnenaufgang (Dr. 1889); Bahnwärter Thiel (N. 1892, Wärterhaus an der »schlesischen« Strecke zw. Erkner und Fangschleuse); De Waber (hochdt. »Die Weber«, Dr. 1892); Der Biberpelz (K. 1893, Figuren und Milieu Erkner); Der Narr in Christo Emanuel Quint (R. 1910); Der Ketzer von Soana (N. 1918); Buch der Leidenschaft (Aut. 1930); Vor Sonnenuntergang (Dr.

1932); Das Abenteuer meiner Jugend (Aut. 1937); Die Atriden-Trilogie (1941, 44, 48). Sämtl. Werke (Hrsg. H.-E. Hass, 1962 ff.). – Fast alle Dramen H.s wurden in B. uraufgeführt. Hier oder in der Nähe spielen auch »Das Friedensfest« (Tr. 1890, Erkner), »Einsame Menschen« (Dr. 1891, **Müggelsee**/Köpenick), »Die Ratten« (Tragik. 1911, Mietskasernen-Milieu beim Alexanderplatz/Mitte: an der Ecke **Voltaire-/Alexanderstraße** gab in einer Dachstube der um 1770 errichteten Kaserne der ehem. Theaterdirektor A. Hessler – Vorbild des Harro Hassenreuter in den »Ratten« – Schauspielunterricht, den G.H. im Winter 1884/85 besuchte). – G.H.-Forschungsstätte in Erkner. – Teilnachlaß Akademie der Künste; Archiv DLA Marbach. – Gerhart-Hauptmann-Gesellschaft e.V. (seit 1952); Gerhart Hauptmann-Preis der Freien Volksbühne e.V. Berlin (seit 1952). – W. Requardt und M. Machatzke, »Gerhart Hauptmann und Erkner« (1980).

Paul Scheerbart (Ps. **Bruno Küfer**), * 8. 1. 1863 Danzig, † 15. 10. 1915 B., phantast. Erzähler, Lyriker. Gründete 1892 in B. den »Verlag deutscher Phantasten«; schrieb »kosmische Feerien«, suchte Annäherung an »Weltseele« und war auf die Erfindung eines Perpetuum mobile aus; Vorläufer des Surrealismus. – W.: Tarub (R. 1897); Der Kaiser von Utopia (R. 1904); Münchhausen und Clarissa (R. 1906); Katerpoesie (G. 1909); Lesabéndio (R. 1913). Dichterische Hauptwerke (Hrsg. H. Draws-Tychsen und E. Harke 1962); Revolutionäre Theater-

Arno Holz

Johannes Schlaf

bibliothek (Hrsg. M. Rausch, 1977); Jenseitsgalerie (Sämtl. Zeichnungen, Hrsg. M. Rausch, 1981). »70 Trillionen Weltgrüße. Eine Biographie in Briefen« (Hrsg. M. Rausch, 1991). – »Warnicke« (**Machnower Straße** Nr. 107/Zehlendorf) zu Beginn des Jh.s eines der von Sch. bevorzugten Gasthäuser; später **»Café des Westens«** (Ecke **Kurfürstendamm/Joachimsthaler Straße**/Charlottenburg). Wohnte u. a. in Steglitz, **Marschnerstraße** Nr. 15 (Gedenktafel).

Arno Holz (Ps. **Bjarne P. Holmsen**), * 24. 6. 1863 Rastenburg/Ostpreußen, † 26. 10. 1929 B., zus. mit J. Schlaf Initiator des dt. Naturalismus, Vorläufer des Expressionismus, Lyriker und Dramatiker. Seit 1875 in B. Wohnte 1884 möbliert in der **Ackerstraße** Nr. 121 (Mitte) und zog noch im selben Jahr in den Wedding, **Gerichtstraße** Nr. 28, wo er am »Buch der

Zeit« und am »Phantasus« arbeitete. 1887 ließ sich H. in Niederschönhausen, **Viktoriastraße** Nr. 4 (heute **Majakowskiring**/Pankow) nieder, dort Lebens- und Arbeitsgemeinschaft mit J. Schlaf, um dann endgültig in den Westen zu übersiedeln. Erster Schriftleiter der »Freien Bühne« (später »Neue Rundschau«). Verfolgte J. Schlaf nach dem Bruch mit blindem Haß; dogmat. Starre und Selbstüberschätzung. – Vom Plan eines Dramenzyklus »Berlin. Die Wende einer Zeit« nur »Socialaristokraten« (1896), »Sonnenfinsternis« (1908) und »Ignorabimus« (1913) realisiert (in »Socialaristokraten« Porträt des in Schottland geb. soz. Erzählers **John Henry Mackay**, 1864-1933, der ab 1892 in Charlottenburg lebte und auf dem **Synodalfriedhof Stahnsdorf** begraben ist.) Weitere W.: Der geschundene Pegasus (G. 1892, zus. mit Schlaf); Phan-

Richard Dehmel

Paul Scheerbart

tasus (G. 1898f., erw. 1916, 24); Die Blechschmiede (Dicht. 1902); Traumulus (K. 1904, zus. mit O. Jerschke); Kindheitsparadies (Erinn. 1924). Briefe (Hrsg. A. Holz und M. Wagner, 1948); Werke (Hrsg. B. Emrich und A. Holz, 1962ff.). – Gedenktafeln: **Reinickendorfer Straße** Nr. 11/12 (Wedding), **Stübbenstraße** Nr. 5 (Schöneberg). Ehrengrab **Friedhof Heerstraße, Trakehner Allee** Nr. 1. Das ursprüngliche Grab im Krieg zerbombt, nach 1945 rekonstruiert, heute leer; Inschrift die Schlußverse aus dem »Phantasus«: »Mein / Staub verstob; / wie / ein Stern strahlt mein / Gedächtnis« (Abtlg. 3-B-27/28/Charlottenburg); Bildnis (von L. Corinth). – Archiv Amerika-Gedenk-B. B., Briefe und Mss. Akademie der Künste.

Richard Dehmel, * 18. 11. 1863 Wendisch-Hermsdorf/Spreewald (BR), † 8. 2. 1920 Hamburg, Lyriker zwischen Naturalismus, Im- und Expressionismus. 1882-87 Studium in B. und Leipzig (SA), dann Versicherungssyndikus, ab 95 freier Schriftsteller, 1902 nach Blankenese. Freundschaft mit D. v. Liliencron (Kiel/SH). In B. im Kreis von A. Strindberg, C. L. Schleich und St. Przybyszewski (Stammlokal »Schwarzes Ferkel« in der damaligen **Neuen Wilhelmstraße/** Mitte); das Haus in der **Parkstraße** Nr. 25 in Pankow Treffpunkt junger Naturalisten. – W.: Aber die Liebe (G. u. En. 1893); Zwei Menschen (Ep. 1903); Zwischen Volk und Menschheit (Tg. 1919); Ges. Werke (1913). Dichtungen, Briefe, Dokumente (Hrsg. P. J. Schindler, 1963). – Archiv SuUB Hamburg. – H. Scholz, »O du, dunkler Kiefernfürst. Literarischer Abstecher in Sachen Richard Dehmel« (in »Wanderungen und Fahrten in der Mark Brandenburg«, 7. Bd. 1979).

Berliner Moderne

EXKURS

Im Hinterzimmer einer Kneipe in der Alten Post-Straße am **Spittelmarkt** (Mitte) wurde im September 1886 jener Begriff geprägt, der Berlin, die Großstadt im technischen und industriellen Aufschwung und auf dem Weg, die größte Mietskasernenstadt der Welt zu werden, zum idealen Ort einer neuen Literatur und Kunst erklärte: »Unser neues Götterbild – die Moderne!« Der veranstaltende Verein nannte sich bezeichnenderweise »Durch!«. Mitglieder waren u. a. die Brüder **H.** und **J. Hart** (die mit den »Kritischen Waffengängen«, 1882-84, die Polemik eröffneten), **B. Wille**, später auch **J. Schlaf** und **A. Holz** (programmatisch seine Essays »Die Kunst, ihr Wesen und ihre Gesetze«, 1891 f.). Die Lyrik-Anthologie »Moderne Dichter-Charaktere« (1884 von W. Arendt herausgegeben) kündigte »die Poesie der Zukunft« (**K. F. Henckell**) an. Unterstützung fand die neue Kunstrichtung im 1889 gegründeten Theaterverein »Freie Bühne«; **Th. Wolff, M. Harden, P. Schlenther, S. Fischer**, H. und J. Hart gründeten den Verein in der Weinstube Kempinski (damals **Leipziger Straße** Nr. 25/Mitte) vor allem, um die staatliche Zensur zu umgehen. **G. Hauptmanns** Stücke »Vor Sonnenaufgang«, 1889, und »Die Weber«, 1893, »um derentwillen allein sich ihre Gründung gelohnt haben würde« (F. Mehring), konnten so im damaligen Lessingtheater, heute **Kapelle-Ufer**, Ecke **Unterbaumstraße**, uraufgeführt werden. Positiv reagierte auch die demokratische Presse (**S. Jacobsohn** in der »Schaubühne«, **R. Mosse** im »Berliner Tageblatt«, **L. Ullstein** in der »Vossischen Zeitung«). Die Zeitschrift »Freie Bühne für modernes Leben« gab später in Friedrichshagen **W. Bölsche** heraus. 1890 Gründung der »Freien Volksbühne«, einer Theaterorganisation für Arbeiter. 70000 Mitglieder 1913; Errichtung eines eigenen Theatergebäudes am **Bülow-**, heute **Rosa-Luxemburg-Platz** (Mitte).

Dem als »Vorortrealisten« beschimpften »Friedrichshagener Kreis« (G. de Bruyn: »Arkadien in Preußen«, 1992) gehörten neben G. Hauptmann (der von Erkner zu Besuch kam) auch **P. Hille, O. E. Hartleben** (der die Studentenboheme und den Lite-

raturkreis des »Schwarzen Ferkels« in seinen Romanen nach-
zeichnete), **M. Kretzer, F. Wedekind, M. Halbe, C. Flaischlen,
A. Strindberg** und der schottische Anarchist und Erzähler **John
Henry Mackay** an. A. Holz parodierte die letzte Zeit des Kreises
in den »Sozialaristokraten« (1896). Um die Jahrhundertwende
gründeten die Brüder Hart am Schlachtensee die »Neue Gemeinschaft«: »Unter uns die alte Welt / In uns ein neuer Gott / Vor uns
lichtes Leben« dichtete **Erich Mühsam** in ihrem Auftrag. (In seiner Aut. »Namen und Menschen. Unpolitische Erinnerungen«,
1927/29, n. 1949, karikierte er sie als »Lustspiel-Pensionat grotesken Kalibers«.)
»Die Berliner Moderne«, Hrsg. J. Schutte/P. Sprengel, 1987. Der
Ausstellungskatalog des DLA Marbach: »S. Fischer Verlag. Von
der Gründung bis zur Rückkehr aus dem Exil« enthält viele Dokumente zum Friedrichshagener Kreis (Hrsg. B. Zeller, 1985).

Eduard Stucken, * 18. 3. 1865 Moskau, † 9. 3. 1936 B., neuromant. Erzähler, Lyriker und Dramatiker; exot.,
phantast., myth. Stoffe. 1890/91 Teilnahme an einer Expedition nach Sy-
rien. Seither in B. – Sein Hauptwerk ein
Gralsdramenzyklus (1902-16); Haupt-
erfolg mit dem Azteken-Roman »Die
weißen Götter« (1918-22).

Kurt Eisner, * 14. 5. 1867 B., † 21. 2.
1919 München (B), Publizist und Politiker. Zunächst Theater-Feuilletonist
beim »Vorwärts«; Mitbegründer der
»Freien Volksbühne«. Seit 1905 in
München. Führendes Mitglied der
USPD, rief er 1918 den »Freistaat Bayern« aus und wurde dessen erster Mi-
nisterpräsident. 1919, auf dem Weg in
den Landtag (um seinen Rücktritt zu
erklären), von einem österreich. Offizier erschossen. – Ges. Schriften (2
Bde., 1919); »Wachsen und Werden«
(Aphorismen, G., Tagebuchblätter,
1926).

Alfred Kerr (eig. **Kempner**), * 25. 12.
1867 Breslau, † 12. 10. 1948 Hamburg.
Seit 1895 bis 1920 maßgebender Theaterkritiker B.s. Weltreisen in vier Erd-
teile; 1933 Emigration. – In der Neuausgabe der Werke von K. im Bd. »Erlebtes I« u.d.T. »Aus dem Tagebuch
eines Berliners« Feuilletons über die
Stadt; »Wo liegt Berlin? Briefe aus der
Reichshauptstadt 1895-1900« (beide
1989 u. 97 hg. G. Rühle). W.: Die Welt
im Drama (Krit., 5 Bde., 1917); Die
Harfe (G. 1918); Die Welt im Licht
(Reisefeuilletons, 2 Bde., 1920); Yan-
kee-Land (Reiseb. 1925); Die Diktatur
des Hausknechts (1934); Erinnerungen eines Freundes (Rathenau-Ber.,
1935); Gedichte (1955). – Wohnungen:
um 1900 **Holsteiner Ufer** Nr. 17 (Tiergarten), um 1905 **Bamberger Straße**
Nr. 42 (Schöneberg), um 1910 **Kurfürstendamm** Nr. 145 (Wilmersdorf),
dann bis 1930 in der Villenkolonie
Grunewald (**Höhmannstraße** Nr. 6/

Wilmersdorf/Gedenktafel), 1930–33 **Douglasstraße** Nr. 10 (Wilmersdorf/ Gedenktafel). – Archiv Akademie der Künste. – Alfred-Kerr-Preis für Literaturkritik (Börsenverein des Deutschen Buchhandels, seit 1977).

Moritz Heimann, * 19.7. 1868 Werder (bei Rehfelde, Kreis Strausberg)/BR, † 22. 9. 1925 B.: »Jude und Preuße, Autor und Lektor«… »Die Erfolge, die er als Lektor erzielen konnte, blieben ihm als Autor versagt« (Günter de Bruyn). Aufgewachsen im nahen Kagel, »wo die Mark am märkischten ist«, und wohin er sich am Ende (1922) zurückzog (J. Husen »M.H. und Kagel«, Frankfurter Buntbücher 8, 1992), als ihn Krankheit zum Ausscheiden aus der Verlagsarbeit zwang. Seit 1891 Mitarbeiter an der Zs. »Freie Bühne für modernes Leben«, ab 95 dann dreißig Jahre lang Lektor des S. Fischer Verlags, mit großem Einfluß auf die gesamte Verlagspolitik: »Fischers Angler« (G. Hirschfeld). Wohnungen in Charlottenburg, Wilmersdorf und Westend. Mittelpunkt der »Donnerstag-Gesellschaft« in der Weinstube Steinert in der **Joachimsthaler Straße** (Charlottenburg). Enge Freundschaft mit Oskar Loerke, der 1926 H.s »Nachgelassene Schriften« herausgab. – W.: Der Weiberschreck (Lsp. 1896); Prosaische Schriften (1918); Wintergespinst (Nn. 1921); Die Wahrheit liegt nicht in der Mitte (Ess., Hrsg. W. Lehmann 1966); Märkische Novellen (eingel. von G. de Bruyn 1993); »Die Mark, wo sie am märkischsten ist«. Novellen und Betrachtungen (Hrsg. G. de Bruyn 1996). – Grab

Friedhof der Jüdischen Gemeinde B. in Weißensee, Herbert-Baum-Straße Nr. 45 (Abtlg. P IV-R.20-69563).

Felix Hollaender, * 1. 11. 1867 Leobschütz/Schlesien, † 29. 5. 1931 B., naturalist. Erzähler, Dramaturg, Theaterkritiker. 1920 Nachfolger M. Reinhardts am Großen Schauspielhaus. – Sittengemälde aus der B.er Gesellschaft (»Sturmwind im Westen«, 1896), Zeitromane (»Der Weg« des Thomas Truck«, 1902), aut. »Unser Haus« (1911). – Wohnung 1912–31 **Oldenburgallee** Nr. 1 (Tafel); Grab **Friedhof Heerstraße, Trakehner Allee** Nr. 1 (Abtlg. 3-B-29/30/Charlottenburg).

Victor Auburtin, * 5. 9. 1870 B., † 28. 6. 1928 Garmisch-Partenkirchen (B.), Feuilletonist, Erzähler, Dramatiker. Zeit seines Lebens viel auf Reisen, v.a. im Auftrag des »Berliner Tageblatts«. – Feuilleton-Slgg. (»Die Onyxschale«, 1911; »Einer bläst die Hirtenflöte«, 1928); Werkausgabe (1994 ff.).

Else Lasker-Schüler, * 11. 2. 1869 Wuppertal-Elberfeld (NRW), † 22. 1. 1945 Jerusalem, »Nichts-als-Lyrikerin«: »Das ewige Leben dem, der viel von Liebe weiß zu sagen…« Kam jungverheiratet (mit dem Arzt Dr. J.B.B. Lasker) im Januar 1894 nach B. Schon bald eigenes Atelier in der **Brückenallee** Nr. 22 im Tiergartenviertel. 1898/99 erste Gedichte, Begegnung mit Peter Hille (1906 »P.-H.-Buch«), Verkehr im Kreis der »Kommenden« und der »Neuen Gemeinschaft«. Geburt des einzigen Kindes (Paul) im August 1899. Mitte Dezember 1901, mit dem Impressum

Else Lasker-Schüler, Bleistiftzeichnung ihres 14jährigen Sohnes Paul (1913)

1902, das erste Buch: »Styx. Gedichte« Scheidung im April 1902, im November Heirat mit dem nicht ganz zehn Jahre jüngeren Georg Levin (Herwarth Walden). Unstetes Boheme-Leben, Mittelpunkt im »**Café des Westens**«, später im »**Romanischen Café**«. 1908 Schauspiel »Die Wupper«. 1911 Scheidung von H. Walden, fortan ohne festen Wohnsitz: »Der Prinz von Theben lebte meist allein in irgendwelchen Hotels, zur Untermiete oder in Pensionen« (Bauhaus-Architekt K. Wachsmann). 1913/14 **Humboldtstraße** Nr. 13 in Wilmersdorf (Gedenktafel). Freundschaft u. a. mit dem jungen Gottfried Benn. 1919/20 »Gesamtausgabe in zehn Bänden« (u. a. »Der Prinz von Theben«, »Hebräische Balladen«, »Mein Herz«, z. T. mit Zeichnungen der Verfasserin). Hoteladresse ab Mitte der zwanziger Jahre bis zu ihrer Flucht nach Zürich im April 1933: »Der Sachsenhof« (oder Hotel Koschel), **Motzstraße** Nr. 78, Berlin W« (heute Nr. 7/Gedenktafel). – Elfi Hartenstein, »Wenn auch meine Paläste zerfallen sind«/E. Lasker-Schüler 1909/1920 (E. 1983). »Else Lasker-Schüler 1869-1945« (bearbeitet von E. Klüsener und F. Pfäfflin), mit einer Auswahl aus den Tagebüchern von W. Kraft (von V. Kahmen)/Marbacher Magazin 71/1995.

Rosa Luxemburg, * 5. 3. 1871 Zamość (Galizien/Polen), am 15. 1. 1919 in B. ermordet, sozialistische Politikerin, Journalistin. Nach Abschluß ihres Studiums in Zürich kam sie 1898 nach B.; sie engagierte sich im linken Flügel der SPD, seit 1907 war sie Dozentin an der Parteischule. Freundschaft mit K. Kautsky, A. Bebel und F. Mehring. Während des Ersten Weltkrieges Internierung im (nicht mehr existierenden) Frauengefängnis **Barnimstraße** (Friedrichshain; »Briefe aus dem Gefängnis«); Gedenkstele **Weinstraße** Nr. 1-2). 1919 Mitbegründerin der KPD. In einer Wilmersdorfer Wohnung verhaftet (Gedenkstein **Mannheimer Straße** Nr. 27/Wilmersdorf) und im damaligen Eden-Hotel (**Budapester**/Ecke **Nürnberger Straße**/Tiergarten) schwer mißhandelt. »Die tote oder halbtote R. L.« (H. Knobloch, »Meine liebste Mathilde«) wurde von der **Lichtensteinbrücke** in den Landwehrkanal geworfen; dort Mahnmal am Uferweg (E. E. Kisch, »Rettungsgürtel an einer kleinen Brücke«, 1924/1936). Karl Liebknecht wurde etwas weiter nördlich, am

Der Trauerzug zur Beisetzung Rosa Luxemburgs

Neuen See, erschossen (dort heute Gedenkstele). – W.: Die Krise der Sozialdemokratie (1916); Briefe aus dem Gefängnis an Sophie Liebknecht (1920); Ges. Werke (6 Bde., 1923/28); Briefe an Freunde (Hrsg. B. Kautsky 1950); Ges. Briefe (Hrsg. A. Laschnitza, 6 Bde., letzter 1993). – Wohnungen: Zunächst, ab 1898, im Gartenhaus **Cuxhavener Straße** Nr. 2 (heute Hansaviertel / Tiergarten, Haus existiert nicht mehr); 1899-1902 **Wielandstraße** Nr. 23, dann **Cranachstraße** Nr. 58/Gedenktafel (beide Schöneberg), später **Lindenstraße** Nr. 2 (jetzt **Biberacher Weg**/Lichterfelde/Steglitz). Grab **Zentralfriedhof Friedrichsfelde, Gedenkstätte der Sozialisten/Gudrunstraße**/Lichtenberg (das von Mies van der Rohe entworfene Revolutionsdenkmal auf dem Friedhof nach 1933 zerstört; Gedicht von Erich Weinert: »Am Grabe Karls und Rosas«, 1936).

A. Döblin, »November 1918« (Bd. 4 »Karl und Anna«, n. 1991); K. Grünberg, »Es begann im Eden« (1951); St. Hermlin, »Corneliusbrücke« (1968); H. Knobloch, »Meine liebste Mathilde. Geschichte – zum Berühren« (mit Straßen- und Schauplatzregister, 1986); P. Biermann, »Sieben Briefe an eine europäische Revolutionärin« (in »Es geht mir verflucht durch Kopf und Herz«, 1990); K. Gietinger, »Eine Leiche im Landwehrkanal« (1993).

Heinrich Mann, * 27. 3. 1871 Lübeck (SH), † 12. 3. 1950 Santa Monica/Kalifornien. Schrieb als »Pamphletist des Wilhelminismus« 1900 seinen B.-Roman »Im Schlaraffenland«, arbeitete bei S. Fischer und heiratete in zweiter Ehe Nelly Kroeger. 1930 Präsident der Preuß. Dichterakademie, 33 erzwungener Verzicht auf sein Amt (neue Mitgliedschaft 45) und Flucht (»Ein Zeitalter wird besichtigt«, 1945). Wohnungen: Anfang 1930 Pension »Oliva« in der **Uhlandstraße,** 31 **Schaperstraße** Nr. 2-3, dann **Trautenaustraße** Nr. 12, zuletzt (1932-33)

Fasanenstraße in Wilmersdorf (Gedenktafel an Haus Nr. 61). – Urnengrab (seit 1961) **Friedhof der Dorotheenstädt. und Friedrich-Werderschen Gem.**, **Chausseestraße** (Mitte); Denkmal im **Bürgerpark Pankow**. – (H.-M.-Preis/DDR, seit 1950). – Lit.: J. Seyppel, »Abschied von Europa« (1976). – Nachlaß Akademie der Künste; Slg. DLA Marbach.

Christian Morgenstern, * 6. 5. 1871 München (B), † 31. 3. 1914 Untermais b. Meran. Wohnte als Student **Artilleriestraße** Nr. 31 (heute **Tucholskystraße** Nr. 40), seit 1894 als Journalist und Schriftsteller in B., wurde während einer Wanderung nach Werder a. d. Havel (BR) zu seinen »Galgenliedern« (1905) inspiriert und schrieb Texte für M. Reinhardts Kabarett »Schall und Rauch«. Befreundet mit den Brüdern Hart und den Friedrichshagenern; Begegnung und Hinwendung zur Anthroposophie R. Steiners. Gedenktafel am Haus **Stuttgarter Platz** Nr. 4 (Charlottenburg), wo er 1899 nach seiner Rückkehr aus Norwegen wohnte.

Georg Hermann (eig. **Borchardt**), * 7. 10. 1871 B. (in der **Heilige Geist Straße** in Alt-Berlin/Mitte), † 19. 11. 1943 KZ Auschwitz, Erzähler, Dramatiker. Kindheit in Schöneberg, **Blumeshof** »zwischen Kanal und Tiergarten«. Nach dem Studium Kritiker und Journalist in B. Im Ersten Weltkrieg und in den zwanziger Jahren in Nekkargemünd. Von 1931-33 wieder in B., 33 Emigration nach Holland. Schrieb liebenswerte Familienromane in Kleinmalerei, angesiedelt im frideri-

zian. B., im jüd. Biedermeier, im B.er Westen und im Zuhältermilieu der **Lothringer Straße** (heute **Torstraße**/Mitte). – W.: Spielkinder (aut. R. 1896); Jettchen Gebert (R. 1906); Henriette Jacoby (R. 1908); Kubinke (R. 1910); November achtzehn (R. 1930); Rosenemil (R. 1935). »Unvorhanden und stumm, doch zu Menschen noch reden«. Briefe aus dem Exil 1933-41 an seine Tochter Hilde (Hrsg. L. Nussbaum, 1991). – Wohnungen: ab 1901 **Kaiser-,** heute **Bundesallee** Nr. 108/Wilmersdorf (aut. R. »Der kleine Gast«); ab 1906 im (nicht erhaltenen) Haus **Stubenrauchstraße** Nr. 6 (Schöneberg), dort jetzt G.-H.-Garten. Ab 1911 **Trabenner Straße** Nr. 19 im Grunewald (Wilmersdorf). Nach längerem Aufenthalt in Neckargemünd (BW) 1931 Rückkehr nach Berlin, Wohnung in der Künstlerkolonie am **Ludwig-Barnay-Platz** (**Kreuznacher Straße** Nr. 28/Wilmersdorf/Gedenktafel).

Alexander Roda Roda (eig. **Sandor Friedrich Rosenfeld**), * 13. 4. 1872 Drnowitz/Mähren, † 20. 8. 1945 New York, satir. Erzähler, Dramatiker und Kabarettist. Nach Jurastudium und Ausbildung zum Berufsoffizier in Wien mußte er wegen seiner Satiren (1901 erstmals im »Simplicissimus« erschienen) den Dienst quittieren. Kam 1904 nach B., wo er als Kabarettist und Bühnenautor (»Der Feldherrnhügel«, 1909, zus. mit C. Rößler, verfilmt 32) erfolgreich war. In den 30er Jahren Freundschaft mit St. Zweig, E. Kästner und H. Mann (Stammtisch im »**Romanischen**

Café«). 1933 Übersiedlung nach Graz, 38 Emigration. – W.: Milan reitet durch die Nacht (E. 1900); Die Sommerkönigin (1904, 18 u. d. T. »Von Bienen, Drohnen und Baronen«); Soldaten (1904, 08 u. d. T. »Der Schnaps, der Rauchtabak und die verfluchte Liebe«); Russenjagd (E. 1917); Roda Rodas Roman (1924); Das große Roda Roda Buch (1933). – Wohnung 1920-33 **Innsbrucker Straße** Nr. 44 (Schöneberg/Gedenktafel). – R. Hackermüller, »Roda Roda – Einen Handkuß der Gnädigsten« (Bildbiographie 1986).

Hans Dominik, * 15. 11. 1872 Zwikkau (SA), † 9. 12. 1945 B., populärwiss. Autor. Ab 1904 Ingenieur und Schriftsteller: techn. Zukunftsromane, Jugendbücher. – W.: Atlantis (1925); Befehl aus dem Dunkel (1933); Atomgewicht 500 (1935); Vom Schraubstock zum Schreibtisch (Aut. 1942). – Ehrengrab (Abtlg. 35-4-83) **Landeseigener Friedhof Zehlendorf, Onkel-Tom-Straße.**

Hans Ostwald, * 31. 7. 1873 B., † 8. 2. 1940 ebd., Volksschriftsteller (anfangs wandernder Handwerksbursche). Schilderte in Romanen und Novellen untere Schichten der menschl. Gesellschaft (»Verworfene«, 1902), gab Anth. (»Lieder aus dem Rinnstein«, 1903-08), ein Wörterbuch der »Rinnsteinsprache« (1906) und dokumentar. Werke zur »Kultur- und Sittengeschichte Berlins« (1910) heraus. – Grab **Städt. Friedhof Zehlendorf, Onkel-Tom-Straße.**

Wilhelm von Scholz, * 15. 7. 1874 B., † 29. 5. 1969 Konstanz (BW), Dramatiker, Erzähler, Lyriker, Essayist. Sohn des letzten Finanzministers Bismarcks; Kindheit und Jugend **Am Festungsgraben** Nr. 1 (Mitte). Studium in B., Kiel (SH), Lausanne, München (B). Offizier, freier Schriftsteller, 1916-23 Dramaturg in Stuttgart (BW). 1926-28 erster Präsident der Preuß. Dichterakademie. Lebte auf seinem Landgut Seeheim am Bodensee. – W.: Hohenklingen (G. 1898); Droste-Hülshoff (B. 1904); Der Jude von Konstanz (Tr. 1905); Der Dichter (Ess. 1917); Perpetua (R. 1926); Ausgew. Schauspiele (1964); Theodor Dorn (R. 1967). Aut.: »Wanderungen« (1924), »Berlin und Bodensee« (1934), »Eine Jahrhundertwende« (1936), »An Ilm und Isar« (1939), »Mein Theater« (1964). – W. v. Sch.-Gesellschaft (Sitz Lindau/B).

Bruno H(ans) Bürgel, * 14. 11. 1875 B., † 8. 7. 1948 Potsdam (BR), Astronom und Schriftsteller. Wuchs als Adoptivkind eines Schuhmachers in B. auf; bildete sich im Selbststudium aus (»Vom Arbeiter zum Astronomen«, Aut. 1925). Neben seiner Arbeit an der Urania-Sternwarte engagierte er sich besonders für die Volksbildung, hielt Vorträge und veröffentlichte populärwiss. Bücher. – W.: Aus fernen Welten (1910); Die seltsamen Geschichten des Doktors Uhlebuhle (En. 1920); Sterne über den Gassen (R. 1936); Saat und Ernte (1942). – Wohnung 1907-19 in Zehlendorf (**Beerenstraße** Nr. 39/Gedenktafel). Später in Potsdam-Babelsberg, Merkurstraße Nr. 10 (Gedenktafel); dem Astronomischen Zentrum Potsdam ist eine B. B.-

Gedenkstätte angegliedert (am Neuen Garten). Grab Goethe-Friedhof (Potsdam).

Artur Landsberger, * 26. 3. 1876 B., † 4. 10. 1933 ebd. (Freitod), Jurist, Kritiker, Romancier (»Lu, die Kokotte«, 1914; »Die Tiergartenvilla«, 25; »Justizmord«, 28). Betrachtungen über Satanismus (»Gott, Satan, das Ende des Christentums«, 1923). Heute noch von Bedeutung der Roman »Berlin ohne Juden« (1925). – Letzte Wohnung **Haberlandstraße** Nr. 4, (früher **Nördlinger Straße** Nr. 6/Schöneberg). Grab **Landeseigener Friedhof Wilmersdorf, Berliner Straße.**

Carl Sonnenschein, * 15. 7. 1876 Düsseldorf (NRW), † 20. 2. 1929 B., kath. Theologe, Sozialpolitiker. Begründete 1908 das Sekretariat für soziale Studentenarbeit. Seit 1919 in B. als Künstler-, Studenten- und Akademikerseelsorger (»Großstadtapostel«). – »Notizen aus den Weltstadtbetrachtungen« (Hrsg. M. Grote, 1950). – Gedenkstein im Hof der Carl-Borromäus-Kirche, Ecke **Delbrückstraße/Hubertusallee** (Grunewald/Wilmersdorf); Grab **St. Hedwig-Friedhof, Liesenstraße** (Mitte).

Theodor Däubler, * 17. 8. 1876 Triest, † 13. 4. 1934 St. Blasien (BW), Lyriker, Reiseschriftsteller und Übersetzer. War zeitlebens unterwegs, v. a. im Süden, in Italien und Griechenland. Lebte seit 1890 zeitw. auch in B., fest seit 1926. Von 1916-19 Kunstreferent am »Berliner Börsen-Courier«. 1927 erster Präsident der dt. Sektion des PEN-Clubs, 28 Aufnahme in die Sektion für Dichtkunst der Preuß. Akade-

mie der Künste. – W.: Das Nordlicht (Ep. 1910/21); Wir wollen nicht verweilen (Aut. 1914); Hymne an Italien (1916); Im Kampf um die moderne Kunst (Ess. 1919); Der heilige Berg Athos (Prosa 1923); Der Marmorbruch (E. 1930); Griechenland (Reisebuch 1946). Dichtungen und Schriften (Hrsg. F. Kemp 1956). – Wohnung **Babelsberger Straße** Nr. 50, GG (Wilmersdorf); Ehrengrab (Abtlg. 16-B-20) **Friedhof Heerstraße, Trakehner Allee** Nr. 1 (Charlottenburg). – Archiv Akademie der Künste. – Th. Rietzschel, »Theodor Däubler« (1988).

Heinrich Wolfgang Seidel, * 28. 8. 1876 B., † 22. 9. 1945 Starnberg (B). Erzähler. Sohn von Heinrich S., studierte Theol., zuletzt in B., und heiratete hier 1907 seine Kusine **Ina Seidel**, (Halle a. d. S/SAN). Bis 1914 Pfarrer am Lazarus-Diakonissenhaus (Wedding), 23-34 in der Neuen Kirchen-Gem. (Mitte). – W.: George Palmerstone (R. 1922); Krüsemann (R. 1935); Aus dem Tagebuch der Gedanken und Träume (1946); Drei Stunden hinter Berlin/ Um die Jahrhundertwende (Briefslgg., Hrsg. I. Seidel, 1951/52). – Ina Seidel: »Lebensbericht 1885-1923« (u. a. mit dem Kapitel »Bernauerstraße 117«, 1970); »Berlin, ich vergesse dich nicht« (1962). – Ch. Ferber, »Die Seidels« (1979).

Else Ury, * 1. 11. 1877 B., † ? (nach Deportation für tot erklärt am 12. 1. 1943), Mädchenbuchautorin. Tochter einer assimilierten jüdischen Familie. Schrieb zunächst Gedichte und Glossen für die »Vossische Zeitung«. Ersten schriftstellerischen Erfolg hatte

sie mit dem R. »Studierte Mädel«
(1906). Ihre späteren Mädchenbuch-
reihen (»Nesthäkchen«, 1918ff., und
»Professors Zwillinge«, 1927ff.) haben bis heute eine Gesamtauflage von
über 5 Millionen. Seit 1934 Schreibverbot. – Wohnte zunächst **Kantstraße** Nr. 30, dann **Kaiserdamm**
Nr. 24; zuletzt in einem »Judenhaus«
in Alt-Moabit, **Solinger Straße**
Nr. 10; von dort nach Auschwitz deportiert. – M. Brentzel, »Nesthäkchen
kommt ins KZ«. Eine Annäherung an
Else Ury, 1992.

Carl Sternheim, * 1. 4. 1878 Leipzig
(SA), † 3. 11. 1942 Brüssel, sozialkrit.
expressionist. Dramatiker und Erzähler. Schul- und Studienjahre seit 1884
in B. Gründete mit F. Blei in München
(B) die Zs. »Hyperion«. Seit 1912
wechselnd in der Schweiz, Belgien,
den Niederlanden, Dresden, am Bodensee und in B., bis er sich endgültig
in Brüssel niederließ. Zuletzt nerven-
krank, starb einsam und vergessen.
Seine bühnenwirksamen satir. Gesell-
schaftskomödien bestimmten neben
G. Kaisers Stücken das moderne Re-
pertoire der B.er Bühnen: »Die Hose«,
1911; »Die Kassette«, 12; »Bürger
Schippel«, 13; »Der Snob«, 14. – Weitere W.: Berlin oder Juste milieu (Ess.
1920, über die Verbindung von Wilhelminismus und Weimarer Republik); Vorkriegseuropa im Gleichnis
meines Lebens (Aut. 1936). Das
Gesamtwerk (Hrsg. W. Emrich
1963ff.). – 1888 Umzug der Familie in
die **Belle-Alliance-Straße** Nr. 16.
Häufiger Besuch im Belle-Alliance-
Theater. Schüler des Friedrich-Wer-

derschen Gymnasiums (Mitschüler:
K. Liebknecht und S. Jacobsohn).
1891 Umzug in die **Großbeeren-
straße** Nr. 9 (Kreuzberg). Neue
Wohnung 1894 **Alt-Moabit** Nr. 89
(Tiergarten). Als Student 1902 **Knese-
beckstraße** Nr. 50 (Charlottenburg). –
Nachlaß DLA Marbach (Marbacher
Magazin 16/1980).

Erich Mühsam, * 6. 4. 1878 B., † 11. 7.
1934 KZ Oranienburg (BR), der
»menschenliebende Anarchist«. Jugend in Lübeck (SH), Apotheker. Seit
1901 freier Schriftsteller; 1902 in
Friedrichshagen (Köpenick) Redakteur der anarchist. Zs. »Der arme Teufel«, mietete sich neben einer Waschküche in der **Ahornallee** Nr. 24 ein. In
seinen 1927/29 erstmals ersch. »Unpolitischen Erinnerungen« zählt er
Friedrichshagen, wo er bis 1908 blieb,
zu den »Wohnbezirken der Musen«.
1911-14 und 18-19 in München Hrsg.
der Zs. »Kain«, Teilnahme an der No-
vember-Revolution 18, sechs Jahre
Haft. 1924-30 in **Alt-Lietzow** (Charlottenburg), 33 wieder verhaftet. – W.:
Brennende Erde (G. 1920); Judas (Dr.
1921); Revolution (G. 1925); Staatsrä-
son (Dr. 1928); Namen und Menschen
(Aut. n. 1949); War einmal ein Revo-
luzzer (Bänkellieder und G. 1968); Fa-
nal (Aufs. und G., Hrsg. K. Kreiber,
1977). – Ehrengrab **Waldfriedhof
Dahlem, Hüttenweg** (Abtlg. 2-A-
144/Zehlendorf); Gedenkstein an den
»Dichter der Freiheit und Menschlichkeit« in der Hufeisensiedlung Britz an
der Stelle seines Wohnhauses (Dörchläuchtingstraße Nr. 48/Neukölln). –
Nachlaß Akademie der Künste.

Alfred Döblin (Fotomontage von Stone, 1928)

Alice Berend, * 30. 6. 1878 B., † 2. 4. 1938 Florenz. »Die kleine Fontane«, wie man sie zu ihrer Zeit nannte, wohnte Anfang des Jh.s am **Schleswiger Ufer** (Nr. 15/Tiergarten) und zog nach ihrer Heirat 1906 nach Italien. Dort entstanden ihre erfolgreichen B.-Romane, u. a. »Frau Hempels Tochter« (1913) und »Spreemann & Co.« (1916). Ihre letzte B.er Wohnung Hochwildpfad Nr. 1 (Zehlendorf) verließ die jüd. Schriftstellerin Ende 1935 und ging ins Exil. Verarmt und vergessen starb sie in ihrer »zweiten Heimat« Italien.

Alfred Döblin (Ps. Linke Poot), * 10. 8. 1878 Stettin, † 28. 6. 1957 Emmendingen (BW), expressionist., später realist. Erzähler, Dramatiker, Essayist. Aus jüd. Kaufmannsfamilie, 1888 Übersiedlung nach B. Hier 1907-09 Assistenzarzt in der Nervenklinik Buch (Pankow), Wohnung **Pillauer Straße** Nr. 7 (Friedrichshain), dann Kassenarzt. Veröffentlichte 1910 in der expressionist. Zs. »Der Sturm« seine ersten Novellen. 1918 Sozialdemokrat, 33 freiwilliges Ausscheiden aus der Preuß. Dichterakademie und Flucht über Zürich nach Paris, dort 36 naturalisiert. 1940 über Südfrankreich (Konversion zum Katholizismus) in die USA. Ende 1945 als franz. Kulturoffizier in Baden-Baden (BW), Hrsg. der Zs. »Das goldene Tor«, 49 Mitbegründer der Mainzer Akademie der Wiss. und der Lit. (RP). 1951-56, isoliert und enttäuscht, wieder in Paris. Grab in Housseras/Vogesen. – W.: Die Ermordung einer Butterblume (En. 1913); Die drei Sprünge des Wang-lun (R. 1915); Wallenstein (R. 1920); Babylonische Wanderung (R. 1934); November 1918 (R.-Tril. 1948-50); Schicksalsreise (Aut. 1949); Hamlet oder Die lange Nacht nimmt ein Ende (R. 1956). Ausgew. Werke (Hrsg. W. Muschg u. a. 1960ff.) – Wohnung und Praxis 1911-13 **Blücherstraße** Nr. 18 (Kreuzberg); danach **Frankfurter Allee** (heute) Nr. 104, (Büste **Karl-Marx-Allee** Nr. 133); Stammcafé: »Gumpert« in der **Königstraße** beim Roten Rathaus; ab 1930 in Charlottenburg, **Kaiserdamm** Nr. 28. – »Berlin Alexanderplatz« (1929) bedeutendster dt. Großstadtroman, »ein episches Elementarereignis« (W. Haas). – Nachlaß DLA Marbach. – Intern. A.-D.-Gesellschaft (DLA Marbach, gegr. 1973); A.-D.-Preis (1979 gestiftet von G. Grass: »Über meinen Lehrer A.D.«); A.-D.-Stipendium (seit 1986, Stifter G. Grass). – »Alfred Döblin zum Beispiel. Stadt und Literatur«, Ausstellungskatalog des Kunstamts Kreuzberg (Hrsg. K. Tebbe und H. Jähner 1987).

Herwarth Walden (eig. **Georg Levin**), * 16. 9. 1878 B., † 31. 10. 1941 Saratow/UdSSR, Kunstkritiker und Schriftsteller. Ehe mit Else Lasker-Schüler 1903-12. Gründete 1910 die expressionist. Zs. »Der Sturm« (Forum für junge Autoren). Verlag und Galerie (beides, wie auch die Wohnung, in der **Potsdamer Straße** Nr. 134a/Tiergarten) kamen hinzu. Ging 1931 nach Moskau, wurde 41 dort verhaftet. – W.: Kunstkritiker und Kunstmaler (Ess. 1916); Das Buch der Menschenliebe (R. 1916); Menschen (Tr. 1918). – L. Schreyer u. N. Walden, »Der Sturm« (1954). – Sturm-Archiv SB B.

Berta Lask (eig. **Berta Lask-Jacobsohn**; Ps. **Gerhard Wieland**), * 17. 11. 1878 Wadovice/Galizien, † 28. 3. 1967 B., Mitglied der KPD und Mitbegründerin des »Bundes proletarisch-revolutionärer Schriftsteller«. Schrieb vieldiskutierte »Massendramen« (»Thomas Müntzer«, Urauff. 1925; »Leuna 1921«, 1927; »Giftgas über Sowjetrußland«, 1927) und soz. Kinderbücher (u.a. »Auf dem Flügelpferde durch die Zeiten«, 1924). 1933 Emigration in die Sowjetunion. – Aut. R.-Trilogie »Stille und Sturm« (1955). – Grab **Zentralfriedhof Friedrichsfelde** (**Gudrun-**

straße/Lichtenberg). – Nachlaß Akademie der Künste.

Georg Kaiser, * 25. 11. 1878 Magdeburg (SAN), † 4. 6. 1945 Ascona (Grab in Morcote), der »Klassiker des Expressionismus«. 1898-1901 in Südamerika, nach seiner Rückkehr freier Schriftsteller, meist in Magdeburg. Ab 1908 abwechselnd in Seeheim a.d. Bergstraße (H) und Weimar (TH), ab 18 in München (B) und Tutzing (B). Oktober 1920 u.a. wegen Unterschlagung und Betrugs in B. verhaftet, in München verurteilt, April 21 entlassen. Über Wien kam K. wieder nach B. und ließ sich am Peetzsee in **Grünheide** in der Mark (BR) nieder. **Waldeck** Nr. 4 Gedenktafel, »G.-K.-Weg« rund um den Peetzsee. Zweitwohnung in Charlottenburg, **Luisenplatz** Nr. 3 (früher »Pension Haßfort«/Gedenktafel. Am Peetzsee, dem »Silbersee« des dreiaktigen Wintermärchens (1932), zweite große Schaffensperiode, an die 40 Uraufführungen (von insgesamt 74 Dramen) bis 1933. »Wegen jüdischer Tendenzen« Druck- und Aufführungsverbot, die Bücher wurden verbrannt. 1938 über Holland und Frankreich in die Schweiz; dort als Exilant bis zu seinem Tod. – W.: Die Bürger von Calais (Dr. 1914, erster großer Bühnenerfolg); Von morgens bis mitternachts (Dr. 1916); Gas I/Gas II (Dr. 1918/20); Kolportage (Kom. 1924); Papiermühle (Lustsp. 1927, mit satir. Porträt von A. Kerr); Villa Aurea (R. 1940); Napoleon in New Orleans (Dr. 1941). Werke (Hrsg. W. Huder, 1970-72); Briefe (Hrsg. G. M. Valk, 1980); von Valk auch »G. K. in Grünheide (Mark) 1921-1938«/Frankfurter Buntbücher 10, 1993). Der 1991 gegründete »Literaturverein G. K.« Grünheide veranstaltet G.-K.-Tage. – Nachlaß im G.-K.-Archiv Akademie der Künste.

Glanz und Elend: Die zwanziger und dreißiger Jahre

Bernhard Kellermann, *4. 3. 1879 Fürth (B), †17. 10. 1951 Klein-Glienicke. Lebte seit 1909 in B.-Schöneberg, später u.a. in Werder a.d. Havel (BR). 1926 Mitglied der Sektion Dichtkunst der Preuß. Akademie der Künste. 1933 boykottiert. 1945 in Ost-B. Mitbegründer und Vizepräsident des »Kulturbundes zur demokrat. Erneuerung Deutschlands«. Zuletzt in und bei Potsdam (dort auch Grab, Neuer Friedhof/Saarmunder Straße). – W.: Yester und Li (R. 1904); Der Tunnel (R. 1913); Der 9. November (R. 1920); Die Brüder Schellenberg (R. 1925); Totentanz (R. 1948). – Nachlaß Akademie der Künste.
Paul Gurk (Ps. **Franz Grau**), *26. 4. 1880 Frankfurt a.d.O. (BR), †12. 8. 1953 B., Dramatiker und Erzähler, auch Maler und Komponist. Kam mit fünf Jahren nach B. und lebte ein halbes Jahrhundert im Viertel um den **Michaelkirchplatz**, in der damaligen **Franzstraße** Nr. 18 zunächst, dann die längste Zeit, »auf eine zugleich grauenhafte und schöne Weise allein«, in einem Hinterhaus in der **Melchiorstraße** Nr. 20 (Mitte), »wo die Häuser anfangen ärmlich zu werden und nach

Paul Gurk **Berlin**
Roman   Agora Verlag

Umschlag von Paul Gurks »Berlin« (Neuausgabe 1980)

Haß, Schwatzhaftigkeit und Menschen zu riechen«. 1900 Lehrerseminar, dann Verwaltungsbeamter beim Magistrat: »Ich glaube, ich bin immer ein guter Beamter gewesen.« 1924 ließ er sich »abbauen«. Schrieb, wie er P. Fechter mitteilte, »zuerst bei Wertheim am **Dönhoffplatz**, dann bei Zuntz, **Leipziger Straße** und **Spittelmarkt**«. Übersiedelte Mitte der dreißiger Jahre in den B.er Norden; der R. »Laubenkolonie Schwanensee« spielt hier. – W.: Thomas Münzer (Tr. 1921, hierfür Kleistpreis); Die Wege des teelschen Hans (R. 1922, n. 90: mit aut. Sk. »Selbstbegegnung«); Berlin (aut. R. über die »Riesenbestie ohne Seele«, 1934); Tresoreinbruch (R., an die Brüder Saß erinnernd, 1935); Wendezeiten (»Abendländ. Tril.«, 1940/41); Seltsame Menschen (En. 1958). – Gedenktafel **Afrikanische Straße** Nr. 144b (Wedding); Ehrengrab **Kirchhof der Dom Kirchengemeinde, Müller-straße** Nr. 72/73 (Wedding). Nachlaß (ungedruckt u.a. 50 Bühnenwerke, 30 Romane, 53 Novellen) DLA Marbach, Slg. Akademie der Künste.

Walter von Molo, * 14. 6. 1880 Sternberg/Mähren, † 27. 10. 1958 Murnau (B), vor allem Erzähler. Jugend in Wien, studierte Maschinenbau und Elektrotechnik in Wien und München (B). Kam 1915 nach B., freier Schriftsteller. Erfolgreich waren seine historisch-biographischen Romane (u.a. der Kleist-R. »Geschichte einer Seele«, 1938). Gründungsmitglied des dt. PEN-Clubs (1919) und 1928-30 Präsident der Sektion Dichtkunst der Preuß. Akademie der Künste. 1933 Übersiedlung nach Murnau. – Weitere W.: »Schiller-Roman« (4 Bde. 1912-16); »Ein Volk wacht auf« (3 Bde. 1918-21/zus. 22); »Ein Deutscher ohne Deutschland« (F. List-R. 1931). Aut.: »Zum neuen Tag« (1950), »So wunderbar ist das Leben« (1957), »Wo ich Frieden fand« (1959). Briefwechsel mit Th. Mann (Hrsg. F.G. Grosser 1963). – Wohnte zunächst in Frohnau, später in Zehlendorf, **Schweitzerstraße** Nr. 7. – Nachlaß Akademie der Künste. – W.-v.-M.-Gesellschaft (München, gegr. 1955).

Paul Fechter, * 14. 9. 1880 Elbing, † 9. 1. 1958 B., Journalist, Literarhistoriker, Romancier und Dramatiker. 1906-11 Redakteur in Dresden, danach in B. 1918-33 »Deutsche Allgemeine Zeitung«; Nähe zum Nationalsozialismus. 1954-57 Mithrsg. der »Neuen

Deutschen Hefte«. – W.: Dichtung der Deutschen (Schr. 1932, nationalsozialistisch verändert 41, »entnazifiziert« 52); Alle Macht den Frauen (R. 1950); Memoiren: 1948, 49, 55. – Wohnung von 1921 bis zu seinem Tod am **Franziusweg** in Lichtenrade (Tempelhof); Grab **Friedhof Lichtenrade, Paplitzer Straße** (A.T. Abtlg. 22a W-197/198).

Julius Bab, * 11. 12. 1880 B., † 12. 2. 1955 New York, Theaterkritiker, Dramaturg und Biograph, Mitbegründer des Jüd. Kulturbundes; emigrierte 1938. – W.: Der Mensch auf der Bühne (1910/11); Chronik des dt. Dramas (1900-26); Amerikas Dichter (1941-51). Über den Tag hinaus (Krit. Betrachtungen, Hrsg. H. Bergholz, 1960). – Wohnte 1906-08 **Bundesallee** (damals **Kaiserallee**) Nr. 19 (Gedenktafel) und 1908-23 in Wilmersdorf (**Auerbacher Straße** Nr. 17/Gedenktafel). – J.B.-Archiv Akademie der Künste. – »Geschlossene Vorstellung. Der jüdische Kulturbund in Deutschland 1933-41«, Ausstellungskatalog der Akademie der Künste, 1992.

Siegfried Jacobsohn, * 28. 1. 1881 B., † 3. 12. 1926 ebd. In der **Werderstraße** (Mitte) als Sohn eines jüdischen Kaufmannes geboren. Wollte schon als Schüler Theaterkritiker werden. 24jährig gründete er die Theaterzs. »Schaubühne«, aus der 1918 »Die Weltbühne« wurde. Bis zu seinem Tod blieb S.J. ihr Leiter. Nachfolger wurde K. Tucholsky, später C. v. Ossietzky. – W.: Das Theater der Reichshauptstadt (1904); Max Reinhardt (1910); Der Fall Jacobsohn (1913); Die ersten Tage

(1917); Jahre der Bühne (Krit., Hrsg. W. Karsch, 1965); Briefe an Kurt Tucholsky 1915-26 (Hg. R. v. Soldenhoff, 1983). – Wohnte im Sommer in Kampen/Sylt (SH), während der Theatersaison in B.: u. a. seit 1910 **Dernburger Straße** Nr. 25, in den zwanziger Jahren **Wundtstraße** Nr. 33 (Charlottenburg), Wohnung und Redaktion anfangs immer beieinander. Grab **Wilmersdorfer Waldfriedhof, Alte Bahnhofstraße** (Abtlg. L 8-161). – Briefe DLA Marbach.

Paul Zech (Ps. **Paul Robert, Timm Borah**), * 19. 2. 1881 Briesen/Westpreußen, † 7. 9. 1946 Buenos Aires, Lyriker, Dramatiker, Erzähler, Übersetzer. Nach dem Studium zwei Jahre lang u. a. Bergmann im Ruhrgebiet (Gewerkschaftstätigkeit), ab 1910 zumeist in B., als Redakteur, Industriebeamter und Bibliothekar. Befreundet mit G. Heym und Else Lasker-Schüler. Hrsg. der Zs. »Das neue Pathos«. 1933 Entlassung, 34 Emigration nach Südamerika. – W.: Das schwarze Revier (G. 1913); Der Wald (G. 1920); Das trunkene Schiff (Dr. 1924). Kinder von Paraná (R. 1952); »Deutschland, dein Tänzer ist der Tod« (R. 1981, aus d. Nachlaß veröffentlicht). – Wohnung **Naumannstraße** Nr. 78 (Schöneberg/Gedenktafel); Ehrengrab **Landeseigener Friedhof Schöneberg** III (Abtlg. I/12/Schöneberg). – Nachlaß DLA Marbach; Slg. Akademie der Künste, DSB, StuLB Dortmund.

Ludwig Rubiner (Ps. **Ernst Ludwig Grombeck**), * 12. 7. 1882 B., † 26. 2. 1920 ebd., expressionist. Lyriker, sozialkrit. Essayist, Übersetzer. Freier Schriftsteller in B. (Mitarbeiter des Zs. »Die Aktion«) und Paris. Während des Ersten Weltkriegs in der Schweiz. – Hrsg. der Anth. »Kameraden der Menschheit. Dichtungen zur Weltrevolution« (1919). »Die Gewaltlosen« (Dr. 1919).

Johannes Tralow, (Ps. **Hanns Low**), * 2. 8. 1882 Lübeck (SH), † 27. 2. 1968 B., Verfasser histor. Romane, Erzähler, Dramatiker, Publizist und Regisseur. Nach langjährigem Aufenthalt im Nahen Osten Chefredakteur des »Lübekker Tageblatts«. 1910-14 Direktor des Berliner Theaterverlages. Anschließend Regisseur und Theaterleiter in verschiedenen deutschen Städten, u. a. in Köln/NRW (Gründung eines »Theaters des werktätigen Volkes«). Lebte nach 1933 als freier Schriftsteller u. a. in Gauting (B); 1945-47 Oberster Richter der 1. Spruchkammer in Starnberg (B). Präsident des dt. PEN-Zentrums Ost und West 1951-60. Letzter Wohnsitz in B.-Friedrichshagen. – W.: König Neuhoff (R. 1929); Gewalt aus der Erde (R. 1933; 47 u. d. T. »Cromwell«); Osmanische Tetralogie (R. 1942-56); Boykott (R. 1950); Aufstand der Männer (R. 1953); Der Beginn (En. und Drr. 1958); Kepler und der Kaiser (R. 1961); Mohammed (R. 1967). – Grab **Friedhof der Dorotheenstädt. und Friedrich-Werderschen Gem., Chausseestraße** (Mitte). – Nachlaß DSB.

Reinhold Conrad Muschler, * 9. 8. 1882 B., † 10. 12. 1957 ebd., Modeautor. Musik-, Medizin- und Botanik-Studium; Forschungsreisen. 1907 Assistent am Botan. Museum in B.; seit

20 freier Schriftsteller. – Reiseskizzen, Biographien (»Richard Strauß«, 1925; »Friedrich der Große«, 26), sentimental-pathet. Unterhaltungsromane (»Bianca Maria«, 1924; »Der Weg ohne Ziel«, 26). – Wohnte zuletzt **Fürstenstraße** Nr. 23a (Zehlendorf); Grab **Waldfriedhof Zehlendorf, Potsdamer Chaussee** (XW-1-2).

Rudolf Paulsen, * 8. 3. 1883 B., † 30. 3. 1966 ebd., Lyriker, Erzähler, Essayist. Gründete mit O. zur Linde (Essen/NRW) und R. Pannwitz 1904 die Dichtervereinigung »Charon«, an deren Zs. er mitarbeitete. Annäherung an den nationalsoz. Mythos. – »Mein Leben« (Aut. 1936). – Letzte Wohnung **Lepsiusstraße** Nr. 96; Grab **Parkfriedhof Lichterfelde, Thuner Platz** Nr. 2-4 (Steglitz). – Slg. Heine-Institut Düsseldorf.

Leonhard Frank (Würzburg/B) lebte 1910-15 und 20-33 in B. und flüchtete von dort 15 und 33 in die Schweiz. War »der eleganteste Autor mit dem teuersten Auto und den höchsten Vorschüssen, ein Spieler und Sozialist« (H. Kesten). Kehrte nach dem Zweiten Weltkrieg für einige Jahre nach B. zurück. Wohnung in den zwanziger Jahren **Bismarckstraße** Nr. 12 (Charlottenburg). – »Links, wo das Herz ist« (Aut. 1952); B. als Schauplatz u. a. in »Von drei Millionen« (R. 1932), in den En. (1957) »Das Porträt«, »Der Schreiner«, »Berliner Liebesgeschichte 1946« und in »Michaels Rückkehr« (N. 1957). – Nachlaß Akademie der Künste.

Franz Kafka, * 3. 7. 1883 Prag, † 3. 6. 1924 Sanatorium Kierling b. Wien.

Studierte 1901-06 Germanistik und Jura in Prag. Nach kurzer Gerichtspraxis 1908-23 Versicherungsangestellter. Freundschaft mit M. Brod, F. Werfel u. a., Umgang mit M. Buber (Frankfurt a. M./H) und J. Urzidil. 1917 lungenkrank, lange Kuraufenthalte. 1920 Liebe zu Milena Jesenská, die 44 im KZ Ravensbrück (BR) umkam (»Briefe an Milena«, Hrsg. W. Haas, 1952/Slg. DLA Marbach). 1923 endgültige Übersiedlung nach B., wo er sich schon 1913/14 im »Ascanischen Hof« (**Askanischer Platz/Kreuzberg**) wegen Felice Bauer aufgehalten hatte, mit der er zweimal kurzfristig verlobt war (Felice wohnte auf dem Prenzlauer Berg, **Immanuelkirchstraße** Nr. 29/Ecke **Winsstraße**). Zusammenleben mit Dora Diamant. Freier Schriftsteller. »Es ist das Schicksal und vielleicht auch die Größe dieses Werkes, daß es alle Möglichkeiten darbietet und keine bestätigt« (A. Camus). Nachlaß (testamentarisch zur Verbrennung bestimmt) von M. Brod veröffentlicht; umstrittene Ausgaben. – W.: Die Verwandlung (E. 1915); Das Urteil (E. 1916). Der Prozeß (R. 1925); Das Schloß (R. 1926); Tagebücher 1910-23 (1951); Ges. Werke (Hrsg. M. Brod, 1950ff.); Schriften, Tagebücher, Briefe (krit. Ausg. 1982ff.). – Mußte dreimal umziehen, lebte aber immer »halb-ländlich«: **Miquelstraße** Nr. 8 (Wilmersdorf/Neubau), **Grunewaldstraße** Nr. 13 (Steglitz/2 Gedenktafeln), **Am Kleinen Wannsee** Nr. 25/Ecke Heidestraße (heute **Busseallee** Nr. 7-9/Zehlendorf). – Gustav Janouch, »Kafka in

Steglitz« (in »Die Diagonale«, 2/1966); »Tribunal im Askanischen Hof«: Theatertexte von Ursula Krechel, Karin Reschke und Gisela von Wysocki nach einem fiktiven Stück von Jorge Semprun und einem Brief Franz Kafkas (1989).

Joachim Ringelnatz (eig. **Hans Bötticher**), * 7. 8. 1883 Wurzen (SA), † 17. 11. 1934 B., Lyriker, auch Erzähler und Maler. Ging als Schiffsjunge zur See, Spitzname »Kuttel Daddeldu« (G. 1920, erw. 23). Versuchte sich in verschiedenen Berufen, war 1909 Hausdichter des »Simplicissimus« (München/B) und »Als Mariner im Krieg« (1928). In B. von H. von Wolzogen für die Kleinkunstbühne »Schall und Rauch« entdeckt, wo R. bis 1933 mit eigener Lyrik auftrat. – W.: Turngedichte (1920); »...liner Roma...« (1924); Reisebriefe eines Artisten (1927); Mein Leben bis zum Kriege (Aut. 1931). Und auf einmal steht es neben dir (Ges. G. 1950). »Berlin wird immer mehr Berlin«. Großstadtminiaturen in Vers und Prosa (Hrsg. W. Pape, 1987). – Gedenktafel Wohnhaus (Neubau) **Brixplatz** Nr. 11 (ehem. **Sachsenplatz**/Charlottenburg), mit Reliefporträt und den Anfangszeilen des Gedichtes »Am Sachsenplatz«; Ehrengrab **Friedhof Heerstraße, Trakehner Allee** 1 (Abtlg. 12-D-21), Charlottenburg.

Wilhelm Herzog, * 12. 1. 1884 B., † 18. 4. 1960 München (B), Publizist, Dramatiker, Lyriker. Leitete 1910/11 mit P. Cassirer die Zs. »Pan«, war dann Redakteur der Zs. »März« in München. Seine Zs. »Das Forum« wurde 1915 – H. lebte zu dieser Zeit wieder in B. – wegen kriegsfeindl. Haltung verboten. 1919 Leitung der soz. Tageszeitung »Die Republik«; 33 Emigration. – W.: Die Affäre Dreyfus (Dr. mit H. J. Rehfisch, 1929); Menschen, denen ich begegnete (1959); Große Gestalten der Geschichte (1959ff.). – War nach der Jahrhundertwende Dauermieter in der »Pension Stern«, **Kurfürstendamm** Nr. 26 (Charlottenburg), begegnete hier Heinrich Mann: 40 Jahre während Freundschaft. Letzte Berliner Wohnung (bis zu seiner Übersiedlung nach Sanary-sur-Mer 1930) **Derfflingerstraße** Nr. 4 (Tiergarten).

Oskar Loerke, * 13. 3. 1884 Jungen/Westpreußen, † 24. 2. 1941 B., Lyriker, Erzähler, Essayist. Kam 1903 zum Studium nach B., lebte hier als freier Schriftsteller und Dramaturg beim Bühnenvertrieb F. Bloch. Von 1917 bis zu seinem Tod im Verlag S. Fischer; lit. Anreger, Entdecker und Förderer. Sekretär der Preuß. Dichterakademie. – W.: Wanderschaft (G. 1911); Der Oger (aut. R. 1921); Zeitgenossen aus vielen Zeiten (Ess. 1925); Der Wald der Welt (G. 1936). Gedichte und Prosa (Hrsg. P. Suhrkamp, 1958); Tagebücher 1903-39 (Hrsg. H. Kasack, 1955). – Wohnte zuerst in der **Roscherstraße** Nr. 3 (Charlottenburg), später in Frohnau, **Kreuzritterstraße** Nr. 8 (Reinickendorf/Gedenktafel; dort auch Tafel mit G. »Einladung«); Ehrengrab **Städt. Friedhof Frohnau** (Abtlg. IX-3-1), **Hainbuchenstraße** (G. von W. Lehmann, »Auf sommerlichem Friedhof/1944«). – Archiv DLA Marbach.

Lion Feuchtwanger, * 7. 7. 1884 München (B), †21. 12. 1958 Los Angeles, pazifistischer und sozial engagierter Erzähler und Dramatiker. Studium der Philol. und Philos. in München (B) und B. (»die große Stadt« in »Erfolg«). 1908 Gründung der Kulturzs. »Der Spiegel«; Mitarbeit an der Zs. »Die Schaubühne« (Hrsg. S. Jacobsohn). 1914 Internierung in Tunis, Flucht nach Deutschland und 1925 Übersiedlung nach B. 1933 Verbrennung seiner Bücher und Plünderung des Hauses in Wilmersdorf. Bis 1940 Exil in Frankreich (1936 Moskaureise, Gründung der Exilzs. »Das Wort«, zus. mit B. Brecht und W. Bredel). 1940 Internierung in Aix-en-Provence, Flucht in die USA. Bis zu seinem Tod lebte F. in Pacific Palisades/Kalifornien. – W.: Leben Eduards des Zweiten von England (Dr. 1924, nach Marlowe, mit B. Brecht); Jud Süß (R. 1925, verfilmt 1934 in England, von Veit Harlan 40 antisemitisch verfälscht); Der Wartesaal (»Erfolg«, »Die Geschwister Oppermann«, »Exil«/R.-Tril. 1930/33/ 40); Josephus (R.-Tril. 1932/35/45); Ges. Werke (1959ff.): »Der Schriftsteller L. F.«, so L. F. in einer ironischen aut. Annotation, »schrieb 11 Dramen, darunter 3 gute, die niemals, 1 mittelmäßiges, das 2346 mal aufgeführt wurde, und 1 recht schlechtes, das, da er die Erlaubnis zur Aufführung nicht erteilte, 876 mal widerrechtlich gespielt wurde...« – Wohnte zuletzt **Mahlerstraße** Nr. 8 (heute **Regerstraße** Nr. 8/Wilmersdorf), Gedenkstein auf dem Gehweg. – (L.-F.-Preis der DDR/Akademie der Künste zu B., seit 1971). Archiv Akademie der Kün-

ste. – V. Skierka, »L. F. Eine Biographie« (Hrsg. St. Jäger, 1984); M. Rohrwasser, »L. F. In der großen Stadt« (in »LiteraturOrt Berlin«, Hrsg. G. Rühle, 1994).

Karl Bernhard F. Schröder, * 13. 11. 1884 Bad Polzin/Pommern, †6. 4. 1950 B., Erzähler. Arbeitete als Wanderlehrer und Journalist. Seit 1928 Lektor der sozialdemokrat. Buchgemeinschaft »Der Bücherkreis«. Während der NS-Zeit politischer Häftling (aut. R. »Die letzte Station«, 1947). Nach dem Krieg u. a. Leiter der Volkshochschule Neukölln. – W.: Aktiengesellschaft Hammerlugk (R. 1928); Der Sprung über den Schatten (R. 1928); »Familie Markert. Eine Gesellschaftsstudie« (R. 1931; spielt in der Fürbringerstraße/Kreuzberg). – Wohnte in Neukölln (**Fuldastraße** Nr. 37-38/ Gedenktafel).

Wolfgang Goetz, * 10. 11. 1885 Leipzig (SA), †3. 11. 1955 B., Dramatiker, Kritiker, Historiker. Weite Reisen. 1920-29 Filmprüfstelle; 36-40 Präsident der Gesellschaft für Theatergesch.; 46-49 Hrsg. der »Berliner Hefte für geistiges Leben«. – W.: Neidhardt von Gneisenau (Dr. 1925); Der Mönch von Heisterbach (satir. Zeit-R. 1935); Im »Größenwahn«, bei Pschorr und anderswo (Erinn. 1936); Ergoetzliches (Prosa 1940). Begegnungen und Bekenntnisse (1964). – Letzte Wohnung **Konstanzer Straße** Nr. 64 (Wilmersdorf); Grab **Friedhof Heerstraße, Trakehner Allee** 1 (Abtlg. 5- -F-21), Charlottenburg – Nachlaß Akademie der Künste.

Kurt Hiller, * 17. 8. 1885 B., †1. 10.

1972 Hamburg, pol. Schriftsteller: »Leben gegen die Zeit« (Aut. 1969, 73). Mitbegründer des »Neuen Clubs« 1909; Inspirator und Organisator der »Aktivismus«-Bewegung 11 (zus. mit F. Pfemfert, Zs. »Die Aktion«); Mitarbeit an wichtigen Zeitschriften (»Der Sturm«, »Schaubühne«); 1916-24 Hrsg. der »Ziel«-Jbb.; Präsident der Gruppe Revolutionärer Pazifisten. 1933 verhaftet, gefoltert und im Zuchthaus. 1934 Flucht nach Prag; Exil in London. 1955 Rückkehr nach Deutschland, Hamburg. – W.: Unnennbar Brudertum (G. 1918); Verwirklichung des Geistes im Staat (Schr. 1925); Der Sprung ins Helle (Reden 1932); Köpfe und Tröpfe (Ess. 1950); Hirn- und Haßgedichte aus einem halben Jahrhundert (1957); Ratioaktiv (Reden 1914-64, 66). – Wohnung 1921-33 **Hähnelstraße** Nr. 9 (Schöneberg/Gedenktafel). – Nachlaß SB Berlin.

Karl Friedrich Borée, * 29. 1. 1886 Görlitz (SA), † 28. 7. 1964 Darmstadt (H), Erzähler und Essayist. Promovierte in B., war 1919/20 hier Kommunalbeamter. Kam 1924 aus Königsberg zurück und blieb bis 52, zunächst als Anwalt, ab 34 als freier Schriftsteller. – Wohnung u. a. **Welfenallee** Nr. 33/34, später Nr. 47/48 (Reinickendorf).

Kurt Kluge, * 29. 4. 1886 Leipzig (SA), † 26. 7. 1940 Fort Eben Emael b. Lüttich, realist. Erzähler, auch Lyriker und Dramatiker. 1914-16 Soldat (schwer verwundet). Kunstschule Dresden (SA) und Leipzig; 1921 Prof. für Erzguß an der Hochschule für Bildende Künste in B. – W.: Das Flügel-

haus (R. 1937, erw. 38 u. d. T. »Der Herr Kortüm«); Die Zaubergeige (R. 1940). Die Sanduhr (En., Texte, Ess., Hrsg. C. Kluge u. H. Grothe, 1966). – Wohnung **Krottnaurer Straße** Nr. 64 (Zehlendorf/Gedenktafel); Grab **Ev. Kirchhof Nikolassee, Kirchweg** (Zehlendorf). – Archiv in Familienbesitz.

Gottfried Benn, * 2. 5. 1886 Mansfeld/Westprignitz (BR), † 7. 7. 1956 B., Lyriker, Essayist, Erzähler, Dramatiker. Pfarrerssohn, studierte Philol. und Theol. in Marburg (H), dann Medizin in B. Militärarzt in beiden Weltkriegen; 1917 Niederlassung als Facharzt für Haut- und Geschlechtskrankheiten in B. 1932 Mitglied der Preuß. Dichterakademie; begrüßte den Nationalsozialismus; verstummte 34 (gewandelte Sicht im Aufsatz »Kunst und Drittes Reich«, 41). Seit 1948 neue Schaffensperiode. – W.: Morgue (G. 1912); Das moderne Ich (Ess. 1919); Das Unaufhörliche (Oratorium 1931); Der neue Staat und die Intellektuellen (Ess. 1933); Statische Gedichte (1948); Ausdruckswelt (Ess. 1949); Der Ptolemäer (En. 1949); Doppelleben (Aut. 1950); Die Stimme hinter dem Vorhang (Hörsp. 1952); Aprèslude (G. 1955). Den Traum alleine tragen (Neue Texte 1966); Briefe an F. W. Oelze (1932-56, 3 Bde., Hrsg. H. Steinhagen und J. Schröder, 1977-80); Sämtl. Werke (Hrsg. Ilse Benn und G. Schuster, 1986ff.). – Praxis jahrelang am **Halleschen Tor, Mehringdamm** Nr. 38/Ecke **Yorckstraße** (Kreuzberg); **Bayerischer Platz**/Ecke **Innsbrucker Straße** das kleine Lokal, wo

Dr. Benn in seinem Sprechzimmer, Belle-Alliance-Straße (um 1928)

B. allabendlich einzukehren pflegte; letzte Wohnung **Bozener Straße Nr. 20** (Schöneberg/Gedenktafel); Ehrengrab **Waldfriedhof Dahlem, Hüttenweg** (Abtlg. 27-W-31/32/Zehlendorf). – B.er Topographien in Gedichten und Briefen. – Archiv Akademie der Künste, Slg. DLA Marbach. – Nele Poul-Soerensen: Mein Vater Gottfried Benn (1960). Pierre Mertens, »Der Geblendete«. Ein Gottfried-Benn-Roman (dt. 1989).

Max Herrmann-Neiße (eig. **Herrmann**), * 23. 5. 1886 Neisse/Schlesien, † 8. 4. 1941 London, sozialer Lyriker des Expressionismus, auch Romancier und Dramatiker. Studierte in München (B) und Breslau, kam 1917 als freier Schriftsteller, Theater- und Kabarettkritiker nach B. Emigrierte 1933 in die Schweiz; später London, wo er zurückgezogen lebte und verarmt

starb. – W.: Das Buch Franziskus (G. 1911); Empörung, Andacht, Ewigkeit (G. 1917); Um uns die Fremde (G. 1936). Erinnerung und Exil (G. 1946); Heimatfern (G. 1954); Lied der Einsamkeit (G. 1914-41, Hrsg. F. Grieger, 1961); Gesammelte Werke in 10 Bdn. (Hrsg. K. Völker, 1986ff.). – Wohnte zunächst in Friedenau (Wilmersdorf), Parterre im Gartenhaus **Stierstraße Nr. 14/15**. Dann **Kurfürstendamm Nr. 215** (Charlottenburg/Gedenktafel). – Nachlaß DLA Marbach, Slg. UB Münster.

Wilhelm Speyer, * 21. 2. 1887 B., † 1. 12. 1952 Riehen b. Basel, Erzähler, Dramatiker. Studium in München (B), Straßburg und B. 1933 Emigration, Rückkehr aus den USA 1949. Einige seiner Jugendbücher (»Kampf der Tertia«, 1927) wurden verfilmt; der Roman »Das Glück der Andernachs« (1947) erzählt von einer jüd. Familie im B. der Bismarckzeit. 1927 erschien »Charlott etwas verrückt«, eine symptomatische Beschreibung der »von Geld und Luxus bestimmten Oberflächenkultur des Neuen Westens« (K. Strohmeyer).

Jakob van Hoddis (eig. **Hans Davidsohn**), * 16. 5. 1887 B. (am damaligen **Grünen Weg**, der heutigen **Singerstraße**), † Frühjahr 1942 (30. April Deportation, im Mai Tod in einem KZ auf poln. Gebiet: Belzec, Chelmno oder Sobibor). Expressionist. Lyriker, Vorläufer des Dadaismus und Surrealismus. In B. 1909 Mitbegründer des »Neuen Clubs« und 10 des »Neopathetischen Cabarets«; Freundschaft mit G. Heym. Seit 1912 zunehmend geisteskrank, gehetztes Wanderleben zwischen München, Paris und B. Zuletzt (1933) Heilbehandlung in Bendorf-Sayn (RP). – W.: »Weltende. Ges. Dichtungen« (Hrsg. P. Pörtner, 1958). Großer Teil des Werks verloren. – Gedenktafel für J. v. H. und den »Neuen Club« am Eingang zu den **Hackeschen Höfen, Rosenthaler Straße** Nr. 40-41 (Mitte). – Teilnachlaß DLA Marbach. – H. Hornbogen, »J. v. H. Die Odyssee eines Verschollenen« (1986).

Ernst Wiechert (Ps. **Barany Bjell**), * 18. 5. 1887 Forsthaus Kleinort b. Sensburg/Ostpreußen, † 24. 8. 1950 Rütihof b. Stäfa a. Zürichsee, Erzähler und Dramatiker. Schuldienst ab 1911 in Königsberg, 30-33 Studienrat am Staatl. Kaiserin-Augusta-Gymnasium in der **Cauerstraße** (Charlottenburg) in B. Dann freier Schriftsteller in Ambach/Starnberger See, ab 36 auf Hof Gagert (Wolfratshausen/B). 1938 zwei Monate KZ Buchenwald, danach unter Gestapo-Aufsicht. Seit 1948 in der Schweiz. – W.: Die Flöte des Pan (Nn. 1930); Die Magd des Jürgen Doskocil (R. 1932); Wälder und Menschen (Aut. 1936); Das einfache Leben (R. 1939); Der Totenwald (KZ-Ber. 1945); Jahre und Zeiten (Aut. 1949); Missa sine nomine (R. 1950). Sämtl. Werke (1957). – Wohnung **Höhmannstraße** Nr. 6 (Wilmersdorf). – Teilnachlaß (Korrespondenz 1933-45) DDB Frankfurt a. M.

Georg Heym, * 30. 10. 1887 Hirschberg/Schlesien, † 16. 1. 1912 B., Lyriker, auch Novellist und Dramatiker. Kam 1900 nach B., hier u. a. Jurastu-

dium. Mitglied des »Neopathetischen Cabarets« (6. 7. 1910 dort 1. Lesung). Mit seinem Freund E. Balcke beim Eislauf auf der Havel zwischen **Lind-** und **Schwanenwerder** (Charlottenburg) ertrunken. Gesamtwerk des »deutschen Rimbaud« so schmal wie einflußreich. – W.: Der ewige Tag (G. 1911); Atalanta (Tr. 1911). Umbra vitae (G. 1912); Der Dieb (Nn. 1913); Dichtungen und Schriften (Hrsg. K. L. Schneider, 1960-68). – Wohnung 1909-11 **Neue Kantstraße** Nr. 12/13 (Charlottenburg/Gedenktafel am Nachfolgebau); Grab **Friedhof III der Luisenkirchen Gem., Fürstenbrunner Weg** (Charlottenburg) aufgelöst. – Nachlaß SuUB Hamburg. – Karin Reschke, »Schlagwörter über Georg Heym« (in: »Berlin. Eine Ortsbesichtigung«, 1992).

Arnold Zweig, * 10. 11. 1887 Glogau/Schlesien, † 16. 11. 1968 B., Erzähler, Dramatiker und Essayist, der impressionistisch begann, unter dem Eindruck des Ersten Weltkriegs sich sozialen und zeitkrit. Themen zuwandte und später seine Werke z. T. in kommunist. Sinn überarbeitete. Sohn eines jüd. Sattlers, Studium, Soldat. 1919-23 freier Schriftsteller in Starnberg (B), dann Berlin, 1933 Emigration nach Palästina. 1948 Rückkehr nach Niederschönhausen (Pankow) und hohe Kulturämter (u. a. Präsident der Akademie der Künste und des PEN-Zentrums der DDR). 1950 DDR-Nationalpreis. – W.: Die Novellen um Claudia (1912); Der Streit um den Sergeanten Grischa (R. 1927); Junge Frau von 1914 (R. 1931); Bilanz der dt. Judenheit 1933 (Es. 1934); Erziehung vor Verdun (R. 1935); Das Beil von Wandsbek (R. 1947); Ausgew. Werke in 16 Bdn. (1959-67). Briefwechsel mit S. Freud (1968), L. Fürnberg (1978), L. Feuchtwanger (1986). – Letzte Wohnung vor 1933 im Eichkamp (Gedenktafel **Zikadenweg** Nr. 59; der Nachbar Horst Krüger in »Das zerbrochene Haus«: Das modische Flachdach des Hauses war damals »undeutsch und mußte gleich nach (Zweigs) Flucht germanisch gegiebelt« werden.), Atelierhaus (unmittelbar dahinter) **Am kühlen Weg** (Charlottenburg). Nach 1948 Wohnung **Homeyerstraße** Nr. 13 (Pankow/Gedenktafel mit Porträt; Gedenkstätte aufgelöst, A.Z.-Archiv Akademie der Künste; A.Z.-Gesellschaft). – Grab **Friedhof der Dorotheenstädt. und Friedrich-Werderschen Gem., Chausseestraße** (M 1-56/Mitte). – Nachlaß Akademie der Künste. – A.Z.-Sonderheft von »Sinn und Form« (1952); »A.Z. 1887-1968« – Werk und Leben in Dokumenten und Bildern (Hrsg. G. Wenzel, 1978).

Vicki Baum, * 24. 1. 1888 Wien, † 29. 8. 1960 Hollywood, Erzählerin, Redakteurin bei Ullstein. War zu ihrer Zeit eine der meistgelesenen Unterhaltungs-Autorinnen der Welt. Ihr R. »Menschen im Hotel« (1929) wurde in Hollywood verfilmt, wohin V. B. 1931 aus polit. Gründen übersiedelt war. – W.: Ulle der Zwerg (R. 1924); Feme (R. 1927); Pariser Platz 13 (Lustsp. 1931); Jape im Warenhaus (N. 1935); Hier stand ein Hotel (R. des »Kaiserhof« am **Wilhelmsplatz**, 1944); Marion (Aut. 1951); Es war alles ganz anders (Aut. 1962). – Wohnte 1926-31 **Koenigsallee** Nr. 45 (Wilmersdorf/Gedenktafel).

Curt Goetz, * 17. 11. 1888 Mainz (RP), † 12. 9. 1960 Grabs/St. Gallen (Schweiz). Der bes. in den zwanziger Jahren erfolgreiche Autor von Boulevardstücken und Schauspieler (zus. mit seiner Frau, der Schauspielerin Valerie von Martens) gehörte zur damaligen Theaterprominenz (befreundet u. a. mit H. Courths-Mahler). Er war am Kleinen Theater Unter den Linden, später am **Lessing-Theater** tätig. Nach seinem Tod wurde der Sarg im **Renaissance-Theater** aufgebahrt. – W.: Nachtbeleuchtung. Fünf Grotesken (1921); Ingeborg (K. 1921); Der Lügner und die Nonne (Lsp. 1929); Dr. med. Hiob Prätorius (K. 1934); Die Tote von Beverly Hills (R. 1951); Das Haus in Montevideo (K. nach »Die tote Tante«, 1953). Sämtl. Bühnenwerke (1963, erw. 1977); »Memoiren« (1969). – Wohnung **Fredericiastraße** Nr. 1 (Charlottenburg/Gedenktafel).

Friedrich Wolf (Neuwied/RP), der 1910/12 bereits in B. Medizin studiert hatte (und auf der Galerie des Deutschen Theaters »dem Theater verfiel«) und Ende der zwanziger Jahre hier mit seiner berühmten Rede »Kunst ist Waffe« u. a. aufgetreten war (1928), kam im September 1945 aus dem sowjet. Exil (Mitbegründer des »Nationalkomitees Freies Deutschland«) wieder nach B. zurück. 1946 dt. Erstaufführung des Schauspiels »Professor Mamlock« (1935); im gleichen Jahr kamen fünf weitere Schauspiele heraus; Mitbegründer der DEFA und des Bundes Deutscher Volksbühnen (»Zeitprobleme des Theaters«, Ess. 1947). Dezember 1948 Umzug nach Lehnitz (Kreis Oranienburg/BR). 1950/51 Botschafter der DDR in Warschau. – Wohnung seit Frühjahr 1946 in der **Elsa-Brandström-Straße** Nr. 22 (früher **Lindenpromenade**) in Pankow. Grab **Gedenkstätte der Sozialisten Zentralfriedhof Friedrichsfelde** (**Gudrunstraße**/Lichtenberg). Porträtbüste bei der nach F.W. benannten Poliklinik, **Karl-Lade-Straße** (Lichtenberg). – Nachlaß im F.-W.-Archiv in Lehnitz; dort auch Sitz der F.-W.-Gesellschaft (gegr. 1992).

Ludwig Renn (eig. **Arnold Friedrich Vieth von Golßenau**), * 22. 4. 1889 Dresden (SA), † 21. 7. 1979 B., sozialist. Erzähler, später auch »hist. Romane für die Jugend«. Sohn eines Prinzenerziehers aus sächs. Uradel, Kindheit in der Schweiz und Italien. 1910 Fahnenjunker, Bataillonskommandeur im Ersten Weltkrieg. 1928 Mitglied der KPD, bis 32 Sekretär des Bundes proletarisch-revolutionärer Schriftsteller in B., Mitherausgeber der Zss. »Linkskurve« und »Aufbruch«. 1933 in der Nacht des Reichstagsbrandes verhaftet, nach Entlassung Flucht in die Schweiz 36 und Teilnahme am Span. Bürgerkrieg. 1939 in Frankreich interniert, illegal in Paris, schließlich Exil in Mexiko. 1947 Rückkehr nach Deutschland, seit 52 freier Schriftsteller in B.-Kaulsdorf (Hellersdorf). – W.: Krieg (R. 1928);

Nachkrieg (R. 1930); Rußlandfahrten (Ber. 1932); Adel im Untergang (Aut. 1944); Der spanische Krieg (Ber. 1955); Meine Kindheit und Jugend (Aut. 1957); Auf den Trümmern des Kaiserreichs (R. 1961); Ges. Werke (1966 ff.). – Wohnte 1929-33 in **Alt-Stralau** Nr. 70 (Friedrichshain), nach 52 **Am Kornfeld** Nr. 78 in Kaulsdorf; Ehrengrab **Zentralfriedhof Friedrichsfelde** (Lichtenberg).

Alfred Lichtenstein, * 23. 8. 1889 B., † 25. 9. 1914 Vermandovillers b. Reims, expressionist. Lyriker und Erzähler. Jurastudium in B. Als Einjährig-Freiwilliger in einem bay. Infanterieregiment gefallen. Beeinflußt durch J. von Hoddis; Mitarbeit an Hiller/Pfemferts Zs. »Die Aktion« und H. Waldens »Sturm«. – W.: Gedichte und Geschichten (Hrsg. K. Lubasch, 1919); Ges. Gedichte/Ges. Prosa (Hrsg. K. Kanzog, 1962/66).

Carl von Ossietzky (Hamburg) war seit 1919 in B. Sekretär der »Dt. Friedensgesellschaft«, 27 Hauptschriftleiter der »Weltbühne« (Gedenktafel **Kantstraße** Nr. 152/Charlottenburg). 1932 wegen »Landesverrats« 226 Tage im Gefängnis Tegel (Tafel am Tor, Seidelstr. Nr. 39). 1933, in der Nacht nach dem Reichstagsbrand, verhaftet; am 6. 4. KZ Sonnenburg in der Neumark (BR). 1935 – im KZ Esterwegen/Papenburg (NDS) – Friedensnobelpreis, den O. nicht annehmen durfte; 38 an den Folgen der KZ-Haft in einer Privatklinik in Niederschönhausen (Pankow) gestorben. – W.: Der Anmarsch der neuen Reformation (Schr. 1919); Schriften (2 Bde., Hrsg. B. Frei und H.

Carl von Ossietzky vor dem Gefängnis in Tegel, 10. Mai 1932

Leonard, 1966); Rechenschaft (Publizistik aus den Jahren 1913-33, Hrsg. B. Frei, 1969/72); Sämtl. Schriften (8 Bde., Hrsg. W. Boldt, D. Grathoff, G. Kraiker, E. Suhr, 1994). – Wohnungen in Pankow: **Wisbyer Straße** Nr. 45a, **O.-Straße** Nr. 24 (Gedenktafel); Grab **Friedhof Niederschönhausen** (A 1-35), **Buchholzer Straße**. Bronzebüste **Görschstraße** Nr. 42-44, vor der C.-v.-O.-Oberschule, Denkmal **Ossietzkystraße** (Pankow); Gedenktafel im **C.-v.-O.-Park** (»Generalsgarten«), **Alt-Moabit** Nr. 117/118 (Tiergarten). – Nachlaß Universität Oldenburg (NDS).

Kurt Tucholsky (Ps. **Kaspar Hauser, Peter Panter, Theobald Tiger, Ignaz Wrobel**), * 9. 1. 1890 B., † 21. 12. 1935 Hindås b. Göteborg (Freitod). »Kleiner, dicker Berliner, der mit der Schreibmaschine eine Katastrophe aufhalten wollte« (E. Kästner). Jurastudium u. a. in B., 1913-33 Mitarbei-

ter, ein Jahr Hrsg. der »Schaubühne« (später »Weltbühne«). 1929 Emigration nach Schweden, 33 Ausbürgerung. – W.: Rheinsberg, ein Bilderbuch für Verliebte (1912); Träumereien an preuß. Kaminen (1920); Ein Pyrenäenbuch (Reiseb. 1927); Deutschland, Deutschland über alles (1929); Schloß Gripsholm (R. 1931). Ges. Werke/Ausgew. Briefe (Hrsg. M. Gerold-Tucholsky und F. J. Raddatz, 1960-61/62). – Geburtshaus **Lübecker Straße** Nr. 13 (Tiergarten/Gedenktafel). 1912 bis zu seiner Promotion in Jena und anschl. Kriegsdienst wohnte er **Nachodstraße** Nr. 12 (Wilmersdorf), wohin er nach dem Krieg zurückkehrte; 1920-24 **Bundesallee** Nr. 79 (Schöneberg/Gedenktafel). T.-Raum im **Literaturhaus, Fasanenstraße** (Wilmersdorf). – Archiv DLA Marbach. – K.-T.-Gesellschaft. »Entlaufene Bürger«. Kurt Tucholsky und die Seinen (Ausstellungskatalog DLA Marbach, Hrsg. J. Meyer in Zus. mit A. Bonitz, 1990). – Lisa Matthias, »Ich war Tucholskys Lottchen« (1962/Lisa M. wohnte Haberlandstraße Nr. 13, heute Treuchtlinger Straße Nr. 1/Schöneberg); G. Kunert, »Lübecker Straße 13« (»Tagträume in Berlin und andernorts«; 1972); M. Hepp, »K. T. – Biographische Anmerkungen« (1993).

Erich Weinert, * 4. 8. 1890 Magdeburg (SAN), † 20. 4. 1953 B., pol.-satir. Lyriker, Publizist, auch Übersetzer. Schlosserlehre; Zeichenlehrer an der Akademie B.; 1921 Hausdichter des Kabaretts »Retorte«; 24 kommunist. Agitator. 1930 Reise in die Sowjetunion; 33 Exil, 35 Moskau; Span. Bürgerkrieg. 1943-45 Präsident des »Nationalkomitees Freies Deutschland«; 46 Rückkehr nach B. Vizepräsident der Zentralverwaltung für Volksbildung. DDR-Nationalpreis. (E.-W.-Medaille seit 1957, Kunstpreis der FDJ). – »Gesammelte Werke« (1955-60). – Wohnung **Heinrich-Mann-Straße** Nr. 22; Gedenkmauer Ecke **Hermann-Hesse-Straße** vor der E.-W.-Siedlung (Pankow); Ehrengrab **Zentralfriedhof Friedrichsfelde** (Lichtenberg). – Nachlaß Akademie der Künste. – H. Schurig, Vorläufiges Findbuch des literar. Nachlasses von E. W., 1959.

Ernst Blaß, * 17. 10. 1890 B., * 23. 1. 1939 ebd., »Gehirnlyriker«. Kam aus Heidelberg/BW (Hrsg. der Zs. »Die Argonauten«) als Kritiker und Schriftsteller nach B. zurück, tätig im »Neuen Club« und beim »Sturm«. 1933 als Jude Schreibverbot. – W.: Die Straßen komme ich entlang geweht (G. 1912); Der offene Strom (G. 1921). Sämtl. Gedichte (Hrsg. Th. B. Schumann, 1980): »Blaß ist auch ein Berlin-Dichter im engeren Sinn, insofern er in seinen Gedichten häufig die Stadt ›ausschildert‹ mit den konkreten Namen Berliner Orte, Straßen und Plätze... Vor allem aber wurde er der ›weltstädtische Schilderer‹, weil er, wie Blaß 1924 bekannte, in der Verknüpfung seines Lebens mit Berlin die ›Doppelbödigkeit der menschlichen Existenz‹ erfuhr« (J. Engler). – Wohnung 1922-27 **Lietzenburger Straße** Nr. 70 (Neubau/Charlottenburg); Grab **Jüd. Friedhof Weißensee, Herbert-Baum-Straße**, verschollen. (Bei der Beerdigung ein halbes Dutzend jüd. Freunde und ... S. von Radecki mit einem Strauß Rosen.)

Fritz Schwiefert, * 4. 12. 1890 B., † 31. 1. 1961 ebd., Bühnen- und Filmautor, Erzähler, Übersetzer. Am erfolgreichsten: »Marguerite durch drei« (1930). – Wohnung **Am Kleinen Wannsee** Nr. 2a; Grab **Alter Friedhof Wannsee, Friedenstraße** (Zehlendorf).

Hans José Rehfisch (Ps. **Georg Turner, René Kestner**), * 10. 4. 1891 B., † 9. 6. 1960 Schuls/Unterengadin, vielseitiger gesellschaftskrit. Dramatiker, auch Romancier. Richter, Rechtsanwalt, Syndikus und ab 1923 zusammen mit E. Piscator Leiter des Zentraltheaters. Nach 1933 in Haft, 36 Emigration. Seit 1950 in Hamburg und München (B). – W.: Wer weint um Juckenack? (K. 1924); Die Affäre Dreyfus (Dr., zus. mit W. Herzog, 1929); Wasser für Canitoga (Sch. 1932); Lysistrata (K. 1951). Ausgew. Werke (1967). – Wohnung **Württembergallee** Nr. 26 (Charlottenburg); Grab **Friedhof der Dorotheenstädt. und Friedrich-Werderschen Gem., Chausseestraße** (Mitte). – Nachlaß Akademie der Künste.

Johannes R(obert) Becher, * 22. 5. 1891 München (B), † 11. 10. 1958 B., Lyriker, Erzähler, Dramatiker, Essayist; einer der Wortführer des Expressionismus, später Repräsentant des Sozialistischen Realismus. Kam 1911 nach B., Studentenbude in der **Memeler Straße** (heute **Marchlewskistraße**/Friedrichshain): »Das hochstöckige Mietshaus ragte wie ein breitkantiger Fels in die Großstadtbrandung vor« (»der Ausgangspunkt meiner Entdeckung Berlins«). Studierte Medizin, Philosophie und Literatur. Wurde 1919 Mitglied der KPD, 1928 Vorsitzender des »Bundes proletarisch-revolutionärer Schriftsteller« und, zus. mit L. Renn, Herausgeber der »Linkskurve«. 1933 Emigration, ab 35 in der UdSSR (Chefredakteur der Zs. »Internationale Literatur. Deutsche Blätter«). Juni 1945 Rückkehr nach B., Mitbegründer und Präsident des »Kulturbundes zur demokratischen Erneuerung Deutschlands« (Verfasser der DDR-Hymne »Auferstanden aus Ruinen ...«). 1949, zus. mit P. Wiegler, Gründung der Zs. »Sinn und Form«. 1953-56 Präsident der Ostberliner Akademie der Künste, 1954-58 erster Kulturminister der DDR. (H. Mayer 1991: »Als Minister für Kultur ist Becher, man kann es nicht oft genug wiederholen, ein Glücksfall gewesen.«) 1949 und 1950 Nationalpreis. (J.-R.-B.-Preis der DDR, seit 1958, -Medaille, seit 1961). – W.: Verfall und Triumph (Dicht. 1914); Gedichte für ein Volk (1919); Am Grabe Lenins (Dicht. 1924); Der Mann, der in der Reihe geht (Ball./G. 1932); Abschied (aut. R. 1940); Ausgew. Dichtung aus der Zeit der Verbannung (1945); Winterschlacht (1941, verändert u. d. T. »Schlacht um Moskau«, Tr. 1953); Schöne deutsche Heimat (G. Slg. 1956); Sonett-Werk 1913-55 (1956). Tagebücher: »Verteidigung der Poesie« (1952), »Poetische Konfession« (1. Bd. 1954, 2. Bd. u. d. T. »Macht der Poesie« 1955, »Das poetische

Prinzip«, 1957). Ges. Werke (hrsg. J.-R.-B.-Archiv Akademie der Künste zu B., 1966ff.; hier auch Dokumentenband »Erinnerungen an J.R.B.« 1968). J.R.B.: Briefe 1909-1958/Briefe an J.R.B. 1910-1958 (Hrsg. R. Harder, 1993). – Wohnung zunächst **Schlüterstraße** Nr. 45 (Charlottenburg), später **Majakowskiring** Nr. 34 (Pankow/Gedenktafel, Gedächtnisstätte aufgelöst); Denkmal im **Pankower Bürgerpark**. Grab **Friedhof der Dorotheenstädt. und Friedrich-Werderschen Gem.** (ADM 37-40), **Chausseestraße** (Mitte). – Nachlaß J.-R.-B.-Archiv Akademie der Künste. – »Metamorphosen eines Dichters«/»Der gespaltene Dichter« J.R. Becher/Gedichte, Briefe, Dokumente 1939, 1945-1958, (Hrsg. C. Gansel, 1991); R. Harder, »J.R. Becher. Die entscheidende Stadt im Leben« (in »LiteraturOrt Berlin«, 1994).

Ferdinand Bruckner (eig. **Theodor Tagger**), *26. 8. 1891 Wien, *5. 12. 1958 B., v.a. als Dramatiker (Reportagestil) bekannt. In B. 1923 Gründer und (bis 28) Leiter des **RenaissanceTheaters** (**Hardenbergstraße** Nr. 6/ Charlottenburg), zugleich unter seinem Ps. sensationelle Bühnenerfolge. 1933 Emigration, 51 Rückkehr nach B. (Wilmersdorf, **Emser Straße** Nr. 1/ 2). – W.: Krankheit der Jugend (Dr. 1929); Die Verbrecher (Dr. 1929); Simon Bolivar (Dr. 1945); Heroische Komödie (1955). – Wohnung 1923-29 **Kaiserdamm** Nr. 102 (Charlottenburg/Gedenktafel); Ehrengrab **Friedhof Heerstraße, Trakehner Allee** Nr. 1 (Abtlg. 20-Wald-1f/Charlottenburg). – Nachlaß Akademie der Künste.

Karl Grünberg, * 5. 11. 1891 B., † 1. 2. 1972 ebd., Erzähler und Journalist. Der Sohn eines Schuhmachers gehörte 1928 zu den Gründungsmitgliedern des »Bundes proletarisch-revolutionärer Schriftsteller« (BPRS). Nach 1945 lebte G. als freier Schriftsteller in B.-Grünau. Sein bekanntestes Buch ist der (für die Entwicklung der proletar.-revolutionären Prosaliteratur in Deutschland bedeutende) Roman »Brennende Ruhr« (1928). Weitere W.: Das Schattenquartett (aut. R. 1948); Es begann im »Eden« (En. 1951). – Grab **Waldfriedhof Köpenick** (**An der Wuhlheide**). – Nachlaß Akademie der Künste.

Nelly Sachs, * 10. 12. 1891 B., † 12. 5. 1970 Stockholm, Lyrikerin, auch Dramatikerin. Floh, als Jüdin, 1940 nach Schweden; lebte, naturalisiert, in Stockholm. 1965 Friedenspreis des Dt. Buchhandels, 66 Nobelpreis (zus. mit S. J. Agnon), 67 Ehrenbürgerin von West-B. – W.: In den Wohnungen des Todes (G. 1947); Flucht und Verwandlung (G. 1959); Fahrt ins Staublose (Ges. G. 1961); Zeichen im Sand (Szen. Dichtungen 1962); Späte Gedichte (1965); Suche nach Lebenden (G. 1971). Briefwechsel mit P. Celan (Hrsg. B. Wiedemann 1993). – Das Buch der Nelly Sachs (Hrsg. B. Holmquist, 1977). – Geburtshaus **Maaßenstraße** Nr. 12 (früher Nr. 15/Schöneberg/Gedenktafel); **N.-S.-Park** mit Gedenkstein, **Dennewitzstraße**); Kindheit und Jugend in der elterlichen Villa im Tiergartenviertel, **Siegmunds**

Nelly Sachs, Paßfoto für ihre Emigration nach Schweden (Frühjahr 1940)

Hof Nr. 16; nach 1930 in der **Lessingstraße** Nr. 33 (Gedenktafel). – Slg. Archiv für dt. und ausländ. Arbeiterlit. Dortmund/NRW. – Kulturpreis der Stadt Dortmund/Nelly-Sachs-Preis (seit 1961). – Karin Reschke, »Nelly Sachs. Spurensuche« (in: »Berlin. Eine Ortsbesichtigung«, 1992).

Reinhard Johannes Sorge, * 29. 1. 1892 Rixdorf (heute Neukölln), gef. 20. 7. 1916 bei Ablaincourt/ Somme, expressionist. Dramatiker und Lyriker. Studium in Jena (TH), freier Schriftsteller. Zwei Italienreisen (1913 in Rom Konversion zum Katholizismus). – W.: Der Bettler (Dr. 1912); Metanoeite. Drei Mysterien (1915). Der Jüngling. Die frühen Dichtungen (1925); Sämtl. Werke (Hrsg. H. G. Rötzer, 1962 ff.). – Nachlaß DLA Marbach.

Walter Benjamin (Ps. **Detlef Holz, C.**

Walter Benjamin: Wohnhaus Kurfürstenstraße Nr. 154

Conrad u.a.), * 15. 7. 1892 B., † 27. 9. 1940 Port Bou/Spanien (Freitod aus Furcht vor Verhaftung durch die Gestapo), Literaturkritiker, Essayist, auch Übersetzer. Studierte Philos., wurde Marxist. Kehrte in den 20er Jahren nach B. zurück, lebte seit 1933 in Paris. – W.: Ursprung des dt. Trauerspiels (1928); Das Kunstwerk im Zeitalter seiner techn. Reproduzierbarkeit (1936). Schriften (Hrsg. Th. W. und G. Adorno, 1955); Briefe (Hrsg. G. Scholem und Th. W. Adorno, 1966); Ges. Schriften (Hrsg. R. Tiedemann, H. Schweppenhäuser u.a., 1972ff., Werkausg. 80). – Aut. (begonnen in den dreißiger Jahren) »Berliner Kindheit um Neunzehnhundert« (1950); »Berliner Chronik« (Hrsg. G. Scholem, 1970). – Archiv R. Tiedemann, Frankfurt a.M. (H) und in Potsdam (BR); Teilnachlaß Akademie der Künste. – »Zur Aktualität Walter Benjamins« (Hrsg. S. Unseld, 1980): »Über Walter Benjamin« von Th. W. Adorno (1970); »Walter Benjamin – die Geschichte einer Freundschaft« von G. Scholem (1975), der 80 auch einen Briefwechsel mit W.B. herausbrachte; W.B. 1892-1940 (Katalog zur Ausstellung des Th. W. Adorno Archivs u. des Dt. Literaturarchivs Marbach, bearb. von R. Tiedemann, Chr. Gödde und H. Lonitz/Marbacher Magazin 55/1990). – Geburtshaus **Magdeburger Platz** Nr. 4 in Schöneberg (zerstört). Weitere Wohnungen der Familie: **Kurfürstenstraße** Nr. 154, die Großmutter (deren Enkelin auch die Lyrikerin Gertrud Kolmar war) wohnte – beste Adresse – »**Blumeshof** 12«, die Familie dann **Carmerstraße** Nr. 3 beim Savignyplatz (Charlottenburg) und **Nettelbeckstraße** Nr. 24 (jetzt: **An der Urania**), schließlich **Delbrückstraße** Nr. 23 in der Grunewalder Villenkolonie (Haus nicht erhalten). Spätherbst 1930 bezog W.B. eine eigene Wohnung in der **Prinzregentenstraße** Nr. 66 in Wilmersdorf (Gedenktafel am Neubau). – »Glückloser Engel«. Dichtungen zu W.B. (Hrsg. E. Wizisla und M. Opitz, 1992).

Theodor Plievier (eig., bis 1933, **Plivier**), * 12. 2. 1892 B., † 12. 3. 1955 Avegno/Schweiz, soz. Erzähler. Als Sohn einer kinderreichen Arbeiterfamilie im Wedding geboren, mußte er bereits als Kind arbeiten (»Die andere Seite«, in dem aut. R. »Der Kaiser ging, die Generäle blieben«, 1932). 1909 verließ er B., wurde Matrose und reiste bis nach

Australien und Südamerika. 1914 in der Kriegsmarine, 18 Beteiligung am Matrosenaufstand in Wilhelmshaven (NDS). Sommer 1920 nach B. (**Rigaer Straße** Nr. 68/Friedrichshain), wo er als Publizist und »Verleger linksradikaler Schriften« (»Verlag der Zwölf«) sein Glück versuchte. 1933 Emigration nach Moskau, Mitarbeit im »Nationalkomitee Freies Deutschland«. Kehrte 1945 mit der Roten Armee nach B. zurück, lebte später als Verlagsleiter und Vorsitzender des »Kulturbundes zur demokratischen Erneuerung Deutschlands« in Weimar (TH). 1947 Umzug an den Bodensee (Wallhausen), später nach Avegno, wo er 1955 starb. – W.: Hunger I/II (Flugschrr., hrsg. zus. u. a. mit K. Kollwitz, 1922); Des Kaisers Kulis (R. 1930); Das große Abenteuer (R. 1936); Stalingrad (R. 1945); Moskau (R. 1952); Berlin (1954). – Geburtshaus **Wiesenstraße** Nr. 29 (Wedding/Gedenktafel am Neubau).

Hans Fallada (eig. Rudolf Ditzen), * 21. 7. 1893 Greifswald (MVP), † 5. 2. 1947 B., Erzähler, »Chronist der Arbeitslosigkeit« (J. Seyppel). »Berlin macht(e) den Zeilenschinder F. zum Schriftsteller der ›Neuen Sachlichkeit‹« (K. Dederke). Seit 1899 in B., Kinderjahre in Schöneberg. 1901-09 wechselnd an verschiedenen Gymnasien in B.: »... in der Regel spielte ich zu jener Zeit eine höchst unselige Rolle«. Landwirtschaftliche Berufe; Heilstätten für Suchtgefährdete; Gefängnis wegen Unterschlagungen. 1929 Annoncenwerber in Neumünster (SH), hier Material für »Bauern, Bonzen und Bomben« (H.-F.-Preis der Stadt N., seit 1981). 1930-32 bei Rowohlt in B. (Wohnung: Berlin NW 40, **Calvinstraße** Nr. 15a bei Nothmann/Tiergarten). Welterfolg mit »Kleiner Mann – was nun?«. 1933-45 in Mecklenburg; dann Rückkehr nach Ost-B. – W.: Der junge Goedeschall (R. 1920); Wer einmal aus dem Blechnapf frißt (R. 1934); Wolf unter Wölfen (R. 1937); Der eiserne Gustav (R. über B.er Droschkenkutscher, 1938); Damals bei uns daheim (Aut. 1942); Heute bei uns zu Haus (Aut. 1943); Jeder stirbt für sich allein (R. 1947); Der Trinker (R. 1950). – Letzte Wohnung in einem von J. R. Becher besorgten Haus im Prominentenviertel von Niederschönhausen/Pankow, am (heutigen) **Majakowskiweg** Nr. 19 (Tafel). Im Hilfskrankenhaus **Marthastraße** Nr. 10 Beginn der Niederschrift des R. »Fallada sucht einen Weg« (ersch. u. d. T. »Der Alpdruck«). Im Januar 1947 im Hilfskrankenhaus **Blankenburger Straße** Nr. 21/23 (heute H.-F.-Schule), dort auch gestorben. Urne zunächst auf dem Friedhof Schönholz, im Juli 1991 nach Carwitz (MVP) überführt. – H.-F.-Archiv und H.-F.-Gesellschaft in Feldberg (Kr. Neustrelitz/MVP); Gedenkstätte in Carwitz. – T. Crepon, »Leben und Tod des H. F.« (1978); W. Liersch, »H. F. Sein großes kleines Leben« (1981, n. 93).

Gabriele Tergit (eig. **Elise Reifenberg**), * 4. 3. 1894 B., † 25. 7. 1982 London, Journalistin, Erzählerin. Schrieb nach Ausbildung und Studium in München (B), Heidelberg (BW) und B. Feuilletons (u. a. für die »Vossische

Zeitung« und »Die Weltbühne«). Seit 1925 zus. mit A. Kerr, R. Olden und W. Kiaulehn Redaktionsmitglied des »Berliner Tageblatts« (»Blüten der Zwanziger Jahre. Gerichtsreportagen und Feuilletons 1923-33«, Hrsg. J. Brüning, 1984). Durch ihren Zeitroman »Käsebier erobert den Kurfürstendamm« (1931 bei Rowohlt erschienen) wurde sie berühmt. Nach einem SA-Überfall Emigration; ab 1938 lebte sie in London. – W.: Effingers (R. 1951); Etwas Seltenes überhaupt (Aut. 1983). Atem einer anderen Welt. Berliner Reportagen (Erstausg., Hrsg. J. Brüning, 1994). – Geburtshaus **Raupachstraße** Nr. 9 (Friedrichshain); Wohnung 1928-33 **Siegmunds Hof** Nr. 22 (Tiergarten). – Teilnachlaß in der Slg. »Exil« der DDB Frankfurt a. M. (H). – E. Larsen, »Die Welt der G. T.« (1987).

Florian Kienzl, * 6. 7. 1894 Graz, † 1. 4. 1972 B., Kritiker (»Die Berliner und ihr Theater«, 1967), Essayist und Biograph (S. Bolivar, Pedro I. und II.; A. v. Humboldt, Th. Fontane; J. Nestroy, P. Rosegger u.a.). – Wohnungen **Breisgauer Straße** Nr. 30 (Schlachtensee/Zehlendorf). **Bettinastraße** Nr. 3 (Grunewald, Haus Sudermann/Wilmersdorf); Grab **Waldfriedhof Zehlendorf, Potsdamer Chaussee.**

Gertrud Kolmar (eig. **G. Chodziesner**), * 10. 12. 1894 B. (in der **Poststraße** Nr. 14/Mitte), † 1943 in einem Vernichtungslager (amtlich wurde der Zeitpunkt des Todes für den 2. 3. 1943 festgestellt), Lyrikerin. Kindheit und Jugend in Charlottenburg (**Ahornallee** Nr. 37), später in Finkenkrug

Gedenktafel für Gertrud Kolmar in Finkenkrug

(Falkensee/Kreis Nauen/BR). G. K.s Rosenzyklus und die Tiergedichte verdanken ihre Entstehung nicht zuletzt dem Garten und den Wäldern von F. Dolmetscherin im Ersten Weltkrieg, Erzieherin von taubstummen Kindern. Seit 1933 zunehmend isoliert. Nach Zwangsverkauf des Hauses in Finkenkrug Wohnung mit dem Vater **Speyerer Straße** Nr. 10 in B.-Schöneberg (jetzt **Rosenheimer Straße/** Ecke **Münchener Straße**). 1941 zur Zwangsarbeit verpflichtet; Deportation laut Kartei mit dem »32. Osttransport v. 2. 3. 43«. – W.: Gedichte (1917); Preußische Wappen (G. 1934 / »Die Bärin spricht: Ich habe sie getragen, / Die Stadt in meinem Schoße, Höhlenbrut…« beginnt »Wappen von Berlin«); Die Frau und die Tiere (G. 1938); Das lyrische Werk (Hrsg. H. Kasack 1955, erw. 1960); Briefe an die Schwester Hilde 1938-43 (Hrsg. J. Zeitler, 1970). – »Gertrud Kolmar 1894-1943«, bearbeitet von J. Woltmann, Marbacher Magazin 63/1993; U. Berger, »Flammen oder Das Wort der Frau« (E. 1990); »Gertrud Kolmar – Leben und Werk in Texten und

Bildern«, Hrsg. B. Eichmann-Leutenegger (1993).

Walther Victor (Ps. **C. Redo**), * 21. 4. 1895 Bad Oeynhausen (NRW), † 19. 8. 1971 Bad Berka (Erfurt/TH), marxistischer Schriftsteller und Publizist. War zunächst Journalist in B., wurde auf Veranlassung der Reichsschrifttumskammer entlassen, emigrierte in die USA. Nach seiner Rückkehr freier Schriftsteller in B., Hrsg. der »Lesebücher für unsere Zeit«; mehrere Goethe- und Heine-Publikationen (u. a. »Goethe in Berlin«, 1955). Lebte seit 1961 in Weimar (TH). – W.: Kehre wieder über die Berge (Aut. 1945); Mit Herzblut und Flederwisch. Notizen aus bewegter Zeit (1965). – Wohnte in B. in der **Kurt-Fischer- (heute Hermann-Hesse-)** Straße in Niederschönhausen (Pankow); in Weimar Wilhelm-Bode-Straße Nr. 9 (dort auch W.-V.-Archiv); Grab Historischer Friedhof Weimar.

Alfred Kurella (Ps. **Bernhard Ziegler, Victor Röbig, A. Bernhard**), * 2. 5. 1895 Brieg (Schlesien), † 12. 6. 1975 B., marxistischer Kulturpolitiker, Erzähler, Essayist und Übersetzer. Studium an der Kunstgewerbeschule München (B.). Im Ersten Weltkrieg verwundet. Gehörte zum Expressionismus-Kreis um Kurt Hiller. 1918 Eintritt in die KPD. Ab 1934 Exil in Moskau (»Ich lebe in Moskau«, 1947). 1954 Rückkehr nach B.; Mitbegründer des J.-R.-Becher-Instituts (Leipzig/SA). Lebte als hoher Kulturfunktionär und Mitglied des ZK der SED in B. – W.: Mussolini ohne Maske (Reportagen 1931); Die Gronauer Akten (R. 1954); Kleiner Stein im großen Spiel (R. 1961);

Unterwegs zu Lenin (Aut. 1967); Das Eigene und das Fremde (Es. 1968). – Wohnung u. a. **Werderscher Markt** Nr. 3 (Mitte); Grab **Zentralfriedhof Friedrichsfelde (Gudrunstraße/**Lichtenberg). – A.-K.-Archiv, Akademie der Künste.

Arnolt Bronnen (Ps. **A. H. Schelle-Noetzel**), * 19. 8. 1895 Wien, † 12. 10. 1959 B., expressionist. Dramatiker, Erzähler; »Ritter von der traurigen Konjunktur«. In den zwanziger Jahren in B., zus. mit B. Brecht und F. Bruckner, heftig umstrittene Bühnenexperimente. 1929 Wechsel von der Linken zur äußersten Rechten, bis 40 bei Rundfunk und Fernsehen. Nach 1945 als Kommunist in Österreich, u. a. Bürgermeister von Bad Goisern (Oberöst.). Zuletzt Theaterkritiker in Ost-B. (Wohnung **Straße 200** Nr. 1/ Pankow). Veröffentlichte hier die Reportageserie »Deutschland. Kein Wintermärchen«, eine Heine nachempfundene »Entdeckungsfahrt« durch alle Teile des »Arbeiter- und Bauernstaates«. – W.: Vatermord (Dr. 1920); Der blaue Anker (»Tatsachenroman« 1925); Ostpolzug (Dr. 1926); O. S. (R. 1929); a. b. gibt zu protokoll (Aut. 1954); Aisopos (R. 1956); Tage mit Bertolt Brecht (Aut. 1960). – Grab **Friedhof der Dorotheenstädt. und Friedrich-Werderschen Gem., Chausseestraße** (J-8-26/Mitte). – Archiv Akademie der Künste.

Der »Nichtarier« mit jüd. Vater ließ sich nach 1933 »uneheliche Geburt« bescheinigen (H. Weigel, »Unternehmen ›Vatermord‹«; Barbara Bronnen, »Die Tochter«, aut. R. 1980); »Der tote Vater« (in »Friedhöfe«, 1997).

Auf der Fahrt nach Berlin

Von Westen kam ich, schwerer Heideduft
Umfloß mich noch, vor meinen Augen hoben
Sich weiße Birken in die klare Luft,
Von lauten Schwärmen Krähenvolks umstoben.
Weit, weit die Heide, Hügel gelben Sands,
Und binsenüberwachs'ne Wasserkolke;
Fern zieht ein Schäfer durch des Sonnenbrands
Braunglühendes Reich verträumt mit seinem Volke.

Von Westen kam ich, und mein Geist umspann
Weichmütig rasch entschwund'ne Jugendtage,
War's eine Träne, die vom Aug' mir rann,
Klang's von dem Mund wie sehnsuchtsbange Klage? ...
Von Westen kam ich, und mein Geist entflog
Voran und weit in dunkle Zukunftsstunden ...
Wohl hob er mächtig sich, sein Flug war hoch,
Und Schlachten sah er, Drang und blut'ge Wunden.

Vorbei die Spiele! Durch den Nebelschwall
Des grauenden Septembermorgens jagen
Des Zuges Räder, und vom dumpfen Schall
Stöhnt, dröhnt und saust's im engen Eisenwagen ...
Zerzauste Wolken, winddurchwühlter Wald
Und braune Felsen schießen wirr vorüber,
Dort graut die Havel, und das Wasser schwallt,
Die Brücke, hei! – dumpf braust der Zug hinüber.

Die Fenster auf! Dort drüben liegt Berlin!
Dampf wallt empor und Qualm, in schwarzen Schleiern
Hängt tief und steif die Wolke drüber hin;
Die bleiche Luft drückt schwer und liegt wie bleiern ...
Ein Flammenherd darunter – ein Vulkan,
Von Millionen Feuerbränden lodernd, ...
Ein Paradies, ein süßes Kanaan, –
Ein Höllenreich und Schatten bleich vermodernd.

Hindonnernd rollt der Zug! Es saust die Luft,
Ein anderer rast dampfrasselnd rasch vorüber,
Fabriken rauchgeschwärzt, im Wasserduft
Glänzt Flamm' um Flamme, düster, trüb' und trüber,
Engbrüst'ge Häuser, Fenster schmal und klein,
Bald braust es dumpf durch dunkle Brückenbogen,
Bald blitzt es unter uns wie grauer Wasserschein,
Und unter Kähnen wandeln müd' die Wogen.

Vorbei, Vorüber! Und ein geller Pfiff!
Weiß liegt der Dampf, ... ein Knirschen an den Schienen!
Die Bremse stöhnt laut unter starkem Griff ...
Langsamer nun! Es glänzt in allen Mienen!
Glashallen über uns und lautes Menschenwirr'n, ...
Halt! Und »Berlin«! Hinaus aus engem Wagen!
»Berlin!« »Berlin!« Nun hoch die junge Stirn,
Ins wilde Leben laß dich mächtig tragen!

Berlin! Berlin! Die Menge drängt und wallt,
Wirst du versinken hier in dunklen Massen ...
Und über dich hinschreitend stumm und kalt,
Wird niemand deine schwache Hand erfassen?
Du suchst – du suchst die Welt in dieser Flut,
Suchst glühende Rosen, grüne Lorbeerkronen, ...
Schau dort hinaus! ... Die Luft durchquillt's wie Blut;
Es brennt die Schlacht, und niemand wird dich schonen.

Schau dort hinaus! – Es flammt die Luft und glüht,
Horch, Geigenton zu Tanz und üpp'gem Reigen!
Schau dort hinaus, der fahle Nebel sprüht,
Aus dem Gerippe nackt herniedersteigen ...
Zusammen liegt hier Tod und Lebenslust,
Und Licht und Nebel in den langen Gassen –
Nun zeuch hinab, so stolz und selbstbewußt. –
Welch Spur willst du in diesen Fluten lassen?

Julius Hart, 1898

Walter Mehring, * 29. 4. 1896 B., † 3. 10. 1981 Zürich: »Wenn die neue Zeit einen neuen Dichter hervorgebracht hat: Hier ist er« (K. Tucholsky). Erste Gedichte im »Sturm« und verschiedenen Dada-Zss. 1921 als Korrespondent nach Paris, 28 Rückkehr. Seine Gedichte, Lieder und Chansons – u. a. für M. Reinhardts Kabarett »Schall und Rauch« und Trude Hesterbergs »Wilde Bühne« – machten ihn früh berühmt und bald bei den Nationalsozialisten verhaßt. Emigration 1933, in Frankreich 39 und 40 interniert, entkam 41 in die USA. Nach dem 2. Weltkrieg kehrte M. 1951 nach Europa zurück und lebte zuletzt zurückgezogen in Zürich. – W.: Das Ketzerbrevier (G. 1921); Wedding – Montmartre (G. 1922); Der Kaufmann von Berlin (Dr. 1929; im selben Jahr von Piscator inszeniert, Bühnenbild L. Moholy-Nagy, Musik K. Weill); Müller. Chronik einer deutschen Sippe (1935); Berlin Dada (1959); Die verlorene Bibliothek (Aut. 1952, erw. 64; die elterliche Wohnung mit der Bibliothek des Vaters befand sich im Haus **Magdeburger Straße** Nr. 20/heute **Kluckstraße** Nr. 35/Tiergarten); Briefe aus der Mitternacht (G. 1971). Werkausgabe, u. a. »Chronik der Lustbarkeiten« und »Staatenlos im Nirgendwo« (»Die Gedichte, Lieder und Chansons 1918-33/1933-74), (Hrsg. Ch. Buchwald, 1978 ff.) – Geburtshaus **Derfflingerstraße** Nr. 3. – Nachlaß Akademie der Künste.

Bruno E. Werner * 5. 9. 1896 Leipzig (SA), † 21. 1. 1964 Davos, Erzähler, Publizist. Soldat im Ersten Weltkrieg; danach Studium in München und B. Seit 1927 Theater- und Kunstkritiker in B.; später Feuilletonchef der »Deutschen Allgemeinen Zeitung« und Hrsg. der zus. mit Bauhaus-Künstlern konzipierten Zs. »die neue linie«. 1934 wurde W. aus der Reichsschrifttumskammer ausgeschlossen, seine Kunstbücher (»Vom bleibenden Gesicht der deutschen Kultur«, 1934, u. a.) wurden verboten. Die »innere Emigration« jener Jahre ist Thema des aut. Romans »Die Galeere« (1949). 1951-61 ging W. als deutscher Kulturattaché nach Washington. – Weitere W.: Die deutsche Plastik der Gegenwart (Bildband, 1940); Die Göttin (R. 1957); Lunapark und Alexanderplatz. Berlin in Poesie und Prosa (Hrsg., zus. mit O. Reichel, 1964). – Grab an der **Dorfkirche Dahlem** (**Königin-Luise-Straße**/Zehlendorf).

Bertolt Brecht (Augsburg/B) ging nach der Schulzeit in Augsburg 1917 zum Studium nach München (B). Kam im Frühjahr 1920 zum ersten Mal nach B. (»eine graue Stadt, eine gute Stadt«) und ließ sich 24 endgültig hier nieder. Wohnte 1924-28 im Atelier von Helene Weigel in Wilmersdorf (**Spichernstraße** Nr. 16/Gedenktafel am Neubau), danach in Charlottenburg (**Hardenbergstraße** Nr. 1a). Mit C. Zuckmayer zus. zeitw. Regisseur bei M. Reinhardt am Deutschen Theater. 1928/29 Besuch der Marxist. Arbeiterschule. Floh 1933 (mit Hilfe von P. Suhrkamp) und wechselte während der folgenden 15 Jahre »öfter die Länder als die Schuhe«. Rückkehr 1948, Wohnung **Berliner Allee** (heute)

Bertolt Brecht: Denkmal vor dem Theater am Schiffbauerdamm

Nr. 185 (Weißensee). Gründete mit H. Weigel (gest. 1971) das »**Berliner Ensemble**«; 54 Einweihung des **Theaters am Schiffbauerdamm** (Mitte; auf dem **B.-Platz** vor dem Theater Denkmal), wo 1928 die »Dreigroschenoper« uraufgeführt worden war. 1955 Stalin-Friedenspreis. – Letzte Wohnung im Rückgebäude des Hauses **Chausseestraße** Nr. 125 (Mitte). Hier starb B. am 14. 8. 1956. Seit 1977/78 Brecht-Weigel-Gedenkstätte (BWG), Einrichtung der Akademie der Künste, die auch das von Helene Weigel installierte Bertolt-Brecht-Archiv betreut. Daneben »Literaturforum im Brecht-Haus« (Ausstellungen, Lesungen, Diskussionen); Büro »Brecht-Erben«. – Grab »gleich nebenan« auf dem **Friedhof der Dorotheenstädt.**

und Friedrich-Werderschen Gem. (ADM 26-29). – »Brecht-Weigel-Haus« (Gedenkstätte) auch am Schermützelsee in Buckow (Märk. Schweiz/ BR), wo u.a. die »Buckower Elegien« entstanden sind. Bert-Brecht-Kreis Augsburg (gegr. in den sechziger Jahren).

Fritz Erpenbeck, * 6. 4. 1897 Mainz (RP), † 8. 1. 1975 B., Erzähler, Essayist und Theaterkritiker. Zunächst Schauspieler; 1929 Journalist, 30-33 Hrsg. der satir. Zs. »Roter Pfeffer«. 1933 Emigration, 35 mit seiner Frau **Hedda Zinner** (1907-94/»Auf dem roten Teppich«, Erinn. 1978/86) nach Moskau. Nach Kriegsende einer der Aktivisten der ersten Stunde in Ost-B.: u.a. Chefredakteur verschiedener Zeitungen und Zss. (bis 1959 »Theater der Zeit«), Theaterkritiker, in den sechziger Jahren auch Kriminalromanautor (»Künstlerpension Boulanka«, 1964). – W.: Emigranten (R. 1939); Gründer (R. 1940-65); Lebendiges Theater (Ess. 1949). – Wohnung bis 1933 im »Roten Block« am **Laubenheimer Platz** (heute **Ludwig Barnay-Platz** / Wilmersdorf); 1945 zeitw. **Cecilienallee** Nr. 14/16 und **Winfriedstraße** Nr. 33 (Zehlendorf); später in dem (noch zu Lebzeiten nach ihm benannten) **F.-E.-Ring** Nr. 10 in Pankow. – Grab **Dorotheenstädt. und Friedrich-Werderscher Friedhof, Chausseestraße** (Mitte, U III 1-2).

Martin Gumpert, * 13. 11. 1897 B., † 18. 4. 1955 New York, Lyriker, später medizingesch. Dokumentarromane. 1927-33 Klinikdirektor in B.; 36 Emigration; Freund Th. Manns (Lübeck /

Axel Eggebrecht: »Volk ans Gewehr!
Chronik eines Berliner Hauses 1930-34«
(1959)

SH). – W.: Berichte aus der Fremde (G. 1937); Hölle im Paradies (Aut. 1939). – Nachlaß Akademie der Künste.

Axel Eggebrecht, * 10. 1. 1899 Leipzig (SA), † 14. 7. 1991 Hamburg, Publizist, Erzähler, Fernseh- und Hörspiele. Nach dem Studium in B. Mitglied der KPD, aus der er nach längerem Moskau-Aufenthalt austrat. Mitarbeit an der Zs. »Weltbühne«. Nach 1933 (bis 35) mit Schreibverbot belegt, danach schrieb er »ungefährliche« Drehbücher. Nach dem Krieg zum NWDR nach Hamburg; Mitherausgeber der »Nordwestdeutschen Hefte«; Gründungsmitglied des neuen dt. PEN. Freier Autor in Hamburg. – W.: Volk ans Gewehr! Chronik eines Berliner Hauses 1930-34 (1959): »**Herderstraße** 58, Postbezirk Charlottenburg

2 ... Bis zum Kriege galt die Gegend als besonders vornehm ... Inzwischen hatte sich das gründlich gewandelt.« Der halbe Weg (Aut. 1975); Das Drama der Republik. Zum Neudruck der Weltbühne (2 Ess. von A.E. und D. Pinkerneil, 1979). – Wohnte Ende der zwanziger Jahre bis 1933 in der Künstlerkolonie am **Laubenheimer Platz** (Wilmersdorf, heute **Ludwig-Barnay-Platz**), die er in »Mut und Übermut im Künstlerblock« (»Berliner Cocktail«, Hrsg. W. Haas/R. Italiaander, 1957) beschrieb. 1939-43 Wohnung **Sächsische Straße** Nr. 10/11 (Wilmersdorf). – Nachlaß UB Hamburg.

Erich Kästner (Ps. **Robert Neuner, Melchior Kurtz** u.a.), * 23. 2. 1899 Dresden (SA), † 29. 7. 1974 München (B). Kam nach Schule und Lehrerseminar in seiner Geburtsstadt und Studium in Leipzig (SA) 1927 in »die interessanteste Großstadt der Welt«, saß »täglich stundenlang in unserem Café am **Nürnberger Platz**« (Café Carlton/Wilmersdorf) und veröffentlichte ein Jahr später seinen ersten Gedichtband »Herz auf Taille«. 1929 erschien »Emil und die Detektive«, 31 »Fabian«, die »Geschichte eines Moralisten«, worin K. über Berlin schreibt: »Im Osten residiert das Verbrechen, im Zentrum die Gaunerei, im Norden das Elend, im Westen die Unzucht, und in allen Himmelsrichtungen wohnt der Untergang.« Am 10. Mai 1933 wurden seine Bücher auf dem **Opernplatz** (heute **Bebelplatz**/Mitte) verbrannt (K. war Zeuge), am 15. 2. 44 seine Wohnung in der **Roscherstraße**

Nr. 16 (Charlottenburg) ausgebombt.
– Wohnte 1927-31 **Prager Straße**
Nr. 17 (heute Nr. 6/Wilmersdorf/Tafel); in der Gegend spielt »Emil und
die Detektive«. Nach dem Zweiten
Weltkrieg Zweitwohnung und Büro
Niedstraße Nr. 5 (Schöneberg); **Parkstraße** Nr. 3a (Reinickendorf), wo K.
1966-69 wohnte (Gedenktafel).
Elisabeth Langgässer, * 23. 2. 1899
Alzey (RP), † 25. 7. 1950 Karlsruhe
(BW). Jugend in Alzey, Darmstadt (H),
Mainz und Worms (RP). Lehrerin, bis
1930 Dozentin für Pädagogik und Methodik an der Sozialen Frauenschule.
Dann freie Schriftstellerin in B.; Dichterkreis um die Zs. »Die Kolonne«.
1936 als Halbjüdin Publikationsverbot, 44 dienstverpflichtet. Ihre Tochter Cordelia wurde nach Auschwitz
deportiert (Cordelia Edvardson, »Gebranntes Kind sucht das Feuer«,
1986). Kehrte 1948 nach Rheinzabern
(RP) zurück. – Wohnung zunächst
»richtig auf dem Lande«, in der (heutigen) **Seelenbinderstraße** Nr. 44 (Köpenick); dann in Charlottenburg, zunächst **Schwiegersteig** Nr. 9, ab 1935
»in Eichkamp im Westen hinter der
Heerstraße«, **Eichkatzweg** Nr. 33.
Der Roman »Märkische Argonautenfahrt« (1950) zeichnet die Wallfahrt von sieben Berlinern aus der
zerbombten Stadt in das südmärkische Frauenkloster »Anastasiendorf«
(Alexanderdorf, südöstlich Trebbin/
BR) nach. – Erinn. von H. Krüger, der
ihr Nachbar war, in »Das zerbrochene
Haus« (erw. 1976).
Franz Carl Weiskopf (Ps. **Petr Buk, F.
W. L. Korvacs**), * 3. 4. 1900 Prag, † 14.

*Elisabeth Langgässer: um 1930 oder
nach 1945*

9. 1955 B., Erzähler, Publizist und
Übersetzer. Studium in Prag. Ab 1928
Journalist in B., Mitglied des »Bundes
proletarisch-revolutionärer Schriftsteller«. Zus. mit seiner Frau, der
Jugendbuchautorin **Alex Wedding**
(1905-66), ging er 1933 zunächst nach
Prag, 39 nach New York. 1947-52 im
diplomatischen Dienst der DDR in
Washington, Stockholm und Peking.
Nach der Rückkehr 1953 leitete W. zus.
mit W. Bredel die Zs. »Neue deutsche
Literatur«. – W.: Es geht eine Trommel
(G. 1923); Die Versuchung (R. 1937);
Himmelfahrtskommando (R. 1945);
R.-Zyklus: Abschied vom Frieden
(1950); Literarische Streifzüge (Ess.
1956); Welt in Wehen (unvollendet, 1965). Ges. Werke (1960). –
Letzte Wohnung **Strausberger Platz**
Nr. 19 (Friedrichshain/Gedenktafel);
Grab **Zentralfriedhof Friedrichsfelde**

(**Gudrunstraße**/Lichtenberg).   –
Nachlaß Akademie der Künste. – F.C.-
Weiskopf-Preis der Akademie der
Künste Berlin-Brandenburg.
Dinah Nelken (eig. **Bernhardina N.-
Ohlenmacher**), * 16. 5. 1900 B., † 14. 1.
1989 ebd., Erzählerin. Veröffentlichte
bereits als 17jährige Kurzgeschichten
und Feuilletons in Berliner Zeitungen.
1928 gründete sie zus. mit ihrem Bruder Rolf Gero das Kabarett »Die Unmöglichen« (Mitwirkender u.a. Wer-

ner Finck). 1936 Emigration nach
Wien, wo sie, gemeinsam mit ihrem
Bruder, 38 den erfolgreichen Liebes-
roman »Ich an Dich« veröffentlichte.
1950 kehrte sie nach West-B. zurück. –
Weitere W.: Das angstvolle Heldenle-
ben einer gewissen Fleur Lafontaine
(R. 1971); Die ganze Zeit meines Lebens (Ess. 1983). – Bis zu ihrem Tod
wohnte sie in Wilmersdorf, **Westfälische Straße** Nr. 72; Grab **Landeseigener Friedhof Schöneberg III**.

Berliner Himmelfahrtstag

In den Grunewald
seit
fünf Uhr
früh,
vom Wannseebahnhof, vom
Ringbahnhof,
über
die ... Stadtbahnhöfe ... spie
Berlin
seine Extrazüge.
Über
die
Brücke von Halensee,
über
Wilmersdorf, Schmargendorf, Zehlendorf,
über Charlottenburg, über
Westend
und
den Spandauer Bock,
von
allen Seiten querüberden
»Stern«,
zwischen trommelnden Turnerzügen, zwischen
Kremsern mit Musik,

entlang
die schimmernde Havel
katerkrummbuckelten, klimmbeinstrampelten,
kilometerten
sich die
»Chausseeflöhe«,
»Pankow, Pankow, Pankow, Kille, Kille«,
»Rixdorfer«, »Schunkelwalzer«, »Holzauktion«.

Wimmelnd voller Menschen, fröhlich voller Pärchen,
wuselnd voller
Familien
Saubucht, Schildhorn,
Schlachtensee,
Onkel Toms Hütte, Pichelswerder, Paulsborn,
Alte Fischerhütte!

Gelächter,
Gelärm, Geschrei, Geschwärm,
Ge-uz, Gewitzel, Gefopp, Gespitzel, Gestoße,
Gestupps, Gedränge, Geschupps!

Lagernde,
sogenannte, gephotographiertwerdende
Gruppen;
ausgepackte, umgestülpte,
als
Siestakissen herhaltende
Freßkober;
entkorkte, rumgereichte,
herzerfreuende, magenstärkende,
gaumenletzende, gaumenergetzende,
gaumenwetzende Gilkapullen;
sektproppenknallende,
bogenspritzige, perlschaumgischtige,
tückisch
verquere, sofort halbleere
Selterswasserflaschen;

kragenabgeknöppte, hemdsärmelige,
skatdreschende, skatpreschende,
skatwütige
Brüder;
spieltollende, spielkrieschende,
sich
spielhaschende,
Bonbons
paschende, Schokolade naschende
Jugend;
keuchende, schwitzende, prustende,
krebsrote,
sich Kühlung, sich Labung, sich
Erfrischung
zutaschentüchernde
Drei-
dreiviertelzentnertonnen!

Der
»Rauchklub Vesuv«,
die
»vereidigte Schwimmliga Welle Poseidon«,
der »Treubund ehemaliger Pockenkranker«,
malerisch,
bierbäuchig, weißwestig,
leichenzylindrig,
im
Halbkreise
aufgestellte, aufgepflanzte, aufgeamphitheaterreihte
Männergesangvereine:
»Wer
hat dich ... du schöner Wald!« ... »Es liegt
eine Krone!«
»An
der Weser!«
und so weiter und so weiter und so weiter und so
weiter!

»Manch«
Waldhorn klang,
»manch«
Hosenknopp sprang ... »manch« ... Stinkstiebel stank,
die
Sonne sank!

Jetzt ... ist es ... Nacht.
Noch
immer, aus der Hundequäle,
kläglich, grausam,
töneschiech
quarrdudelt, glucksgrunzt, quäkjammert,
quietschheult und empört sich
der
Leierkasten.

Hinter dem Bahndamm,
geduckt, ineinanderverschmiegt, eilig,
zwischen
die
bergenden,
deckenden, dunkelen
Kuscheln
huschelt ... hastet,
verschwindet
eine
brennende Zigarre,
ein
in der Hand gehaltener Strohhut,
eine schwippschwuppwippwappende Pleureuse
ein
Pfingstkleid.

Luna lächelt.

Zwischen
entleerten, ausverzehrten,

> zackenrandrissigen, zackenranddeckeligen,
> zackenrandplissigen
> Konservenbüchsen,
> zerknülltem, zerknüttertem, zerknautschtem
> Stullenpapier
> und
> kaputten, abgepellten,
> weggeworfenen, weggestreuten,
> ausgetutschten,
> ausgenutschten, ausgelutschten
> Eierschalen
> suchen sie ... die blaue
> Blume!
>
> *Arno Holz, 1898/99*

Walther Kiaulehn (Ps. **Lehnau**), * 4. 7. 1900 B., † 7. 12. 1968 München (B), Feuilletonist und Kritiker. Elektromonteur und Kunstmaler; seit 1924 am »Berliner Tageblatt«. Legte 1933 seine Redakteurstellung nieder und lebte bis 39 als freier Schriftsteller. Nach dem Zweiten Weltkrieg in München. – W.: Die eisernen Engel (Sachbuch 1935); Lesebuch für Lächler (Ess. 1938); Berlin, Schicksal einer Weltstadt (1958); Ernst Rowohlt und seine Zeit (1967).

Margret Boveri, * 14. 8. 1900 Würzburg (B), † 6. 7. 1975 B., Journalistin. Erklärte Gegnerin des Nationalsozialismus, blieb nach 33 in B., wurde 1943 Redakteurin des liberalen »Berliner Tageblatts« (um »Gegenarbeit in der Mitarbeit« zu leisten). Seit 1936 Auslandskorrespondentin. Lebte nach 45 wieder in B; Freundschaft mit U. Johnson. Dem Zusammenbruch Berlins 1945 widmete sie ihr Buch »Tage des Überlebens« (1968). – W.: Der Verrat im XX. Jahrhundert (4 Bde., 1956-60); Wir lügen alle. Eine Hauptstadtzeitung unter Hitler (1965); Verzweigungen (Aut. 1977). – Wohnung in den 20er/30er Jahren **Opitzstraße Nr. 8** (Steglitz/Gedenktafel).

Werner Wilk, * 6. 9. 1900 Neubrandenburg (MVP), † 14. 1. 1970 B., Erzähler, Kritiker, auch Lyriker. Bis 1927 Schauspieler, dann Redakteur, Verlagslektor, freier Schriftsteller. 1951 in B., seit 58 beim Rundfunk. – W.: Wesenholz (R. 1948); Hinab gen Jericho (R. aus B., 1961). – Grab **Neuer Friedhof der St. Matthäi-Gem., Priesterweg** (Schöneberg).

Anna Seghers (Ps. für **Netty Radvanyi geb. Reiling**), * 19. 11. 1900 Mainz (RP), † 1. 6. 1983 B., soz. Erzählerin.

Seit 1925 in B.; Mitglied der KPD und des »Bundes proletarisch-revolutionärer Schriftsteller«. 1933 ging A. S. ins Exil, zunächst nach Paris, später nach Mexiko. Nach ihrer Rückkehr nach B. 1947 Vizepräsidentin des »Kulturbundes zur demokratischen Erneuerung Deutschlands«; Mitglied der Akademie der Künste zu B. und Vorsitzende des Schriftstellerverbandes der DDR; mehrfache Nationalpreisträgerin. Als »Vorbild einer neuen Generation sozialistischer deutscher Schriftsteller« und Autorin von Weltrang hochgeehrt (1951 Stalin-Friedenspreis, 75 Kulturpreis des Weltfriedensrates). – W.: Der Aufstand der Fischer von St. Barbara (E. 1928, 1934 von E. Piscator in der Sowjetunion verfilmt); Auf dem Weg zur amerikanischen Botschaft (En. 1930); Die Gefährten (R. 1932); Der Weg durch den Februar (R. 1935); Das siebte Kreuz (R. 1942, verfilmt 1944 USA); Der Ausflug der toten Mädchen (En. 1946); Die Toten bleiben jung (R. 1949); Der Bienenstock (En. 1953); Die Entscheidung (R. 1959); Die Kraft der Schwachen (En. 1965); Über Kunstwerk und Wirklichkeit (Ess., Bde. 1-3 1970/71, Bd. 4 1979). Ges. Werke 1951-55/1975-80/1977; Briefwechsel mit W. Herzfelde (1986). – Wohnung 1928-33 **Helmstedter Straße** Nr. 24 (Wilmersdorf/Gedenktafel); Ende der fünfziger Jahre in Adlershof, **Volkswohlstraße** Nr. 81 (jetzt **A.-S.-Straße**/Köpenick), Gedenkstätte. Grab **Friedhof der Dorotheenstädt. und Friedrich-Werderschen Gem. (Chausseestraße/Mitte).** – Nachlaß Akademie der Kün-

ste. – A.-S.-Gesellschaft (Berlin und Mainz, gegr. 1991).

Günther Birkenfeld, * 9. 3. 1901 Cottbus (BR), † 22. 8. 1966 B., Erzähler, Dramatiker, Essayist. Vor 1933 in B. Generalsekretär des Reichsverbandes dt. Schriftsteller, Verlagslektor. 1945 Mitbegründer des »Kampfbundes gegen Unmenschlichkeit«, bis 48 Hrsg. der Zs. »Horizont«. – W.: Dritter Hof links (R. 1929); Die schwarze Kunst (R. 1936); Wolke, Orkan und Staub (R. 1955). – Letzte Wohnung **Am Fischtal** Nr. 21 (Zehlendorf); Grab **Waldfriedhof Zehlendorf, Potsdamer Chaussee** (XIX-R-568).

Martin Kessel, * 14. 4. 1901 Plauen (SA), † 14. 4. 1990 B., Erzähler, Lyriker, auch Aphorismen und Essays. Kam nach Abschluß des Studiums 1923 nach B., das für ihn »eine Art platonische Idee ... eine Sache des Wesens und der Geistesart« war (»Gegengabe«, 1960). Lebte hier mit kurzen Unterbrechungen bis zu seinem Tod. Die Stadt und die literar. Tradition des Berliner Romans wurden prägend für sein Werk. – W.: Gebändigte Kurven (G. 1925); Betriebsamkeit (Nn. 1926); Herrn Brechers Fiasko (R. 1932); Ges. Gedichte (1951); In Wirklichkeit aber ... (Prosa 1955); Kopf und Herz (Aphor. 1963); Lydia Faude (R. 1965). »Berlin ist keine Heimat, auch keine Wahlheimat, es ist ein Wohnort, ein Konzentrationspunkt, eine Zeitgenossenschaft. Wo es Heimat ist, ist es Dorf, Viertel, Gegend, Milljöh«: Wohnungen meist rund um die Künstlerkolonie Wilmersdorf, u. a. 1923-27 **Landauer Straße** Nr. 16, 1928-49

Kreuznacher Straße Nr. 48, zuletzt **Laubenheimer Straße** Nr. 5.

Kurt Ihlenfeld, * 26. 5. 1901 Colmar, † 25. 8. 1972 B., Erzähler, Essayist, Lyriker. Studium in Halle (SAN) und Greifswald (MVP), Pfarrer in Schlesien. 1933-43 in B. Leiter der Lit.-Zs. »Eckart«, Gründer des Eckart-Kreises junger christl. Autoren. Nach dem Zweiten Weltkrieg freier Schriftsteller. – W.: Wintergewitter (R. 1951); Kommt wieder, Menschenkinder (R. 1952); Der Kandidat (R. 1959); Stadtmitte. Kritische Gänge in Berlin (Tg. 1964); Loses Blatt Berlin (Ess. 1968). – Wohnung **Heimat** Nr. 85 (Zehlendorf/Gedenktafel); Grab **Waldfriedhof Zehlendorf, Potsdamer Chaussee** (XIII W-459/460).

August Scholtis (Ps. **Alexander Bogen**), * 7. 8. 1901 Bolatitz/Oberschlesien, † 26. 4. 1969 B., Erzähler, auch Dramatiker, Lyriker und Übersetzer. Maurer, sieben Jahre Kanzleischreiber des Fürsten Lichnowsky, dann in Verwaltungen und Banken tätig. Seit 1928 Journalist und Schriftsteller in B. – W.: Ostwind (R. 1932); Baba und ihre Kinder (R. 1934); Schlesischer Totentanz (En. 1938); Ein Herr aus Bolatitz (Aut. 1959); Reise nach Polen (Ber. 1962). Feuilletonist. Kurzprosa (Hrsg. J. J. Scholz, 1992); ebenfalls von J. J. Scholz hrsg. »Briefe« (1992/93). – Letzte Wohnung: **Grunewaldstraße** Nr. 6 (Steglitz); Ehrengrab **Friedhof Heerstraße, Trakehner Allee** (Abtlg. 6-B-9/Charlottenburg). – Archiv Akademie der Künste.

Heinrich Hauser, * 27. 8. 1901 B., † 25. 3. 1955 Dießen (Landsberg a. L./B),

Seekadett, Weltumsegler, Journalist. 1938-48 als Gegner des Nationalsozialismus in den USA. –. W.: Brackwasser (R. 1928); Die letzten Segelschiffe (Ber. 1930); Kampf (Aut. 1934); Nitschewo Armada (R. 1949). – M. Bienert, »Heinrich Hausers Verwandlungen« (in: »Die eingebildete Metropole«, 1992).

Wolfgang Langhoff, * 6. 10. 1901 B., † 25. 8. 1966 ebd., Schauspieler, Regisseur und Theaterleiter. Zu Beginn der zwanziger Jahre Beschäftigung mit dem Marxismus. 1933 KZ Börgermoor (Aschendorf/NDS). Emigration in die Schweiz. Seit 1946 Direktor des **Deutschen Theaters** in Ost-B. – W.: Die Moorsoldaten (aut. Ber. 1935); Eine Fuhre Holz (E. 1937). – Grab **Friedhof der Dorotheenstädt. und Friedrich-Werderschen Gem., Chausseestraße** (M 2-19/Mitte).

Alexander Abusch, * 14. 2. 1902 Nürnberg (B), † 27. 1. 1982 B. Nach kaufmänn. Lehre 1921-35 Redakteur und Chefredakteur versch. kommunistischer Zeitungen in Bayern, Thüringen, im Ruhrgebiet, Berlin und Saargebiet. Emigrierte 1933 über Frankreich nach Mexiko (Zs. »Freies Deutschland«). 1946 Rückkehr nach B. Befreundet mit J. R. Becher (»J. R. B. Dichter der Nation und des Friedens«, 1953). 1954-58 Stellvertreter, 1958-61 Minister für Kultur. Nationalpreis der DDR 1955. – W.: Der Kampf vor den Fabriken (G. 1926); Der Irrweg einer Nation (1945, überarbeitet 49); Literatur und Wirklichkeit (1952); Schiller-Größe und Tragik eines deutschen Genius (1955); Der

Deckname (Aut. 1981). – Grab **Zentralfriedhof Friedrichsfelde (Gudrunstraße**/Lichtenberg). – Nachlaß Akademie der Künste.

Gerhart Pohl, * 9. 7. 1902 Trachenberg/Schlesien, † 15. 8. 1966 B., Erzähler, Dramatiker, Essayist. Nach Studium in Breslau und München (B) Verlagslektor in B.; Reisen. Ab 1932 Schriftsteller in Wolfshau/Riesengebirge. Freund G. Hauptmanns. Ab 1946 wieder in B. – W.: Der Ruf (E. 1934); Bin ich noch in meinem Haus? (Ber. über die letzten Tage G. Hauptmanns, 1953); Fluchtburg (R. 1955). – Wohnung **Uhlandstraße** Nr. 173/74 (Nähe Kurfürstendamm/Charlottenburg); Grab **Waldfriedhof Zehlendorf, Potsdamer Chaussee** (XX W-CW-1/2). – Archiv Akademie der Künste.

Hugo Hartung (Ps. **N. Dymion**), * 17. 9. 1902 Netzschkau/Vogtland (SA), † 2. 5. 1972 München (B), fabulierfreudiger Erzähler. Studium in Leipzig (SA), Wien und München (B), dort bis 1931 Dramaturg. Dann Rundfunkredakteur, ab 1936 Dramaturg in Oldenburg (NDS), 40 in Breslau. Freier Schriftsteller in B. und München. – W.: Der Himmel war unten (R. 1951); Ich denke oft an Piroschka (R. 1954); Wir Wunderkinder (R. 1957); Kindheit ist kein Kinderspiel (Aut. 1968); Wir Meisegeiers (1972); Die Potsdamerin (R. 1979). – Wohnung **Sesselmannweg** Nr. 9/Wilmersdorf (»Ich bin Neuwestender«, in: »Die stillen Abenteuer«, 1963).

Slatan Dudow, * 30. 1. 1903 Caribrod/Bulgarien, † 12. 7. 1963 Fürstenwalde (BR), Drehbuchautor. War seit Beginn der dreißiger Jahre Mitarbeiter B. Brechts; schrieb u. a. mit ihm und E. Ottwald das Drehbuch für den Film »Kuhle Wampe« (1932). 1935-46 in der Emigration. Lebte danach wieder als Film- und Theaterautor in B. 1950 und 55 Nationalpreis; Mitglied der Akademie der Künste zu B. – Grab **Friedhof der Dorotheenstädt. und Friedrich-Werderschen Gem. (Chausseestraße**/Mitte).

Jochen Klepper, * 22. 3. 1903 Beuthen/Oberschlesien, † 11. 12. 1942 B., Erzähler und Lyriker, bedeutender ev. Kirchenlieddichter (»Kyrie«, 1938). Nach Theol.-Studium Journalist in B., Arbeiten für den Rundfunk, zeitw. Redakteur bei Ullstein. Schied mit seiner jüd. Frau und deren Tochter, um beide vor dem KZ zu bewahren, freiwillig aus dem Leben. – W.: Der Kahn der fröhlichen Leute (R. 1933); Der Vater (R. 1937). Unter dem Schatten deiner Flügel (Tg. 1956); Überwindung (Tg. 1958); Ziel der Zeit (Ges. G. 1962); Briefwechsel 1925-42 (Hrsg. E. G. Riemschneider, 1973). – Wohnung 1935-38 in Steglitz (**Oehlertring** Nr. 7, vorm. **Karlstraße** Nr. 6/Gedenktafel; dort trafen sich u. a. die Mitglieder des christl.-oppositionellen Eckart-Kreises); 1939 Haus in der **Teutonenstraße** Nr. 23 in Nikolassee (Zehlendorf); Grab auf dem **Kirchhof der evang. Kirchengem. Nikolassee, Kirchweg** (2 DV St. 1/4); in der Nähe der **J.-K.-Weg** mit Gedenkstein. – Nachlaß DLA Marbach. – R. Thalmann, »J. K. Ein Leben zwischen Idyll und Katastrophen« (1977).

Nikolassee: Gedenkstein für Jochen Klepper

Peter Huchel, * 3. 4. 1903 B.-Lichterfelde, † 30. 4. 1981 Staufen (Müllheim/BW), Lyriker, der »Archaisch-Mythisches mit modernen Formen und Inhalten verbindet«. Kindheit auf dem Hof seines Großvaters in Alt-Langerwisch (BR). Nach dem Studium Übersetzer und Landarbeiter in Frankreich. Seit 1925 freier Schriftsteller in B., 31-33 in der Künstlerkolonie am **Laubenheimer Platz** (heute **Ludwig-Barnay-Platz**/Wilmersdorf). Nach dem Krieg Sendeleiter und künstl. Direktor des sowjetisch lizenzierten B.er Rundfunks; 1948-62 Hrsg. der Zs. »Sinn und Form«, »einziger Garant für die ideolog. Uneinnehmbarkeit von Literatur« (A. von Schirnding). Dann isoliert in Wilhelmshorst b. Potsdam (BR), Hubertusweg Nr. 43/45, lebend. Im Mai 1971 Ausreise, über München nach Rom (Villa Massimo); die letzten Jahre im Breisgau. – W.: Gedichte (1948); Chausseen Chausseen (G.

1963); Die Sternenreuse. Gedichte 1925-47 (1967); Gezählte Tage (G. 1972); Ges. Werke in 2 Bdn. (Hrsg. A. Vieregg, 1984). – Geburtshaus **Chausseestraße** (heute **Hindenburgdamm**) Nr. 32 (Steglitz). – »Hommage für Peter Huchel« (Hrsg. O.F. Best, 1968); »Über Peter Huchel« (Hrsg. H. Mayer, 1973); »P.H., Materialien« (Hrsg. A. Vieregg, 1986); »P.H., Leben und Werk in Texten und Bildern« (Hrsg. P. Walther, 1996).

Erich Arendt, * 15. 4. 1903 Neuruppin (BR), † 25. 9. 1984 Wilhelmshorst (Potsdam/BR), Lyriker, Übertragungen aus dem Amerikanischen und Spanischen (Guillén, Neruda, Alberti). Seit 1926 Mitglied der KPD und des »Bundes proletarisch-revolutionärer Schriftsteller«, arbeitete zunächst als Lehrer an der soz. Karl-Marx-Schule in Neukölln. Erste Gedichtveröffentlichungen in H. Waldens Zs. »Sturm«. 1933 Exil in Spanien, Teilnahme am Bürgerkrieg. 1940-48 in Südamerika. Ab 1950 freier Schriftsteller in Ost-B; die letzten Jahre seines Lebens verbrachte er im ehem. Haus von P. Huchel in Wilhelmshorst, Hubertusweg Nr. 43/45. – W.: Trug doch die Nacht den Albatros (G. 1952); Bergwindballade (G. 1952); Tolú (G. 1956); Über Asche und Zeit (G. 1957); Gesang der sieben Inseln (G. 1957); Flug-Oden (G. 1959); Ägäis (G. 1967); Feuerhalm (G. 1973); Memento und Bild (G. 1976); Entgrenzen (G. 1981). – E.A., Ed. Text und Kritik (Hrsg. H.L. Arnold, 82/3, 1984). – Grab **Friedhof der Dorotheenstädt. und Friedrich-Werderschen Gem. (Chausseestraße/**

Mitte). – Teilnachlaß Akademie der Künste.

Albrecht Haushofer (München/B) wurde 1940 Prof. für pol. Geographie und Geopolitik in B. Wegen Teilnahme an der Verschwörung des 20. Juli 1944 im Zellengefängnis Moabit, **Lehrter Straße** Nr. 3 (Tiergarten). In der Nacht vom 22. zum 23. 4. 1945 im ehem. Ausstellungsgelände nahebei mit dreizehn anderen Häftlingen von der SS meuchlings erschossen. Seine »Moabiter Sonette« erschienen zuerst in einem Privatdruck 1945 (80 Gedichte, Vorwort F. W. Euler). – Grab auf dem (vom Johanniskirchhof) abgetrennten **Friedhof** für Gefallene und Umgekommene vom Kriegsende 45 in der **Wilsnacker Straße** (Tiergarten).

Auf der Terrasse des Café Josty

Der Potsdamer Platz in ewigem Gebrüll
Vergletschert alle hallenden Lawinen
Der Straßentrakte: Trams auf Eisenschienen,
Automobile und den Menschenmüll.

Die Menschen rinnen über den Asphalt,
Ameisenemsig, wie Eidechsen flink,
Stirne und Hände, von Gedanken blink,
Schwimmen wie Sonnenlicht durch dunklen Wald.

Nachtregen hüllt den Platz in einer Höhle,
Wo Fledermäuse, weiß, mit Flügeln schlagen
Und lila Quallen liegen – bunte Öle;

Die mehren sich, zerschnitten von den Wagen. –
Aufspritzt Berlin, des Tages glitzernd Nest,
Vom Rauch der Nacht wie Eiter einer Pest.

Paul Boldt, 1912

Bodo Uhse, * 12. 3. 1904 Rastatt (BW), † 2. 7. 1963 B., soz. Erzähler. Als Jugendlicher Teilnahme am Kapp-Putsch und Mitglied der NSDAP, 1931 Eintritt in die KPD. 1933 Emigration nach Paris, 36-38 Kriegskommissar im Span. Bürgerkrieg. Lebte bis 1948 in Mexiko, kehrte anschließend nach Ost-B. zurück. Chefredakteur der kulturpolit. Zs. »Aufbau« und Hrsg. von »Sinn und Form«; 1950-56 Vorsitzender des Schriftstellerverbandes der DDR. – W.: Söldner und Soldat (R. 1935); Leutnant Bertram (R. 1943); Die heilige Kunigunde im Schnee (En. 1949); Die Patrioten (1. Bd. u.d.T. »Abschied und Heimkehr«, 1954; Fragm. des 2. Bd. 1965); Probleme und Gestalten (Ess. 1959). Ges. Werke (Hrsg. G. Caspar, 1974ff.). – Wohnung **Strausberger Platz** Nr. 19, Nachbar von F.C. Weiskopf (Friedrichshain/Gedenktafel). Grab **Friedhof der Dorotheenstädt. und Friedrich-Werderschen Gem. (Chausseestraße/H** 1-9/Mitte). – Nachlaß Akademie der Künste.

Das Fragm. »Matrosen im Schloß« (NDL, Februar 1961) spielt am 24. 12. 1918 vor und im Berliner **Schloß.** Die E. »Die Aufgabe« (1958) hat eine Tagebucheintragung von Käthe Kollwitz vom 25. 1. 1919 zur Vorlage: »Heut ist Karl Liebknecht begraben und mit ihm 38 andere Erschossen. Ich durfte eine Zeichnung nach ihm machen und früh nach dem Schauhaus.« In der Nacht des Reichstagsbrandes kam U. aus der Rhön nach B. zurück und tauchte bei Ernst von Salomon »in einem kleinen Dorfwirtshaus in Grünheide« unter, »Rowohlts Villa lag gleich daneben.« Dazu auch E.v. Salomons »Der Fragebogen« (1951) und U.s Roman »Die Patrioten«.

Ode an Berlin

Dein Herz von Asphalt
Proleten werfen es in die Scheiben des Jahrhunderts
Und dein elektrisches Auge brennt über hängenden Gärten
Gelbe Untergrundbahn
Flieht zu lieblichen Quellen des Abends

Berlin du Bar des Planeten
Wie ich Urzeit spüre!
Unterwelten entsteigt ein Autobus
Hirne braun gebacken bei Kempinski!

Fett befingerter Prophet
Über preußischblauen Postbeamten
Bruder: ach es schwankt die Himmelsachse
Klapp dir den Zylinder zu

Doch im Kino krönt man Könige noch
Kant und Einstein lächeln populär
Die Kultur! Kultur! Kultur!
Zu den Negern drahtet eure Lüge

Kleine Mädchen haben ein Papierherz
Schattig Paradies der Promenadenbänke
Deine Frühlinge aus Tüll und Lindenblüten
Liebt der Bordellherr

Marmorn muß das Kolossale trotzen!
Türme gibt es nicht noch Götter:
Aber das Quadrat der Bank, Zuchthaus von Moabit:
Und ägyptisch
Wirkt die Statue des Schutzmanns
Bei den Stollwerckautomaten

Da entquillt dem Schnaps-Sumpf mein Prolet!
Freiheit! kaut das müde Maul des Hungers
Freiheit! zirpt die ferne Artillerie
Freiheit! in Kolonnen des Sturmschritts

Hymnen schreibt der rote Redakteur!
Und die Orgeln brausen: O Susanne!
Heilige Rosen blühen im Landwehrkanal
Letzte Rose von Deutschland!

Alles Gold zerrann zu Freibier
Lockernd den Asphalt des Mob –
O Berlin, du Nessel am Kreuzweg des Ostens
Dorre an deinem Staube bröckle Vergessenheit

Yvan Goll, 1918

Werner Helwig, * 14. 1. 1905 B., † 4. 2. 1985 Thonex bei Genf, Erzähler, Lyriker und Journalist. Wuchs in B. auf, schloß sich der Jugendbewegung an (Bericht in seiner Aut. »Auf der Knabenfährte«, 1951, und »Die blaue Blume des Wandervogels«, 1960). 1933 emigrierte H. und lebte u.a. längere Zeit in Griechenland, wo seine dokumentarischen Romane »Raubfischer in Hellas« (1939, n. 1960), »Im Dickicht des Pelion« (1941) und »Reise ohne Heimkehr« (1953) spielen. Befreundet mit H.H. Jahnn (Hamburg).

Irmgard Keun, * 6. 2. 1905 B., † 5. 5. 1982 Köln (NRW), Erzählerin, Journalistin. Besuch der Schauspielschule in Köln, später Heirat mit J. Tralow in B. (1937 Scheidung). 1931 erschien ihr erfolgreicher Roman »Gilgi, eine von uns«, der von den Nationalsozialisten verboten wurde. 1935 Emigration; zus. mit J. Roth Aufenthalte in Belgien, den Niederlanden und Frankreich. Von 1940 bis 45 illegal in Deutschland. Nach dem Krieg arbeitete sie als Journalistin; lebte zurückgezogen. Erst 1979 literar. Wiederentdeckung; Beginn einer Werkausgabe. – W.: Das kunstseidene Mädchen (R. 1932); Das Mädchen, mit dem die Kinder nicht verkehren durften (R. 1936, erw. 59); Nach Mitternacht (R. 1937); Kind aller Länder (R. 1938); Bilder und Gedichte aus der Emigration (1947); Ferdinand, der Mann mit dem freundlichen Herzen (R. 1950); Wenn wir alle gut wären (Sat. 1983). »Ich lebe in einem wilden Wirbel«. Briefe an Arnold Strauss 1933-47 (Hrsg. G. Kreis und M.S. Strauss, 1988).

Joachim Günther (Ps. Johann Siering), * 13. 2. 1905 Hofgeismar (H), † 14. 6. 1990 B., Erzähler, Essayist, Publizist. Aufgewachsen in B.-Tempelhof. Nach dem Studium Kriegsdienst als Sanitäter. Nach 45 Zweitstudium in B. 1954 zus. mit P. Fechter Gründung der »Neuen deutschen Hefte«, deren langjähriger Herausgeber G. war. B.er Kritikerpreis; Johann-Heinrich-Merck-Preis der Dt. Akademie für Sprache und Dichtung. – W.: Das letzte Jahr. Tagebuch 1944-45 (1948); Das verwechselte Schicksal (En. 1948); Rückblick und Rechenschaft (Aut., in: L. Marcuse/Hrsg. »War ich ein Nazi?«, 1968); Es ist ja wie verreist. Berliner Spaziergänge (1982). – Wohnung **Kindelbergweg** Nr. 7 (Steglitz). – Nachlaß DLA. Marbach.

Dietrich Bonhoeffer, * 4. 2. 1906 Breslau, † 9. 4. 1945 Flossenbürg/Obpf. (B), ev. Theologe. Jugend in B. (Praxis des Vaters **Wangenheimstraße** Nr. 14/Wilmersdorf). 1931 Habilitation und, neben seiner Studentenpfarrei an der TH, an der Zionskirche (Mitte) tätig. 1935 Direktor des Predigerseminars der Bekennenden Kirche in Finkenwalde (Pommern, heute Polen). Als Widerstandskämpfer (geheime Unterkunft in der Mansarde des väterl. Hauses, **Marienburger Allee** Nr. 43/Charlottenburg, heute Erinnerungsstätte) verhaftet. April 1943 bis Oktober 44 im Militärgefängnis Tegel (**Seidelstr.** Nr. 39/Tafel), dann Kellergefängnis **Prinz-Albrecht-Straße**. Im Februar 45 über Buchenwald ins KZ Flossenbürg verbracht, dort hingerichtet. – W.: Widerstand und Ergebung. Briefe und Aufzeichnungen aus der Haft (Hrsg. E. Bethge, 3. Aufl. 1985); Von guten Mächten (Gedichte und Gebete, Hrsg. J.Ch. Hampe, 1976); Brautbriefe Zelle 92. D. B. – Maria von Wedemeyer 1943-45 (Hrsg. R.A. von Bismarck und U. Kabitz, 1992). – Gedenktafel und Bronzeplastik an der **Zionskirche**; Gedenkstein für ermordete Widerstandskämpfer auf dem **Dorotheenstädt. und Friedrich-Werderschen Friedhof, Chausseestraße** (Mitte). – Dokumente und Erinnerungsstücke im Hugenottenmuseum (Franz. Dom am Gendarmenmarkt/Mitte).

Jan Petersen (eig. **Hans Schwalm**), * 2. 7. 1906 B., † 11. 11. 1969 ebd., soz. Schriftsteller. Dreher von Beruf, seit 1931 führendes Mitglied des »Bundes proletarisch-revolutionärer

Dietrich Bonhoeffer (3.v.l.) im Militärgefängnis Tegel

Schriftsteller«, Hrsg. der einzigen in Deutschland in den dreißiger Jahren erscheinenden illegalen Zs. »Stich und Hieb«. 1938 Emigration, seit 1946 wieder in B. Chronist der politischen Kämpfe im B. der dreißiger Jahre: »Unsere Straße«, aut. Bericht 1936, der sich auf die (ehem.) **Wall**-, (heute) **Zillestraße** in Charlottenburg bezieht; »Die Bewährung«, Chronik 1933-35, 1971. – Wohnte **Rabindranath-Tagore-Straße** Nr. 11 (Köpenick); Grab **Friedhof Müggelheim, Gosener Landstraße** (G. Kunert, »Grablegung in Müggelheim«, in »Tagträume in Berlin und andernorts«, 1972).

Friedrich Karl Fromm, * 10. 7. 1906 Laurahütte/Oberschlesien, † 5. 3. 1969 B., Jurist und Schriftsteller. Schrieb Theaterstücke (»Säuberung in Ithaka«, K. 1948; »Urian«, Tr. 56), Prosa, Essays. – Wohnungen **Am Hirschsprung** Nr. 31 (Dahlem), **Westhofener** Weg Nr. 9 (Nikolassee); Grab **Waldfriedhof Zehlendorf, Potsdamer Chaussee.**

Wilhelm Tkaczyk, *1907 Zabrze/Oberschlesien, † 2. 12. 1982 B., Fabrikarbeiter. Als Mitglied des »Bundes proletarisch-revolutionärer Schriftsteller« wurde er von Johannes R. Becher gefördert, der auch seinen ersten Gedichtband »Fabriken-Gruben« (1932) herausgab. Nach Krieg und Gefangenschaft kam T. nach B., arbeitete zunächst als Bibliothekar, später freischaffender Autor. 1961 J.-R.-Becher-Preis, 79 Nationalpreis. – W.: Wir baun uns eigne Himmelswiesen (G. 1958); Regenbogenbaldachin (G. 1970); Lastkahn mit bunter Fracht (G. 1977); Meine Wolken sind irdisch (G. 1981); Rundflüge im Abendrot (G. 1983). – Wohnung **Leipziger Straße** Nr. 49 (Mitte); Grab **Friedhof Leonhard-Frank-Straße** (Pankow).

Günter Eich, * 1. 2. 1907 Lebus a.d. Oder, † 20. 12. 1972 Salzburg, Lyriker, bedeutendster dt. Hörspielautor. Jugend in Brandenburg, 11jährig nach B. Hier, in Leipzig (SA) und Paris Studium der Sinologie. 1939-45 Soldat, 45/46 in amerikan. Kriegsgefangenschaft. Bis 1952 in Geisenhausen b. Landshut (B), dann, nach Heirat mit Ilse Aichinger, in Lenggries und Bay. Gmain (B) wohnhaft. Eines der ersten Mitglieder der Gruppe 47, deren Preis er 1950 erhielt; bis 59 die wichtigsten Hörspiele, u.a. »Geh nicht nach El Kuwehd!«, »Träume«, »Die Mädchen aus Viterbo«, »Das Jahr Lazertis«, »Allah hat hundert Namen«. – Weitere W.: Abgelegene Gehöfte (G. 1948); Botschaften des Regens (G. 1955); Maulwürfe (Prosab. 1968). Ges. Werke in vier Bänden. Revidierte Ausgabe, 1991 (Hrsg. A. Vieregg/K. Karst). – Wohnte nach dem Studium in der **Landgrafenstraße** Nr. 12 (Tiergarten), später in Wilmersdorf (**Prinzregentenstraße**). – Archiv (mit Nachlaß) DLA Marbach. – G. E., Marbacher Magazin 45/1988.

Mascha Kaléko, * 7. 6. 1907 Schidlow/Polen, † 21. 1. 1975 Zürich. Wuchs in B. auf und wurde 1930 von M. Jacobs für die »Vossische Zeitung« entdeckt. Hier und im »Berliner Tageblatt« erschienen jahrelang ihre Gedichte von jener »aufgeräumten Melancholie« (Th. Mann), die sie rasch zu einer lit. Berühmtheit der alten Reichshauptstadt machten. Einige ihrer Gedichte sind den Querstraßen des Kurfürstendamms (Charlottenburg) gewidmet:

Mascha Kaléko: Haus mit Gedenktafel in der Bleibtreustraße (Charlottenburg)

»Bleibtreu heißt die Straße« (Wohnung 1936-38 **Bleibtreustraße** Nr. 10/11/Gedenktafel); »Das letzte Mal« setzt der **Mommsenstraße** Nr. 44, wo sie kurze Zeit hauste, ein Denkmal. 1938 trennte sich Mascha K. von ihrem ersten Mann und emigrierte mit dem zweiten und beider kleinem Sohn in die USA. Lebte fortan in New York und (ab 1966) in Jerusalem. – W.: Das lyrische Stenogrammheft (1932); Kleines Lesebuch für Große (1934); Verse für Zeitgenossen (1945, erw. 58); Das himmelgraue Poesie-Album (1968); Hat alles seine zwei Schattenseiten (1973). In meinen Träumen läutet es Sturm. Gedichte und Epigramme aus dem Nachlaß (Hrsg. G. Zoch-Westphal, 1977). – H. Krüger, »Meine Tage mit M.K.«, Nachwort zu »Der Gott der kleinen Webfehler«; »Aus den

sechs Leben der Mascha Kaléko« (Biograph. Skizze und Dokumente, Hrsg.
G. Zoch-Westphal, 1987).

Ulrich Becher, * 2. 1. 1910 B., † 5. 4.
1990 New York, Dramatiker und Erzähler. Besuchte das Gymnasium in B.
und die Freie Schulgemeinde Wickers-
dorf/TH (pädagog. Leiter dort seit
1926 war P. Suhrkamp). Malschüler
bei George Grosz; anschl. Jurastudium in Genf, B. und Leipzig (SA).
Sein erster Erzählungsband, »Männer
machen Fehler« (1932, n. 58), wurde
von den Nationalsozialisten verboten,
ebenso sein erstes Stück »Niemand«.
1938 Emigration in die Schweiz, später
nach Brasilien und New York. 1948
Rückkehr nach Wien, wo die trag.
Posse »Der Bockerer« (1946) erfolgreich uraufgeführt wurde. Seit 1954
Wohnsitz in Basel. 1969 erschien sein
vielbeachteter aut. R. »Murmeljagd«. –
W.: Die Eroberer (Nn. 1936); Reise
zum blauen Tag (G. 1946); Spiele der
Zeit (Drr. 1957-68); Der große Grosz
und seine Zeit (Rede, 1962); Das Profil
(R. 1973); SIFF. Selektive Identifizie-
rung von Freund und Feind (Erinn.
und Aufsätze, 1978); Vom Unzuläng-
lichen der Wirklichkeit (En. 1983). –
Nachlaß Exilarchiv DDB Frankfurt
a. M.

West-Ost-Berlin

Hans Scholz, * 20. 2. 1911 B., † 29. 11.
1988 ebd., Schriftsteller, Hörspielautor und Maler. Nach Kriegsdienst und
Gefangenschaft zunächst Lehrer und
Werbefilmtexter. 1963-76 Feuilleton-

chef des »Tagesspiegel«; dann freier
Schriftsteller; Chronist Berlins. – W.:
Am grünen Strand der Spree (R. 1955);
Berlin, jetzt freue Dich! Betrachtun-
gen an und in den Grenzen der deut-
schen Hauptstadt (1960; anläßlich der
Taschenbuch-Ausg. 1964: »Fünf Wan-
derungen längs der Mauer« im Nov.
1961); Berlin für Anfänger (1961); An
Havel, Spree und Oder (dokumentar.
Hspe. 1962); Geliebte Städte (1967);
Wanderungen und Fahrten in der
Mark Brandenburg (10 Bde., 1973ff.);
Theodor Fontane (Es. 1978). – Woh-
nung **Herbartstraße** Nr. 15; Grab
Friedhof Heerstraße (Charlotten-
burg).

Rudolf Hartung, * 9. 12. 1914 München (B), † 19. 2. 1985 B., Literaturkritiker, Herausgeber, Essayist, Lyriker.
Nach dem Krieg freier Schriftsteller
und Lektor in München. Seit 1955 in
B. Zunächst Redakteur bei J. Gün-
thers »Neuen deutschen Heften«,
1963-79 Chefredakteur der »Neuen
Rundschau«. – W.: Vor grünen Kulissen (G. 1959, erw. 91); Hrsg.: »Hier
schreibt Berlin heute« (Anth.
1963).

Robert Wolfgang Schnell, * 8. 3. 1916
Barmen (Wuppertal/NRW), † 1. 8.
1986 B., Lyriker, Erzähler, Maler,
Schauspieler. Nach priv. Musikstu-
dium arbeitete er als Maler, Opernin-
spizient und Regisseur. Nach 1945
Leiter der »Ruhrkammerspiele«. 1946
Intendant des Deutschen Theaters in
B; Mitbegründer der satir. Zs. »Ulenspiegel«. 1958-61 zus. mit G.B. Fuchs
und G. Anlauf Hinterhofgalerie
»die Zinke« (**Oranienstraße** Nr. 27/

Kreuzberg; Beschreibung des »Kie- Tüte Himbeerbonbons (E. 1976); Die
zes« und der Galerie in dem R. »Gei- heitere Freiheit und Gleichheit (En.
sterbahn«, 1964). – W.: Mief (E. 1963); 1978). – Wohnte **Stülpnagelstraße**
Muzes Flöte (G. und En. 1966); Erzie- Nr. 3 (Charlottenburg); Ehrengrab
hung durch Dienstmädchen (R. 1968); **Städt. Friedhof Ruhleben, Am Hain**
Junggesellenweihnacht (E. 1970); Eine (Spandau).

Heimat Berlin

Die Linden lang! Galopp! Galopp!
Zu Fuß, zu Pferd, zu zweit!
Mit der Uhr in der Hand, mit'm Hut auf'm Kopp
Keine Zeit! Keine Zeit! Keine Zeit!
Man knutscht, man küßt, man boxt, man ringt,
Een Pneu zerplatzt, die Taxe springt!
Mit eenmal kracht das Mieder!
    Und wer in Halensee jeschwooft,
    Jeschwitzt, det ihm die Neese looft,
    Der fährt
        immer mal wieder

Mit der Hand übern Alexanderplatz,
Neuköllner und Kassube,
Von Nepp zu Nepp een eenz'ger Satz,
Rin in die jute Stube!
Mach Kasse! Mensch! die Großstadt schreit:
Keine Zeit! Keine Zeit! Keine Zeit!

Hier kläfft's Hurra! Hier äfft der Mob,
Daß Jift und Jalle speit!
Revolver in der Hand, mit'm Helm auf'm Kopp,
Keine Zeit! Keine Zeit! Keine Zeit!
Jedrillt! jeknufft, jeschleift, jehängt!
Minister sein?? Jeschenkt, jeschenkt!
Von hinten brüllst 'n nieder!
    Und wer sich 'ne Oase kooft
    Und zukiekt, wie der Hase looft,

> Der fährt
>> immer mal wieder
>
> Mit der Hand übern Alexanderplatz
> Und Trumpf is Gassenbube;
> Von rechts bis links een eenz'ger Satz,
> Rin in die jute Stube!
> Der nächste Herr! die Großstadt schreit:
> Keine Zeit! Keine Zeit! Keine Zeit!
> Im Globetrott mach stopp! mach stopp!
> Und fährste noch so weit,
> Billett in der Hand, mit 'm Feez auf'm Kopp
> Keine Zeit! Keine Zeit! Keine Zeit!
> Der Mensch vaduft', die Panke stinkt!
> Kehrt marsch! die Berolina winkt!
> Da zuckt's durch alle Glieder!
>> Denn wer nu mal mit Spree jetooft
>> Durch alle Länder Weje looft,
>> Der fährt
>>> immer mal wieder
>
> Mit der Hand übern Alexanderplatz,
> Den Pharusplan im Schube!
> New York – Berlin een eenz'ger Satz,
> Rin in die jute Stube!
> Da habt ihr mich! Die Großstadt schreit:
> Neue Zeit! Neue Zeit! Neue Zeit!

Walter Mehring, 1929

Unica Zürn, *6. 7. 1916 B., †19. 10. 1970 Paris, schrieb Anagramme, aut. und dokumentarische Prosa: »Die Literarisierung ihrer persönlichen Leidensgeschichte zu einer Zeit, da noch niemand von ›Frauenliteratur‹ sprach, darf man als höchst eigenwilligen, mutigen und unorthodoxen Widerstand gegen eine patriarchalisch geprägte Gesellschaft interpretieren, die die Benachteiligung, Unterdrückung und Schädigung der Frau stillschweigend duldete« (P. Ernst). Aus wohlhabender Familie, wuchs im Grunewald (**Dunckerstraße** Nr. 3) auf: »Deine Kindheit war wie ein großer wunderbarer Garten, mit verschlungenen Wegen, mit heimlichen-verborgenen Büschen, in denen du dich verstecktest, und mit einem Berg, auf dem eine verfallene Laube stand … Du spazierst in Gedanken jeden Tag im Haus deiner Kindheit umher, vom Keller bis zum Dachboden.« 1931-41 bei der UFA, zuletzt als Werbefilmdramaturgin. 1953 Übersiedlung zu dem Maler H. Bellmer nach Paris. Dort Anerkennung als Zeichnerin (1959 Teilnahme an der großen Surrealisten-Ausstellung). 1960 erste Anzeichen einer psychischen Erkrankung, in den folgenden Jahren häufige Klinikaufenthalte, 1970 Freitod. – W.: Hexentexte (Anagramme, 1954); Dunkler Frühling (E. 1969); Der Mann im Jasmin (R., frz. 1971, dt. 77); Das Weiße mit dem roten Punkt (Unveröff. Texte und Zeichnungen, Hrsg. Morgenroth, 1981); Das Haus der Krankheiten (Faks. der Hs., 1986); Gesamtausgabe (Hrsg. G. Bose/E. Brinkmann, 5 Bde., 1988-92).

Peter Weiss, * 8. 11. 1916 Nowawes (heute Potsdam-Babelsberg/BR), † 10. 5. 1982 Stockholm, Erzähler und Dramatiker. Lebte als Kind in Bremen, ab 1929 in B. 1934 mit den Eltern Emigration, zuerst nach London, später u. a. über Prag nach Stockholm (seit 1945 schwedischer Staatsbürger). Zunächst Maler und Graphiker, anschl. Experimental- u. Dokumentarfilmer. Seit 1960 freier Schriftsteller (Auszeichnungen in BRD und DDR: »Meine Beziehung zu Deutschland ist eine gespaltne – das gespaltne Deutschland«). Verschiedene B.-Besuche seit den sechziger Jahren; zwei Umzugsversuche nach B., »in die deutsche Sprache«, stoppte er im letzten Moment. Die Jugendzeit in B. schildern die aut. Romane »Abschied von den Eltern« und »Fluchtpunkt« (1962). – W.: Der Schatten des Körpers des Kutschers (E. 1960); Die Verfolgung und Ermordung Jean Paul Marats dargestellt durch die Schauspielgruppe des Hospizes zu Charenton unter Anleitung des Herrn de Sade (Dr. 1964; verfilmt 66); Die Ermittlung. Oratorium in elf Gesängen (1965); Gesang vom lusitanischen Popanz (Dr. 1967); Trotzki im Exil (Dr. 1970); Hölderlin (Dr. 1971); Ästhetik des Widerstandes (R., 3 Bde. 1975/78/81); Notizbücher 1971-80 (2 Bde. 1981); Notizbücher 1960-71 (1982). – Intern. P.-W.-Gesellschaft (seit 1989/Hamburg); P.-W.-Preis (Bochum/NRW). – »Peter Weiss, Leben und Werk«, Ausstellungskatalog der Akademie der Künste (Hrsg. G. Palmstierna-Weiss/J. Schutte, 1991).

Johannes Bobrowski, * 9. 4. 1917 Tilsit, † 2. 9. 1965 B., Lyriker, Erzähler. Kindheit in Memel. Als Soldat in Rußland, bis 1949 in Kriegsgefangenschaft. Zurückgekehrt Verlagslektor in Ost-B. Wurde von seinen Freunden mit »ernstem Spaß« zum »Präsidenten des Neuen Friedrichshagener Dichterkreises« ernannt. 1962 Preis der Gruppe 47, 65 Heinrich-Mann-Preis. – W.: Sarmatische Zeit (G. 1961);

Arbeitszimmer Johannes Bobrowskis in der Ahornallee in Friedrichshagen

Schattenland Ströme (G. 1962); Levins Mühle (R. 1964); Boehlendorff und andere (En. 1965); Litauische Claviere (R. 1966). Nachbarschaft (u.a. mit Interviews, Lebensdaten, Grabreden, 1967); Selbstzeugnisse und neue Beiträge über sein Werk (1975); Literarisches Klima (»Ganz neue Xenien, doppelte Ausführung«, 1976); Briefwechsel mit P. Huchel (Hrsg. E. Haufe, 1993). – Wohnung **Ahornallee** Nr. 26 (Friedrichshagen/Köpenick; G. Wolf, »Beschreibung eines Zimmers«, o.J.). Grab auf dem nahe gelegenen **Friedhof an der Aßmannstraße** (E I-12-21/22-24; »Ahornallee 26 oder Epitaph für J.B.«, Hrsg. G. Rostin, 1978). – Nachlaß DLA Marbach (»J.B. oder Landschaft mit Leuten«. Ausstellungskatalog, Hrsg. R. Tgahrt in Zus.arbeit mit U. Doster, 1993); Teilslg. Akademie der Künste. – J.-B.-Medaille zum Berliner Literaturpreis (seit 1989).

Annemarie Weber (eig. **A. Lorenzen**), * 8. 6. 1918 B., † 13. 1. 1991 ebd., Erzählerin, Publizistin. Ausgebildete Buchhändlerin; nach 1945 Dolmetscherin und Referentin bei der brit. Militärregierung; später Redakteurin beim RIAS B. Seit 1952 freie Schriftstellerin. – W.: Korso (R. 1961); Westend (R. 1966); Roter Winter (R. 1969); Der große Sohn von Wulkow (R. 1972); Die jungen Götter (R. 1974); Einladung nach Berlin (B.-Buch, 1975); Rosa oder Armut schändet (R. 1978); Immer auf dem Sofa. Das familiäre Glück vom Biedermeier bis heute (Ess. 1982). – Wohnung **Heerstraße** Nr. 30 (Charlottenburg). – Nachlaß Akademie der Künste.

Jens Rehn (eig. **Otto Jens Luther**), * 18. 9. 1918 Flensburg (SH), † 3. 1. 1983 B., Erzähler, Komponist, Hörspielautor. War während des Krieges U-Boot-Kommandant; Kriegsgefangenschaft in Afrika, Kanada und England. 1950-81 Literaturredakteur beim RIAS B. In dem Hörspiel »Nichts Außergewöhnliches« (1963) reflektiert R. die Situation B.'s als gespaltene Stadt. – W.: Nichts in Sicht (R. 1954); Feuer im Schnee (R. 1956); Die Kinder des Saturn (R. 1959); Der Zuckerfresser (En. 1961); Das neue Bestiarium der deutschen Literatur (Ess. 1963); Nach Jan Mayen (En. 1981). – Wohnung **Stormstraße** Nr. 5 (Charlottenburg).

Wolfdietrich Schnurre, * 22. 8. 1920 Frankfurt M. (H), † 9. 6. 1989 Kiel

(SH), Schriftsteller, Hörspielautor. Kam als Kind nach B. und verbrachte seine Jugend im Arbeiterviertel Weißensee (**Meyerbeerstraße** Nr. 87, früher **Straßburgstraße** Nr. 32), das er in dem Roman »Als Vaters Bart noch rot war« (1958) beschreibt. (Das Kapitel »Die Flucht nach Ägypten« handelt vom Weihnachtsmarkt im Lustgarten.) 1939-45 Soldat. Nach dem Krieg Film- und Theaterkritiker in B. (u.a. bei der »Neuen Zeitung«). Mitbegründer der »Gruppe 47«. Seit 1950 freier Schriftsteller in B. Wohnte zuletzt in Felde am Westensee (Kreis Rendsburg/Eckernförde/SH). – W.: Steppenkopp (E. 1958); Das Los unserer Stadt. Eine Chronik (En. 1959, n. 80); Man sollte dagegen sein (En. 1960); Berlin – eine Stadt wird geteilt (Bilddokument. 1962); Funke im Reisig (En. 1963); Schreibtisch unter freiem Himmel (Ess. 1964); Kalünz ist keine Insel (E. 1965); Spreezimmer möbliert (Hspe. 1967); Der Schattenfotograf (Prosa 1978); Ein Unglücksfall (E. 1981). Als Vater sich den Bart abnahm (En. 1995). – Wohnungen nach dem Krieg in Zehlendorf: **Goethestraße** Nr. 29; später **Prinz-Friedrich-Leopold-Straße** Nr. 33a. – Archiv Akademie der Künste; Teilslg. DLA Marbach.

Peter Edel, * 12. 7. 1921 B., † 5. 7. 1983 ebd., Maler und Erzähler. Schildert in seinen Romanen »Die Schwestern der Nacht« (1947) und »Die Bilder des Zeugen Schattmann« (1969) und in seiner Aut. »Wenn es ans Leben geht« (2 Bde., 1979) seine Erlebnisse als jüdisches Kind in B. nach Hitlers Machtergreifung, später die Zeit in verschiedenen KZs. – Wohnte zuletzt **Leipziger Straße** Nr. 44 (Mitte); Grab **Zentralfriedhof Friedrichsfelde** (**Gudrunstraße**/Lichtenberg).

Franz Fühmann, * 15. 1. 1922 Rokytnice/Rochlitz a.d. Iser/Riesengebirge, † 8. 7. 1984 B., Erzähler, Lyriker, Essayist und Kinderbuchautor. Während des Krieges Wehrmachtsangehöriger; 1945-49 in russischer Kriegsgefangenschaft. F., der von sich sagte, er sei nicht über die marxistische Theorie, sondern allein »über Auschwitz in die andere Gesellschaftsordnung gekommen«, ging 1949 in die DDR. Dort Leiter der Abt. Kulturpolitik der NDPD, 1958 Austritt. Freier Autor in B. Zahlreiche (auch intern. Ehrungen, u.a. zweimal Nationalpreis der DDR, III. Klasse 1957, II. Klasse 74). Seit Ende der sechziger Jahre offene Kritik an der parteipolitischen Vereinnahmung von Literatur. – W.: Die Fahrt nach Stalingrad (Ep. 1953); Kameraden (N. 1955); Kabelkran und Blauer Peter (Rep. 1961); Das Judenauto (En. 1962); Die Richtung der Märchen (G. 1962); König Ödipus (En. 1966); Barlach in Güstrow (E. 1968); 22 Tage oder die Hälfte des Lebens (poet. Tgb. 1973); Der Geliebte der Morgenröte (En. 1978); Die dampfenden Hälse der Pferde im Turm von Babel (E. für Kinder 1978); Fräulein Veronika Paulmann aus der Pirnaer Vorstadt oder Etwas über das Schauerliche bei E.T.A. Hoffmann (Es. 1979); Der Sturz des Engels (Es. 1982). Im Berg (Texte und Dokumente aus dem Nachlaß, Hrsg. I. Prignitz, 1991);

Franz Fühmann

Werkausg. in 8 Bdn. (1993); Briefe 1950-1984 (Hrsg. H.J. Schmitt, 1994). – Wohnung zunächst **Linienstraße** Nr. 148 (Mitte), später Johannisthal, **Am Grünen Anger** Nr. 22 (Treptow), zuletzt **Strausberger Platz** Nr. 1 (Friedrichshain). Arbeitshäuschen in Märkisch-Buchholz (BR); dort auch Grab, Inschrift: »Ich grüße alle jungen Kollegen, die sich als obersten Wert ihres Schreibens die Wahrheit erwählt haben«. – Nachlaß Akademie der Künste. – »F.F. Es bleibt nichts anderes als das Werk« (Katalog der Ausstellung der Stiftung Archiv der Akademie der Künste, 1993).

Paul Wiens, * 17. 8. 1922 Königsberg, † 6. 3. 1982 B., Lyriker, Publizist. Kindheit in B.; wegen seiner jüdischen Abstammung diskriminiert. Studium in der Schweiz. 1933 Emigration. Seit 1947 wieder in B., bis 50 Lektor, danach freier Autor. Mitherausgeber der Lyrik-Reihe »Antwortet uns« (in der 1957 sein kritischer G.-Band »Nach-

richten aus der dritten Welt« erschien). 1959 Nationalpreis. – W.: Begeistert von Berlin (G., zus. mit U. Bergner, 1951); Beredte Welt (G. 1953); Die Haut von Paris (N. 1960); Lucia Tremi oder Der aufgeschobene Weltuntergang (En. 1961); Dienstgeheimnis (G. 1968); Vier Linien aus meiner Hand (G. 1943-71/1972); Einmischungen (Publizistik, 1982). – Wohnung **Leipziger Straße** Nr. 41 (Mitte); Grab **Zentralfriedhof Friedrichsfelde** (**Gudrunstraße**/Lichtenberg). – Nachlaß Akademie der Künste.

Ingeborg Drewitz, * 10. 1. 1923 B., † 26. 11. 1986 ebd., Erzählerin, auch Dramen und Essays. Studium und 1945 Promotion in B. Ihr Stück »Alle Tore waren besetzt« (Urauff. 1955) war das erste von dt. Seite produzierte Drama über ein KZ. In den sechziger Jahren Hörspiele und Essays (»Berliner Salons«, 1965); später ausschl. erzählende Prosa. Mitbegründerin der VG Wort; Vizepräsidentin des dt. PEN. – W.: Karussell (R. 1962); Bettina v. Arnim (Biogr. 1969); Oktoberlicht (R. 1969); Wer verteidigt Katrin Lambert? (R. 1974); Das Hochhaus (R. 1975); Gestern war heute (R. 1978); Hinterm Fenster die Stadt. Aus einem Familienalbum (1985; in der »Einleitung oder Berliner Stenogramme«: »... die Erinnerung ist bestechlich. Nur die Wörter – eine Stadt aus Wörtern«); Eingeschlossen (R. 1986). Bahnhof Friedrichstraße (En. 1992). – Geburtshaus in Alt-Moabit nicht erhalten; wohnte zuletzt **Quermatenweg** Nr. 178 (Gedenktafel); Ehrengrab **Friedhof Onkel-Tom-**

Straße/Abt. 31 (beides Zehlendorf). –   I.D.-Literaturpreis für Inhaftierte
Nachlaß Akademie der Künste. –   (Münster/NRW, seit 1989).

Berlin in Zahlen

Laßt uns Berlin statistisch erfassen!
Berlin ist eine ausführliche Stadt,
die 190 Krankenkassen
und 916 ha Friedhöfe hat.

53000 Berliner sterben im Jahr,
und nur 43000 kommen zur Welt.
Die Differenz bringt der Stadt aber keine Gefahr,
weil sie 60000 Berliner durch Zuzug erhält.
Hurra!

Berlin besitzt ziemlich 900 Brücken
und verbraucht an Fleisch 303000000 Kilogramm.
Berlin hat pro Jahr rund 40 Morde, die glücken.
Und seine breiteste Straße heißt Kurfürstendamm.

Berlin hat jährlich 27600 Unfälle.
Und 57600 Bewohner verlassen Kirche und Glauben.
Berlin hat 600 Konkurse, reelle und unreelle,
und 700000 Hühner, Gänse und Tauben.
Halleluja!

Berlin hat 20100 Schank- und Gaststätten,
6300 Ärzte und 8400 Damenschneider
und 117000 Familien, die gern eine Wohnung hätten.
Aber sie haben keine. Leider.

Ob sich das Lesen solcher Zahlen auch lohnt?
Oder ob sie nicht aufschlußreich sind und nur scheinen?
Berlin wird von 4½000000 Menschen bewohnt
und nur, laut Statistik, von 32600 Schweinen.
Wie meinen?

Erich Kästner, 1930

Günter Bruno Fuchs' Grab auf dem ehem. Garnisonfriedhof, Columbiadamm

Inge Müller (auch: **Ingeborg Schwenkner**), * 13. 3. 1925 B., † 1. 6. 1966 ebd., Lyrikerin und Hörspielautorin. Erste Veröffentlichungen in den fünfziger Jahren. Verheiratet mit Heiner Müller, verfaßten zus. die Stücke »Der Lohndrücker« (1956) und »Die Korrektur« (1959). Heinrich-Mann-Preis 1959 (zus. mit H. Müller), Erich-Weinert-Medaille 65. – W.: Die Weiberbrigade (Hsp. 1960); Wenn ich schon sterben muß (G., darunter viele B.-Gedichte, 1985; Nachbemerkung von R. Pietraß); Poesiealbum 105 (1976); Irgendwo; noch einmal möchte ich sehn (Lyrik, Prosa, Tagebücher, Hrsg. I. Geipel, 1996). – Letzte Wohnung **Kissingenstraße** Nr. 9 (Pankow). Grab **Städt. Friedhof Pankow** (Leonhard-Frank-Straße) eingeebnet; Gedenkstein im nahen Ehrenhain.

Günter Bruno Fuchs, * 3. 7. 1928 B., † 19. 4. 1977 ebd. »Trinker, Lyriker und Holzschneider«, der Malerpoet par excellence. Lebte bis 1950 als Hilfsarbeiter und Student in Ost-B., danach als freier Schriftsteller und Graphiker in Reutlingen (BW). 1958 Rückkehr nach B., Gründung der Kreuzberger Hinterhofgalerie »die Zinke« (**Oranienstraße** Nr. 27), zus. u. a. mit R. W. Schnell, und – nach deren Schließung – der Werkstatt der »Rixdorfer Drucke« (im gleichen Haus). Mitarbeit an zahlreichen Malerbüchern (»Autoren machen Bilder«, 1974; »Berliner Malerpoeten. Bilder und Texte«, 1977). – W.: Zigeunertrommel (G. 1956); Brevier eines Degenschluckers (G., Prosa, Holzschnitte 1960); Pennergesang (G. und Chansons 1965); Herrn Eules Kreuzberger Kneipentraum (1966); Das Lesebuch des G. B. F. (1970); Reiseplan für einen Westberliner anläßlich einer Reise nach Moskau und zurück (Handbuch für Einwohner No. 2, 1973); »Die Ankunft des Großen Unordentlichen in einer ordentlichen Zeit« (Hrsg. K. Wagenbach, o. J.).

Werkausg. in 3 Bdn. (Hrsg. W. Ihrig, 1990ff.). – Wohnung u.a. in Wilmersdorf, **Salzbrunner Straße** Nr. 8a, und Schöneberg, **Wilhelmshöher Straße** Nr. 6. »Und unterhalb der Rixdorfer Höhe, am ehemaligen **Garnisonfriedhof (Columbiadamm)**, am Rande des Tempelhofer Flugfelds, liegt der Verehrer Lilienthals G. B. Fuchs begraben« (W. Höllerer). – Nachlaß SB B.

Herbert Nachbar, * 12. 2. 1930 Greifswald (MVP), † 25. 5. 1980 B., Erzähler. Entstammte einer Fischerfamilie von der Ostsee. Ging 1950 zum Studium nach B., war als Reporter und Fotograf bei Tageszeitungen tätig. 1953 Lektor beim Aufbau-Verlag, 69 Dramaturg beim Fernsehen. 1976 Nationalpreis der DDR. – W.: R.-Trilogie: Der Mond hat einen Hof (1956), Die Hochzeit von Länneken (1960), Ein dunkler Stern (1973). Die gestohlene Insel (R. 1958); Haus unter dem Regen (R. 1965); Der Weg nach Samoa (E. 1976). – Wohnung abwechselnd in Greifswald und in B. Hier zuletzt in Karlshorst (**Honnefer Straße** Nr. 16/Lichtenberg); Grab **Zentralfriedhof Friedrichsfelde (Gudrunstraße/** Lichtenberg). – »Zu Nachbar«. Ein Almanach (Hrsg. G. Caspar/S. Töpelwinn, 1982).

Gerd Henniger, * 26. 6. 1930 Chemnitz (SA), † 14. 10. 1990 B., Lyriker, Übersetzer und Herausgeber. Studium in Jena (TH), B. und Paris. Seit 1951 in B.; längere Aufenthalte in Frankreich und Spanien. Hrsg. der Zs. »Das Neue Lot«; Hrsg. und Übersetzer der Werke von Apollinaire, Artaud, Blanchot,

Eluard, de Sade, Ponge und Michaux. – W.: Rückkehr vom Frieden (G. 1969); Irrläufer (G. 1972); Bei lebendigem Leib (G. 1978); Spuren ins Offene (Ess. 1984). – Grab **Friedhof Onkel-Tom-Straße** (Zehlendorf). – Nachlaß DLA Marbach.

Maxie Wander, * 3. 1. 1933 Wien, † 20. 11. 1977 B., Publizistin. Ging 1958 mit ihrem Mann **Fred Wander** (»Der siebente Brunnen«, E. 1972) in die DDR. Lebte bis zu ihrem Tod in B.-Kleinmachnow. Ihr Buch »Guten Morgen, du Schöne. Frauen in der DDR. Protokolle« (1977) gehört zu den wichtigen ›Frauenbüchern‹ der siebziger Jahre in der DDR. – W.: Tagebücher und Briefe (1979; später u. d. T. »Leben wär' eine prima Alternative«); »Ein Leben ist nicht genug« (1990). – Wohnung 1968-77 **Ernst-Thälmann-Straße** Nr. 22; Grab **Waldfriedhof am Steinweg** (beides Kleinmachnow).

Uwe Greßmann, * 1. 5. 1933 B., † 30. 10. 1969 ebd., Lyriker. Kindheit in Waisenhäusern und bei Pflegeeltern. Erkrankte an Tuberkulose, so daß er weder studieren noch einen Beruf erlernen konnte. Im Krankenhaus begann er zu schreiben. Ab 1954 Arbeit als Montierer, später als Bote in B. In den letzten Lebensjahren freier Autor. Sein Freund A. Endler sah in ihm den »Henri Rousseau der DDR-Literatur, den einzigen dieser Art.« – W.: Der Vogel Frühling (G. 1966); Das Sonnenauto (G. 1972, Hrsg. H.J. Schubert); Sagenhafte Geschöpfe (G. 1978, aus dem Nachlaß). »U.G. Lebenskünstler« – Texte, Lebenszeugnisse, Erinn. (Hrsg. R. Pietraß, 1982). –

Wohnung **Berliner Straße** Nr. 122 (Pankow). – Nachlaß Akademie der Künste.

Irmtraud Morgner, * 22. 8. 1933 Chemnitz (SA), † 6. 5. 1990 B., Erzählerin. Germanistikstudium in Leipzig/SA (u. a. bei Hans Mayer), anschließend Redaktionsassistentin bei der Zs. »Neue deutsche Literatur«. Seit 1958 lebte sie als freie Schriftstellerin in B. 1974 erschien der Roman »Leben und Abenteuer der Trobadora Beatriz nach Zeugnissen ihrer Spielfrau Laura«, ein in der DDR spielender Schelmenroman, der zu einem Kultbuch der Frauenbewegung in Ost und West wurde. 1983 »Amanda. Ein Hexenroman«, der den zweiten Teil einer geplanten Trilogie bildete. Heinrich-Mann-Preis 1975. – W.: Das Signal steht auf Fahrt (E. 1959); Ein Haus am Rande der Stadt (R. 1962); Hochzeit in Konstantinopel (R. 1968); Gauklerlegende. Eine Spielfrauengeschichte (R. 1970); Die wundersame Reise Gustavs des Weltfahrers (R. 1972). Der Berlin-Roman »Rumba auf einen Herbst«, für den I. M. in den sechziger Jahren keine Druckerlaubnis erhielt, erschien 1992 posthum (Hrsg. R. Bussmann). – Wohnung **Leipziger Straße** Nr. 41 (Mitte); Grab **Zentralfriedhof Friedrichsfelde** (**Gudrunstraße**/Lichtenberg).

»480 Berliner Dichter und Schriftsteller notiert die lokale Literaturgeschichte« (H. Scholz seinerzeit; das halbe Tausend ist inzwischen wieder überschritten). Von manchen blieben nur geflügelte Schlagzeilen: »Ich hab' mich ergeben / Mit Herz und mit Hand …«: **Hans Ferdinand Maßmann** (1797-1874) – »Gegen Demokraten helfen nur Soldaten«: **Wilhelm von Merckel** (1803-61) – »Grad aus dem Wirtshaus nun komm ich heraus …«: **Heinrich von Mühler** (1813-74) – »Stolz weht die Flagge schwarz-weiß-rot …«: **Robert Linderer** (1824-86/Grab **Jüdischer Friedhof Weißensee**, Reihe 18 H 1, Herbert-Baum-Straße) – »Gott strafe England!«: **Ernst Lissauer** (1882-1937) – »Det fiel mir uff«: **Jonny Liesegang** (1897-1961) – »… reitet für Deutschland«: **Clemens Laar** (eig. Eberhard Kobsell/1906-60) … Oder ganz andere »Hauptberufe« relativierten die Werke: »Antimachiavell« (1739), »Denkwürdigkeiten zur Geschichte des Hauses Brandenburg« (1751), »Über die deutsche Literatur; von den Mängeln, die man ihr vorwerfen kann, den Ursachen derselben und den Mitteln, ihnen abzuhelfen« (1780) von **Friedrich II.** (1712-86/»der Große«, allerdings weniger seiner lit. Verdienste wegen) – »Gedanken und Erinnerungen« (1898), »Briefe an seine Braut und Gattin« (1900) von **Otto Fürst von Bismarck** (1815-98) – »Die beiden Freunde« (N.), »Trostgedanken« (»Ges. Schriften und Denkwürdigkeiten«, 1891-93) von **Helmuth Graf von Moltke** (1800-91), »im Grunde alles andere als das Urbild eines preußischen Offiziers. Eigentlich ein Gelehrter … Zudem ein homme de lettres« (H. Ohff).

Wappen von Berlin

In Silber, aufgerichtet, ein schwarzer Bär

Die Bärin spricht: Ich habe sie getragen,
Die Stadt in meinem Schoße, Höhlenbrut.
Uns kam der Jäger, und ich mußt ihn schlagen.
Ihr Schlaf in dickverschneiten Wäldertagen
War gut.

Ich wiegte sie mit diesem tiefen Brummen;
Mein Tatzenschlag hieß sanft, doch ernst sie stehn.
Ich lehrte Honigwachs, wo Bienen summen,
Und süßes Kraut in erdgeformten Kummen
Sie sehn.

Den Klotz, die mörderische Eisenklemme,
Den Grubentrug – denn Menschenlist ist viel –
Verklagt ich ihr. Und zeigte braune Schwämme,
Gab graue Kiesel ihr und Kiefernstämme
Zum Spiel.

So wuchs sie auf und fand das Nest der Bienen;
Nun häuft sie übermütig bunten Stein,
Und ihre Pranke scherzt mit blanken Schienen,
Läßt, klein und trüb, Insekten fliehn auf ihnen
Und fängt sie ein.

Sie droht und lockt. Die Forste hallen wider.
Das Singen unterm Bauerndach verstummt.
Sie tappt ins Dorf. Das Buschwerk stampft sie nieder.
Den weißen Spierstrauch und den blauen Flieder,
Und brummt.

Ich schreite aufrecht. Meine Branten wälzen
Den Wolkenblock, der überm Haupt ihr kracht.
Und silbern eisige Gestirne schmelzen
Als große Flocken mir auf schwarzen Pelzen
In Winternacht.

Gertrud Kolmar, 1934

Autoren in Berlin

»Der Menschensammelplatz Berlin zog die Künstler an und bewirkte schließlich jene Befruchtung und Durchdringung der Künste, aus der sich das Kunstwunder der zwanziger Jahre ergab. Seit den Tagen Fontanes haben sich in keiner deutschen Stadt so viele von ihnen versammelt wie in Berlin. Die Stadt wurde für alle, die sich von den wandelnden Kräften der Zeit angezogen fühlten, ein magischer Ort.«

Günther Rühle, LiteraturOrt Berlin (1994)

Kurfürstin Sophie Charlotte im Gespräch mit Gottfried Wilhelm Leibniz vor dem Charlottenburger Schloß (Zeichnung von A. von Menzel)

»Eine Stadt wie keine andere«: **Bernt Engelmann** 1991 ».. . Mehr ein Weltteil als eine Stadt« einmal für **Jean Paul** (Bayreuth/B) . . . »Berlin ist ein Vorname von Preußen«: 1847 **Heinrich Laube** ... »Oh, wie weit ab bist du von einer wirklichen Hauptstadt des Deutschen Reiches!«: 1875 **Theodor Fontane** ... »Berlin wird immer mehr Berlin«: 1929 **Joachim Ringelnatz** ... »Der Schutthaufen bei Potsdam«: **Bertolt Brecht** 1948 ... »Kein Zweifel: die wichtigste Stadt Deutschlands«: 40 Jahre später **Wolf Jobst Siedler.**

Um 1350 besuchte, nach der Volkssage, **Till Eulenspiegel** (Schöppenstedt/Kneitlingen/NDS) die Stadt Berlin, verdingte sich als Schneidergeselle und »machte einem Kürschner Wölfe statt Wolfspelze«. »Ich lebe hier in Berlin durch Gottes Gnade gesund und stehe in großer Gunst bei dem Kurfürsten, bin aber von allem gelehr-

ten Umgang gänzlich verlassen«, schrieb **Johannes Trithemius** 1505/08 (Trier/RP).

Berlin ist erst spät in die Weltgeschichte eingetreten. In die Literaturgeschichte ebenso. Diese, sagt man, begann hier erst, als an einem Herbsttag des Jahres 1743 der vierzehnjährige Talmudschüler **Moses Mendelssohn** aus Dessau das Tor zur Stadt, das »Juden und Vieh« vorbehalten war, passierte. Ein, zwei Jahrzehnte später hatte er mit seinen Freunden **Gotthold Ephraim Lessing** und **Friedrich Nicolai**, dessen Geschäft seine »Rezensieranstalt«, die »Allgemeine deutsche Bibliothek«, war, Berlin zu einem Zentrum der deutschen Aufklärung gemacht.

Vorher verzeichnete das »poetische Berlin« zwei Jahrhunderte lang nur wenige Stationen von größerer Bedeutung, die wichtigsten: 1540 Gründung der Offizin Hans Weiss; 1661 Einrichtung der kurfürstlichen Bibliothek; 1667 erste Ausgabe der »Geistlichen Andachten« von **Paul Gerhardt**, dem bedeutendsten protestantischen Kirchenlieddichter; 1694 Stiftung der Akademie der Künste; 1700, angeregt durch den »reisenden Philosophen« **Gottfried Wilhelm Leibniz** (Hannover/NDS), »Sozietät der Wissenschaften«. Leibniz stand im **Charlottenburger Schloß** stets eine Zimmerflucht zur Verfügung, und bei den abendlichen Spaziergängen mit der klugen Kurfürstin Sophie Charlotte im Schloßpark wurde der Grund zu seiner »Theodizee« gelegt. (1993 Gründung einer Leibniz-Sozietät.)

1700 auch Eröffnung der ersten beiden eigentlichen Theater der Residenz. 1703 kam der »Schelmuffsky«-Autor **Christian Reuter** aus Kütten bei Halle (SAN) und verdingte sich als Gelegenheitsdichter bei Hofe, die Titel seiner Festspiele dekuvrieren ihn: »Die frohlockende Spree« und »Das glückselige Brandenburg«.

Erst **Friedrich der Große** kreierte (auf eine listige Offerte von Voltaire hin) die zugkräftigere Devise: »Berlin werde Athen!«: »Spree-Athen« wurde zum geflügelten Wort. (Dem »Bey Eröffnung des Feldzuges« 1756 **J. W. L. Gleims** »Berlin sey Sparta!« übergestülpt wurde.) Der wegen seines Buches »L'homme machine« (1748) in Frankreich verfolgte Schriftsteller **Julien Offray de Lamettrie** wurde in B. gastlich aufgenommen und Vorleser bei Hofe; nach seinem Tod 1751 publizierte Friedrich d. Gr. eine Trauerrede, urteilte aber vertraulich, L. sei ein schlechter »écrivain« gewesen. – »Der große, herrliche, unsterbliche **Voltaire**« (so A. Schopenhauer), von Friedrich, der schon als Kronprinz mit ihm korrespondiert hatte, nach B. berufen, veröffentlichte 1752 die (nach A. Noyes) »vernichtendste Satire des Jh.s« »Diatribe du docteur Akakia«, sah vom Fenster seiner Mietwohnung **Taubenstraße** Nr. 17 (Mitte), wie seine Schmähschrift coram publico verbrannt wurde, und verließ am 25.3. 1753 für immer das Gastland. Als Voltaire 1778 starb und man ihm in Paris Begräbnis und Totenamt verweigerte, wurde in **St. Hedwig** für den Atheisten die Totenmesse gelesen. (Lit. zum

Thema: Voltaire, »Über den König von Preußen. Memoiren«, Hrsg. A. Botand, 4. Aufl. 1989; »Voltaire – Friedrich der Große. Aus dem Briefwechsel«, Hrsg. H. Pleschinski, 1993; M. Fontius, »Voltaire in Berlin«, 1966; H.-P. Jaeck, »Kammerherr und König. Voltaire in Preußen«, R. 1987).

1764 gaben der Schotte **James Boswell** und **Giacomo Casanova** Gastspiele; beide logierten im Gasthof »Zu den drei Lilien« in der **Poststraße** (Mitte). »Und des größten König würdig ist alles hier«: Dezember 1769 bis März 70 weilte **Heinrich Christian Boie** (Meldorf/SH) in Berlin, »mitten unter den deutschen Musen«. Eine »goldene Zeit«, wie er im Rückblick befand, »wo ich alle Tage einen Ramler, einen Mendelssohn sehen konnte« (»Briefe aus Berlin 1769/70«, Hrsg. G. Hay 1970).

Einmal nur war **Goethe** (Frankfurt a. M./H) in Berlin: im Mai 1778, als Begleiter des incognito reisenden Herzogs Karl August von Weimar (Logement »Zur Goldenen Sonne«, **Unter den Linden**/Mitte); am 17. Mai an Charlotte von Stein: »Es ist ein schön Gefühl, an der Quelle des Kriegs zu sitzen in dem Augenblick, da sie überzusprudeln droht. Und die Pracht der Königstadt, und Leben und Ordnung und Überfluß, das nichts wäre ohne die tausend und tausend Menschen, bereit für sie geopfert zu werden.« Er besuchte die **Karschin**, die ihn »beverset« hatte, D. Chodowiecki und Freund Zelter und parodierte unter dem Titel »Musen und Grazien der Mark« den reimfreudigen »Nachwuchs«: **Friedrich Schmidt von Wer-neuchen** (1764-1838/BR) voran, der einige Zeit Feldprediger am Kgl. Invalidenhaus war: »Ob sich gleich auf Deutsch nichts reimet, / Reimt der Deutsche dennoch fort«. Schmidt schrieb weiter und besang Tiergarten, Jungfernheide, Tegel und die Pichelsberge (»Einfalt und Natur«, Gedichte von F.W.A. Schmidt, Hrsg. G. de Bruyn, 1981). Ein Goethe-Denkmal von F. Schaper wurde 1880 im Tiergarten enthüllt; Bildnisbüste (1823) von J.G. Schadow in der **Nationalgalerie**

(**Bodestraße**/Mitte). – Den Spott der Weimarer zog sich auch der Ostpreuße **Daniel Jenisch** (1762-1804?) zu, wegen seines Preußenepos über Friedrich d. Gr. »Borussias in 12 Gesängen« (1794). Ein Jahr später bezichtigte ihn Goethe gar des »Literarischen Sansculottismus«. Jenisch war Prediger an der **Marienkirche** und Diakon an **St. Nikolai** und mit K. Ph. Moritz befreundet, dessen Nachfolger er in den Akademien und am Franz. Gymnasium wurde.

Die Salons

Um 1780 entwickelte sich neben den sog. »offenen Häusern« wohlhabender Familien (Humboldt, Nicolai, Mendelssohn z.B.) eine neue Form der Geselligkeit, die Standes- und Berufsunterschiede überwand, indem sie Adlige und Bürgerliche, Künstler, Diplomaten, Wissenschaftler, Kaufleute und Bankiers zusammenführte; erstmals konnten auch Frauen am Gespräch teilnehmen. Für **F. E. D. Schleiermacher**, einen engen Freund von **Henriette Herz** (1764-1847), waren die Salons das verkörperte Ideal romantischer Geselligkeit, wie sie seine 1799 erschienene »Theorie des geselligen Betragens« forderte.

Der Doppelsalon im Hause Herz (zuerst in der **Spandauer Straße** Nr. 53, dann **Neue Friedrichstraße**, ein Rest heute **Littenstraße**/Mitte) wurde eines der bedeutendsten gesellschaftlichen Begegnungszentren der Stadt: Um Markus H. versammelten sich Gelehrte wie **F. Nicolai**, Probst Teller, **J. J. Spalding**, die Professoren Engel und **Ramler**; Henriette sprach nebenan mit den **Brüdern Humboldt**, mit **L. Tieck**, **F. Schlegel** und Schleiermacher über Kunst und Literatur. **Jean Paul**, der Comte de Mirabeau (»Histoire secrète de la Cour de Berlin«), J. G. Schadow (der

Heinrich Heine im Salon von Rahel Levin (1822)

eine Büste Henriettes anfertigte), **J. G. Fichte, F. Schiller, K. Ph. Moritz** und **Mme. de Staël** waren zu Gast.

Rahel Levin versammelte in ihrem Salon im Dachgeschoß des Hauses **Jägerstraße Nr. 54** (Mitte) u. a. F. Schlegel, seine spätere Frau **Dorothea Veit**, Schleiermacher, J. G. Fichte, die Brüder Humboldt, die Brüder Tieck, **F. de la Motte Fouqué, H. von Kleist** und Prinz Louis Ferdinand. Nach ihrer Heirat mit **Varnhagen von Ense** 1814 gründete sie einen zweiten (»würdigeren«) Salon in der **Friedrichstraße** (Ecke **Französische Straße Nr. 20/** Mitte), in dem u. a. **H. Heine** (der der Gastgeberin den Gedichtzyklus »Heimkehr« widmete), **A. von Chamisso** und **G. W. F. Hegel** verkehrten. »Ich habe nie in meinem Leben interessanter und besser reden gehört«, schrieb **F. Grillparzer** über Rahel nach seinem Besuch 1826.

»Im gnadenlosen Konkurrenzkampf der Berliner Salondamen um die intellektuelle Rangordnung lag damals eindeutig Rahel Varnhagen und ihr Kreis vorn. Henriette Herz gelang es nach ihrer Rückkehr aus Italien nicht, die frühere dominierende gesellschaftliche Position wieder einzunehmen« (W. Jasper).

Auch der Bankier Salomon Levy und seine musikbegeisterte Frau Sara unterhielten einen Salon in ihrem Palais im Stadtzentrum. Mozart und Haydn waren hier zu Gast, trotzdem fand Varnhagen van Ense diesen Salon »etwas spießig«. Die Herzogin von Kurland unterhielt in ihrem Palais Unter den Linden einen der wenigen nicht-jüdischen Salons; sie war mit Jean Paul und L. Tieck befreundet. Bei dem Verleger **Georg Andreas Reimer** (**Kochstraße** Nr. 14/Kreuzberg), dessen Haus als Zentrum des patriot. Widerstandes galt, und dem Bankier Benjamin V. Ephraim trafen sich ebenfalls regelmäßig Intellektuelle und Künstler. – »Henriette Herz in Erinnerungen, Briefen und Zeugnissen« (Hrsg. R. Schmitz, 1984); Ingeborg Drewitz, »Berliner Salons« (1965); »Sie Sassen und Tranken Am Teetisch«/Anfänge und Blütezeit der Berliner Salons 1789-1871 (Hrsg. R. Strube, 1991); Deborah Herz, »Die jüdischen Salons im alten Berlin 1780-1806« (dt. 1991).

Johann Kaspar Riesbeck (Frankfurt a. M./Höchst/H) schilderte seine B.er Erlebnisse in »Briefen eines reisenden Franzosen über Deutschland an seinen Bruder zu Paris« (1784): »Die Ödheit vieler Gegenden sticht mit der Pracht der Gebäude sonderbar ab.« – Im Januar 1786 traf der Comte de **Mirabeau** in Berlin ein, wurde von Friedrich d. Gr. empfangen, ging im Mai für einen Monat wieder nach Paris und kehrte im Juli für ein halbes Jahr in politischer Mission zurück. In seinen 65 »Berliner Briefen« erweist er sich als nicht immer taktvoller Klatschkolumnist ebenso wie als hervorragender Interpret der laufenden politischen Geschehnisse. – Um 1800 schrieb **Christoph August Tiedge** (Gardelegen/SAN/1752-1841) in B. sein Lehrgedicht »Urania über Gott, Unsterblichkeit und Freiheit«; Gedenktafel, auch an T.s Freundin **Elise von der Recke** (Dresden/SA) erinnernd, am Nicolai-

Körner-Haus, **Brüderstraße** Nr. 13 (Mitte). – 1801 verbrachte Jean Paul sechs Sommerwochen im »architektonischen Universum« B. Er entdeckte die »herrliche Insel Pickelswerder« (**Pichelswerder** b. Spandau), verkehrte im Salon der Henriette Herz, Königin Luise schenkte ihm ein silbernes Tafelservice, die ihm zugedachte Domherrenstelle erhielt er freilich nicht. Dafür wurde er im Salon von **Johann Daniel Sander** in der **Breiten Straße** (Mitte) von Karoline Mayer geküßt, worauf er sich mit ihr verlobte, sie heiratete und nach Meiningen (TH) ging.

August Wilhelm Schlegel lebte 1801-04 als Privatgelehrter in Berlin; seine Vorlesungen »Über schöne Literatur und Kunst« in der Singakademie (Mitte) attackierten die Aufklärung. Sein Bruder **Friedrich** (beide Hannover/NDS) war bereits 1794-96 hier Privatdozent; 98 lernte er **Dorothea Veit,** geb. **Mendelssohn** (1763-1839),

das Urbild der »Lucinde« (1799), kennen. Sie heirateten 1804. Dorothea,
auch als Erzählerin (»Florentin«,
1801) und Übersetzerin bekannt,
wurde im gleichen Jahr ev., 1808 kath.
und übersiedelte 29 nach Frankfurt
a. M. (H). »Ihre die Sitten ignorierende
Verbindung hatte den Charakter wenn
nicht einer Rebellion, so doch zumin-
dest eines trotzigen Protests« (M.
Reich-Ranicki).

Germaine de Staël kam im März 1804
nach Berlin; von ihrer Wohnung am
Spreeufer aus machte sie Interviews
und Reportagen für ihr geplantes
Deutschland-Buch. Von Goethe
wurde ihr A. W. Schlegel als Erzieher
für ihre Söhne empfohlen; sie ernannte
ihn zum Begleiter und Berater. – **August von Kotzebue** (Mannheim/BW)
edierte 1803-07 in B. eine »Zeitung für
gebildete, unbefangene Leser«: »Der
Freimütige«. Er wurde preuß. Kano-
nikus und Akademie-Mitglied. Zur
Eröffnung des neuen Schauspielhauses
am 1.1.1802 brachte A. W. Iffland K.s
»Kreuzfahrer« heraus. – »Berlin ge-
fällt mir und meiner Frau besser als
wir erwarteten«, teilte **Friedrich
Schiller** (Ludwigsburg/Marbach/BW)
im Frühjahr 1804 Ch. G. Körner mit.
Er logierte im »Hôtel de Russie« (vormals Gasthof »Zur goldenen Sonne«),
Unter den Linden (Mitte) und in
Ifflands Gartenhaus in der **Tiergartenstraße** und fand »eine große persönliche Freiheit und eine Ungezwun-
genheit im bürgerlichen Leben«. Doch
konnte ihn Iffland, der Schiller-Fest-
spiele veranstaltet hatte, nicht für B.
gewinnen. Denkmal von B. Begas auf

dem **Gendarmenmarkt** (Mitte);
Bronzeabguß im **Schillerpark** (Wedding).

Zacharias Werner aus Königsberg
(1768-1823), in Berlin 1805-07 Beamter, erregte Aufsehen mit seinem Spiel
»Martin Luther oder die Weihe der
Kraft« (1807); dazu auch Th. Fontanes
»Schach von Wuthenow«. Acht Jahre
später erschien die vielbeschriene romant. Schicksalstragödie »Der 24. Februar«. – **Ludwig Börne** (Frankfurt
a. M./H) studierte 1802 Medizin in B.
und war 28 noch einmal hier; geselli-
ger Umgang in den Salons von R.
Varnhagen und H. Herz, der er leidenschaftliche Liebesbriefe schrieb, aber
nicht erhört wurde. Sein Verdikt:
»Berlin ist ein Markt, wo alles frisch,
aber nur roh zu haben ist.«

Henri Beyle (**Stendhal** – nach dem
altmärk. Geburtsort des von ihm ver-
ehrten J. J. Winckelmann), 1806
Kriegskommissar des franz. Stadtkommandanten, bezeichnete die Umgebung Berlins als »ein Sandmeer.
Man muß den Teufel im Leib gehabt
haben, als man hierher eine Stadt
baute.« Die »bezaubernde Landschaft« der Havel-Inseln erinnerte ihn
an die Borromäischen Inseln im Lago
Maggiore. – Als »Sprachmeister All-
mann« lebte **Ernst Moritz Arndt**
(Groß-Schoritz/Rügen/MVP) im
Winter 1809 in B.; er sympathisierte
hier mit den preußischen Patrioten. (E.-M.-A.-Medaille/DDR, seit
1954.) – Eine Gedenktafel am Nicolai-
Körner-Haus, **Brüderstraße** Nr. 13
(Mitte), erinnert an **Theodor Körner**
(Dresden/SA), der hier 1811 und 13 als

Bergbaustudent und Lützower Jäger wohnte. Th.-Körner-Herme im **Viktoriapark** auf dem Kreuzberg nicht erhalten. (Th.-K.-Preis/DDR, seit 1970). – **Wilhelm Müller** (Dessau/SAN) studierte 1812-16 in B.; er war Mitglied der »Berlin. Gesellschaft für deutsche Sprache« und trug im Salon Hedwigs von Olfers seine (später von F. Schubert vertonten) »Müllerlieder« vor. – »Vor lauter geistreichen Herren und Damen, Psychologen und mimischen Künstlerinnen« hörte der Schwede **Per Daniel Amadeus Atterbom** auf seiner Deutschlandreise 1817 in »einer sogenannten Dreifaltigkeitskirche« F.E.D. Schleiermacher predigen. – Als Privatdozent kam der Danziger **Arthur Schopenhauer** (Frankfurt/M./H) 1820 nach B., das er, wegen der Cholera und in seiner Berufserwartung enttäuscht, 31 wieder verließ. Wohnungen: **Letzte Straße, Kronen-, Behren-, Französische, Leipziger, Dorotheen-** und **Niederlagstraße.** Diese Stadt werde vielleicht eines Tages die Hauptstadt Deutschlands, aber immer werde sie auch »die Hauptstadt der Langeweile« sein, meinte **Honoré de Balzac. François-René de Chateaubriand** hingegen, der 1821 einen Winter und Frühling lang franz. Gesandter in Berlin war, **Unter den Linden** residierte und mit den Humboldts und A. von Chamisso verkehrte: »Berlin ließ in mir eine dauerhafte Erinnerung zurück, weil die Art der Erholungen, die ich dort fand, mich in die Zeit meiner Kindheit und meiner Jugend versetzte.« Als Student und Bohemien 1822 durch Berlin »irrlichternd« und, bei »Lutter & Wegner«, auch H. Heine begegnend, erlebte **Christian Dietrich Grabbe** (Detmold/NRW) Puppenspiele; daraus entstand seine Komödie »Scherz, Satire, Ironie und tiefere Bedeutung«. »Ich weiß, daß ich wenigstens ein Kennzeichen des Genies besitze, den Hunger«, schrieb er in einem Briefentwurf an den Kronprinzen. – Alles habe hier »einen Anstrich von Großartigkeit, Geistigkeit und Liberalität«, notierte **Franz Grillparzer** 1826 in sein Tagebuch. »Ein hoher Grad von Gutmütigkeit ist hier nicht seltener als in Wien ...« – Nach einem B.-Besuch 1826 verspottete **Wilhelm Hauff** (Stuttgart/BW) in seiner Parodie »Der Mann im Monde« (1826) den aus der Lausitz 1820 nach B. übersiedelten Juristen, erfolgreichen Dramatiker und Autor des rührseligen Romans »Mimili« **Heinrich Clauren** (Doberlug/Cottbus/BR; Grab **Friedhof der Jerusalems- und Neuen Kirchen-Gem. I, Zossener Straße/** Kreuzberg) und handelte sich damit einen Prozeß ein. – Der in Danzig geborene Maler **Robert Reinick** (1805-52), biedermeierlicher Erzähler und Lyriker, lebte 1825-28, mit A. v. Chamisso, J. v. Eichendorff und F. Th. Kugler verkehrend, in B. (Nachlaß Heine-Institut Düsseldorf). 1826-29 arbeitete **Moritz Gottlieb Saphir** (W. Kiaulehn: »ein etwas seifiger Herr zweifelhaften Charakters«) als Journalist in B. Er gründete 1827 die Dichtervereinigung »Der Tunnel über der Spree« (Archiv Humboldt-Universität/Mitte), machte sich mißliebig und

*Blick von den Linden zum Brandenburger Tor (nach einer Zeichnung von Calau,
um 1820)*

kam in Festungshaft. (Seit 1990 jährlich Autorentreffen gleichen Namens
im Lit. Colloquium.) Berlin imponiere
ihm durch seine Größe, notierte **Hans
Christian Andersen** 1831: »Alles war
Reichtum und Pracht, alle Menschen
schienen mir so geputzt zu sein … Berlin sah immer aus, als müßte Sonntagnachmittag sein.« – Der 1773 in Stavan-
ger/Norwegen geborene **Henrik Steffens**, Naturphilosoph, wurde 1832
Prof. in B. (wo er 1845 starb) und »ganz
zum Berliner« (H. Spiero); Aut. »Was
ich erlebte« (1840ff.); Grab auf dem
**Kirchhof I der Dreifaltigkeitsgem.,
Baruther Straße** (Kreuzberg).
Berlins Schulen stand seit 1832 der
»deutsche Pestalozzi« **F. A. W. Diesterweg** (Siegen/NRW) vor, der 1866
an der Cholera starb; Grab auf dem
**Friedhof der St. Matthäi-Gem.,
Großgörschenstraße** (Schöneberg). –
Der aus Magdeburg stammende Er-

zähler, Lyriker und Dramatiker **(Ferdinand) Gustav Kühne** (1806-88)
absolvierte Gymnasium und Universität in B., das er »eine Conglomera-
tion aller Weltexistenzen« nannte; alle
europ. Weltstädte seien hier repräsen-
tiert und nebeneinander aufgeschich-
tet.
Der »Demagoge« **Fritz Reuter** (Sta-
venhagen/MVP), als Burschenschafter
am 31. 10. 1833 in der **Schützenstraße**
Nr. 23 (Mitte) im Haus des Hof-Kup-
ferschmiedes Münster verhaftet, saß
zwei Monate »mang de Rumdrivers
un Vogelbunten« in der Stadtvogtei,
Molkenmarkt (Mitte), ein, ab Neujahr 34 in der Hausvogtei (»Ut mine
Festungstid«; Tür seiner Zelle im
Märk. Museum/Mitte). Er wurde
zum Tod verurteilt, von Friedrich Wilhelm III. zu 30jähriger Festungshaft
begnadigt, nach sieben Jahren amne-
stiert. Seinen »Bräsig in Berlin« läßt er

In den Zelten (um 1815)

berichten: B. »ist 'ne metropolitanische Stadt, ist ein Weltkörper, ist ein Kunstwerk in 'ner Sandwüste, ist 'ne Idee von Großartigkeit mit Gasbeleuchtung.«
Emanuel Geibel (Lübeck/SH) studierte 1836-38 in Berlin und besuchte u. a. den »alten ... weißlockigen Dichter« A. v. Chamisso (damals 55); B. v. Arnim »war sehr gut aufgelegt und empfing mich mit hundert Späßen«. Bei F. Th. Kugler hörte er Kunstgeschichte und befreundete sich mit ihm fürs Leben. – Der Berliner sei »grob, zanksüchtig, ohne Sentimentalität«, urteilte der spätere Burgtheater-Direktor **Heinrich Laube** (1806-84) aus Sprottau 1837: »Er weiß nicht nur alles, sondern weiß alles besser.« In B. war L. 1834 neun Monate in Untersuchungshaft mit Schriftenverbot; er heiratete hier 36. – **Friedrich Rückert** (Schweinfurt/B) war 1841-48 Prof. der Orientalistik in B., die Stadt blieb ihm fremd; Denkmal im **Viktoriapark** auf dem Kreuzberg. – Ende Oktober 1841 kam der dänische Theologe und Philosoph **Søren Kierkegaard** aus Kopenhagen über Kiel nach B., wo er seine Schrift »Entweder-Oder« ausarbeiten und Vorlesungen Schellings hören wollte. Fazit: »Getäuschte Erwartung hinsichtlich Schellings, Verwirrung in meinen philosophischen Ideen.« – **F. W. J. Schelling** (Leonberg/BW) wurde von Friedrich Wilhelm IV. 1841 nach B. berufen, um hier »die Drachensaat des Hegelianismus« auszumerzen. Er wohnte bis zum Verlassen der Stadt 1854 **Unter den Linden**, im damaligen Haus Nr. 71 (Mitte).
Eine Tafel für **Friedrich Engels** (Wuppertal/NRW), der in Berlin seinen Militärdienst absolvierte (Gedenkstein auf dem Gelände des ehem. Gardefußartillerie-Regiments **Am Kupfergra-**

Der »Schwebende Engels«, Marx-Engels-Forum (Februar 1986)

ben, Zugang **Geschwister-Scholl-Straße**/Mitte), befand sich am Haus Nr. 43 (Neubau) der **Dorotheenstraße** (früher Nr. 56/Mitte), wo E. 1841/42 wohnte. Sie wurde von Bilderstürmern gewaltsam entfernt. Der B.er Universität attestierte er, sie sei nicht »in jene gelehrte Apathie versunken, die von jeher das Unglück der dt. Wissenschaft war«. – **Karl Marx** (Trier/RP) hatte 1836-41 hier neun Semester studiert (Nr. 973 im »Goldenen Buch«; Büste im Treppenhaus der Humboldt-Universität entfernt; ebenso die Gedenktafel am einzig erhaltenen Wohnhaus **Luisenstraße** Nr. 60, früher Nr. 45/Mitte). Kontakte u. a. zu B. von Arnim, die ihn auf die Elendsviertel des »Vogtlandes« hinwies (Mitte). Im April 1837 verließ Marx auf Anraten seines Arztes die Stadt und mietete sich bei einem Fi-

scher und Gastwirt in **Alt-Stralau** Nr. 11 ein (Friedrichshain); heute dort Grünanlage mit Gedenkstein. Bei einem späteren Aufenthalt (März/April 1861) wohnte er bei **Ferdinand Lassalle** (Düsseldorf/NRW) in der **Bellevuestraße** Nr. 13 (Tiergarten), der 1858 als »rheinischer Rebell« zwar der Stadt verwiesen worden war, aber ein Jahr später hier bereits wieder ein großes Haus führte. Seit 1986 vor dem Roten Rathaus **»Marx-Engels-Forum«** von L. Engelhardt. Das Denkmal selbst im Volksmund »Sakko und Jacketti« genannt (dazu H. Müller, »Ein Gespenst verläßt Europa«, 1990).

Der russische Anarchist **Michail A. Bakunin**, der 1841 nach Berlin kam und lange hier lebte, monierte das Schild eines Schneiders, worauf unter dem preuß. Adler zu lesen war: »Unter Deinen Flügeln / kann ich ruhig bügeln.« Auf der Insel **Schwanenwer-der** (Zehlendorf) hat er 1848 »zusammen mit anderen Schwarmgeistern bei nächtlichem Lagerfeuer sowohl einen Hammel gebraten als auch einen kommunistischen Zukunftsstaat gegründet« (H. Scholz). – »Armensünder-Stimmen«: »Wir sän und mähn mit banger Hand, / Die Ernte nimmt das Vaterland, / Und nur der Heller in dem Sand / Ist all sein Lohn und Dankeszollen«, schrieb 1845 **Ernst Dronke** (1822-1891) in seinem Lied vom »Glück der armen Leute«. Wegen »kommunistischer Umtriebe« wurde er aus B. ausgewiesen und 1847 nach Erscheinen seines Buches »Berlin« (n. 1974, Hrsg. R. Nitsche) zu Festung verurteilt. – Wegen Beteiligung am pfälz.-bad. Aufstand von 1849 ließ Wilhelm IV. den Dichter **Johann Gottfried Kinkel** (Bonn/NRW) auf Lebenszeit im Zuchthaus Spandau gefangensetzen. Der Student **Carl**

Schurz (Euskirchen/Liblar/NRW) befreite den Gesinnungsgenossen; er war aus der Schweiz unerkannt nach B. gekommen. (Das sog. Spinn- und Zuchthaus lag in der Spandauer Altstadt im Bereich der heutigen **Kinkel-straße**, die parallel zur **Carl-Schurz-Straße** verläuft, und wurde 1898 abgebrochen.) – Als gefeierter Poet begab sich **Georg Herwegh** (Stuttgart/BW) nach der Veröffentlichung seiner »Gedichte eines Lebendigen« 1842 nach B.; er hatte eine Audienz bei Friedrich Wilhelm IV., wurde aber bald danach wegen eines freimütigen Briefes an den König aus Preußen ausgewiesen. – Der 24jährige **Jacob Burckhardt** verkehrte im Haus des Kunsthistorikers F. Th. Kugler und besuchte 1842 Bettina von Arnim, »ein 54jähriges Mütterchen, klein aber von schöner Haltung«, in ihrer Witwenwohnung **Unter den Linden**.

Revolution 1848

EXKURS

»In den Zelten« am nördlichen Rand des Tiergartens formierte sich vom 6. bis 13. März 1848 die Volksbewegung. Seit dem 13. März kam es zu Zwischenfällen. Am 18. März demonstrierten an die Zehntausend vor dem Schloß. Der König setzte Militär ein. In wenigen Stunden entstanden über 150 Barrikaden in der Stadt. Besonders heftig wurde am Alexanderplatz und vor dem Köllnischen Rathaus gekämpft. (Gedenkstele **Breite Straße**/Ecke **Scharrenstraße**). Am 19. März ordnete der König den Rückzug der Truppen an. Noch am gleichen Tag brachte man die ersten Toten zum Schloß. Am 20. März wurde eine Amnestie erlassen,

Barrikaden vor dem Cöllnischen Rat-   *»Die Aufbahrung der Märzgefallenen*
haus 1848   *auf dem Gendarmenmarkt« (Öl-*
                                         gemälde von A. von Menzel)

am 21. fand der symbolische »Umritt« des Königs statt. An der
Nordseite des Deutschen Doms auf dem **Gendarmenmarkt** er-
folgte am 22. März unter großer Anteilnahme der Bevölkerung
die Aufbahrung der 183 Märzgefallenen. Anschließend wurden
diese in Friedrichshain feierlich beigesetzt. (Gedenkstein mit den
Namen der Gefallenen, darunter auch sieben Frauen und ein
Kind, in der Mehrzahl – 132 – Arbeiter und Handwerksgesellen).
Die 18 im Straßenkampf gefallenen Offiziere und Soldaten fan-
den am 24. März auf dem **Invalidenfriedhof** »in einer großen
Grube« ihre gemeinsame Ruhestatt. Im Schauspielhaus tagte die
Preussische Nationalversammlung bis zu ihrer Auflösung am 10.
November 1848. Am 12. November wurde über Berlin der Bela-
gerungszustand verhängt.
Flugschriften wandten sich von Anfang an dem Revolutionsge-
schehen zu. »Mein schönes, liebes, sandiges Berlin! / Leb' wohl!
Ich muß Dich bombardiren lassen ...«, beginnt ein humorist.-sa-
tir. Flugblatt, das den Aufruf des Königs »An meine lieben Berli-
ner« aus den Märztagen persifliert. (Eine Auswahl solcher
Schriften bringt der 1977 ersch. Bd. »Berliner Straßenecken-Lite-

ratur 1848/49«.) Über 35 humorist.-satir. Journale – eine Folge
der erkämpften Pressefreiheit – gab es darüber hinaus in der
Hauptstadt: darunter »Kladderadatsch« (erstmals 7. Mai 1848/
Verlagssitz **Friedrichstraße** Nr. 172/Mitte), »Berliner Krakeh-
ler«, »Die ewige Lampe«. Zeitgenössische Berichte: u.a. von
Adolf Streckfuß (1823-95), »Das freie Preußen! Geschichte des
Berliner Freiheits-Kampfes vom 18. März 1848 und seiner Folgen«, 2 Bde., 1848/49 (»1848. Die März-Revolution in Berlin. Ein
Augenzeuge erzählt«, Hrsg. H. Denkler, 1983); K. A. Varnhagen
von Ense, »Tagebücher«, 14 Bde., 1861ff. (»Journal einer Revolution. Tagesblätter 1848/49«, 1986). Erinnerungen: Th. Fontane
(»Von Zwanzig bis Dreißig«); K. Frenzel (»Die Berliner Märztage«); Kraft Prinz zu Hohenlohe-Ingelfingen (»Aus meinem Leben«); F. Lewald (»Freiheit des Herzens«, Hrsg. G. Wolf, 1987);
M. von Meysenbug (»Memoiren einer Idealistin«). – Gedichte:
M. A. Niendorf, »Stunden der Andacht. Gesänge aus Berlins Revolutionszeit«, 1848 (2. Aufl. 49, mit »Pfingstreise durch die Hölle
im Jahre 1848«); A. Glaßbrenner, F. Freiligrath, G. Herwegh, L.
Pfau, A. Holz. Anthologie 1952: »Die Achtundvierziger. Ein Lesebuch für unsere Zeit«, Hrsg. B. Kaiser. – D. Kalisch mußte seine
Revolutionsposse von 1849 »Berlin bei Nacht« (1. Aufführung
am 12. 4. 1849 am Königsstädt. Theater) völlig umschreiben. Sie
erschien erst 1862 u.d.T. »Neu-Babel« im Druck. »Berliner auf
Wache« wurde im November 1848 uraufgeführt, »Ein März-Ge-
fangener/Er verlangt sein Alibi/Ein Berliner Märtyrer« im März
51. U.d.T. »Der deutsche Michel« sind, 1979 hrsg. von H. Denkler, »Revolutionskomödien der Achtundvierziger« (u.a. R. Prutz,
L. Feldmann, A. Hopf, R. Solger) versammelt. – Romane aus den
ersten Jahren: Sir John Retcliffe »1848« (1848); A. von Ungern-
Sternberg »Die Royalisten« (1849); H.E.R. Belani »Reaktionäre
und Demokraten« (1850); R. Giseke »Moderne Titanen. Kleine
Leute aus der großen Zeit« (1850); V. von Strauß »Das Erbe der
Väter« (1850); A. Streckfuß »Die Demokraten« (1850). Später erschienen u.a. »Problematische Naturen« von F. Spielhagen
(1861), »Dietrich Sebrandt« von A. Bartels (1899), »Arbeit« von
H. von Zobeltitz (1907), »Das Eisen im Feuer« von C. Viebig
(1913). – Marginalien: »Berlin's Straßen, Kneipen und Clubs im
Jahre 1848« (1850); E. Kossak, »Kirchhofsgedanken auf dem

Friedrichshain« (in: »Der Berliner zweifelt immer«, 1979); »Um-
florter Sieg«, B. Reifenberg über A. von Menzels Bild »Die
Aufbahrung der Märzgefallenen« (zur Saekularfeier 1948); H.
Knobloch, »Mit Märzgedanken« (»Im Lustgarten«, 1989); W.
Löschberg, »Vor dem Sturm« (»Im Gasthof ›Zu den drei Lilien‹«,
1986), »Treffpunkt Einsame Pappel« (»Spreegöttin mit Berliner
Bär«, 1987), »Für Einheit und Freiheit« (»Unter den Linden«,
1991). – Ein Saal im Berlin Museum ist der »Revolution von
1848« gewidmet. »Sammlung 1848« auch in der Amerika-Gedenkbibliothek (Plakate, Flugblätter, Karikaturen, Revolutions-
lieder, Periodika), das Material überwiegend aus B.

Max Stirner (eig. **Caspar Schmidt**/
Bayreuth/B) mußte wegen seiner anarchist. Schrift »Der Einzige und sein
Eigenthum« den Dienst an einer Pri-
vatschule für höhere Töchter quittieren. Er mietete Kellerräume in der
Bernburger Straße (Kreuzberg) und
versuchte vergeblich, sich als Milchhändler durchzubringen. »Stirners
sauer gewordene Milch fließt in den
Rinnstein, wohin auch seine verbre-
cherische Schrift gehört«, so der Ju-
stizminister von Savigny. Wohnung
1846 **Hirschelstraße** Nr. 14 (heute **Stresemannstraße**/Mitte). Stirner
starb verarmt und vergessen, die letzten Lebensjahre in der **Philippstraße**
Nr. 19 (Mitte) wohnend, am 26. Juni
1856. (Der Schriftsteller und Musiker
Hans von Bülow ließ 1892 eine Gedenktafel am heute nicht mehr existierenden Haus anbringen.) Grab auf
dem **Sophien-Friedhof, Bergstraße**
(Abtlg. V-8-53)/Mitte.
Superintendententochter, Schriftstellerin, Freischärlerin, krit. Journalistin:
im August 1844 ließ sich **Louise
Aston** (1814-71) in Berlin nieder. Be-

reits ein Jahr später war sie »Gegen-
stand polizeilicher Aufmerksamkeit«,
im März verwies sie die Polizei aus der
Stadt. Ab Mai wohnte L. A. in Belzig-
ruh bei Köpenick, kehrte aber immer
wieder nach B. zurück (u. a. während
der Märzrevolution 48/49), um erneut
festgenommen und ausgewiesen zu
werden. Unter ihren Werken: »Meine
Emancipation, Verweisung und
Rechtfertigung« (1846), »Der Frei-
schärler. Für Kunst und sociales
Leben« (1848), »Revolution und Con-
trerevolution« (1849), »Freischärler-
Reminiscenzen« (G. 1850); Selbstzeugnisse und Dokumente in »Für
die Selbstverwirklichung der Frau:
Louise Aston« (Hrsg. G. Goetzinger,
1983).

Iwan Turgenjew 1847: »Scherz beiseite, Berlin ist vorläufig noch keine
Hauptstadt …« – Im gleichen Jahr
Friedrich Hebbel (Heide/Wessel-
buren/SH): »Nun werde ich denn mit
eigenen Augen prüfen, wie die Menschen sich ausnehmen, wenn sie in
Masse ›gebildet‹ sind.« Drei Jahre später: »Wie leer sind diese Straßen, wie

öde diese Plätze, wie wenig solide diese Gebäude.« – Als Stipendiat des Kantons Zürich lebte **Gottfried Keller** (München/B) 1850-55 in B., zuletzt **Am Bauhof** (heute **Hegelplatz**, Haus nicht erhalten, Gedenktafel irrtümlich **Bauhofstraße** Nr. 2/Mitte). K. vollendete hier u. a. die 1. Fassung des »Grünen Heinrich« (hilfreich dabei: Betty Tendering, »Dortchen Schönfund« im Roman); 1852 entstanden Gedichte über Schloß Tegel am »nord'schen Geistersee« (Reinickendorf), **St. Matthäus**, die »Polkakirche« (Tiergarten) und den Weihnachtsmarkt »um das graue Schloß« (Mitte). Es gebe »keinen besseren Bußort und Korrektionsanstalt«, hieß es dann 1854; diese Stadt – »wo Krongewalt herrscht allerwärts« – habe ihm »vollkommen den Dienst eines pennsylvanischen Zellengefängnisses geleistet«. An F. Freiligrath: »Dichter gibt's eine Menge, an jedem Tisch einen, welche überlaut vom Handwerk sprechen, ohne zu ahnen, daß in meiner Person ein gefährlicher und ehrgeiziger Nebenbuhler aus der gleichen Schüssel ißt« (dazu W. Schäfers Anekdote »Gottfried Kellers Abschied von Berlin«, 1943). – **Theodor Storm** (Husum/SH), der aus politischen Gründen seine Heimat verlassen mußte, war 1852-56 Assessor in Potsdam. In B. verkehrte er mit P. Heyse, Th. Fontane und J. v. Eichendorff, »der in einem entlegenen Stadtteil Berlins seine letzten Tage lebt«.
Der in Berlin geb. Orientalist und Lyriker **Paul Anton de Lagarde** (eig. **Bötticher**/1827-91) war, bevor er nach

Göttingen (NDS) ging, 1854-68 Gymnasiallehrer in seiner Heimat (Nachlaß SuUB Göttingen). – »Es ist nicht ohne Bedeutung, daß ein Schriftsteller, der der liberalpatriotischen Bewegung angehört, so sichtlich ausgezeichnet wird«, schrieb **Berthold Auerbach** (Rottenburg/Nordstetten/BW) im Februar 1860 aus B., wo er von Dezember 1859 – mit Unterbrechungen 1866-69 und den obligaten Sommerreisen – bis 1881 meist winters lebte, und wenn er »wieder einmal ein lebendiges Huhn gackern« hören wollte, einfach aufs Dorf ging ... nach Wilmersdorf. – Nur 24 Stunden blieb der kranke und reisemüde **Fjodor M. Dostojewskij** 1863 in B., das ihn »bis zur Unglaublichkeit« an Petersburg erinnerte. – 1877/78 lernte **Ludwig Ganghofer** (Kaufbeuren/B) »Herz und Schnauze« B.s kennen, das er, »so sehr das Heimweh an mir zog, nicht leicht verlassen« konnte (aut. Roman »Die Sünden der Väter«).
Der Frühnaturalist **Hermann Conradi** (Würzburg/B), 1884-86 in Berlin, war Mithrsg. der Lyrik-Anth. »Moderne Dichtercharaktere«. – Auf dem »Mußweg der Liebhaberei« wurde **Wilhelm Bölsche** (Köln/NRW) in Friedrichshagen (Köpenick) im Kreis der »Berliner Vorortrealisten« zum erfolgreichen Sachbuchautor (sein größter Erfolg »Das Liebesleben in der Natur«, 1898-1902, 2. Teil, vermehrt, 1927). Bölsche ließ sich im Frühjahr 1890 mit B. Wille in Friedrichshagen nieder und wechselte zunächst bis 1907 (Erwerb einer Villa in der ehem. **Seestraße** Nr. 63, heute

Müggelseedamm Nr. 254/Gedenkta-fel, in der er bis 1918 blieb) mehrmals seinen Wohnsitz (»Hinter der Welt-stadt«, Ess. 1901). Er gehörte zu den Gründern der »Freien Volksbühne« und war 1891/93 Redakteur der »Freien Bühne«, einem der wichtig-sten Publikationsorgane des deut-schen Naturalismus. 1891 erschien sein bedeutendster Roman (aus Berlin und dem Spreewald) »Die Mittagsgöt-tin«. (R. Lang, »Wilhelm Bölsche und Friedrichshagen«, Frankfurter Bunt-bücher 6, 1992)

Hermann Bahr (München/B) arbei-tete 1890 in der Redaktion der »Freien Bühne«, war zeitw. Lektor bei S. Fi-scher, wirkte 1906/07 unter M. Rein-hardt als Regisseur am Deutschen Theater. – Auch Otto Julius Bier-baum (München), dessen »Roman aus der Froschperspektive« »Stilpe« (1897) B.er Boheme schildert, war Re-dakteur der »Freien Bühne« und zählte außerdem zu den Redaktions-mitgliedern der exklusiven Zs. »Pan« (1895). Ende 1900 erschien Bierbaums Slg. »Deutsche Chansons«, das erste Repertoirebüchlein für die soeben ins Leben gerufenen lit. Brettlbühnen (dazu »In Rixdorf kennt mir jeder-mann«-Brettlverse und Bänkellieder von O. J. Bierbaum, 1971).

Der Stuttgarter Cäsar Flaischlen, ab 1890 in Berlin lebend, wurde Bier-baums Nachfolger. F.s Landsmann Max Eyth (Nürtingen/Kirchheim/BW), der zus. mit seinem Freund A. Kiepert (»Kiepertsches Gutshaus«, Alt-Marienfelde Nr. 21/Tempelhof) die Deutsche Landwirtschaftsgesell-schaft gründete, lebte 1885-96 in der (von ihm so gepriesenen) »Stadt des Schaffens ruheloser Säfte«.

Max Halbe (München/B) wohnte 1885-87 als Student im Tiergartenvier-tel, Lützowstraße Nr. 100; als freier Schriftsteller 88-94 in Friedenau, Handjerystraße Nr. 86/Schöneberg, und schrieb hier das zunächst »abge-lehnteste« aller seiner Stücke, dann er-folgreiche Drama »Jugend«. (Aut. »Scholle und Schicksal«, 1933, »Jahr-hundertwende«, n. 76). – Max Dreyer aus Rostock (MVP/1862-1946), Re-dakteur bei der »Täglichen Rund-schau« 1888-98, hatte als Dramatiker (»Der Probekandidat«) seine ersten Erfolge im Lessing-Theater O. Blu-menthals. – Carl Hauptmann (1858-1921), Gerhart H.s älterer Bruder, lebte 1889-91 in B. und zog dann nach Schreiberhau im Riesengebirge; um 1910 war er Gast bei Emil Nolde (Nie-büll/Seebüll/SH) im »Tauentzienate-lier« (Nachlaß Ossolinum-B. Breslau, Slg. Akademie der Künste B.).

Im Frühjahr 1885, dann mit Unterbre-chungen ab 91 bis zu seinem Tod als genialer »Literaturzigeuner«, in der Straßenbahn oder im Café schreibend, nicht selten im Tiergarten übernach-tend, wieder in Berlin: Sanctus Peter Hille, wie seine große Liebe, Else Las-ker-Schüler, ihn hieß (Bad Driburg/Erwitzen/NRW); Grab Friedhof der St. Matthias-Gem., Röblingstraße (Tempelhof). – 1891-93 arbeitete Ru-dolf Stratz (Heidelberg/BW) als Kri-tiker bei der »Kreuz-Zeitung«; Ro-mane: 1893 »Unter den Linden«, 1931 (später Nachhall) »Karussell Berlin«. –

Peter Hille, Gemälde von L. Corinth (1902)

Der neuromant. Lyriker und Erzähler (»Ich weiß es nicht«, Aut. 1892) **Carl Busse** (Ps. **Fritz Döring**/1872-1918), der aus der Provinz Posen stammt, lebte seit 1893 meist in B. (Nachlaß SB B.). Sein Bruder **Georg Busse-Palma** (1876-1915) wurde nach langer Wanderschaft durch Europa (»Lieder eines Zigeuners«, 1899) ebenfalls in B. ansässig. – Der österreichische Kulturphilosoph **Rudolf Kassner** (Groß-Pawlowitz/ Südmähren/ 1873-1959) studierte bis 1897 in B. bei Mommsen, Treitschke und Harnack (»Erinnerung an Berlin« in der Zs. Merkur, 1/5, 1947).

1892 kam **August Strindberg** nach Berlin und wechselte in einem Jahr sechsmal die Wohnung. Zunächst lebte er bei Freunden in Friedrichsha-

gen (Köpenick). Von einer kuriosen Begegnung dort erzählt **Max Dauthendey** (Würzburg/B.) in »Gedankengut aus meinen Wanderjahren«, 1913. Mit dem norweg. Maler E. Munch, **Richard Dehmel** u.a. gründete er im Weinrestaurant »Zum Schwarzen Ferkel« in der damaligen **Neuen Wilhelmstraße,** nördlich der »Linden« (Mitte), die gleichnamige Tafelrunde (aut. Romanfragm. »Kloster«, 1898). »Hier langte unser aller Zentralstern, Strindberg, ab und zu zur Gitarre und sang seine einzige Ballade«, schreibt der Arzt **Carl Ludwig Schleich** (1859-1922), der v.a. durch seine Aut. »Besonnte Vergangenheit« (1921) bekannt wurde, in seinen »Erinnerungen an Strindberg« (1917). **C.-L.-Schleich-Promenade** in Schmargendorf; Ehrengrab von Schleich auf dem **Südwestkirchhof** in **Stahnsdorf** (Potsdam/BR). – Zum Friedrichshagener Dichterkreis gehörte 1894/95 auch **Georg Hirschfeld** (1873-1942); er schrieb in der Nachfolge G. Hauptmanns Milieudramen über den B.er Osten und Volksstücke. – **Otto Erich Hartleben** (Clausthal-Zellerfeld/NDS), 1886 Jurastudent und 1890-1900 freier Schriftsteller in B., genialisches Mitglied des »Schwarzen Ferkels«, warnte zechende Bohemiens: »Achtung / Ein Naturalist! Lauft! Macht, daß ihr ihm aus dem Weg kommt! Hat euch der Kerl erst gesehn – steht ihr im nächsten Roman.«

Seit 1890 lebte **Lily Braun** (Halberstadt/SAN), Erzählerin und Publizistin (der sozialist. Frauenbewegung) in Berlin. Ihr bekanntestes Werk: die »Memoiren einer Sozialistin« (1909-11). Starb im August 1916 in ihrem Haus am Erlenweg Nr. 29 in Kleinmachnow (BR), Grab im Garten. (M. Bruns, »Uns hebt die Flut«, R. u.a. über L. Braun, 1952.)

Lou Andreas-Salomé (Göttingen/NDS) war im November 1897 Gast im Haus des Maler-Ehepaars R. und S. Lepsius (**Kantstraße** Nr.162/Charlottenburg), als **Stefan George** (»Er sah aus wie Dante, wie aus einer anderen Zeit«) aus seinem Gedichtband »Das Jahr der Seele« las. Georges (Bingen/RP) exklusive Berliner Domizile zwischen der Kleiststraße, dem Neuen Westen und Grunewald seien »nahezu unzählbar«, schreibt P.-A. Alt. Oft zu Gast bei seinen spätherbstlichen Besuchen war George auch in der Grunewaldvilla des Verlegers **Georg Bondi** oder (in der **Kleiststraße** Nr.6) im Atelier seines Buchillustrators M. Lechner. 1892 mit **C.A. Klein** (Darmstadt/H) Gründung der »Blätter für die Kunst«. Deren Verleger **Alfred Richard Meyer** (Ps. **Munkepunke**/Lübeck/SH), der hier auch seine »Lyrischen Flugblätter« herausbrachte und berlin. Dialektverse schrieb (Meyers Wohnung **Bundesplatz** Nr.16/Wilmersdorf). Nach dem Ersten Weltkrieg Treffpunkt eines neuen Kreises um George (u.a. mit den Brüdern Stauffenberg und **Max Kommerell**/Münsingen/BW) im Atelier des Bildhauers L. Thormaehlen in der **Albrecht-Achilles-Straße** am Halensee (Wilmersdorf).

Hugo von Hofmannsthal reüssierte mit seinen frühen Dramen an Otto Brahms **Deutschem Theater** nicht: »Hier sind meine armen Stücke von einer beispiellos bösen Presse erschlagen worden ...« Die großen Erfolge kamen mit Max Reinhardts Inszenierungen der Antike-Dramen, so im November 1910 mit »König Ödipus« im Zirkus Schumann vor mehr als 3000 Zuschauern. Reinhardt wiederholte ein Jahr später das Experiment bei der Uraufführung des »Jedermann«, nun im Zirkus Busch vor 5000 Besuchern: »... ein fast unvergleichlicher Eindruck«. Nach dem Ersten Weltkrieg galt Hofmannsthal, der nun in Wien und München gefeiert wurde, in Berlin als überholt. »Verstaubt und ohne Gegenwartsbezug« kritisierte Alfred Kerr 1921 den »Schwierigen«. – Schon als Student und dann wieder 1897/98 war **Paul Ernst** (Clausthal-Zellerfeld/NDS) in B., wo er mit J. Schlaf und R. Dehmel umging und mit A. Holz einige Zeit in Wilmersdorf lebte (aut. R. »Der schmale Weg zum Glück«, 1904); Gedenkstein im **Paul-Ernst-Park** in Schlachtensee (Zehlendorf) »über dem See«. – **Rudolf Steiner** (1861-1925) wirkte seit 1897 neben O. E. Hartleben als Redakteur am »Magazin für Literatur«; 1913 gründete er die »Allgemeine Anthroposophische Gesellschaft« (Gedenktafel am Wohnhaus, **Motzstraße** Nr.30/Schöneberg).

1898-1900 schlug sich **Wilhelm Schäfer** (Schwalmstadt/Ottrau/H), mit R. Dehmel und P. Scheerbart befreundet, als freier Schriftsteller in Berlin durch (1930 Roman: »Der Hauptmann von

Köpenick«). – »Die echtesten Berliner sind gar nicht aus Berlin!« konstatierte **Rudolf Presber** (Frankfurt a.M./H), der 1899 nach B. übersiedelte, Zss. (»Lustige Blätter«, »Über Land und Meer«) redigierte und 1935 in Rehbrücke (»Villa Eva«, Saarmunder Chaussee) bei Potsdam (BR) starb. – **Ernst Barlach** (Wedel/SH) lebte um die Jahrhundertwende und von 1906 bis 10 in B. Er wohnte in Miete u.a. Yorckstraße Nr. 11 in Kreuzberg (Gedenktafel) und an der Stadtbahn zwischen Zoo und Savignyplatz in Charlottenburg, »zog die Beine an«, wenn ein Zug kam, und hatte 1900 und 04 erste Ausstellungen.

Hanns Heinz Ewers (Düsseldorf/NRW) kam 1897 nach Berlin und debütierte an E. von Wolzogens »Überbrettl«. Seine ersten Bücher (»Der gekreuzigte Thannhäuser«, 1901) und Stücke (»Die Macht der Liebe oder die traurigen Folgen einer guten Erziehung«, 1902) erschienen hier. 1907 bereits forderte Ewers, daß Künstler speziell für den Film schaffen sollten. Sein zweiter Film »Der Student von Prag« (Uraufführung am 22. 8. 1913 in den »Mozartsaal-Lichtspielen« am **Nollendorfplatz**/Schöneberg) gilt heute als der erste Autorenfilm, der erste Kunstfilm überhaupt. 1915 erschienen in New York (in 9., vermehrter Aufl.) E.s »Deutsche Kriegslieder« (Wir müssen – wir wollen – wir werden siegen«). Juli 1918 Internierung, Sommer 20 Rückkehr, »wie ein Wesen aus einer anderen Welt« (E. Castonier). Wohnung in Berlin u.a. **Graf-Spee-Straße** Nr. 21 (später Nr. 15, jetzt Nr. 17).

Frank und Tilly Wedekind auf dem Weg zur Probe in den Kammerspielen

Schrieb im Auftrag A. Hitlers einen »Horst Wessel«-Roman (1932), fiel 1935 in Ungnade und starb am 12. 6. 1943 in seiner Wohnung, **Corneliusstraße** Nr. 4a (Tiergarten).

Fin de siècle: im Mittelpunkt der »Tagebücher« (1986) von **Frank Wedekind** (Hannover(NDS) stehen die Jahre 1889 bis 94, in denen W. seine Existenz als Schriftsteller begann, in Berlin u.a. im Kreis der »Friedrichshagener«. Unter dem 21. Dezember 1905 heißt es dann: »Abschluß eines Schauspielvertrages zwischen der Direktion Max Reinhardt vom **Deutschen Theater** in Berlin und mir«. Im Sommer 1908 trennte man sich in Unfrieden: »Berlin ist keine Stadt, in der man selig werden kann ... ein Konglomerat von Kalamitäten«. Seit Oktober 1906 wohnte das Ehepaar Frank und Tilly

W. in der Schöneberger **Kurfürsten-straße**. Ihre Tochter Pamela kam hier im Dezember 1906 zur Welt.

»Berlin hat mich im höchsten Grade überrascht«, notierte 1891 **Mark Twain**, »... die neueste Stadt, die mir je vorgekommen ist«. – Der philippinische Schriftsteller und Mitorganisator des nationalen Befreiungskampfes **José Rizal** (1861-96) lebte 1887 in B. und arbeitete kurze Zeit als Augenarzt an der **Charité**. Sein bedeutendster Roman »Noli me tangere« erschien hier im gleichen Jahr. Gedenktafel **Jägerstraße** Nr. 71 (Mitte) verschwunden. – 1884/88 studierte der später international bekannt gewordene japanische Schriftsteller **Mori Ogai** (1862-1922) Medizin, u.a. bei R. Koch. Von Bedeutung für die moderne japanische Literatur wurden Ogais Übersetzungen von Werken von G.E. Lessing, H. von Kleist, E.T.A. Hoffmann, v.a. aber seine (erste vollständige japanische) Übertragung von Goethes »Faust« (Gedenktafel **Luisenstraße** Nr. 39/Mitte). Eine Berliner Novelle, »Das Ballettmädchen«, die 1890 in Japan erschien, spielt in der **Klosterstraße**, wo Ogai in Nr. 97 (zerstört) auch wohnte. – Der 1904 emigrierte rumänische Dramatiker und Erzähler **Ion Luca Caragiale** lebte von Oktober 1906 bis Januar 08 am **Hohenzollerndamm** Nr. 201 in Wilmersdorf (Gedenktafel); Büste auch vor der nach C. benannten Bibliothek in der **Mühlenstraße** in Pankow.

Ludwig Thoma (Garmisch-Partenkirchen/B) pflegte 1901/02 Bekanntschaft mit O. Brahm und begann die Komödie »Die Lokalbahn«; 1912 erlebte er bei V. Barnowski im Kleinen Theater Unter den Linden die Uraufführung seines Volksstücks »Magdalena«. – In Charlottenburg hauste 1902-08 **Karl Friedrich Henckell** (Hannover/NDS) und verkündete pathetisch die proletarische Freiheit und den Untergang der bestehenden Gesellschaft. – Als erfolgreicher Romancier lebte **Walter Bloem** (Wuppertal/NRW) 1904-11 und 1929-45 in Berlin 1931 erschien sein am Hof spielender hist. Roman »Faust in Monbijou«.

Der in Essen (NRW) geb. **Otto zur Linde** gründete in Berlin 1904 zus. mit dem Kulturphilosophen **Rudolf Pannwitz** (1881-1969) und **Rudolf Paulsen** die antinaturalist. Dichtervereinigung und Zs. »Charon«. Starb am 16. 2. 1938 in B.; Grab **Parkfriedhof Lichterfelde**, **Thuner Platz** Nr. 2-4 (Steglitz).

Im Frühjahr 1904 übersiedelten die Freunde **Otto Flake** (Baden-Baden/BW) und **René Schickele** (Müllheim/Badenweiler/BW) nach Berlin und fanden zunächst in der **Marienstraße** (Mitte) ein Quartier (Flake: »Es wird Abend«, Aut. 1961; zwei B. – Romane: »Horns Ring«, 1916, »Die Stadt des Hirns«, 1919). Schickele gab noch im gleichen Jahr »Das neue Magazin« heraus, in dem Beiträge von P. Altenberg bis A. Strindberg erschienen, und verkehrte (bis 07) viel im **»Café des Westens«**. 1915 noch einmal kurz in B. (Steglitz), von dort mit den »Weißen Blättern« in die Schweiz. – Als Postbeamter und Freund H. Waldens (Mitarbeiter beim »Sturm«) lebte

August Stramm (Münster/NRW) bis zum Ersten Weltkrieg in Karlshorst (Lichtenberg). Im August 1914 wurde er als Hauptmann d. R. eingezogen und fiel am 2. 9. 15 in Rußland vor Witebsk. – **Theodor Heuss** (Lauffen/ Brackenheim/BW), 66. Ehrenbürger der Stadt, besuchte um 1905 Käthe Kollwitz am **Wörther Platz** (heute **Kollwitzplatz**/Prenzlauer Berg); als Student war er in der **Elsässer Straße** (heute **Torstraße**/Mitte) gelandet, »in der verwegensten Gegend des damaligen Berlin« (»Vorspiele des Lebens«, 1953). Spätere Wohnung u. a. in Schöneberg, **Fregestraße** Nr. 80 (1919-29 Stadt- und Bezirksverordneter von Sch./Gedenktafel) und Lichterfelde, **Kamillenstraße** Nr. 6 (bis 1943/Gedenktafel vom inzwischen abgerissenen Haus im **Rathaus Steglitz**).

Rainer Maria Rilke (München/B) kam im Oktober 1897 nach Berlin und blieb, mit Unterbrechungen, hier bis Februar 1901. Erste Wohnung in Wilmersdorf (**Im Rheingau** Nr. 8), dann in Schmargendorf, **Hundekehlestraße** Nr. 11 (Wilmersdorf), wo er in der 1910 abgerissenen »Villa Waldfrieden« (Gedenktafel am Nachfolgebau) den »Cornet« schrieb; im Brief 1910: »Berlin hat nicht die Art, einem eins nach dem andern beizubringen...« Der Adressat seiner »Briefe an einen jungen Dichter«, der öst. Unterhaltungsschriftsteller **Franz Xaver Kappus** (1883-1966), starb in B., seine letzte Wohnung **Kurfürstendamm** Nr. 97/98 (Wilmersdorf).

»Ferne komm ich her«: 1953 erschienen, neu ediert von W. Haas, die »Erinnerungen an das literarische Berlin« des Polen **Stanislaw Przybyszewski** (1868-1927), der in Berlin Architektur und Medizin studiert hatte und den Künstlerkreisen in der Reichshauptstadt wie in München nahestand. Bissig heißt es über die »Friedrichshagener«: »... und wie sie sich vergnügen konnten. Ein Fäßchen Bier avant toute chose, Bier, viel Bier, ein paar kindliche Witze, bodenlos tiefe und bodenlos öde theoretische Ergüsse über die Menschheit, die Kunst, die Ethik, verkündet in der trostlosen Terminologie Hegels und Schellings, leidenschaftliche Wortgefechte um Systeme und Systemchen, die beständigen, erbarmungslosen Spötteleien eines jeden über jeden – und wieder Bier, Bier...«

»Nächst meiner Vaterstadt ist von allen Städten, in denen ich geweilt und gelebt, Berlin mir am nächsten ans Herz gewachsen. Ich fühle sein Schicksal wie mein eigenes«, bekundete **Rudolf Alexander Schröder** (Bremen) 1953 in einem Festvortrag im Charlottenburger Schloß (»Berlin einst und jetzt«, 1954). Er hatte 1905-08 in der **Genthiner Straße** Nr. 30 (nähe Landwehrkanal/Tiergarten) in Wohngemeinschaft mit dem Ehepaar **Meier-Graefe** ein »Genthiner Winkeldasein« geführt. – 1905-13 lebte der Schweizer Lyriker und Erzähler **Robert Walser** in Charlottenburg, **Kaiser-Friedrich-Straße** Nr. 70, bei seinem Bruder Karl, der v. a. als Theatermaler viel gefragt war. Robert arbeitete u. a. als Sekretär des Kunsthändlers P. Cassirer. In B. entstanden

die Romane »Geschwister Tanner«
(1907), »Der Gehülfe« (1908), »Jakob
von Gunten« (1909) und eine Reihe
von B.er Skizzen (»Aschinger« 1907,
»Tiergarten« 1911). Über den **Bahnhof Friedrichstraße**: »Die Luft bebt
und erschrickt von Weltleben ... Noch
nie, seit sie ist, hat in dieser Straße das
Leben aufgehört zu leben.« Walsers
Landsmann **Jakob Schaffner** (1875-
1944), lange in B. lebend, publizierte
1926 einen B.-Roman: »Das große Er-
lebnis«, der Roman beginnt: »Es gibt
in Berlin Straßenecken, die von Natur
dazu bestimmt sind, Kneipen zu ent-
halten. Sie waren immer Kneipen und
werden immer Kneipen sein, und
wenn, was Gott verhüten möge, eine
Fliegerbombe das ganze Quartier in
Schutt legt, so wird mit unbeirrbarer
Sicherheit die Kneipe als erste aus dem
Giftschwaden wiedererstehen. Nach
ihr wird sich die ganze zerstörte Gegend neu einrichten, um es genau so
weiter zu treiben, wie sie es vor dem
Ereignis getrieben hat; eine kleine mo-
narchistische oder kommunistische
Note wird am Gesamtbild wenig ändern.«
Der expressionistische Lyriker und
Dramatiker **Alfred Wolfenstein**
(1883-1945) aus Halle (SAN) verbrachte seine Jugend in Berlin. Als
freier Schriftsteller (B.-Gedichte) verkehrte er später auch im Hause von
O. Brahm (Luisenplatz/Charlotten-
burg). Nachlaß Akademie der Künste.
Von 1903 bis 08 studierte **Robert Musil** in Berlin Philosophie, Psychologie
und Mathematik. Freundschaft mit A.

Kerr und F. Blei. Bis 1910 dann schrift-
stellerische Tätigkeit (u. a. für die Zs.
»Pan«). In diesen sieben Jahren entstanden die Grundlagen zu Musils Lebenswerk. 1914 war M. Redakteur der
»Neuen Rundschau«. Oktober 1906
bis April 08 wohnte M. in der **Hohenstaufenstraße** Nr. 50 in Schöneberg,
März-August 1914 in der **Mommsenstraße** Nr. 64 in Charlottenburg. Die
Villa Alexander in der **Matthäikirchstraße** Nr. 1 (Tiergarten), in der seine
spätere Frau Martha Marcovaldi, geb.
Heimann, aufwuchs, ist Ausgangspunkt zweier 1911 u. d. T. »Vereini-
gungen« erschienenen Erzählungen
und des Schauspiels »Die Schwärmer«
von 1921, für die M. den Kleist-Preis
erhielt. In den zwanziger Jahren weitere Aufenthalte in B., ab 1931 dann
noch einmal für zwei Jahre, in denen
M. vorwiegend am zweiten Band von
»Der Mann ohne Eigenschaften« arbeitete (**Kurfürstendamm** Nr. 217/
Charlottenburg/Gedenktafel).
Dem Kreis um »Die Aktion« stand
der Agitprop-Autor, Regisseur und
Schauspieler **Gustav von Wangenheim** (Wiesbaden/H./1895-1975) nahe. Seit 1922 KPD-Mitglied, schrieb
und inszenierte er politische Zeit-
stücke (u. a. »Die Mausefalle«, 1931).
Nach dem Krieg und sowjetischem
Exil lebte er als Bühnenautor und Re-
gisseur in B.-Biesdorf (Marzahn);
Grab **Zentralfriedhof Friedrichsfelde**
(**Gudrunstraße**/Lichtenberg). – Mit
K. Hiller befreundet war der in Kulm/
Westpreußen 1890 geborene, 1914 in
Frankreich gefallene **Ernst Wilhelm
Lotz**. Im Kadettenkorps Groß-Lich-

terfelde ausgebildet, brach er später
die Offizierslaufbahn ab und begann
eine Buchhändlerlehre in Berlin; 1913
erschien als »Lyrisches Flugblatt« die
Gedichtsammlung »Und schöne
Raubtierflecken« bei A. R. Meyer in
Wilmersdorf. – Der Schriftsteller und
Philosoph (»Die schöpferische Indif-
ferenz«, 1918) **Salomo Friedländer**
(Ps. **Mynona**/1871-1946) wirkte im
Kreis um »Aktion« und »Sturm«, veröffentlichte Grotesken und »Geheimnisse von Berlin« (1931), emigrierte
1933. Gedenktafel **Johann-Georg-
Straße** Nr. 20 (Wilmersdorf), wo er
von 1902 bis 33 im Hinterhaus gelebt
hatte. Nachlaß Akademie der Künste
B., DLA Marbach. – Der in Karlsbad
geborene Schriftsteller **Walter Serner**
(1889-1942) hielt sich zwischen 1912
und 1914 verschiedentlich in Berlin
auf; er veröffentlichte in der Zs. »Die
Aktion« und wohnte in »drittklassi-
gen Pensionen in Bahnhofsnähe«. Von
B. aus ging er nach Zürich (»Der Ab-
reiser«, 1984).
Der expressionistische Dichter **Albert
Ehrenstein** (geb. in Wien / 1886-1950)

war ab 1910 oft in Berlin; er veröffentlichte in »Sturm« und »Aktion« und
verkehrte bei Georg Kaiser (am heutigen **Robert-Koch-Platz**/Mitte). Über
die gescheiterte deutsche Revolution
verzweifelt (»Dies ist nicht Volk, ist
Pöbel / Dem Kehricht sing ich lieber
meine Litanei«: in »Urteil«, 1919),
ging er 1919 nach Wien zurück. –
Noch nicht einmal 29 Jahre alt, starb
im Oktober 1918 an der grassierenden
Grippeepidemie in B. **Alfred Lemm**
(eig. **Lehmann**), »gebürtiger Berliner,
Jude, Kriegsgegner, Demokrat«. F.
Kafka nannte L., dessen Erzählungen
(»Weltflucht« u. a.) selbst kafkaeske
Züge trugen, »phantastisch bis zum
Vertrackten, aber wahrhaftig, konse-
quent und zu vielem fähig.« 1917 er-
schien Lemms einziger Roman, »Der
fliehende Felician«. Gegen Th. Manns
folgenschweren Artikel »Weltfrie-
den?« vom 27. Dezember 1917 erhob
L. in einem offenen Brief u. d. T.
»Über die Demokratie« Einspruch.
Auf dem **Jüdischen Friedhof Wei-
ßensee** befindet sich A. Lemms Grab
(Nr. 53881, Feld B V, Reihe 3).

»Sturm« und »Aktion«

Die 1910 von **Herwarth Walden** gegründete Zs. »**Der
Sturm**« wurde zu einem der wichtigsten Zentren der Ber-
liner künstlerischen Avantgarde. Hier konnten **G. Benn,
K. Schwitters, P. Scheerbart, A. Ehrenstein, A. Stramm,
P. Zech, J. van Hoddis** u. a. erstmals veröffentlichen. Ne-
ben der Zeitschrift waren im Haus **Potsdamer Straße**
Nr. 134a (damals) noch die »Sturm-Galerie« (in der die

Umfang acht Seiten   Einzelbezug: 10 Pfennig

DER STURM

WOCHENSCHRIFT FÜR KULTUR UND DIE KÜNSTE

| Redaktion und Verlag: Berlin-Halensee, Katharinenstrasse 5 Fernsprecher Amt Wilmersdorf 3524 / Anzeigen-Annahme und Geschäftsstelle: Berlin W 35, Potsdamerstr. 111 / Amt VI 3444 | Herausgeber und Schriftleiter: HERWARTH WALDEN | Vierteljahresbezug 1,25 Mark / Halbjahresbezug 2,50 Mark / Jahresbezug 5,00 Mark / bei freier Zustellung / Insertionspreis für die fünfgespaltene Nonpareillezeile 60 Pfennig |

| JAHRGANG 1910 | BERLIN / DONNERSTAG DEN 14. JULI 1910 / WIEN | NUMMER 20 |

INHALT: OSKAR KOKOSCHKA: Mörder, Hoffnung der Frauen / PAUL LEPPIN: Daniel Jesus / Roman / ALFRED DÖBLIN: Gespräche mit Kalypso über die Musik / SIEGFRIED PFANKUCH: Liegt der Friede in der Luft / PAUL SCHEERBART: Gegenerklärung / KARL VOGT: Nissen als Theaterdirektor / MINIMAX: Kriegsbericht / Karikaturen

Mörder, Hoffnung der Frauen
Von Oskar Kokoschka

Personen:

Mann
Frau
Chor: Männer und Weiber.

Nachthimmel, Turm mit großer roter eiserner Käfigtür; Fackeln das einzige Licht, schwarzer Boden, so zum Turm aufsteigend, daß alle Figuren reliefartig zu sehen sind.

Der Mann
Weißes Gesicht, blaugepanzert, Stirntuch, das eine Wunde bedeckt, mit der Schar der Männer (wilde Köpfe, graue und rote Kopftücher, weiße, schwarze und braune Kleider, Zeichen auf den Kleidern, nackte Beine, hohe Fackelstangen, Schellen, Getöse), kriechen herauf mit vorgestreckten Stangen und Lichtern, versuchen müde und unwillig den Abenteurer zurückzuhalten, reißen sein Pferd nieder, er geht vor, sie lösen den Kreis um ihn, während sie mit langsamer Steigerung aufschreien.

Männer
Wir waren das flammende Rad um ihn,
Wir waren das flammende Rad um dich, Bestürmer verschlossener Festungen!

gehen zögernd wieder als Kette nach, er mit dem Fackelträger vor sich, geht voran.

Männer
Führ' uns Blasser!

Während sie das Pferd niederreißen wollen, steigen Weiber mit der Führerin die linke Stiege herauf.

Frau rote Kleider, offene gelbe Haare, groß.

Frau laut
Mit meinem Atem erflackert die blonde Scheibe der Sonne, mein Auge sammelt der Männer Frohlocken, ihre stammelnde Lust kriecht wie eine Bestie um mich.

Weiber
lösen sich von ihr los, schien jetzt erst den Fremden.

Erstes Weib lüstern
Sein Atem saugt sich grüßend der Jungfrau an!

155

Zeichnung von Oskar Kokoschka zu dem Drama
Mörder, Hoffnung der Frauen

»Der Sturm«: Titelblatt 14. Juli 1910, Nummer 20

europäische Avantgarde ausstellte, u. a. O. Kokoschka, W. Kandinsky, P. Klee, M. Chagall, J. Miró, G. Braque und A. Derain), der »Sturm«-Buchverlag und der Theaterverlag W.s untergebracht.

1911 entstand als zweites Zentrum der literarischen Moderne die von **Franz Pfemfert** (1879-1954) und **Kurt Hiller** herausgege-

»Die Aktion«: Titelblatt »Nach zehn Kampfjahren«

bene Zs. **»Die Aktion«**, an der auch **E. Stadler, G. Heym, E. Blaß, M. Brod, J. R. Becher, C. Einstein, E. Toller, R. Schickele** und **W. Hasenclever** mitarbeiteten. F. Pfemfert, in Ostpreußen geboren, wuchs in B. auf und besuchte das Joachimsthaler Gymnasium. Mit R. Luxemburg u. K. Liebknecht befreundet, bekannte er sich politisch zu den »Ideen der großen deutschen damaligen Linken«. 1933 mußte er emigrieren. Neben der Zs. »Die Aktion« gab er die Reihen »Aktions-Lyrik«, »Politische Aktions-Bibliothek« u. a. heraus. Treffpunkt des »Aktion«-Kreises war, neben dem **»Café des Westens« (Kurfürstendamm**/Ecke **Joachimsthaler Straße**/Charlottenburg), Pf.s Wohnung und Verlag in der **Nassauischen Straße** Nr. 17 (Gartenhaus, IV. St./ Wilmersdorf).

»Der Sturm«. Ein Erinnerungsbuch (Hrsg. N. Walden und L. Schreyer, 1954); »Der Sturm. H. W. und die Europäische Avantgarde« (Hrsg. L. Reidemeister, Ausstellungskatalog, Berlin 1961). – F. Pfemfert, »Ich setze diese Zeitschrift wider diese Zeit« (Aufsätze und eine biograph. Skizze, Hrsg. W. Haug, 1985).

Ernst Toller (München/B) lernte Weihnachten 1917 in Berlin **Kurt Eisner** kennen und folgte ihm 1918 nach München. Tollers Drama »Die Wandlung« wurde am 30. September 1919 in der »Tribüne« in Charlottenburg uraufgeführt, in der Regie von K. H. Martin und mit F. Kortner in der Titelrolle. Es war – bei 115 Aufführungen – der Durchbruch des expressionistischen Theaters. T. war zu dieser Zeit in Bayern in Festungshaft. 1921 folgte »Masse Mensch«, 23 »Hinkemann« und »Der entfesselte Wotan«; schließlich der furiose Auftakt von E. Piscators polit. Theater mit »Hoppla, wir leben!« im September 1927. Quartier nahm Toller zuerst bei **Ernst Niekisch** (»Erinnerungen eines deutschen Revolutionärs«, 1958-74) in der **Pestalozzistraße** Nr. 61 in Charlottenburg. Dann wechselten die Adressen, u. a. **Uhlandstraße**/Ecke **Steinplatz, Hagenbeckstraße** im Grunewald (Wil-

mersdorf) und von 1931-33 **Wittelsbacher Straße** Nr. 33 a. Am 23. August 1933 erschien T.s Name auf der ersten Ausbürgerungsliste der Nationalsozialisten.

Der Publizist und Kritiker **Kurt Pinthus** (1886-1975), der von 1919 bis zu seiner Emigration 1937 (er war einer der ersten verbotenen Autoren des NS-Regimes) in Berlin lebte, wohnte in der **Heilbronner Straße** Nr. 2 in Schöneberg (Gedenktafel). Er schrieb u. a. für die »Weißen Blätter« und »Die Aktion«. Berühmt wurde seine Anthologie expressionistischer Lyrik »Menschheitsdämmerung«, eine »Symphonie jüngster Dichtung« (1919, vordatiert auf 1920). Nachlaß DLA Marbach.

Nach dem Ersten Weltkrieg arbeitete **Sigismund von Radecki** (1891 in Riga geb., 1970 in Gladbeck/NRW gest.) als Elektroingenieur in Berlin. Durch K. Kraus zum Schreiben ermutigt, lebte er fortan – mit einem Intermezzo als Schauspieler und Porträtzeichner – als freier Autor bis 1946 in der Stadt. Über die Berlinerin schreibt er: »Aus welcher Gesellschaftsschicht auch stammend, ist die Berlinerin vorläufig immer noch nach dem Kleinbürgerlichen zuständig: jenem tiers état der Kultur, der nichts ist, aber alles werden kann.«

Blauer Abend in Berlin

Der Himmel fließt in steinernen Kanälen;
Denn zu Kanälen steilrecht ausgehauen
Sind alle Straßen, voll vom Himmelblauen;
Und Kuppeln gleichen Bojen, Schlote Pfählen

Im Wasser. Schwarze Essendämpfe schwelen
Und sind wie Wasserpflanzen anzuschauen.
Die Leben, die sich ganz am Grunde stauen,
Beginnen sacht vom Himmel zu erzählen,

Gemengt, entwirrt nach blauen Melodien.
Wie eines Wassers Bodensatz und Tand
Regt sie des Wassers Wille und Verstand

Im Dünen, Kommen, Gehen, Gleiten, Ziehen.
Die Menschen sind wie grober bunter Sand
Im linden Spiel der großen Wellenhand.

Oskar Loerke

Wieland Herzfelde (1896-1988), seit 1913 in Berlin lebend, gründete 1916 mit seinem Bruder **John Heartfield** (1891-1968) die pol.-lit. Zeitschrift »Neue Jugend« und einen Verlag gleichen Namens. Nach dem Verbot beider kreierten die Brüder den Malik-Verlag, so genannt nach E. Lasker-Schülers gleichnamigem, für F. Marc geschriebenen Roman (1919). Sitz **Köthener Straße** Nr. 38 (Kreuzberg), ab 1926 im Gartenhaus **Passauer Straße** Nr. 5 (Schöneberg). W. Herzfelde hatte eine Dachwohnung im Haus **Kurfürstendamm** Nr. 76 (Charlottenburg). Kurt Tucholsky über John Heartfields Fotomontagen: »Wenn ich nicht Tucholsky wäre, möchte ich Buchum-

schlag bei Malik sein.« Der wohl repräsentativste Verlag der Linken, in
dem u.a. auch die Bücher von U. Sinclair, Dos Passos, I. Ehrenburg und I.
Babel in Deutsch erschienen, wurde
1933 verboten. Die Brüder gingen ins
Exil und kehrten 1949 bzw. 50 nach
Ost-Berlin zurück. Beider Grab nebeneinander auf dem **Friedhof der Dorotheenstädt. und Friedrich-Werderschen Gem., Chausseestraße**/Mitte.
(H. Knobloch, »Wie wir Wieland zu
Grabe trugen«, in »Die schönen Umwege«, 1993). W. Herzfelde schrieb
über seine Leiden im schlimmen Jahr
1919 als Häftling der Noske-Truppen
in **Plötzensee** die Reportage »Schutzhaft«, später noch einmal u.d.T. »An
der Mauer« in seiner Aut. »Immer-
grün. Merkwürdige Erlebnisse und
Erfahrungen eines fröhlichen Weisen-
knaben« (1949); 1962 erschien die Biographie seines Bruders »John Heartfield«, 66 »Der Malik-Verlag«.

Während des Ersten Weltkrieges holte
Th. Wolff **Frank Thieß** (Darmstadt/
H), der 1893 als Kind aus dem Balti-
kum nach Berlin gekommen war, an
das »Berliner Tageblatt«. Thieß, der in
den zwanziger Jahren im Sommer in

DADA in Berlin

EXKURS

»Dadasoph« **Raoul Hausmann** (1886-1971) emphatisch:
»Dada empört sich, regt sich und stirbt in Berlin«. **Richard Huelsenbeck** (1892 in Dortmund/NRW geb., 1974
in Minusio/Tessin gest.) brachte von Zürich »die Botschaft« nach Berlin, wo der Kreis der ›Freien Straße‹ um
Franz Jung (1888-1963, Stuttgart/BW) »schon vorberei-
tet war«.

Der erste Abend fand am 12. 4. 1918 in der »Sezession« am **Kurfürstendamm** Nr. 208/209 (heute **»Theater am Kurfürstendamm«**/Charlottenburg) statt, die Wirkung »ungeheuer und unmittelbar«. Im Malik-Verlag der Brüder **Wieland Herzfelde** und
John Heartfield, dem »Monteurdada«, erschienen bis 1921 die
wichtigsten Publikationen, u.a. die Zs. »Der DADA«, an der
»Oberdada« **Johannes Baader** (1875-1955), der Maler und
Schriftsteller **George Grosz** (1893-1959), **Walter Mehring** und
Carl Einstein mitarbeiteten. Baader, Hausmann und Huelsenbeck unternahmen darüber hinaus Dada-Tourneen und erregten
durch antibürgerliche Aktionen Aufsehen. Mit der »Ersten in-

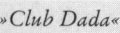

»Club Dada«

Grosz und Heartfield auf der Dada-Messe

ternationalen DADA-Messe«, 1920 am **Lützowufer** Nr. 13 (Tiergarten) eröffnet, endete die Berliner Dada-Bewegung.

R. Huelsenbecks Wohnung 1930-36 und für kurze Zeit nach dem 2. Weltkrieg: **Lessingstraße** Nr. 12 (Steglitz/Gedenktafel). 1984 erschienen seine Aut. Fragmente »Reise bis ans Ende der Freiheit« (hrsg. U. Karthaus, H. Krüger). G. Grosz wohnte nach dem Kriegsdienst **Stephanstraße** Nr. 4 (Steglitz), später zog er nach Wilmersdorf (u. a. **Nassauische Straße** Nr. 4 und **Hohenzollerndamm** Nr. 201, Gartenhaus); Aut. »Ein kleines Ja und ein großes Nein«, 1955; Ehrengrab **Friedhof Heerstraße , Trakehner Allee** (Charlottenburg). F. Jung kam 1928 noch einmal nach B. (Lankwitz, **Apoldaer Straße** Nr. 7/Steglitz); an der Piscatorbühne wurde sein Stück »Heimweh« uraufgeführt (»Der Weg nach unten/Aufzeichnungen aus einer großen Zeit«, n. 1991). Walter Mehring, »DADA« (1959; 1983 u.d.T. »Verrufene Malerei« / Berlin Dada / Erinnerungen eines Zeitgenossen).

K. Riha, »Da Dada da war ist Dada da«, Aufsätze und Dokumente (1980). H. Bergius, »Das Lachen DADAs«. Die Berliner Dadaisten und ihre Aktionen (1989); H. Korte, »Die Dadaisten« (1994). – R. Hausmann – Slg. Berlinische Galerie.

Steinhude (NDS) und im Winter in der »unvergleichlichen Luft« B.s lebte (u.a. in der **Eosanderstraße** Nr. 5/ Charlottenburg), erzählt in seinen Aut. »Verbrannte Erde« (1963) und »Freiheit bis Mitternacht« (1965) aus diesen Jahren. – Der Neuromantiker **Rudolf Borchardt** (1877-1945), geboren in Königsberg, lebte als Kind in B. Sein Gedicht »Wannsee« (1924), das »geheimnisvollste seiner großen Gedichte« (W. Kraft), ist ein Abgesang auf das Haus am See, in dem der Dichter Jahre seiner Jugend verlebt hat. Im Ersten Weltkrieg ließ sich B. eine Wohnung **Am Karlsbad** Nr. 24 (zwischen Schöneberger Ufer und Potsdamer Bahnhof/Tiergarten) einrichten und verbrachte »Stunden völliger Entrückung« im **Botanischen Garten** in

Steglitz. Im Januar 1919 entfloh er in die »Königslandschaft vor den westlichen Toren Berlins« nach Potsdam (BR).

Elias Canetti kam 1928 auf Einladung W. Herzfeldes, in dessen Stadtwohnung am Kurfürstendamm er ein kleines Schlaf- und Arbeitszimmer bekam, und »ging keine zehn Schritte ohne jemand zu begegnen, der berühmt war«. (»Die Fackel im Ohr«, 1983). Einen großen Raum in seinen Erinnerungen nimmt der russ. Schriftsteller **Isaak Babel** ein, v.a. imponierte ihm: »Er war sehr neugierig, er wollte alles in Berlin sehen, aber ›alles‹ waren für ihn die Leute, und zwar Leute jeder Art, nicht die, die in den Künstler- und Nobel-Lokalen verkehrten. Am liebsten ging er zu Aschinger ...«

Russen in Berlin

EXKURS

»Berlin war in den Jahren 1919 bis 1921 die Hochburg der russischen Emigration, eine Art Antiochia – die erste und wichtigste Station der russischen Diaspora; Paris übernahm erst einige Jahre später die Rolle der zweiten Station, aber es hat niemals den Glanz des ›russischen Berlin‹ erreicht« (»Berliner Borschtsch«, in »Zwei rechte Schuhe im Gepäck« von **Nicolas Nabokov**; aus dem Englischen 1975 deutsch). **Ilja Ehrenburg** 1922: »Wenn ich in Berlin lebe, dann bestimmt nicht wegen der mimosenhaften Intellektuellen oder der hektischen Lebensfreude.« Berlin war »der Ort, an dem der Kampf um die Zukunft Rußlands in Europa ausgetragen« wurde (F. Mierau). Berühmte Maler und Bildhauer arbeiteten hier: M. Chagall, W. Kandinsky, El Lissitzky, A. Archipenko. 1922 fand, mit Unterstützung Lenins, die »1. Russische Kunstausstellung« in der Galerie Van Diemen (**Unter den Linden** Nr. 22/Mitte) statt.

Der Kreis um Ilja Ehrenburg, der zwei Jahre in B. in »Angst und Hoffnung« verbrachte (Aut. »Menschen, Jahre, Leben«), traf sich in der »Prager Diele« am **Prager Platz** in Wilmersdorf. **Marina Zwetajewa** (1910 schon einmal in »Charlottenburg«, aut. Erzählung; 1922 wohnte sie in der »Russenpension« am Prager Platz, danach **Trautenaustraße** Nr. 9), »Teil des umgebenden Kreises«: »Das Tischchen umrankt von Bekannten und Unbekannten. Verlegern Antrieb, Verlegten Auftrieb«: **Victor Schklowski** (»Es war einmal. Zoo oder Briefe nicht über die Liebe«, 1975), **Wladimir Majakowski** (»In Deutschland hat sich stärker als anderswo meine verdammte sprachliche Isolierung ausgewirkt«; trotzdem trat er, russisch seine Gedichte rezitierend, mit Erfolg in der **Hasenheide** auf), **Sergej Jessenin** (laut Ehrenburg sich unendlich langweilend und randalierend. »Vergeblich bemühte sich Isidora Duncan, ihn zur Mäßigung zu bewegen.«) u.a. Die russische Emigrantenkolonie – stellvertretend auch hier der Philosoph **Nikolai Berdjadew, Boris Pasternak** (»Wissen Sie, wir leben wie auf einem Dampfer«), **Alexej Remisow** (und seine »Große und Freie Affenkammer«), **Sergej Tretjakow** – lag rund um den **Nollendorfplatz** (»... Einem Zugereisten muß die Fülle russischer Läden, Cafés, Restaurants, Kabaretts usw. höchst seltsam vorkommen«, S. Segal). »Das ›russische Berlin‹ ... produzierte zwischen 1918 und 1924 mehr Bücher als Moskau oder Petrograd – etwa 2100 bis 2200 Titel, herausgegeben von 86 Verlagen« (K. Schlögel, in »Der große Exodus. Die russische Emigration und ihre Zentren 1917-1941«, 1994).

»Vom Bahnhof geriet ›man‹ in den Teil Berlins, den die Russen ›Petersburg‹ und die Deutschen ›Charlottengrad‹ nennen ... Hier (am Wittenbergplatz) beginnt der Charlottengrader Kusnezki Most, Pardon – die Tauentzienstraße, das Zentrum der russischen parties de plaisir durch Berlin, jene Tauentzienstraße, von der die Coupletsänger in allen Charlottengrader Cabarets und Sommerkurorten an der See schwärmen: ›Nacht! Tauentzien! Kokain! Das ist Berlin!‹«: **Andrej Belyi** 1924 im Rückblick (»Wie schön es in Berlin ist« aus »Eine Wohnung im Schattenreich«).

Andrej Belyi im Berliner »Haus der Künste«

Maxim Gorki in Berlin

Belyi war im November 1921 in der Stadt eingetroffen und lebte bis Oktober 23 zunächst in Schöneberg, später in Zossen/BR. Gleich zu Anfang kam es zum Bruch mit dem befreundeten Anthroposophen R. Steiner. Mit anderen russischen Künstlern gründete Belyi, der damals wohl der berühmteste Schriftsteller Rußlands überhaupt war, das »Haus der Künste«. Seine literarischen Erfolge: 16 Publikationen, davon 9 Erstausgaben, erschienen in B.er russ. Verlagen. Glücklich war er trotzdem nicht: »Berlin ist ein organisierter, systematisch realisierter Alptraum, dargeboten in der unschuldigen Form des normalen, gesunden (bourgeoisen) Menschenverstands: Sinn wird Widersinn.«

Der nach Paris emigrierte russ. Dichter **Alexej Tolstoi** kam 1921 nach B., arbeitete als Redakteur und schrieb den utopischen Roman »Aëlita«. **Maxim Gorki,** den er im Seebad Heringsdorf (MVP) besuchte, überredete ihn 1923 zur Rückkehr in die Sowjetunion. – **Vladimir Nabokov**, dessen Vater 1922 in B. einem Attentat zum Opfer gefallen war, lebte von 1922 bis 37 v.a. »zwischen Halensee und Nollendorfplatz«, »ganz und gar in der ruhigen, aber von ihrer Umwelt gespensterhaft abgeschlossenen, russischen Emigrantenkolonie«, so D. E. Zimmer in der Slg. »Stadtführer Berlin« von V. M. (1985). In Berlin schrieb Nabokov 1925 seinen ersten russischen Roman (»Maschenka«, dt. 1928 als »Gelbes Ullstein-Buch«). Auch die nächsten sieben Romane (u. a. »Die Mutprobe«, 1932; »Die Gabe«, 37) entstanden hier, »und sie spielen ganz oder zum Teil in Berlin« (F. Mierau): »Die Berliner Parks, die häßlichen Wohnhäuser, der Grunewald mit seinen interessanten Schmetterlingen und der glitzernde Asphalt der Berliner Nächte« sind der »deutsche Beitrag« zu den acht Romanen. Im wesentlichen aber ignorierte Nabokov Berlin. »Er hat in Berlin seine Heimat beschworen und deshalb Berlin niemals als seinen Lebensraum akzeptiert« (M. Lüdke). Von einem früheren Aufenthalt in B., im Spätjahr 1910, erzählt N. in der Aut. »Sprich, Erinnerung, sprich« (dt. 1984).

Bis 1932, als die Künstler Berlin endgültig verließen, trafen sich die Mitglieder des russischen »Hauses der Künste« und des »Schriftstellerclubs« v. a. im »Café Leon« am **Nollendorfplatz**, später im »Café Landgraf« in der **Kurfürstenstraße**.

Voller interessanter Aufschlüsse ist die 1987 ersch. umfangreiche Slg. von Aufsätzen, Bildern und Dokumenten »Berliner Begegnungen / Ausländische Künstler in Berlin 1918-1933«. Unter den Zeugnissen auch Texte von Literaten aus der ČSR, Polen, Österreich (**Elias Canetti**), Sowjetrußland, Jugoslawien, Frankreich (**Pierre Bertaux** zum Beispiel über den Besuch **André Gides**), Italien, Ungarn (**Georg Lukács**), Bulgarien, Belgien (Frans Masereel) und den Niederlanden, USA, Japan, Mexiko, Indien (**Rabindranath Tagore**). Das letzte Foto datiert vom 10. Mai 1933: Bücherverbrennung auf dem Opernplatz. Eine zweite Slg. »Russen in Berlin / Literatur, Malerei, Theater, Film 1918-1933« erschien, hrsg. von F. Mierau, 1991. – »Berlin-Moskau, Moskau-Berlin«, Ausstellungskatalog, Hrsg. I. Antonowa, J. Merkert, 1995.

Herwarth Walden 1923 im »Sturm«:
»Die Berliner haben eine eigene Sprache, die außer ihnen nur die Russen
verstehen. Auf hochdeutsch heißt sie
Berliner Dialekt. Sie wird nur von den
echten Berlinern gesprochen, die auf
der ganzen Erde, aber nicht in Berlin
zu finden sind ... Zu Berlin fehlen die
Vereinigten Staaten von Europa. Man
sollte sie schleunigst gründen. Nicht
nur wegen Berlin. Aber um Europas
willen.«
Von 1920 bis 23 hielt sich der griech.
Schriftsteller **Nikos Kazantzakis**
(1885-1957), als Autor des »Alexis
Sorbas« u. a. bekannt geworden, in B.
auf. In Steglitz, **Unter den Eichen**
Nr. 63, hatte er seine Wohnung (Gedenktafel).
Der Österreicher **Joseph Roth** (1894-
1939) arbeitete als Journalist ab 1921
in B. (»Berliner Saisonbericht«, 1984;
»Unter den Bülowbogen«, 94; »J. R.
in Berlin. Ein Lesebuch für Spaziergänger«, 96). Zwei Jahre später ging er
als Korrespondent der »Frankfurter
Zeitung« auf Reisen, kehrte aber immer wieder nach B. zurück und führte
sein »Hotelleben«: bevorzugtes Quartier das »Hotel am Zoo«, Lieblingslokal »Mampes Gute Stube«, beide am
Kurfürstendamm (Nr. 25/Nr. 15),
nahe der Gedächtniskirche (Charlot-
tenburg/Gedenktafel). Sein Essay »Juden auf Wanderschaft« (1926) ist dem
jüdischen Viertel nordwestlich des
Alexanderplatzes gewidmet und der
»jüdischsten aller Berliner Straßen, der
traurigen **Hirtenstraße**« (Mitte). 1927
in »Die Flucht ohne Ende«: »Diese
Stadt liegt außerhalb Deutschlands,

*Egon Erwin Kisch vorm Romanischen
Café (Gemälde von R. Schlichter, 1928)*

außerhalb Europas. Sie ist die Hauptstadt ihrer selbst.«
Der »rasende Reporter« **Egon Erwin
Kisch** (1885-1948), 1913/14 für kurze
Zeit schon einmal in Berlin, kam 1921
wieder und blieb bis 1933. Er war Mitarbeiter des »Berliner Tageblatts« und
hatte im **»Romanischen Café«** »seinen« eigenen Tisch. In der Nacht nach
dem Reichstagsbrand in seiner letzten
Wohnung in der **Motzstraße** verhaftet und in Spandau inhaftiert, mußte
er auf Intervention der tschechoslo-
wak. Regierung wieder entlassen
werden. Nach 1933 erschien die aut.
Reportage »In den Kasematten von
Spandau/Aus den ersten Tagen des
Dritten Reiches« (u. a. in »Razzia auf
der Spree«, 1986). Gedenktafeln
Güntzelstr. Nr. 3 (Wilmersdorf), Ho-
henstaufenstr. Nr. 36 (Schöneberg);

die Gedenktafel **Unter den Linden** Nr. 60, Ecke **Schadowstraße**, am Eingang zum ehem. Café »Egon Erwin Kisch«/Mitte ist verschwunden. (Seit Ende der siebziger Jahre vergibt der »Stern« den E.-E.-K.-Preis.) **Ludwig Marcuse** (Miesbach/Bad Wiessee/B), der 1929 nach Berlin zurückgekommen war und »in Eichkamp ... zwanzig Minuten vom Romanischen Café entfernt ... Wurzeln wie eine Eiche« gefaßt hatte (**Eichkatzweg** Nr. 31, Elisabeth Langgässer benachbart/Charlottenburg), entkam am Tag nach dem Reichstagsbrand. Aus Frankfurt a. M. (H) zog 1915 **Siegfried Kracauer** zu, um an der TH in Charlottenburg zu promovieren. Wohnte in den zwanziger Jahren zeitweilig **Sybelstraße** Nr. 35. 1930-33 lebte er als Leiter der Feuilleton-Redaktion der »Frankfurter Zeitung« (**Potsdamer Straße** Nr. 133/Tiergarten) wieder in der Stadt. Wohnungen: **Pariser Straße** Nr. 24/II, **Lietzenburger Straße** Nr. 7/III: »Berlin ist heute die Stadt der ausgesprochenen Angestelltenkultur, das heißt einer Kultur, die von Angestellten für Angestellte gemacht und von den meisten Angestellten für eine Kultur gehalten wird« (1929 in seiner soziolog. Studie »Die Angestellten«, als Buch 30). 1932: »Scheinen manche Straßenzüge für die Ewigkeit geschaffen zu sein, so ist der heutige Kurfürstendamm die Verkörperung der leer hinfließenden Zeit, in der nichts zu dauern vermag ...« 1964 erschien eine Auswahl von Skizzen und Essays u. d. T. »Straßen in Berlin und anderswo«; 1977 der

in B. begonnene und 34 im Exil abgeschlossene aut. Roman »Georg«.
Der Erzähler und Jugendbuchautor **Peter Kast** (eig. **Carl Preißner**, 1894-1959), Delegierter des Emdener Arbeiter- und Soldatenrates in Berlin seit 1918, emigrierte 1932. 1946 kehrte er nach B. zurück und verschrieb sich v. a. soz. Jugendliteratur (»Der Millionenschatz vom Müggelsee«, 1951). – Der aus dem Dorf Klein-Schwarzenlohe b. Nürnberg (B) stammende Erzähler **Adam Scharrer** (1889-1948), einer der »Wegbereiter des sozialistischen Realismus«, lebte 1917-33 in B. Er war Mitglied der linksradikalen KAPD, deren »Kommunistische Arbeiterzeitung« er bis 1933 herausgab. Nach der Rückkehr aus dem sowjetischen Exil lebte er in Schwerin (MVP). Seine Romane »Der große Betrug« (1931) und »Familie Schuhmann« (1939) spielen im B. der zwanziger Jahre. Nachlaß Akademie der Künste.

Ehm Welk (1884-1966) aus dem Dorf Biesenbrow b. Angermünde (BR), das später Schauplatz seiner »Kummerow«-Romane werden sollte, lebte von 1923 an als Journalist und Redakteur in Berlin. E. Piscator inszenierte 1927 sein Drama »Gewitter über Gotland«. Wegen seines Artikels »Auf ein Wort, Herr Minister« (gemeint war J. Goebbels) wurde W. 1934 im KZ Oranienburg interniert. Nach seiner Entlassung zog er in den Spreewald.
Walter Hasenclever (Aachen/NRW) kam nach dem Ersten Weltkrieg als Pazifist aus einem Dresdener Lazarett nach Berlin. Bei M. Reinhardt trat er Ende 1918 in seinem Erfolgsstück

»Der Sohn« (1914) in den Kammerspielen auf. 1924-30 Korrespondent in Paris, kehrte H. über Hollywood wieder nach B. zurück. Wohnung im »Roten Block« (**Ludwig-Barnay-Platz** Nr. 3/Wilmersdorf), 1933 ausgebürgert.

Da **Ludwig Bergers** Mutter befand: »Das Carlchen ist ein Dichter«, machte sich **Carl Zuckmayer** (beide Mainz/RP) im Winter 1920 nach Berlin auf und erlebte, wie er in »Als wär's ein Stück von mir« erzählt, mit seinem Stück »Kreuzweg« im **Schauspielhaus** am **Gendarmenmarkt** (Mitte) »eine vollkommene Niederlage«. Z. hauste in der **Lietzenburger Straße** Nr. 14 (Schöneberg) in Untermiete und u. a. – zusammen mit Ina Seidels Schwester Mirl – in der **Matthäikirchstraße** (Nr. 4 damals, »im Keller unter der Portierssloge«/Tiergarten). Als er 1933 B. verließ, inzwischen erfolgreich auf allen Bühnen (1925 Durchbruch mit »Der fröhliche Weinberg« im **Theater am Schiffbauerdamm**, 31 Uraufführung »Der Hauptmann von Köpenick«, mit W. Krauss in der Titelrolle, am **Deutschen Theater**) und entsprechend wohnend (**Am Park** Nr. 18, gegenüber dem Schöneberger Rathaus, mit Dachgarten und Blick auf die ganze Stadt / heute **Fritz-Elsas-Straße** Nr. 18, Neubau), bekannte er: »Von keinem Ort Deutschlands… war es so schwer, sich zu trennen.« »Stätte unauslöschlicher Erinnerung… dort kulminierte eine Kunst- und Geistesepoche«: auch der Hof des Deutschen Theaters (**Schumannstraße** Nr. 13/Mitte).

Auch der expressionist. Dramatiker **Paul Kornfeld** (1889-1942, umgekommen im KZ Lodz) war eine Zeitlang wie C. Zuckmayer Dramaturg bei M. Reinhardt. Er lebte, bis auf ein paar Jahre in Darmstadt, 1925-33 in Berlin (Wohnung **Zähringer Straße** Nr. 26/Wilmersdorf), wo 1920 sein Seelendrama »Himmel und Hölle« uraufgeführt worden war. 1933 Emigration nach Prag.

Ödön von Horváth (Murnau/Weilheim/B) 1924: »Es hat sich allmählich herumgesprochen, daß das Materielle unentbehrlich ist. Und das bietet dem jungen Schriftsteller nur Berlin… das die Jugend liebt.« H. wohnte entweder bei Freunden oder in kleinen Pensionen, meistens in der Nähe des **Nollendorfplatzes** oder bei »Tante Tanja« in der **Meinekestraße** (Wilmersdorf). Engagierte sich in der »Deutschen Liga für Menschenrechte«. Von seinen Stücken wurden in Berlin uraufgeführt: 1929 »Die Bergbahn«, »Sladek, der schwarze Reichswehrmann«; 31 »Italienische Nacht«, »Geschichten aus dem Wiener Wald« (auf Vorschlag von C. Zuckmayer – zusammen mit Erik Reger – Kleist-Preis); 32 »Kasimir und Karoline«.

Zu den großen Theatermachern der Berliner »Roaring Twenties« gehörte **Erwin Piscator** (Wetzlar/H; Ulm/H). Mit E. Tollers Politrevue »Hoppla, wir leben!« eröffnete er 1927 seine avantgardist. Bühne im »**Theater am Nollendorfplatz**« (Schöneberg/Gedenktafel). Nach dem Zweiten Weltkrieg wurde P. 1962 zum Intendanten der **Freien Volksbühne** B. berufen. Er

»Erwin Piscator geht zur Probe« (Trick-foto von Stone, 1927)

starb 1966. Wohnung in den sechziger Jahren **Kurfürstendamm** Nr. 206 (Charlottenburg), beim **»Theater am Kurfürstendamm«**. Grab **Waldfried-hof Zehlendorf** (Potsdamer Chaussee).

Ernst Jünger (Heidelberg/BW) über-siedelte im Juli 1927 mit Frau und Sohn nach Berlin. Seine Wohnung lag in der **Stralauer Allee** Nr. 36 (Fried-richshain) in der Nähe der Warschauer Brücke: »Die Aussicht … ging auf das Gleisgewirr der Stadt- und Reichs-bahn, im Hause lärmten die Kinder, und es roch nach Kohl. Das Zimmer war nicht sehr hell, mit Büchern voll-gestopft, mit Masken und seltsa-men holzgeschnitzten Figuren ge-schmückt …« (E. v. Salomon, »Der Fragebogen«, 1951). In B. entstanden »Das abenteuerliche Herz« (1929),

»auch ein Buch über die Großstadt Berlin« (H.-U. Treichel), »Die totale Mobilmachung« (1931) und »Der Ar-beiter« (1932). Im Oktober 1933 ver-ließ Jünger die Stadt und zog nach Goslar (NDS).

In den zwanziger Jahren bildete das Gegenstück zur wohlhabenden Vil-lenkolonie im Grunewald (wo u. a. G. Hauptmann, V. Baum, A. Kerr und der Verleger S. Fischer ihre Häuser hatten) der sog. »Rote Block«: drei Wohnblocks in schlichter Ziegelbau-weise, die rund um den (damaligen) **Laubenheimer Platz** (heute **Ludwig-Barnay-Platz**/Wilmersdorf) Ende der zwanziger Jahre der Schriftsteller-Schutzverband und die Bühnengenos-senschaft für ihre Mitglieder errichten ließen. Rund 300 Schriftsteller, Jour-nalisten, Schauspieler und Bildende Künstler lebten bis zur »Machtüber-nahme« in »wacher, streitbarer Frei-heitsliebe« (A. Eggebrecht) hier: Am **Ludwig-Barnay-Platz** Nr. 3 **Walter Hasenclever** (Gedenktafel); Nr. 5 **Vic-tor Klages** (Ps. **Victor E. Wyndheim**/ 1889-1978), Journalist und Schriftstel-ler (»Ein Mann sucht Ruhe«, R. 1947), **Manès Sperber** und **Alexander Graf Stenbock-Fermor** (1902-72/Aut. »Der Rote Graf«, 1973). – **Laubenhei-mer Straße** Nr. 2 **Georg Hermann** (Gedenktafel Neubau **Kreuznacher Straße** Nr. 28) und **Johannes R. Be-cher** (der in der Nacht des Reichstags-brandes E. und K. Bloch warnte). – **Bonner Straße** Nr. 1a **Oskar Loerke** und **Karl Otten**; Nr. 2 **Joachim Rin-gelnatz**; Nr. 8 **Gustav Regler**; Nr. 11 **Ernst und Eva Busch** (1931-33 und

1945-46/Gedenktafel); Nr. 12 **Axel Eggebrecht**. – **Kreuznacher Straße** Nr. 34 **Erich Weinert**; Nr. 48 **Alfred und Friedel Kantorowicz** (der »rührige Häuptling des Roten Blocks«, der Held seines aut. Schlüsselromans »Der Sohn des Bürgers« hat dieselbe Wohnung); Nr. 52 **Ernst und Karola Bloch** (Gedenktafel), **Peter Huchel** mit Frau Dora und Tochter »Muckelchen«. Ebenfalls Mieter im Block **Fritz Erpenbeck** und **Hedda Zinner** (1905-94); **Dinah Nelken** (»Eineinhalb-Zimmer-Wohnung«, aut. R. 1932); **Arthur Koestler**, der die Agit.-Prop.-Gruppe leitete; **Mary Gerold-Tucholsky**; **Karl August Wittfogel** (1896-1988, marxist. Literaturtheoretiker, seine Stücke in der »Slg. revolutionärer Bühnenwerke« des Malik-Verlages). – Erinnerungen u. a. von K. Bloch (»Aus meinem Leben«, 1981), A. Eggebrecht (»Der halbe Weg«, 1975), A. Koestler (»Frühe Empörung«, 1970), G. Regler (»Das Ohr des Malchus«, 1958), M. Sperber (»All das Vergangene...«, 1983).

»... und an Litfaß-Säulen die ersten Ahnungen vom Untergang«: **Hans Sahl** (1902-93/Grab **Friedhof Heerstraße**, Charlottenburg) aus Dresden (SA) so 1965 in »Erinnerung an Berlin« (»Wir sind die Letzten«, G. 1976). Er war von 1925 bis zu seiner Flucht 33 Theater- und Filmkritiker für »Das Tagebuch«, »Montag Morgen« und den »Berliner Börsen Curier« (»Memoiren eines Moralisten«, 1983).

Franz Blei (München/B), geistreicher und vielseitiger Causeur und Essayist, Kritiker und Anreger, halb bereits seine eigene Legende, kam in den zwanziger Jahren abermals nach Berlin, wo er schon von 1912 bis 19 gelebt hatte. (Eine Sondernummer der »Aktion« widmete ihm F. Pfemfert 1913.) – Als Theaterkritiker für die »Weltbühne« und Mosses »Berliner Tageblatt« ebenfalls vor Ort **Alfred Polgar**; 1932 gehörte er zu der Gruppe, die Carl von Ossietzky demonstrativ vor das Tor der Tegeler Strafanstalt begleitete. – »Neben – oder vielmehr: gegen – Alfred Kerr wurde er zum wichtigsten Berliner Theaterkritiker« (J. Kaiser) **Herbert Ihering** (1888-1977). Er gehörte zu den Brecht-Entdeckern. Seine letzte Wohnung **Am Fischtal** Nr. 61/Zehlendorf; Grab **Landeseigener Friedhof Zehlendorf, Onkel-Tom-Straße.**

Als »gerissenen advocatus dei« rühmte Polgar den Stettiner **Franz Hessel** (1880-1941), der bis zur Emigration 1938 Lektor bei Rowohlt war und nur wenige Schritte vom Verlag entfernt, in der **Klingelhöferstraße** Nr. 15 beim Lützowplatz/Tiergarten, wohnte. Unvergessen sein Roman »Heimliches Berlin« (1927) und der Führer durch die B.er Stadtlandschaft »Spazieren in Berlin« (1929, n. 68 und 84 u. d. T. »Ein Flaneur in Berlin«): »Flanieren ist eine Art Lektüre der Straße.« **Wilhelm Speyer**, mit W. Benjamin und F. Hessel befreundet, schrieb in seinem (unveröffentlichten) Nachruf auf Hessel: »In der Friedrich Wilhelmstraße in Berlin ... konnte man wohl gelegentlich junge Mädchen antreffen, die mit einem eigentümlich ernsten und ergebenen Gesichtsausdruck sagten: ›Ich gehe zu Hessel,‹ – wie man sagt: Ich gehe in den Vatikan – oder zur Matthäuspassion, – ich gehe – nun: ich gehe dahin, wo eine große moralische und intellektuelle Autorität wohnt.«

Ernst Rowohlt (Hamburg), seit 1913 Geschäftsführer bei S. Fischer (»Bei Kippenberg habe ich das Grobe, bei S. Fischer die Feinheiten gelernt.«) etablierte am 1. Februar 1919 seinen zweiten Verlag in der **Potsdamer Straße** Nr. 123 B (heute Nr. 39/Tiergarten). Dort versammelte er, wie H. M. Ledig-Rowohlt in seiner »Berliner Lektion: Ein Verleger in Berlin« (1987) erzählt, »pantagruelisch… Abend für Abend Freunde und Autoren zum munteren Umtrunk«. Außerhalb der City wurde Grünheide in der Mark (Bahnhofstraße Nr. 1, am Peetzsee) in politisch schwerer Zeit sein Zufluchtsort. **Ernst von Salomon** (Winsen/Stöckte/NDS): »Man traf sich in Grünheide, wenn man sicher sein wollte, ein offenes Wort miteinander wechseln zu können.«

Auf sommerlichem Friedhof (1944)

In memoriam Oskar Loerke

Der Fliegenschnäpper steinauf, steinab.
Der Rosenduft begräbt dein Grab.
Es könnte nirgend stiller sein.
Der darin liegt, erschein, erschein!

Der Eisenhut blitzt blaues Licht.
Komm, wisch den Schweiß mir vom Gesicht.
Der Tag ist süß und ladet ein,
Noch einmal säßen wir zu zwein.

Sirene heult, Geschützmaul bellt.
Sie morden sich: es ist die Welt.
Komm nicht! Komm nicht! Laß mich allein,
Der Erdentag lädt nicht mehr ein.
Ins Qualenlose flohest du,
O Grab, halt deine Tür fest zu!

Wilhelm Lehmann

Unter den Besuchern in den »Goldenen Zwanzigern« – das »**Romanische Café**« am **Kurfürstendamm** (Charlottenburg) als »Wartesaal des Genius« (G. Birkenfeld) – auch **André Gide** (der sich in **Pichelswerder** E. Mendelsohns Villa von Harry Graf Kessler zeigen ließ, »diese wunderbare Symphonie aus Raumgestaltung, See und Kiefernwald«), **Luigi Pirandello, Wystan Hugh Auden, T. S. Eliot, Edgar Wallace**.

Gast wiederholt auch **Klabund** (München/B); seine Berliner Chansons (»Ick baumle mit de Beene«, »Die Harfenjule«) wurden berühmt. 1928 hielt sein Jugendfreund G. Benn die »Totenrede für Klabund«. – Bis zum gleichen Jahr hier **Carl Einstein** (Neuwied/RP). Schauplätze seines phantastisch-surrealen Romans »Bebuquin oder Die Dilettanten des Wunders« (1912) die **Tauentzienstraße**, das Ka De We, das **Romanische Café** (Charlottenburg). Gedenktafel **Zeltinger Straße** Nr. 54 in Frohnau (Reinickendorf). – **Hedwig Courths-Mahler** (Miesbach/Tegernsee/B) übersiedelte 1914 von Karlshorst in die Beletage **Knesebeckstraße** Nr. 12 in Charlottenburg (das Haus heute als Beispiel Alt-Berliner Bauweise restauriert/Gedenktafel) und veröffentlichte im gleichen Jahr fünf, 1915 (mit der »Kriegsbraut«) acht, 1916 sogar zwölf Romane allein in Buchform. 1924 kamen 13 Bücher von ihr heraus, und 1930 bekannte sie: »Meine Produktion ist bis 35 verkauft.« Nachlaß Amerika-Gedenk-B. B.

»Industriegebiet der Intelligenz«

EXKURS

In den Cafés und Restaurants des »Neuen Westens«, zwischen Nollendorfplatz und Halensee mit dem Zentrum rund um die Kaiser-Wilhelm-Gedächtniskirche (Charlottenburg), von E. Mühsam »**Industriegebiet der Intelligenz**« genannt, trafen sich seit der Jahrhundertwende Künstler und Bohemiens.

Im »**Café des Westens**« (**Kurfürstendamm**/Ecke **Joachimsthaler Straße**) gründete **E. von Wolzogen** als erstes deutsches Kabarett das »Überbrettl«: **M. Reinhardt**, der Friedrichshagener Kreis, später (als die Boheme der Literatur Platz gemacht hatte: »Der Bau eines Prosasatzes war unvergleichlich wichtiger als der Bau eines neuen Panzerkreuzers«, schrieb **L. Frank**) **H. Walden** (»Sturm«) und **F. Pfemfert** (»Aktion«),

Romanisches Café

P. Scheerbart, E. Lasker-Schüler, A. Döblin, G. Trakl und **G. Benn** verkehrten u.a. hier. »Wichtigste literarische und journalistische Nachrichtenbörse« der zwanziger Jahre wurde das »**Romanische Café**« (**Kurfürstendamm** Nr. 238, später **Budapester Straße** Nr. 10); **E. E. Kisch** hatte hier seinen Stammtisch, ebenso die Maler M. Slevogt, E. Orlik und M. Oppenheimer. Die Theaterleute trafen sich in »**Maenz' Bierhaus**« (E. Jannings hatte es »entdeckt«); **A. R. Meyer**, »**Munkepunke**«, widmete der Wirtin, Aenne Maenz, den Gedichtband: »Maenz-Maenzliches-Allzu-Maenzliches«).

Vornehmer waren »**Schwanneckes Weinstuben**« (**Rankestraße** Nr. 4); **E. Rowohlt, K. Pinthus, A. Kerr** und **J. Ringelnatz** kamen hierher. **K. Tucholsky** eröffnete 1912 als richtigen »Studikerunfug« seine »**Bücherbar**« (**Kurfürstendamm** Nr. 11). Einige Häuser weiter lag J. Roths Stammlokal »**Mampes Gute Stube**« (**Kurfürstendamm** Nr. 14/15). Sein »Arbeitscafé« war die »**Konditorei Schneider**«, **Schlüterstraße**/Ecke **Kurfürstendamm**. Nebenan im »**Prinzess Café**« verkehrte **W. Benjamin. M. Hermann-Neiße**. Die Kritiker vom »Berliner Tageblatt«, von der »BZ« und vom »12-Uhr-Blatt« aßen mittags in der »**Conditorei Wien**« (**Kurfürstendamm** Nr. 26). **E. Kästner** schrieb meist in der »**Konditorei Leon**« (**Kurfürstendamm** Nr. 155a).

Romanisches Café, innen

Auf der Bühne im »**Künstlerlokal**« (**Kurfürstendamm** Nr. 242) traten **E. Weinert, E. Mühsam, E. Toller, Mascha Kaléko** und **E. Kästner** auf. Treffpunkt des »**Klub 1926**« (**A. Döblin, E. Piscator** u.a.) war das »**Restaurant Schlichter**« (**Ansbacher Straße** Nr. 46/Schöneberg). »**Neuer Club**« und »**Neopathetisches Cabaret**« (**K. Hiller, J. van Hoddis, E. Blaß, G. Heym**) und der Kreis um **R. Steiner**, »Die Kommenden«, tagten im »**Nollendorf-Casino**« (**Kleiststraße** Nr. 41).

Nr. 1 unter den russischen Lokalen der zwanziger Jahre war das »**Allaverdi**« in der **Rankestraße** (Charlottenburg); es war das Lieblingslokal **V. Nabokovs**, aber auch **M. Gorki** und **S. Eisenstein** – in Begleitung von Valeska Gert – waren hier.

Géza von Cziffra, »Der Kuh im Kaffeehaus« (1981); Jürgen Schebera, »Damals im Romanischen Café …« (o.J.); »Industriegebiet der Intelligenz«. Ein Führer durch die Künstlerlokale im Neuen Berliner Westen von Jeanpaul Goergen (1990); »Industriegebiet der Intelligenz«. Ausstellungsbuch des Literaturhauses Berlin (Hrsg. H. Wiesner u. E. Wichner, 1990).

Bei **Thomas Mann** (Lübeck/SH) »Deutscher Ansprache« am 17. Oktober 1930 im Beethoven-Saal kam es zu Störungen. Dazu **Alexander Mitscherlich** (Frankfurt a.M./H): »Im Kreis um (Ernst) Jünger, zu dem auch **Arnolt Bronnen** gehörte, wurde beschlossen, den Vortrag zu stören und zu sabotieren. Ich sehe noch Bronnen im hellen Trenchcoat und mit dunkler Brille plötzlich aufstehen, Zwischenrufe machen, während von der Empore ungesteuerter Lärm zu hören war. Es handelte sich dabei um SA-Leute, die von Goebbels zur Störung herbeidirigiert worden waren.« – Der Potsdamer Arztsohn **Hermann Kasack** studierte in Berlin. Er gehörte zum »Aktion«-Kreis, war 1926/27 Verlagsdirektor bei S. Fischer und wurde in VAUO Stomps' »Rabenpresse« gedruckt. 1941-49 war der Freund O. Loerkes Cheflektor bei Suhrkamp.

Zweimal war **Werner Bergengruen** (Baden-Baden/BW), wie er in seinen »Schreibtischerinnerungen« (1961) notiert, in Berlin, der »Großstadt« schlechthin, seßhaft, von 1921-25 und von 1927-36. Hier spielen die Romane »Der goldene Griffel« (1931) und »Am Himmel wie auf Erden« (1940), der von der Sündflutpanik im Jahre 1524 unter Kurfürst Joachim handelt: »Immer unheimlicher glich sich (dabei) die deutsche Realität der Konzeption meines Romanes an«. Der Kinderbuchklassiker »Zwieselchen« (»Z. im Warenhaus«, »Z. im Zoo« usw.), 1928/29 entstanden und 38 erschienen, verweist nach Zehlendorf, in Bruno

Tauts neue Kolonie »Onkel Toms Hütte« (**Riemeisterstraße** Nr. 107). In der Nachbarschaft (Nr. 123) wohnten **Horst Lange** und die in Wilmersdorf geb. **Oda Schaefer** in Untermiete (beide zogen Ende des Zweiten Weltkrieges nach Süddeutschland und lebten zuletzt in München/B). Aus der Nachbarschaft wurde Freundschaft. In »Auch wenn Du träumst, gehen die Uhren« (1970) erzählt O. Schäfer von dieser Zeit, von dem Kreis um die Zs. »Die Kolonne«, von **VAUO Stomps'** »Rabenpresse« und – nicht zuletzt – von all den Kneipen, Cafés, Bars und Weinstuben, wo sie »Die heilige Johanna der Trinker« war. **Richard Friedenthal** (1896-1979), der 1931 ein neuartiges Volkslexikon, den »Kleinen Knaur«, herausgegeben hatte, nannte sie so.

Die in Breslau geborene Schriftstellerin und Bühnenautorin **Ilse Langner** (1899-1987) kam 1928 nach Berlin. Ein Jahr später wurde ihr Stück »Frau Emma kämpft im Hinterland« – das erste Anti-Kriegs-Stück einer Frau – im Theater Unter den Linden uraufgeführt. 1947 nahm I.L. am Frauen-Friedens-Kongreß in Paris teil, 74 erhielt sie das Bundesverdienstkreuz. Wohnte zuletzt in Darmstadt (H). – **Marieluise Fleißer** (Ingolstadt/B) kam, von **L. Feuchtwanger** und B. Brecht ermutigt, 1926 nach B. Am 25. April 1926 Uraufführung von »Fegefeuer in Ingolstadt« an der »Jungen Bühne« im **Deutschen Theater. A. Kerr** und **H. Ihering** stimmten ausnahmsweise – eine Sensation für Berlin – in ihrem (positiven) Urteil überein. Die Uraufführung der Komödie »Pioniere in Ingolstadt« (zweite Fassung) am 30. März 1929 im **Theater am Schiffbauerdamm** löste einen Theaterskandal aus. In der Folge Bruch mit B. Brecht, den sie in dem Schauspiel »Der Tiefseefisch« satirisch porträtierte. 1933 verließ M. Fleißer Berlin. – **Thea von Harbou** (Tauperlitz/ Hof/B) lebte ab 1917 in B. und heiratete 21 Fritz Lang, für den sie bis 33 alle Drehbücher, z. T. nach ihren Romanen (u. a. »Das Nibelungenbuch«, »Metropolis«, »Die Frau im Mond«), schrieb,

Wohnung **Hohenzollerndamm** Nr. 52 (Wilmersdorf). Lang emigrierte 1933, Th. v. H. blieb in Deutschland und gehörte im Dritten Reich zu den meistbeschäftigten Drehbuchautoren (u. a. »Der alte und der junge König«, mit R. Lauckner, 1935; »Der Herrscher«, mit C. J. Braun, 37; »Verwehte Spuren«, mit F. Lützkendorf und V. Harlan, 38; »Via mala«, 45). Um 1950 wieder in B., wo sie am 1. Juli 54 starb. Wohnung **Frankenallee** Nr. 14; Grab **Friedhof Heerstraße** (Abtlg. 6-H-10/Charlottenburg).

»Dichter zwischen rechts und links«

EXKURS

Am 19. März 1926 war der Preußischen Akademie der Künste nach langen Widerständen eine Sektion für Dichtkunst angegliedert worden, die »Dichterakademie«. **»Dichter zwischen rechts und links«** – H. und **Th. Mann, A. Döblin, R. Schickele, H. Hesse** auf der einen Seite; **W. Schäfer, E. G. Kolbenheyer, J. Ponten** auf der anderen; **W. von Scholz, R. Huch** und **G. Hauptmann** in der Mitte – wurden berufen und sollten den deutschen Parnaß repräsentieren. Vorsitzende waren: W. von Scholz (1926-28), **W. von Molo** (1928-30) und **H. Mann** (1930-33). Mit H. Mann, A. Döblin, R. Huch und **O. Loerke**, seit 1928 Sekretär der Sektion, verlor »im Regiment des Satans« 1933 die »Dichterakademie« ihre »aufrechtesten Berliner Anwälte«. Ihren Austritt erklärten auch Th. Mann, **J. Wassermann, R. Pannwitz** und (wahrscheinlich auch) R. Schickele. Amtlich hinausgeworfen wurden im Mai 1933 zudem die jüdischen oder dezidiert pazifistischen Mitglieder wie **L. Fulda, A. Mombert, F. Werfel, L. Frank, B. Kellermann** oder **F. von Unruh**. Die »Dichterakademie« war damit faktisch gleichgeschaltet. Zu den neugewählten Mitgliedern zählten u. a. **H. F. Blunck, H. Carossa, P. Ernst, H. Grimm,**

Dichterakademie: Offizielles Foto 1932

H. Johst und **W. Vesper**. Eine weitere Zuwahl im Oktober 1933 betraf u. a. **H. Claudius, G. Frenssen, E. von Handel-Mazzetti, I. Kurz, H. Lersch** und **J. Schlaf. St. George**, auf dessen »Mitarbeit« der nationalist. Kultusminister B. Rust »den größten Wert gelegt hätte«, lehnte die Berufung ab; ebenso **E. Jünger**: »Die Eigenart meiner Arbeit liegt in ihrem wesentlich soldatischen Charakter, den ich durch akademische Bindungen nicht beeinträchtigen will…« Und an **W. Beumelburg**: »… zu betonen, daß ich zur positiven Mitarbeit am neuen Staate, ungeachtet mancher persönlicher Verärgerung, wie etwa der Haussuchung, die in meinen Räumen stattgefunden hat, durchaus entschlossen bin.« (Inge Jens, »Dichter zwischen rechts und links«, 1971).

Der Rheinländer **Günther Weisenborn** (Velbert/NRW) kam 1928 an der Volksbühne mit seinem Erstling »U-Boot S 4« zu einem außergewöhnlichen Erfolg. Zusammen mit B. Brecht schrieb er »Die Mutter« (Dr. nach M. Gorki, 1931). Nach 1937 (aus Argentinien zurückgekehrt) gehörte W. einer Widerstandsgruppe an, 42-45 war er im Zuchthaus Luckau/BR inhaftiert. (»Berliner Totentanz«, 1945, »Memorial«, 1948). Mit K.H. Martin Gründer, bis 1951 Dramaturg des **Hebbel-Theaters** (**Stresemannstraße** Nr. 29/Kreuzberg), zeitw. auch Hrsg. der satir. Zs. »Ulenspie-

gel«. Letzte Wohnung **Niedstraße**
Nr. 28 (Schöneberg/Gedenktafel). –
Der »Roten Kapelle« schloß sich
Adam Kuckhoff an (1887 in Aachen/
NRW geb., 43 im Strafgefängnis **Plötzensee**/Charlottenburg hingerichtet).
1930-32 war er Dramaturg und Spielleiter am Staatl. Schauspielhaus; 37 erschien sein Roman »Der Deutsche von
Bayencourt«. Gedenktafel **Wilhelmshöher Straße** Nr. 18 (Schöneberg);
Greta Kuckhoff, »Vom Rosenkranz
zur Roten Kapelle« (1972).
Zur »Roten Kapelle« gehörte auch der
Literatur- und Kunstwissenschaftler
Werner Krauss (1900-76). 1942 verhaftet, schrieb er in Erwartung der
verhängten Todesstrafe in **Plötzensee**
den Roman »PLN. Die Passionen der
halykonischen Seele« (1946). Nach
dem Krieg erhielt K. eine Professur in
Leipzig (SA) und wurde 1961 Leiter
des Instituts für Romanische Sprachen
der Akademie der Wissenschaften in
B. Grab **Friedhof der Dorotheenstädt. und Friedrich-Werderschen
Gem.**, Chausseestraße (Mitte).
Ricarda Huch (Braunschweig/NDS)
lebte 1927-32 in Berlin bei ihrer Tochter in der **Uhlandstraße** Nr. 194 in
Charlottenburg (Haus nicht erhalten). K. Kollwitz und A. Döblin war
sie freundschaftlich verbunden und
gehörte dem christlich-oppositionel-
len Eckart-Kreis um K. Ihlenfeld an.
1933 verließ sie aus Protest die
Preuß. Akademie der Künste. A. Döblin an W. v. Molo 27 Jahre später:
»Ihr werdet niemals ihresgleichen sehen.« (»Alte und neue Götter«. Jahre
in Berlin, in: »R. H.   1864-1947/

*Thomas Wolfe auf dem Kurfürsten-
damm (1935)*

Ausstellungskatalog DLA Marbach
a. N.)
Yvan Goll, der in seinem Roman »Sodom Berlin« (frz. 1929, dt. 1975) den
Franzosen die Exzentrik B.s vorfüh-
ren wollte, wohnte 1924 »bei Georg
Kaiser« (in der damaligen Pension
Haßfort, **Luisenplatz** Nr. 3/Charlot-
tenburg). – Golls Adresse Ende der
zwanziger Jahre am Bahnhof Halensee: **Kurfürstendamm** Nr. 124, Gar-
tenhaus-Atelier. – **Jean Giraudoux** in
dem 1930 – mit Bildern von Chas-La-
borde – ersch. Band »Rues et Visages
de Berlin« (dt. 1987): »Berlin ist Preußens Kapitale nicht mehr. Es hat diese
Rolle an Potsdam abgetreten. Berlin
ist die Hauptstadt Deutschlands.«
Thomas Wolfe 1935: »Eine prächtige,

gut angelegte und wohlhabend wirkende Stadt mit wunderbaren Parks und Gebäuden«; über die Olymp. Spiele 1936 Passagen in »Es führt kein Weg zurück«. – **Sinclair Lewis,** der Berlin nach 1927 öfter besuchte (und meist im **Hotel »Adlon« Unter den Linden** wohnte), schrieb seinen einzigen dezidiert politischen Roman unter dem Eindruck des wachsenden Nationalsozialismus: »Das ist bei uns nicht möglich« (1936). – Von einem Besuch in der deutschen Hauptstadt berichtete 1938 **Ernest Hemingway:** »Wie gern lief ich durch den Norden von Berlin, sah die Arbeiter, die intelligenten, hörte ihre kräftige, witzige Sprache.«

Erich Maria Remarque (Osnabrück/NDS) war Redakteur der B.er Zs. »Sport im Bild«. Gedenktafel **Wittelsbacher Straße** Nr. 5 in Wilmersdorf, wo »Im Westen nichts Neues« entstand; Vorabdruck 1928 in der »Vossischen Zeitung«. (»Der Fall Remarque«/Im Westen nichts Neues. Eine Dokumentation, Hrsg. B. Schrader, 1992.)

Widerstand

EXKURS

»Berlin war nicht nur Hauptstadt des Dritten Reiches, Berlin war zugleich das Zentrum des Widerstandes. Seine Träger Sozialdemokraten und Kommunisten, Konservative und Liberale, Christen und Atheisten, Organisierte und Unorganisierte. So vielfältig wie die politischen und weltanschaulichen Motive auch die gewählten Aktionsformen« (J. Berger).

Bekannt vor allem war die vom »Amt Abwehr« so genannte »Rote Kapelle«, der neben den Kuckoffs H. Schulze-Boysen, A. Harnack, **Hasenheide** Nr. 61), Erika von Brockdorff, Oda Schottmüller, aus deren Wohnungen (**Wilhelmshöher Straße** Nr. 17 bzw. **Reichsstraße** Nr. 106) wechselnd H. Coppi seine Funksprüche absetzte, über 100 Personen angehörten. Einer der Treffpunkte auch das Lokal »Bärenschenke«, **Friedrichstraße** Nr. 124 (Mitte). 1942 wurde die Organisation entdeckt, viele ihrer Mitglieder starben in der Hinrichtungsstätte **Plötzensee**. Gedenkstätte **Leipziger Straße** Nr. 5-7 Ecke **Wilhelmstraße**.

Nach Plötzensee gerichtet ist die Altarwand der Gedächtniskirche der deutschen Katholiken zu Ehren der Blutzeugen für Glaubens- und Gewissensfreiheit 1933-45, »**Maria Regina Martyrum**«. In der Krypta u.a., stellvertretend »für die ungezählten

Grab von Herbert Baum, Rückseite, auf dem Jüdischen Friedhof von Weißensee

Blutzeugen, deren Asche man in alle Winde zerstreute«, Grabstelle für Pater **A. Delp,** der zu den Beratern des »Kreisauer Kreises« gehörte. – Stellvertretend für den ev. »Pfarrernotbund« und
die »Bekennende Kirche«: der Dahlemer Pfarrer (an der **St.-An-
nen-Kirche**) **M. Niemöller** und **D. Bonhoeffer** (D.B. Stadt-
rundfahrt, hrsg. Ev. Studentinnen- und Studentengemeinde an
der FU und der HfK). Nach seiner Verhaftung wurde Bonhoeffer u.a. im **Gefängnis Moabit** gefangengehalten; dort saß auch **A.
Haushofer** ein, der dann nahebei im April 1945 ermordet wurde
(»Moabiter Sonette«/**Gedenkstätte** am Johanniskirchhof in der
Wilsnacker Straße). – Der vielschichtige christlich-soz. »Kreisauer Kreis« um H.J. Graf von Moltke kam u.a. im Haus **Hortensienstraße** Nr. 50, in der Wohnung Peter Graf Yorck von
Wartenburgs, zusammen (Lichterfelde). Ein weiterer wichtiger
Treffpunkt war das Dienstzimmer Adolf Reichweins im damali-
gen Museum für Deutsche Volkskunde (**Unter den Linden**
Nr. 5, heute Operncafé/Mitte); Gedenkstätte im Treppenhaus
des **Museums für Volkskunde Am Kupfergraben**).

Der Elektriker Herbert Baum, Mitglied des Kommunistischen Jugendverbandes und der »Deutsch-Jüdischen Jugendgemeinschaft«, leitete eine jüdische Widerstandsgruppe, die Fluchthilfe für Berliner Juden organisierte (Treffpunkt meist die Wohnung des Ehepaares Kochmann, **Gipsstraße** Nr. 3/Mitte, Gedenktafel). 1942 wurde H. Baum, nachdem er in der Ausstellung »Das Sowjetparadies« im **Lustgarten** (dort Gedenkstein) Feuer gelegt hatte, mit seiner Frau und 26 weiteren Mitgliedern der Gruppe verhaftet. Baum ermordete man im Untersuchungsgefängnis, die anderen wurden hingerichtet. Grab und Erinnerungsstein **Jüdischer Friedhof Weißensee** (St. Hermlin, »Die Gruppe Baum«, in »Die erste Reihe«, 1991; H. Knobloch, »Herbert-Baum-Straße 45«, in »Berliner Grabsteine«, n. 1991). Den Verfolgungen entkamen – bis auf wenige Ausnahmen – die meisten Mitglieder des 1943 gegründeten jüdischen Pionierkreises »Chug Chaluzi«. 1943 entdeckt wurde die »Gemeinschaft für Frieden und Aufbau« um H. Winkler und seinen jüdischen Freund W. Scharff, der im KZ Sachsenhausen umkam (»Juden im Widerstand«, Hrsg. W. Löhken, W. Vathke, 1993).

An Claus Graf Schenk von Stauffenberg (Wohnhaus am Wannsee, **Tristanstraße** Nr. 8/Zehlendorf/Gedenktafel) und die Mitverschworenen vom 20. Juli 1944 erinnern im Gebäude des früheren Heeres-Amtes, **Stauffenbergstraße** Nr. 13-14/Tiergarten, die **»Gedenkstätte Deutscher Widerstand«** und das ihr angegliederte Forschungs- und Dokumentationszentrum (»Stätten des Widerstandes in Berlin 1933-45«, hg. Gedenkstätte Deutscher Wider-Stand, o. J.).

Einer der ersten Romane zum Thema: »Finale Berlin« von **Heinz Rein** (1948). – Zwei DDR-Romane zum Thema: **Elfriede Brüning**, »... damit du weiterlebst« (1954); **Emil Rudolf Greulich**, »Keiner wird als Held geboren. Ein Lebensbild aus dem deutschen Widerstand« (nach Motiven aus dem Leben des kommunist. Widerstandskämpfers Anton Saefkow/1961). – In der »Ästhetik des Widerstands« (R. 1975/78/81) von **Peter Weiss** spielen Schlüsselszenen besonders an drei Stationen: im **Pergamonmuseum**, in der **Marienkirche** unterm Totentanz (beide Mitte) und in **Plötzensee** (Charlottenburg).

Im Sommer 1945 fand sich in den Dielenritzen der Zelle 2 des

Gestapokellers (»Prinz-Albrecht-Gelände« – Dokumentationszentrum »Topographie des Terrors«, **Stresemannstraße**
Nr. 110/Mitte), wo u.a. die Mitglieder der »Roten Kapelle« und
die Männer des 20. Juli verhört und gefoltert wurden, ein Gedicht von H. Schulze-Boysen, dessen letzte Strophe lautet: »Die
letzten Argumente / sind Strang und Fallbeil nicht / und uns're
heut'gen Richter sind / noch nicht das Weltgericht«. (Gegenüber
dem damaligen Haupteingang des Gestapohauptquartiers in der
Niederkirchnerstraße Tafel mit Text von H. Schulze-Boysen:
»Glaubt mit mir an die gerechte Zeit, die alles reifen läßt!«)
Zahlreiche Einzelmemoriale außerdem in allen (besonders den
östlichen) Bezirken der Stadt.

Reinhold Schneider (Baden-Baden/
BW) übersiedelte im November 1931
nach Berlin und lebte von 1932-37 »in
unsäglich bedrückenden Verhältnissen« als freier Schriftsteller in Potsdam
(BR). Freundschaft in dieser Zeit mit
dem Maler L. von König und J. Klepper: »An der Wiedererrichtung des
Kreuzes in meinem Leben hat er einen
großen Anteil.« Im Winter 1932/33,
der »wie ein Fieber« war, entstand
Sch.s Hohenzollern-Buch, das »nach
dem ersten Anlauf unterdrückt« und
erst wieder nach zwanzig Jahren gedruckt wurde. – Den **Bahnhof Friedrichstraße** (Mitte) schildert **Wilhelm
Hausenstein** (Wolfach/Hornberg/
BW) so interessant wie seine Besuche
bei M. Slevogt (in der **Lietzenburger
Straße**) oder bei M. Liebermann. Ansonsten notierte er in seinem Buch
über die europäischen Hauptstädte
1932, ihm sei, als ob Berlin auf Nichts
stünde, als gäbe es »in Berlin, über
Berlin, unter Berlin eine verhängnis-
volle Kraft, die alles immer wieder

zu annullieren« vermag. – **VAUO
Stomps** (Krefeld/NRW) gründete in
B. 1926 zus. mit **Jean Gebser** (1905-
71) »Die Rabenpresse«. 1967 kehrte er
wieder nach B. zurück und lebte in einem Kreuzberger »Galeriechen«, im
Hinterhof **Oranienstraße** Nr. 27.
Hier 67 »Neue Rabenpresse«. 1970 im
Städt. Krankenhaus am Kreuzberg gestorben; Grab **Landeseigener Friedhof Zehlendorf, Onkel-Tom-Straße**. – **Friedrich Sieburg** (Altena/
NRW), der nach dem Ersten Weltkrieg
(bis 1923) als Publizist in B. lebte,
1952: »Als Phänomen des Völker-
lebens ist Berlin ein groteskes Gebilde;
halb Traum, halb Narretei; halb Trutz-
burg, halb Kerker; halb Keim der Zukunft, halb absterbender Baum.«
Die große Zäsur brachte der Zweite
Weltkrieg. 1947 schrieb **Max Frisch**
(1911-91) in sein Tagebuch: »Eine
baumlose Steppe«, er meinte den Tiergarten. 1949 besuchte er **B. Brecht** in
dessen erstem Berliner Domizil in
der **Klement-Gottwald-Allee** (heute

Uwe Johnson vor der Karte der »beiden Städte Berlins«

Berliner Allee Nr. 185/Weißensee). Später bezog F. eine Wohnung in Friedenau (**Sarrazinstraße** Nr. 8/Schöneberg); die Wohnung und ihre Umgebung ist beschrieben in »Montauk« (1975).

Uwe Johnson (1934-84/Güstrow/MVP): »An dem Tag, an dem in einer westdeutschen Druckerei ein Name auf die Titelseite (von »Mutmassungen über Jakob«) eingefügt werden mußte, an diesem Tag (10. Juli 1959) bin ich in West-Berlin aus der S-Bahn gestiegen.« J. fand in M. Frischs Nachbarschaft in Friedenau eine Wohnung, zunächst in der **Niedstraße** (Nr. 14), wo zeitw. auch **Günter Grass, Erich Kästner** und **Günther Weisenborn** wohnten, später zusätzlich auch in der **Stierstraße** (Nr. 3). 1961 erschien »Das dritte Buch über Achim«, 64 »Karsch und andere Prosa«, 65 »Zwei Ansichten«. Anfang der siebziger Jahre kamen die ersten drei Bände seines Opus magnum »Jahrestage. Aus dem Leben der Gesine Cresspahl« (1970/71/72) hinzu, 75 erschien Band 4. G. Grass bemerkte über Johnsons »Schreibweise«, daß sie »für die ostdeutsche Leserschaft konzipiert« gewesen sei. »Dieses Publikum war in der Lage, versteckteste Anspielungen zu verstehen ...« Johnson lebte mit Unterbrechungen (u. a. 1966-68 in den USA) bis 1974 in Friedenau. »Im übrigen«, heißt es in der Sammlung von Aufsätzen aus den sechziger Jahren, »Berliner Sachen«, »ein jeder nimmt sich sein Berlin«. Beim Umzug nach Shernees-on-Sea in England schenkte er M. Frisch seine große Wandkarte der »beiden Städte Berlins«. (»Die Katze Erinnerung«, U.J. Eine Chronik in Briefen und Bildern, zus.gestellt von E. Fahlke, 1994.)

Nach heftigen ideologischen Angriffen verließ **Heinar Kipphardt** (1922-82) die DDR 1959, wo er – seit 1949 zunächst als Nervenarzt an der Berliner **Charité**, seit 50 als Dramaturg und Regisseur am **Deutschen Theater** – gelebt hatte. Besonders erfolgreich war sein 1954 uraufgeführtes satirisches Lustspiel »Shakespeare dringend gesucht«. Im selben Jahr Nationalpreis der DDR. Letzte B.er Wohnung in Friedrichshagen, **Werlseestraße Nr. 36** (Köpenick). K. ließ sich in München/B nieder, wo er im November 1982 starb.

Im Westteil Berlins sprach am 26. 2. 1946 erstmals **Friedrich Luft** (1911-90) im damals noch amerikanischen Sender. Mehr als 40 Jahre sollte er die (West-Berliner) »Stimme der Kritik« bleiben (»Tagesblätter von Urbanus«,

1948; »Luftsprünge«, 62; »Berliner Theater seit 1945«, 65; »Stimme der Kritik«, 79). Gedenktafel an seinem Wohnhaus in Schöneberg, **Maienstraße Nr. 4**; Grab **Waldfriedhof Zehlendorf (Potsdamer Chaussee)**. Nachlaß Akademie der Künste; F.-L.-Preis der »Berliner Morgenpost« (seit 1993).

Von 1945 bis zu seinem Tod 1975 lebte der soz. Erzähler **Ludwig Turek** (geb. 1898 in Stendal/SAN) in Berlin. In dem Roman »Anna Lubitzke« (1952; u.d.T. »Steinzeitballade« 1960 verfilmt) schildert er die harte Arbeit der B.er Trümmerfrauen. Aut. Romane: »Ein Prolet erzählt« (1930), »Klar zur Wende« (1949). Grab **Zentralfriedhof Friedrichsfelde (Gudrunstraße/ Lichtenberg)**.

Heimkehr nach Berlin

Als ich in Eure Stadt hineinmarschierte,
Verwildert und zerlumpt und noch recht kühn,
Da sah ich gleich, daß die Stadt nur halbhoch stand.
Und es war nicht Babel, nein, es war Berlin.

Und die Häuser hatten alle einen Knicks gemacht,
Wie ein Kochtopf war sie abgedeckt, die Stadt.
Die Etagen waren damals flink hinabgehüpft,
So daß die Stadt heut nur noch Erdgeschosse hat.

Ich marschierte allein durch das Ziegeldickicht,
Und ein Fußpfad drin, der hieß einst Tauentzien,
Und der Wind sang ein Lied, das gefiel mir nicht,
Doch es war der alte Wind von Berlin.

Manche Lampe hing da oben schief im Himmelslicht,
Zwei Gardinen wehten bleich im Mondenschein.
Die einst oben schliefen, schlafen weiter unten jetzt
In den Kellern, ohne Traum und Kopf an Bein.

Laut hallten in den Straßen meine Schritte,
Ach, da gingen leise viele Schritte mit.
Es sind viele mit mir heimgekommen,
Hört Ihr unsern Holzpantinenschritt?

Da lief ich flink durch Trümmer und Kanonen,
Und was ganz war, war allein der große Mond.
Sieh, ein Scherbenteppich glitzerte und klirrte unterm
    Schuh,
Und ich lief dahin, wo ich einst gewohnt.

Wo ich liebte und sie des nachts umarmte,
Freund, da oben sah ich nichts als lauter Luft.
Ja, da steh' ich nach drei Jahren in der Fremde
Heimgekehrt und wart' ein wenig, daß sie ruft.

Und dann frag' ich in den Kellern nach der Liebsten,
»Die, ach, die ist lange nicht mehr hier,
Geh mal rauf, vielleicht hat sie was aufgeschrieben.«
Die ich öffnen wollte, die war weg, die Tür.

Günther Weisenborn, 1947

Bertolt Brecht 1948: »Es ist sicher: Mit der großen Umwälzung beginnt eine große Zeit für die Künste. Wie groß werden sie sein?«
Unter den Autoren der »ersten Periode der DDR-Kulturpolitik… der antifaschistisch-demokratischen Umwälzung«: **Bruno Apitz** (1900-79/ Grab **Zentralfriedhof Friedrichsfelde/Gudrunstraße** Lichtenberg), 1937-45 im KZ Buchenwald (Weimar/ TH), wo er aus dem Holz der »Goethe-Eiche« die Totenmaske »Das letzte Gesicht« schnitzte. Seit 1955 freier Schriftsteller in Berlin. Nachlaß Akademie der Künste. – **Willi Bredel** (Hamburg) siedelte 1949 von Schwerin (MVP) nach B. über, war 53-57 Chefredakteur der Zs. »Neue Deutsche Literatur« und wurde, seit 54

Ricarda Huch eröffnet den Ersten Deutschen Schriftstellerkongreß 1947

Mitglied des ZK der SED, 62 Präsident der Akademie der Künste (dort auch Nachlaß). Ehrengrab **Zentralfriedhof Friedrichsfelde/Gudrunstraße** Lichtenberg. – **Eduard Claudius** (eig. **E. Schmidt**/Gelsenkirchen/NRW) zog 1947 vom Ruhrgebiet nach Potsdam (BR), seit 56 im diplomatischen Dienst der DDR. 1945 erschien sein Roman aus dem Spanischen Bürgerkrieg »Grüne Oliven und nackte Berge«, 51 »Menschen an unserer Seite«, 68 die Aut. »Ruhelose Jahre«. Teilnachlaß Akademie der Künste. – **Alfred Kantorowicz** (1899-1979/Hamburg), Kindheit am **Holsteiner Ufer** (Tiergarten). 1947-49 Herausgeber der Zs. »Ost und West«, 57 in die BRD (»Deutsches Tagebuch«, 1959/61). – **Rudolf Leonhard** (1889-1953/Grab **Zentralfriedhof Friedrichsfelde/**

Gudrunstraße Lichtenberg), expressionist. Lyriker, Dramatiker, Erzähler und Essayist. Seit 1950 wieder in Ost-B. (Ausgew. Werke, Hrsg. M. Scheer, 1961 ff.). Nachlaß Akademie der Künste. – **Fritz Selbmann** (1899-1975), zwölf Jahre nach 1933 eingekerkert (Waldheim/SA). Wurde 1949 als Minister für Industrie nach B. berufen. Als solcher verkündigte er am 16. Juni 1953 im Haus der Ministerien in der **Leipziger Straße** Nr. 5-7 (Mitte) angesichts der Protestdemonstrationen der Bauarbeiter in der Stalinallee die Rücknahme der Normenerhöhung (dazu St. Heym »5 Tage im Juni« und, in Heyms Slg. »Auskunft«, Selbmanns »Anhang, den Tag vorher betreffend«). Seit den sechziger Jahren freischaffender Autor, z.T. kolportagenhafter Romane: »Die lange Nacht«

(aut. R. 61), »Die Söhne der Wölfe« (B.er Betriebsroman 65), »Alternative, Bilanz, Credo. Versuch einer Selbstdarstellung« (69). Lebte zuletzt in Müggelheim (**Enkenbacher Weg** Nr. 66/Köpenick). Ehrengrab **Zentralfriedhof Friedrichsfelde/Gudrunstraße** Lichtenberg.

Berlin

Berlin, du deutsche deutsche Frau
Ich bin dein Hochzeitsfreier
Ach, deine Hände sind so rauh
von Kälte und von Feuer.

Ach, deine Hüften sind so schmal
wie deine schmalen Straßen
Ach, deine Küsse sind so schal,
ich kann dich nimmer lassen.

Ich kann nicht weg mehr von dir gehn
Im Westen steht die Mauer
Im Osten meine Freunde stehn,
der Nordwind ist ein rauher.

Berlin, du blonde blonde Frau
Ich bin dein kühler Freier
dein Himmel ist so hunde-blau
darin hängt meine Leier.

Wolf Biermann, 1965

In den fünfziger Jahren entstand die sog. »Aufbau-Literatur« (**Otto Gotsche, Eduard Claudius, Maria Langner, Peter Nell, Karl Mundstock**); thematisch zugehörig auch **Heiner Müllers** Stück »Der Lohndrücker« (1956) und die frühen Stücke von **Peter Hacks** vor seiner ›klassizistischen‹ Zeit. Abgelöst wurde die Aufbau-Literatur von der (nach **Brigitte Reimanns** 1961 – im Jahr des Mauerbaus – erschienenen Roman »Ankunft im Alltag« benannten) »Ankunftsliteratur«. In den folgenden Jahren prägten der 1959 verordnete »Bitterfelder Weg« und die nach 61 geforderte »Schaffung einer sozialistischen Nationalliteratur« das (kultur-)politische Klima.

Kleine Literaturgeschichte der DDR

EXKURS Zwischen 1945 und 49 kehrten viele der ins Exil gegangenen kommunistischen und sozialistischen Autoren in die
SBZ zurück, um, wie es im Gründungsmanifest des 1945
(zus. mit dem Aufbau-Verlag) gegründeten »Kulturbundes zur demokratischen Erneuerung Deutschlands« hieß,
»die Überreste des Faschismus und der Reaktion zu ver-
nichten … und auf geistig kulturellem Gebiet ein neues,
sauberes, anständiges Leben« aufzubauen. Aus der Sowjetunion
kamen **Johannes R. Becher, Willi Bredel, Erich Weinert, Friedrich Wolf, Adam Scharrer, Theodor Plievier** und **Gustav von
Wangenheim**; aus Mexiko **Anna Seghers, Ludwig Renn, Walter Janka, Bodo Uhse** und **Alexander Abusch**; aus den USA
**Hans Marchwitza, Bertolt Brecht, Ernst Bloch, Franz-Carl
Weiskopf, Alfred Kantorowicz, Wieland Herzfelde** und **Stefan
Heym** (1952); aus Palästina **Arnold Zweig, Jan Petersen** aus
England, **Stephan Hermlin** aus der Schweiz bzw. Westdeutsch-
land und (1950) **Erich Arendt** aus Kolumbien, im selben Jahr
Rudolf Leonhard aus Frankreich.
Die Romane der folgenden Jahre thematisierten Krieg, Faschis-
mus und Exil: Th. Plieviers »Stalingrad« (1945), **Hans Falladas**
»Jeder stirbt für sich allein« (1947), **A. Zweigs** mehrbändiger Zy-
klus »Der große Krieg der weißen Männer« (1931-57), **W. Bre-
dels** »Verwandte und Bekannte« (1941-53), **A. Seghers'** »Die Toten bleiben jung« (1945-48) und, mit zeitlichem Abstand, **Bruno
Apitz'** – »Den toten Kampfgefährten aller Nationen« gewidme-
ten – R. »Nackt unter Wölfen« (1958). Ebenso die Gedichtbände
J. R. Bechers (»Heimkehr«, 1946, und »Volk im Dunkel wan-
delnd«, 1948), **E. Weinerts** (»Rufe in die Nacht«, 1947), **St.
Hermlins** (»Wir verstummen nicht«, 1945) und **E. Arendts**
(»Trug doch die Nacht den Albatros«, 1951, »Bergwindballade«,
1953). **Peter Huchel**, in den zwanziger Jahren Mitarbeiter der
Dresdner Zs. »Die Kolonne«, veröffentlichte 1948 »Gedichte«;
in der von ihm geleiteten Zs. »Sinn und Form« erschienen 1954
die ersten Gedichte von **Johannes Bobrowski**. **B. Brecht** insze-

Brecht auf dem Wagen des Berliner Ensembles am 1. Mai 1954

nierte 1949 die als »antirealistische Dekadenzliteratur« angegrif-
fene »Mutter Courage und ihre Kinder«; im selben Jahr erschien
das »Kleine Organon für das Theater« (s. S. 183).

Bereits 1959 verließen **Heinar Kipp-hardt** und **Uwe Johnson** die DDR, 1961 **Ernst Bloch**, zwei Jahre später **Hans Mayer**, 1964 **Hans Lange** und **Christa Reinig**, 1967 **Manfred Bieler** und **Helga M. Nowak**, 1971 **Peter Huchel**. 1977, ein Jahr nach der Aus-bürgerung **Wolf Biermanns** und als deren Folge, gingen **Thomas Brasch, Reiner Kunze, Hans Joachim Schäd-lich, Jürgen Fuchs, Günter Kunert, Gerulf Pannach** und **Einar Schleef** außer Landes; ebenso **Sarah Kirsch** und **Jurek Becker** 1978, **Kurt Bartsch, Gabriele Eckart, Frank-Wolf Mat-thies, Utz Rachowski, Klaus Schle-singer** und **Stefan Schütz** 80; 1981 **Karl-Heinz Jacobs** und **Erich Loest**, 84 **Barbara Honigmann**, **Katja**

Lange-Müller und **Christa Moog**, 85 **Bernd Wagner**, 86 **Sascha Anderson**, 88 **Monika Maron**. Im November 1989 annullierte der Schriftstellerver-band der DDR den zehn Jahre zuvor verfügten Ausschluß der Autoren K. Bartsch, **Adolf Endler**, Stefan Heym, **K.-H. Jacobs, Klaus Poche**, K. Schle-singer, **Rolf Schneider, Dieter Schu-bert** und **Joachim Seyppel**. –

Als erste Bibliothek veranstaltete in den historischen Herbsttagen 1989 die Stadt-bibliothek Worms (RP) eine Ausstellung unter dem Titel »Sie kommen aus Deutsch-land/DDR-Schriftsteller in der Bundesre-publik« (Ausstellung und Katalog D. Jo-hannes).
Zur DDR-Literatur-Debatte, in der es allzu oft »nicht um die Literatur, sondern um eine exemplarische Abrechnung mit ex-

emplarischen Lebensläufen (geht). Die
Schriftsteller sind Stellvertreter« (U. Wittstock): G. de Bruyn, »Jubelschreie, Trauer-
gesänge. Deutsche Befindlichkeiten«
(1991); M. Reich-Ranicki, »Ohne Rabatt.

Über Literatur aus der DDR« (1991); »Verrat an der Kunst. Rückblicke auf die DDR-
Literatur«, Hrsg. K. Deiritz, H. Krauss
(1993).

Die Mauer

I

Zwischen den seltsamen Städten, die den gleichen
Namen haben, zwischen vielem Beton
Eisen Draht Rauch, den Schüssen
Der Motore: in des seltsamen Lands
Wundermal steht aus all dem
Ein Bau, zwischen den Wundern
Auffallend, im erstaunlichen Land
Ausland. Gewöhnt
An hängende Brücken und Stahltürme
Und was noch an die Grenze geht
Von Material und Maschinen, faßt
Der Blick doch nicht
Das hier.

Zwischen all den Rätseln: das ist
Fast ihre Lösung. Schrecklich
Hält sie, steinerne Grenze
Auf was keine Grenze
Kennt: den Krieg. Und sie hält
Im friedlichen Land, denn es muß stark sein
Nicht arm, die abhaun zu den Wölfen
Die Lämmer. Vor den Kopf
Stößt sie, das gehn soll, wohin es will, nicht
In die Massengräber, das
Volk der Denker.

Aber das mich so hält, das halbe
Land, das sich geändert hat mit mir, jetzt
Ist es sicherer, aber
Ändre ichs noch? Von dem Panzer
Gedeckt, freut sichs
Seiner Ruhe, fast ruhig? Schwer
Aus den Gewehren fallen die Schüsse:
Auf die, die es anders besser
Halten könnte. *Die Mauern stehn*
Sprachlos und kalt, im Winde
Klirren die Fahnen.

2

Die hinter den Zeitungen
Anbelln den Beton und, besengt
Von den Sendern, sich aus dem Staub machen
Der Baustellen oder am Stacheldraht
Unter Brüdern harfen und
Unter Kirchen scharrn Tunnel: die
Blinden Hühner finden sich
Vor Kimme und Korn. Unerfindlich
Aber ist ihnen, was diese Städte
Trennt. Weil das nicht
Aus Beton vor der Stirn pappt.
Uns trennt keine Mauer.

Das ist Dreck aus Beton, schafft
Das dann weg, mit Schneidbrennern
Reißt das klein, mit Brecheisen
Legts ins Gras: wenn sie nicht mehr
Abhaun mit ihrer Haut zum Markt
Zerhaut den Verhau. Wenn machtlos sind
Die noch Grenzen ändern wollen
Zerbrecht die Grenze. Der letzte Panzer
Zerdrück sie und sie ihn.
Daß sie weg ist.

Jetzt laßt das da.
Aber
Ich sag: es steht durch die Stadt
Unstattlich, der Baukunst langer Unbau
Streicht das schwarz
Die Brandmauer (scheißt drauf)

Denn es ist nicht
Unsre Schande: zeigt sie.
Macht nicht in einem August
Einen Garten daraus, wälzt den Dreck nicht
Zu Beeten breit, mit Lilien über den Minen
Pflanzt Nesseln, nicht Nelken
Vermehrt nicht, zwischen den seltsamen
Städten, die Rätsel, krachend
Schmückt das Land nicht
Mit seiner Not. Und
Laßt nicht das Gras wachsen
Über der offenen Schande: es ist
Nicht unsre, zeigt sie.

Volker Braun, 1979

Zu den bedeutendsten deutschen Belletristik-Verlagen gehörte seit den fünfziger Jahren der Aufbau-Verlag in der **Französischen Straße** Nr. 32 (Mitte/Sitz seit 1996 **Neue Promenade** Nr. 6). Den weltweiten Ruf des Verlages begründete **Walter Janka** (1914-94), der den Großteil seines Lebens als »Verfolgter, Inhaftierter (zweimal allein in Bautzen/SA: nach 33 unter Hitler, in den fünfziger Jahren unter Ulbricht), Exilierter und Ausgegrenzter« verbrachte. Im mexikan. Exil gründete J. 1942 den berühmten und erfolgreichen Exil-Verlag »El Libro Libre«, in dem u.a. A. Seghers' »Siebtes Kreuz«, H. Manns »Lidice« und E.E. Kischs »Entdekkungen in Mexiko« erschienen. 1947 kehrte er in die SBZ zurück, wurde Anfang 52 Leiter des Aufbau-Verlages und Ende 56 wegen »konterrevolutionärer Verschwörung« verhaftet. Nach seiner Entlassung Ende 60 war Janka zeitw. Dramaturg bei der DEFA. Wurde im Januar 1990 vom Obersten Gericht der DDR rehabilitiert. Wichtig die beiden Bücher »Schwierigkeiten mit der Wahrheit« (1989) und »Spuren eines Lebens« (1991). Grab

Tagung der Gruppe 47 in West-Berlin, 1965

Waldfriedhof Kleinmachnow (BR). Redakteur beim »Ulenspiegel« war der Satiriker **Karl Schnog** (1897-1964). 1933 emigrierte er in die Schweiz, wurde dort ausgewiesen und ging nach Luxemburg. Beim Einmarsch der deutschen Truppen verhaftet, danach fünf Jahre in Konzentrationslagern. Der Band »Zeitgedichte – Zeitgeschichte« (1949) umfaßt eine Auswahl seiner besten Verse. – Der ehem. Lehrer und Schulrat **Erich Brehm** (1910-66), seit 1945 Mitglied der KPD, gründete 1953 das erste Kabarett in der DDR: »Die Distel« (**Friedrichstraße** Nr. 101/Mitte). 1958 veröffentlichte er u.d.T. »Die Distel blüht zum Spaß« eine Auswahl seiner Texte. 1961 Nationalpreis. – »Der

sanfte Anarchist« **Georg Seidel**, 1945 in Dessau (SAN) geboren, 1990 in B. gestorben, war bis 1987 Dramaturg am **Deutschen Theater**, später freier Autor. Zu seinen bekanntesten Werken gehören, neben »Königskinder« und »Carmen Kittel« (1990), die vom Berliner Ensemble aufgeführten Stücke »Jochen Schanotta« (1987) und »Villa Jugend« (1990). – Ebenfalls am **Deutschen Theater** wirkte der Dresdener **Hans Lucke** (Jg. 1927/SA). Schauplatz seines Volksstückes »Mäßigung ist aller Laster Anfang«, 1969 uraufgeführt und viel bejubelt als Darstellung von neuem »Arbeiterstolz und -selbstbewußtsein«, ist die in Berlin-Mitte (damals) repräsentativste Baustelle: der **Alexanderplatz**. Nach dem Mauerbau 1961 wurde das Literarische Colloquium (LCB) am Wannsee (**Am Sandwerder** Nr. 5/ Zehlendorf) zum Ort für Begegnungen und Veranstaltungen. Gründer **Walter Höllerer**: »Es gab Neugier und Nachholbedarf« (»Autoren im Haus«, 1982). 1962 tagte die Gruppe 47 im LCB; eingeladen waren u.a. neben den regulären Mitgliedern **Johannes Bobrowski** und **Peter Weiss**. Später kamen **John Dos Passos** und **John Steinbeck** aus den USA, **Paul Celan** aus Paris, **Lars Gustafsson** aus Schweden, **Zbigniew Herbert** aus Polen. **Witold Gombrowicz**, Gast der Akademie der Künste (u.a. im 15. Stock des Hauses Nr. 1-13 in der **Bartningallee** im Hansaviertel wohnend: »... im Grünen, eine Gartenstadt. Ich schwamm in diesen Weiten nach dem engen Pariser Hotelkabuff«), schrieb in der »Kurortstadt«: Das »Glitzerding West-Berlin, letzte Koketterie des luxuriösen Europa« (»Berliner Notizen«, 1965). – **Graham Greene** bei einem Besuch – hüben wie drüben – im Mai 1963 in seinem »Letter to a West German Friend« am **Checkpoint Charlie**: »Ein Teil von Berlin ist zu fremdem Land geworden, und sie starren in diese Fremde, einige mit Haß, andere mit Sorge, doch alle mit einer gewissen Faszination.« – **Pier Paolo Pasolini** kam aus Rom, um seine Filme vorzustellen. **Samuel Beckett**, der im Winter 1936/37 fast einen ganzen Monat vorwiegend auf der Museumsinsel verbracht und an Weihnachten lange Märsche durch den Grunewald unternommen hatte, inszenierte 1967 zum ersten Mal eines seiner Stücke in der Werkstatt des **Schillertheaters**, das »Endspiel«; weitere Inszenierungen (69 »Das letzte Band«, 75 »Warten auf Godot« u.a.) folgten. Unter Leitung von H. Mayer fand 1973 das große Beckett-Colloquium statt. Gäste im LCB waren auch **Uwe Johnson, Ernst Bloch** (Tübingen/BW) und **Nicolas Born**, der neben B. auch im Wendland (Dannenberg/NDS) lebte (Dokumentation in der Fotogalerie des Hauses). – Neben der (inzwischen eingestellten) Zs. »Sprache im technischen Zeitalter« gibt das LCB auch die Reihe »LCB-Editionen« heraus. »Denn ohne uns, die wir über Jahrzehnte Kulturarbeit versucht haben, wäre Berlin längst eine graue Stadt im Niemandsland« (I. Drewitz).

Berliner Posse

EXKURS

Der Brandenburger **Julius von Voß** (1768-1832) quittierte seinen Offiziersdienst, etablierte sich 1798 als Autor in B. und schrieb 1822 das erste B.er (Dialekt-)Volksstück: »Der Strahlower Fischzug« (Grab **Garnisonfriedhof, Kleine Rosenthaler Straße**/Mitte, verschwunden). – Als Begründer der B.er Posse gilt der Leipziger Schauspieler **Louis Angely** (1787-1835); von seinen 100 Stükken, Sing- und Lustspielen, hielt sich am längsten »Das Fest der Handwerker« (1828), ein im B.er »Vogtland« (Mitte) spielender kom. Einakter mit Chansons: »Es ist doch ein Glück, ein Berliner zu sein!« (Grab **Friedhof der Franz. Reformierten Gem., Liesenstraße**/Mitte, eingeebnet). – Das franz. Vaudeville führte der B.er Komponist und Librettist **Karl Ludwig Blum** (1786-1844) ein; von seinen 150 volkstüml. Stücken gingen 1815-45 mindestens 25 über B.er Bühnen. – **Adolf Glaßbrenner** verhalf L. Angelys Gestalt des Eckenstehers

Nante erst zu seinem umjubelten Ruhm: »Lebenslauf, ick erwarte Dir!« –»Einhunderttausend Taler«, »B., wie es weint und lacht«, »B. bei Nacht«, »B. wird Hauptstadt«: das waren Possen von **David Kalisch** (1820-72/Grab **Friedhof der St. Matthäi-Gem., Großgörschenstraße**/Schöneberg). K., Speditionskaufmann aus Breslau, reüssierte seit 1846, nach einer Parisreise (zu H. Heine, G. Herwegh, K. Marx, P. J. Proudhon), v.a. im Wallner-Theater (**Blumenstraße**/Friedrichshain). »Aus diesen anspruchslosen, aber geistig bewegl. Stücken hätte sich die pol. Komödie Deutschlands entwickeln können« (G. Keller). K. war 1848 Mitbegründer des pol.-satir. Witzblatts »Kladderadatsch«, seine Couplets enthält der »B.er Leierkasten« (1857). K.s Altberliner Possen von 1846 bis 1851 er-

Eckensteher Nante

schienen gesammelt 1988 u. d. T. »Hunderttausend Taler« (Hrsg. M. Nöbel). – Ungefähr 70 Unterhaltungsstücke, Einakter und Possen seichter Natur, auch Erinnerungen (»Vom Leutnant zum Lustspieldichter«, 1908) verfaßte **Gustav von Moser** (1825-1903), z. T. mit **A. L'Arronge**, F. v. Schönthan u. a. »Der Veilchenfresser« (1874) blieb lange Hauptzugstück des B.er Schauspielhauses. – Mit Possen und Schwänken (»Kyritz-Pyritz«) hatte **Heinrich Wilken** (1835-86) Erfolg (Grab **Friedhof der Jerusalems- u. Neuen Kirchen-Gem. I, Zossener Straße**/Kreuzberg). – Volksstücke und Possen (»Mein Leopold«, 1873; »Hasemanns Töchter«, 77) glückten auch dem Hamburger **Adolph L'Arronge** (1838-1908/Grab **Kirchhof III der Jerusalems-Gem. und der Neuen Kirchen-Gem., Mehringdamm** Nr. 21/Kreuzberg), dem Mitbegründer und Direktor des **Deutschen Theaters** zu B. – Schauspieler und Theaterdichter war der Wiener **Franz von Schönthan** (1849-1913); den Schwank »Der Raub der Sabinerinnen« schrieb er 1885 mit seinem Bruder **Paul** (1853-1905), der in B. 1887-90 die »Lustigen Blätter« redigierte. – Seit 1871 als »Bonvivant«, später als Bühnenschriftsteller, fungierte der in Budapest geb. **Gustav Kadelburg** (1851-1925); er schrieb Lustspiele, zus. mit **Oskar Blumenthal**, z. B. »Im weißen Rößl« (1898, Operettenbearbeitung von R. Benatzky), Schwänke

(»Hans Huckebein«, 1905) und Operettenlibretti, meist gemeinsam mit O. Blumenthal oder F. v. Schönthan. – Ungemein produktiv als Erzähler und Dramatiker (»Schlagende Wetter«, 1906) erwies sich der Märker **Maximilian Böttcher** (1872-1950); großen Erfolg hatten seine Volksstücke, v. a. die in der **Lothringer Straße** Nr. 199 spielenden »Krach im Hinterhaus«, 1934, »Krach im Vorderhaus«, 40. – »In einer seltsam visionären Nachdichtung« (G. Sichelschmidt) wurde A. Glaßbrenners »Nante« 1942 noch einmal auf die Bühne gebracht: vom Direktor des B.er Nachrichtenamtes **Hans Brennert** (1870-1942).

Die Tradition des B.er Volksstücks pflegten **Curth Flatow** (»Vater einer Tochter«) und **Horst Pillau** (»Der Kaiser vom Alexanderplatz«); beide zus. erfreuten ihr Publikum mit »Das Fenster zum Flur« (1959). – Inzwischen hat das Fernsehen das Volksstück übernommen. Einige Beispiele aus jüngerer Zeit: »Die Koblanks« (Verfilmung des Romans von **Erdmann Graeser**); »Die drei Damen vom Grill« von **Heinz O. Wuttig** und **Ulrich del Mestre** (seit dem Beginn der Serie 1976 wurden über 140 Folgen gedreht); letzterer auch Autor der »Praxis Bülowbogen«; **Jurek Becker** (1937-1997), »Liebling Kreuzberg«.

Begegnungen im »ummauerten« West-Berlin machte (und macht noch) auch das »Berliner Künstlerprogramm« möglich (Sitz bis 1992 am **Steinplatz**/Charlottenburg). Zu den ersten Gästen gehörten der Engländer **Wystan Hugh Auden** und die Österreicherin **Ingeborg Bachmann**, die bis 1965 in B. lebte (»Ein Ort für Zufälle«, Es. 1964). Sie wohnte längere Zeit in Grunewald. Gemeinsame Ausflüge beschrieb **Hans Werner Richter** (1908-94): »Radfahrten im Grunewald« (in »Etablissement der Schmetterlinge«, 1986). Der Literaturwissenschaftler **Peter Szondi** (1929-71), als Kind mit seiner Familie vor der drohenden Deportation aus Budapest in die Schweiz geflohen, studierte in Zürich und promovierte bei E. Staiger. 1965 nach Berlin berufen, begründete er im gleichen Jahr das Institut für Allgemeine und Vergleichende Literaturwissenschaft an der FU; er lehrte dort bis zu seinem Tod. Korrespondenz u. a. mit G. Scholem, Th. W. Adorno und P. Celan (Briefe, Hrsg. Ch. König und Th. Sparr, 1994). In seinem letzten Lebensjahr schrieb Szondi die Essays »Das Naive ist das Sentimentalische« (Adorno gewidmet) und »Durch die Enge geführt« (eine Interpretation von Celans G. »Engführung«). Nachlaß DLA Marbach.

Bernt Engelmann (1921-94), nach der 750-Jahr-Feier der Stadt: »... Um Ber-

Christa Wolf bei der Massendemonstration am 4. November 1989 auf dem Alexanderplatz (s. S. 248)

linerin oder Berliner zu werden, bedarf es lediglich der ... Überzeugung, daß man dort zu Hause und daß Berlin eine Stadt wie keine andere ist. Das ist das ganze Geheimnis dieser 750 Jahre jungen, immer wieder ›runderneuerten‹ Stadt an der Spree« (»Berlin. Eine Stadt wie keine andere«, 1991).

Berlin in der Literatur

»Zwischen 1910 und 1933 ist Berlin nicht nur die wichtigste Produktionsstätte der deutschen Literatur gewesen, sondern auch ihr bevorzugtes Thema. Als Schauplatz, Metapher, Allegorie oder Pathosformel erscheint diese Stadt in zahlreichen Gedichten, in kleiner Prosa und umfangreichen Romanen, auch in fremdsprachigen: Berlin war eine Weltstadt und spiegelte sich in vielen, nicht nur in deutschen Augen.« (»Berlin Transit/Eine Stadt als Station« von Gert und Gundel Mattenklott, 1987).

»Berliner Kind, Spandauer Wind, Scharlottenburjer Ferd, sind alle drei nischt wert« – dieser Redensart korrespondiert ein Abzählvers von **Joachim Ringelnatz**: »Bülow, Nolle, Witte, Zoo …« vier U-Bahnstationen – für Kenner und Liebhaber. Wer ist Kenner? »Die Dichter und die Maler und auch die Kriminaler, die kennen ihr Berlin«, so abermals Ringelnatz. Doch außerhalb? Seinerzeit K. F. Zelter an Goethe: »… ganz ehrlich gesprochen, wißt ihr Herren in der Ferne doch alle nichts von Berlin.« Und 1955 mußte **Gottfried Benn** feststellen: »So weit ist es also gekommen. Für diese Jugend ist Berlin überhaupt kein Begriff mehr, es ist unbekannt, vergessen, im märkischen Sand versunken wie Palmyra in der Wüste.« Als »Stadt meines Lebens, meines Schicksals, meiner schönsten Jahre!« hatte er es 1935 apostrophiert. **Hans Scholz** schrieb 1960 »Betrachtungen an und in den Grenzen der deutschen Hauptstadt« und gab dem Skizzenbuch den Titel der Begrüßungsarie, die dem Großen Kurfürsten nach dem Siege von Fehrbellin (1675) vorgetragen wurde: »Berlin, jetzt freue Dich!« Mit den gleichen Worten begrüßte Bürgermeister Walter Momper am 9. November 1989 die Öffnung der Mauer.

Wolf Jobst Siedler (vor der 750-Jahr-Feier der Stadt) 1987: »Berlin, aber wo liegt es? Man durchstreift die Stadt, vieles sucht man vergeblich, Häuser wie Menschen. (Doch) Städte leben von ihren Mythen mehr als von ihren Wirklichkeiten.«

»Der poetische ›Mythos Berlin‹ (allerdings) mußte scheitern«, so **Hans-Michael Speier** aus dem gleichen Anlaß, »weil über längere Zeiträume konstante räumliche und kulturelle Grundstrukturen fehlten, die immer wieder neu, in wechselnden Formen hätten poetisiert werden können. So hat Berlin – anders als Paris – kein poetisches Gesamttableau entwickelt, sondern sich im Zuge seiner rapiden Existenzwechsel (Residenz, Reichshauptstadt, Vier-Zonen-Stadt, Hauptstadt der DDR und Land der BRD) lediglich zu rasch entstehenden wie zerfallenden imaginativen Synthesen verdichtet – seine Poesie zeigt weniger eine Stadt als vielfache ›villes imaginaires‹ …, an denen sich die Risse, Sprünge und Verwerfungen ablesen lassen.« **Günther Rühle** 1994 über den »LiteraturOrt Berlin«: »Die Stadt zeigte offen ihre Widersprüche und konträren Positionen. Sie spiegelten sich in dem, was die Schriftsteller hier wurden und schrieben ... Stellte man zusammen, was aus Berlin der deutschen Literatur zufloß bis in die Tage von Günter Grass, Christa Wolf und Heiner Müller, es gäbe eine ganze Bibliothek.«

Lyrische Topographien

»Endlich schwindet dieser falsche Schimmer totaler Unpoesie, dieser Beigeschmack von Verstandesnüchternheit, der auf dem berlinischen Ursprunge liegen soll« (**Karl Gutzkow** in der Vorrede zu »Aus der Knabenzeit«, 1852). »Gedichte auf Berlin« (so auch der Titel einer Anth. von **Walter G. Oschilewski**, 1958) aus vier Jahrhunderten: »... komm ins Lusthaus deiner Märker, das fürstliche Berlin!« heißt es bereits (am 10. April) 1650 im »Huldigungslied zum Einzug des Großen Kurfürsten« des »berühmten Köllnischen Poeten« **Nicolaus Peucker** (1623-1674). 1759 »An die Stadt Berlin« von **Karl Wilhelm Ramler; Philipp E. Raufeysens** (1743-1775) Ode trägt denselben Titel. **Adelbert von Chamisso**: »Berlin – Im Jahre 1831«. 1898 »Berlin« von **Julius Hart** (»Endlos ausbreitest du, dem grauen Ozean gleich, den Riesenleib«); dann von **Christian Morgenstern** (der, B. Reifenberg zufolge, aus dem Unsinn der B.er Karnevalsfeste von 1900 »den Tiefsinn schöpfte«): »Ich liebe Dich bei Nebel und bei Nacht«, und **Georg Heym**: »Wir ließen los und trieben im Kanale / An Gärten langsam hin. In dem Idylle / Sahn wir der Riesen-

Dichter und Muse, Titel des 1. Bandes von Karl Wilhelm Ramlers »Poetischen Werken« (1800)

schlote Nachtfanale«. »Heimat Berlin« von **Walter Mehring** (der 1922 auch »Wedding-Montmartre« addierte und dessen »Verlorene Bibliothek«, 52, und »Ketzerbrevier«, n. 74, auch als »Autobiographie einer (B.er) Kultur« zu verstehen sind).

»... du bunter Stein, du Biest«, heißt es in den »Gesängen an Berlin« (1913) von **Alfred Lichtenstein**; 1909 und 13 entstand der expressionistische B.-Gedichtband »Das Antlitz der Städte« von **Armin T. Wegener**; »Berlin! Berlin!« heißt es hymnisch in dem Zyklus »An Europa« (1916) von **Johannes R. Becher**. 1924 »Ode an Berlin« von **Yvan Goll**, 31 »Berlin in Zahlen« von **Erich Kästner**, 34 »Wappen von Berlin« von **Gertrud Kolmar**. G. Benn 1948: »... dieser Steine Male bleiben«;

52 **Heinar Kipphardt**: »Gesang vom Elend und Ruhm der großen Stadt Berlin«. 1964 erschien in »Hier schreibt Berlin« **Reimar Lenz'** B.-Zyklus, 87 »Berlin beizeiten« von **Günter Kunert**: »Das letzte Gedicht über Berlin / wär auch das Ende vom Lied ...« Aus dem Nachlaß von **Volker von Törne**: »Die Stadt in der ich lebe / heißt Berlin / vielleicht auch Babel Ninive / Atlantis / die Namen wechseln / wie die Himmel ziehn«.

Berliner Tages- und Jahreszeiten: **Karl Philipp Moritz** »Sonnenaufgang über Berlin« (geschrieben am 10. 8. 1780 auf dem »Tempelhofschen Berge«), **Arno Holz** »Großstadtmorgen«, **Klabund** »Früher Morgen in der Friedrichstraße«; **Ernst Blaß** »Sonntagnachmittag«, G. Kunert »Berliner Nachmittag«, **Aldona Gustas** »mit der 15-Uhr-Sonne unterm Arm«; **Karl Friedrich Henckell** »Berliner Abendbild«, **Oskar Loerke** »Blauer Abend in Berlin«, **Uwe Kolbe** »Berlin am Abend«; **Ina Seidel** »Schwalben und Sterne über Berlin«, G. Benn »Nachtcafé«, **Peter Huchel** »Havelnacht«. – »Berliner Lenzepistel« von **Otto Julius Bierbaum**, **J. Ringelnatz** »Frühlingsanfang auf der Bank vorm Anhalter Bahnhof«, **Mascha Kaléko** »Frühling über Berlin«; A. Holz »Berliner Himmelfahrtstag«, **Erich Weinert** »Sommersonntag am Wannsee«, **Wolf Biermann** »Rangsdorf im August«; **Max Herrmann-Neiße** »Herbstlicher Tiergarten«, **Herta Zerna** »Erntefest«, **Christoph Meckel** »Herbstmorgen«; O. Loerke »Schneestadt«, G. Kunert »Berliner Winter – außen«, **Albrecht**

Haushofer »Silvestersegen«. Das lyrische Motto **Walter Benjamins** (für seine »Berliner Kindheit um Neunzehnhundert«): »O braungebackne Siegessäule / mit Winterzucker aus den Kindertagen.«

»Allmählich hat das, was man so die Poesie nennt, wirklich einige Berliner Stätten erobert. Die erscheinen von Zeit zu Zeit wieder in der Berliner Lyrik und werden wohl in ihr und durch sie bleiben« (**Franz Hessel**, 1931). Eine lyrische Lese quer durch »Die gespiegelte Stadt« (O. Loerke), so auch der Titel einer Anth. von **Gustav Sichelschmidt**: »Das Brandenburger Tor« (28. 2. 90) – **Ulrich Schacht**; »Unter den Linden« – **Heinrich Heine**; »Olympisches Feuer vor dem Schloß« (»Olympische Sonette«/2. VIII. 1914-2. VIII. 1936) – **Jochen Klepper**; »Fahrt zum Palast der Republik« (April 1990) – **Uwe Grüning**; »Scheunenviertel« – **Kurt Bartsch**; »Stolpische Straße, Berlin – Prenzlauer Berg« – **Michael Franz**; »An den Kanälen« – W. Mehring und J. Ringelnatz; »Klassischer Wedding« – **Kurt Ihlenfeld**; »Sonntage in Moabit« – **Rolf Haufs**; »Potsdamer Platz« – **René Schickele** und **Paul Zech**; »Märzlich den Kurfürstendamm herunter« – **Alfred Richard Meyer**; »Gleisdreieck« – W. Mehring, **Hans Kern** (1909-47), **Günter Grass** u. a.; »Kreuzberg« – E. Blaß; »Grunewald« – **Alfred Kerr**; »Seeblick« – **Oskar Pastior**; »Souvenir à Kladow« – **Mascha Kaléko**; »Am Tegelsee« – Gottfried Keller; »Niederschönhausen« – **Günter Eich**; »Auf der Kuppe der Müggelberge« – **Theodor Fontane**.

Friedhöfe nicht zuletzt: »Der Hugenottenfriedhof« – **Wolf Biermann**; »Auf dem Matthäikirchhof« – Th. Fontane; »Ostern 1948 an Kleists Grab« – **Robert Wolfgang Schnell**; »Auf sommerlichem Friedhof« (Frohnau 1944) – **Wilhelm Lehmann**; »In Weißensee« – **Kurt Tucholsky**.

»Programmiertes Gedicht Berlin« – **Jürgen Becker**; »Berliner Mauer« – **Yaak Karsunke**; »Dutschke was here« – **Karin Kiwus**; »Deutschland, ein türkisches Märchen« (1978) – **Aras Ören**: geb. 1939 in Istanbul, seit 69 in Berlin lebend, dem sein Poem »Was will Niyazi in der Naunynstraße« (1973) sowie »Der kurze Traum aus Kagithane« (1974) und »Die Fremde ist auch ein Haus« (1980) gewidmet sind. »Westberlinstadtschaftsangelegenheitsgedicht« (1978-80) – **Helmut Heißenbüttel**. »Wem gehört die Stadt?«, fragt **Hans-Ulrich Treichel** in »Stadtansichten. Gedichte Westberliner Autoren« (1977).

Durs Grünbein (12. November 1989): »Komm zu dir Gedicht, Berlins Mauer ist offen jetzt. / Wehleid des Wartens, Langweile in Hegels Schmalland / Vorbei wie das stählerne Schweigen ...« (»Falten und Fallen«, G. 1994). – **Heinz Czechowski** (im gleichen Monat): »Was hinter uns liegt, / Wissen wir. Was vor uns liegt, / Wird uns unbekannt bleiben, / Bis wir es / Hinter uns haben«. – **Reiner Kunze** (»Die Mauer. Zum 3. Oktober 1990«): »Als wir sie schleiften, ahnten wir nicht, / wie hoch sie ist / in uns ... Nun stehen wir entblößt / jeder entschuldigung«.

Ost und West kommen in der Anth. »Doppeldecker« zusammen, Hrsg. **Hannes Schwenger** (1990), und in »Von einem Land und vom andern. Gedichte zur deutschen Wende«, Hrsg. **Karl Otto Conrady** (1993).

Sechs Lyrik-Anthologien u. a. zur 750-Jahr-Feier der Stadt 1987: »Berlin – 100 Gedichte aus 100 Jahren«, Hrsg. **Hanns Kristian Schlosser**; »Berlin im Gedicht«, gleich zweimal, von **Jutta Rosenkranz** und **Barbara** und **Walter Laufenberg**; »Berlin bleibt doch Berlin – Eine romantische Geschichte in Balladen und Gedichten«, Hrsg. **Bernd Schlender**. Es erschien außerdem – in einer unveränderten Neuauflage, mit einem Nachtrag von W. Kirsten – die 1931 von **Kurt Lubasch** und **Emil F. Tuchmann** mit einem Vorwort von F. Hessel für den Berliner Bibliophilen-Abend zum ersten Mal herausgegebene Anth. »Berliner Gedichte«. Die Slg. u. a. auch deswegen wichtig, weil man neben bekannten Autoren auch auf verschollene und vergessene stößt: **Oskar Ludwig Brandt** (1889-1943), **Hans Janowitz** (1890-1954), **Hans Alfred Kihn** (1885-?), **Karl Erich Meurer** (1891-1962), **Heinz Zucker** (1910-?).

»Berlin! Berlin! Eine Großstadt im Gedicht« schließlich, Hrsg. **Hans-Michael Speier**: 200 Beispiele aus dem mehr als 2000 Berlin-Gedichte umfassenden Archiv eines Forschungsprojektes der FU. (1990 erschien dazu, ebenfalls von H.-M. Speier, »Poesie der Metropole. Die Berlin-Lyrik von der Gründerzeit bis zur Gegenwart im Spiegel ihrer Anthologien«. Die Untersuchung setzt ein mit Heinrich Spieros zweibändiger Darstellung »Das poetische Berlin« von 1913 und geht für den Zeitraum von 1925 bis 87 auf weitere 34 Berliner Lyrik-Anthologien ein, darunter die erste Nachkriegsanthologie, die 1948 im Westteil der Stadt u. d. T. »Junges Berlin« erschien, und die 1959 zum 10. Jahrestag der »Hauptstadt der DDR« publizierte Sammlung »Gesicht einer Stadt, Gedichte über Berlin«. Eine Auswahlbibliographie führt darüber hinaus ca. 1300 Gedichttitel an und dokumentiert vorbildlich die hauptsächlichen Autoren, Strömungen und Tendenzen Berliner Poesie.)

Ganze »Stadtpläne« und »Stadtrundfahrten« »Inmitten von Berlin« stehen in Versen zu Buche (**Marianne Eichholz**, 1964, G. Sichelschmidt, 73, H. Zerna, 73), Zyklen schließlich (A.

Holz, Y. Goll, A. R. Meyer, Klabund, **Ludwig Greve** u. a.). »Vom Naturalismus bis zur Gegenwart«: so der Untertitel einer 1973 von **Wolfgang Rothe** hrsg. Slg. »Deutsche Großstadtlyrik«, in der B., was die Zahl der Zitierungen anbelangt, noch immer so etwas wie eine Hauptstadt für Lyrik ist.

Exkurs: »Gibt es dort jüdische Kinder zum Spielen?«, so **Uwe Johnson** in seinem G. »Berlin für ein zuziehendes Kind« (1968). Im Kontext auch **A. von Chamissos** »Alte Waschfrau« und **Y. Golls** »Hedwig Warmbier, Blumenfrau auf dem Potsdamer Platz«. K. Tucholsky adressierte Liebe und Respekt generell »An die Berlinerin«; **Heinrich Mann** publizierte einen Hymnus an sie und pries (Lucie und Erich) »Carows Lachbühne« in der »Vossischen Zeitung« (»Tante Voss«).

Berliner Sagenzeit

EXKURS

Zurück noch einmal in die Berliner Sagenzeit: »In der Nähe des Molkenmarkts, nach dem Rathaus zu, soll ehemals die wahre Bärengrube gewesen sein, wo sich die Bären aufgehalten haben, und daher ist es denn auch gekommen, daß Berlin einen Bären im Wappen führt.« I. Drewitz berichtet zu Beginn ihrer Slg. »Märkische Sagen« (1979) von dieser frühen Berliner Überlieferung. (Eine neuere Slg. auch von K. Pomplun: »Berlins alte Sagen«, 5. Aufl. 1985, nach den »Sagen und alten Geschichten der Mark Brandenburg für Jung und Alt« von W. Schwartz, 1871.)

Die meisten Sagen haben ihren topographischen Bezug zum alten Berlin-Kölln. So »Das Kreuz auf dem **Marienkirchhof**« (Ballade von D. von Liliencron); »Die drei Linden auf dem Heili-

Pranger auf der Gerichtslaube um 1380 (Kupferstich, 1881)

gen-Geist-Kirchhof« (**Heiliggeist-Kapelle**/Ecke **Spandauer Straße**; E. von H. Hesse); in der Nähe befand sich »Der Neidkopf« (die Skulptur heute im **Märkischen Museum**); »Die weiße Frau im **Schloß**« (Tafel im Innenhof des Hauses **Poststraße** Nr. 4/5; Motiv auch in **W. Alexis'** R. »Dorothee« verwoben); »Die Rippe zu Berlin« (»An dem Eckhaus des Molkenmarktes und der Bollengasse hängen ein paar gewaltige Knochen, das ist das Schulterblatt und die Rippe eines Riesen ...«; das Haus **Molkenmarkt** Nr. 13 im Ersten Weltkrieg zerstört, in den achtziger Jahren im Zuge der Neugestaltung des Nikolaiviertels als histor. Etablissement »Zur Rippe« wiederaufgebaut); »Die Löwen an der **Parochialkirche**; »Der Türträger an der Wallstraße« (F. Hessel: »Neben dem Malerischen auch einige Kuriosa ... Solche an Altertümer anknüpfende Kuriosa gibt es auch in unserer nicht gerade sagenreichen Stadt einige.«); »Die schwarzen Brüder in Kölln an der Spree«; »Das Galgenhaus« (**Brüderstraße**); »Wie die **Jungfernbrücke** ihren Namen erhielt«; »Die beiden Seiltänzer auf dem **Gendarmenmarkt**; »Der Henkersknoten« (**Behrenstraße**).

Köpenick hat seinen eigenen kleinen Sagenkreis. Von der »verwünschten Prinzessin« auf den **Müggelbergen**, die dreimal um die Hilbertskirche getragen sein will, um erlöst zu werden, dem »**Teufelssee**« und der »bösen **Müggel**« (Fontane: »Es ist als wohnten noch die alten Heidengötter darin, deren Bilder einst die Hand der Mönche in den See warf«) bis zu den **Köpenicker** Spukgestalten an der »Seufzerbrücke«, dem »Frauentog« zwischen **Schloßinsel** und **Kietz** und dem »Schimmelreiter ohne Kopf« in den nächtlichen Straßen. Weiterhin auch »**Schloß Grunewald**« (wo die »Schöne Gießerin« Anna Sydow, im Südflügel eingemauert, noch immer umgeht); »Der Teufel zu Spandau«; »Das **Schildhorn** bei den Pichelsbergen« (Ballade »Jáczo« von A. Geyer; Jaczoturm **Gatower Straße** Nr. 227 in Spandau); »Die Jungfernmühle in Buckow« (Neukölln), »Die Glocken im Heiligensee« (Reinickendorf).

In der **Poststraße** im Nikolaiviertel steht seit 1986 wieder eine »**Gerichtslaube**«. Nach Fertigstellung des Roten Rathauses hatte man dort die originale Gerichtslaube abgetragen und 1871/72 unter Benutzung alter Bauteile als offenen Pavillon im Park von Babelsberg rekonstruiert. Das Gebäude in der Poststraße hält sich weitgehend an die Fassung von 1871. An einem der Strebepfeiler ist eine Kopie des legendären »Kaak« angebracht, ein Vogel mit Menschengesicht und Eselsohren. Das Sinnbild von Schimpf und Spott markierte den Pranger für »leichtere« Vergehen; an der Wand hingen dazu Halseisen und Ketten.

Kulturgeschichte(n), Feuilletons

Vergangene Zeiten – »Altes gemütliches Berlin« (1955) und »Wie war Berlin vergnügt« (1960) – von **Adolf Glaßbrenner** trefflich gespiegelt. 1987 erschien ein vollst. Nachdruck der Glaßbrennerschen Erfolgsserie von 1835 bis 1850 »Berlin wie es ist und – trinkt«, eine Revue des Berliner Volkslebens par excellence vor dem Hintergrund von Vormärz und 1848. »Berliner Biedermeier in Vers und Prosa« spiegelt eine Sammlung von **Gerhard Wolf** in der Reihe »Märkischer Dichtergarten«: »Rückwärts gehn die Krebse gern, vorwärts eilt die Zeit« (1988).

Im »König von Portugal«, einem nicht erhaltenen Gasthof von 1699 in der ehem. **Burgstraße** (heute Grünanlage im Bereich des in **Rathausstraße** rückbenannten Marx-Engels-Forums/ Mitte) bewohnte der Deutschlandreisende **Franz Grillparzer** ein Zimmerchen. Im gleichen Jahr stieg **Wilhelm Hauff** hier ab (seine Kriminalnovelle »Die Sängerin« spielt hier). 1822 kam **Fritz Reuter** (»De Reis' nach Belligen«), 52 **Johannes Trojan** (und fand Berlin »pauvre«). In **Gotthold Ephraim Lessings** »Minna von Barnhelm« erscheint der »König von Portugal« bereits als »König von Spanien«. Schauplatz ist er außerdem bei **E. T. A. Hoffmann, Theodor Fontane** (u. a. »Vor dem Sturm«) und **Georg Hermann**.

Fontane nahm es mit der Topographie besonders genau: In »Fünf Schlösser« schildert er eine Familienwallfahrt zum Grabe H. v. Kleists, in »Schach von Wuthenow« die Weinhandlung »Sala Tarone«; seine hist. »Seeschlacht in der Malche« (in »Wanderungen durch die Mark Brandenburg«/III »Havelland«) am 8. 8. 1567 muß man zwischen **Eiswerder** und **Spandauer Zitadelle** lokalisieren (die Spandauer Nikolaikirche wurde bei diesem Fürstenspaß lädiert); der Altersroman »Stechlin« ist »fast so etwas wie eine Apotheose der Berliner Landpartie« (K. L. Tank), wie z. B. die im 14. Kap. beschriebene zum »Eierhäuschen«, einem Gartenlokal an der Oberspree am Rande des **Plänterwaldes** (Treptow). **Fontane** habe Berlin zum zweiten Mal geschaffen, sagt **E. Kästner**: »Er schenkte uns die Stadt an der Spree, wie uns Balzac die Stadt an der Seine

und Dickens die Stadt an der Themse schenkte.« »Der Zauber steckt immer im Detail«: **Ch. Grawes** »Führer durch die Romane Theodor Fontanes« bringt ein »Verzeichnis der darin auftauchenden Personen, Schauplätze und Kunstwerke« (1980/96).

Stadtlandschaft am **Weidendamm** (Mitte), den »Spreestrom, von Schwänen bewohnt«, findet man in **Friedrich Nicolais** Roman »Das Leben und die Meinungen des Herrn M. Sebaldus Nothanker« (1773-76). – In seinem Schlüsselroman »Die Ritter vom Geiste« zeichnete **Karl Gutzkow** Menschen und Häuser der alten B. um 1850; das Buch beginnt in Tempelhof und erzählt von einer Gaststätte »Pelikan«, einer Fuhrmannsherberge vor dem Tore, wohl mit »Neu-Amerika« identisch – altem Baugrund, dem heutigen **Blücherplatz**, auf dem 1954 die **Amerika-Gedenkbibliothek** eröffnet wurde. – Weiter südl., in einer (nicht mehr existierenden) baumüberschatteten Schlucht nahe dem »**Tempelhofer Berg**« (Kreuzberg), befand sich der »Düstere Keller«, in dem **Ludwig Tieck** den großen **Mirabeau** B.er »Weiße« trinken sah; das Ausflugslokal erscheint auch bei **Willibald Alexis** (»Cabanis«), **Friedrich Spielhagen** (»Durch Nacht zum Licht«) und in **Fontanes** Korrespondenz. – **Georg Hesekiel** (1819-74) führte ab 1849 bis zu seinem Tod »mit seltener Treue und Hingebung« die Redaktion der »Neuen Preußischen (Kreuz-) Zeitung« und »entrollte Bilder preußischer Geschichte« in zahlreichen Romanen (»Berlin und

Rom«, 1846, »Unter dem Eisenzahn«, 1864).

Als Schöpfer des Berliner, sogar des deutschen Feuilletons überhaupt wurde **Ernst Ludwig Kossack** (1814-80) gefeiert; als Musikkritiker schrieb er für die 1854 gegr. »Berliner Zeitungshalle«, die als erste Tageszeitung ein Feuilleton »nach der Art der Pariser Journale« besaß. Ab 1854 leitete er, in Konkurrenz zu **Glaßbrenners** »Montagszeitung«, die »Berliner Montagspost«, die er größtenteils mit eigenen Beiträgen füllte. 1851 erschien die Slg. »Berlin und die Berliner«, 59 »Berliner Silhouetten«; Ausgew. Feuilletons »Aus dem Papierkorb eines Journalisten« (1975). In 2. Aufl. erschienen 1868 **Robert Springers** (1816-85) »Kulturbilder« »Berlin wird Weltstadt«. In den achtziger Jahren folgten die ersten Lieferungen mit »Skizzen und Bildern« aus B. von **Paul Lindenberg** (1859-1943). **Richard Schmidt-Cabanis** (1838-1903), nach A. Glaßbrenners Tod Chefredakteur der »Berliner Montagszeitung«, gab einen humorist.-satir. Baedeker der Hauptstadt heraus. Die Kneipen v. a. haben es dem populären Schauspieler **Emil Thomas** (1836-1904) angetan, in der Skizzensammlung »Ältestes, Allerältestes« (1904) wird man fündig.

Westberlinstadtlandschaftsgelegenheitsgedicht

wenn man von der U-Bahn-Haltestelle Kurfürstenstraße
kommend die Potsdamer Straße entlang geht ist das letzte
was man erwartet die Nationalgalerie
wo aber geflickt wird wächst das Kaputte auch
die Gott und Menschen verlassene Ruine des Anhalter
    Bahnhofs
blättern in Fotobüchern Berlin und Potsdam 1872 bis 1875
lost Berlin Rotfrontlokale und Goebbels
Gespräch mit Peter Boultwood über die zunehmende Irrealität
    von Westberlin
aufgetaucht aus der Jugendstilkeramik der U-Bahn-Haltestelle
    Bayrischer Platz eingetaucht in die Phantomstraßenland-
    schaft eines Fotos von 1907
Gespräch mit Reiner Schwarz auf dem Balkon seiner Wohnung
    Münchener Straße 9 vierter Stock über das Zunehmen des
    Phantomcharakters von Westberlin
ganz Westberlin eine einzige ganz egal ob du weißt wer das
    ist Bubi Scholz Kosmetik

Uraltwüste Wittenbergplatz
Gespräch mit Jürgen Becker über den Plan die S-Bahnhöfe
von Berlin zu fotografieren
Schultheiß-Reklame auf dem S-Bahnhof Bellevue da hat
noch der Blick des Doktors drauf geruht
das reißend Verzehrende der Vergangenheit
plötzlich der Überfall des Uraltgeräuschs der S-Bahn
gemischt mit dem Röhren einer Düsenmaschine
permanente Gegenwärtigkeit des Geräuschs an und ab
fliegender Flugzeuge
Brechts Stadt Benjamins Stadt Carl Einsteins Stadt Max
Fürsts Stadt
mitten in der Martin Luther Straße ein stehengebliebenes
Fassadentürmchen
Mythos Savignyplatz
Sommerhimmel über dem abgeblätterten Putz eines Wohnblocks aus der Gründerzeit im Mittelfeld der Fassade ein
Pelikan mit ausgebreiteten Flügeln
früchtebunte Auslage eines türkischen Gemüseladens
Mittagsstrich Berliner Kindl siebzehn bis siebzig die glatt-
geschorenen Köpfe der türkischen Kinder
ein Indonesier im grünen T-Shirt U-Bahnsteig Zoo angesaugt
an eine blonde Dauerwelle beobachtet von einem
sandfarbenen Jackett mit marineblauer Bluse und
grauem Plisseerock
diese Mischung aus grauhaarigem Spießer Strich und in die
eigene Kotze verrenkt Zusammengebrochenen
Berlin ist der Abschaum der Menschheit sagt eine Stimme
zwischen Bahnhof Zoo und Straße des 17. Juni
zurückgestaucht in mich selbst wenn sich plötzlich ein Loch
auftun würde wären alle Probleme gelöst
vereinzelt zwischen vereinzelten türkischen Familienverbänden
und einsamen Hundeausführern umkreise ich
langsam die Strafanstalt Moabit sonntagabends am Ende
der siebziger Jahre des zwanzigsten Jahrhunderts
Johanneskirche Alt-Moabit Abendmahl Pastor Radatz
Heilige Geist Kirche Perlebergstraße die Kneipe zum Tönnchen
gelbrote Jugendstilziegelfassade Birkenstraße

Wilsnackerstraße Rathenowstraße
fleckenlos wandernde Windschraffur auf der glatten Schiefer-
gräue der Spree langsam sinkt der Abend herab Sonnenuntergang Spreestraße Melanchthonstraße Calvinstraße
Helgoländer Ufer
Häuser Höhlen Abbruchwohnungen
Stadtunplanung
Sackgasse Margaretenstraße die Höhle Ingomar Kieseritzkys
hängend über der Bläue des Halensees
das reißend Verzehrende der Erinnerung
das Echo der Schritte der Vergangenheit
das Echo der Schritte des Gestorbenen
die Unterführungen der neuen Messehalle sind so leer wie
die Ödfelder an der Mauer in Kreuzberg
Geschichte die auf der Stelle tritt und im Kreis um sich selbst
herum sich erlöst indem sie sich auslöscht
Tageszeiten des an und ab schwellenden Berufsverkehrs
hier wie überall
Taxieinfahrten hier wie überall
von Schnellstraßen abgeschnittene Wohnblöcke und
Schlösser hier wie überall
Landungsmanöver der Schwäne Murschbrücke westwärts
in plötzlich orkanartig aufbrausender Geschwindigkeit wird
einst alles verzehrt worden sein
und die Ungeheuerlichkeit der Geschwindigkeit wird
stillstehn im Wind der Ewigkeit
das unbegreiflich Verzehrende der Erinnerung
eine graue verschwommene Wolke in zehntausend Meter
Höhe ist alles was übrig geblieben sein wird
dieser schwarze Sack Berlin in den ich immer auf die gleiche
Weise rein falle
nichts ist wirklich Vorgabe alles Wirklichkeit ist alle
selbst die Reklame löst sich auf in irreal schwebende
Überlegung
wo überhaupt keine mehr ist in stillgelegten U-Bahnhöfen
Ostberlin ununterbrochen stehende Bewegung

Helmut Heißenbüttel, 1981

Erinnerungen an Studienjahre in Berlin im 19. Jh. u. a. von **Gustav Freytag** (Wiesbaden/H), **Joseph Victor von Scheffel** (Karlsruhe/BW) und **Felix Dahn** (Hamburg). Erinnerungen an den Hof (»Das Leben im Schloß läuft mit unwandelbarer Eintönigkeit ab«) versuchte 1887 der franz. Vorleser der Kaiserin **Jules Laforgue** unter Ps. zu veröffentlichen; sie erschienen jedoch erst 1922 posthum und 70, u. d. T. »Berlin, der Hof und die Stadt«, in dt. Übersetzung.

»Die damalige Zeit verdient Lob, denn sie war besser!« heißt es zu guter Letzt in **Felix Philippis** (1851-1921) aut. Abgesang auf »Alt-Berlin«; die beiden Bände erschienen 1915 im Ersten Weltkrieg. – Um die Altberliner Kleinbürger – »Familie Buchholz« in der **Landsberger Straße** (heute **Landsberger Allee**/Friedrichshain, neubebaut und doppelt so breit) kreisen die ab 1883 veröffentlichten lustigsatir. Erzählungen und Romane von **Julius Stinde** (Plön/Kirchnüchel/SH), der 76 nach B. übergesiedelt war und zuletzt **Mittelstraße** Nr. 36 (Mitte) wohnte. – Von **Fritz Mauthner** (Überlingen/Meersburg/BW), der seit 1876 in der **Wangenheimstraße** Nr. 46 und von 1904 an in Nr. 36 im Grunewald (Wilmersdorf) wohnte, erschien die Roman-Tril. »Berlin W« (1886-90). – **Heinz Tovote**, von 1890 bis zu seinem Tod 1946 in Schöneberg domizilierend (u. a. **Salzburger Straße** Nr. 14; Grab **Waldfriedhof Dahlem, Hüttenweg**), schrieb Romane und Novellen aus der B.er Gesellschaft: »Im Liebesrausch« (1890), »Die Son-

nemanns« (1904). – In ihrer Aut. »Ich bekenne«, ebenfalls 1904 erschienen, schildert **Clara Müller-Jahnke** (1860-1905/Grab **Friedhof Wilhelmshagen/Köpenick**) mit »fast grausamer Wahrhaftigkeit« (F. Mehring) ihr Schicksal als Lohnarbeiterin in einer B.er Firma. Zum gleichen Thema 1930: »Das Mädchen an der Orga Privat. Ein kleiner Roman aus Berlin« von **Rudolf Braune** (1907-32). – Als Theaterkritiker der »Frankfurter Zeitung« wirkte seit 1901, auch Hrsg. des »Literarischen Echo« (ab 1924 »Literatur«), **Ernst Heilborn** (1867-1942, gest. im Gestapo-Gefängnis) in B. Von ihm stammen gescheite B.er Romane wie »Kleefeld« (1900), »Josua Kersten« (1908) und die Studie »Zwischen zwei Revolutionen. Der Geist der Schinkelzeit (1789-1848)«, 1927.

1929 schilderte der »Provinzmann« **Hans Heinrich Ehrler**, Erzähler und Lyriker aus Bad Mergentheim (BW), die Anziehungskraft der Stadt in seiner »Reise nach Berlin« (1929): »Die meisten, welche da um mich sind, kamen einmal und sind geblieben. Neue kommen, um gleich ihnen zu bleiben. Diese Stadt ist ein Magnetblock ... Man kann den Prozeß illusorisch durchdenken: Wann ganz Deutschland in ihr Kraftfeld aufginge ...« – Stadteindrücke vom 16. bis zum 20. Jahrhundert hat **Georg Holmsten** gesammelt: »Berlin in alten und neuen Reisebeschreibungen« (1989).

Adele Gerhard (geb. 1868 in Köln, dort auch 1956 gest.) wohnte seit ihrer Heirat 1889 an der längst nicht mehr existierenden **Mohrenbrücke**, später in der **Wilhelmstraße** (Mitte), wo auch ihre »Familie Vanderhouten« (R. 1910), deren Haus der neuen Zeit weichen muß, wohnte, und von wo sie 1938 in die USA emigrierte; 48 erschien ihre Aut. »Bild meines Lebens«. – Der Heimatschriftsteller **Erdmann Graeser** (1870-1937/Kindheit und Jugend in Kreuzberg und Schöneberg; Mitte der zwanziger Jahre Villa in der **Friedrich-Wilhelm-Straße** Nr. 34, heute **Ahrenshooper Zeile**; Grab **Landeseigener Friedhof Zehlendorf, Onkel-Tom-Straße**) hatte großen Erfolg mit seinen B.-Romanen »Lemkes sel. Wwe.« (1907, n. 28), »Die Koblanks« (1921), »Eisrieke« (1930), »Spreelore« (hrsg. 1950). – **Franz Herwig** (1880-1931), Freund des Sozialpriesters C. Sonnenschein, Buchhändler, Verlagslektor, Journalist, Dramatiker (»Herzog Heinrich«, 1904), schrieb soziale Romane aus dem Großstadtproletariat: »Die letzten Zielinskis« (1906), »St. Sebastian vom Wedding« (1921), »Fluchtversuche« (1930). – **Hans von Hülsen** (Breitenau/Rosenheim/B): »Die Vogelhecke in der Brüderstraße« (R. aus dem B.er Biedermeier, 1937). – **Curt Corrinth** (1894 in Lennep im Rheinland/NRW geb., 1960 in B. gest., Teilnachlaß Akademie der Künste) schrieb neben expressionistischen Gedichten und Dramen auch gesellschaftskritische Romane, so »Potsdamer Platz oder Die Nächte des neuen Messias« und »Auferstehung« (beide 1919). – Der Dichter und Anwalt **Martin Beradt** aus Magdeburg/SAN

(Jg. 1881) lebte bis 1939 in B. und starb, halbblind, 1949 in New York. 1919 war sein Novellenband »Die Verfolgten« erschienen, 93 gab E. Geisel Beradts »Roman aus dem Scheunenviertel« »Beide Seiten einer Straße« heraus, der 65 u. d. T. »Die Straße der kleinen Ewigkeit« schon einmal erschienen war.

Ein »Kind dieser Zeit« (1932), dem B. zur »eigentlichen Heimat« wurde, nannte sich **Klaus Mann** (München/B). Er hat neben dem »Dank an das hundertste Hotelzimmer«, von denen ein Gutteil in der Nähe oder direkt »an meinem geliebten **Kurfürstendamm**« lag (u. a. Nr. 26, »Pension Fasaneneck«/Charlottenburg), über diese Zeit später v. a. in »Der Wendepunkt« berichtet. Ein B.er Zeitdokument ist auch der 1936 ersch. »Roman einer Karriere« »Mephisto«, der, kaum verschlüsselt, den Schauspieler, Regisseur und Intendanten **Gustaf Gründgens** (»Briefe, Aufsätze, Reden«, 1967/ Hamburg) im Visier hat. Während ihres Schauspielstudiums in B. wohnte **Erika Mann** (München/B) 1924 gemeinsam mit ihrem Bruder Klaus in der **Uhlandstraße** Nr. 78 (Wilmersdorf), bei einem »Puffmütterchen«. – »Glückliche Menschen« (1931) sei »ein richtiger Berliner Roman«, sagt **Hermann Kesten** über sein Werk, und B. spiele eine Rolle auch in »Ein ausschweifender Mensch« (1929), »Der Scharlatan« (1932), »Die Zwillinge von Nürnberg« (1947). – **Irmgard Keun** (Köln/NRW), »Das kunstseidene Mädchen« (R. 1932). – Über den »Beginn der Barbarei in Deutschland«

schrieb 1932 bereits **Bernard von Brentano** (Offenbach/H); 34 erschienen seine »Berliner Novellen«, posthum 81 die Feuilleton-Slg. »Wo in Europa ist Berlin?«.

Eine »Geschichte der größten Mietskasernenstadt der Welt« verfaßte 1930 **Werner Hegemann** (1881-1936): »Das steinerne Berlin«. Ein Jahr später erschien **Ernst Erich Noths** (1909-83) Roman »Die Mietskaserne« (1931, n. 82). Ebenfalls 1931: »Barrikaden am Wedding« von **Klaus Neukrantz** (1895 bis nach 1941). **Peter Nell** (1907-57/Grab **Zentralfriedhof Friedrichsfelde**/Lichtenberg; Nachlaß Akademie der Künste), »Der Junge aus dem Hinterhaus« (aut. R. 1955). **Lisa Tetzner**, »Erlebnisse und Abenteuer der Kinder aus Nr. 67« (»Odyssee einer Jugend« in einem Hinterhaus in der Nähe des **Alexanderplatzes**, 1933/49, 9 Bde.). **Kurt Huhn** (1902-76; Mitbegründer des Bundes proletar.-revolutionärer Schriftsteller; Nachlaß Akademie der Künste): Sein Roman »Blut und Eisen« konnte erst 1962 u.d.T. »Peter gibt nicht auf« erscheinen.

Im Kontext (sozusagen als »Gegenstücke«): »Drei Dörfer in Berlin« (1973), Ost-B.er dokumentar. Berichte von **Jakob Weber** (1892-1979). Im »Werkkreis Literatur der Arbeitswelt« in West-B. veröffentlichte 1986/87 **Horst Kammrad** zwei Bände »Düppeler Geschichten«, ein Stück B.er Heimatgeschichte über die kleinen Leute auf dem **Rittergut Düppel** und in der nahe gelegenen Laubenkolonie (Zehlendorf) zwischen 1926-37 und 1938-45.

»Der Mann ohne Ausweis«, Illustration zu Bernard von Brentanos »Berliner Novellen« (1934)

Romanschauplatz Berlin (Werke nach 1945)

Unter dem Titel »Leb wohl, Berlin« kam 1949 **Christopher Isherwoods** zehn Jahre zuvor in Englisch ersch. Roman in Episoden »Goodbye to Berlin« in dt. Übersetzung heraus. Mit dem berühmt gewordenen Satz gleich zu Beginn: »Ich bin eine Kamera mit offenem Verschluß, nehme nur auf, registriere nur, denke nichts.« Das Buch, besonders seine zweite Episode »Sally Bowles«, diente als Vorlage für das Schauspiel »I am a Camera« von **John van Druten**, auf dem der Film- und Musical-Welterfolg »Cabaret« basiert.

Isherwood lebte 1929-33 als Sprachlehrer in B. (Logis in der Fremdenpension Schröder, **Nollendorfstraße** Nr. 17/Schöneberg, Gedenktafel). **Wystan Hugh Auden** führte ihn ein: »Für Christopher bedeutete Berlin Boys.« Die Hauptstadt im Jahr vor der »Machtergreifung« gibt die Szenerie ab für »Mr. Norris steigt um« (engl. 1935, dt. 83). B.-Reminiszenzen auch in der Aut. (1977) »Christopher and His Kind 1929-39«. (U. v. Kardorff, »Laute Tage in Berlin«, Zeitmagazin Nr. 49/1983; M. Rutschky, »Herr Issyvoo, die Nazis und die Jungs«, in »LiteraturOrt Berlin«, 1994.)

Amtliches Fernsprechbuch, Reichspostbezirk Berlin, 1941

Ich wähle die alten Nummern durch.
Überall Freizeichen.
Tüüüüt, tüüüüt, hohe gleichlange Summertöne.
Niemand hebt ab:
Sechsundneunzig, nullvier, neunundzwanzig,
Erich Kästner, Roscherstr. 16,
Zuckt nur zusammen und schreibt weiter
Am Münchhausen-Film,
Während in den Heinkel-Werken Oranienburg
Fleißig gearbeitet wird,
Und Professor Arno Breker in Dahlem,
Im Staatsatelier
An einem nordischen Giganten hämmert.
Niemand hebt ab:
Karl Hofer und Günter Eich und Herr Ardenne nicht.
Sie sind nicht zu Hause
Oder haben aufgehört zu telefonieren,
Weil man nie genau weiß,
Wer in der Leitung sitzt. Tüüüüt, tüüüüt, Pastor Niemöller
Und die jüdische Kultusvereinigung
Sind unerreichbar: Vierzwo, haut ab!, fünfneun,
Geht weg!, zwoeins. Kein Grund
Zur Besorgnis, sagt Frau Dr. Lewisson, Gertrud Sara
Und verschreibt ein Mittel
Gegen Gastritis, in Charlottenburg, Sybelstr. 49,

Sprechstunde täglich
Von 4 bis 6 nachmittags, außer Sonnabend,
Aber schon im September
Wird sich ein anderer Arzt unter ihrer Nummer melden.
Ich beuge mich dennoch
Über das rote Telefonbuch und finde Dr. Adenauer,
Der eine rosige Zukunft hat,
Und das Geheime Staatspolizeiamt Berlin,
Wo die Beamten
Keine Hand frei haben für das Telefon,
Das ständig klingelt,
Und auf der Seite Tausendzweihundertsechsundzwanzig
Harro Schulze-Boysen,
Der noch nicht weiß, daß er schon tot ist.
Er denkt in der Küche
An die gewarnten Genossen in Moskau,
Aber die hören ihn nicht,
Und auch mein Onkel Hans, Regierungsrat
In Zehlendorf, hört mich nicht:
Ich rufe ihm zu: dein Sohn stirbt
In knapp sechs Wochen
Vor Smolensk mit einem Bauchschuß,
Und sein Sohn Klaus liegt
Auf dem Bauch neben seiner neuen Freundin
Am Badestrand Wannsee
Und hat keine Ahnung, wo Smolensk liegt.
Tüüüüt. tüüüüt. tüüüüt.
Und ich bekomme einfach keinen Anschluß
Beim Telegramm-Dienst:
Einundvierzig, elf und elf: Eine Depesche
An meine zukünftigen Eltern:
Dringend + ihr müßt euch bewahren + um beinah
Jeden Preis + ich komme in 17 Jahren.
Aber niemand hebt den Hörer ab. Die einzige Verbindung
Besteht in meinem Kopf.
Das Jahr 41 ist besetzt: Tuuuut, tuuuut, tuuuut,
Ein langer andauernder Summerton.

                                        Steffen Mensching, 1984

Karl Escher (Hannover/NDS), »Hinter dem Hoftheater gleich links um die Ecke« (1950); Gregor von Rezzori d'Arezzo, »Ödipus siegt bei Stalingrad« (1953); Horst Lange, »Verlöschende Feuer«, 1956 (dazu auch Oda Schaefers Erinn. »Auch wenn du träumst, gehen die Uhren«, 1970); Ingeborg Wendt, »Notopfer Berlin« (1956); Eva Müthel, »Für dich blüht kein Baum« (1957); Gustav Hillard (Lübeck/SH), »Kaisers Geburtstag« (1959).

E. R. Greulich, »Keiner wird als Held geboren« (R. nach Motiven aus dem Leben des kommunist. Widerstandskämpfers A. Saefkow, 1961); Wolfgang Neuss (1923-89), »Wir Kellerkinder« (1961); Hans-Georg Noack, »Stern über der Mauer« (1962); Günter Görlich, »Die Liebste und das Sterben« (1963), »Den Wolken ein Stück näher« (1971); Dieter Meichsner, »Die Studenten von Berlin« (1963); Erich Maria Remarque, »Drei Kameraden« (1964); Ernst von Salomon, »Die schöne Wilhelmine« (1965); Franz Joachim Behnisch, »Rummelmusik« (1966); Adolf Heilborn, »Die Reise nach Berlin« (1966); Alfred Andersch (München/B), »Efraim« (1976; Schauplatz u.a. die Bismarckstraße neben Kleists Grab am Kleinen Wannsee); Peter O. Chotjewitz, »Die Insel – Erzählung auf dem Bärenauge« (1968); Johanna Moosdorf, »Die Andermanns«, 1969 (»Zeit: Anfang der sechziger Jahre … Eines Tages wird die Erde wie eine einzige Clayallee aussehen, auf der wir dahinrollen in sauberen Reihen.«).

Günter Grass, »örtlich betäubt« (1969), »Tagebuch einer Schnecke« (1972), »Vatertag« in »Der Butt« (1977), »Ein weites Feld« (1995); Hasso Laudon, »Adrian« (1970); Hans Werner Richter, »Rose weiß, Rose rot« (1971); Richard Hey, »Ein Mord am Lietzensee« (1973); Walter Höllerer, »Die Elephantenuhr« (1973); Rolf Hochhuth, »Die Berliner Antigone« (1975); Nicolas Born (Dannenberg/NDS), »Die erdabgewandte Seite der Geschichte« (1976); Botho Strauß, »Die Widmung« (1977); Elisabeth Plessen, »Kohlhaas« (1979).

Georg Fink, »Mich hungert« (n. 1980); Gerhardt Hoffmann, »Kreuzberger Geschichten« (1980); Benno Pludra, »Insel der Schwäne« (Schauplatz Fischerinsel, 1980); Karin Reschke, »Memoiren eines Kindes« (1980); Dieter Hildebrandt, »Die Leute vom Kurfürstendamm« (1982); Walter Laqueur, »Jahre auf Abruf« (dt. 1982); Irina Liebmann, »Berliner Mietshaus« (1982, n. 90), »In Berlin« (1994); Leonie Ossowski, »Wilhelm Meisters Abschied« (1982), »Die Maklerin« (1994); Peter Schneider, »Der Mauerspringer« (1982).

Sten Nadolny, »Selim oder Die Gabe der Rede« (1990, u.a. über die Zeit von Studentenbewegung und APO, die türk. Szene); Monika Maron, »Stille Zeile sechs« (1991); Martin Ahrends, »Der märkische Radfahrer« (1992); Regina Scheer, »AHAWA. Das vergessene Haus. Spurensuche in der Berliner Auguststraße« (1992); Brigitte Burmeister, »Unter dem Namen

Norma« (1994); **Thomas Brussig**, »Helden wie wir« (1995); **Barbara Sichtermann**, »Vicky Victory« (1995); **Peter Wawerzinek**, »Mein Babylon« (1995); **Renée Zucker**, »Berlin ist anderswo« (1995). Beiträge zur »Wende«

auch **Elke Erbs** »Auskünfte in Prosa« »Der wilde Forst, der tiefe Wald« (1995).
Hans-Joachim Schädlich, »Ostwestberlin« (1987).

Eine Reise wert

Seht unsre Doppelstadt: Wie sie versinkt
von Zeit zu Zeit in Smog und Depression.
Nekrose: Frisch getüncht und überschminkt:
So kennt man sie Jahrzehnte schon.

Ein guter Platz, die Toten zu beschwören.
An jedem neu ergrauten Tag
kann ihre jämmerlichen Stimmen hören,
der zu ertragen sie vermag.

Hier ist die Stadt, die sich erfahren
als sterblich: Zerstört, saniert und abgebucht.
Von Gott verlassen. Doch von blinden Scharen
Touristen und der Geschichte heimgesucht.

Am Abend strahlend in der Mauerenge.
Im Sog der grellen Straßen hin und her
und endlich zueinander fast als zwänge
sich nah zu sein die Menschen irgendwer.

Erst später Schüsse in der Ferne.
Dazu ein Lichtsignal, das steigt und fällt:
Und wüchse es zur Weltlaterne,
bleibt Finsternis, was sie erhält.

Günter Kunert, 1987

Die Stadt in Romanen und Erzählungen aus der DDR-Zeit: **Peter Menz** (1890-1970), »Mutter Weber« (1954, Forts. 55/57), R. über eine B.er Arbeiterfrau von 1890 bis in die Nazizeit. – **Paul Körner-Schrader** (1900-62/ Grab **Friedhof Baumschulenweg, Kiefholzstraße** Nr. 221/Treptow), »Berlin Andreasstraße« (Kinderbuch 1962). – **Liselotte Weiskopf-Henrich** (1901-79/Als erste Frau Mitglied der Akademie der Wiss.; bekannt u.a. durch ihre Indianerromane wie »Die Söhne der großen Bärin«, 6 Bde. 1974ff.), »Jan und Jutta« (R. 1955) u.a. – **Helmut Meyer** (1904-83), »Herz des Spartakus« (R. über die Arbeiterbewegung 1900-19, 1959). – **Ruth Werner** (Jg. 1907), »Ein ungewöhnliches Mädchen« (Tril. 1958), »Sonjas Report« (Erinn. 1977). – **Hedda Zinner,** »Arrangement mit dem Tod« (Jüd. Theater 1933-41, R. 1985). – **Inge von Wangenheim** (1912-93), »Einer Mutter Sohn« (B. Ost und West 1944-51, R. 1958). – **Dieter Noll** (Jg. 1927), »Kippenberg« (R. eines Wissenschaftlerkollektivs, 1979). – **Karl Heinz Berger** (Jg. 1928), »Die Wohnung oder Auswege ins Labyrinth« (R. 1976), »Im Labyrinth oder Spaziergänge in zwei Landschaften« (B. u.a. zwischen 1957 und 84, R. 1984). – **Günter Görlich** (Jg. 1928), »Heimkehr in ein fremdes Land« (R. 1974), »Drei Wohnungen« (R. 1988) u.a. – **John Stave** (eig. **Thomas Zabel**/ Jg. 1929), »Stube und Küche« (Friedrichshain 1929-86, Collage 1987). – **Martin Stade** (Jg. 1931), »Der König und sein Narr« (R. über Friedrich Wil-

helm I. von Preußen und den zum Hofnarren erniedrigten Prof. J.P. Gundling, 1975). – **Karl Mickel** (Jg. 1935), »Lachmunds Freunde« (1991), Schlüssel-R. über eine DDR-Boheme, in deren Mittelpunkt der Schriftsteller und Kritiker **Eckart Krumbholz** (1937-94) stand. – **Jochen Hauser** (Jg. 1941), »Familie Rechlin« (1978, Forts. 86), Familien-R., Zeit: B. 1961-73 und »die ruhigen Jahre 73-80«. – **Manfred Jendryschik** (Jg. 1943, aus dem Werkkreis Schreibender Arbeiter in Dessau/SAN), »Das Glas« (Biographie eines fiktiven Dichters der Aufklärung), »Nachmittag ohne Tee« (»Ort: Das Zimmer, die Straße, Berlin. Zeit: Gegenwart«), »Alle ihre Söhne« (N.), »Schatten« (groteske E.). – **Joachim Walther** (Jg. 1943), »Risse im Eis« (R. 1989). – **Lutz Rathenow** (Jg. 1952), u.a. »Berlin-Ost. Die andere Seite einer Stadt« (mit Fotos von H. Hauswald, 1990). – **Reinhard Jirgl** (Jg. 1953), »In der Fleischfabrik« (Erzählgroteske 1990). – **Horst Jäger,** »Das Geheime Büro« (1990).

Heinz Knobloch, »Meine liebste Mathilde« (»Geschichte – zum Berühren«, 1985, über Rosa Luxemburgs Freundin Mathilde Jacob, deren Namen eine Bibliothek in der **Konrad-Wolf-Straße** Nr. 113 in Hohenschönhausen trägt, mit kleiner ständiger Ausstellung), »Der beherzte Reviervorsteher« (»Ungewöhnliche Zivilcourage am **Hackeschen Markt**«, 1990; Gedenktafel), »Der arme Epstein« (»Wie der Tod zu Horst Wessel kam«, 1993). Außerdem die Feuilleton-Slgg. »Berliner Fenster« (1981), »Stadtmitte um-

steigen« (1982), »Im Lustgarten«
(1989), »Schlemihls Garten« (1989),
»Berliner Grabsteine« (4., erw. Aufl.
1991), »Die schönen Umwege« (1993),
u.a. zu dem Literaturwissenschaftler
und Kritiker **Arthur Eloesser** (1870-
1938) und sein 1919 erschienenes und
34 revidiertes Buch »Die Straße meiner Jugend«. In der Anth. »Der Berliner zweifelt immer« (2. Aufl. 1979) hat
K. die am 1. 1. 1929 im »Berliner Tageblatt« veröffentlichten Texte noch einmal zusammengestellt, in denen neun
Autoren ihre Eindrücke während der
kurzen Fahrt auf einem Abschnitt jener Omnibuslinie schildern, »die ungefähr von den Linden nach dem Halensee führt«. Bis auf den Beitrag von
Arnold Zweig über »Halensee« sind
versammelt: »Alexanderplatz« von
Alfred Döblin, »Unter den Linden«
von **Arnolt Bronnen**, »Potsdamer
Platz« von **Walter von Molo**, »Friedrichstraße« von **Walter Mehring**,
»Kurfürstendamm« von **Alfred Polgar**, »Lützowufer« von **Oskar
Loerke**, »Tauentzienstraße« von **Alice
Berend**, »Gedächtniskirche« von
Leonhard Frank.

Erinnerungen

Käthe Kollwitz (1867-1945), »Die Tagebücher«, im Anhang »Autobiogra-
phische Aufzeichnungen« (Hrsg. J.
Bohnke-Kollwitz, 1980). K.-Denk-
mäler **John-Schehr-Straße, Kollwitzstraße** und **Kollwitzplatz** (Prenzlauer
Berg); Käthe-Kollwitz-Museum in
der **Fasanenstraße** Nr. 24 neben

*Käthe Kollwitz-Denkmal auf dem
Prenzlauer Berg*

dem Literaturhaus (Charlottenburg);
Grab **Zentralfriedhof Friedrichsfelde**
(**Gudrunstraße**/Lichtenberg).
Berliner Witz manifestiert sich in den
frühen Feuilleton-Slgg. von **Peter
Bamm** (Mönchengladbach/Hochneu-
kirch/NRW), z.B. »Die kleine Weltla-
terne« (1935). B. arbeitete seit 1923 im
Krankenhaus Friedrichshain (Aut.
»Eines Menschen Zeit«, 1972) und
wurde 25 dort Nachfolger von **Gott-
fried Bermann Fischer** (1897-1995),
der im selben Jahr in den S. Fischer
Verlag eintrat (»Bedroht – Bewahrt.
Weg eines Verlegers«, 1967; »Wande-
rer durch ein Jahrhundert«, 94). –
Harry Graf Keßler (1868-1937/
Nachlaß DLA Marbach a.N.), »Tagebücher 1918-1937« (Hrsg. W. Pfeiffer-
Belli, 1961). – **Egon Jameson**, »Augen
auf! Streifzüge durch das Berlin der
Zwanziger Jahre« (Hrsg. W.V. La-
roche, 1982).

Herbert Eulenberg (Düsseldorf/ NRW), »So war mein Leben« (n. 1948); **Max Frisch,** »Tagebuch 1946-1949« (1950); **Felix Hartlaub** (Bremen), »Berliner Tagebuchblätter« (u.a. in »Das Gesamtwerk«, 1955); **Walter von Molo** (Weilheim/Murnau/B), »So wunderbar ist das Leben« (1957); **Willy Haas** (Hamburg), »Die literarische Welt« (1957); **Friedrich Georg Jünger** (Überlingen/BW), »Spiegel der Jahre« (1958); **Max Krell** (1887-1962), »Das alles gab es einmal« (1961); **Max Tau** (Dortmund/NRW), »Das Land, das ich verlassen mußte« (1961).

Ruth Andreas-Friedrich (1901-77), »Der Schattenmann. Tagebuchaufzeichnungen 1938-45« (1947; erw. u.d.T. »Schauplatz Berlin. Ein deutsches Tagebuch 1938-48«, 1962). Der Treffpunkt der Widerstandsgruppe »Onkel Emil« war oft die Wohnung von R. A.-Friedrich in Steglitz, **Hünensteig** Nr.6. – **Ursula von Kardorff** (1911-88), »Berliner Aufzeichnungen 1942-1945«, unter Verwendung der Original-Tagebücher n. hrsg. und kommentiert von P. Hartl, 1992.

Friedrich Hollaender (München/B), »Von Kopf bis Fuß« (1965); **Ernst Josef Aufricht** (1898-1971), »Erzähle, damit du dein Recht erweist« (1966); **Fred Hildenbrandt** (1892-1963), »…ich soll dich grüßen von Berlin« (1966); **Curt Riess** (1902-93), »Berlin – Berlin 1945 – 1953« (1953), »Das gibt's nur einmal. Geschichte des Films« (1956), »Alle Straßen führen nach Berlin« (1968).

Horst Krüger, »Das zerbrochene Haus« (1966, erw. 76), »Westberlin: Ghetto im Licht« (in »Stadtpläne«, 1967), »Berliner Geschichten. Aus deutscher Steinzeit« (in »Unterwegs«, 1980). – **Joel König,** »Den Netzen entronnen« (1967, n. 79 u.d.T. »David. Aufzeichnungen eines Überlebenden«).

Fritz von Unruh (Koblenz/RP), »Kaserne und Sphinx« (1969); **Hildegard Knef,** »Der geschenkte Gaul« (1970). – **Marie Luise Kaschnitz** (Karlsruhe/BW), die in Potsdam und B. aufwuchs, schildert in »Atlas« (1965) die Umgebung ihrer Kindheit in der heutigen **Köbisstraße** (Tiergarten), in »Orte« (1973) die Ausflüge und Spaziergänge über **Magdeburger** und **Lützowplatz.** – **Hanns-Jochen Kehrl,** »Berliner Kind. Eine Jugend in der alten Reichshauptstadt« (1972); **Max Fürst** (1905-78), »Talisman Scheherazade« (1976); **Claire Goll** (Nürnberg/B), »Ich verzeihe keinem« (1976); **Karla Höcker** (1901-92), »Ein Kind von damals« (1977); **Hans Rosenthal** (1925-87), »Zwei Leben in Deutschland« (1980).

Marcel Reich-Ranicki, »Geliehene Jahre« (in »Meine Schulzeit im Dritten Reich«, 1982/88; hier auch B.er Erinnerungen von **H. Krüger, W. Schnurre, J. Fest, G. Kunert**); **Nicolaus Sombart,** »Jugend in Berlin 1933-43. Ein Bericht« (1984). – **Joel Agee,** »Zwölf Jahre. Eine amerikanische Jugend in Ostdeutschland« (1982); **Stéphane Roussel,** »Die Hügel von Berlin. Erinnerungen an Deutschland« (frz. 1985, dt. 86); **Stephen Spender,** »Deutschland in Ruinen. Ein Bericht« (dt. 1995).

Wolf Thieme, »Das letzte Haus am Potsdamer Platz. Eine Berliner Chronik« (1988): »Das Weinhaus Huth hat, wie immer, seinen Balkonplatz in der Geschichte.« – **Franz Jung,** »Der Weg nach unten« (1988); **Fritz H. Landshoff** (1901-88), »Erinnerungen eines Verlegers« (1991); **Michael Stone** (eig. M. Kuh/1922-93), »Das Blindeninstitut« (1991); **Albrecht Goes,** »Steglitzer Kindheit 1917« (in »Vierfalt«, 1993).

Ludwig Greve, 1924-91 (»Leugnend die Dauer, setzt die Stadt / ihren Bestand in Bewegung, holt / laufend sich ein, widerruft ihr Wort ...«: »Berlin«, G. 1961), »Wo gehöre ich hin? Geschichte einer Jugend« (Fragm. 1994): Eine B.er Kindheit, während der Reichskanzlerplatz zum Adolf-Hitler-Platz wird: »Wir wußten ja gar nichts von unserer Herkunft, wir wurden 1933 zu Juden ernannt.«

»Ein Revolutionsforscher erlebt eine Revolution«: Der amerikanische Historiker **Robert Darnton** kam 1989 auf Einladung des Wissenschaftskollegs nach B. 1991 erschien in New York sein »Berlin Journal 1989-90« (dt. u. d. T. »Der letzte Tanz auf der Mauer«). – **Cees Nooteboom,** »Berliner Notizen« (1990: »... mein deutsches Jahr ist zu Ende, ich werde mich von meinen Freunden verabschieden und fortgehen, ohne fortzugehen wegen der Erinnerungen, die ich mitnehme und zurücklasse, und wenn ich wiederkomme, wird alles anders sein und doch dasselbe und für immer verändert« (30. 6. 1990; N. war 1989-90 Gast des DAAD in B.). – **Charlotte**

von Mahlsdorf, »Ab durch die Mitte« (1994). – **Wolf Jobst Siedler,** »Weder Maas noch Memel. Ansichten vom beschädigten Deutschland« (1982), »Auf der Pfaueninsel. Spaziergänge in Preußens Arkadien« (1986), »Wanderungen zwischen Oder und Nirgendwo. Das Land der Vorfahren mit der Seele suchend« (1988), »Stadtgedanken« (1990), »Abschied von Preußen« (1991).

Noch einmal ein Exkurs durch das literarische Berlin im letzten Jahrhundertdrittel, hier speziell nach einem Stichwort von Wolf Dietrich Schnurre: »Auch Ostberlin liegt an der Spree.« Dazu **Jürgen Kuczynski:** »Für künftige Historiker wird die Lektüre unserer Gegenwartsromane viel wichtiger sein als die meisten gesellschaftswissenschaftlichen Schriften ...«

Kurt Bartsch, »Wadzeck« (R. 1980): für Anleihen/Zitate bedankt sich der Autor u. a. bei A. Döblin: Wadzeck steht am Beginn des Romans dort, wo sein älterer literarischer Bruder Franz Biberkopf am Schluß seiner Geschichte steht: an einem von Baugruben aufgerissenen Alexanderplatz. – **Jurek Becker,** »Der Boxer« (1976), »Nach der ersten Zukunft« (En. 80), »Bronsteins Kinder« (86), »Amanda herzlos« (92). – **Manfred Bieler,** »Maria Morzeck oder Das Kaninchen bin ich« (1969). – **Günter de Bruyn,** »Buridans Esel« (1968), »Märkische Forschungen« (78), »Zwischenbilanz. Eine Jugend in Berlin« (91). – **Fritz Rudolf Fries** (geb. 1935 in Bilbao/Spanien), »Der Weg nach Oobliadooh«

(1966), »Alexanders neue Welten« (83). – **Christoph Hein**, »Einladung zum Lever Bourgeois« (1980), »Der fremde Freund« (82, dann 83 u.d.T. »Drachenblut«). – **Stephan Hermlin**, »Die Kommandeuse« (1974), »Abendlicht« (79), »Lebensfrist« (80). – **Stefan Heym**, »5 Tage im Juni« (1974), »Die richtige Einstellung und andere Erzählungen« (76), »Nachruf« (Aut. 88), (»Einführende Bemerkungen eines Reiseführers vor einem Reststück Mauer«, August 1986, in »Einmischung«, 1990). – **Wolfgang Hilbig**, »Ich« (1993): »Daß jeder jeden in der Hand hatte, vielleicht war dies das letztendliche Ziel des utopischen Denkens …« – **Bernd Jentzsch**, »Berliner Dichtergarten und andere Brutstätten der reinen Vernunft. Erzählchen« (1979). – **Günter Kunert**, »Im Namen der Hüte« (1967), »Fahrt mit der S-Bahn« (68), »Tagträume in Berlin und andernorts« (Ausw. 72), »Berliner Wende« (zus. mit Th. Höpker, 76), »Ziellose Umtriebe. Nachrichten vom Reisen und vom Daheimsein« (81): »Einzig Vineta vielleicht versank derart gründlich in einer Sturmflut, wie die Stadt versank, von der ich rede …« – **Armin Mueller-Stahl**, »Verordneter Sonntag« (1981). – **Ulrich Plenzdorf**, »Die neuen Leiden des jungen W.« (1973), »Kein runter, kein fern« (78), »Legende vom Glück ohne Ende« (79). Der Roman ist eine Fortsetzung des Films »Die Legende von Paul und Paula« von 1973, zu dem P. das Drehbuch schrieb; Schauplatz ist die **Singerstraße** in Friedrichshain, »die immer als die Summe ihrer fürsorglichen Bewohner auftritt«. – **Klaus Schlesinger** »Filme« (1975), »Berliner Traum« (77), »Leben im Winter« (80), »Matulla und Busch« (84). – **Rolf Schneider**, »Das Glück« (1976), »November« (79), (»Kietz« in »Annäherungen & Ankunft«, 82). – **Helga Schubert**, »Das verbotene Zimmer« (1988), »Ein Feuerwerk in Berlin« (82, mit der köstlichen Parodie »Die Parade«), »Vom Grandhotel zur Barrikade« (87), beide u.a. in »Die Andersdenkende« (94). – **Joachim Seyppel**, »Ein Yankee in der Mark« (1970) und als »neues Buch zu dem alten Thema« 90 »Die Streusandbüchse« (darin u.a. »Zwischenspiel des Dr. jur. F. Kafka am Fichteberg«); »Die Mauer oder Das Café am Hackeschen Markt« (81); »Die Wohnmaschine« (91). – **Christa Wolf**, »Der geteilte Himmel« (1963), »Unter den Linden« (74), »Kein Ort. Nirgends« (79), »Störfall. Nachrichten eines Tages« (87), »Was bleibt« (90), (»Wo ist euer Lächeln geblieben? Brachland Berlin 1990«, in »Auf dem Wege nach Tabou«, 94). »Dorotheenstädtische Monologe« ist der Titel eines 1973 ersch. Buches von **Jens Gerlach**, in dessen Vorwort es heißt: »Viele Gräber sind beredt, manche für wenige Leute, andere für Millionen«. – **Wolf Biermann** (von 1953 bis zu seiner Ausbürgerung aus der DDR 76 in der **Chausseestraße** Nr. 131/Mitte lebend: »Berlin, du deutsche deutsche Frau« (»Die Drahtharfe«, 1965), »Wie nah sind uns manche Tote, doch / Wie tot sind uns manche, die leben« (»Der Hugenottenfriedhof«, 72), »Preußischer Ikarus«

Wolf Biermann auf der Weidendammer-brücke, Titelbild zu »Preußischer Ikarus« (1978)

(Adler an der **Weidendammerbrücke/** Mitte/Lieder, Balladen, Gedichte, Prosa, 78); »Verdrehte Welt – das seh' ich gern« (82), »Affenfels und Barrikade« (86), »Klartexte im Getümmel« (90): »Die Deutschen östlich der Mauer haben den zweihundertsten Jahrestag der Französischen Revolution origineller gefeiert als die verkitschten Franzosen. Sie spielten ein gewaltfreies Revolutions-Stück, das vom Fernsehen in alle Welt übertragen wurde.« 1991 erschien: »Über das Geld und andere Herzensdinge. Fünf prosaische Versuche über Deutschland«, darin auch der Bericht »Duftmarke setzen«, 2. März 1990.
Nach 20 Jahren erschien 1995 die 1975 von **U. Plenzdorf, K. Schlesinger** und

M. Stade konzipierte Autoren-Anthologie »Berliner Geschichten«, die sich bewußt der Zensur widersetzte. Die Staatssicherheit hatte sie mit dem »Operativen Schwerpunkt Selbstverlag« seinerzeit verhindert.

Anthologien

Hugo Stummel, »Im Zeichen des Bären. Die schönsten Berlin-Geschichten« (o.J.); **Wolfgang Paul** (1918-93), »Berlin, Glanz und Elend der deutschen Hauptstadt« (1962); **Herbert Günther** (München/B), »Hier schreibt Berlin. Ein Dokument der Zwanziger Jahre« (1963); **Rudolf Hartung**, »Hier schreibt Berlin heute« (1963); **Bruno E. Werner** und **Ortrud Reichel**, »Lunapark und Alexanderplatz. Berlin in Poesie und Dichtung« (1964); **Hannes Schwenger**, »Berlin zum Beispiel. Eine gesamtberliner Anthologie mit Beiträgen aus Lyrik, Prosa und Grafik (1964); **Rolf Italiaander** und **Willy Haas**, »Berliner Cocktail« (1965); **Dieter Hildebrandt**, »Schnittpunkte« (1966), »Spreewind. Berliner Geschichten« (69); **Ruth Greuner**, »Berlin. Stimmen einer Stadt. 99 Autoren – 100 Jahre an der Spree«, »lit. Immobilien« von Th. Fontane bis V. Braun (1971); **Lutz-W. Wolff**, »Fahrt mit der S-Bahn« (1971); **Stefan Heym**, »Auskunft« (1974, 2. Bd. 78); **Hans Erman**, »Berliner Geschichten. Geschichte Berlins« (5. Aufl. 1975); **Aldona Gustas**, »Berliner Malerpoeten. Bilder und Texte« (1977); **Walter Höllerer**,

»Übern Damm und durch die Dörfer«
(Fotos Renate v. Mangold, 1977);
Heinz Knobloch, »Der Berliner zweifelt immer. Seine Stadt in Feuilletons von damals« (2. Aufl. 1979); **Gustav Sichelschmidt,** »Berlin! Berlin! Ein literarischer Bilderbogen der letzten 150 Jahre« (1980); **Manfred Behn,** »Geschichten aus der Geschichte der DDR 1949-1979« (1981); **Hans Werner Richter,** »Berlin, ach Berlin« (Bild-Text-Bd. 1981); **Diethard H. Klein,** »Berliner Hausbuch« (1982); **Krista Marion Schädlich** und **Frank Werner,** »Die Hälfte der Stadt« (1982); **Ingrid Krüger** und **Eike Schmitz,** »Berlin, du deutsche deutsche Frau.

Eine literarische Chronik der geteilten Stadt mit Texten und Bildern von Autoren aus Ost und West« (1985); **Ulrich Janetzki,** »Begegnungen – Konfrontationen. Berliner Autoren über historische Schriftsteller ihrer Stadt« (1987); **Uwe Wittstock,** »Berlin erzählt« (1991); **Michael Bienert,** »Die eingebildete Metropole« (1992): Berlin im Feuilleton der Weimarer Republik, eine »Literaturgeschichte der erzählten Stadt«, mit einem Sonderkapitel »Krise und Mentalität« über S. Kracauer, Hermann Ullmann (»Flucht aus Berlin?«, 1932), H. Hauser und Alfons Paquet (Wiesbaden/H) sowie einer umfangreichen Bibliographie.

Prenzlauer Berg

EXKURS

In den siebziger und achtziger Jahren wurde der Bezirk **Prenzlauer Berg** Treffpunkt junger Schriftsteller, Maler und Theaterleute (ähnlich dem südlich gelegenen Kreuzberg).

Die Generation der nach 1950 Geborenen versuchte gezwungenermaßen (und unter den Augen der Staatssicherheit, wie deren Akten beweisen) eine Gegenkultur: »Das immer tiefere Versinken einer Gesellschaft in Agonie kann im einzelnen die Illusion fördern, er müsse mit seiner Arbeit all das ersetzen, was die Gesellschaft nicht leistet. Ein hoffnungsloses, in Wahnsinn oder Journalismus treibendes Unternehmen. Und doch, scheint es, muß erst ein ähnlicher Punkt von lange gestauter Energie, Wut und Langeweile erreicht werden, bevor eine Schranke wirklich durchbrochen und sich auf Neuland gewagt wird. Es bedurfte etliche Winter der Depression, einer Bibliothek voller ungedruckter Texte und schließlich des Zurückgewiesenwerdens einer gesamten Schriftstellergeneration, bevor der Blick überhaupt in eine solche Richtung gehen konnte.«

»Tarzan am Prenzlauer Berg«, Umschlag von Adolf Endlers
»Sudelblättern 1981-1983« (1994)

(**Uwe Kolbe, Lothar Trolle, Bernd Wagner,** Hrsg. der Zs. »Mikado«). Bücher und Zeitschriften erschienen in eigenen Verlagen (u.a. »Mikado«, »Ariadnefabrik«, »schaden«). Szenentreffpunkte waren die Cafés in der **Schönhauser Allee,** Veranstaltungen fanden meist in Privatwohnungen statt. (Die Wohnküche des Liedersängers »Ecke« Maaß in der **Schönfließer Straße** z.B. wurde so zu einer originellen »Küche der Weltliteratur«, in der sich neben den einheimischen Künstlern und Literaten u.a. auch **Bulat Okudshawa** aus Moskau oder **Allen Ginsberg** aus New York trafen). Die wichtigsten Autoren: **Elke Erb, Adolf Endler, Frank Lanzendörfer, Sascha Anderson, Uwe Kolbe, Durs Grünbein, Bert Papenfuß-Gorek, Stefan Döring, Andreas Koziol, Johannes Jansen, Jan Faktor, Lutz Rathenow, Reiner Schedlinski, Leonhard Lorek** u.a.

Texte in drei Publikationen: »Berührung ist nur eine Randerscheinung« (Hrsg. E. Erb/S. Anderson, 1985), »Sprache & Antwort. Stimmen und Texte einer anderen Literatur aus der DDR« (Hrsg. E. Hesse, 1988), »Die andere Sprache. Neue DDR-Literatur der 80er Jahre« (Text + Kritik Sonderband, Hrsg. H.L. Arnold, 1990).

Zwei Publikationen aus dem Jahr 94 über die »Szene am Prenzlauer Berg«: **Adolf Endlers** »Sudelblätter 1981-1983«, »Tarzan am Prenzlauer Berg«, in der »Vorbemerkung« heißt es da: »›Prenzlauer Berg‹, ›die Szene am Prenzlauer Berg‹ – Chiffren einerseits für verrückte und ungezügelte Kreativität, andererseits für ein Geflecht düsterer Machenschaften und Spitzelei …« Über diese schreibt **Uwe Kolbe** in seiner (in den »Göttinger Sudelblättern« herausgekommenen) »Geschichte zweier gebürtiger Ost-Berliner« »Die Situation« gleich zu Beginn: »Man wird mir nachsehen, daß ich keinen neuen Tonfall zur Verfügung habe, in dem noch einmal über den erloschenen literarischen Stadtbezirk Berlin-Prenzlauer Berg geschrieben werden könnte … Erzählt werden soll dennoch eine der unbündigen Geschichten, die sich mit hinlänglicher Folgerichtigkeit dem Prenzlauer Berg zuschlagen lassen, wenn wir ihn denn beiläufig glaubhaft als eine geistige Landschaft darzustellen vermögen.«

»Vogel oder Käfig«. Kunst und Literatur aus unabhängigen Zeitschriften in der DDR 1979-1989 (Hrsg. K. Michael und Th. Wohlfahrt, 1992); Dokumentation Staatsbibliothek Unter den Linden; Übersicht der in »Eigenverlagen« ersch. Bücher 1991 im Verlag »Merlin«; Sammlung in der SB Unter den Linden. Im Frühjahr 1993 erschien, hrsg. von P. Böthig und K. Michael, die Slg. »MachtSpiele / Literatur und Staatssicherheit im Fokus Prenzlauer Berg«, mit Aufsätzen von betroffenen Schriftstellern, Kritikern und Journalisten, Auszügen aus Akten und Interviews sowie eine Auswahl-Bibliographie von Oktober 1991 bis Frühjahr 93.

»XY gut gelöst. Berliner Heimatromane sind mörderisch«: Krimis, u.a. von -ky = **H. Bosetzky, R. Hey, J. Fauser, Y. Karsunke**, P. Biermann, als »Heimatromane für Großstädter« (in »Berlin. Das Insider-Lexikon« von Elke S. und Gundolf S. Freyermuth, 1993). Schauplätze am Beispiel von **Pieke Biermann**: »Westberlin, um den Potsdamer Platz, irgendwann am Ende der 80er Jahre« (»Potsdamer Ableben«); »Westberlin, um den Wittenberg-/Nollendorfplatz, Hochsommer 1989« (»Violetta«); »Berlin-Mitte, Februar 1992, zwischen Rosa-Luxemburg-Platz und Oranienburger Straße« (»Herzrasen«, 1993).

Wer auf Berlin-Beschimpfungen aus ist, findet jetzt auch eine Kollektion: »Berlin ist das Allerletzte. Absagen in den höchsten Tönen« (Hrsg. Detlef Bluhm und Rainer Nitzsche, 1994). Erinnerungen an Literatur in Berlin 1945 bis 1990: »Zuchthaus des Wortes – Trottoir & Asphalt« (1991), »Trottoir & Asphalt« (94) von **Joachim Seyppel**.

»Grenzfallgedichte« (Hrsg. **Anna**

Chiarloni und **Helga Pankoke** (1991);
»Die Zeit danach. Neue deutsche Literatur« (Hrsg. **Helge Malchow** und
Hubert Winkels, 1991); **Friedrich
Dieckmann**, »Wege durch Mitte.
Stadterfahrungen« (1995).

Klaus Strohmeyer, »Berlin in Bewegung« (2 Bde. 1987). Am Schluß der
»Rundfahrt« auf den Spuren von
Franz Hessel, die den zweiten Band
der »Literarischen Spaziergänge« einleitet, heißt es, fast schon paradigmatisch: »Wo Hessel – seine Zeit im
Blick – den Verlust früherer Stadtwirklichkeit beklagt, bedauern wir allemal schon den Verlust der Hesselschen Wirklichkeit: Ein Verlust wird
von nachfolgenden aufgehoben, die
Erinnerungen überdauern selten eine
Generation.«

*»Germania Tod in Berlin«, Szenenfoto
aus Heiner Müllers Stück (Deutsche
Erstaufführung 20. Januar 1989 Berliner
Ensemble)*

»Die Stätten, die Menschen, die Ereignisse … Wenn Erzählen soviel wie Erinnern ist, dann auch ein Erinnern an
etwas, das hinter oder über allem
Wirklichem ist …« (Kurt Ihlenfeld im
»Vorsatz« zu seinem Roman »Kommt
wieder, Menschenkinder«).

Hinweis für »Literaturadreßbuchliebhaber«: »Reiseführer für Literaturfreunde Berlin« (3. Aufl. 1981) von
Karl Voß (1907-94), der auf 15 Spaziergängen »vom Alex bis zum Kudamm« Berlins alte und neue Literaturgeschichte(n) lebendig werden
läßt. Ebenso **Gundel Mattenklott**,
»Literarische Spaziergänge« (1983) sowie »Berlin. Eine Ortsbesichtigung«
(Hrsg. u. a. Detlef Bluhm und Manfred
Hamm, 1992).

Im Zusammenhang mit der Inszenierung von H. Müllers »Germania Tod

in Berlin« im Herbst 1990 an der
Freien Volksbühne entstand der Band
»Deutsch in einem anderen Land« /
Die DDR (1949-1990) in Gedichten
(Hrsg. R. Mangel, S. Schnabel, P.
Staatsmann, 1990). **Heiner Müllers**
(1929-95) Erinnerungen erschienen
u. d. T. »Krieg ohne Schlacht. Leben in
zwei Diktaturen« (1992): »Berlin ist
das Letzte. Der Rest ist Vorgeschichte.
Sollte Geschichte stattfinden, wird
Berlin der Anfang sein.«

Gert und **Gundel Mattenklott** in
»Berlin Transit. Eine Stadt als Station«
(1987): »… daß das beschriebene Berlin tiefer und weiter ist, als das wirkliche je war – kein Zweifel, konzentriert es sich doch in Sonetten wie in
Linsen und dehnt sich in Romanen in
mythische Fernen und Tiefen …«

Bibliotheken, Sammlungen,
Literarische Gesellschaften,
Stiftungen, Literaturpreise

Staatsbibliothek zu Berlin – Preußischer Kulturbesitz: hervorgegangen aus der Vereinigung der früheren Deutschen Staatsbibliothek (Nationalbibliothek der DDR) und der Staatsbibliothek Preußischer Kulturbesitz, Nachfolgerin der ehemaligen Preußischen Staatsbibliothek, 1661 gegründet als Churfürstliche Bibliothek zu Cölln an der Spree: rd. 8,3 Mio Bde., 17026 europäische Handschriften (u.a. Virgils »Georgica«, Fragm. 6. Jh.; Psalter Ludwigs des Deutschen, 9. Jh.), 34024 orientalische Handschriften, 84355 Musikhandschriften (J.S. Bach: Matthäus-Passion; W.A. Mozart: Die Zauberflöte; L. van Beethoven: 9. Sinfonie; C.M. von Weber: Der Freischütz), 4235 Inkunabeln (42zeilige Gutenbergbibel; Psalterium Latinum, Mainz 1457 und 1459), 28813 Einzel-Autographe (G.E. Lessing: Minna von Barnhelm; H. von Kleist: Der zerbrochene Krug; J.W. von Goethe: Egmont), 1006 Nachlässe (J.G. Herder, J. und W. Grimm, A. Schopenhauer, Th. Fontane, G. Hauptmann, C. von Ossietzky/Weltbühne), 569399 Musikalien, 810429 Karten, 7,5 Mio Bilder. Unter den Sondersammlungen: Mendelssohniana; ausl. Zeitungen und Zss; Literatur aus und über Osteuropa, Orient, Ost- und Südostasien.

Bibliothek der Humboldt-Universität: rd. 5,5 Mio Bde., 11000 Zss.; umfangreiche Slg. von deutschsprachigen Dissertationen des 19. und 20. Jh.; Handbibliothek der Gebr. Grimm; vollständige Aufzeichnungen des Dichterkreises »Tunnel über der Spree«.

Bibliothek der Freien Universität: rd. 2 Mio Bde., Lehrbuchsammlung; Nachlässe: Bibliotheken Knudsen (Theaterwiss.), Stein und Weiland (soz. Theorie und Bewegung); theaterhist. Slg. Walter Unruh (Inst. f. Theaterwiss.).

An der Universität Potsdam wurde am fünfzigsten Jahrestag der Wannsee-Konferenz das **Moses-Mendelssohn-Zentrum** für Europäisch-Jüdische Studien gegründet (Spezialbibliothek; u.a. Slg. Alex Bein und Memorbücher).

Akademie der Künste Berlin-Brandenburg: hervorgegangen aus der Vereinigung der Akademie der Künste B. und der Akademie der Künste der DDR; 9 Bibliotheken mit mehr als 53000 Bdn.; ca. 150 Archive und Slgg. (u.a. von W. Benjamin, B. Brecht, C. Einstein, L. Feuchtwanger, G. Hauptmann, A. Seghers); Slg. Dt. Exil; Theatergeschichtliche Slg., Slg. Darstellende Kunst. Unter den allgemeinen Slgg.: Archiv der Preuß. Akademie der Künste (1695-1947); Archiv der Lessing-Hochschule; Bild-, Plakat- und Pressearchiv; Phonothek und Photothek. Sonderausstellungen.

Amerika Gedenkbibliothek: rd. 810000 Bde. Fachliteratur (darunter 35000 Bde. Berlin-Lit.); Sonderslgg.: u.a. W. Alexis, A. Glaßbrenner, H. Courts-Mahler, A. Holz, H. von Kleist; alte Kinderbücher; Slg. 1848; Kunst der jungen Generation.

Berliner Stadtbibliothek: ca. 1300000 Bde., 1000 Zeitungen u. Zs.; 33000 Bde. Berlin-Lit.; Sonder-Slgg.: Slg. des »Grauen Klosters«, Franz-Mehring-Bibliothek; Nachlaß A. Glaßbrenner. Im Ribbeck-Haus, **Breite Str.** Nr.35/36, wurde im März 1996 das **Zentrum für Berlin-Studien (ZBS)** eröffnet. Innerhalb der Stiftung Zentral- und Landesbibliothek Berlin sind hier die Berlin-Slgg. der Amerika-Gedenkbibliothek und der Berliner Stadtbibliothek zusammengeführt: ca. 60000 Bücher, Zeitungen (seit 1740), Zeitschriften, hist. und aktuelle Karten und Pläne, Postkartenslg., Zeitungsausschnittslg., Handschriften.

Bibliothek der Jüdischen Gemeinde: ca. 35000 Bde. Fachliteratur zu den Gebieten Jüd. Lit. u. Sprache, Geschichte und Kulturgeschichte; Zeitgeschichte. Zweigstelle im »Centrum Judaicum« (Neue Synagoge; Archiv).

Die mauer
Zum 3. oktober 1990

Als wir sie schleiften, ahnten wir nicht,
wie hoch sie ist
in uns

Wir hatten uns gewöhnt
an ihren horizont

Und an die windstille

In ihrem schatten warfen
alle keinen schatten

Nun stehen wir entblößt
jeder entschuldigung

Reiner Kunze

Gesellschaften: Dramatiker-Union (seit 1871, verleiht seit 1977 »Goldene Nadel«); Dt. Kulturgemeinschaft Urania B. (seit 1888); Gesellschaft für Theatergeschichte B. (seit 1902); Verband Dt. Kritiker (seit 1950, verleiht Kritikerpreis); Dramaturgische Gesellschaft (seit 1953); Kulturkreis B. (seit 1954); Neue Gesellschaft für Literatur (seit 1973); Bundesverband Dt. Autoren (seit 1977); Literaturwerkstatt »Werkkreis Lit. der Arbeitswelt«; Arbeitskreis B.er Jungbuchhändler; B.er Bibliophilenabend (1905, n. 1954).
Europäische Brecht-G., Bettina-von-Arnim-G. (seit 1985), Gerhart-Hauptmann-G. (seit 1992), Anna-Seghers-G. (seit 1991), Internat. Peter-Weiss-G. (seit 1989), Karl-May-G. u. a. Sitz der Geschäftsstelle der Arbeitsgemeinschaft Literar. Gesellschaften im Literarischen Colloquium B.
Preise: Kunstpreis B. (1948-69: B.er Kunstpreis/Fontane-Preis); Förderpreis zum Kunstpreis B. (1956-69: Preis »Junge Generation«, 71-77 Stipendium); Berliner Literaturpreis (seit 1989); Alfred-Döblin-Preis (seit 1979), Alfred-Döblin-Stipendium (in Wewelsfleth, seit 1986); Moses-Mendelssohn-Preis; Bettina-von-Arnim-Forschungspreis (seit 1987); Ullstein-Die-Frau-in-der-Literatur-Preis; Literaturpreis 3. Oktober; Kritikerpreis; Internat. Verlegerpreis Der Sieben (seit 1977); Wilhelm-Hauff-Preis (Förderung der Kinder- und Jugendlit., seit 1978); Weddinger Jugendliteraturpreis; Brüder-Grimm-Preis des Landes B. (Förderung des Kinder- und

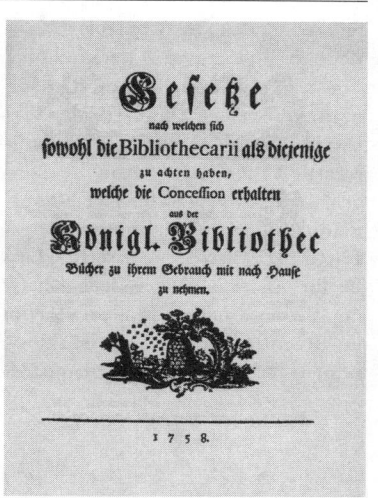

Erste gedruckte Ausleihanordnung der Kgl. Bibliothek

Jugendtheaters, seit 1961). Der Senat vergibt Arbeitsstipendien (Berlin u. Wiepersdorf) und Reisestipendien für Schriftsteller, die Akademie der Künste Arbeitsstipendium »Villa Serpentara« und Schriftstellerbeihilfe. Das Berliner Künstlerprogramm des Deutschen Akademischen Austauschdienstes (DAAD), urspr. Teil der Ford-Foundation (1961), vergibt Arbeitsstipendien an ausländische Künstler.
In Zehlendorf (**Am Sandwerder**) **Lit. Colloquium** (Veranstaltungs-, Publikations-, Film- und Photographieabteilung), Literarisches Podium. In Charlottenburg **Literaturhaus Berlin** (Lesungen, Ausstellungen, Publikationen), **Buchhändlerkeller** (Lesungen). Mitte: **Café Clara** (Veranstaltungen, Sitz von »Orplid & Co«, Veröf-

fentlichungen). In Kreuzberg zwei Zentren alternativer Literatur- und Theaterarbeit: **Mehringhof (Gneisenaustraße Nr. 2)**, **Ufa-Gelände (Viktoriastraße Nr. 10-18)**. In Pankow **literaturWERKstatt berlin** (Lesungen, Diskussionen). **Gerhart-Hauptmann-Gedächtnis- und Forschungsstätte** (Erkner/BR). **Brecht-Haus Berlin** (Brecht-Weigel-Gedenkstätte mit Brecht-Archiv), **Literaturforum im Brecht-Haus** (Lesungen, Diskussionen). **Anna-Seghers-Gedenkstätte**; **Käthe-Kollwitz-Museum.** »Les-Art«, Kinder- und Jugendliteraturzentrum (**Weinmeisterstr. Nr. 5**).

Die Qualität **Literarischer Stadtführungen** ist sehr unterschiedlich. Besonders sorgfältig erarbeitet sind die Angebote von StattReisen (E.T.A. Hoffmann, Fontane, Döblin, J. Roth, Brecht u. a.) und dem Kulturbüro Berlin. Veranstaltungen auch der Volkshochschulen (Wedding, Steglitz, Charlottenburg u. a.).

Rundgänge

Mitte

Unter den Linden

Groß-Berlins erster Bezirk, die alte City. An ihrem krönenden Abschluß zum alten und neuen Westen hin »wollen wir stille stehn«, wie **Heinrich Heine** 1822, »und das **Brandenburger Tor** und die darauf stehende Viktoria betrachten ... Die gute Frau hat auch ihre Schicksale gehabt.« Und uns dann nach Osten wenden: »Ja, Freund, hier unter den Linden / Kannst du dein Herz erbaun«, so Heine abermals, nun über den »Lieblingsspaziergang so vieler großer Männer« und der »allerschönsten Frau«. Anderthalb Jahrhunderte später **Rolf Schneider**: »**Unter den Linden** ist der würdigste, auch der nobelste Boulevard Berlins. Mit den anderen Boulevards der Stadt hat er gemeinsam, daß er gegenwärtig verkommt zu einer lauten, stinkenden Autostrada.« »Unter den Linden bin ich immer gerne gegangen. Am liebsten, du weiß es, allein«, beginnt **Christa Wolfs** gleichnamige Traumerzählung von 1974. Und blendet im Fortgang für einen eindrucksvollen Augenblick eine fast vergessene Szenerie ein: »Da ist in einem unbewachten Moment in der blitzenden Scheibe anstelle des Lindenhotels eine Trümmerlandschaft aufgetaucht, winddurchpfiffen, unkrautbewachsen, von einem Trampelpfad überquert...« (Von den einmal 69 Gebäuden Unter den Linden waren 1945 gerade 13 teilweise stehengeblieben.)

Als der im Zweiten Weltkrieg völlig zerstörte **Pariser Platz** noch »Quarré« hieß, kam im Haus Nr. 4 auf der Südseite – im »Arnimschen Palais«, »in der schönsten Gegend«, mit »Garten und gewaltig viel Raum« – im Januar 1781 **Achim von Arnim** zur Welt. 1907 zog die Preußische Akademie der Künste hier ein; 1926 wurde dieser die Sektion für Dichtkunst angegliedert; im Dezember 1932 fand die letzte größere Veranstaltung der »Dichterakademie« vor den »Jahren des Unheils« statt: **Franz Werfel** las aus seinem Roman »Die vierzig Tage des Musa Dagh«. **Oskar Loerke**, Sekretär der Sektion: »Ein sonorer, wenn auch nicht gerade sehr tiefer Eindruck.« Über zwölf Jahre war M. Liebermann Präsident der Akademie der Künste. Von 1893 bis 1933 wohnte und arbeitete er am Pariser Platz Nr. 7, neben dem nördlichen Wachgebäude des Brandenburger Tores. Im April 1896 saß ihm **Theodor Fontane** hier zweimal in der Woche; das Original der Kreidezeichnung befindet sich in der **Alten Nationalgalerie**.

»Ihr Appartement im **Hotel Adlon** hatte den Blick auf den Pariser Platz, der sie an das achtzehnte Jahrhundert, an Staatskarossen und Lakaien mit Perücken denken ließ, und hinter dem Brandenburger Tor, am Ende der Linden, konnten sie die Bäume und kleinen Wege im Tiergarten sehen.« **Sinclair Lewis'** »Sam Dodsworth« (1929) hatte es dieser Blick angetan. Das **Palais Redern Unter den Linden** Nr. 1

9. November 1989: »...ein bunter Zug quillt hastlos aus der Betonbresche. ›Aus dem hohlen finstern Tor‹ – haben wir Ostern?« (Friedrich Dieckmann)

(nach alter Zählung, die auf der Südseite am Pariser Platz begann, mit dem Alten Palais am Opernplatz bei Nr. 37 endete und auf der Nordseite, von der Staatsbibliothek aus mit der Nr. 38 weitergehend, wieder am Pariser Platz mit der Nr. 78 abschloß), seit 1907 Berlins Spitzenhotel »Adlon«, war auch die erste Adresse am Platz. »Und dann dieses gegenseitige Gezeige / sogenannter Größen, die man gern vergißt ...«, hielt **Paul Zech** in seinem Gedicht »Fünfuhr-Tee im Adlon« dagegen. »Arme Poeten« verschlug es jedenfalls kaum hierhin. **Carl Sternheim** 1922: »Kein Deutscher außer zwei Dichtern, Sternheim und **Hauptmann**, sonst nur Schieber.« Berühmt Hauptmanns Geburtstagsbankette: 1912, 22,32. Dafür wohnte **Thomas Mann** häufiger im »Adlon«. »Der He-

xer«, das heißt sein Erfinder, der englische Schriftsteller **Edgar Wallace**, bewohnte 1927 anläßlich der deutschen Erstaufführung seines Kriminalstücks am Deutschen Theater, dem **Alfred Kerr** »Gänsehaut plus Komik« bescheinigte, eine ganze Suite. Wallace wurde in Berlin schier populärer als zu Hause. In einem erhalten gebliebenen Seitentrakt des zerstörten Hotels wohnte im April 1947 **Anna Seghers**. Auch **Bertolt Brecht**, aus dem amerikanischen Exil zurückgekehrt, fand von Herbst 1948 bis Frühjahr 49 eine erste Unterkunft.

Auf dem heutigen Gelände der ehem. **Sowjetbotschaft** zeigt die alte Lindenrolle gleich zwei Häuser. Anstelle des Ostflügels befand sich bis 1824 Haus Nr. 9, das »auf ganz wunderliche, seltsame Weise von allen übrigen abstach«. Es ist »Das öde Haus« aus dem 2. Band von **E. T. A. Hoffmanns** »Nachtstücken«, das Gespensterhaus par excellence. Auch die Häuser Nr. 21 und 23 hatten die höheren literarischen Weihen. In Nr. 21, heute Nr. 39, Neubau, einem der schönsten in der Straße, dem Palais Raczynski, wohnte von 1835 bis 44 **Bettina von Arnim**, bannte tagsüber »die tollsten Einfälle alle auf dem Papier« fest und führte mit ihren »Demokraten« – »ein 54jähriges Mütterchen, klein, aber von schöner Haltung«, so **Jacob Burckhardt**, »in dieser Zeit der eigentliche Held, die einzige wahrhaft freie und starke Stimme«, so **Varnhagen von Ense** – ein offenes Haus. Haus Nr. 23, erbaut 1763 (im Bereich des heutigen Appartementhauses Ecke Friedrichstraße), beherbergte als Gasthof »Zur Sonne« im Mai 1778 **Goethe** – »Schön gutten Morgen, Herr Doctor Göth«, beversete ihn zur Begrüßung die **Karschin** – und als »Russischer Hof« im Mai 1804 **Schiller**. Ihm zu Ehren hatte **Iffland** im Kgl. Nationaltheater »Die Braut von Messina« einstudieren lassen, »das volle Haus empfing ihn mit einem Jubel, der nicht enden wollte.«

Ein paar Schritte weiter an der »weltbekannten Kreuzung« **Unter den Linden/Friedrichstraße** gab es das (auch als literarischer Schauplatz oft bemühte) »»Dreigestirn der Cafés«: Auf der Südseite die »Lesekonditorei« Kranzler von 1825, das »Walhalla der Gardeleutnants«, die mokant lächelten, als, zusammen mit dem leicht betretenen **Fontane, Theodor Storm**

sich hier zum Frühstück einfand, »wie geschaffen für einen Tiergartenspaziergang« mit einem Puschelschal von »endloser Länge«; Kranzler gegenüber, wo 1809-19 **Wilhelm von Humboldt** seine Berliner Stadtwohnung hatte (in der 1815 zum ersten Mal in Berlin ein Weihnachtsbaum bewundert werden konnte), das Café Bauer von 1877, in dem 600 in- und ausländische Zeitungen und Zeitschriften für die Gäste bereitlagen; und auf der Nordseite (im Bereich des Hotels »Unter den Linden«, Nr. 14 heute) das Hotel und Café »Viktoria«. Daneben pachtete 1901 **Max Reinhardt** den Festsaal von »Arnims Hotel« (seinerzeit Nr. 44) und ließ ihn für sein Kabarett »Schall und Rauch« umbauen. Bereits ein Jahr später eröffnete er hier sein »Kleines Theater« und feierte mit Maxim Gorkis »Nachtasyl«, das insgesamt 500mal hier gespielt wurde, seine ersten Triumphe. Auch da blieb es am Ende des Zweiten Weltkriegs nur bei Schall und Rauch.

Unter den Linden (heute) Nr. 8 die 1903-14 errichtete **Deutsche** (ehemals Preußische) **Staatsbibliothek**; im Ehrenhof wurden 1961 aus Anlaß der Dreihundertjahrfeier der Bibliothek die Bronzeplastik »Lesender Arbeiter« und gegenüber eine Bronzetafel mit Bert Brechts »Fragen eines lesenden Arbeiters« aufgestellt. Im Vorgängerbau, dem kurfürstlichen Marstall, befand sich im oberen Stockwerk die Akademie der Wissenschaften und Künste. Hier hielt **Johann Gottlieb Fichte** im Winter 1807/08 seine 14 Reden »An die deutsche Nation«.

Benachbart die (seit 1946 so benannte) **Humboldt-Universität**. **Alexander** und **Wilhelm von Humboldt** haben ihre Standbilder in Front, **G. W. F. Hegel** am **Hegelplatz**, **Theodor Mommsen** (wieder) im Ehrenhof der Universität. Beide pflegten gegenüber in der Kgl. **Bibliothek**, die 1775-80 als letztes Bauwerk am **Lindenforum**, dem Kgl. **Opernhaus** gegenüber, erbaut wurde, zu arbeiten. Wie auch die **Brüder Grimm, Fichte, Schelling** und **Schopenhauer** oder **Leopold von Ranke**. Vor der »Kommode« (wo 1895 auch W. I. Lenin seine Studien machte), auf dem (ehem. Kaiser-Franz-Joseph- oder auch **Opern-) Bebelplatz** wurden am 10. Mai 1933 die Bücher von 24 verfemten Autoren verbrannt. (Die Liste umfaßte insgesamt 12400 Titel von 149 Autoren und Autorinnen.) **Erich Kästner** (»Ich war der einzige der Vierundzwanzig, der persönlich erschienen war, um dieser theatralischen Frechheit beizuwohnen«): »Es war Mord und Selbstmord in einem.« Keine zwölf Jahre danach brannte Berlin. Vor Ort erinnert jetzt an das Ereignis ein Denkmal des israelischen Bildhauers Micha Ullmann. Er hat einen durch Glas abgedeckten unterirdischen »Raum des Schweigens« entworfen, in dem leere Regale einer Bibliothek stehen.

Im ehem. »Café Belvedere« hinter der katholischen Kirche (der **Hedwigskirche**) tagte seinerzeit die »Kleindichterbewahranstalt« (so bissig **Emanuel Geibel**), der in der Friedrichstraße von **Moritz Gottlieb Saphir** gegründete »Tunnel über der Spree«. Zu seinen Mitgliedern zählten **Th. Fontane** (»Lafontaine«), **Th. Storm** (»Tannhäuser«), **Paul Heyse** (»Hölty«), **Heinrich Seidel** (»Frauenlob«). »Rosenstraße Nr. 4 auf dem Werder, hinter des Königs Palais« fand **A.-H. Hoffmann von Fallersleben** (Wolfsburg/NDS), im Dezember 1821 zum ersten Mal in Berlin, bei seinem Bruder Quartier. 1822 lautete die Adresse »**Brüderstraße** 4 im Hause der Buchhändlerswitwe Mylius«. Hoffmann kam später noch öfter, wurde aber auch, so im Dezember 1848, von der Polizei der Residenz verwiesen. **Friedrich Georg Jünger**, ab 1928 in Berlin, zog Anfang der dreißiger Jahre »in die Mitte und wohnte in der Werderschen Rosenstraße, unmittelbar an der Werderschen Kirche ... Rosen wuchsen nicht darin, wohl aber einige Bäume. Von hier erreichte ich mit wenigen Schritten die Linden, war nicht weit vom Alexanderplatz entfernt und blieb doch in einem stillen, lautlosen Winkel der Stadt, in dem alles einem anderen Jahrhundert angehörte.« Am **Oberwall** »op dem Werder« handelt in einem solchen Jahrhundert (mitten im Siebenjährigen Krieg) in der »Werderschen Rosengasse«, wie sie da heißt, auch eine der Geschichten in **Hans Scholz'** Roman »Am grünen Strand der Spree«: die »Chronik des Hauses Bibiena« kommt hier mit der Romanze von Ettore und Rosalba zu ihrem Happy End.

In der benachbarten **Niederlagstraße** war von 1701 bis 1873 in den Häusern Nr. 1-2 das 1689 gegründete Französische Gymnasium untergebracht.

Heinrich von Kleist, Adelbert von Chamisso waren hier u. a. Schüler. Am westlichen Ufer der **Friedrichsgracht** zwischen Schleusen- und Schloß-brücke – im Bereich des ehem. Ministeriums für Auswärtige Angelegenheiten heute – gab es nach der Schließung des »Hôtel de Russie« Unter den Linden einen zweiten Russischen Hof. Im Oktober 1843 stieg **Honoré de Balzac** hier ab. Er kam aus St. Petersburg, wo ihm, wie André Maurois erzählt, Madame Hanska zuzugestehen geruht hatte, »daß sie einen der größten Männer aller Zeiten als Geliebten habe«. Was Wunder, daß der Dichter auf der Rückreise »unaufhörlich nur von den Abenden in St. Petersburg« träumte und Berlin »die Hauptstadt der Langeweile« nannte.

Wieder zu den **Linden** hin erhebt sich auf dem Platz, wo die »Commandantur« einmal war (1806 hier im Stab des franz. Stadtkommandanten der 23jährige **Stendhal**), seit 1981 das Denkmal des **Freiherrn vom Stein** (Bad Ems/Nassau/RP), das früher auf dem Dönhoffplatz stand. Es folgen, wieder aufgebaut, das ehem. **Kronprinzen-** und, durch einen Übergang in der **Oberwallstraße** mit diesem verbunden, das ehem. **Prinzessinnenpalais**, das als »**Operncafé**« Urstände feiert. »Alle diese Monumente«, befand der französische Vorleser der Kaiserin **Jules Laforgue**, stünden »wie Kasernen« um das »kalte Denkmal Friedrichs«.

Auf der Mittelpromenade zwischen Bebelplatz und Humboldt-Universi-

»Hat doch auch Lessing zugleich wieder sein Denkmal« unterm Pferdeschwanz: Reiterstandbild Friedrichs des Großen auf der Mittelpromenade Unter den Linden

tät reitet seit 1980 Friedrich II. (der in einer bilderstürmerischen Aktion 1950 beseitigt worden war) wieder. 150 Figuren sind auf dem Sockel von Ch. D. Rauchs monumentalem Standbild (von 1851, Fontane veröffentlichte zur Einweihung sein Gedicht »Der Alte Fritz«) versammelt. Für **Gotthold Ephraim Lessing** und **Immanuel Kant** reichte der Platz gerade noch unter dem Pferdeschwanz; **Volker Braun** 1984: »Hat man ihn wieder? Mich freuts. Der Alte Fritz hoch zu Rosse. / Hat doch auch Lessing zugleich wieder sein Denkmal, am Arsch.« (In diesem Zusammenhang: 1905 gab es unter den mehr als 300 öffentlichen Denkmälern Berlins lediglich 22 für Dichter und Schriftsteller.)

Als Schinkels **Neue Wache** noch als Wachlokal diente, zog 1844 **Theodor Fontane** als Einjährig-Freiwilliger hier auf »Königswache« (wo er, wie er sich erinnert, Karten spielte, uckermärkische Zigaretten rauchte und Weißbier trank).

Zu der Kontroverse (von 1993) um die Neugestaltung der Neuen Wache als »Zentrale Gedenkstätte für die Opfer von Krieg und Gewaltherrschaft« sind in dem Band »Die Neue Wache Unter den Linden. Ein deutsches Denkmal im Wandel der Geschichte« Plädoyers und Gegenplädoyers versammelt. **Walter Jens** zitiert in diesem Zusammenhang **Siegfried Kracauer** (von 1931): »Nicht die beflissene Darstellung eines Gehaltes ist geboten – was wissen die meisten Menschen heute vom Tod? –, sondern die äußerste Enthaltsamkeit ihm gegenüber. Eine Gedächtnisstätte für die Gefallenen im Weltkrieg: sie darf, wenn wir ehrlich sein wollen, nicht viel mehr als ein leerer Raum sein ...«

Im Kastanienwäldchen blieb (K. F. Zelters) **Singakademie** erhalten, im 19. Jahrhundert Mittelpunkt des Berliner Kultur- und Geisteslebens, wo u. a. **A. von Humboldt** seine berühmten Kosmos-Vorlesungen hielt; heute hier das **Maxim-Gorki-Theater.** Am »**Bauhof** No. 2 bei Schmidt« (seit 1872 **Hegelplatz**) wohnte 1854/55 **Gottfried Keller.** »Romeo und Julia auf dem Dorfe« entstand hier, und »buchstäblich unter Tränen« wurde am Palm-sonntag 1855 nach langen Jahren hier »Der grüne Heinrich« vollendet (Tafel irrtümlich **Bauhofstraße** Nr. 2). **Am Kupfergraben** Nr. 5 steht **Hegels** letztes (1980-83 rekonstruiertes) Haus. Im Obergeschoß von Nr. 7, dem ehem. **Magnus-** und heutigen **Max-Planck-Haus,** residierte von 1912 bis 29 **Max Reinhardt** mit Familie.

»Die größte Wirkung: das erleuchtete **Zeughaus** mit seinen zerschossenen, alten Fahnen in der Nacht des olympischen Feuers und seinen frischen, neuen, leuchtenden Fahnen, die soviel Lüge gerade in dieser Stunde verhüllen müssen«: **Jochen Klepper** notierte dies am 2. August 1936 bei Eröffnung der Olympischen Spiele anläßlich eines »abendlichen Gangs Unter den Linden« – Pariser Platz – Hedwigskirche – Zeughaus – Museum und Brücke – Schloßfreiheit und Schloß –, »der ungeheuerlichste Weg, den ich mich je gegangen zu sein entsinnen kann!« (Der damals entstandene Zyklus »Olympische Sonette« konnte erst im Jahre 1947 erscheinen.) **Rudolf Binding** (Starnberg/B) beschwört in seinen Erinnerungen »Erlebtes Leben« ein eindrucksvolles Gegenbild aus dem Frühjahr 1888: die Linden als »Straße der Trauer« (Teilstück des großen Spaliers vom Dom bis zum Mausoleum in Charlottenburg) beim Begräbnis Kaiser Wilhelms I.: »Die Straße glich einem schwarzen Strombett. Ein schwerer Trauerprunk von Schwarz und Gold faßte sie ein.«

Blick zurück an der **Schloßbrücke** noch einmal mit **Heine:** »Wirklich, ich kenne keinen imposantern Anblick,

Das Königliche Schloß in Berlin

als vor der Hundebrücke stehend nach den Linden hinauf zu sehen.«

Alt-Berlin

Im Mittelpunkt stand das **Schloß**. **Wolf Jobst Siedler**: Das Schloß war »jenseits dessen, was es für sich selbst bedeutete, der Bezugspunkt jener historischen Mitte Berlins, die von dem Pariser Platz im Westen, dem Gedarmenmarkt in der Mitte, dem Alexanderplatz im Osten und dem Belle-Alliance-Platz im Süden begrenzt wurde.« In seinen Gemächern – 600 zuletzt – ging der Sage nach die Weiße Frau um, wenn der Tod den Hohenzollern ins Haus stand. Friedrich der Große wies **Voltaire** ein Zimmer auf der Spreeseite über seinen Räumen an. **Charlotte von Kalb** (Mellrichstadt/Waltershausen/B) lebte zwei Jahr-

zehnte »immer erblindeter« in einer Stube – »Zelle« sagte sie – in einem der Flügel bis zu ihrem Tod im Mai 1843. Man erreichte sie nur über »nicht gerade schöne Treppenaufgänge«, so die schwedische Besucherin Malla Montgomery-Silfverstolpe, durch »etliche häßliche, stockfinstere Gänge … Löcher von Vorsälen und abscheuliche Türen, die eher aussahen, als führten sie in unterirdische Gewölbe.« **Varnhagen von Ense** versorgte sie mit Büchern, sie ließ sie sich vorlesen. **Rahel** kam ein paarmal, mehr noch als das Wetter hielten sie dann aber die langen Schloßtreppen von Charlotte fern. Dafür stieg **Bettina von Arnim**, mit »bewundernswürdigem Höhensinn und unstillbarer Kletterlust«, um so öfter hoch, zeitweise regelmäßig jeden Sonntagnachmittag, pulte mit der Kalb Schoten aus und teilte »Weltkunde« mit.

Weltkunde: »Vor dem Berliner Schlosse / ertönt ein Trauerlied: / Da liegen viel hundert Tote, / sie liegen in Reih und Glied«, heißt es in **Ludwig Pfaus** (Heilbronn/BW) Gedicht »Zum 18. März 1848« anklagend. Im Mittelpunkt der Ereignisse das Schloß auch im »November 1918«. Das ehemals nach der Lustgartenseite gelegene Portal IV wurde in den sechziger Jahren dem neuen Staatsratsgebäude vorgeblendet. Es ist das Portal, von dessen Balkon am 9. November Karl Liebknecht, der »neue Volkstribun«, den »die Revolution mit Haut und Haaren verschlang«, die »Freie Sozialistische Republik« ausgerufen hatte. **Alfred Döblin** in »Karl und Rosa«: »Sie hatten die Schlacht schon verloren, bevor sie anfingen ...« **Reinhold Schneider** beschwor 1936 die »Gegenwelt« des Schlosses: »Seltsamer Klang aus der Tiefe der Zeit! Der große Hof ist still, und was wären die Großstädte der Erde ohne die stillen Plätze in ihrer Mitte, die Herzkammern ihres Lebens!« Der berühmte Schlüterhof kam mit weiten Teilen des Schlosses glimpflich durch den Zweiten Weltkrieg. Trotzdem kam 1950 der Abrißbefehl. »Im September 1950«, heißt es am Ende von **Günter de Bruyns** »Zwischenbilanz«, wurde mit den Sprengungen begonnen, zu Neujahr waren sie abgeschlossen, im April waren die Trümmer abgefahren, und in die Öde des riesigen, von Ruinen umstandenen Platzes wurde eine Tribüne für die Parteiführung gebaut.«

Mit **Franz Hessel**, dem »Flaneur«,

wenden wir uns dem **Lustgarten** zu. (Vom **Dom** schaute er, »so gut es geht«, weg und warf lieber einen Blick auf eine »Berliner Sehenswürdigkeit, die kein Reisebuch verzeichnet«, einen am Zeughausufer angeketteten Spreekahn. **Erdmann Graesers** Roman von der »Spreelore«, die auf einem solchen Kahn geboren wurde, spielt im Süden der Spreeinsel, im »Spreewinkel« zwischen **Friedrichsgracht** und **Mühlendamm**.): »Der große weite Platz dem Schloß gegenüber, der Lustgarten, geht bis an die Stufen des Alten Museums, und die führen in ein wunderbares Eiland mitten in der Stadt.« Das zu Hessels Zeit an den »Roten Pfingsten« eine »unabsehbare Menge« mit »ihren Fahnen, Plakaten und Karikaturpuppen« erfüllte. Zwanzig Jahre später vor Ort **Bertolt Brecht**, am 1. Mai 1950, auf der Prominententribüne: »Das Theater des neuen Zeitalters / Ward eröffnet, als auf die Bühne / Des zerstörten Berlin / Der Planwagen der Courage rollte. / Ein und ein halbes Jahr später / Im Demonstrationszug des 1. Mai / Zeigten die Mütter ihren Kindern / Die Weigel und / Lobten den Frieden.« **Heinz Knobloch** hat eine »Geschichte zum Begehen« »Im Lustgarten« geschrieben (1989). Dem **Weihnachtsmarkt** ist darin ein eigenes Kapitel gewidmet. Laut Polizeianordnung von 1873 wurde er »auf dem Platz zwischen Königsschloß und Lustgarten« abgehalten. Seit Dezember 1944 im Lustgarten allerdings nicht mehr. (Der Markt wanderte überhaupt: vom Mühlendamm am Molkenmarkt z. B. Mitte des 18. Jahrhunderts in die Breite Straße, 1891 in die Oranienburger Straße, 1951 fand er sogar am »Alex« statt.) Die schönsten Berliner Weihnachtsgeschichten handeln von ihm: von **Ludwig Tiecks** »Weihnacht-Abend« und **Wilhelm Raabes** Erzählung in der »Chronik der Sperlingsgasse« bis zu **Erich Kästners** »Weihnachtsschwarzmarkt« und **Wolfdietrich Schnurres** Geschichte von der »Flucht nach Ägypten«, die – wie denn auch anders – erst im Pergamonmuseum an ihr Ziel kommt.

Verschwunden mit der Schloßfreiheit ist auch die »Stechbahn« zwischen der Brüderstraße und der Schleusenbrücke. Bevor »Josty« an den Potsdamer Platz umzog, lag seine Konditorei hier. **Heine** geriet bereits in seinem Ersten Berliner Brief ob der Süßigkeiten ins Schwärmen.

In der **Breiten Straße** steht das älteste Haus Berlins (Nr. 35), das **Ribbeckhaus. Fontane** läßt grüßen: Mit seiner »Birnen-Ballade« sorgte er kräftig für den Ribbeckschen Nachruhm. Benachbart die **Stadtbibliothek.** Sie besitzt ein originelles Portal, mit 177 Variationen des Buchstabens A auf Stahlplatten. Vorher befand sich die Bibliothek im **Marstall.** Die Bücherkarren wiesen den Weg. **August Scholtis** hat in seinem zu Unrecht vergessenen Roman »Jas der Flieger« (1935) die Szenerie (im Zeitungssaal v. a.) eindrucksvoll beschrieben. Günter de Bruyn: »Es war der ideale Ort, um Stadtgeschichte zu treiben. Ringsum waren Entdeckungen zu machen ...«

In der **Brüderstraße** Nr. 13 Nicolai-Körner-Haus (auch Nicolai-Lessing-Haus): um 1800 Treffpunkt der geistigen Elite Berlins (**Moses Mendelssohn, Karl Wilhelm Ramler, Anna Luise Karsch** darunter); Gedenktafeln für **Friedrich Nicolai, Theodor Körner** (Dresden/SA), seinen Vater **Christian Gottfried K., Christoph August Tiedge** und **Elise von der Recke;** 1905-35 Lessing-Museum. In der »äußerst brillanten Auberge der Stadt Paris« (so **Joseph von Eichendorff** 1809) in der Brüderstraße Nr. 39 stiegen – noblesse oblige – die Franzosen gern ab: 1786 der Comte de **Mirabeau,** 1804 **Madame de Staël.** In der **Scharrenstraße**/Ecke Brüderstraße fand **James Boswell** 1764 im Hause des Polizeipräsidenten Kircheisen Quartier, »ein Ort, wo es mir gut gegangen ist«. Bei seiner Abreise notierte er als »ein paar Denkwürdigkeiten«: »Die regelmäßige Arbeitsweise des Präsidenten. Die selbstverständliche Eintracht in der Familie. Drei Wagen. Fünf Pferde. Der Hinterhof mit dem Nußbaum. Der Storch. Das Erleichterungstempelchen. Kurtzin, das adrette kleine Kammerkätzchen.«

An der Ecke zur **Naumannsgasse** hatte – ein Kapitel für sich – von 1818 bis zum Ersten Weltkrieg die »Tante Voss« (wie der Volksmund die 1704 gegründete und 1751 an den Verleger Ch. F. Voss gekommene »Königlich privilegirte Berlinische Zeitung« nannte) ihren Sitz. Im gleichen Haus wohnte zuletzt einer ihrer über Jahrzehnte einflußreichsten Redakteure und Kritiker, **Ludwig Rellstab.** »Freimund Zuschauer« war R.s arg programmatischer »nom de guerre«. Er starb im November 1860 und wurde auf dem **Petri-Kirchhof** begraben. Der Verlagsleiter der Vossischen Buchhandlung, J. D. Sander, führte etwas weiter (damals in der Nr. 23) ein großes Haus. Frequentiert war sein Salon. Die 21jährige Leopoldine Karoline Mayer belegte hier **Jean Paul** mit Beschlag. Folgenreich, wie tout Berlin in der Vossischen Zeitung vom 27. Mai 1801 erfuhr: »Unsere Verbindung und unsere Abreise nach Meiningen machen wir ... bekannt.« »Hätte Berlin Berge und bitteres Bier«, begründete der Bräutigam den Schritt, »so trät' ich nicht aus seinen magischen Kreisen.« Die **Sperlingsgasse**, heute eine moderne Wohnstraße, erinnert nur mehr dem Namen nach an **Wilhelm Raabe**, den jungen Autor der »Chronik«, die im Domizil in der **Oberwallstraße** im Frühling 1855 beendet wurde.

Beschluß der Recherche auf der **Fischerinsel**. Der historische Stadtgrundriß dort ist ebenfalls zerstört. Verschwunden sind Petrikirche und Fischerkietz. Dafür gibt es ein ganzes Hochhausviertel. Auch die (alte) **Roßstraße** existiert nicht mehr. An ihrem »Eingange«, zitiert K. Günzel in seinem Buch über Ludwig Tieck, den »König der Romantik«, R. Köpke, der Tiecks Eckermann war: »... unfern des Köllnischen Rathauses, in einem engen, betriebsamen und geräuschvollen Teile der Stadt, wo in niedrigen Kramläden Gewerbe und Kleinhandel ihren Sitz haben, liegt ein dunkles Haus, das in der zweiten Hälfte des vorigen Jahrhunderts zu den stattlicheren der

Nachbarschaft gehören mochte ...« Dort, in der »schmalen, dunkelen Hinterstube, in die nur ein kärgliches Licht vom Hofe hineinschimmerte«, kam als Sohn eines Seilers **Ludwig Tieck** zur Welt.

In der weiland **Fischerstraße** (**Elisabeth Plessen**: »Als Junge wollte Kohlhaas Fisch sein...«) im ehem. Gasthof »Zum weißen Roß« (Nr. 26/27, gegenüber dem jetzigen Standort des **Ermelerhauses**) soll der Überlieferung nach der Roßkamm Hans Kohlhase, das Vorbild von **Kleists** »Michael Kohlhaas«, einen Handel mit »Speck, Honig und Heringen« betrieben (oder auch nur einen seiner »Rückzugsplätze« gehabt) haben. Eine Stele in der **Gertraudenstraße** erinnert an ihn. In der »gehegten Bank«, in der **Gerichtslaube**, beim Alten Rathaus an der **Spandauer Straße**, wurde er coram publico verurteilt und umgehend am »Rabenstein« (etwa da, wo heute der **Strausberger Platz** ist/Friedrichshain) »mit dem Rade durch Zerstoßung der Glieder vom Leben zum Tode gerichtet«.

Auf der **Gertraudenbrücke** verweist das Accessoire (darunter auch die Verse auf dem Sockel der großen Bronzegruppe) auf die vielfältigen Schutzfunktionen der Stadtheiligen: Dank »Dir, heiliger Gertraud«. »Inmitten der ärmlichen Gertraudenvorstadt, lag mit Kirche und Kirchhof, mit Hausbuden und Scheunen das St. Gertrauden-Spital, nach welchem die ganze Örtlichkeit den Namen **Spittelplatz** führte.« **Werner Bergengruens** Roman »Am Himmel wie auf Erden«

»Minna im König von Spanien« (Stiche von D. Chodowiecki, 1770)

hat hier einen seiner Schauplätze. Die Aussätzigen wurden hier untergebracht, bevor sie in den Gutleuthof vor dem St. Georgstor kamen, »dort, wo sich die Straße nach Prenzlau, Oderberg, Landsberg und Frankfurt voneinander abzweigten, nicht sehr weit vom Rabenstein und Hochgericht.« Die Georgenkirche wurde im Zweiten Weltkrieg zerstört, ein Rest **Georgenkirchstraße** ist geblieben.

»Wie vieles seh ich, das ich nicht mehr seh!« klagte 1968 **Mascha Kaléko** beim »Wiedersehen mit Berlin«. Die alte Mitte gibt es nicht mehr. Wenigstens sind ihre Schauplätze »zu Buche geschlagen«: in Poesie und Prosa, in Liedern und Singspielen nostalgisch verklärt.

»Vor dem Rathaus« bei der **Langen Brücke** (der heutigen **Rathausbrücke**) – »sie verband Cölln und Berlin« – geht **Willibald Alexis'** Roman »Der Roland von Berlin« mit Tumult in Szene. Unweit »vorm Schloß« – mit dem Auszug der Königin Luise im Herbst 1806: »Das war der traurigste Auszug, den je Berlin gesehn« – endet, ebenso mit Tumult, Alexis' Roman »Ruhe ist die erste Bürgerpflicht«.

»Nur hundert Schritte« entfernt, »in dem dazumal angesehenen Gasthofe ›Zum König von Portugal‹« in der

Burgstraße (Nr. 12 oder 16, geht der Streit), steigt im Januar 1813 der »alte Vitzewitz« in **Theodor Fontanes** »Vor dem Sturm« ab: »Berndt trat an das Fenster und sah geradeaus über den Fluß hin, auf die gotischen, im hellen Morgenschein erglänzenden Giebel des hier noch mittelalterlich gebliebenen Schlosses.« Schon **Lessings** »Minna von Barnhelm« hatte hier (der »König von Portugal« firmiert da nur als »König von Spanien«) Logis genommen; ganz konvenierte es nicht: »Wer kann in den verzweifelten großen Städten schlafen? Die Karossen, die Nachtwächter, die Trommeln, die Katzen, die Korporals – das hört nicht auf zu rasseln, zu schreien, zu wirbeln, zu mauen, zu fluchen ...« (»Irgendwo eine Schlafstelle suchend«, ohne einen Pfennig Geld, geriet der »Herr aus Bolatitz« **August Scholtis** 1928 auch in die Burgstraße und tat da das, wie er erzählt, »was meine Mutter mit der Mutter Gottes zu tun pflegte. Ich berührte den Sockel zum Eingang des Hotels, in dem Lessings Stück spielt, und sprach: ›Minna von Barnhelm, hilf mir in dieser preußischen Wüste meine Lieder zu versilbern!‹«) Fontanes Held Vitzewitz (noch einmal) bewegte anderes hier: Beim Anblick des Schlosses vis-à-vis spricht er nachdenklich vor sich hin: »Das kann nicht über Nacht verschwinden«. Er täuschte sich, wie wir wissen. Keine anderthalb Jahrhunderte später war das **Schloß** verschwunden und ein »**Palast der Republik**« an seine Stelle gerückt. Den »König von Portugal« gab es auch nicht mehr und auch den

parallel zur Spree verlaufenden größten Teil der **Burgstraße** nicht, den Fontane noch von seiner Pensionszeit her (von Weihnachten 1833 bis Ostern 35) in dem »mit viel Hübschem und Apartem ausgestatteten Haus« Nr. 18 von Onkel August und »Tante Pinchen« gut kannte: »Es war mitunter ganz feenhaft ...« Mit einem Blumenrondell setzt dort jetzt die ausgedehnte Parkanlage des (ehemaligen) **Marx-Engels-Forums** (heute **Rathausstraße**) an. Die Namensgeber figurieren noch inmitten, »Sakko und Jacketti« im Spitznamen des Volkes.

Die **Spandauer Straße** ist eine der ältesten Berlins. Von ihren alten Häusern ist – außer dem **Roten Rathaus** – nur die **Heiliggeist-Kapelle** (1313 erstmals genannt) erhalten geblieben. In der verschwundenen **Heilige Geist Straße** wohnte Lessing von Mai 1758 bis November 60 in dem dem Heiligengeistspital benachbarten Haus und schrieb schockweise die Artikel für Nicolais »Briefe, die neueste Literatur betreffend«. In der Straße kamen 1830 **Paul Heyse** und 1871 **Georg Hermann Borchardt** zur Welt, der mit seinen beiden Vornamen als Schriftsteller bekannt wurde.

An der Kreuzung **Spandauer-/Liebknechtstraße** (heute ist da die Anlage »Zum Neptunbrunnen«) stand – »einsam« bereits zu **Julius Rodenbergs** Zeiten (1886) – das berühmteste Mietshaus »im Herzen von Berlin«, die Nr. 68, später Nr. 33, »in welchem die Vögel aus- und einflogen«. **J. W. L. Gleim** und **K. W. Ramler** hatten hier schon ihr Quartier, ebenso in der

Wohung seiner Mutter **F. Nicolai**. Der 19jährige **G. E. Lessing**, im November 1748 völlig mittellos auftauchend, teilte hier mit seinem Vetter **Christlob Mylius** (1722-54), Redakteur der »Berlinischen privilegirten Zeitung« und »ein Genie des Ärgernisses«, das Zimmer, »das nie der Neid besucht und spät der Sonne Schimmer«. Lessings Lustspiel »Die Juden« entstand u. a. in dieser Zeit. 1762 zog **Moses Mendelssohn** mit seiner Frau Fromet ein und »wirkte Unsterbliches«, wie es in goldenen Lettern auf einer Marmortafel stand. Das älteste ihrer sechs Kinder, **Dorothea** (**Veit** in erster, **Schlegel** in zweiter Ehe, 1839 in Frankfurt a. M./H gestorben), wurde im Oktober 1763 hier geboren. H. Knobloch in seinem Buch »Herr Moses in Berlin« (1979): »In der Spandauer Straße zu meiner Zeit ist ein einziges Haus von jenen übrig, an denen Mendelssohn vorbeigegangen ist.«

Das Spreeufer hinauf, jenseits der Rathausstraße, begegnen wir Lessing und Fontane wieder: im Nikolaiviertel der neuen Berliner Altstadt. »Auf dem Nikolai-Kirchhofe« wurde **Samuel von Pufendorf** (1632-94), Rechtsphilosoph und Historiograph des Großen Kurfürsten, seinerzeit beigesetzt. Eine Tafel an der Westfront der **Nikolaikirche**, die seit 1987 als Stadtgeschichtliches Museum dient, erinnert an **Paul Gerhardt**, der 1657 als zweiter Diakonus berufen wurde und in der **Propststraße** Nr. 7 wohnte. Unter den in dieser Zeit entstandenen Liedern: »Gib dich zufrieden und sei stille«, »Ich bin ein Gast auf Erden«, »Die

güldne Sonne voll Freud und Wonne«. Gedenktafeln auch für **Johann Kaspar Schade**, Propst **Philipp Jakob Spener**, mit dem Berlin zu einer Hochburg des Pietismus wurde, dessen Schwiegersohn, den Buchhändler A. Haude (gest. 1748), und den »Erbauer seiner Zeitgenossen«, dessen Predigt sogar Goethe im Mai 1778 als buchenswert befand, **Johann Joachim Spalding** (1714-1804/»Die Bestimmung des Menschen«).

Neu erbaut wurde am **Nikolaikirchplatz** Nr. 10 das Haus, in dem Lessing von 1752 bis 55 lebte. (Die dort angebrachte Gedenktafel stammt allerdings von einem Gebäude am ehem. **Königsgraben**, wo Lessing von Mai 1765 bis zum April 67 wohnte und »Minna von Barnhelm« beendete). Moses Mendelssohn besuchte ihn am Nikolaikirchplatz täglich zum philosophisch-literarischen Morgengespräch. Ende 1754 stieß als Dritter im Bunde Friedrich Nicolai dazu, der in der Nachbarschaft, in der **Poststraße** Nr. 4, zur Welt gekommen und 1752 nach dem Tod seines Vaters Teilhaber der Buchhandlung geworden war, die sich nahebei in der **Heilige Geist Straße** befand: »...in wenigen Monaten wurden wir vertraute Freunde.« »Hier ist eine ganze Straße voll Freunde«, schrieb K. W. Ramler über den »Dichterwinkel« an Gleim in Halberstadt.

Die »Fontane-Apotheke« am Platz ist kein originaler Arbeitsplatz von Fontane. Man hat sie als Museum für den »Dichter als Apotheker« eingerichtet. Die Kirche selbst erscheint zweimal

als Schauplatz in den Romanen: in
»L'Adultera« und »Frau Jenny Treibel«. Den Krieg überstanden hat der
Apotheke gegenüber, **Poststraße**
Nr. 23, das Knoblochsche Haus von
1759. Es war einmal einer der gesellschaftlichen Mittelpunkte des alten
Berlin. **Wilhelm von Humboldt,**
F.E.D. Schleiermacher und **L. Tieck**
fanden sich u. a. ein. In der später im
Erdgeschoß eingerichteten Weinstube
(heute die »Historischen Weinstu-
ben«) verkehrte zeitweilig der halbe
nordische Parnaß: **August Strind-**
berg, Henrik Ibsen, Björn Stjerne
Björnson, und mit von der Partie **Ger-**
hart Hauptmann. Unter den (älteren)
Gasthöfen in der Poststraße hatte der
»Zu den drei Lilien« seinen besonderen Ruf. **Giacomo Casanova** und **J.**
Boswell stiegen im Juli 1764 hier ab.
Gleich um die Ecke an Berlins
ältestem Platz, am **Molkenmarkt**
Nr. 1-3, befand sich im ehem. Palais
Schwerin und der Münze (an deren
Stelle die Stadtvogtei stand, in der
1833 **Fritz Reuter** und 34 **Heinrich**
Laube eingekerkert waren) das Kul-
turministerium der DDR. **Johannes**
R. Becher wirkte hier von 1954 bis zu
seinem Tod 1958. Ob er Kommerzienrat Treibels Ausspruch kannte, alles,
was in der Molkenmarktluft groß geworden, sei »dem Rest der Menschheit
um ein Beträchtliches überlegen«?
Nicht zu vergessen **Georg Hermanns**
»Rosenemil«, der Kolporteur taucht
auch in der Poststraße auf – »Das
ganze Leben mit seiner Armseligkeit
quirlte hier durcheinander«. Vor einem
Schaufenster – »son Schlafzimmer und

son Bett, das wär schon was!« – lernt er
die »Polenliese« kennen.
Die verschwundene Szenerie der alten
»Königstadt« – **Königstraße, Neue**
Friedrichstraße, Klosterstraße – ist
aufs schönste festgeschrieben. Man
schlage nach bei **Glaßbrenner**: »... die
lebendigste, tobendste Straße Berlins.
Hier drängt sich Gewölbe an Ge-
wölbe, Budike an Budike, hier sind
Gasthöfe erster, zweiter und dritter
Klasse dicht beisammen, hier ist die
öffentliche Werkstatt der verbotenen
Freudenmädchen ...« Und lese (aber-
mals) G. Hermann, »Jettchen Gebert«
(1906), zuerst. An der Ecke **König-/**
Spandauer Straße, »unten an dem
Turme des alten Rathauses«, beginnt
E. T. A. Hoffmanns Spukgeschichte
»Die Brautwahl« (Fassung des Erst-
drucks, mit den vielen, später gekürz-
ten lokalen Anspielungen, in G. de
Bruyns Slg. »Gespenster in der Friedrichstadt«, 1986). Mit einer Besteigung
des neuen **Rathaus**-Turmes endet
Alice Berends Roman »Spreemann &
Co«: »Wie ein einziger, ungeheuer
großer Schmiedeofen rauchte und
fauchte alles zusammengekettet im
sonnigen Mittagsdunst.«
Aus der König- ist die **Rathausstraße**
geworden, aus der Neuen Friedrichstraße die **Littenstraße**. Die Klosterstraße, die an der Ruine der Kirche des
Grauen Klosters vorbei führt, hat ihren Namen behalten. Das Kloster
wurde in der Reformation aufgelöst
und in seinen Räumen 1574 das erste
humanistische **Gymnasium** Berlins
gegründet. Der Basler Naturwissenschaftler und Leibarzt des Kurfürsten,

Leonhard Thurneysser (1530-96), im Ruf eines »Hexenmeisters« auch, hatte bereits 1571 hier eine Buchhandlung eingerichtet; »gedruckt im Grauen Kloster« galt als Gütesiegel. 1778 wurde **Karl Philipp Moritz** »zweiter Lehrer«, ein Jahr später Konrektor am Gymnasium, das ein »Mittelding zwischen lateinischer Stadtschule und Universität« war, und arbeitete daneben als Redakteur bei der Vossischen Zeitung. Eine Tafel erinnert an den »Turnvater« **Friedrich Ludwig Jahn**, 1794 Schüler hier und seit 1813 Lehrer.

»Eine lange Reihe von Jahren lebte ich mit allen vorzüglichen Menschen Berlins in geselligem Verkehr«: **Henriette Herz** hielt seit 1795 ihren Salon in der **Neuen Friedrichstraße (heute Littenstraße)**, neben dem ihres Mannes und »philosophischen« Arztes Markus. Zu den »Vorzüglichen« zählten: Prinz Louis Ferdinand und K.F. Zelter, die **Schlegels** und **Humboldts** natürlich, **Johann Gottlieb Fichte** und **F.E.D. Schleiermacher**, dem Henriette besonders zugetan war, **Ludwig Börne**, der das vergeblich anstrebte, und der »genaue Freund« K.Ph. Moritz. Auch die Franzosen fanden sich ein: der Comte de **Mirabeau** wie **Madame de Staël**. **Jean Paul** schließlich, der, wie Schleiermacher bissig meinte, in Berlin »eigentlich nur Weiber« sehen wolle.

Der Klosterkirche gegenüber, an Stelle des Stadtgerichtes, **Littenstraße** 14/15, befand sich bis 1880 die Kadettenanstalt. **K.W. Ramler** lehrte hier Logik, 42 Jahre lang, bis 1790. Freund **Gleim** wohnte zeitweilig in der Nähe, im »Goldenen Lamm« des Brauers Hamann. Reichlich beengt lebte **J. von Eichendorff** in der Dienstwohnung seines Schwiegersohnes in der Kadettenanstalt während der Wintermonate 1846-48 und 1850-55. Am Ende der Straße (Nr. 83) hauste 1822 für knapp ein Jahr **Christian Dietrich Grabbe** (Detmold/NRW): »Das ist der vermaledeite Grabbe«, höhnte er in seinem im Herbst 22 abgeschlossenen Lustspiel »Scherz, Satire, Ironie und tiefere Bedeutung«, »schließen Sie vor ihm die Tür zu!« Um die Ecke, in der **Waisenstraße** (Nr. 6) besaß das Vorbild von Minnas Tellheim ein Haus: **Ewald von Kleist**. Eine Alt-Berliner Destille gibt es da an der Stadtmauer auch noch: B.s »ältestes Lokal seit 1621«, »Zur letzten Instanz« (das Gericht befand sich ja nahe). **W. Raabe**, **Maxim Gorki** und **Hans Fallada** zählten zu den Gästen. H. Zille, der »Pinselheinrich«, war Stammgast; wie der am Nikolaiplatz wiedererstandene »Nußbaum« gehörte die Destille zu seinem »Milljöh«.

Vom Alexanderplatz zum Oranienburger Tor

Von 1895 bis 1925 stand auf dem »Alex« die »Berolina«. Sie »stand vor Tietz, eine Hand ausgestreckt, war ein kolossales Weib, die haben sie weggeschleppt ...« Sie mußte dem Bau der U-Bahn weichen. Erst im Dezember 1933 kehrte sie auf ihren Standort zurück, um 1944 über Nacht spurlos und

Alexanderplatz (mit Berolina), in den 20er Jahren

endgültig zu verschwinden. »Ihr Sokkel ist in Nachkriegsjahren noch dagewesen«, berichtet **Günter Kunert**, »beklebt mit Befehlen des Stadtkommandanten Bersarin, mit Verordnungen des ersten Magistrates und mit privaten Tauschanzeigen.« »Wach sein, wach sein, es geht was vor in der Welt«: in der Zwischenzeit hatte die Großstadt mit **Alfred Döblins** Roman »Berlin Alexanderplatz« (1929) ein anderes, »ein einzigartiges Denkmal« bekommen (A. Muschg). 1947 kam Döblin wieder nach Berlin. Am **Alexanderplatz** notierte er: »Es ist noch alles zu erkennen und zum Schweigen gebracht« (»Schicksalsreise«). **Wolfgang Kil** (1992): »Zu DDR-Zeiten war der Alexanderplatz die Mitte, der zentrale Dreh- und Angelpunkt der ›Hauptstadt‹ ... Hier, rund um die Weltzeituhr, läuteten die Trillerpfeifen-Demos die Wende ein ...« **Christa Wolf** am 4. November 1989 bei der von den Künstlerverbänden initiierten Massendemonstration: »Jede revolutionäre Bewegung befreit auch die Sprache. Was bisher so schwer auszusprechen war, geht uns auf einmal frei über die Lippen.«

»Die Elektrischen fahren über den Platz die Alexanderstraße herauf durch die Münzstraße zum Rosenthaler Tor. Rechts und links sind Straßen. In den Straßen steht Haus bei Haus. Die sind vom Keller bis zum Boden mit Menschen voll. Unten sind die Läden ... Über den Läden und hinter den Läden aber sind Wohnungen, hinten kommen noch Höfe, Seitengebäude, Quergebäude, Hinterhäuser, Gartenhäuser.« Franz Biberkopf, Döblins Held, der – aus dem Tegeler Gefängnis entlassen – am **Rosenthaler Platz** aus

Karte auf den folgenden Seiten:

Kohlhaas & Co.:
Literarische Schauplätze Mitte

1	W. Alexis	"Der Roland von Berlin"
2	W. Bergengruen	"Am Himmel wie auf Erden"
2a	W. Bergengruen	"Am Himmel wie auf Erden"
3	H. Hesse	"Drei Linden"
4	E. Plessen	"Kohlhaas"
5	W. Alexis	"Dorothee"
6	A. v. Czibulka	"Der Münzturm"
7	C. Back	"Drei Fräulein an der Jungfernbrücke"
8	J. Klepper	"Der Vater"
9	W. Alexis	"Cabanis" ("Die Knabenwelt")
10	H. Scholz	"Am grünen Strand der Spree" ("Chronik des Hauses Bibiena")
11	H. Knobloch	"Herr Moses in Berlin"
11a	H. Knobloch	"Herr Moses in Berlin"
12	G. E. Lessing	"Minna von Barnhelm"
13	E. v. Salomon	"Die schöne Wilhelmine"
14	W. Alexis	"Ruhe ist die erste Bürgerpflicht" (Drittes Buch: "Ein Präludium", "Wallensteins Lager", "Am Altar des Vaterlandes")
14a	W. Alexis	"Ruhe ist die erste Bürgerpflicht" (Fünftes Buch: "Das große Trauerhaus")
15	Th. Fontane	"Schach von Wuthenow"
16	Th. Fontane	"Vor dem Sturm" ("Alt-Berlin": "Im Johanniterpalais")
16a	Th. Fontane	"Vor dem Sturm" ("Alt-Berlin": "Durch zwei Tore")
17	W. Bloem	"Faust in Monbijou"
18	E. T. A. Hoffmann	"Das öde Haus"
19	E. T. A. Hoffmann	"Die Brautwahl"
20	E. T. A. Hoffmann	"Des Vetters Eckfenster"
21	H. Zerna	"Ein Kleid für die Göttin"
22	F. Reuter	"Ut mine Festungstid"
23	G. Hermann	"Jettchen Gebert", "Henriette Jacoby"
24	B. v. Arnim	"Dies Buch gehört dem König"
25	W. Raabe	"Die Chronik der Sperlingsgasse"
26	P. Heyse	"Kinder der Welt"
27	A. Berend	"Spreemann & Co."
28	Th. Fontane	"Mathilde Möhring"
29	Th. Fontane	"L'Adultera"
30	C. L. Schleich	"Besonnte Vergangenheit" ("Strindberg-Erinnerungen")
31	H. Mann	"Der Untertan"
32	G. Hermann	"Rosenemil"
32a	G. Hermann	"Rosenemil"
33	G. Hauptmann	"Die Ratten"
34	E. Graeser	"Spreelore"
35	A. Döblin	"November 1918" ("Karl und Rosa")
36	P. Gurk	"Berlin"
37	A. Scholtis	"Jas der Flieger" ("Hunger")
38	A. Döblin	"Berlin Alexanderplatz"
38a	A. Döblin	"Berlin Alexanderplatz"
39	J. Roth	"Das Spinnennetz"
40	J. Roth	"Juden auf Wanderschaft" ("Die westlichen Gettos": "Berlin")
41	A. Sommerfeld	"Das Ghetto von Berlin"
42	M. Beradt	"Beide Seiten einer Straße"
43	H. Fallada	"Kleiner Mann – was nun?"
44	W. Schnurre	"Als Vaters Bart noch rot war" ("Die Flucht nach Ägypten")
45	P. Weiss	"Die Ästhetik des Widerstands" (1. Band)
45a	P. Weiss	"Die Ästhetik des Widerstands" (3. Band)
46	R. Scheer	"AHAWAH. Das vergessene Haus"
47	H. Knobloch	"Der beherzte Reviervorsteher"
48	W. Schnurre	"Steppenkopp"
49	St. Heym	"Fünf Tage im Juni"
50	G. de Bruyn	"Preisverleihung"
51	G. de Bruyn	"Freiheitsberaubung"
52	Ch. Wolf	"Unter den Linden"

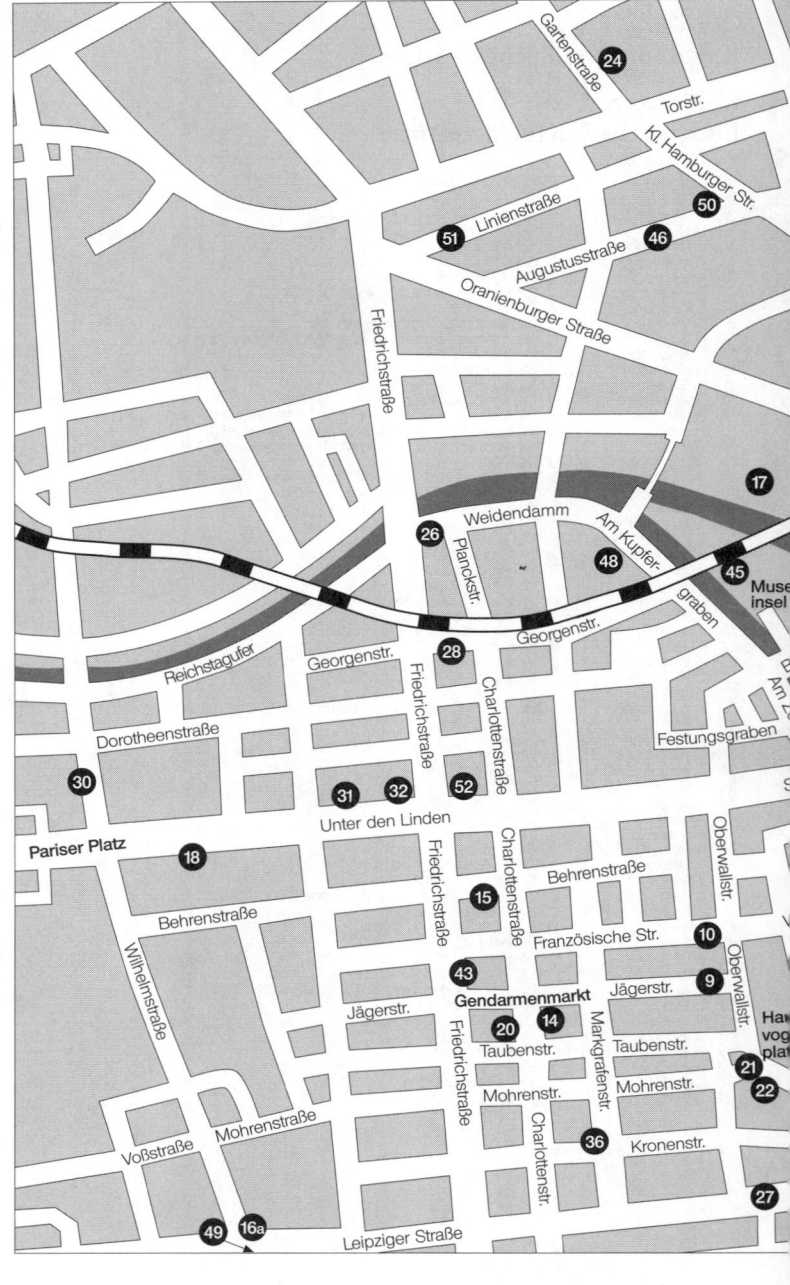

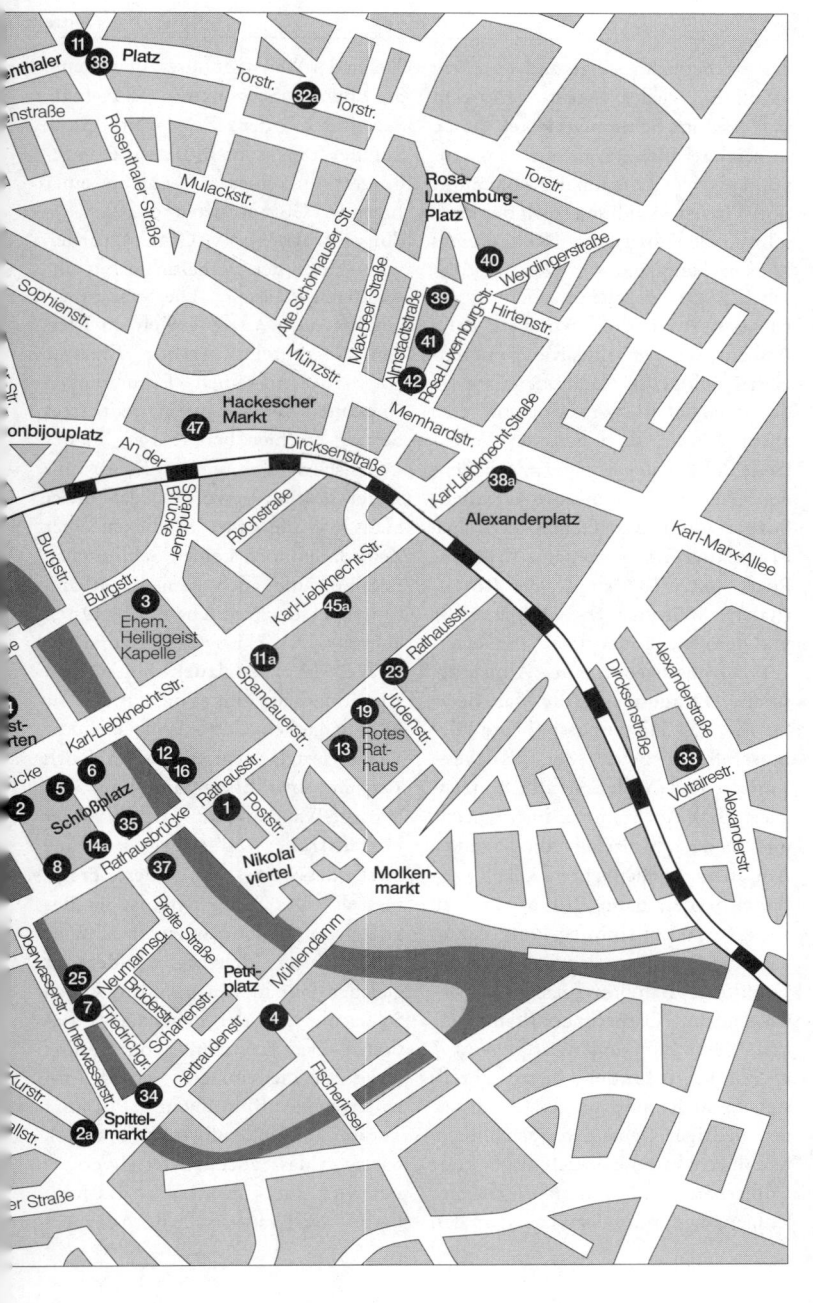

der Straßenbahn steigt und nun sein »Milljöh« wieder betritt, verkriecht sich hier im **Scheunenviertel**. (Hier, so **Michael Bienert**, ist auch das »topographische Zentrum der Romanfiktion«. In der Handlung spielt der Platz selbst »lediglich die Rolle eines Nebenschauplatzes«.) Den historischen Kern des Scheunenviertels, zunächst gutbürgerliche Vorstadt, dann Armen-, Gauner- und Kaschemmenviertel, bildet am Rande der City (in der Spandauer Vorstadt, auf dem ehem. Glacis, dem äußeren Vorgelände der Festungsanlage, mit fließenden Grenzen bis hin zum **Oranienburger Tor**) das Gebiet zwischen **Prenzlauer Tor**, der ehem. **Wilhelm-Pieck-** (jetzt **Tor-**)straße, der **Rosenthaler, Weinmeister-, Münzstraße** und dem **Alexanderplatz**. Im Geviert von **Grenadier-** (heute **Almstadtstraße**), **Dragoner-** (heute **Max-Beer-Straße**, und **Hirtengasse** (heute **Hirtenstraße**) sowie der **Rücker-, Linien-** und **Mulackstraße** konzentrierte sich noch einmal im »Schtetl« und in der »Mulackei« die »Szene«. Am ehem. »Scheunenfeld«, seit 1907 **Babelsberger**, dann **Bülow-** und ab 1947 **Rosa-Luxemburg-Platz** Nr. 30 entstand Ende der zwanziger Jahre das Großkino »Babylon«, nach 1945 bedeutendstes Ostberliner Premierenkino, heute Filmkunsttheater.

»Schon längst für den Untergang reif, steht es noch immer und bietet mit seinen niedrigen Gebäuden einen billigen und durch die Polizei nicht leicht kontrollierbaren Unterschlupf für alle diejenigen, die Grund dazu haben, in den Tiefen der Weltstadt unterzutauchen«: So **Edward Stilgebauer** (1868-1936, Schriftleiter der Zs. »Zur guten Stunde« 1895-1900 in B., 1934 ausgebürgert) in seiner »Geschichte einer Jugend« »Götz Krafft« (1904f.). **Weydingerstraße** Nr. 35, Götz' Quartier, war »eines der verhältnismäßig anständigen Häuser«. »Die Straße meiner Jugend« …, »eine Welt im Kleinen«, beschreibt **Arthur Eloesser** (1870-1938) in seinen »Erinnerungen eines alten Berliner Juden« (ein erster Beitrag erschien bereits 1907 in der »Vossischen Zeitung«): »Es ist mir später bewußt geworden, daß unser Haus wie die ganze Straße zu einer Zeit, da es noch keinen Schlesischen Bahnhof und auch keine Stadtbahn gab, sein Gesicht durchaus nach Osten kehrte.« Das Haus (Nr. 26) und die Straße, die **Prenzlauer**, hinter dem Alexanderplatz gibt es nicht mehr.

»Berlin hat kein Getto. Es hat ein jüdisches Viertel«, schrieb **Joseph Roth** 1927 in seiner Essay-Sammlung »Juden auf Wanderschaft«. Und von der **Hirtenstraße**: »So traurig ist keine Straße der Welt.« 1929 notierte **Franz Hessel**: »Das Wahlghetto ist im Begriff, vom Erdboden zu verschwinden.« **Walter Mehring** schildert im gleichen Jahr in seinem »historischen Schauspiel aus der deutschen Inflation« »Der Kaufmann von Berlin« (das es zu einer einzigen – skandalumwitterten – Aufführung in E. Piscators Theater am Nollendorfplatz brachte), wie 1923 das Scheunenviertel verwüstet wird und »über Nacht das neue Berlin ins Kraut« schießt. 1932 erschien der (1992 wieder aufgelegte) Kriminalroman »Das Ghetto von Berlin/Aus dem Scheunenviertel« von **Adolf Sommerfeld** (1870-1943?), Autor zeitgeschichtlicher und belletristischer Werke, Übersetzer, Dramaturg und Filmregisseur. Schauplatz ist die **Grenadierstraße**. Auch der (1965 posthum herausgegebene) Roman »Die Straße der kleinen Ewigkeit« von **Martin Beradt** handelt hier. **Max Fürst** erzählt in »Talisman Scheherezade« (1976) von seinen »schwierigen zwanziger Jahren« in der »Mulackei«. **G. Kunert** 1972: »Berliner Gemäuer ... Einzig Vineta vielleicht versank derart gründlich in einer Sintflut ... Die Häuser, von denen ich rede, stehen nicht mit hochherrschaftlicher Miene und erneuertem Make-up im alten oder im neuen Westen, sondern in nur an Armut reicheren Gegenden, wie zum Beispiel um den Alexanderplatz.« Und 1981 (im Vorwort, »Ein Unort«, zu **Eike Geisels** Slg. von Bildern, Texten und Dokumenten »Im Scheunenviertel«): »Am Rande dieses verschwundenen Scheunenviertels lernte ich meine eigene Außenseiterschaft kennen, ohne bis heute zu wissen, ob sie eine Strafe oder eine Gnade ist«. **Frank Schumann** 1993 in seinen (im Sommer 92 aufgeschriebenen) »Neuen Geschichten aus dem Scheunenviertel« »Die Szene«: Die Gegend »ist seit dem Fall der Mauer so lebendig geworden, wie es Kreuzberg in seinen besten Jahren war ... Kräftiger als andernorts strömt im Scheunenviertel Neues ein, mischt sich Tradiertes mit Zeitgeist.« 1995 erschien »Wo Gras wuchs bis zu den Tischen hoch. Ein Spaziergang im Scheunenviertel«, mit Texten von **Irina Liebmann** und Zeichnungen von Xago.

»Umzingelte Geschichte« nennt **Heinz Knobloch** seine »Ortsbesichtigung« vom Alexanderplatz bis hin zur **Großen Hamburger Straße** (von 1992). Sie zeigt auch unsere nächste Route an. An die zwei Dutzend »Jüdischer Stätten« registriert hier eine Übersichtskarte. Vom »Verein für jüdische Geschichte und Literatur« in der **Spandauer Straße** bis zur Sammelstelle zum Transport in die Vernichtungslager auf dem Gelände des Altersheims der jüdischen Gemeinde in der Großen Hamburger Straße.

Was heute Grünanlage am **Hackeschen Markt** ist, war Ende des 18. Jahrhunderts bereits dicht bebaut. (**Friedrich Nicolai** vermerkt, daß es in dieser Spandauer Vorstadt 1786 schon 1020 Vorder- und 374 Hinterhäuser gab). In der **Rosenthaler Straße** Nr. 41/42 öffnet sich heute der Zugang zu den neun, 1905-07 errichteten »**Hackeschen Höfen**«. Von einem Fall »ungewöhnlicher Zivilcourage am Hackeschen Markt« erzählt H. Knobloch in seiner dokumentarischen Geschichte »Der beherzte Reviervorsteher« (1990): Der Polizeioberleutnant Wilhelm Krützfeld verjagte am frühen Morgen des 10. November 1938 aus der weltberühmten **Neuen Synagoge** (in der **Oranienburger Straße** Nr. 30) SA-Leute, die in den Vorräumen Feuer gelegt hatten. Die 1943 durch Luftangriffe zerstörte Synagoge ist, z. T. wiederaufgebaut, Centrum Judaicum geworden. Knobloch: »Das ist der Rasenfläche am Hackeschen Markt mangels einer Gedenktafel nicht anzusehen. Deshalb gilt nach wie vor mein: Mißtraut den Grünanlagen!« In der **Rosenstraße** protestierten in der ersten Märzwoche 1943 tage- und nächtelang einige hundert Menschen – überwiegend Frauen – vor dem Gebäude der ehem. Sozial-Verwaltung der Jüdischen Gemeinde (Nr. 2-4) gegen eine Deportation ihrer jüdischen Ehepartner, Kinder und Verlobten. Die »unerhörte Begebenheit« hatte Erfolg: Am 6. März wurden die ersten Gefangenen entlassen: »Kaum ein größeres Wunder ist denkbar ...« Zum 50. Jahrestag erschien von **Gernot Jochheim** der »Erlebnisbericht« des »Hans Großmann«, der die dokumentierten Erlebnisse mehrerer Zeitzeugen bündelt, u.d.T. »Frauenprotest in der Rosenstraße. ›Gebt uns unsere Männer wieder‹«. Darin auch eine Dokumentation über das von der Bildhauerin **Ingeborg Hunzinger** geschaffene Denkmal aus Porphyr (»Gefrorene Asche«, sagt die Künstlerin), das inzwischen in der Rosenstraße aufgestellt wurde: »Die Kraft des zivilen Ungehorsams und die Kraft der Liebe bezwingen die Gewalt der Diktatur«.

An der **Neuen Promenade** zum Zwirngraben hin bekam im Mai 1789 die **Karschin** von Friedrich Wilhelm II. ihr bereits von Friedrich d. G. versprochenes »propper Häusgen« mit der Nr. 1 (der Nachfolgebau hat die Nr. 3). »Schatten Friedrichs!« quittierte sie im Jahr darauf, »Du sollst wissen, daß bezahlt ist und zerrissen /

Die Schuldfodrung an Dich ...«; erwartete »aber auch, unter uns gesagt«, daß der Thronfolger noch »was zulege«. Im Haus Nr. 10 logierte der erste Rektor der Universität, **Johann Gottlieb Fichte**.

Am **Monbijouplatz** lebte im Haus ihres Schwagers Savigny seit 1810 **Bettina Brentano**: »Am 4. Dezember war kalt und schauerlich Wetter. Es wechselte ab im Schneien, Regnen und Eisen; da hielt ich Verlobung mit **Arnim** unter freiem Himmel um 1/2 9 Uhr abends in einem Hof, wo hohe Bäume standen, von denen der Wind den Regen auf uns herabschüttelte, es kam von ungefähr«. Ebenfalls aus dem Stegreif, unter nicht minder romantischen Umständen, fand im März des nächsten Jahres die Hochzeit statt. Beide ließen sich heimlich außer Haus trauen und verbrachten im Haus »unbemerkt« von den ahnungslosen Verwandten die Hochzeitsnacht. **Ina Seidel** erzählt davon in ihrem Buch »Drei Dichter der Romantik«. Sie selbst lebte im Herbst 1905 in unmittelbarer Nachbarschaft im »Berliner Winterquartier am Monbijoupark« ihres Onkels Paul Seidel und traf **Heinrich Wolfgang Seidel** wieder, ihren Vetter. »Wir sahen uns fast täglich, nicht nur bei den Verwandten«, erzählt sie in ihrem »Lebensbericht«, »auch der Monbijoupark ... bot Gelegenheit, sich dort zu treffen, auf dem Weg am Rande der Spree, gegenüber dem Palast des Kaiser-Friedrich-Museums.« »Heimlich, heimlich schmückt sich meine Seele«, hatte sie schon in einem Gedicht 1904 geschrieben.

Am Eingang des **Monbijouparks** steht eine Marmorbüste **Adelbert von Chamissos**. Von Schloß Boncourt in der Champagne 1790 mit der Familie geflohen, kam er 1796 nach Berlin und war Page bei Königin Luise im (jetzt ebenso wie Boncourt damals verschwundenen) Schloß Monbijou, in dem übrigens 1817 im »Festsaale« der ehem. Orangerie in einer Privataufführung zum ersten Mal Szenen aus Goethes »Faust« gespielt wurden (**Walter Bloem,** »Faust in Monbijou«, R. 1931).

In der **Tucholskystraße** Nr. 9 (früher **Artilleriestraße** Nr. 14) erinnert eine Tafel an die »Hochschule für die Wissenschaft des Judentums«: »Alle Studierenden, ohne Unterschied des Glaubens, des Geschlechts und der Fakultät, können als Hörer zugelassen werden«, hieß es in der Satzung. 1942 galt das alles nicht mehr. In der **Oranienburger Straße** kaufte M. Mendelssohns Sohn Joseph das (inzwischen baulich stark veränderte) Haus Nr. 67, damit sein Jugendfreund **Alexander von Humboldt** dort wohnen bleiben konnte. Es wurde dessen letzte Wohnung. Man war inmitten all der Humboldtschen Sammlungen wie in einer anderen Welt. Vor dem Haus Nr. 124, unweit der Synagoge, wo der Sexualforscher **Magnus Hirschfeld** (1868-1935) gelehrt hatte, versammelten sich am 10. Mai 1933 die Studenten, um zum Opernplatz zu ziehen und Bücher zu verbrennen. Hirschfelds Büste hatten sie auf einen Pfahl gespießt.

Drei jüdische Gedenkstätten liegen in der **Großen Hamburger Straße** nahe beieinander: Der älteste Begräbnisplatz der jüdischen Gemeinde zu Berlin (1672-1827, zerstört 1943, von den rund 3000 Grabsteinen überdauerten nur etwa 20 in die Mauer eingelassene Tafeln), Gedenkgrab für **Moses Mendelssohn** (»…nicht weit von jenem merkwürdigen Abraham Rechenmeister, welchen Lessing als Derwisch im ›Nathan‹ verewigt hat«, notierte 1886 noch **Julius Rodenberg**); das **jüdische Altersheim,** ehemals neben dem Eingang des Friedhofs, wurde 1943 Zentrale für die Deportationen, heute Grünanlage, Gedenkstein, daneben seit 1985 Figurengruppe: zur Erinnerung an die 55000 verschleppten Berliner Juden; nur wenige Schritte weiter die ehem. **Knabenschule der jüdischen Gemeinde** (heute Berufsschule), Gedenktafel mit einem Porträt M. Mendelssohns: »Nach Wahrheit forschen, Schönheit lieben, Gutes wollen, das Beste tun«. Gegenüber der Schule in der Baulücke zwischen Haus Nr. 15 und 16 entstand anläßlich des Ausstellungsprojektes »Die Endlichkeit der Freiheit« im Herbst 1990 das Werk »**The Missing House«** des französischen Künstlers Christian Boltanski: Auf den beiden Brandmauern sind jeweils zwölf weiße, schwarz umrandete Holzschilder angebracht. Jedes Schild trägt den Namen eines ehemaligen Mieters, notiert ist außerdem dessen Beruf sowie die Zeit, in der er bis zur Zerstörung des Hauses in ihm gewohnt hat. (Im **Heimatmuseum Berlin-Mitte** ist eine kleine Auswahl aus dem umfangreichen Material zum

Der jüdische Friedhof in der Großen Hamburger Straße vor seiner Zerstörung

»verlorenen« Haus ausgestellt.) Das Café im Haus Nr. 16 gehört zu den Schauplätzen von **Irina Liebmanns** Roman »In Berlin« (1994). Die Protagonistin findet hier in der kleinen Großen Hamburger Straße zurück zu ihren eigenen jüdischen Wurzeln. (Eine **Fontane**-Reminiszenz noch: »Dicht neben dem alten Judenfriedhof« hatte er bei Onkel August und »Tante Pinchen« ab Ostern 1835 als Trockenwohner in einer »elenden Mietskaserne« eine billige Unterkunft. Das Doppelhaus, **Große Hamburger Straße** Nr. 30, stand bis nach der Jahrhundertwende. Im Nachbarhaus wohnte Emilie Rouanet, sie wurde fünfzehn Jahre später seine Frau.) Eine weitere »Sammelstelle für den Abstransport« befand sich in der **Auguststraße**, im Haus Nr. 14/16 (Max-Planck-Oberschule ab 1947, heute In-

ternat der Sehschwachenschule), das in den dreißiger Jahren das jüdische Kinderheim AHAWAH beherbergte. **Regina Scheer** hat aus Dokumenten und Gesprächen mit Zeugen die bewegende Biographie des »Vergessenen Hauses« rekonstruiert (1992). Nebenan im »Arbeiter-Fürsorgeamt der jüdischen Organisationen Deutschlands« gehörte zu den Lehrlingen das 16jährige Fräulein Engel aus Schiedlow in Polen. Zwei Jahre später erschienen in der Vossischen Zeitung ihre ersten Gedichte, »lyrische Stenogramme«, und machten sie schlagartig berühmt. Jetzt hieß sie **Mascha Kaléko**. Ebenfalls im »Armeleutstum« (um das Rosenthaler Tor und den Koppenplatz) lag in der Auguststraße »die Nummer 36, in deren Obhut« **Hermann Sudermann** sich 1877 begab. **Günter de Bruyn** in seinem Roman »Preisverleihung« (1972) vorsorglich: »Nur für Ein- und Anwohner« sei die Straße »dreier Schulen, für Auswärtige und Soldaten Clärchens Ballhauses wegen von Bedeutung« gewesen. Am **Koppenplatz** Deportations-Mahnmal mit Gedichtzeilen von **Nelly Sachs**: »O die Wohnungen des Todes...«

In der **Linienstraße** schrieb **Julius von Voß** das erste Berliner Volksstück, den »Stralower Fischzug«. In Nr. 15 wohnte von 1887 bis 91 **Richard Dehmel**, Ecke **Rosenthaler** und Linienstraße etwa um die gleiche Zeit **Paul Ernst**. Über seinen 1901 entstandenen Roman »Der schmale Weg zum Glück« schrieb Ernst später, er spiele in der Zeit, die er selber erlebt habe: »Ich erlebte den Zusammenbruch der bürgerlichen Welt und die Sehnsucht, zu einer neuen Lebensform der Menschheit zu gelangen ... Die Aufgabe meines Helden war meine eigene Aufgabe.« In der Linienstraße (beim Oranienburger Tor) – »Nummer 263 (die es in Wirklichkeit gar nicht gibt), hinten, vierte Etage, Mitte« – spielt auch G. de Bruyns Geschichte (»von den hunderttausend und mehr, die Tag für Tag in Berlin passieren, gerade diese«) von 1978 »Freiheitsberaubung«. In einer anderen – »Berlin, Große Hamburger Straße«: »Das ist keine Straße wie andere« – wird der »50000 Kinder und Frauen und Männer« gedacht, »die alle einmal unter uns gelebt haben ... und die sich selbst nicht mehr in Erinnerung bringen können.«

In der **Elsässer Straße** Nr. 38, im Hinterhaus, mietete sich im Herbst 1905 **Theodor Heuss** ein. »In der verwegensten Gegend des damaligen Berlins«, schreibt er in »Vorspiele des Lebens«. 1951 wurden **Elsässer** und **Lothringer Straße** nach dem Präsidenten der DDR, **Wilhelm Pieck**, umbenannt, jetzt heißt sie wieder **Torstraße**. G. Kunert: »Hausnummer und Straßenname mögen im Verlauf der Historie schwanken, wie das Erscheinungsbild der Historie selber, doch tragen die handgefertigten Hohlkörper unverändert die Atmosphäre einer gewesenen Welt bis in unsere Gegenwart.« Vielfach haben sich hier noch Wohnhäuser und Mietskasernen – diese mit Seiten- und Quergebäuden und den »seltsamsten Höfen« – aus der zweiten Hälfte des 19. Jahrhunderts erhalten. »Konkrete Indizien abstrakter Geschehnisse«, so (noch einmal) Kunert ... Schauplätze, wie sie im Buche stehen: Am Ende von »Stilpe« (1897) von **Otto Julius Bierbaum** sowohl wie in H. Zilles »Hurengesprächen«, **Maximilian Böttchers** »Krach im Hinterhaus« (1934) oder **Georg Hermanns** »Rosenemil« (1935), und hier auch »betritt Franz Biberkopf Berlin«. Das »Vogtland« war hier, zwischen **Brunnen-** und **Gartenstraße**, wo Friedrich II. arme Weber und Maurer aus dem Sächsischen angesiedelt hatte. **Bettina von Arnim** kümmerte sich um sie und adressierte ihren sozialkritischen Report: »Dies Buch gehört dem König« (1843). »Von hier, vom unheimlichen Vogtland, der damaligen Höhle des Pauperismus«, so **Karl Gutzkow** in seinen Erinnerungen »Aus der Knabenzeit«, »zogen sich einsame, endlos scheinende Sandflächen bis nach Tegel hin.« Platz für »Exercierplätze« (der Garde und der Artillerie) und eine »kirchhofreiche Gegend« (Fontane in »Stine«) dazu. Anfang bzw. Mitte des 18. Jahrhunderts wurden die frühesten Militärfriedhöfe hier angelegt: der **Garnisonfriedhof** in der Spandauer, der **Invalidenfriedhof** in der Oranienburger Vorstadt.

»Zu gewissen Stunden war die Straße ein Flußbett mächtiger Ströme von schwärzlichen Arbeitern«. Vom **Oranienburger Tor** aus gleich am Eingang der **Chausseestraße**, so erzählt es noch **Heinrich Seidel** in »Leberecht Hühnchen« (1882), reihte sich einmal

»an ihrer rechten Seite eine große Maschinenfabrik an die andere in fast ununterbrochener Reihenfolge. Den Reigen eröffnete die weltberühmte Lokomotivenfabrik von Borsig ...« **J. Rodenberg** im Mai 1884: »Noch immer ist die Borsigsche Maschinenbau-Anstalt das Wahrzeichen dieser Gegend« ... Und im Februar 1887: »Nicht lange mehr ... und der Name der **Borsigstraße** wird alles sein, was an eine für die Entwicklung der Industrie in Berlin so wichtige Epoche erinnert«; **Chausseestraße** Nr. 13 das ehem. Borsig-Haus, 1899 als Verwaltungsgebäude errichtet. (Seidel arbeitete ab 1886 als Ingenieur in der Wöhlertschen Maschinenfabrik und hatte für kurze Zeit zwei möblierte Zimmer in der **Habersaathstraße**/damals **Kesselstraße**, in der sich auch die Kaserne der »Maikäfer« befand – heute Gelände des **Stadions der Weltjugend** –, wie die Gardefüsiliere im Volksmund hießen. Im April 1915 entstand hier auf Wache das meistgesungene Lied des Zweiten Weltkrieges: **Hans Leips** [Hamburg] »Lili Marleen«.)
»Duftmarke setzen«, hieß es für **Wolf Biermann** am 2. März 1990, nach der Wende zum ersten Mal wieder in Berlin: »Friedrichstraße, Ecke **Chausseestraße** 131, mein alte Wohnung ... Ich lenkte wie automatisch den Wagen vor meine Tür an der stumpfen Ecke **Hannoversche**.« In seine Wohnung – »zwei Treppen hoch« – kam Biermann allerdings nicht. Da wohnte längst ein anderer: »Klappe zu, Affe lebt. Stasi.«
Auf der linken Seite der **Chaussee-**straße, Nr. 125, bewohnte von Oktober 1953 bis zu seinem Tod im August 1956 **Bertolt Brecht** drei Räume im ersten Stock des Hinterhauses. Helene Weigels Wohnung lag darüber. Beide waren so ihrem Theater (am Schiffbauerdamm) näher. Brecht: »Hinter dem Hinterhaus kleiner Garten ... mit einem bescheidenen Baum. Fenster gehen auf Friedhof hinaus, da ist alles grün und weit ... Es ist nicht ohne Heiterkeit.« Hier (auf dem **Friedhof der Dorotheenstädtischen und Friedrich-Werderschen Gemeinde**) haben beide ihr Grab.
»In der **Invalidenstraße** sah es aus wie gewöhnlich: die Pferdebahnwagen klingelten, und die Maschinenarbeiter gingen zu Mittag«: Fontane wählte die große Verbindungsstraße, die, von West nach Ost führend, die Gegensätze zusammenbrachte, als Kulisse für seinen Roman »Stine« (1890). Stine und ihre ältere Schwester, die Witwe Pittelkow, wohnen in der Nummer 98e bei den Polzins, gegenüber dem **Invalidenpark**. Hier erscheint auch eines Tages »unerwarteter Besuch«, der junge Graf Haldern, mit dem Stine am Ende »den weiten Weg (doch) nicht machen wollte«. Wie exakt das Milieu stimmt, läßt sich an J. Rodenbergs »Bildern aus dem Berliner Leben« vom Mai 1884 überprüfen. R.s Streifzüge führen hier im Norden in die **Ackerstraße**, wo im gleichen Jahr in der Nr. 121, einem jener »zellenreichen, himmelhohen Bienenstöcke« (H. Seidel), **Arno Holz** wohnte, bis hin zu »Wollanks Weinberg«, wo R. vor 1870 noch Mutter Gräberts Vor-

Fontane-Grab auf dem Friedhof der Franz. Reformierten Kirche, Liesenstraße

stadttheater, »unter den Attraktionen dieses weitentlegenen Bezirks nicht die geringste«, in seiner Glorie erlebt hatte ... Poetische Doppelspur: Dem »Heine auf dem **Weinbergsweg**« (Denkmal im **Volkspark am Weinberg**) widmete **Peter Hacks** ein Dutzend Verse: »Der Heine auf dem Weinbergsweg / Hat einen goldnen Zeh / Und einen goldnen Daumen. / Der Zeh tut ihm nicht weh. Die Kinder, wenn sie steigen / Aufs Knie dem Dichtersmann, / Fassen sie erst die Zehe / Und dann den Daumen an. / O deutsches Volk, erobere / Dir deiner Meister Knie. / Dann wetzt du ab die Patina / Vom Gold der Poesie.« Und von der **Zionskirche** läuten die Glokken, »sie läuten das Pfingstfest ein.« »Das ist so ungefähr die tollste Gegend von Berlin mit den schwierigsten sozialen und politischen Verhältnissen«, notierte 50 Jahre später (1931)

Dietrich Bonhoeffer hier. Er hatte auf Anweisung seiner vorgesetzten Kirchenbehörde eine verwilderte Konfirmandenklasse in diesem berüchtigten Arbeiterviertel übernommen und mietete sich, um öfter in ihrer Nähe sein zu können, ab Neujahr 32 beim Bäckermeister Heide in der **Oderberger Straße** Nr. 61 ein.

Mit einer »Wanderung zu Fontanes Grab« sei das Kapitel beschlossen. H. Knobloch hat den (einmal gar nicht so einfachen) Weg zum **Kirchhof II der Französischen Gemeinde** an der **Liesenstraße** 1980 beschrieben. Die Lektüre lohnt noch immer. Der Friedhof lag damals im Grenzgebiet an der Mauer und konnte nicht ohne weiteres besucht werden. H. K.: »Daher ist es im Grunde genommen dasselbe, ob unsereiner eine Fahrt ins Blaue antritt, um später als Weitgereister davon zu erzählen, oder ob er in seinem Berlin auf den Friedhof geht, wo Fontane liegt.«

Friedrich-Wilhelm- und Dorotheenstadt

»Oben ist ein schmaler Streifen Himmel, unten der glatte, schwärzliche, gleichsam von Schicksalen polierte Boden ... Die Luft bebt und erschrickt von Weltleben ... und wenn das Leben am obern Ende der Straße beinahe aufhören will, so fängt es am untern Ende von neuem an«: **Robert Walser** in seinem »Aufsatz« vom August 1909 über die **Friedrichstraße**.

Wie lang ist sie eigentlich, die Friedrichstraße? Laut Baedeker von 1878 3,3 Kilometer, von 1991 200 Meter mehr. »Dereinst«, heißt es in **Peter Mugays** Monographie (1991), »begann die Stadt an einem Ende der Friedrichstraße und sie endete am anderen. Jedenfalls schlossen in der Nord-Süd-Richtung zwei Stadttore die Straße ab und die Bewohner ein. Daran erinnern die Namen der U-Bahn-Stationen Oranienburger und Hallesches Tor.« Richtig »geflegelt« habe sich die Straße mit der »schönen perspektivischen Vue« (so **A. F. J. Knüppeln** Ende des 18. Jh.) und ihren berühmten Passagen erst nach dem Ersten Weltkrieg, der Zweite »bombte sie nahezu an ihren Anfang zurück«. (**Klaus Hartung** mit dem »Blick aus dem Fenster« in der **Französischen Straße** im Februar 1993: »Die (neue) Friedrichstraße wird mehr Passagen haben, als Walter Benjamin – komplizierter und erhellender hat selten einer diese Stadt geliebt – 1930 beschreiben konnte.«) Der am 1. Mai 1882 eröffnete **Bahnhof Friedrichstraße** teilte die Straße: Nach Süden, etwa bis zur Leipziger Straße, wo man am elegantesten wohnte, entstand um die Jahrhundertwende ein Zentrum des Fremdenverkehrs und des Amüsements, der Luxusrestaurants und Nachtbars. Nach Norden zu ging es ins Berliner Industrierevier, das später Mietskasernenviertel wurde, in dem auch – rund um die **Charité** – die Studenten der medizinischen Fakultäten wohnten. Hier lagen dicht an dicht die Tingeltangels und Kneipen.

Unsere Route beginnt im nördlichen

»Friedrichstraße, 1918« von George Grosz

Teil, in der alten Friedrich-Wilhelm-Stadt (vom Anfang des 19. Jh.) und der älteren Dorotheenstadt (die um 1680 entstand). »Die Musen liebten sie«, schwärmte **Julius Rodenberg** noch 1888 von der Dorotheenstadt, und »manch ein Werk, welches der Wissenschaft zum Ruhm oder der Literatur zur Zierde gereicht«, lasse sich in seinen Anfängen bis hierhin zurückverfolgen.

Die ganze Straße hat ihre Geschichte und Geschichten. Von **E. T. A. Hoffmann** »Gespenstern in der Friedrichstadt« bis zu **Günter Grass'** »Deutschem Trauerspiel« »Die Plebejer proben den Aufstand« (1966). Haupt- und Nebenschauplätze auch: **Fontanes** »Möhrings wohnten **Georgenstraße** 19, dicht an der Friedrichstraße

... beinah schon ein Palais, vorn kleine Balkone von Eisen mit Vergoldung ... kleine Läden, ein Vorkostladen, ein Barbier-, ein Optikus- und ein Schirmladen in gleicher Höhe mit dem Straßenzug...« **Hans Falladas** »Kleiner Mann – was nun?« ist in den wechselvollen Zwanzigern »gewissermaßen zu Hause« in der Friedrichstraße. In der es – so der Erzähler in »Wolf unter Wölfen« – zuging, »wie man sich etwa einen morgenländischen Basar vorstellte. Fast Mann an Mann standen sie an den Hauswänden und auf dem Rande des Gehsteigs: Händler, Bettler, Dirnen.« **Franz Hessel** 1929: »Das war einmal das Zentrum der berlinischen Sündhaftigkeit... in der heutigen Friedrichstraße gespenstert wenig von dieser Vergangenheit. Ihr Nachtleben ist ja längst von dem westlichen Boulevard überboten.«

Episoden und Anekdoten auch: in **Karl Gutzkows** »Aus der Knabenzeit« (1852/73), Fontanes »Von Zwanzig bis Dreißig« (geschrieben Winter 1894/95 bis Winter 1895/96), **Julius Stettenheims** »Heiteren Erinnerungen« (1896), **Paul Heyses** »Jugenderinnerungen und Bekenntnisse« (1900), **Carl Ludwig Schleichs** »Besonnter Vergangenheit« (1920) und **Ludwig Ganghofers** »Lebenslauf eines Optimisten« (1925). Ganghofer war in seiner ersten Berliner Nacht im November 1878 in der **Friedrichstraße** zunächst einmal als Untermieter – »ich blinder Esel« – in ein Bordell geraten, mietete sich dann – »in meiner schusseligen Alteration« – in einem viel zu teuren »Salon« in der Französischen

Straße ein und fand schließlich ein »dreieckiges Stübchen ... allerliebst und anheimelnd ... in der **Charitéstraße** Nummer 1 – eine Nummer 2 besaß die Straße nimmer.« Strenge Bedingung: »Mä'chens mitbringen, nee, so wat jibt's nich bei mich!«

Wir beginnen am **Bahnhof Friedrichstraße** mit einer Impression von **Siegfried Kracauer** (»Straßen in Berlin und anderswo«): »Wenn man über die Friedrichstraße in der Richtung auf den Bahnhof zugeht, sieht man oft eine mächtige D-Zuglokomotive in der Höhe halten. Sie steht genau oberhalb der Straßenmitte und gehört zu irgend einem Fernzug, der aus dem Westen kommt oder nach dem Osten führt.« Ein halbes Jahrhundert später **Helga Schubert** in ihrer Geschichte vom »Verbotenen Zimmer« (1982): »Der Zug fährt an, und ich sehe hinaus ... Die Rückseiten der Häuser. Die ungewohnte Perspektive. Die Grenzsoldaten an den Gleisen.« Und **Ingeborg Drewitz**: »Ein Bahnhof im Fadenkreuz. Genau zu benennen, und doch ein ungenauer Ort, ermüdend absurd, stumm von abertausend Geschichten.«

Zur Spree hin steht rechts der Straße der alte **Admiralspalast** (Nr. 101/102). Das **Metropol-Theater** spielt im Hof, das Kabarett »Die Distel« hat im ehem. Admiralskino sein Domizil. »In einem Seitenhaus des Georgeschen Gartens« in der **Friedrichstraße Nr. 189**, nahe der **Weidendammer Brücke**, wohnte nach seiner großen Amerikareise ab November 1805 **Alexander von Humboldt**. Er hielt

Bahnhof Friedrichstraße

Vorträge in der Akademie der Wissen-schaften, führte erdmagnetische Un-tersuchungen, oft sechs und acht Nächte hintereinander, in einem eisen-freien Häuschen bei der Brücke durch und fühlte sich ansonsten aber »fremd und isoliert in diesem mir fremd ge-wordenen Lande«. Fünf Jahre später fand in der »Pépinière« (**Friedrich-straße** Nr. 139-141) auch **Johann Gottlieb Fichte** Wohnung, seine letzte; er starb hier am Typhus im Ja-nuar 1814. (Der Besitzer des Grund-stückes, Benjamin George aus der Ber-liner französischen Kolonie, der, wie Humboldt erzählt, gern mit »seinen Gelehrten« zu prahlen pflegte, setzte bei Fichte stets hinzu: »der aber nur ein Philosoph sein soll.«) Nahe der Brücke befand sich auch, bis etwa 1885, Prinz Louis Ferdinands Stadt-wohnung. Am 5. Mai 1804 gab er

Schiller zu Ehren hier ein Essen. Der Dichter verließ »mit schwerem Kopf« das Haus. Man hatte dem Montrachet allzu wacker zugesprochen.

»Die Muse flieht zu Dir, einsamer Cranz von Weiden!« Wir sind auf der Spur der **Karschin**, die in ihren »Spa-zier-Gaengen von Berlin« den Wei-dendamm besingt, der die Stadt vor ungebetenen Wassern schützte. In ei-nem Haus mitten auf einem »sehr aus-gedehnten Holzplatz« am Damm, »gegen die Friedrichstraße durch die hoch aufgeschichteten Holzhaufen verdeckt«, verlebte **P. Heyse** ab 1831 frühe Kinderjahre. Als er Ende des Jahrhunderts wiederkam, fand er, »ob-wohl in der Weltstadt sonst kaum ein Stein auf dem andern geblieben war«, alles wieder; der Grund: Holzkähne legten noch immer am Weidendamm an und »bedurften eines Stapelplatzes für ihre Fracht.«»Tief eingegraben« in Heyses Erinnerung auch das »feierliche Bild« im benachbarten »Schenkenhäuschen« (das auch zu den Schauplätzen seines Romans »Kinder der Welt« gehört), als er da zum ersten Mal einen Toten sieht.

»Fritz, Fritz, die Brücke kommt«, heißt ein Abschnitt in **Fontanes** »Von Zwanzig bis Dreißig«. Die **Weidendammer Brücke** hatte es dem Dichter angetan: »Am 8. Dezember 1845 verlobte er sich auf ihr mit Emilie Rouanet. Dem Adler »mit grauen Flügeln aus Eisenguß« am Brückengeländer – »Da, wo die Friedrichstraße sacht / Den Schritt über das Wasser macht« – gilt **Wolf Biermanns** »Ballade vom preußischen Ikarus« (von 1976). Aufschlüsse auch – »Über die Weidendammer Brücke ging ich immer wieder gerne …« – bei **Christa Wolf**, hier in der Erzählung »Was bleibt« (1979/ 1989).

Im April 1984 erlebte in der **Friedrichstraße** Nr. 107, gegenüber der Einmündung der **Reinhardtstraße** – der Regisseur wohnte modest zunächst hier im Hause Friedrichstraße Nr. 134 – der neue **Friedrichstadt-Palast** seine Premiere. Wegen seiner »orientalischen« Fassade hatte das »Haus der heiteren Muse« schnell seinen Spitznamen weg: »Aserbeidschanischer Hauptbahnhof«. Eine Bildstele hat vor der Kleinen Revue – und »ihrer« Straße gegenüber – Claire Waldoff bekommen, die »Kodderschnauze« (»Hermann heeßt er« war ihr vielumjubelter Hit). In die **Johannisstraße** sollte man wenigstens einen

Blick werfen, auch wenn das phantastisch möblierte Haus Nr. 11 des Verlegers F. Duncker längst verschwunden ist. **Gottfried Kellers** wegen. Im freigeistigen Salon der Lina Duncker lernte Keller deren Schwester Betty Tendering kennen. »Ich sage Ihnen«, heißt es in einem Brief an Hermann Hettner vom November 1855, »das größte Übel und die wunderlichste Komposition, die einem Menschen passieren kann, ist, hochfahrend, bettelarm und verliebt zu gleicher Zeit zu sein, und zwar in eine elegante Personnage«. Mit dem Namen der »Personnage« kritzelte er beschwörend ganze Bögen voll und verewigte sie, als alles nichts half, als »Dortchen Schönfund« im »Grünen Heinrich« und als »Lydia« in »Pankraz der Schmoller«.

Hinterm Oranienburger Tor zweigt die Philipp- zur **Luisenstraße** ab. **Philippstraße** Nr. 19 lebte zuletzt – nachdem er wegen seiner Schrift »Der Einzige und sein Eigenthum« (1845) verfemt worden war und sich vergeblich in Kreuzberg als Milchhändler durchzuschlagen versucht hatte – verarmt und vereinsamt Dr. Caspar Schmidt, sein Pseudonym war bekannter: **Max Stirner** (Bayreuth/B). Die 1710 gegründete **Charité** an der Westseite der Luisenstraße ist Berlins ältestes Krankenhaus. 1796 wurde **F. E. D. Schleiermacher** Prediger, Ende 97 nahm er noch **Friedrich Schlegel** in sein nicht gerade komfortables Quartier und ging fast jeden Abend (mit einem brennenden Laternchen, eingehakt in ein Knopfloch seines Rockes) von der damals noch so

gut wie unbebauten Oranienburger
Chaussee quer durch die Stadt in die
Neue Friedrichstraße, zu Henriette
Herz. C. L. Schleich – er war Schüler
des berühmten Virchow, den er emphatisch als den »großen Dichter des
Romans von der Zelle« pries – wohnte
ab etwa 1881 in der Luisenstraße
Nr. 15; die Wohnzeile aus der ersten
Hälfte des vorigen Jahrhunderts ist geschlossen erhalten. Im Sommer 1983
wurde Franz Fühmann in die Charité
eingeliefert; im Juli und Oktober
mußte er sich zwei schweren Opera-
tionen unterziehen. An seinem
Lebensprojekt »Im Berg« – das Bergwerk als seine »Landschaft«, als sein
»Ort des Nachdenkens« – arbeitete er
auch im Krankenbett wie besessen
weiter. Im Dezember 83 gab er auf und
versah den Text mit dem Untertitel
»Bericht eines Scheiterns. Fragment«.
(Um zwei, drei Tage vor seinem Tod
im Juli 84 in der Charité einem Freund
doch noch zu sagen, er wisse jetzt, wie
das »Bergwerk« sein müsse.)
Fontane wohnte, als freier Schriftsteller nun, gleich zweimal in dem Viertel:
in der Luisenstraße (damals Nr. 12) ab
Oktober 1849 (heute im Bereich der
Hals-, Nasen- und Ohrenklinik der
Charité, der spätklassizistischen Tier-
ärztlichen Hochschule gegenüber)
und später in der Nr. 33. Das Viertel
war so etwas wie ein Berliner Quartier
Latin. Im »Haus« der Brüder Hart
(»eine möblierte Stube, in der Luisenstadt, über der Eisenbahn, drei
Schritte von der Charité, im Zentrum
der Weiberkneipen …«) traf sich in
den achtziger Jahren die Boheme. Luisenstraße Nr. 60 wohnte Karl Marx
1838/39 als Student. Das seit 1840
mehrfach umgebaute Haus (damals
Nr. 45a) ist die einzig erhalten geblie-
bene Wohnstätte von Marx in Berlin.
Rund um die Schumannstraße gab es
zeitweise sechs Bühnen. »Mittendrin
in behütetem Abseits« (F. Hessel) –
auch Victor Klemperer, der als Neun-
jähriger mit der Familie von Bromberg
nach »Berlin NW, Albrechtstraße 20«
übersiedelte, empfand die Gegend als
»ziemlich still« – überstanden fast unversehrt das Deutsche Theater und
die Kammerspiele den Zweiten Weltkrieg. Eine Stele und zwei Büsten in
der Grünanlage erinnern an die großen Deutschen-Theater-Leute: Otto
Brahm, der im September 1894 hier
die vielbeschriene erste öffentliche
Aufführung von Gerhart Hauptmanns »Weber« herausbrachte, und
Max Reinhardt, der 1905 von dem
wenig erfolgreichen Paul Lindau das
Haus übernahm und bis 1932 zu bei-
spiellosen Erfolgen führte. Zu Reinhardts Dramaturgen gehörten 1906/07
Hermann Bahr (München/B), er
wohnte in der Marienstraße Nr. 18,
und in den zwanziger Jahren Carl
Zuckmayer und Bertolt Brecht.
Brecht schrieb für die »Neuen Kinder-
lieder« von 1950 auch ein Gedicht auf
die (dort stehengebliebene) Pappel
vom (nahen) Karlplatz, »mitten in der
Trümmerstadt Berlin«. Zuckmayer
hielt 1960 in seiner Festrede zu Heinz
Hilperts 70. Geburtstag dem »Thea-
terhof, der nicht mehr ist«, und den
Gestalten, die ihn bevölkerten: von
Moissi und »Sankt Albert Basser-

Karikatur zu Gerhart Hauptmanns »Vor Sonnenaufgang«, anläßlich der Uraufführung der »Freien Bühne«

mann« bis zu Erich Engel und dem »grimmen« Kortner, den schönsten Abgesang. **Luisenstraße** Nr. 18 gründeten im Juni 1946 sowjetische Kulturoffiziere den Klub (für hungernde Künstler aus allen Sektoren der besetzten Stadt) »**Die Möwe**«. Zeitweilig befand sich hier auch das Büro der Intendantin des »Berliner Ensembles«, **Helene Weigel**.

Im dritten Stock des Hinterhauses der **Karlstraße** (damals) Nr. 32, heute **Reinhardtstraße**, wohnte – mit Aussicht auf den Park der Tierarzneischule – ab 1890 für zehn Jahre **Otto Erich Hartleben**; **Peter Hille** war Dauergast. Die in diesen Jahren entstandenen Komödien Hartlebens tragen meistens als Vermerk: »Die Vorgänge spielen sich in Berlin, in der Gegenwart ... ab«. In der Studentenboheme-Erzählung »Wie der Kleine

zum Teufel wurde« (1893) heißt es: »Ich muß um Entschuldigung bitten, daß die von mir erzählten Geschichten sich eigentlich immer in irgendwelchen Lokalen zutragen.« Vom »Meusebachschen Haus« (Karlstraße Nr. 36) schwärmte **A. H. Hoffmann von Fallersleben**: Es »gewährte mir ... eine belehrende und anregende wissenschaftliche Unterhaltung, eine ausgezeichnete Bibliothek, traulichen Familienverkehr und die Gelegenheit, viele bedeutende Männer und Frauen kennenzulernen«.

Die **Marienstraße** ist mit Häusern aus den Jahren 1830/40 nahezu komplett erhalten. **René Schickele** und **Otto Flake** teilten sich hier »im alten Medizinerviertel« im Frühjahr 1904 ein Zimmer. Flake: Der Kurfürstendamm war »noch kein literarischer Begriff, noch keine Literatenheimat. Ich kann

mich nicht erinnern, bei diesem Aufenthalt über die **Potsdamer Brücke**
am Landwehrkanal hinausgedrungen
zu sein; das Lokal von Dalbelli war
dort der äußerste Treffpunkt für die
Boheme um **Peter Hille** oder **Else Lasker-Schüler**.«
Im Eckhaus **Marien-/Luisenstraße**
Nr. 39 wohnte 1884-88 der japanische
Medizinstudent **Mori Ogai**, heute
dort kleine Gedenkstätte. Er war einer
der Mitbegründer der modernen japa-
nischen Literatur. (1992 erschien in dt.
Übersetzung Ogais »Deutschland-
tagebuch 1884-1888«.)
»Linkerhand längs der Spree«, wie
Friedrich Nicolai schildert, »bauten
sich 1738 verschiedene Schiffbauer an.
Von dieser Zeit entstand der Name.«
Am **Bertolt-Brecht-Platz** (wo einmal
M. Reinhardts »Großes Schauspiel-
haus« stand, mit dem »Schall- und
Rauch«-Kabarett im Souterrain) blieb
das »Neue Theater«, das »**Theater am
Schiffbauerdamm**« erhalten, das im
August 1928 mit **Brechts** »Dreigro-
schenoper« eine neue Epoche seiner
Geschichte begann. (1954 bezog das
»**Berliner Ensemble**« das Haus.) Seit
seinem 90. Geburtstag sitzt der Prinzi-
pal in figura vor seinem Theater. Über
kurz oder lang wohnten – mit und
ohne »Aussicht auf den Damm und
die Spree« und »weitem Blick auf die
Dorotheenstadt« – u.a. **Jacob Burckhardt** (1842/43), als »Jungverheira-
tete« in der Pension Fulda **August
Strindberg** und Frida Uhl (1892),
Frank Wedekind (1905/06/München/
B) am Ufer. Nahe der Marschall-
brücke, in der **Luisenstraße** Nr. 16,

hielt **Friedrich Rückert** in seiner
Wohnung Kolleg. Er las über Saadis
»Rosengarten«, vier Studenten hörten
ihm zu, unter ihnen **Paul de Lagarde**.
Jenseits der Spree wurde aus der 1674
angelegten Hintergasse die **Letzte
Straße**, aus der 1822 die **Dorotheen-**
und 1951-95 die **Clara-Zetkin-
Straße** wurde. In der **Letzten Straße**
Nr. 51 fand die Familie **Arnim** im Januar 1817 das langgesuchte »Quartier
in Berlin«. **Bettina** blieb hier mit den
vier älteren Kindern – »Nimm dir ja
in der neuen Wohnung einen männli-
chen Aufwärter«, mahnte **Achim** aus
Wiepersdorf –, zog aber bald in die
Georgenstraße Nr. 3 um: »ein Feen-
palast«, schwärmte sie dort. Mitte
März 1820 mietete sich **Arthur
Schopenhauer** in Nr. 34 ein. Er hatte
an der Universität seine Probevorle-
sung zu halten. Bald suchte er wieder
eine andere Bleibe, er war nicht der
bequemste möblierte Herr. **Doro-
theen-/Ecke Friedrichstraße** bezog
im Herbst 1841 der Einjährig-Freiwillige **Friedrich Engels** sein Privat-
quartier, »ein elegant möbliertes Zimmer«. Auf der gegenüberliegenden
Straßenseite in der **Dorotheenstraße**
Nr. 82 (heute im Bereich des Hotels
Metropol) wohnte in den achtziger
Jahren des vergangenen Jahrhunderts – etwas besser als seine klein-
und mittelständischen Gründerzeit-
Helden mit Herz und Schnauze – **Julius Stinde**, der Autor der »Buchholzens«. Anfang der neunziger
Jahre übersiedelte er von der **Landsberger Straße** in die **Mittelstraße**
Nr. 36. Hinter der Universität erin-

nert **Dorotheenstraße** Nr. 16 eine Tafel an den Arzt **Christoph Wilhelm Hufeland** (1762-1836), der mit seiner Schrift »Makrobiotik, die Kunst sein Leben zu verlängern« (1796) weltweit bekannt wurde. In der **Dorotheenstraße** Nr. 11 (das Haus stand an der Ostecke der Planckstraße) nahm der Kaufmann Alex **Tucholsky** nach einem Zwischenaufenthalt in Stettin 1899 wieder in Berlin Wohnung. Sein Sohn **Kurt** besuchte von hier aus zunächst das Französische Gymnasium, ab 1903 dann das Kgl. Wilhelms-Gymnasium: »Wir sind keine guten Humanisten geworden und keine guten Praktiker...«

Von Friedrichshagen kommend, zog **August Strindberg** im November 1892 zunächst in eine Pension in der **Neuen Wilhelmstraße** (wie der nördlich der Linden gelegene Teil der **Wilhelmstraße** bis 1945 hieß). Der Theater- und Kunstkritiker F. Servaes: »Vom Hungertode mag zuweilen in erregter Phantasie die Rede gewesen sein – vom Verdurstungstode niemals. Als das ›Schwarze Ferkel‹ entdeckt war (eine von Strindberg so genannte Probierstube für Weine und zahllose Schnäpse in der Neuen Wilhelmstraße), kam Organisation in die Gelage. Jetzt war ein allabendliches Hauptlager aufgeschlagen, in dem vor allem Skandinavier und Polen den Ton angaben, aber auch trinkfeste Deutsche: **Dehmel**, genannt ›Der wilde Mann‹, **Scheerbart**, **Bierbaum**, zu finden waren ... Der Gesamtton an diesen Trinkabenden war ein orgiastischer.« O. J. **Bierbaum** hat in seinem Roman »Stilpe« die jungen Wilden des Ferkelkreises ebenfalls beschrieben. **Unter den Linden** Nr. 60/Ecke **Schadowstraße** befand sich das nach dem »rasenden Reporter« benannte Café **»Egon Erwin Kisch«**. In der **Schadowstraße** selbst, die bis 1836 **Kleine Wallstraße** hieß, wurde das 1805 erbaute Wohnhaus des Bildhauers (Nr. 10/11), in dem er bis 1836 lebte, 1959 wiederhergestellt. Von **Achim von Arnim** bis **Ludwig Tieck** fanden sich hier auch gern die Dichter ein.

»Friedrichstraße, ganz in der Nähe der Linden« trat **Fontane** 1845 in die »Polnische Apotheke« ein, sie befand sich **Mittelstraße** Nr. 56/Ecke Friedrichstraße. Die Apotheke (später auch als »Dorotheenstädtische« geführt) existiert nicht mehr; den Namen hat eine neue Offizin, **Friedrichstraße** Nr. 154 übernommen (Gedenktafel im Schaufenster).

Friedrich- und Luisenstadt

An der Kreuzung **Unter den Linden/Friedrichstraße** stand 1822 **Heinrich Heine** und räsonnierte: »Jetzt sehen Sie mal rechts und links. Das ist die große Friedrichstraße. Wenn man diese betrachtet, kann man sich die Idee der Unendlichkeit veranschaulichen.« Die ersten literarischen Adressen liegen, in Richtung Hallesches Tor, abermals an den Kreuzungen: Ecke **Behrenstraße** in Nr. 164 gründete 1827 der Wiener Satiriker **Moritz Gottlieb Saphir** nach dem

Vorbild der Wiener »Ludlamshöhle«
den »Literarischen Sonntags-Verein
zu Berlin«, der sich ein Jahr später pa-
rodistisch »Tunnel über der Spree«
nannte. In Nr. 165 befand sich das
berühmte Castansche Panoptikum.
Egon Erwin Kisch beschrieb dessen
Auflösung (u. a. stand »die gesamte
Hohenzollerndynastie« zur Versteige-
rung) in seiner Reportage »Herrscher
und Räuber« (1922). Ecke **Französische Straße** (dort mit der Nr. 20)
wohnten von 1819 bis 27 **Karl August**
und **Rahel Varnhagen**. Ihr Salon versammelte (abermals) – von den **Humboldts** bis zu den **Tiecks** so ziemlich
alles, was geistig, kulturell und politisch Rang und Namen hatte. Als poetisches Enfant terrible kam **H. Heine**,
nannte Rahel die »geistreichste Frau
des Universums« und Varnhagen den
einzigen, auf den er sich »in diesem
falschen Neste« verlassen könne.
Selbst **Franz Grillparzer** war (bei einem Besuch im August 1826) bezau-
bert. Ein wahres »Elendsjahr« fristete
der aus Warschau ausgewiesene
E. T. A. Hoffmann 1807/08 in einem
erbärmlichen Quartier im zweiten
Stock der **Friedrichstraße** Nr. 179
(Eckhaus zur **Taubenstraße**). Da – ge-
nauer: **Friedrichstraße** Nr. 176-179
heute – befindet sich das 1984 eröffnete »Haus der sowjetischen Wissenschaft und Kultur«, inzwischen nach
der »russischen Föderation« benannt.
Es hat »eine bewegte Geschichte hinter sich und eine ungewisse Zukunft
vor sich« (so **Peter Mugay** im September 1991).
Zu Ostern 1821 zogen **Karl Gutz-**

kows Eltern in die **Mauerstraße**
Nr. 16. »Nicht undenkwürdig«, heißt
es im Buch »Aus der Knabenzeit«
über die Jahre hier, allein schon »ihres
interessanten Schauplatzes wegen«.
Nach dem Abzug der französischen
Besatzungstruppen kehrte **Achim von
Arnim** im Dezember 1808 nach Berlin
zurück und mietete sich in der **Mauerstraße** Nr. 34 ein: »Ich freue mich am
Maienmorgen im Garten.« Im September 1809 stieß **Clemens Brentano**,
aus Halle kommend, hinzu. Er verfaßte u. a. die Festkantate zur Eröffnung der Universität am 15. Oktober
1810 und schloß sich der von Arnim und **Adam Müller** gegründeten
konservativen »Christlich-Deutschen
Tischgesellschaft« an (von der »Franzosen, Frauen, Juden und Philister«
ausgeschlossen waren). Auch **Heinrich von Kleist**, der in der **Mauerstraße** Nr. 53 ein möbliertes Zimmer
gemietet hatte, in dem er bis zu seinem
Tod am 21. November 1811 wohnte
(Gedenktafel am Nachfolgebau), gehörte zu den »Eingeweihten«. 1827
zogen die Varnhagens in das »statt-
liche« Haus Nr. 36 ein, hielten nach
wie vor ihren Salon und blieben bis
zum Lebensende: Rahel 1833, Varnhagen 1858.
Zum Tiergarten hin in der alten **Wilhelmstraße** Nr. 78 bezogen **Achim**
und **Bettina von Arnim** zwei Wochen
nach ihrer Hochzeit im März 1811 das
Gartenhaus des (im Zweiten Weltkrieg
zerstörten) Gräflich Vossischen Palais
an der Einmündung der **Voßstraße**.
Nachtigallen und der »Mond, der
nimmer so hell geschienen«: die Sze-

nerie konnte romantischer nicht sein. »Ich wohne hier in einem Paradies«, schwärmte Bettina. »Nach Westen der Tiergarten mit seinen unzähligen Laubwipfeln ... gegen Süden das Schloß des Prinzen Albrecht von der Morgensonne dunkelgolden beleuchtet ... nach Norden und Osten aber das weite Berlin, von einem weißen Nebelmeer überwogt, aus dem nur die Kirchen und Türme wie dunkle Inselfesten emporstiegen«, pries drei Jahrzehnte später **Emanuel Geibel** die Aussicht aus dem Turmzimmer von **Willibald Alexis'** neuerbautem Haus in der **Wilhelmstraße** Nr. 97 (das beim Durchbruch der Zimmerstraße der Spitzhacke zum Opfer fiel). In der »Wilhelmstraßenzeit« begann Alexis mit **Eduard Hitzig** die »Sammlung der interessantesten Kriminalgeschichten aller Länder aus alter und neuer Zeit«, den »Neuen Pitaval«, herauszugeben, und entstanden vielbändig die wichtigsten historischen Romane über die brandenburgischpreußische Geschichte, so »Der Roland von Berlin« (1840) und »Ruhe ist die erste Bürgerpflicht« (1852), den Fontane als Alexis' »lebenswahrsten, fesselndsten und bedeutendsten« Roman lobte. **Jacob Burckhardt** wohnte, 1846/47 zum dritten Mal in Berlin, in Haus Nr. 41 gegenüber dem »Schloß des Prinzen Albrecht«.

Adele Gerhard zog zu Beginn des Jahrhunderts in das Haus Nr. 90, der Garten grenzte an den Park des Kriegsministeriums: »Fast dreißig Jahre bot dieser holde kleine Erdenfleck unter breiten, duftreichen Bäu-

men, in seiner Märchenstille meiner Arbeit Zuflucht ...« Hier entstand auch der Roman von der niederländischen »Familie Vanderhouten« (1910), die ihr Stammhaus in der Wilhelmstraße verliert, weil die Weltstadt wachsen muß. **Walther Kiaulehn**: »Sehr reizvoll erzählt A. G., wie die vielen Zugewanderten langsam, langsam von Berlin geformt werden, und wie sie ihrerseits nach und nach Berlin verändern.«

Pariser Platz (der »Empfangssalon des Kaiserreiches«) – **Wilhelmstraße/Ecke Leipziger** (lange die »politischste Ecke« Berlins) – **Leipziger Platz** – **Potsdamer Platz**: das Viertel Berlins, in dem das Schicksal nicht nur der Stadt am nachhaltigsten beeinflußt wurde. Von hier aus fand auch der rasante Aufstieg zur Weltmetropole statt. Und ihr Niedergang ebenso. **Bertolt Brecht** am Morgen des 23. Oktober 1948, vom »Adlon« aus »die zerstörte Wilhelmstraße hinunter zur Reichskanzlei« gehend: »Durch Berge von Schutt / (Weiland Straße der Ministerien) / Ziehen fünf Frauen einen Wagen / Beladen mit Maschinenteilen...« Und **August Scholtis** »Rund um das unbekannte Grabmal des Größten Feldherrn aller Zeiten«: »Kaiserhöfe, Reichskanzleien, Außenämter, Präsidentenpaläste sind umgelegt ... Eine der Trümmerfrauen fixiert mich: ›Tschjah, Männeken, wir machen allet sauba, et wird von neuem uffjebaut und jeht dann wieda in de Luft!‹.« In »aristokratischer Gegend« heißt es in **Fontanes** »Schach von Wuthenow« von der **Behrenstraße**. Eine »geistreiche« dazu in

Gisela Hellers Fontane-Vademecum. Es wohnten in Nr. 26 **Heinrich Laube** (»Das Theater ist in Berlin Frühstück und Abendbrod.«); in Nr. 30 **Wilhelm von Humboldt** und Frau Caroline, ihr Salon war frequentiert; in Nr. 31 von 1777-1801 der Maler und Kupferstecher (und »literarische« Illustrator par excellence) D. Chodowiecki, **Goethe** besuchte ihn im Mai 1778 gleich zweimal; in Nr. 58 verbrachte **Paul Heyse** ab 1837 Kinder- und Jugendjahre; in Nr. 61, dem »Casino«, traf sich das »Junge Deutschland«; Nr. 70 wohnte **Arthur Schopenhauer** (1830); in Nr. 71 (heute Bereich Ecke **Wilhelmstraße**) ab 1821 für zwei Jahre **H. Heine** (Tafel **Behrenstraße** Nr. 12). Fontane war die Gegend besonders vertraut. Von 1833 bis 69 hatte die Freundin Mathilde von Rohr in Nr. 70 ihren kleinen literarischen Zirkel. Sie lieferte ihm »mit allen Details« den Stoff zu »Schach von Wuthenow«: Vom Salonfenster ihrer Wohnung **Behrenstraße/Ecke Charlottenstraße** werden Frau von Carayon und ihre Tochter Victoire Zeuge der gespenstischen Schlittenfahrt, mit der Offiziere vom Regiment Gensdarmes **Zacharias Werners** umstrittene Tragödie »Martin Luther oder Die Weihe der Kraft« (1807) als Mummenschanz travestierten. Nach dem Zweiten Weltkrieg richtete sich an der Behrenstraße die **»Komische Oper«** neu ein. Früher befand sich da das **Metropol-Theater**. Im Haus Nr. 17 in der **Französischen Straße** hatte **Schopenhauer** 1831 seine letzte Wohnung in dem »vermaledeiten Nest« Berlin:

»Ich bin der Cholera sehr dankbar«, schrieb er später, »daß sie mich daraus vertrieben hat.« (Hegel war im gleichen Jahr an der Cholera gestorben.) Ebenfalls 1831 übersiedelte **W. von Humboldt** von der Behrenstraße in das Haus Nr. 42 in der Französischen Straße. In der Nachbarschaft (Ecke Charlottenstraße) hatte **August Wilhelm Iffland** seine Dienstwohnung; der (seit 1821 wieder aufgebaute) »Arbeitsplatz«, das Kgl. Nationaltheater, lag gerade mal um die Ecke. Französische Straße Nr. 32, im Haus »Der Bienenstock«, residierte der Aufbau-Verlag, in den fünfziger Jahren einer der größten literarischen Verlage in Deutschland und internationaler Umschlagplatz für Literatur. **Herbert Nachbar** 1973: »...ein Fahrstuhl, der immer funktionierte, in dem man heute mit **Bodo Uhse**, morgen mit **Leonhard Frank** und übermorgen mit **Halldór Laxness** fahren konnte. Jede Stunde war voller Literatur.«

Goethe wird am **Gendarmenmarkt** immer noch gern zitiert. Angesichts des **Französischen** und **Deutschen Doms** und Schinkels **Schauspielhaus** dazwischen (wo **Fontane** zwei Jahrzehnte hindurch »Parkettplatz 23« innehatte): »Prophete rechts, Prophete links, das Weltkind in der Mitten«. **Schiller** steht seit Dezember 1988 wieder in figura vor dem »Weltkind«. Am Französischen Dom steht **Calvin** vor der Gedenktafel für das Edikt von Potsdam (1685); im Innern hat das **Hugenottenmuseum** sein Domizil erhalten, im Turm sind Bibliothek und Archiv der französisch-reformierten

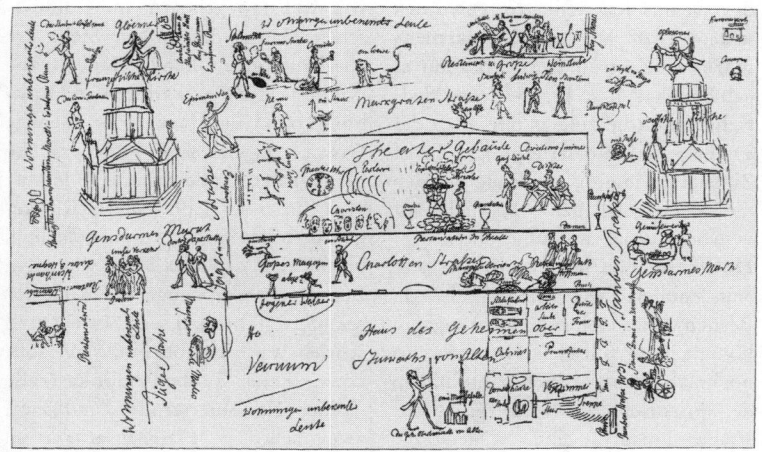

»Des Vetters Eckfenster«: Skizze von E. T. A. Hoffmann von seiner letzten Wohnung am Gendarmenmarkt aus

Gemeinde untergebracht. Im Deutschen Dom Ausstellung »Fragen an die deutsche Geschichte«. Zwei Tafeln an der Ecke **Charlottenstraße** Nr. 56/ **Taubenstraße** Nr. 31 erinnern an **E. T. A. Hoffmanns** letzte Berliner Wohnung: »Er sitzt im Erker hoch im Haus / und weiß nicht, wem er gleicht. / Er wollte nicht so hoch hinaus / und hat es doch erreicht«, dichtete **Erich Kästner**. »Des Vetters Eckfenster« nannte Hoffmann seine letzte Erzählung, sie ist mit dem Vogelblick auf den Markt geschrieben: »Dieser Markt ist auch jetzt ein treues Abbild des ewig wechselnden Lebens«, heißt es am Ende. (**Dieter Leisegang**/Wiesbaden/H: »So sieht ein Gott bei der ordnenden Schöpfung das Chaos.«)

Die »Lesekonditoreien« in der Nachbarschaft frequentierte Hoffmann besonders: »Stehely« z.B. im Eckhaus **Charlottenstraße** Nr. 36/ **Jä**gerstraße, wo sich Heine mit **Grabbe** schon einmal prügelte, später das »Lager und Hauptquartier der Vormärzlichen« (so **Julius Rodenberg**). Stammlokal war auch das »splendideste Kaffeehaus Berlins« (so Heine), das »Royal« Ecke (**Charlottenstraße/ Unter den Linden** Nr. 33. Weltbekannt – durch Hoffmann (und den Zechkumpan L. Devrient) – wurde schließlich das Weinhaus in einem dritten Eckhaus, **Charlottenstraße** Nr. 49/**Französische Straße**, der Keller von »Lutter und Wegener« (Schauplatz u.a. von J. Offenbachs »Hoffmanns Erzählungen«). Im Keller, »über dem anstelle des Hauses ein Hügel aus Ziegelbruch sich aufwölbte« (1960 endgültig abgetragen), saß **Günter Kunert** als junger Autor und »verfraß« sein »erstes Honorar bis auf den letzten Reichspfennig – auf E. T. A. Hoffmanns Platz, ohne daß ich dabei des Genius loci teilhaftig geworden wäre.« 1848 war der **Gendarmenmarkt** ein Zentrum der Revolution: es gab Barrikaden, so **Jäger-/**Ecke **Friedrichstraße** (die zuletzt nur noch der 17jährige Schlosserlehrling Ernst Zinna verteidigte); am Ende wurden die »Märzgefallenen« feierlich vor dem Schauspielhaus aufgebahrt.

Hoffmann und kein Ende – er war »ein Zauberer, der die Menschen in Bestien verwandelte und diese sogar in königlich preußische Hofräte«, so nochmals Heine – auch weiterhin in der Friedrichstadt. »Die Friedrichstraße hinauf«, eine »Querstraße hinab«, in einem »unansehnlichen Hause« begegnet er an einem »kalten, regnichten Abend« dem »Ritter Gluck«. In der **Jägerstraße** beginnen vor dem »Thiermannschen Laden« (der »Wein- und Italienerwarenhandlung« von Adam G. Thiermann in Nr. 56) die nicht minder phantastischen »Abenteuer der Silvesternacht«, die »im goldenen Adler« (Ecke **Jerusalemer/Leipziger Straße**) mit der »Geschichte vom verlorenen Spiegelbilde« enden.

In die **Jägerstraße**, in den Salon der jungen **Rahel Levin** in der »Dachstube« von Nr. 54, führt auch der Weg von »Rahels erster Liebe«, Karl Graf von Finckenstein. (»In der italienischen Oper« Unter den Linden waren sie sich im Winter 1796 zum ersten Mal begegnet.) **Günter de Bruyn** rekonstruiert die Route vom Wilhelmsplatz her, die **Mohrenstraße** entlang bis zum Gendarmenmarkt. Im Hause **Jägerstraße** Nr. 18 wurde 1799 **Ludwig Rellstab** geboren; im Colombschen Hause, das an der Stelle der »Seehandlung« stand, **Jägerstraße** Nr. 22/23, 1769 **Alexander von Humboldt**; 1893 im Haus Nr. 63 **George Grosz.** Jägerstraße Nr. 57/Ecke **Markgrafenstraße** wohnte ab Herbst 1841 für zwei Jahre **Sören Kierkegaard**, hörte Steffens und Schelling, befand aber, daß »das Beste, was ich in Berlin gefunden habe«, ein Konditor sei, »Sparg(a)napani sein Name«, und schrieb am »Tagebuch des Verführers«. Ecke **Tauben-/Glinkastraße** (früher **Kanonierstraße**) sind zwei zweigeschossige Pfarrhäuser der im Krieg völlig zerstörten Dreifaltigkeitskirche erhalten geblieben. Das dritte, das als »Schleiermacherhaus« bekannt wurde, ist ebenfalls zerstört. Im Innenhof **Taubenstraße** Nr. 3 **Schleiermacher**-Büste; Gedenktafel: »... lebte und wirkte hier 1809-1816«.

Heines letzte Wohnung (seit Januar 1823) war in der **Taubenstraße** Nr. 32: »Krank, isoliert, angefeindet und unfähig, das Leben zu genießen, so leb ich hier.« **J. Rodenberg** in seinen »Bildern aus dem Berliner Leben«: »Ob Heine damals gewußt und, wenn er es gewußt, nicht einigen Trost darin gefunden hat, daß das Haus ihm gerade gegenüber dasjenige war, welches, in einer ähnlichen Gemütsverfassung, siebzig Jahre früher, während der letzten und schlimmsten seiner Berliner Tage, den Herrn von **Voltaire** beherbergte?« Von hier aus konnte Voltaire sehen, »wie seine ›Histoire du Docteur Akakia‹ auf Befehl Friedrichs des Großen öffentlich und von Henkers-

hand auf dem benachbarten **Gendarmenmarkt** verbrannt wurde.«
Dicht neben der Dreifaltigkeitskirche, auf welche es am Anfange des Romans ›Prinz Louis Ferdinand‹ (von **Fanny Lewald**) sieben Uhr schlägt«, fand **Gottfried Keller**, als er im April 1850 zum ersten Mal nach Berlin kam, »sehr angenehm« Quartier; die Adresse »**Mohrenstraße** Nr. 6, 3 Treppen links«. »Fräulein Lewald«, die ihm »in Berlin in literarische Kreise (zu) kommen« behilflich sein sollte, verfehlte er allerdings »um einen Tag«. Im (längst verschwundenen) »Englischen Haus«, **Mohrenstraße** Nr. 49, tagte 118 Jahre lang der 1749 gegründete »Montagsclub« (Archiv im Harnack-Haus in Dahlem). Gäste waren u. a. **Gotthold Ephraim Lessing, Johann Gottlieb Fichte, G. W. F. Hegel, Goethe, Schiller** und die **Humboldts**.
Kurz vor Weihnachten 1859 übersiedelte **Berthold Auerbach** mit der Familie nach Berlin. Wohnung: **Kronenstraße** Nr. 26. »In der Hauptstadt und bei Hofe« war er der gefeierte, aber auch der angefeindete Autor: »Ganz eigenthümlich widerlich berührt mich ein Artikel in der hiesigen Revue, einem Organ des reitpeitschenden Junkerthums, das in Preußen an Schamlosigkeit alle anderen Junkerschaften übertrifft. Ich bin da ›der Hofjude A.‹« (Dezember 1860). »**Kronenstraße** Nr. 70, zwei Treppen, Berlin W 8« hatte **Heinrich Wolfgang Seidel**, seit 1923 Erster Pfarrer der Neuen Kirche, des Deutschen Doms auf dem **Gendarmenmarkt**, 34 im »wachsenden Kirchenkampf« vorzeitig auf eigenen

»Voltaire, als seine ›Histoire du Docteur Akakia‹ auf dem Gendarmenmarkt öffentlich verbrannt wurde« (Holzschnitt von A. von Menzel zu Franz Kuglers »Geschichte Friedrichs des Großen«)

Wunsch pensioniert, seine Dienstwohnung. **Ina**, seine Frau, deren »Arbeitskabinett an die hintersten Winkel des Wohngeländes Mohrenstraße« grenzte, »der Himmel war weit weg, und die Leierkästen nahe«, vollendete hier an Pfingsten 1930 »das dicke Buch«, ihr Opus magnum, den Roman »Das Wunschkind«. **Christian Ferber** (Georg Seidel 1919-1992): »Der Weltstadtatem Berlins in jener Zeit hat Heinrich Wolfgang wie Ina angeregt und auch beeinflußt. Das hat ihre Eigenart nicht verändert.«
Leipziger Straße (stille Wohngegend zunächst bis weit in die Mitte des 19. Jahrhunderts, vornehme Einkaufsstraße dann bereits um die Jahrhundertwende): »Ein von allen vier Winden, den Stürmen der Zeit und Kriege

in alle Winde geblasenes, zerstäubtes Uraltes« (**Peter Edel**, der von 1973 bis zu seinem Tode 83 in der seit 1969 neu errichteten Magistrale im Haus Nr. 44 lebte). Der Lyriker **Paul Wiens** wohnte 1972-82 in Nr. 41. »Ich sehe: rechts – den Grenzstreifen, dahinter das von unserer Ordnung umschlossene Westberlin, Enklave anderer Ordnung (Kennzeichen: Haus des Pressekonzerns Springer), links – das Zentrum der Hauptstadt Berlin (Kennzeichen: Palast der Republik). So wohne ich am Rand der Welt und in der Mitte...« (zitiert W. Liersch Wiens in »Dichters Ort«).

Eine Schlüsselszene in **Fontanes** »Vor dem Sturm« handelt an der »Ecke der **Wilhelm**- und **Leipziger Straße**«. Der von Lewin von Vitzewitz zum »Rondell«, »wie damals noch der jetzige Belle-Alliance-Platz hieß«, geleitete Trupp aus Rußland kommender »demontierter« französischer Kürassiere – »von ihrem alten Stolze war nichts übriggeblieben als die Scham über ihr Elend« – begegnet hier einer ganzen »in allem militärischen Pomp« heraufmarschierenden frischen französischen Division: »Durch die nordöstlichen Tore der Stadt zog das Elend, durch die westlichen der Glanz des Krieges herein«.

Leipziger Straße Nr. 25 befand sich das Weinhaus Kempinski. Hier fand am 10. Februar 1889 auf Initiative von **Otto Brahm** die Gründungsversammlung des Theatervereins »Freie Bühne« statt. In der **Friedrichstraße/** Ecke **Leipziger Straße** richtete sich »das gefällige, wissensdurstige, kluge

Männchen, mit einer guten Nase begabt«, **Samuel Fischer**, 1887 seine eigene Verlagsbuchhandlung ein. Im Haus »Zum fliegenden Roß«, es hatte die Nr. 31, wurde am 27. März 1810 als Sohn eines Schneidermeisters und kleinen Putzfederfabrikanten **Adolf Glaßbrenner** geboren. Er war der erste, wie er mit Recht von sich sagen konnte, der das Volk von Berlin »sprechen ließ, als es noch schweigen mußte«. Als G. 1858 nach Berlin zurückkehrte, um seine Heimatberechtigung nicht zu verlieren, mietete er sich in der **Krausenstraße** Nr. 37 ein. Bei seinem Tod (im September 1876) versammelte sich eine große Menschenmenge auf dem nahen (heute nicht mehr existierenden) **Dönhoffplatz** – vor Ort steht dort jetzt die Kopie einer Hälfte der Spittel-Kolonnaden –, um ihn in einem langen Trauerzug zum Jerusalemer Friedhof am Halleschen Tor zu geleiten.

Im Karree zwischen **Leipziger** und **Kochstraße** (die bereits zu Kreuzberg gehört), **Friedrich**- und **Jerusalemer Straße** befand sich einmal das Zeitungsviertel der »Zeitungsstadt Berlin« (**Peter de Mendelssohn**). »Großmächtige Häuser, alte Festungen des Geistes«, notierte **Franz Hessel**. »Sie gehören sagenhaften Königen und Königsfamilien, die Ullstein, Mosse und Scherl heißen.« 1928 hatte Berlin 2633 Zeitungen u. Zeitschriften, am 3. Februar 1945 wurde das Viertel während eines Tagesangriffes zerstört. **Horst Krüger** 1967 in seinen »Stadtplänen«: »Heute ist hier Grenzniemandsland ... ein Ort der Trauer für

Kenner.« **Jerusalemer Straße**/Ecke **Schützenstraße** steht – die letzte authentische Adresse der »Zeitungsstadt« – noch das **Verlagshaus Mosse.** Mitten im Viertel, **Friedrich-**/Ecke **Zimmerstraße,** machte seit den sechziger Jahren bis Juni 1990 der **Checkpoint Charlie** als offener Kontrollpunkt in der Mauer Schlagzeilen. (Eine erste Dokumentation, von **Hans Werner Richter,** mit Stimmen von Schriftstellern aus BRD und DDR, »Die Mauer oder Der 13. August«, erschien bereits im Dezember 61.) »Es gibt eine Mauer-Neurose«, schrieb im Mai 1963 der englische Schriftsteller **Graham Greene** in seinem »Letter to a West German Friend«, der 30 Jahre später erstmals auf deutsch in der »Wochenpost« (vom 12. 8. 93/Nr. 33) erschien: »Als Besucher nimmt man sie im Westen eher wahr als im Osten, weil die Mauer dort geographisch unentrinnbar ist.« **Heinz Knobloch** 1990 in seinem »Mauerstückchen« (in »Die schönen Umwege«): »Das Pickgeräusch der Mauerspechte ... Es wird einst zu den Stadtgeräuschen gehören ...« »Bei den Mauerspechten« beginnt auch **Günter Grass'** Roman »Ein weites Feld« (1995). Ein Museum ist übriggeblieben.

Am **Hausvogteiplatz** saß ab Neujahr 1834 für elf Monate **Fritz Reuter** erneut in dem, wie es im Kapitel 12 der »Festungstid« heißt, »ollen trurigen Hus up den Schinkenplatz« ein. Am **Spittelmarkt** – wo 1831 **Karl von Holtei** wieder wohnte und sich danach sehnte, vor den Berlinern »als Dichter zu erscheinen« – gehen Glaß-

brenners große Hökerinnen-»Sitzungen« und -»Auftritte« – »Kommen Se ran, bester Herr, koofen Se mir wat ab« – gern in Szene. Auch **Fontane** kannte sich rund um den Markt aus. Er suchte im Revolutionsjahr 48 besonders die »Berliner Zeitungshalle« auf, den Debattierclub der Opposition in der **Oberwallstraße** (damals Nr. 12/13, heute Grünfläche), wo am 18. März 1848 auch die erste Barrikade errichtet wurde, und reservierte die Gegend für Haupt- und Nebenschauplätze seiner Romane. »Unser Hansen-Grell« vom Dichterklub »Kastalia« wohnt »vor dem Sturm« in der **Kreuzgasse** (heute verschwunden), mit ihren »alten und stattlichen, aber freilich auch heruntergekommenen Häusern«. In der **Niederwallstraße** (Große Petristraße Nr. 4 im Roman) haben die van der Straatens aus »L'Adultera«, dem Schlüsselroman eines Berliner Gesellschaftsskandals, ihre Stadtwohnung. (Ihr Modell ist das heute noch vorhandene Raven-Haus in der **Wallstraße** Nr. 92/93 bei der Fischerbrücke.) Die Treibels »halten« es zunächst noch in der »unvornehmen und aller frischen Luft entbehrenden« **Alten Jakobstraße** aus. »Als aber nach dem Siebziger Krieg die Milliarden ins Land kamen«, baut sich der Kommerzienrat »eine modische Villa mit kleinem Vorder- und parkartigem Hintergarten« auf seinem Fabrikgrundstück, »das, in bedeutender Tiefe, von der **Köpenicker Straße** bis an die Spree reichte«. (Die Villa Kopie eines Hauses in der **Schlesischen Straße** Nr. 26.) Spittel- und Gen-

darmenmarkt schließlich sind »so ungefähr die Welt«, in der sich **Felix Philippis** »seltsame Geschichten« abspie-
len, die seinerzeit so beliebten »Romane aus Alt-Berlin« »Jugendliebe«
(1917) oder »Das Schwalbennest«
(1921).

Das 1681 gegründete **Friedrich-Werdersche Gymnasium** befand sich ab
1800 in der **Oberwasserstraße** (an der
Ecke der nicht mehr existierenden
Alten Leipziger Straße, über die weitläufig die ehem. Reichsbank, später
Sitz des ZK der SED, gesetzt wurde),
von 1825 dann bis 75 im ehem. Für-
stenhaus in der **Kurstraße**. In der
Alten Leipziger Straße Nr. 1 quartierte
sich **Lessing**, aus Italien kommend,
1776 bei seinem Bruder ein. Die nahe
Spreegassenbrücke hieß damals schon
die »**Jungfernbrücke**« und hatte so
ihre Geschichte(n), in deren Mittelpunkt v.a. die neun hugenottischen
Schwestern Blanchet standen, die Spitzen, Stickereien und Seidenbänder an-
fertigten und hier »dem publico zu
verkaufe offerieren« durften. Spitzer
als die Nadeln sollen allerdings die
Zungen der Demoiselles gewesen sein,
wenn sie ihre »Neuigkeiten gepaart
mit Bosheit und Tücke« dazu offerier-
ten. (**Klaus Backs** [1904-65] Roman
»Drei Fräulein an der Jungfernbrücke« [1964] empfiehlt sich als Vademecum.)

Zwischen Sebastian- und Stallschreiberstraße stand an der **Alten Jakobstraße** die im Zweiten Weltkrieg zerstörte Luisenstädtische Kirche. Auf
dem Friedhof wurde im Januar 1811
Friedrich Nicolai beigesetzt. Ein

Märkisches Museum

Denkmal gab es nicht. **L.F.G. von
Goeckingk** (Halberstadt/SAN): »Nicolais Grabhügel bedarf keines Denkmals«.

In der **Stallschreiberstraße** gründete
VAUO Stomps 1926 in einem Hinterhof des Hauses Nr. 30 seine »Rabenpresse«. Unter den Autoren des Verlages war auch **Paul Gurk**, der ein halbes Jahrhundert lang bis 1936 völlig
vereinsamt unweit beim **Michaelkirchplatz**, u. a. in der **Melchiorstraße**
Nr. 20 hauste, wie der Buchtrödler Ek-
kenpenn seines Berlin-Romans, den
Gurk »ein Buch vom Sterben der
Seele« nannte, in dem »verfluchten,
geliebten Berlin«. **Günter de Bruyn**,
»Stallschreiberstraße 45«: »Fünfzig
Jahre lang waren immer nur Steine da
und Asphalt... Und jetzt merkt man
plötzlich, daß da immer Erde unter
war, richtige Erde, in der man die Frau
begraben kann und die Kinder, wo
Melde wachsen kann und Disteln und

Birken und Tomaten, Obstbäume sogar, die sogar gut, die lieben Kalk, und der ist genug drin, durch den Schutt.«

Im **Köllnischen Park** am **Märkischen Museum** steht überlebensgroß Heinrich Zille mit Stift und Skizzenblock, ein Junge schaut ihm über die Schulter. Im Museum haben auch die Dichter Hausrecht (von **F. Nicolai** und **Z. Werner** bis **Th. Fontane** und **Julius Stinde**). Ein Raum befaßt sich mit Berliner Theatergeschichte, der Freien Bühne vornehmlich und dem Deutschen Theater. Im übrigen schließt sich der Kreis: Vor dem Museum ist der Roland von Berlin postiert, als Museumsstück allerdings, in einer Kopie.

Friedhöfe

In der **Marienkirche** zwischen **Rathaus-** und **Karl-Liebknecht-Straße** Totentanz um 1484 (F. Hessel: »Er hat ergreifende Realität und berlinische Helle und Kühle«) mit niederdeutschen Versen (älteste erhaltene B.er Dichtung); Gedenktafel für **F. R. L. von Canitz**: »mit ihm trat Preußen zum ersten Mal literarisch hervor« (J. Seyppel).

Auf dem **Friedhof** bei der **Parochialkirche** in der **Klosterstraße** Ruhestätte von **Jakob Friedrich Lamprecht** (1707-44) aus Hamburg, der zu den Wegbereitern Shakespeares in Deutschland gehörte.

In der **Franziskaner-Klosterkirche**

(Ruine) die Gräber **Michael Schirmers** (1606-73/Lied »O heil'ger Geist, kehr bei uns ein«) und **Samuel Rodigasts** (1649-1708/Lied »Was Gott tut, das ist wohlgetan«); beide lehrten am **Gymnasium zum Grauen Kloster. Nikolaikirche, Poststraße: Samuel von Pufendorf**/Chorkapelle Nordseite; an den Außenmauern Steine für **Johann Kaspar Schade, Johann Joachim Spalding, Philipp Jakob Spener.**

Auf dem von Mietskasernen umgebenen **Garnisonfriedhof** von 1722 an der **Kleinen Rosenthaler Straße** die Gräber von **Emil Frommel** (Rayon IV) und **Friedrich de la Motte Fouqué** (Rayon III).

Jüdischer Friedhof (1943 zerstört) an der **Großen Hamburger Straße:** Denkmal für **Moses Mendelssohn.**

Alter Kirchhof der Sophien-Gemeinde, Sophienstraße Nr. 2-3: **Anna Luise Karsch** / Gedenktafel an der Kirche; **Karl Wilhelm Ramler** / Gruft in der Kirche, Tafel Außenseite rechts; **Leopold von Ranke** / Grabstätte an der südl. Begrenzungswand; **Karl Friedrich Zelter** / Obelisk nördl. der Kirche.

Friedhof der Dorotheenstädtischen und Friedrich-Werderschen Gemeinde, Chausseestraße Nr. 126. Berlins berühmtester Friedhof: »... so viel erloschene Fackeln auf einem trifft man wohl nur in Paris auf dem Père Lachaise wieder beisammen«, schrieb **Friedrich Hebbel** 1851.

Erich Arendt / Sondergrabanlage Akademie der Künste; nahebei **Johannes R. Becher** / ADM 37-40; **Bertolt**

Friedhof der Dorotheenstädtischen und Friedrich-Werderschen Gemeinde

1	Erich Arendt	10	G. W. F. Hegel	21	Anna Seghers
2	Johannes R. Becher	11	Stephan Hermlin	22	Johannes Tralow
3	Bertolt Brecht und	12	Wieland Herzfelde	23	Bodo Uhse
	Helene Weigel	13	Erbbegräbnis Hitzig	24	Widerstand
4	Arnolt Bronnen	14	Wilhelm von Hufeland	25	Hedda Zinner und
5	Paul Dessau und	15	Werner Krauss		Fritz Erpenbeck
	Ruth Berghaus	16	Wolfgang Langhoff	26	Arnold Zweig
6	Hanns Eisler	17	Heinrich Mann	27	Ruth Berlau
7	Erich Engel	18	Heiner Müller	28	Slatan Dudow
8	Johann Gottlieb Fichte	19	Hans José Rehfisch	29	Elisabeth Hauptmann
9	John Heartfield	20	K. F. Schinkel	30	Jürgen Kuczynski

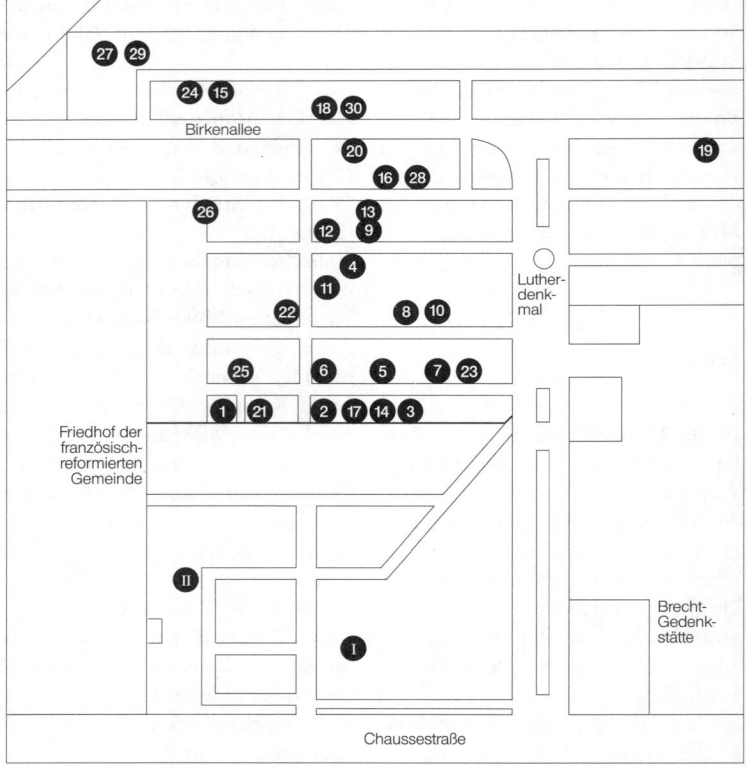

Friedhof der französisch-reformierten Gemeinde

I   Daniel Chodowiecki   II   Ludwig Devrient

Brecht / ADM 26-29 und **Helene Weigel** / ADM 26-29; **Arnolt Bronnen** / J-8-26; **Fritz Erpenbeck** / U III 1-2; **Johann Gottlieb Fichte** / H4-22; **John Heartfield** / H9-23 und **Wieland Herzfelde** (H. Knobloch 1988: »Es war einmal ein Mensch, der hieß Wieland Herzfelde, und da er bloß gestorben ist, lebt er noch heute.«); **G. W. F. Hegel** / H4-20; **Wolfgang Langhoff** / M2-19; **Heinrich Mann** / ADM36; **Alfred Matusche** (1909-73), Dramatiker (»Die Dorfstraße«, 1955), Lyriker und Erzähler / UVI-7-4; **Hans José Rehfisch** / G10-8; **Anna Seghers** / Sondergrabanlage Akademie der Künste; **Johannes Tralow**; **Bodo Uhse** / H1-9; **Arnold Zweig** / M1-56.

Außerdem die Gräber u.a. der Bildhauer **Johann Gottfried Schadow** (Allee 2) und **Christian Daniel Rauch** (Allee L1-68); von **Karl Friedrich Schinkel**, er prägte das Berliner Stadtbild (Allee L-1-17); schräg gegenüber das Grab von **Heiner Müller**; **Eduard Hitzig**, Freund und Biograph E. T. A. Hoffmanns / Mausoleum der Familie M1-21; **Christoph Wilhelm Hufeland** (»Makrobiotik oder Die Kunst, das Leben zu verlängern«, 1798) / A2M-31-35; **Werner Krauss** (1900-76), Romanist und Mitglied der Widerstandsgruppe Schulze-Boysen, Harnack / Birkenallee; die Komponisten **Paul Dessau** (1894-1979) / H2-17 und **Hanns Eisler** (1898-1962) / H3-31; die Regisseure **Slatan Dudow** (1903-63) und **Erich Engel** (1891-1966) / H1-15. In einem Gemeinschaftsgrab an der Birkenallee die von der SS in der Nacht vom 22. auf 23.

April 1945 nahe ihrem Gefängnis an der Lehrter Straße erschossenen Widerstandskämpfer. (Die Grabplatte weist hier die Namen **Bonhoeffer** und Dohnányi auf.)

Chausseestraße Nr. 127 der **Friedhof der Französischen Gemeinde,** auch »**Hugenottenfriedhof**« genannt: Gräber von D. N. Chodowiecki (bekannt durch seine Illustrationen u.a. zu Gellerts Fabeln und Lessings »Minna von Barnhelm«) und des Schauspielers Ludwig Devrient (»Franz Mohr« in Schillers »Räubern«, lit. fixiert in Holteis Roman »Die Vagabunden«). **Wolf Biermann,** der nahebei wohnte, hat eines seiner schönsten Lieder dem »Friedhof der Hugenotten / Gleich hier ums Eck« gewidmet, noch einmal der Kehrreim: »Wie nah sind uns manche Tote, doch / Wie tot sind uns manche, die leben …« (Das Gedicht handelt jedoch vom Nachbarfriedhof, dem der Dorotheenstädtischen und Friedrich-Werderschen Gemeinde.)

Kirchhof II der Französischen Gemeinde, Liesenstraße Nr. 7: **Theodor Fontane** / Weg ausgeschildert; das Grab von **Louis Angely** (1787-1836), viel umjubelt einst durch sein »Neuestes Komisches Theater«, ist bereits seit 1900 verschwunden. Benachbart, **Liesenstraße** Nr. 8, der **Kirchhof der St. Hedwig-Gemeinde**; hier u.a. die Gräber von **Carl Sonnenschein** und **Ernst Thrasolt** (1878-1945): »Das Ende von Sünde und allem Leid, Gott, es ist deine Barmherzigkeit«.

Auf dem **Kirchhof der Sophien-Gemeinde,** Bergstraße Nr. 29 – **Pappel-**

platz: die Gräber von **Theodor Hose-** Schriften von **A. Glaßbrenner** illu-
mann (1807-75), Maler, der fast alle strierte, und **Max Stirner**.

Tiergarten

Moabit und Hansaviertel

Der »Garten« im Zentrum lieferte für den Verwaltungsbezirk, der an die alte wie an die neue City heranreichte, 1920 den Namen: Tiergarten. Sein Kernstück war der Alte Westen, der im Norden vom Tiergarten, im Osten von der Potsdamer Bahn begrenzt wurde, im Westen sich bis zur Linie **Lützowplatz-Nollendorfplatz** erstreckte und im Süden etwa mit dem **Kleistpark** seinen Abschluß fand. Anläßlich der 750-Jahr-Feier 1987 kreierte man in West-B. einen imaginären Geschichtsweg, der entlang der Mauer (die sich in ihrem Verlauf ziemlich genau an die alte Stadtmauer hielt) die beiden repräsentativen historischen Ausstellungen miteinander verband, den **Moses-Mendelssohn-Pfad**. **Mendelssohn** ging 1743 diesen Weg auf der Suche nach einem Einlaß in die Stadt. Die Route setzt am ehem. **Hamburger Bahnhof** in der **Invalidenstraße** ein, passiert den **Humboldthafen** und verläuft dann: **Reichstag – Brandenburger Tor – Lessing-Denkmal – Philharmonie – Esplanade – Potsdamer Platz – St. Matthäus-Kirche – Nationalgalerie – Staatsbibliothek – Martin-Gropius-Bau**. Am **Großen Stern** steht (1939 vom Platz der Republik am Reichstag hierher versetzt) die **Siegessäule**. **Walter Höllerer** seinerzeit (1977): »Es gibt keinen Punkt, von dem aus du den Bezirk so gut überblicken kannst, und an

dem du obendrein eine so gute Sicht über das Brandenburger Tor hinweg ins abgesperrte ›Berlin-Mitte‹ hast, wie vom Balkon unter dem belächelten steifen ›Engel‹.«
Jenseits der Spree siedelten 1716 hugenottische Flüchtlinge und nannten nach Jeremias das Land »Terre de moab«: Moabit. 1885 wohnten in **Alt-Moabit** Gerhart Hauptmann und Peter Hille, lange hielt es sie nicht. In **Alt-Moabit** Nr. 81a (heute dort ein Neubau) kam im Januar 1923 **Ingeborg Drewitz** zur Welt. »Hinterm Fenster (hatte sie) die Stadt«: »die Gloriole aus Licht über der Stadt, die Lärmglocke über der Stadt, der braungraue Schleier über der Stadt (bei Hochdruck unsichtbar dicht)« waren die »Synonyme für (ihre) Heimat«. Ein Jahr vor ihrem Tod schrieb I. D.: »Du zweifelst längst nicht mehr, daß du mit der Stadt zu tun hast und die Stadt mit dir. Bist ihren wechselnden Szenerien und Szenen nicht entkommen.« Vor der Tür liegt noch immer das »Karree«: **Lübecker Straße, Perleberger Straße, Stromstraße, Turmstraße**, in »Gestern war heute« (1978) wird es gleich zu Anfang aus der Erinnerung heraufgeholt, und der **Kleine Tiergarten**. »Er ist nie besonders hübsch gewesen«, heißt es in **Hans Falladas** »Kleiner Mann, was nun?« (1932), »gar nicht zu vergleichen mit seinem großen Bruder jenseits der Spree, nur so ein notdürftiger Grünstreifen …« Fallada hatte im Januar

Geburtshaus und Gedenktafel Kurt Tucholsky, Lübecker Straße Nr. 13

1930 mit Suse, die schwanger war, zwei möblierte Zimmer in der nahen **Calvinstraße** (Nr. 15a, zerstört) bezogen: »Die Brandmauer des Hauses zeigte gegen den Bahnhof Bellevue, noch heute (so 1943 in den Erinnerungen »Heute bei uns zu Haus«) ist sie mit einer Reklame für Kupferberg-Gold bemalt ... Hinter ›Gold‹ haben wir über ein Jahr gehaust, aber das war auch das einzige Gold, das wir in diesem Jahr zu sehen kriegten«. Nördlich des Kleinen Tiergartens die **Lübecker Straße**, von der **Günter Kunert** (in »Tagträume in Berlin und anderswo«, 1964) sagt, sie hätten außer den Bomben auch dem Wirtschaftswunder getrotzt. Das Haus trägt die Nr. 13 und sollte schon zu Kunerts Zeiten eine Gedenkstätte werden: **Kurt Tucholsky** wurde am 9. Januar 1890 hier geboren. (»Moabiter, die keine

Monographien lesen, erfahren die Tatsache durch eine Tafel«.) »Jetzt kann ich jeden Tag nach Moabit gehen«, sagte der Feuilletonist **Paul Felix Schlesinger** (1878-1928) und meinte die Haftanstalt und das Gericht. Unter dem Pseudonym »**Sling**« schrieb er seine vielgelesenen zeitkritischen Artikel über »Richter und Gerichtete« (Slg. 1929 u.a. neu 1969) für die »Vossische Zeitung«.

Der ehem. »**Generalsgarten**« (**Alt-Moabit** Nr. 117/118) gegenüber der **Untersuchungshaftanstalt** wurde 1965 in **Carl-von-Ossietzky-Park** umbenannt (Gedenkstein). »Der Wahn allein war Herr in diesem Land. / In Leichenfeldern schließt sein stolzer Lauf, / und Elend, unermeßbar, steigt herauf«: Auf dem **Ehrenfriedhof** in der **Wilsnacker Straße** (zwischen Johanniskirche und dem

Amtsgericht Tiergarten) sind auch 550 Menschen, die in den letzten Kriegswochen im unmittelbaren Umkreis der Wilsnacker Straße und des Kleinen Tiergartens umkamen, begraben: Zivilisten, Soldaten sowie politische Häftlinge aus dem Zellengefängnis Moabit. Unter ihnen **Albrecht Haushofer**, der mit 13 anderen Häftlingen in der Nacht vom 22. zum 23. April 1945 in den Ruinen des ehem. Ausstellungsgeländes zwischen **Lehrter Straße** und **Potsdamer Bahnhof** von der SS hinterrücks ermordet wurde. Zwölf zusammengefaltete, blutbefleckte Blätter, eng mit Bleistift beschrieben, hatte Haushofer bei sich: 80 Gedichte, die als »Moabiter Sonette« später veröffentlicht wurden: »... vielleicht das Beste an Dichtung, was im Zusammenhang mit dem Widerstand geschrieben worden ist« (John McCloy).

Zurück durch die Stromstraße über die Spree. Vier Bronzereliefs an den Pfeilern der **Lessingbrücke** erinnern an **G.E. Lessings** große Dramen: »Miss Sara Sampson«, »Minna von Barnhelm«, »Emilia Galotti«, »Nathan der Weise«.

Am **Holsteiner Ufer** verlebten **Kurt Tucholsky** und **Alfred Kantorowicz** Kinderjahre. **Felix Hartlaub** wohnte Mitte der dreißiger Jahre als Student hier: »Gartenhaus. Enger Hof, auf den sechs Treppenhäuser gehen, Häuserwände ockergelb gestrichen ... Das Zimmer liegt parterre, ein paar Fuß unter der Fensterbank der faule tote Boden eines Gärtchens. Unten, rechts und links, darüber sind Menschen

hörbar, wühlen sich andere Leben vorwärts.«

»Nur wenige Schritte zum Tiergarten (und) zur Spree, in der ich täglich bade«: 1895 mietete sich Wladimir Iljitsch Lenin in der **Flensburger Straße** Nr. 12 (heute Nr. 22, Neubau) bei Frau Kurreick ein. Fast täglich ging er zur Königlichen Bibliothek, in die »Kommode« Unter den Linden. Illegal hielt er sich 1912 noch einmal in Berlin auf, seine Wohnung nun bei der Witwe Rauchfuß, **Klopstockstraße** Nr. 22.

Die »Liegende« von Henry Moore markiert am **Hanseatenweg** Nr. 10 den Eingang zur 1954 neugegründeten und seit 60 hier beheimateten **Akademie der Künste** (seit der Vereinigung der beiden Institutionen von West und Ost nun Akademie der Künste Berlin Brandenburg).

Nach dem Zweiten Weltkrieg waren von den 161 Gebäuden des alten Hansaviertels gerade noch 21 bewohnbar. 53 Architekten aus 13 Ländern bauten im Gefolge der »Internationalen Bauausstellung 1957« die neue autonome, citynahe »Wohnstadt im Grünen«. In der alten **Brückenallee** (heute **Bartningallee** und **Altonaer Straße**) im nördlichen Teil des Hansaviertels wohnte im Haus (damals) Nr. 37 seit 1884 – »mit Blick auf den prachtvollen Park des königlichen Schlosses Bellevue, in einem stillen, vornehmen, aus wenigen Häusern in der gleichen Straße bestehenden Stadtteil, fern allem Verkehr« – die Familie Sternheim. **Carl Sternheim** ging hier zur Schule, ins **Friedrich-Werdersche Gymna-**

Im zerstörten Ausstellungsgelände am Lehrter Bahnhof

sium (in der **Dorotheenstraße/** Mitte). **Dietrich Bonhoeffer** hatte ab 1913 fast den gleichen Weg, die Familie wohnte 1912-17 im Zwischengeschoß im Haus Nr. 5. »Rechtwinklige Klötzchen von fünfzehnstöckigen Häusern im Grünen, eine Gartenstadt«: **Witold Gombrowicz** hatte als Gast des Berliner Künstlerprogramms des Deutschen Akademischen Austauschdienstes im 15. Stock des Punkthauses Nr. 11-13 von November 1963 bis Mai 64 sein Quartier. In der **Altonaer Straße** Nr. 22 inmitten der Ladenzone liegt, etwas versteckt, das **GRIPS Theater**. Es arbeitet seit 1966 und bringt Stücke »für Menschen ab fünf« heraus: »Es sind immer Stücke, die Mut machen sollen.«
Am **Schleswiger Ufer** (damals Nr. 15) wohnte vor dem Ersten Weltkrieg **Alice Berend**. »Die kleine Fontane« schrieb hier noch für das »Berliner Ta-

geblatt«. Ihre erfolgreichen Romane – lauter Berliner »Bilder-Bogen«, mit lauter Helden aus »einer jener Straßen, die eine Kleinstadt für sich im Getriebe der Großstadt ist« (wie in der »Reise des Herrn Sebastian Wenzel« von 1912) – entstanden erst, als sie nicht mehr in Berlin war, in ihrer »zweiten Heimat« Italien.
Jenseits der Spree, **Levetzow-/**Ecke **Jagowstraße**, wo der Kuppelbau der großen Synagoge stand, liegt jetzt ein Kinderspielplatz. Ein kleines Schild und ein Denkmal – ein rostiger Eisenbahnwaggon, dessen Dach gebeugte Insassen tragen, über einer Rampe: Rampe und Waggon waren in den vierziger Jahren zu Symbolen der Menschenverachtung, der Hybris des Todes geworden – erinnern: »Von hier mußten in den Jahren des Nationalsozialismus viele unserer jüdischen Mitbürger ihren letzten Weg antreten.« (**Joel Königs** »Aufzeichnungen eines Überlebenden« empfehlen sich – im Kontext – als Lektüre.)
Der Wullenwebersteg führt zu **Siegmunds Hof**. Dort, in Haus Nr. 16, wuchs **Nelly Sachs** auf: eine behütete Kindheit in einer wilhelminisch-großbürgerlichen Idylle. Zunächst besuchte sie die Dorotheen-Schule in Moabit, hatte dann Privatunterricht, und ab 1903 die Aubert-Schule in der **Brückenallee**. »Das blutende Schlachtfeld der Kinderangst« aber auch, wie sie in einem späten Gedicht schreibt. In diese Zeit datiert ein Teil der 1921 erschienenen »Legenden und Erzählungen«, die sie dem »leuchtenden Vorbild« Selma Lagerlöf widmete.

Nach dem Tod des Vaters 1930 Umzug in die **Lessingstraße** Nr. 33. »Meine Zeit (vorwiegend als Gerichtsreporterin) beim ›Berliner Tageblatt‹, vom 1. Januar 1925 bis 1933 – das waren auch für mich die sieben fetten Jahre im Leben einer ganzen Generation«: **Gabriele Tergit** wohnte von 1928 an **Siegmunds Hof** Nr. 22. Ihr erster Roman »Käsebier erobert den Kurfürstendamm« erschien 1931: »Durch seine Zeilen weht der Wind von Berlin«, schrieb **Walther Kiaulehn**. Am 4. März 1933 »gegen fünf Uhr morgens trommelte der (SA-) Sturm 33« an ihre Tür. Mit Hilfe der Polizei entkam sie. Mann und Bruder brachten sie noch am selben Tag ins tschechische Spindlermühle im Riesengebirge.

»Neben meinem alten Vater thronte mein junger Kaiser«: **Bachstraße** Nr. 10 lebte von 1905 bis 25 **Ludwig Marcuse** im elterlichen Haus. Und besuchte (mit der S-Bahn zum Bahnhof Friedrichstraße fahrend) wie C. Sternheim und **D. Bonhoeffer** das **Friedrich-Werdersche Gymnasium**. »Meine Zentren waren die Normaluhr am Bahnhof Tiergarten und die populärere am Zoo«. Als er 1949 wiederkam, in die »Stadt meiner Städte ... fand ich mich nicht (mehr) zurecht«. Auch im Hansa-Viertel: »Ich war überwältigt; nicht von den Lücken, nicht von dem Neuen, sondern vom Verfall dessen, was in der Frische einer unbewegten Gegenwart weitergelebt hatte.«

Tiergarten-LiteraTour 1, der Norden

Schloß Bellevue – »große Schicksale hat es niemals gehabt«, schreibt **Julius Rodenberg** – kam über Prinz Louis Ferdinand in die Literatur. Er zog 1788 in das soeben vollendete Schloß (dessen ältester Teil noch das Knobelsdorffsche Landhaus bildete) und wurde am 10. September hier konfirmiert. Oft war er allerdings nicht daheim. Das »Soldatenspiel«, so **Burkhardt Nadolny**, »war Hauptpflicht«. (Um 1840 wurde die Gestalt des Prinzen in der Dichtung populär, **Fanny Lewalds** »Zeitbild« erschien 1849. Eckart Kleßmann 1972 in der Biographie »Gestalt einer Zeitenwende«: »Ein Epos, vier Dramen, ein Dramen-Fragment, fünf Erzählungen, sieben Romane und siebzehn Gedichte haben sich mit Louis Ferdinand beschäftigt ... (Aber) keine Dichtung hat so treffend das Wesen Louis Ferdinands erfaßt wie Rahel in ihren Briefen.«)

Die **John-Foster-Dulles-Allee** verläuft etwa wie die frühere **Zelten-Allee**. (Diese deckt, nachdem das Viertel im November 1943 bei einem Luftangriff zerstört und die Reste 54 abgebrochen wurden, heute der Rasen. Die jetzige Trasse **In den Zelten** ist eine Neuanlage.) Seit 1745 gab es In den Zelten (am »Zirkel«, dem Wegestern am heutigen **Großfürstenplatz** etwa) die ersten Zeltwirtschaften. Sie wurden später durch wetterfeste Holzhütten und dann durch steinerne Etablissements ersetzt. Des Volkes wahrer Himmel war hier. Von hier nahm aber auch, was Wunder, im März 1848 die Revolution ihren Ausgang. **E. T. A. Hoffmann** wählte die Zelten gerne als place fixe. »Dicht am Geländer, welches den Weberschen Bezirk von der Heerstraße trennt«, sieht er sich im Spätherbst 1809 plötzlich einem »Sonderling« (er »mochte über fünfzig sein«) gegenüber, der sich nach Monaten in der Friedrichstadt mit den Worten zu erkennen gibt: »Ich bin der Ritter Gluck!« (Der hinwiederum, wie man weiß, bereits über 20 Jahre tot war.) Das Webersche Zelt, wo Hoffmann »täglicher Gast« war, erscheint noch einmal, »am zweiten Pfingsttag« im »Fragment aus dem Leben dreier Freunde« (1816). Seit 1847 wohnte **Bettina von Arnim** In den Zelten, in Haus Nr. 5 (das schon zu J. Rodenbergs Zeiten »längst verschwunden war«). Hier starb sie auch, am 20. Januar 1859. Ihr Sarg stand in dem großen Saale neben dem von ihr »erdachten« Goethe-Denkmal. **Herman Grimm**, Wilhelms ältester Sohn, erzählt: »Ich war ganz allein im großen Saale. Es lag da ein Haufen Lorbeerkränze und lange Laubgewinde, die ich um den Sarg nagelte.« Eine Tafel im Eingang der **Kongreßhalle** (heute »**Haus der Kulturen der Welt**«) erinnert an Bettina: »Wer vor dem Richterstuhl des Völkerglücks die Macht und die Kraft und die Herrlichkeit des Volks könnte offenbarer machen«, heißt es am Ende ihrer »Gespräche mit Dämonen«, »der wäre nicht allein der größte Staatsheld, auch Genius und Retter der Menschheit würde er sein«. Auch die Uferstraße ist nach Bettina benannt.

In der Nähe, am **Spreeuferweg**, wurde im Juli 1994 ein Denkmal für **Magnus Hirschfeld** enthüllt. **In den Zelten** Nr. 9 hatte das von ihm 1919 gegründete Institut für Sexualwissenschaft seinen Sitz. Das Haus wurde 1933 von den Nationalsozialisten beschlagnahmt, das Institut geschlossen. Jenseits der Moltkebrücke beginnt das **Kronprinzenufer**. Hier wohnten um die Jahrhundertwende (wie In den Zelten) die Theaterleute **Otto Brahm** und **Adolph L'Arronge**.

»Da steht ein hohes Gebäude mit einer Kuppel«, heißt es dann. **Frank Wedekind** bedichtete sie 1898: »Ich habe im Laufe des Jahrhunderts gesehen / Viele Parlamentshäuser entstehen. / Wie kommt es, daß das deutsche an der Kuppel Statt / einen Bonbonnieren-Deckel hat? / Und der Mond sagt: Durch architektonische Größe / Gibt sich das deutsche Volk eine Blöße. / Es will sich ducken, das ist sein Ziel: / Darum schuf es den Reichstagsgebäudestil.« – »Wir kommen am **Reichstag** vorbei ... Ganz dunkel steht er da. Die Leute drin sind alle schlafen gegangen.« So zu lesen in **Alfred Döblins** »November 1918«, Bd. 2 »Verratenes Volk«, im »Monolog der Spree«. In den »Kleinen Tagesnachrichten« (vom 20. November, dem »Tag der Bestattung der Revolutionsopfer«), in Bd. 1 »Bürger und Soldaten«, hatte sich das – nicht ohne Ironie allerdings – noch ganz anders angehört: »Im Reichstagsgebäude tagten deutsche Dichter, Schriftsteller, Künstler. Es sollte nicht heißen, daß, wo sich alles regte, der Geist beiseite stand ... Sie

»Eine neue, überraschende ästhetische Gestalt«: Christos umhüllter Reichstag, Sommer 1995

hatten einen großen Raum besetzt, an dessen Tür sie ein Schild klebten mit der Aufschrift: ›Rat der geistigen Arbeiter‹. Von da aus verkündigten sie gewaltige Dinge.« **Richard Huelsenbeck** berichtet in seinen »Aut. Fragmenten« »Reise bis ans Ende der Freiheit« in dem Kapitel »Tragikomödie im Reichstag« ebenfalls über den von **Kurt Hiller** gegründeten »Rat«, der »eine Zeitlang im Reichstag vegetierte«. Das Kapitel schließt: »Dann standen wir auf der Straße, ich roch die gute Luft des Tiergartens und kam zu der Überzeugung, daß meine Beteiligung an dieser Revolution zu einem Ende gekommen war.«

Reichstag zum zweiten: »Zu Berlin im Jahre neunzehn- / hundertdreiunddreißig stand / Dann an einem Montag abend des / Letzten Reichstags Haus in Brand« (**Bertolt Brecht** 1933 in Prag).

Reichstag zum dritten: **Theodor Plievier** (1954 in »Berlin«) über den Reichstag 45: »Zwei Stunden vergingen, bis sie den monumentalen, aus schweren Quadern aufgeführten Block vor sich hatten. DEM DEUTSCHEN VOLKE, so leuchtete es in goldenen Lettern über dem Hauptportal des Gebäudes ... Im Qualm des Brandes (in der Nacht des 28. Februar 1933), der den großen Sitzungssaal zerstörte und die Glaskuppel durchschlug, hatte das Dritte Reich seinen Anfang genommen, und es sah so aus, als ob es auch hier im Qualm und Feuer sein Ende nehmen sollte ... Finis Germaniae!«.

Zurück über die Straße des 17. Juni (früher Charlottenburger Chaussee, dann Paradestück der »Ost-West-Achse«) via Kleiner und **Großer Stern**. »Puppenplatz« nannten die Berliner den Großen Stern (als er noch

80 Meter – und keine 200 – im Durch-
messer war).

Franz Hessel erzählt von der Entstehung des geflügelten Wortes: »Friedrich der Zweite ließ diesen Platz mit
geschnittenen Hecken und pyramidal
gestutzten Buchen umgeben. Über ein
Dutzend Statuen kamen darauf, aber
keine Markgrafen, sondern Pomonen,
Floren, Ceres, Bacchus und ihresgleichen. Das Volk nannte sie die Puppen,
und den weiten Weg zu ihnen nannte
es ›bis in die Puppen‹«.

Tiergarten-LiteraTour 2, der Süden

In der äußersten Südwestecke liegt der
Zoo; er wurde 1844, damals noch weit
draußen vor der Stadt, mit der Unterstützung **Alexander von Humboldts**
eröffnet. Über die Schleusenbrücke
kommt man zu den (von Lenné geschaffenen) Teichen, der größte ist der
Neue See. Franz Hessel: »Um 1790
entstand nach dem Vorbild der Stätte,
wo Jean Jacques bestattet worden, in
einer sumpfigen Partie des Parks die
Rousseau-Insel, unsere Rousseau-Insel, um die wir ruderten und Schlitt-
schuh liefen und sie bei ihrem Namen
nannten, lange ehe wir wußten, von
wem sie ihn hatte.« (Anstelle des alten
Urnen-Steins seit der 750-Jahr-Feier
dreiteilige Säule).

Am Ufer des Neuen Sees Mahnmal für
Karl Liebknecht, der hier am 15. Januar 1919 erschossen wurde. An **Rosa
Luxemburg**, deren Leiche am gleichen Tag an der nahen **Lichtenstein-**

*Mahnmal Rosa Luxemburg am Land-
wehrkanal*

brücke in den Landwehrkanal geworfen wurde, erinnert vor Ort eine Stahl-
plastik, eine durch das Weggeländer
ragende schräge Tafel, die bis ins Wasser reicht, mit ihrem Namen. (Gedenktafel bei der benachbarten **Corneliusbrücke**), Mitte der achtziger Jahre von
Unbekannten gesprengt. »Karl und
Rosa«, der letzte Band von Alfred
Döblins Roman-Tetralogie »November 1918« ist den Ermordeten gewidmet. »Abends nach zehn Uhr, im
Edenhotel und im Tiergarten«, lautet
der Titel des letzten Kapitels des Ach-
ten Buches… »Abfahrt (der Mörder),
langsam, es geht aus dem Tiergarten
heraus. Und nun singen wir: Ein Jäger
aus Kurpfalz, der reitet durch den grünen Wald und schießt das Wild einher,
grad wie es ihm gefallt.« »Die ver-
wischte, verdrängte Spur der Ermor-

deten ist (auch) ein Motiv des Gedichts von **Paul Celan** ›Du liegst im großen Gelausche...‹«, mit den auf die Schimpfreden der Mörder anspielenden Zeilen »Der Mann ward zum Sieb, die Frau / mußte schwimmen, die Sau«. »Das Gedicht selbst ist das Denkmal, wahrt die Erinnerung an die Schrecken von 1919, die nur ein Vorspiel waren für das Grauen der nationalsozialistischen Herrschaft von 1933 bis 1945« (G. Mattenklott).

Wo der **Ahornsteig** vom **Großen Weg** abzweigt, befand sich der Lieblingsplatz der Königin Luise. **Julius Rodenberg** 1885: »Wir Berliner datieren den Frühling vom 10. März, dem Geburtstage der Königin Luise, wenn ihr Inselchen in dem Tiergarten sich mit Blumen bedeckt und die beiden Denkmäler, ihres und das des königlichen Gemahls gegenüber, der winterlichen Bretterhüllen entkleidet worden. Dann schimmert ihr Marmor zuerst wieder weißlich durch das keimende Grün, und dann beginnt für uns der Frühling; unabhängig vom Kalender...«

Franz Hessel über die **Tiergartenstraße**: »Villen und feine Landhäuser näherten sich dem Park, das gastfreie Haus des Jacob Herz Beer, der Meyerbeers Vater war, und **Ifflands** schönes Gartenheim. In der werdenden Tiergartenstraße wohnte Schleiermachers Freundin **Henriette Herz**. Eine bekannte Karikatur der Zeit läßt sie mit Schleiermachers Kopf im Ridikül am Tiergartenrand spazierengehen. Unterschrift: »Die Hofrätin Herz hat sich einen Ridikül angeschafft«. »Aller-

liebst, ordentlich, ein Ideal von Gartenwohnung«, rühmte Charlotte Schiller Ifflands Haus (damals auf dem Grundstück Nr. 29). »Der bürgerlich-moralische Ton seiner Stücke ist für die Atmosphäre der entstehenden Vorstadtsiedlung ebenso bezeichnend wie der Name ›Tranquillitati‹ für die Ruhe, den er seiner Sommerresidenz gab« (A. Müller). Standesgemäß, als Geheimer Regierungsrat, nahm **Joseph von Eichendorff** 1841 in der **Tiergartenstraße** Nr. 5 mit Familie Wohnung. (Vorher hatte er zwei Jahre im Eckhaus **Bellevue-** und **Königgrätzer Straße** gelebt.) Auch hier hielt es ihn nicht lange. Er wurde nach Danzig beurlaubt, um dort die Geschichte der Marienburg (»Die Wiederherstellung des Schlosses ...«) zu schreiben. **Paul Lindaus** Roman »Der Zug nach dem Westen« (1912) beginnt mit dem »ersten großen Ball des Winters« in einem der neu erbauten Häuser »von wahrhaft fürstlicher Pracht« ebenfalls in der Tiergartenstraße, die nun endgültig beste Adresse war. In Nr. 19 wohnte von 1900 bis zu ihrem Tod 1919 **Hedwig Dohm**, die »Little Grandma« von Katja Pringsheim. **Thomas Mann**, erzählt **Klaus Mann** in »Kind dieser Zeit« (1932), rühmte wohlgefällig das Arrangement der Räume, die Perspektive durch den Speisesaal und einen Salon in den Garten: Dieses sei »doch entschieden ein sehr herrschaftlicher Durchblick«.

»Im Tiergarten, auf einer Bank, / behaglich, / ein Knie über das andre, bequem-nachlässig / zurückgelehnt, / sitze ich / und rauche und / freue mich

über die Vormittagssonne!« So beginnt **Arno Holz'** Gedicht »Brücke
am Zoo«. Der Park – ursprünglich
kurfürstliches Jagdgehege, seit 1740
für die Bevölkerung offen, 1833/39
durch P. J. Lenné großzügig umgestaltet, nach dem Zweiten Weltkrieg 1949/
59 erneuert – war den Dichtern schon
immer »sehr lieb«. Vier kamen zu
Denkmalehren: **Lessing** an der **Lennéstraße** (auf dem Sockel Porträtre-
liefs von M. Mendelssohn, F. Nicolai
und E. v. Kleist); **Goethe** an der **Ebert-
straße; Richard Wagner** an der **Tiergartenstraße** (auf den Stufen u. a.

*Fontane »Effi Briest« (Steinzeichnung
von M. Liebermann)*

Wolfram von Eschenbach, der tote
Siegfried in den Armen Kriemhilds,
Tannhäuser und Alberich, den Nibe-
lungenhort hütend); **Fontane** nördlich
der **Thomas-Dehler-Straße**.
»Mir lieb, weil so nöthig« war vor allem dem alten **Fontane** der Park. In
dem Gedicht »Meine Reiselust« von
1895 beschreibt er die Route seines
obligaten Spaziergangs, und in »Le-
benswege« (1888) heißt es: »Und mitunter, auf stillem Tiergartenpfade, /
Bei ›Kön'gin Luise‹ trifft man sich
grade. / ›Nun, lieber F., noch immer
bei Wege?‹ / ›Gott sei Dank, Exzellenz… Trotz Nackenschläge‹.« Auch
manchen Roman-Schauplatz lieferte
der Park. Besonders in zweien spielt er
eine bemerkenswerte Rolle: In »L'A-
dultera« vertauscht Melanie van der
Straaten nach ihrer Scheidung die Villa
»am Nordwestrande des Tiergartens«,
direkt an der Spree mit Park und
Treibhaus, mit einer »Mansarde, dicht
am Westende des Tiergartens«. Erst
jetzt genießen Melanie und Rubehn

den Park, ihn jeden Morgen von West
nach Ost durchquerend, wirklich.
Therese von Poggenpuhl ereifert sich
adelsstolz und altjüngferlich über die
nackten Statuen (»wo doch die Kunst
verhüllen soll«) und die Paare in den
schattigen Gängen (»auf jeder Bank
sitzt ein Paar und verletzt durch seine
Haltung«). Am Anfang der **Keithstraße** (im späteren Diplomatenviertel) nehmen in der Beletage einer Villa
die Instettens (»Effi Briest«) nach ihrer Übersiedlung nach Berlin Wohnung (»Du wolltest den Finkenschlag
aus dem Tiergarten hören und die Papageien aus dem Zoologischen…«).
Und Baron Botho mietet sich – über
seine Verhältnisse – parterre in der
Bellevuestraße ein. In der »großen,
feldeinwärts sich erstreckenden Gärt-
nerei« an den »Schnittpunkten von
Kurfürstendamm und **Kurfürstenstraße**« beginnen seine und Lene
Nimptschs »Irrungen, Wirrungen«.

Park, Poeten und Poeme weiterhin: J. W. L. Gleim bedichtete 1742 das gerade von Knobelsdorff angelegte Labyrinth beim Großen Stern (aus dem sich der Poetensteig schlängelte). James Boswell erlebte 1764 den »prachtvollen Park« auch als halben Exerzierplatz. Friedrich Nicolais »Sebaldus Nothanker« (1773-76) sieht »entzückt« sowohl die »melancholischen Gänge von dichtem Lärchenholze und von düsteren Eiben … die auf grüne Säle führen, mit Statuen geziert und mit Hecken von jungen Eichen und von immergrünem Nadelholz umkränzt« als auch »die große Allee von der Stadt her bedeckt von Spaziergängern zu Fuße und zu Pferde« … nur »die französische Kolonie war noch in der Vesperpredigt«. »Hermann und Ulrike« in Johann Carl Wezels (Sondershausen/TH) gleichnamigem Roman (1780) entfliehen dem Trubel im lichten, belebten Teil des Parks durch »düstre gewölbte Gänge bis zu den einsamen Schlangenwegen der Wildnis«. Hier in der Einsamkeit geschieht dann, was in solchen Fällen das poetische Konzept als beinahe unumgänglich erheischt: »… allmählich führte die Furcht vor dem Falle den Fall selbst herbei … und der ganze Wald trauerte im Flor der Nacht um die gefallne Unschuld«. Die Berliner Romantiker treten auf, von Achim von Arnim bis Ludwig Tieck und Wilhelm Wackenroder, Arm in Arm; E. T. A. Hoffmann auch, der (nach F. Hessel) beim Goldfischteich, als der noch ein »Karpfenteich« war, seinen »theuer geliebten Zögling den Kater

Murr«, wie er in der Traueranzeige vom 1. Dezember 1821 annoncierte, begrub. Im Sommer des gleichen Jahres fand François-René de Chateaubriand im Park, in den Stamm einer Buche geritzt, zwei »Herzen, von einem Dolch durchbohrt«, mit dem Namen Karl Ludwig Sands, der Kotzebue erstochen hatte.

Weiterhin unter den »Tiergartengängern«: Professoren wie Studenten, die Brüder Grimm, die von 1841 an immer in der Nähe, im »Geheimratsviertel«, wohnten, Emanuel Geibel und Joseph Victor (von) Scheffel; Julius Rodenberg mit seinen »Bildern aus dem Berliner Leben« (1885-88), der »wackere Thüringer Wandersmann«, diesmal nur auf dem »Berliner Pflaster« (1891), August Trinius (Waltershausen/TH) oder Johannes Trojan (1903). Zu den »Einliegern« gehörte Peter Hille, er hatte sein Nachtquartier nicht selten auf einer der Parkbände. Von Dezember 1902 an trat er im Ristorante »Zum Vesuv« bei der Potsdamer Brücke auf; Erich Mühsam: »… er dichtet(e) den Himmel auf die Erde«.

Robert Walser befand: »Menschen machen den Tiergarten erst schön«. Walter Benjamin pries die Winterfreuden auf dem Neuen See, Robert Musil den Frühling, Max Kretzer die alten Sommerwohnungen für »die reichen Handelsherren« ebenso wie für »die einfachen Bürgersleute«. Kurt Tucholsky und Victor Auburtin hatten es die Spaziergänger angetan: »Und mit einem schmerzlichen Lächeln denken wir daran, daß guther-

zige Leute den Damm der Tiergartenstraße einmal zum Berliner Korso einrichten wollten ... Dieser schöne Plan
scheiterte daran, daß wir die Kunst des
Müßigganges nicht kennen ... Hier
rast der homo sapiens (nur) einher.«
Im Kontext dazu die lyrischen Nachlesen, von **Klabunds** und **Max Herr-
mann-Neißes** Abend-Gedichten bis
Marianne Eichholz und **Sarah
Kirsch** und **Walter Höllerers** »Denk-
malsdämmerung«. Krieg und Nachkrieg schließlich in den Aufzeichnungen von **Margret Boveri, Max Frisch**
und **Thilo Koch** u. a. Und eindrucksvoll (noch einmal) der Epilog aus **Gabriele Tergits** Roman »Effingers«
(1951): »Im Tiergarten blühten die
Rhododendren nicht mehr, die Bäume
waren abgehackt, die Wege, auf denen
Annettes Kinder gespielt hatten, waren aufgerissen und mit Kohl bepflanzt. Auf dem Brandenburger Tor
wehte die russische Fahne und auf der
Siegessäule die französische. Die
ganze Tiergartenstraße lag in Schutt
und Asche. Nur der alte Fontane aus
weißem Stein, den Mantel über der
Schulter, der war stehengeblieben und
sah mit weißen Augen auf die Trümmer.«

Vom Alten Kurfürstendamm zum Kulturforum

Am Südrand des Zoos der **Alte Kur-
fürstendamm**, seit 1925 **Budapester
Straße**. Dem Aquarium gegenüber,
Ecke **Nürnberger Straße**, stand das
Eden Hotel (heute Neubau der

Grundkreditbank). Über die Ereignisse am Abend des 15. Januar 1919
(die Ermordung von K. Liebknecht
und R. Luxemburg) unter anderen
auch **Karl Grünberg**: »Es begann im
Eden« ... Wo – so **Egon Erwin Kisch**
in seiner Reportage »Rettungsgürtel
an einer kleinen Brücke« – »der Stab
der Gardekavallerie-Schützendivision
hauste, forsche Herren, monokelnd
und näselnd, die nun kurzerhand
übereinkamen, die ›Galizierin‹ um die
Ecke zu bringen«. Im Hotel pflegte
Jakob Wassermann zu logieren, unter
den Stammgästen in der Bar, einer der
elegantesten in Berlin, **Wilhelm Herzog, Heinrich Mann** und **Erich Maria Remarque**.
Am Anfang der **Burggrafenstraße**
hielten um die Jahrhundertwende
Ernst von Wolzogen und **Samuei Fischer** großes Haus. Der Verleger (in
Nr. 3) lud zu Lesungen seiner Autoren, der »Kabarett-Unternehmer«
probte in der buntesten Gesellschaft
die Arrangements für sein »Buntes
Theater (Überbrettl)«, das am 30.
Reichsgründungstag (18. Januar 1901)
in der »Secessionsbühne« beim Alexanderplatz Premiere hatte. (Es machte
Schule: Im Oktober 1901 waren in
Berlin schon 42 Überbrettl-Bühnen
bei der Polizei registriert; das »Original« ging dafür bankrott). **Burggrafenstraße** Nr. 6, vor dem Haus des
Deutschen Instituts für Normung und
des Beuth Verlages, stehen die (vom
Heumarkt in Köln hierher versetzten)
Standbilder von P. Ch. W. Beuth (dessen Akademie Vorgänger der TU war)
und von **Wilhelm von Humboldt**.

In seiner Wohnung **Corneliusstraße** Nr. 4a starb am 12. Juni 1943 **Hanns Heinz Ewers**. (Am gleichen Tag vernichtete ein Bombenangriff Ewers' Geburtshaus in der Immermannstraße in Düsseldorf.) Ewers' Berliner Anfänge hingen eng mit Wolzogen zusammen. Als »Poet« im braunen Biedermeier-Frack mit goldenen Knöpfen trug er seine Fabeln im »Überbrettl« vor, das – behauptete er später – eigentlich seine Idee gewesen sei.

Damals, als die **Klingelhöferstraße** noch **Friedrich-Wilhelm-Straße** hieß, wohnte in Haus Nr. 15 von 1928 an für ein Jahrzehnt – sein letztes in Berlin – **Franz Hessel**, der »Heilige Franziskus vom Rowohlt Verlag anno dazumal«, wie – »Dichter, Heiliger und Lektor ... milde tadelnd, und mit strengem Lob« – **Mascha Kaléko** ihn nannte. 1929 erschien Hessels bekanntestes Buch »Spazieren in Berlin«, ein »Buch voll tröstlicher Abschiedsformeln« (W. Benjamin). 1933 erhielt Hessel Schreibverbot, 38 emigrierte er nach Frankreich.

»Dieser Ort hat viele Namen«, heißt es dann. Sie bezeichnen – wie die wechselnden Straßennamen – die Veränderungen des Stadtteils zwischen Tiergartenrand und Landwehrkanal: von der Friedrichsvorstadt wurde er zum Tiergarten-, Geheimrats-, Diplomatenviertel und – nach dem Abräumen der Trümmer nach dem Zweiten Weltkrieg, von 529 Gebäuden blieben noch 27 intakt – für ein Teilstück zum »**Kulturforum**«. Zunächst liegt, abgerückt vom eigentlichen Forum, am Ufer des Landwehrkanals, **Klingelhöferstraße** Nr. 14, noch das (ursprünglich für die Darmstädter Rosenhöhe entworfene) **Bauhaus-Archiv** (von W. Gropius und A. Cvijanović).

Köbisstraße (damals trug sie den Namen der **Kaiserin Augusta**) und **Von-der-Heydt-Straße** gehören zu **Marie Luise Kaschnitz'** Kindheits-»Orten«: »In der Von-der-Heydt-Straße wachsen wir schnell, sind bald größer, können schon mit einigem Interesse die Daten der **Sonja Kowalewska**, der russischen Mathematikerin, auf einer Hauswand lesen und wissen, was für ein Gott der Herkules auf der Brücke zum Lützowplatz ist. Der Schulweg führt über den Landwehrkanal und mit Inbrunst singen wir das Lied ›Es schwimmt eine Leiche im Landwehrkanal‹.« (1897 waren bei S. Fischer die Petersburger »Jugenderinnerungen« von Sonja K. erschienen.) In beiden Straßen lebte von 1917-39 »treu dem Alten Westen« auch **Eckart von Naso**: »acht herrliche Monate in der kurzen, stillen **Kaiserin-Augusta-Straße**, dem Hansemannschen Garten gegenüber«, und 22 Jahre lang »ums Eck in einem Hause der **Von-der-Heydt-Straße**, das die glückbringende Zahl 7 trug ... Die Straße selbst war so kurz, daß man überall noch Luft, Weite und Wolken spürte« (»Ich liebe das Leben«). Zur Linken ging der Blick auf die Gartenvilla von der Heydt (Nr. 16), in der sich heute die Hauptverwaltung der Stiftung Preuß. Kulturbesitz befindet; im Garten Büste von **Alexander von Humboldt**.

Aus der **Hohenzollernstraße** (»gut und vornehm«) wurde (nach 33 hurrapatriotisch erst recht) die **Graf-Spee-Straße**, aus dieser (nach dem Zweiten Weltkrieg) die **Hiroshimastraße**: 1874 wurde **Wilhelm von Scholz** hier (damals Nr. 3) geboren; im gleichen Jahr zog **Heinrich von Treitschke** in Nr. 8 ein (heute Nr. 28); in den achtziger Jahren kam, als »führender Romancier« gefeiert und von den Naturalisten geschmäht, **Friedrich Spielhagen**; **Berthold Auerbach** (der Ende der sechziger Jahre ganz in der Nähe, in der **Sigismundstraße** Nr. 8 bei der Matthäikirche und in der »angenehm privaten« **Königin-Augusta-Straße** Nr. 3 gewohnt hatte) verbrachte seine letzten Berliner Jahre wieder in der **Hohenzollernstraße**, seit 1877 in der Nr. 18, seit 80 in der Nr. 10; von 1885 bis 1900 lebte, wie es sich wohl gehörte, **Ernst von Wildenbruch**, der »Hohenzollerndichter«, hier. Das halbe Dutzend macht **Hanns Heinz Ewers** voll, seine Adresse von 1924 bis 35: **Hohenzollernstraße** Nr. 21, Zwischengeschoß; in seiner Nachbarschaft wohnte um 1925 »T. W.« / **Theodor Wolff**.

Vom Reichpietschufer aus gelangt man über die **Hildebrandstraße** (Schauplatz von **Heinrich Manns** frühem »Roman unter feinen Leuten« »Im Schlaraffenland«) in das ehem. Diplomatenviertel, 30 Vertretungen hatten sich bis 1930 hier niedergelassen. Diesem benachbart im Bendlerblock, **Stauffenbergstraße** Nr. 14, die **Gedenkstätte Deutscher Widerstand** (mit dem Dokumentationszentrum und der Forschungsstätte Widerstandsgeschichte).

Wie es rund um die **St.-Matthäus-Kirche**, mitten im »Geheimratsviertel« einmal aussah, skizziert **Carl Zuckmayer** in seiner Aut. »Als wär's ein Stück von mir«: »... eine ruhige, gediegene Wohngegend, eigentlich mehr ein langgestreckter Platz mit alten, soliden Häusern, an dessen Ende die Backsteinkirche stand.« Im Haus Nr. 4 fand er mit Mirl Seidel im Keller eine »Behausung, die wir als eine trouvaille empfanden«. Zwei Stockwerke höher hatte der »Übersetzer, Schriftsteller, Verleger, Bildersammler« **Julius Elias** seine »prächtige Wohnung«. Die Lage der Kirche (1844-46 von F. A. Stüler erbaut) bezeugt immer noch die Bedeutung des untergegangenen Quartiers: Sie nicht Richtung Jerusalem geostet, sondern orientiert sich an der Ordnung der Villen ringsum. **Franz Hessel** dazu zu seiner Zeit: Sie »bewahrt noch eine kärgliche Vornehmheit von der Zeit her, da (sie) das Rendezvous der frommen Lebewelt war, der Leutnants und Geheimratstöchter, die zusammen beteten und tanzten.« **Gottfried Keller** machte sich 1854 schon seinen Reim darauf und gab dem Gedicht den Titel »Polkakirche«.

Ein »letztes Haus« blieb in der **Sigismundstraße** Nr. 4a stehen: die Villa (1895/98) des Verlegers **Paul Paray**. Dort und im Palais Gontard in der Stauffenbergstraße ist die Verwaltung der Stiftung der Staatlichen Museen untergebracht.

Zur literarischen Prominenz der alten **Matthäikirchstraße** (die damals noch anders verlief) zählten in Haus Nr. 18

St.-Matthäus-Kirche (»Polkakirche«)

(später Nr. 21, abgerissen 1885) **Fanny Lewald** und **Adolf Stahr.** »Das vierbeinige zweigeschlechtliche Tintentier« nannte Gottfried Keller das Paar. Der Salon der beiden, die »Stahrschen Montage«, war, seit 1860 v. a., stadt- und über Berlin hinaus bekannt. **B. Auerbach, Gustav Freytag, Hermann Fürst Pückler-Muskau** und **Ferdinand Lassalle,** der in der **Bellevuestraße** Nr. 13 wohnte und selbst berühmte Empfänge gab, die englische Schriftstellerin **George Eliot,** Künstler und Musiker (F. Liszt) fanden sich ein. In **Friedrich Spielhagens** Roman »Frei geboren« (1900) tritt die ganze »interessante Gesellschaft«, in der »nach nichts, nur nach der geistigen Qualität« gefragt wurde (hier in einem neu eingerichteten »stattlichen alten Haus« in der Tiergartenstraße), in Szene. In Haus Nr. 5 wohnte nach dem Tod ihres Mannes um 1885 **Hedwig**

Dohm, die Frauenrechtlerin; möbliert in Nr. 31 nach dem Ersten Weltkrieg **Fritz von Unruh.** Das Haus der Dohm stand ziemlich genau an der Stelle der **Neuen Nationalgalerie** (wie ähnlich an der **Potsdamer Straße** die **Neue Staatsbibliothek** über Franz und Lina Dunckers literarischem Salon und über Fontanes letzter Wohnung steht).

Die Bauten des Kulturforums, eigenwillige Solitäre, bestimmen heute hier die Szenerie: H. Scharouns **Philharmonie** (1960-63) am **Kemperplatz** (mit dem Kammermusiksaal der Philharmonie und dem Instrumentenmuseum); gegenüber, **Tiergartenstraße** Nr. 6, Rolf Gutbrods **Kunstgewerbemuseum** (1978-84); Mies van der Rohes **Neue Nationalgalerie** (1965-68), **Potsdamer Straße** Nr. 50 (mit dem Skulpturenhof); unweit am **Reichpietschufer** Nr. 48-58 das **Wissenschaftszentrum** (1984-88) von J. Stirling, mit seinem sechseckigen Bibliotheksturm; sowie, **Potsdamer Straße** Nr. 33, quer über die alte Potsdamer Straße gestellt, die **Staatsbibliothek** (1967-78), nach H. Scharouns Tod von E. Wisniewski zu Ende geführt. Weiterhin zum »Geheimratsviertel« zählen (und z. T. im »Kulturforum« aufgegangen): die **Margaretenstraße,** in Nr. 1 lebte von 1876 bis zu seinem Tod (am 11. Juli 1914) **Julius Rodenberg;** die (verschwundene) **Viktoriastraße,** die die Margaretenstraße mit dem Kemperplatz verband, in Nr. 3 wohnte um die Jahrhundertwende bis 1912 im elterlichen Haus der junge **Walter Rathenau.** »Im Erdgeschoß eines hüb-

schen alten Hauses« gegenüber
(Nr. 35) hatte **Paul Cassirer**, der – wie
der Kaiser befand – »die Dreckkunst
aus Paris zu uns bringen möchte«, seinen Kunstsalon. Die Schauspielerin
Tilla Durieux, die 1910 Cassirer heiratete, in ihren Erinnerungen: »... damals eine stille Ecke. Fast wäre man
versucht, (sie) eine Kleinstadt in der
Großstadt zu nennen. Ein paar Minuten vom lärmenden Potsdamer Platz
entfernt, lagen die stillen Straßen, die
Häuser, deren Mieter und Besitzer
kaum wechselten, in kleine grüne Gärten eingebettet ... Die Wohnung P. C.s
in der Margaretenstraße lag fünfzig
Schritte vom Geschäft entfernt in einem der fünfzehn Häuser, die sich bei-
derseits der sie schneidenden Viktoriastraße aufreihten und mit dieser einen
winzigen Platz bildeten, auf dem eine
Linde stand.« Zusammen bezog das
Paar schließlich eine neue Wohnung in
der **Margaretenstraße**, die zugleich
»nach dem reizenden alten Matthäi-
kirchplatz mit seiner kleinen Kirche«
hinausging. In der **Viktoriastraße**
hatte auch P. C.s neuer Verlag, in dem
als erstes die Halbmonatzeitschrift
»Pan« erschien und dem mit ihren
Werken **Heinrich Mann, Kasimir Ed-
schmid** und **René Schickele** angehörten, seine Räume.

In der **Lennéstraße** Nr. 8 (wie so
ziemlich alle alten Häuser im Viertel
längst abgerissen) bezogen im Frühjahr 1841 **Jacob und Wilhelm Grimm**,
ein Jahr zuvor von Friedrich Wilhelm
IV. nach Berlin berufen, mit ihren Familien eine, wie Jacob schreibt, »hübsche und bequeme Wohnung ... Neun

oder zehn Stuben und Balkon ... Alles
ist reinlich und erst ein Jahr lang seit
dem Bau des Hauses bewohnt. Ein Bedenken war mir die Entlegenheit, die
Jungen werden 1/4 Stunde oder 20 Minuten nach dem Gymnasium haben.
Der Weg führt am Potsdamer Tor her
und muß viermal täglich zurückgelegt,
den Kindern zugleich Erholung und
Spaziergang sein ... Dafür wohnen wir
still, frei und heiter fast wie in der Aue,
und werden nicht so wie in der Stadt
überlaufen.« Häufiger Gast war **Hoffmann von Fallersleben**, er wohnte
nicht allzu weit weg, in der **Linkstraße**. Mußte aber, als Studenten bei
einem Fackelzug zu Wilhelms 58. Geburtstag am 24. Februar 1844 auch ihn
stürmisch hochleben ließen, Berlin
kurzfristig verlassen. Unter den Besuchern – gleich zweimal: im Herbst
1844 und im Winter 45/46 – auch
Hans Christian Andersen. Jacob
konnte zunächst gar nichts mit ihm
anfangen, er kannte seine Märchen
nicht. Später war Andersen dann »fast
täglich mit den beiden begabten, lie-
benswürdigen Brüdern zusammen«.
1846 übersiedelten die Grimms in die
Dorotheenstraße (Mitte), um 47 bereits wieder ins »Geheimratsviertel«
zurückzukehren.

Das »Fried. Wilh. Gymnasium« lag
in der **Bellevuestraße** Nr. 15. Es war
das hochherrschaftliche »Lackstiebel-
Gymnasium« des »Geheimratsvier-
tels«, wie **Walter Mehring**, später
selbst hier Schüler, erzählt. »Zum
Privatstudium unter dem Pult«
brachte er in die Klasse »ungereinigte«
Klassikerausgaben aus der väterlichen

(»verlorenen«) Bibliothek mit (die »Hetärengespräche«, die »Ars amatoria«, Catull) und blieb, »durch meinen ersten Liebeskummer abgelenkt«, bei der Prüfung zurück. Dem Gymnasium schräg gegenüber im Eckhaus **Bellevue-/Lennéstraße**, »Bei Georges«, »in einem kleinen Hintersaal, der den Blick auf einen Garten hatte«, feierte am 16. Oktober 1850 **Theodor Fontane** Hochzeit mit Emilie Rouanet. »Ich habe viele hübsche Hochzeiten mitgemacht, aber keine hübscher als meine eigne.« **Friedrich Eggers** und **Paul Heyse** gehörten zu den Gästen.

Emilie mietete während Theodors Aufenthalt in London im März 1856 drei winzige Dachzimmer in einer im griechischen Stil erbauten Villa in der »stillen, vornehmen« **Bellevuestraße** (Nr. 16). Ihr fünftes Kind (Theodor junior) kam hier zur Welt; als es acht Monate alt war, nahm es die Mutter mit dem sechsjährigen George nach London mit. Die Villa wich 1908 dem Grandhotel »Esplanade«: **Georg Kaiser** wurde im Oktober 1920 hier »wegen Unterschlagung, Betrugs u.a.« verhaftet, hier wohnte Charlie Chaplin, den der »Völkische Beobachter« als »jüdischen Clown« beschimpfte, hier warteten am 20. Juli 1944 die putschenden Offiziere auf das Stichwort »Walküre«, auf den Tod. Nach dem Krieg stand ein Gebäuderest als gespenstische Ruine allein auf weiter Flur. (Im Frühjahr 1996 wurde der denkmalgeschützte »Kaisersaal« in einer spektakulären Verschiebungsaktion um 75 Meter versetzt. Er soll die Wandelhalle im neuen Sony-Center am Potsdamer Platz schmücken.) In der Nachbarschaft, **Bellevuestraße** Nr. 19, nahm **David Kalisch** 1847 Wohnung; am 23. Dezember 47 gelang ihm am Königsstädtischen Theater der große Wurf. Die dreiaktige Posse mit Gesang »Einmal hunderttausend Taler!« überrumpelte die Berliner: »Hat sich bereits die Gunst des Publikums erworben, ehe noch die Kritik ihr nachfolgen konnte«, gab sich die Kritik geschlagen.

Vom Alten in den Neuen Westen

Als Ausgangspunkt für einen literarischen Spaziergang wäre der **Potsdamer Platz** angemessen, empfiehlt **Gundel Mattenklott** in »Berlin zu Fuß« – 1987 (»da es ihn nicht mehr gibt«) und fünf Jahre später, 92 (»da es ihn noch nicht wieder so gibt – wenn es ihn denn je wieder so geben sollte, daß es sich lohnt, Freunde der Literatur dorthin zu schicken«). Seit der Jahrhundertwende, verstärkt dann in den zwanziger Jahren, faszinierte der Potsdamer Platz (mit seinem Zwilling, dem Leipziger Platz) Künstler wie Schriftsteller. **Ecke Bellevuestraße** gab es 1880 überdies die ideale »Bellevue«: von der Terrasse des (von der Stechbahn beim Schloß hierher verlegten) **Cafés Josty**. »Josty mit dem Glasvorbau, wo sie schon von früh an sitzen und Zeitungen lesen«, wie es bereits in Fontanes »Poggenpuhls« (1896) heißt, »und die Pferdebahnen und Omnibusse kommen von allen

Café Josty am Potsdamer Platz

Seiten heran ... und Blumenmädchen dazwischen (aber es sind eigentlich Stelzfüße) ... Wenn ich das so vor mir habe, da wird mir wohl, da weiß ich, daß ich mal wieder unter Menschen bin.« **Fontane** kannte sich aus, er traf sich hier gern mit Adolph Menzel, der »Kleinen Exzellenz« (der in der **Sigismundstraße** Nr. 3 Wohnung und Atelier hatte). An den »Zeitungskellner«, der die neuesten Zeitschriften brachte, erinnerte sich ein anderer Maler besonders gern, **George Grosz**, der vor dem Ersten Weltkrieg »stundenlang auf der Terrasse saß, skizzierte und die Menschen beobachtete – alles zum Preis einer Tasse Kaffee.« »Das Josty-Eck«, so noch **Franz Hessel** 1929, »bleibt noch eine Weile alte Zeit.«

»**Haus Vaterland**« dagegen bedeutete schon »Monster-Deutschland«, »... heraus tönte dröhnender Gesang: ›Die Wacht am Rhein‹«, so **Yvan Goll** in »Sodom Berlin«. Und **Siegfried Kra-** cauer: »Hier ist die Masse bei sich selbst zu Gast.« Hier spielen **Brecht**s »Trommeln in der Nacht«.

Die Geschichte des Platzes passiert in ganzen Gedichtsequenzen Revue. Von den expressionistischen: »Der Potsdamer Platz in ewigem Gebrüll« von **Paul Boldt** (1912), von **René Schickele** (1910) oder **Paul Zech** (1921), auch **Curt Corrinths** »ekstatische (Roman-)Vision« der »Nächte des neuen Messias« von 1919 gehört dazu, bis zu **Gottfried Benns** »Wenn die Brücken, wenn die Bogen / von der Steppe aufgesogen ...« von 1948, **Marianne Eichholz'** »Es gibt den Potsdamer Platz nicht / es gibt nur Ersatz« (1964) und **Sarah Kirschs** »Naturschutzgebiet« (1982): »Die weltstädtischen Kaninchen / Hüpfen sich aus auf dem Potsdamer Platz / Wie soll ich angesichts dieser Wiesen / Glauben was mir mein Großvater sagte / Hier war der Nabel der Welt ...«

Erinnerungen auch: von **Edmund Edel** (1863-1934/»Neu-Berlin«) und **August Endell** (»Die Schönheit der großen Stadt«) vor dem Ersten Weltkrieg bis **Theodor Plievier**, **Günter Weisenborn** oder **Dieter Hildebrandt** nach dem Zweiten: »... unser leeres Berlin, unsere wunderbare Stadtsteppe«. **Wolf Thieme** in seinem »Bericht einer Spurensuche« »Das letzte Haus am Potsdamer Platz« (1988, aktualisiert 90): »Die Mauer fällt, und der Potsdamer Platz rückt wieder ins Herz Berlins ...« Ob sein letztes Haus allerdings »eines fernen Tages in der neuen Welt ringsum noch als Mahnmal auszumachen ist, bleibt zweifel-

Fontanes letzte Wohnung und
Grundriß der Wohnung

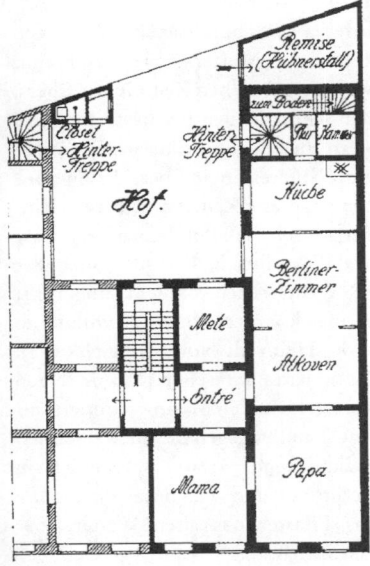

haft«. Das »letzte Haus am Potsdamer Platz« lag genau **Potsdamer Straße Nr. 5**. Es war das »**Weinhaus Huth**« (1871 gegründet, 1912 neu – mit einem Turmanbau – errichtet). **Fontane**, der nur fünf Häuser weiter wohnte, gehörte zu den Stammgästen und traf sich auch hier mit A. von Menzel, der von 1871–76 in der **Potsdamer Straße Nr. 7** (heute Nr. 16) wohnte. Der »Allgemeine Deutsche Reimverein« – mit **Gustav Freytag** und **Heinrich Seidel** – tagte ebenfalls bei Huth, und auch **Theodor Mommsen, Julius Stinde, Johannes Trojan** und **Ernst Wichert** hatten »bei Huth eine Stätte, eine Flasche Rebensaftes zu mäßigem Preise zu trinken.«

Huth gegenüber stand das legendäre **Vox-Haus**. Am 29. Oktober 1923 »fing hier in Berlin der Deutsche Rundfunk an«, so der »Spreekieker« **Alfred Braun**. Der hier auch – »Wie oft haben wir nicht beim Programm-Aufstellen zur einstigen Wohnstätte des Alten (Fontane) hinübergesehen!« – im Januar 1925 die »erste Hörbühne« einrichtete. **Klabund, Brecht, Hermann Kasack** und **Gerhart Pohl** gehörten zu den ersten dramaturgischen Bearbeitern.

Von der alten **Potsdamer Straße**, Teil der alten Reichsstraße 1 von Aachen nach Königsberg, ist der Potsdamer Platz nur eine schmale Sackgasse ohne Namen geblieben. Abrupt endet sie an der Rückseite der **Staatsbibliothek**. Auf dem »Staabi«-Grundstück (Nr. 15, früher 134c) stand auf der Ostseite der Straße das »Johanniter-Haus«, **Fontanes** letzte Wohnung. 26 Jahre lang, von 1872 bis 98, lebte und arbeitete er hier. Hier entstanden die großen Berlin-Romane wie »L'Adultera«, »Irrungen, Wirrungen«, »Frau Jenny Treibel«, »Effi Briest«. (Heinz Knobloch erzählt in »Die schönen Umwege«, 1993, von einem merkwürdigen Fontane-Denkmal, das sich der Schauspieler Andreas Grothusen vor Ort erdacht hat: »Eine 9,10 Meter hohe Säule, das wäre die zweite Etage (des »Johanniter-Hauses«), und darauf genau an der Stelle, wo er in der Wohnung stand, ein getreuer Abguß vom Schreibtisch Fontanes.« Auch das Haus von **Franz** und **Lina Duncker** lag auf dem Gelände. Hinter einem »wehenden grünen Vorhang« hoher Bäume hatte es etwas »Verwunschenes«; **Gottfried Keller** war noch Gast im »beinahe fürstlichen« literarischen Salon.

Ernst von Wildenbruch und **Max**

Eyth wohnten in den achtziger und neunziger Jahren in der Nachbarschaft. Eyth am 29. September 1892 in seinem »letzten Brief aus der Potsdamer Straße und aus dem Stüblein«, in dem er seit zwölf Jahren sein Unterkommen hatte: »Maurer und Zimmerleute stehen bereits auf den Treppen und rumoren unter dem Dach. Am 1. Oktober soll mit dem Abbruch des alten Hauses begonnen werden, um einen neuen Mietspalast an seine Stelle zu setzen. Es ist hohe Zeit, daß ich aufbreche.«

Schräg ab von der Potsdamer, hinter »Huth«, verläuft die **Linkstraße**. 1847 kehrten die **Brüder Grimm** mit ihren Familien wieder ins Viertel zurück und lebten bis zu ihrem Tod (Wilhelm 1859, Jacob 63) in Haus Nr. 7. Im selben (längst abgerissenen) Haus, »im Hause der Mutter«, wie er schreibt, wohnte zur selben Zeit **Georg Ebers**, der schon in der **Lennéstraße** Nr. 8 »das herrliche Brüderpaar« erlebt hatte. Interessant in Ebers' Erinnerungen aus dieser Zeit: daß selbst die Kinder »durch die öffentlichen Ereignisse und die politische Erregung« der 48er »Revolutionszeit« »nicht unberührt bleiben konnten«. In Nr. 10 wohnte ab 1866 **Heinrich von Treitschke**. In Nr. 20 hatte **S. Fischer** 1889/91 seinen Verlag. **Heinrich Mann** volontierte als Buchhandlungsgehilfe und schrieb rückblickend: »1891 tauchte ich in Berlin auf und war unter denen, die das Pflaster des alten Westens beherrschten.«

Die **Bundesstraße 1** beginnt (heute) mit der »Potse« – die hat bis zur Potsdamer Brücke nur eine neue Trasse – und quer als Hauptverkehrsader Schöneberg, Steglitz, Lichterfelde, Zehlendorf und Wannsee. Noch vor der Brücke, in der **Königin-Augusta-Straße** Nr. 19 (heute **Reichpietschufer**), hatte von 1902 bis zu seinem Tod **Peter Hille** bei Carlo Dalbelli sein »Vorleseheim«: »Der blauen Blume fromm geweiht. / Nicht Plebejerlustbarkeit«. Als Gäste lasen auch **Erich Mühsam, Peter Baum** (1869-1916), **Else Lasker-Schüler** und **Richard Dehmel.**

Jenseits der Brücke in dem Eckhaus (heute Neubau) »Berlin W 35, **Potsdamer Straße** 123 B« vor dem »Karlsbad« eröffnete **Ernst Rowohlt** am 1. Februar 1919 seinen (zweiten) Verlag. Mit **Willy Haas** gründete er hier 1925 »Die literarische Welt«, den Titel hatte **Egon Erwin Kisch** vorgeschlagen. **Franz Hessel** schildert – der Verlag befand sich da schon in der Passauer Straße – den Blick aus den Verlagsräumen »auf das Pfefferkuchenpflaster des **Karlsbades**, dieser alten Seitengasse, die mit verwilderten Vorgärten und brüchigen Balkonen vergangener Vornehmheit nachhängt«. Schon **Joseph von Eichendorff** hatte im **Karlsbad** gewohnt, ab 1850 in dem Gartenhaus Nr. 4. 1880 quartierte sich für 15 Jahre **Heinrich Seidel** mit Familie ein, im ersten Stock von Nr. 11 (zur **Flottwellstraße** hin), vorne mit Blick »auf den Güterbahnhof der Potsdamer Bahn«, rückwärts »in das Idyll friedlicher, blühender Gärten«: »Diese Gegend ist (auch) die, wo die meisten meiner Vorstadtgeschichten spielen.«

Anfang April 1917 bezog **Rudolf Borchardt** eine von Mies van der Rohe gestaltete Wohnung in Nr. 24. Bereits zwei Jahre später flüchtete er aus der »Narrenhölle« der Revolution in der Hauptstadt nach Potsdam.

In der **Lützowstraße** (im Teil östlich der Potsdamer Straße) wohnten Ende des 19. Jahrhunderts in Nr. 100 **Julius Stettenheim** (der »poeta kalaureatus«), in Nr. 102 **Hermann Sudermann** (1889 debütierte er am **Lessing-Theater** mit »Ehre«, A. Kerr: »Eine ganze Welt von Unwahrheit …«).

Etwa zur gleichen Zeit wohnten in der **Pohlstraße** (damals **Steglitzer Straße**) in Nr. 44 **Ludwig Fulda**, in Nr. 63 – »Hab' Sonne im Herzen, ob's stürmt oder schneit« – **Cäsar Flaischlen.**

In einer »hochherrschaftlich möblierten Zehnzimmerwohnung«, **Kurfürstenstraße** Nr. 154 – 2. Stock, verbrachte **Walter Benjamin** die ersten Kinderjahre: »Mein Clan bewohnte diese beiden Viertel (des alten und neuen Westens) in einer Haltung, die gemischt war aus Verbissenheit und Selbstgefühl und die aus ihnen ein Ghetto machte, das er als sein Lehen betrachtete.«

Zurück wieder zur **Potsdamer Straße.** Auf ihrer westlichen Seite unterhielten in Nr. 27a (heute Nr. 72) **Ernst** und **Hedwig Dohm** bis Mitte der achtziger Jahre ihren literarischen Salon, den letzten großen der Hauptstadt. In Nr. 35 (heute Nr. 90) fand **Wilhelm von Scholz** im Hause seiner Großmutter als Kind »eine für meine Entwicklung bedeutsame Welt tüchtiger aufrechter Bürgerlichkeit.« **Joseph** von **Eichendorff**, von Königsberg nach Berlin versetzt, mietete im Sommer 1831 das »einsame Häuschen« Nr. 41 (heute Nr. 102). Bis 39 lebte er hier mit seiner Familie. Bereits auf Schöneberger Gebiet (damals Nr. 52, heute Nr. 130): das Gartenhaus, in dem **Julius Stettenheim** von 1904 bis zu seinem Tod 1916 – er starb in einem Sanatorium in Groß-Lichterfelde – lebte. »Schöneberger auf Zeit« in den zwanziger Jahren auch **Julius Bab**, er wohnte in Nr. 68 (heute Nr. 160). Benachbart für kurze Zeit, nun wieder auf der Tiergarten-Seite, **Joseph Roth**, in Nr. 115a (heute Nr. 73). Für Roth, den »rastlosen Wanderer, der Gast blieb, wo er auch war«, bedeutete eine feste Wohnung die absolute Ausnahme, **Gustav Kiepenheuer**: »...ich sah ihn in dem düstern, riesigen Berliner Zimmer, die Hände in den Manteltaschen, wie in einem Wartesaal auf- und abgehen, als lauere er auf das Abfahrtszeichen seines Zuges.« Schöneberger Ufer Nr. 23 wohnte, endgültig nach Berlin zurückgekehrt, ab 1862 **Julius Rodenberg**. Im Dezember 1875 entstand hier die Skizze von der »letzten Pappel« (»Bilder aus dem Berliner Leben«, Bd. 1, 1885), die in der Gegend stand: »Wie ein Andenken aus alter Zeit und eine Verheißung der Natur, die immer weiter hinausgetrieben wird aus dem steinernen Umfange von Berlin, war mir dieser Baum. Ich habe ihn geliebt, wie keinen zweiten Baum in Berlin – und heute ist auch er nicht mehr. Als ich heute meinen Morgenspaziergang machte, da lag er da, geknickt, abgebrochen vom Sturm. Viele Menschen standen um ihn her, gleichsam bei dem Begräbnis dieses Baumes, der in ihre Kinderzeit und in meine Jugend gerauscht.« Am Schöneberger Ufer die letzten Spuren auch von **Robert Walser** in Berlin. 1912 zog er hier endgültig in eine eigene Wohnung. **Fega Frisch** berichtet: »Er wohnte damals in einem alten, zerfallenen Haus, **Schöneberger Ufer** 40. In jener Zeit war es schon beinahe ein Kunststück, in der jugendfrischen Stadt ein solches Haus zu finden. Seine Vermieterin war eine bucklige Wirtin, bei der eine Menge Kostgänger wohnten.« Im März 1913 kehrte Walser in die Schweiz zurück.

»**Blumeshof 12**« lebte **Walter Benjamins** Großmutter mütterlicherseits: »Unter all den hochherrschaftlichen Wohnungen, in denen ich damals herumkam, war dies die einzig weltbürgerliche ... Hinter der Schwelle dieser Wohnung war ich geborgener als in der elterlichen.« Ein Foto zeigt Großmutter und Enkelkinder: W. B. und **Gertrud Kolmar**. In frühester Kindheit auch schon in Blumeshof der (1871 geboren) **Georg Borchardt** (**Georg Hermann**): »Meine Welt schloß (hier) mit dem Kanal, seinen grünen Rasenufern und seinem Treidelweg ... oder mit seinen himmelhohen Rüstern ab.« »Zu Haus in Blumeshof« auch »Frau Geheimrat Kohler« und ihre Tochter (in **Gabriele Tergits** Roman »Käsebier erobert den Kurfürstendamm«). Ihre Bank macht bankrott, was »für sie hieß, von Haus und Schrank und Wäsche verjagt zu werden.« Sie müssen die Wohnung

»Blumeshof«, Schöneberger Ufer

aufgeben. »Wie ein fetter Schnitter Tod ging (der Liquidator) durch die Wohnung und mähte alles mit Blicken nieder ... Hat nichts Bestand? dachte Fräulein Dr. Kohler, werden wir verschüttet wie Pompeji, wäre nichts wert, ausgegraben zu werden?«

Lützowufer: Alfred Kerr, der um die Jahrhundertwende hier wohnte – der Bildhauer Professor Eberlein »mein Hauswirt«, der »berlinische Michel Angelo« Begas sein Nachbar –, hat der Uferzeile, »da Häuser und Villen aneinandergedrängt stehen«, einen eigenen Zyklus gewidmet (darin u. a. auch »Wilhelm besucht uns«, der Kaiser). Über seinen Nachbarn **Ludwig Fulda**, den Dramatiker, schrieb Kerr 1903: »Ich komme schwer davon los, unsere Dramatiker im Bild einer Armee zu denken. Wer der Hauptmann ist, weiß man. Der Schriftsteller H. Sudermann

wirkt als Operetten-General. Dann ist Fulda der talentvolle Einjährig-Freiwillige.« Am **Lützowufer** wohnte in den siebziger Jahren des 19. Jahrhunderts auch Elisabeth Baronin von Ardenne, geb. Freiin von Plotho. Sie war das Urbild der »Effi Briest«. **Fontane** in einem Brief 1895: »Es ist eine Geschichte nach dem Leben, und die Heldin lebt noch. Ich erschrecke mitunter bei dem Gedanken, daß ihr das Buch ... zu Gesicht kommen könnte.« Vorabgedruckt wurde »Effi Briest« 1894 in der »Deutschen Rundschau«, die 1874 in der (längst verschwundenen) Villa des Verlegers E. Paetel in der **Kielganstraße** von **Julius Rodenberg** gegründet worden war. Der Kunst- und Handelsgärtner G. F. Kilian, den die Berliner beharrlich »Kielgan« nannten – »ein dicker, nachlässig gekleideter Bauer mit roter Nase und schlauem Lächeln«, hatte ihn die Malerin und Schriftstellerin **Marie von Bunsen** (1860-1941) im Gedächtnis –, parzellierte seine Gemüseäcker und legte im westlichen Bereich der **Kurfürstenstraße** zwischen Lützow- und Nollendorfplatz eine große Villenkolonie an. **J. Rodenberg** beschreibt die »Gründerzeiten« des Viertels in seiner Novelle »Klostermanns Grundstück« (1891). Ein Mittelpunkt des gesellschaftlichen Lebens im Viertel war Marie von Bunsens Elternhaus in der **Maienstraße** Nr. 1 (Erinn. »Die Welt, in der ich lebte«, 1929). Auch **Fontane** und **Mommsen** verkehrten hier. Von den ursprünglich einigen sechzig Villen im »Kielgan-Viertel« ist vielleicht eine Handvoll übriggeblieben.

Im Café Schallehn in der **Schillstraße** am Lützowplatz hoben im Frühjahr 1895 **Julius Meier-Graefe** und **Harry Graf Keßler** eine neue Kunst- und Literaturzeitschrift aus der Taufe, den »Pan«. Er war opulenter als die »Rundschau«, dafür aber auch kurzlebiger. »Pan« wurde gerade fünf Jahre alt. Im gleichen Café fand im November 1932 die erste Begegnung zwischen **Walter Mehring** und **Ödön von Horváth** statt. Es ging um Max Reinhardts Silvesterrevue – »falls es noch zu einer Aufführung kommen sollte«, so Mehring sarkastisch, »mit einem Führer ante portas ...« – »Magazin des Glücks«. Horváth sollte die Dialoge, Mehring die Songs schreiben.

Walter Mehring kam im April 1896 in der **Derfflingerstraße** Nr. 3 zur Welt. Sein Vater, **Sigmar Mehring** (1856-1915), Schriftsteller, Übersetzer und

Chefredakteur des »Ulk«, machte als scharfer Kritiker der Wilhelminischen Gesellschaft Furore. »So erlebte M. früh couragiertes, oppositionelles Verhalten, was ihn fürs Leben prägte« (Th. B. Schumann). In Nr. 23 wohnte in den neunziger Jahren »der andere Mehring«, der Journalist und Literaturhistoriker **Franz Mehring**. Er war damals Leiter der »Freien Volksbühne«, 93 erschien sein Hauptwerk »Die Lessing-Legende«. **Derfflingerstraße** Nr. 7 befindet sich das (neue, 1972/74 erbaute) **Französische Gymnasium**; es wurde 1689, noch auf einem Erlaß des Großen Kurfürsten fußend, als Schule für die Kinder der Refugiés gegründet. Der zweisprachige Unterricht ist noch heute obligat. In der Aula Spielort der aus dem Schultheater hervorgegangenen freien Theatergruppe »Compagnie Athena« (Stücke französischer Autoren in der Originalsprache).

Die Familie Sigmar Mehring – Franz M. war nicht mit ihr verwandt – zog 1912 in die **Magdeburger** (heute **Kluck-)Straße**. Dort trat der 19jährige Walter auch sein »Erbe« an: Es war die (»verlorene«) Bibliothek seines Vaters. »Der letzte Besucher, den mein Vater in seiner Bibliothek empfing, war der Student und Kriegsfreiwillige **Ernst Toller**, der ihm ein paar schüchterne Anfängergedichte vorlegte – unterwegs zu den Schützengräben des Ersten Weltkrieges.«

»Berliner Kindheit um Neunzehnhundert« auch weiterhin: **Magdeburger Platz** Nr. 4 wurde Walter Benjamin geboren. Frühe Erinnerungen

»Begas-Winkel«, Genthiner Straße Nr. 28/30

ranken sich um die Markthalle auf dem Platz – »Vor allem denke man nicht, daß es Markt-Halle hieß. Nein, man sprach ›Mark-Thalle‹« – und die »hinter Drahtverschlägen« thronenden »schwerbeweglichen Weiber, Priesterinnen der käuflichen Ceres … Kupplerinnen, unantastbare strickwollene Kolosse … Warf nicht in ihren Schoß ein Marktgott selber die Ware…«

»Gegenüber der Markthalle« in der **Lützowstraße** wohnte 1921-23 der Reichswehroffizier **Ernst Jünger**; etwas weiter ab (in Haus Nr. 106) **Robert Musil** als Student, in dieser Zeit (1906) erschien sein erster Roman, der »Törleß«.

»Steglitzer Ecke Genthiner« warteten die Benjaminschen Tanten, »immer unter den gleichen schwarzen Häubchen und im gleichen Seidenkleide, aus dem gleichen Lehnstuhl, vom gleichen Erkerfenster«. **Franz Hessel**, der als Kind in der **Genthiner Straße** Nr. 43 zeitweilig gelebt hatte, dazu in Parenthese (1929): »Ein paar Häuser der alten Zeit sind noch unverändert in Nebenstraßen der Maaßen-, Derfflinger- und Kurfürstenstraße, die führen in Gärten ein wunderbares Inseldasein.« Der »**Begas-Winkel**« – Julius Rodenberg beschreibt seine Entstehung in den »Berliner Skizzen« –, **Genthiner Straße** Nr. 28/30 (durch eine Durchfahrt in der modernen Möbelgeschäftszeile zugänglich), hat sich bis heute ähnlich erhalten. **Julius Meier-Graefe** (1897-1935), einflußreicher (Kunst-)Schriftsteller, Mitbegründer des »Pan« u. a., hielt hier seit 1903 in der Villa Nr. 30i seine extravaganten Cercles. Unter den Gästen: **Gerhart Hauptmann, Rainer Maria Rilke** und Frau Clara Westhoff, **Hugo von Hofmannsthal, Alfred Kerr** und **Richard Dehmel**. Drei Jahre »Genthiner Winkeldasein«, in »gemeinsamem Haushalt« mit dem Ehepaar Meier-Graefe, verbrachte von 1905 bis 08 **Rudolf Alexander Schröder**; er zählte sie, »wo ich Berliner unter Berlinern sein durfte«, zu den glücklichsten seines Lebens.

Zwei Adressen im Viertel noch für (auch literarisch) Interessierte: das **Kultur- und Kommunikationszentrum Alte Pumpe** in der **Lützowstraße** Nr. 42 und – **Kurfürstenstraße** Nr. 48 – das **Café Einstein**.

Wedding

Der Wedding ist grau (das macht die Industrie) und grün zugleich (das machen seine Parks), und rot war er lange Zeit auch: »Links, links, links, links! Der ›rote Wedding‹ marschiert!«, skandierte 1929 **Erich Weinert**. Und Cläre Waldoff sang zur gleichen Zeit **Leo Hirsch**s »Romanze vom Wedding«: »Det linke Been, det mußte es bezeugen, det linke Been, daß se vom Wedding stammt ...« Der amerikanische Journalist **Hubert Renfro Knikkerbocker** notierte 1932 in seinem Buch »Deutschland so oder so?«: »Für diese Untersuchung der Lage Deutschlands ließe sich kein besserer Anfang machen als ein Besuch bei den Ärmsten der Armen im roten Herzen der rötesten Stadt Deutschlands, ein Besuch in den Barrikadenstraßen, in dem deutschen Faubourg St. Antoine.«

Drei topographische Notizen aus der zweiten Hälfte des 19. Jahrhunderts: 1860 streifte auf dem Weg nach Tegel **Theodor Fontane** den Wedding und fand: »... an die Stelle der Fülle, des Reichtums, des Unternehmungsgeistes treten die Bilder jener prosaischen Dürftigkeit, wie sie dem märkischen Sande eigen sind ... In erschreckender Weise fehlt der Sinn für das Malerische.« – **Julius Rodenberg** im Mai 1884: »Als ich zuletzt auf dem Weddingplatz war, im Jahre 1879, da war alles noch Sand ringsum, ein freudloser Anblick. Jetzt präsentiert er sich schon ganz anders, er hat die geschlossene quadratische Form, ist fast so groß wie der Dönhoffplatz, und in der Mitte auf einer Erderhöhung steht die Dankeskirche. Man weiß, daß diese Kirche zur dankbaren Erinnerung an die zweimalige providentielle Errettung unseres Kaisers von den Attentaten des Jahres 1878 aus freiwilligen Beiträgen erbaut und am 3. Januar 1884 eingeweiht worden ist ... Freilich steht die Kirche noch kahl auf ihrem steinigen Hügel, und der Platz selbst ist baumlos.« – **Paul Lindenberg** im gleichen Jahr: »Hohe, vier- und fünfstöckige Häuser sind es, welche die Fahrdämme einsäumen, mit kleinen Höfen und gewaltigen Hintergebäuden. Dazwischen stehen große und kleine Fabriken, aus deren Schornsteinen in dicken Säulen der Qualm zum Himmel aufsteigt und sich in breiten Wolken lagert. Fast beängstigend wirkt diese Atmosphäre der unermüdlichen, angestrengten Arbeit. Und beängstigend kränklich sehen auch oft die Menschen aus, welche hier, dicht zusammengedrängt, wohnen ... Wenn einmal das socialistische Gespenst Fleisch und Blut annimmt, dann wird es von dieser Berliner Gegend her viel Nahrung bekommen!«

Hundert Jahre später – im Jahr der Wende – liest sich die Weddinger Topographie in **Dieter Schröders** Erinnerungsstück »Auf schmaler Brücke zurück in die Kindheit« (Süddt. Zeitung, Ostern 1989) so: »Der alte Wedding ist tot ... Durch die Teilung der

Stadt in eine Randlage gebracht, durch den Bau der Mauer seines natürlichen Hinterlandes am Prenzlauer Berg beraubt, ist der Wedding zu einer Schlafstadt geworden ... Man spricht hier oft von Wilmersdorf oder Charlottenburg, als ob sie zu einer anderen Stadt gehörten. Der Ostberliner Fernsehturm am Alexanderplatz, fast von jedem Punkt des Bezirks aus zu sehen, ist näher als der Westberliner Funkturm.« Vier Jahre danach schließlich **Klaus Esche** in »Ganz-Berlin (West)«: »Viel Industrie, viel Mensch ... ›Der Wedding‹ ist Synonym für Alltag, doch nicht zu verwechseln mit Trostlosigkeit.«

»Die Handlungen der Gegenwart pflegen bisweilen in späteren Zeiten unterzugehen, wenn sie nicht durch die Hilfe der Schrift befestigt werden«: **Kurt Ihlenfeld** stellt diesen Satz aus der ersten Urkunde über den Wedding (1251, am 20. Mai) seinem »Berlinroman« »Kommt wieder, Menschenkinder« (1952) als Motto voraus. »Lehrer Dominik an der Spitze, bewegt(e) sich das kleine Häuflein von Heimatfreunden durch die Straßen des Fenn«: man kann sich lesend anschließen, den Roman als Vademecum.

Am **Weddingplatz** suchen sie vergeblich die alte Dankeskirche. »Sie ist verschwunden. Bis auf das letzte Steinchen.« (Anstelle jetzt die kleine, 1972 eingeweihte Gemeindekirche, fast unscheinbar vor dem mächtigen Verwaltungshochhaus der Schering-Werke.) »Von hier führt die **Müllerstraße** weiter bis hinaus nach dem Dorf und Schlößchen der Humboldt nach Tegel,

die alte Tegeler Chaussee, schnurgerade, unabsehbar ... Wenn einst die Müllerstraße fertig bebaut ist, wird man in einer Linie ... den ganzen Weg vom Kreuzberg bis Tegel, das heißt vom südlichsten bis zum nördlichsten Punkte Berlins, drei Stunden lang unter nichts als Häusern wandern«, so nochmals J. Rodenberg.

»Klassischer Wedding« (nach **Detlev von Liliencron** und **K. Ihlenfeld**) am **Leopoldplatz**, Ihlenfeld: »Der Schinkel-Tempel heißt Nazareth, / der Knabe erinnert uns an Athen«. (Ev. **Nazarethkirche** von 1832-34, heute Gemeindesaal, Kindergarten und Ausstellungsraum; »Betender Knabe«, Bronzenachguß eines griech. Originals um 325 v. Chr., das vor dem Arbeitszimmer Friedrichs II. im Park von Sanssouci stand, jetzt in den Staatl. Museen auf der Museumsinsel.)

Amsterdamer Straße Nr. 10 wohnte um 1940 das Arbeiterehepaar Elise und Otto Hampel und schrieb seinen Protest gegen Hitler und den Krieg ungelenk auf Postkarten, die sie in Treppenhäusern auslegte. **Hans Fallada** hat die »Geschehnisse in großen Zügen Akten der Gestapo« für seinen Roman »Jeder stirbt für sich allein« (1946) entnommen, den Schauplatz allerdings in die **Jablonskistraße** Nr. 55 (Prenzlauer Berg) verlegt.

Jenseits der **Seestraße** rechter Hand an der **Edinburger Straße** der **Schillerpark**, mit »Schillerhain« (die Eiche aus Marbach/BW) und **Schiller**-Denkmal (Bronzekopie des Marmordenkmals von R. Begas vor dem Schauspielhaus auf dem Gendarmenmarkt/Mitte). **Joseph Roth** (1921): »... eine überraschende Kostbarkeit hinter dem Alltag nördlicher Schultheiße und Patzenhofer: ein Park im Exil.« Linker Hand der **Goethepark**; an der **Senegalstraße** in Verlängerung der Ugandastraße **Goethe**-Gedenkstein von 1957 (mit der immer noch aktuellen Inschrift: »Mir ist nicht bange / daß Deutschland nicht eins werde / vor allem aber / sei es eins in Liebe untereinander«). Sylter Straße / Ecke Seestraße (**Eckernförder Platz**) verwittert und beschädigt das Ensemble »Orpheus mit den Tieren«. In der **Sylter Straße** nahm am 16. Oktober 1906 die »Köpenickiade« ihren Anfang, als der (falsche) Hauptmann W. Voigt vier auf dem Heimweg befindliche Füsiliere der Wachmannschaft der Militärschwimmanstalt Plötzensee unter Kommando nahm und erklärte, er habe »auf höchsten Befehl« einen Sonderauftrag auszuführen. **Wilhelm Schäfer** in seinem Roman »Der Hauptmann von Köpenick« (1930): »... er erlebte zum andern Mal, daß eine Uniform aus sich selber handelt; denn sofort und zu seinem eigenen Schrecken rief er: Halt! Mit diesem Halt trat er in seine Rolle ein ...«

Im **Volkspark Rehberge** wurde nach 1933 das **Rathenau-Denkmal** (für Emil R., den Gründer der AEG – erster Werkkomplex von P. Behrens am Gesundbrunnen – und seinen Sohn **Walther**, den von Rechtsextremisten ermordeten deutschen Außenminister) entfernt; zur 750-Jahr-Feier Berlins kam der Brunnen wieder an seinen

»Klassischer Wedding«

Platz. In der Nordecke des Parks große Freilichtbühne (von 1935).

Ab 1935 wohnte **Paul Gurk**, der »Mann ohne Fortune«, in der **Afrikanischen Straße** Nr. 144b (Gedenktafel); **Paul Fechter** erzählt in seinem Erinnerungsbuch »Menschen auf meinen Wegen« von seiner ersten und einzigen Begegnung dort mit P. Gurk (der Roman »Laubenkolonie Schwanensee«, 1949, »spielt im Norden, in meiner Jetztgegend«) und von dessen Beerdigung auf dem **Friedhof der Domgemeinde** in der **Müllerstraße** im August 1953. **Jonny Liesegang** (eig. **Johannes Haasis**/1897-1961), der »Weddinger Heimatdichter«, vor dem Zweiten Weltkrieg in der **Pank-**

straße (Nr. 79) zu Haus, übersiedelte nach 1945 in die **Afrikanische Straße** Nr. 146c (Gedenktafel). Zusammen mit dem schriftstellernden Arzt **Karl Matzdorff** (1889-1946/ »Wedding mit viel Herz«), der in der Nachbarschaft seine Praxis im Haus **Pankstraße** Nr. 76 (zerstört) hatte, brachte L. seine (allein schon vom Titel her geflügelten) Weddinger Skizzen heraus: »Det fiel mir uff!«, »… ooch noch uff!«, »… trotzdem uff!« (1938/39/49) und »Da liegt Musike drin« (1940). Denkmal für den »Musensohn des Weddings« auf dem **Städtischen Urnenfriedhof Müller-/Ecke Seestraße.**

Zweiter Exkurs, vom **Nettelbeckplatz** aus (mit der Brunnenplastik »Tanz auf dem Vulkan«) in den neualten Wedding zwischen Pank- und Reinickendorfer Straße. In der **Pankstraße** Nr. 47 ist in einem ausgemusterten Schulgebäude das **»Heimatmuseum Wedding«** untergebracht. **Reinickendorfer Straße** Nr. 5 mietete sich 1889 **Arno Holz** noch einmal im Wedding ein; er arbeitete immer noch am »Phantasus«. In Nr. 67 wurde **Otto Nagel** geboren (1894-1965/Gedenktafel). Er wurde zum engagierten proletarisch-revolutionären Maler des Weddings. Während der NS-Zeit – in der **Badstraße** befand sich sein Atelier – hatte er Malverbot und kam 1937 ins KZ Sachsenhausen; nach dem Krieg war N. Präsident der Akademie der Künste in Ostberlin (Grab Zentralfriedhof Friedrichsfelde; O.-N.-Haus am Märkischen Ufer/Mitte). 1978 – Bücher haben ihre Schicksale – erschien Nagels 1930/32 verfaßter Ro-

man »Die weiße Taube oder Das nasse Dreieck«, die Geschichte einer Weddinger Kneipe »gegenüber der Panke« und ihrer deklassierten und aus der Bahn geworfenen Gäste.

Die (heute völlig umgestaltete) **Kösliner Straße** war nach dem Ersten Weltkrieg die »Rote Gasse«, in 24 Häusern mit drei oder vier Hinterhöfen lebten mehrere Tausend Menschen. Der »Blutmai« des Jahres 1929 erreichte hier seinen schrecklichen Höhepunkt, 19 Menschen kamen ums Leben. Ein von der Liga für Menschenrechte unter Vorsitz von **Carl von Ossietzky** gebildeter Untersuchungsausschuß ging mit dem verantwortlichen Polizeipräsidenten Zörgiebel hart ins Gericht, »Die Weltbühne« vom 7. Mai 1929: »Zörgiebel ist schuld!« **Klaus Neukrantz'** (1895 bis nach 1945) 1930 erschienener »Roman einer Straße aus den Berliner Maitagen 1929« »Barrikaden am Wedding« wurde sofort verboten.

Als 13. Kind eines invaliden Feilenhauers wurde im Februar 1892 im Hinterhof des Hauses **Wiesenstraße** Nr. 69 **Theodor Plivier** geboren (ab 1933 schrieb er sich **Plievier**). Mit zwölf Jahren begann er zu arbeiten, »zuerst an den schulfreien Nachmittagen in den Kellereien der Wedding-Markthallen« (wie er in dem Kapitel »Die andere Seite« in »Der Kaiser ging, die Generale blieben«, 1932, erzählt). Kurz vor seinem 17. Geburtstag erschien in der Zeitung »Der freie Arbeiter« seine erste Prosa, »Proletariers Ende«. – Die **Bornemannstraße** im anschließenden kleinen »Dichterkietz« ist nach dem plattdeutschen Dichter aus Gardelegen (SAN) **Wilhelm Bornemann** (1766-1851) benannt. Seiner Poesie wegen wohl weniger, obwohl das bekannte Lied »Im Wald und auf der Heide« von ihm stammt, B. war Generallotteriedirektor von Berlin. – Die Panke und die **Pankower Allee, Böttgerstraße, Provinz-** und **Papierstraße** sind Schauplätze in **Alex Weddings** berühmtem Kinderbuch »Ede und Unku«; es erschien 1931 im Malik-Verlag.

Die **Exerzierstraße** weist weit zurück. 1827 bereits wurde sie angelegt und nach einem Feld benannt, auf dem Friedrich der Große schon Musterungen abgehalten hatte. **Karl Gutzkow** erzählt aus seiner »Knabenzeit«: »Die Gegend vor dem **Oranienburger Tor** war die früheste sichere Eroberung des jungen Kolumbus ... Da lag der Gesundbrunnen und eine Saharawüste, die man den Wedding nennt, auf dessen tief im Sande angelegten Laufgräben, Schanzen, kleinen Belagerungsforts die Artillerie zu exerzieren pflegte und jährlich an jedem dritten August oder ›Königsgeburtstag‹ ein Feuerwerk abbrannte ...« (Von einer »Begehung« des einstigen »Exer« – Mitte / Wedding / Prenzlauer Berg – am 3. August 1991 berichtet **Jonas Geist** in dem Bd. »Berlin. Eine Ortsbesichtigung«.)

Brunnenstraße, Badstraße, Brunnenplatz ... Die Straßennamen, sagte er (wieder in Ihlenfelds »Vademecum«, nun am **Gesundbrunnen**), sind hier ja »ganz poetisch. Ein letzter Nachklang wohl aus der Zeit vor Bor-

sig und Rathenau. Und so war es. Hier in den alten Namen ... sprudelte noch der Brunnen, zu dem die Berliner in den alten königlichen Zeiten gepilgert waren ...« »Schreiben über den Friedrichsgesundbrunnen bei Berlin und die Vergnügungen auf demselben« (1799 »Luisenbad«) gibt es in Hülle und Fülle: von **Friedrich Nicolai** 1779 bis heute, bei **K. Pomplun** z.B., »Immer an der Panke entlang«, oder **Wolfgang Müller**, der es vom Prenzlauer Berg aus in den achtziger Jahren wissen wollte: »Gibts denn Gesundbrunnen noch?« (in St. Heyms Slg. »Auskunft 2«).

Der »Plumpenpickel«, die »Humboldthöhe«, im **Humboldthain** steht darüber. Der Hain – mit dem Gedenkstein für **Alexander von Humboldt**, das Relief nach einer Zeichnung von W. Turner (nordwestlich der Himmelfahrtskirche), und einer Tafel am H.-Steg –, im Zweiten Weltkrieg völlig zerstört, wurde neu angelegt und mit der »Humboldthöhe« (aus Trümmerschutt um den Flakbunker) besetzt. »Sie stehen im Mittelpunkt eines gewaltigen Kreises – rings um den Bunkerberg breitet sich, in der Ferne verdämmernd und verschwimmend, DIE STADT ...« (K. Ihlenfeld).

Moderne Sagenlandschaft: »Vineta – versinkende Stadt«. In einem begehbaren Environment aus alten Steinen von Abrißhäusern im Innenhof der Wohnanlage am **Vinetaplatz** wird eindrucksvoll mit der Anspielung auf den sagenhaften Untergang der Stadt Vineta (Wollin/Polen) auf die durch rücksichtslose Kahlschlagsanierung

»Meyers Hof« in der Ackerstraße

zerstörte Vergangenheit des Quartiers verwiesen.

Dritter Exkurs, abermals vom **Nettelbeckplatz** aus, in die **Gerichtstraße** hinein, die noch viel von ihrem ursprünglichen Gepräge – kennzeichnend die Gewerbehöfe, Nr. 23 oder Nr. 12/13 z. B. – erhalten hat. **Kurt Pomplun** (1910-77/Grab **Krematorium Landeseigener Friedhof Wilmersdorf, Berliner Straße**), »Kutte, der sich auskannte«, seinerzeit: »Man sollte den Hof **Gerichtstraße** Nr. 17 besuchen, wo sich eine alte Kastanie bemüht, wenigstens auf ihre Weise gegen eine Atmosphäre anzukämpfen, für die der oft genannte, aber nie gelesene **Arno Holz** während seiner Weddinger Zeit im ›Phantasus‹ folgende Worte fand: ›Ihr Dach stieß fast bis an die Sterne, / vom Hof her stampfte die

Fabrik. / Es war die richtige Mietskaserne / mit Flur- und Leiermannsmusik ...‹«

Weiter »in die berühmte **Ackerstraße«**, mit **J. Rodenberg, Erdmann Graeser** (»Lemkes sel. Wwe.«, 1928; die Kellerwirtschaft »Zur unterirdischen Tante« lag an der Straße), **Werner Hegemann** (»Das steinerne Berlin«, 1930), **Pomplun** und **Ihlenfeld**: »Das dritte Haus auf der linken Seite war Müllers Hof ... Von Müllers Hof bis zur Vaterländischen Siedlung waren es nur ein paar Schritte quer über die Straße.« »Müllers Hof« ist der berühmt-berüchtigte »**Meyer's Hof**« in der **Ackerstraße** Nr. 132-133. Prototyp der Berliner Mietskaserne, mit sechs Hinterhöfen hielt er bis zum Zweiten Weltkrieg einen traurigen Rekord, endgültig wurde er 1973 abgeräumt. Über die Wohnanlage Versöhnungs-Privatstraße (**Hussitenstraße Nr. 4-5, Strelitzer Straße** Nr. 43) von 1903/04 heißt es (abermals) bei Ihlenfeld: »Fünf Höfe – fünf Jahrhunderte. Hier hatten sie es mit der Bildung versucht. Die Arbeiter aus den großen Werken sollten sich in der Geschichte des lieben Vaterlandes zu Hause fühlen. Es gab einen romanischen Hof, einen gotischen, einen Renaissance- und einen Barockhof und schließlich einen, der den jüngsten, den Jugendstil repräsentierte« (die Anlage ist vereinfacht wiederhergestellt). – »An gemeinnützigen, socialen Bestrebungen hat er sich stets sehr rege beteiligt«, würdigt das »Lexikon der deutschen Dichter des 19. Jahrhunderts« den Journalisten (»Obdachlos«, 1894, »Das Arbeitsheer«, 1902) **Constantin Liebich** (1847-1928) aus der **Ackerstraße** Nr. 52: L. war der Begründer der »Schrippenkirche« und (1882) des Vereins »Dienst am Arbeitslosen«.

Auf dem **Gartenplatz** steht die Sebastianskirche. Das Patronat ist nicht ohne Grund gewählt. Der Platz hieß früher anders: Galgenplatz, Schinderberg oder gar Teufelslustgarten. Bis 1837 (oder 38) war hier das Hochgericht. Die Hinrichtungen wurden zum vielbesuchten Spektakel – mehr als 50000 beim Raubmörder Lenz.

In der **Gartenstraße** wohnte in den dreißiger Jahren **Peter Bamm**. Seine Praxis hatte er seit 1938 in der **Bernauer Straße**. »Die Gegend galt als nicht besonders fein«, erzählt er in »Eines Menschen Zeit«. Der »Praxis gegenüber lag die Kneipe ›Zur musikalischen Quelle‹ ... Es gab, sogar noch bis in den Krieg hinein, gescheite politische Diskussionen.« Im »Lazarushaus«, **Bernauer Straße** Nr. 117, lebten von 1907-14 **Heinrich Wolfgang** (er war hier zweiter Pfarrer) und **Ina Seidel**, deren erste Gedichte am Ende ihrer Berliner Zeit erschienen. »Fünf der Fenster unserer Wohnung sahen nach Osten, über die Bernauer Straße hinaus«, lesen wir in Inas »Lebensbericht« (von 1970), »auf die stille grüne Oase des **Sophienfriedhofes**, dessen rote Backsteinmauer damals und noch auf dreiundfünfzig Jahre hinaus nur den Frieden der Toten umschloß. Wenn man heute die in diesem Teil der Straße behausten Berliner nach der Lage ihrer Wohnung fragt, sagen sie mit bitterer Betonung ›gegenüber der Mauer‹ ...« Mit dem Mauerbau im August 1961 kam die Bernauer Straße zu trauriger Berühmtheit: »Die nächtliche Stadt. Im Stacheldraht/Der Posten zählt die Zigaretten./Noch sind es dreizehn, sieben sind schon Rauch./Und jede war ein kurzer Frieden« (**Kurt Bartsch**, 1971). Ein Teil der Mauer ist nach der Wende in Höhe des »Lazarushauses« (heute Altenpflegeheim) stehengelassen worden. Fragt sich als was: Museumsstück oder Mahnmal? (Dazu **Jodock**, »Die Mauer entlang«, Spaziergang 1: Bornholmer Straße bis Nordbahnhof, 1996).

Friedhöfe: Städt. Friedhof an der Gerichtstraße: Paul Schlenther (1854-1916), Mitbegründer der »Freien Bühne« und erster Biograph G.

Hauptmanns. – **Kirchhof der Dom-kirchengemeinde, Müllerstraße** Nr. 72-73: **Albert Brachvogel, Paul Gurk.** – **Städt. Urnenfriedhof See-straße** Nr. 92/93: **Jonny Liesegang.** –

St. Johannis-Kirchhof II, Seestraße Nr. 126: Emil Jacobsen (1836-1911), Pharmazeut, Vorbild für »Dr. Havel-müller« in **Heinrich Seidels** »Lebe-recht Hühnchen«.

Prenzlauer Berg

Auftakt mit **Daniela Dahn** zur »Prenzlauer-Berg-Tour« (1987): »Auf den Hügeln, rund um die Zentren großer Städte, stößt man merkwürdigerweise oft auf so eine Art städtisches Bergvolk. Jedenfalls ist in Berlin diese besondere Population auffallend in der Gegend des Prenzlauer Bergs und des Kreuzbergs, in Paris auf dem Montmartre und Montparnasse; im Londoner Hampton Heath und auf dem Wiener Spittelberg soll es vergleichbar sein. Überall dort Arbeiter, aber auch Studenten, Künstler, Linksintellektuelle – loses Volk.«

Auf der Suche »nach größeren und freieren Verhältnissen« kamen die Brüder **Heinrich** und **Julius Hart** 1877 nach Berlin und fanden in der **Fehrbelliner Straße** Nr. 7 ihre erste Bleibe. Den »**Prater**« in der **Kastanienallee** gab es da schon über 20 Jahre, seit 1852 (heute Nr. 7-9). Aus dem Ausflugs- und Vergnügungslokal (mit Sommertheater, Gartenkonzerten und Operettenabenden) wurde ein Versammlungs- und Kundgebungsplatz der Berliner Arbeiterbewegung. Hier sprachen A. Bebel, C. Zetkin und **Rosa Luxemburg**, hier sang E. Busch und rezitierte leidenschaftlich **Erich Weinert** seine Gedichte. (Bronzebüste von Weinert in der Grünanlage Ecke **Ostseestraße / Prenzlauer Allee**.) 1960 entstand im »Prater«-Garten eine Freilichtbühne. 1967 etablierte sich hier das »Kreiskulturhaus Prenzlauer Berg«. Ecke **Schönhauser Allee/**

Sredzkistraße schickt sich die »**Kulturbrauerei**« an, zum internationalen Spielplatz der schönen und kritischen Künste zu werden. (Schauplatz ist sie in **Günter Grass'** Roman »Ein weites Feld«: Held »Fonty« hält hier – »Welch ein labyrinthisches Gemäuer!« – im Kesselhaus einen seiner Fontane-Vorträge, der mit der Nachricht von einem Brand in der Treuhand unterbrochen wird.) Ein drittes **Kulturhaus**, mit dem Theater unterm Dach, steht im **Ernst-Thälmann-Park**.

Zwei der traditionsreichsten Kneipen liegen bei der »Kulturbrauerei« um die Ecke: **Knaack-/Ecke Breitscheidstraße** der »Hackepeter«, **Breitscheid-/Ecke Lychener Straße** der »Schusterjunge«; die **Lychener Straße** dann weiter das »Keglerheim«.

In der **Husemannstraße** – sie bekam zur 750-Jahr-Feier Berlins ihr altes Outfit wieder aus der Gründerzeit – gibt es gleich zwei Museen: das von der »Genossenschaft der Berliner Figaros, Hundepfleger und Kosmetiker« unterhaltene »Friseur-Museum« (**Georg Hermanns** »Kubinke« läßt grüßen) und die Sammlung »Berliner Arbeiterleben um 1900«.

Daniela Dahn noch einmal: »Die Szene, wen immer man dazu rechnen will, belebt die Straßen und Cafés ... Der Prenzlauer Berg hat (aber) auch mehr Stadtunöffentlichkeit. Hier erlebt man Kabarett- und Theateraufführungen in kleinsten Wohnungen, Liederabende und Konzerte in Kü-

Hof Felice-Bauer-Haus, Immanuel-kirchstraße

»Dicker Hermann« an der Knaakstraße

chen, Modenschauen auf langen Fluren. Hier trifft man sich bei gut besuchten privaten Lesungen, hier werden Po-Esie-Al-Ben mit Eigendruck-Dichtungen und Originalgrafiken herumgereicht. Wer da allerdings konfrontative Positionen vermutet, der irrt. Kleinster gemeinsamer Nenner ist vielmehr: Null Bock auf alles Offizielle.« Einschlägiges aus jüngster Zeit auch in **Adolf Endler**s »Sudelblättern« »Tarzan am Prenzlauer Berg« (1994) und in **Thomas Brussig**s Wende-Roman »Helden wie wir« (1995).

Für den nächsten Exkurs empfiehlt sich **Heinz Knobloch**s Vademecum »Denn wer war Immanuel Kirch?« (Aus »Stadtmitte umsteigen«). Es führt uns in die **Immanuelkirchstraße** Nr. 29/Ecke **Winsstraße** und

ins Jahr 1912 – »damals noch eine relativ gute Wohngegend« – zurück. Felice Bauer wohnte hier, **Franz Kafkas** (gleich zweimal) Verlobte. »Fast 5 Jahre habe ich auf sie eingehauen (oder wenn Sie wollen, auf mich) nun, glücklicherweise, sie war unzerbrechlich, preußisch-jüdische Mischung, eine starke sieghafte Mischung …«, gestand er Milena Jesenská später. – Die Hauptbibliothek in der **Greifswalder Straße** Nr. 87 wurde im November 1995 nach **Heinrich Böll** (Köln/NRW) benannt. Vor der Bibliothek Bronzestele mit Böll-Büste. Ihr Schöpfer, Wieland Förster: Bölls »Gesicht ist mit seinem Werk identisch, gezeichnet durch Hingabe, selbstauferlegte und durchgestandene Verantwortung, nicht ängstlich geschont.« Auf dem Weg von der Immanuel-

»Judengang« beim Jüdischen Friedhof Prenzlauer Berg

kirchstraße zurück zum **Kollwitz-platz** kommt man an der **Knaack-straße** am »**Dicken Hermann**« vor-bei; nach 1933 war der Keller des Was-serturms (von 1873) eine berüchtigte Folterstätte der SA (Gedenkstein). Gegenüber, im Hof der **Rykestraße** Nr. 53, erhielt sich die einzige **Syn-agoge** Berlins (1903); sie wurde nicht zerstört, sie war Pferdestall. Über 50 Jahre wohnte **Käthe Kollwitz** mit ih-rem Mann, dem Armenarzt Karl K., in der (heutigen) **Kollwitzstraße** Nr. 58 (früher **Weißenburger Straße** Nr. 25), das Haus wurde 1943 zerstört. Die Plastik »Schützende Mutter« (1951 von F. Diederich nach einem Entwurf der Künstlerin) steht jetzt an der Stelle in einer kleinen Grünanlage (wie lange noch, fragt sich nur). Auf dem Koll-

witzplatz selbst steht das große Bronzedenkmal von G. Seitz (1958). Hier ist das »Herzstück des Prenzl-bergs«.

Zum **Jüdischen Friedhof** an der **Schönhauser Allee** hatte es die Koll-witz nicht weit, als sie am 12. Februar 1935 zur Beisetzung von Max Lieber-mann ging. Es kamen nur wenige noch. Die Vertreter des Staates, der Stadt, deren Ehrenbürger L. war, und der Künstlervereinigung fehlten. Der »**Judengang**« auf der Rückseite des Friedhofs (zwischen Friedhofsmauer und Kollwitzstraße) ist der einzig er-haltene Feldweg im Prenzlauer Berg. Er hat seine eigene Geschichte; D. Dahn berichtet: »Schon bald nach Einweihung des Friedhofes erregten die Begräbniszüge des Fuhrunternehmens Kremser in der Schönhauser Allee Anstoß bei Mitgliedern des Hofes. Wenn die Familie Friedrich Wilhelms III. in ihren glänzenden Karossen vom großen Stadtpalais auf der Protokollstrecke ins Sommerschlößchen nach Niederschönhausen fuhr, wollte sie natürlich nicht von jammernden Leichenzügen aufgehalten werden. Es erging die Weisung, einen anderen Zugang zu benutzen. Und so wurden die Verstorbenen über den holprigen Feldweg auf der Rückseite des Friedhofes geschaukelt, um durch eine Hinterpforte zur Grabstätte zu gelangen … Wer weiß, wieviele der hier beerdigten Rabbiner, Ärzte, Naturwissenschaftler, Schriftsteller, Literarhistoriker und Politiker auf diesem Umweg übers Feld zu ihrer letzten Bleibe gebracht wurden!« Im historischen Kontext: zu DDR-Zeiten gehörte die **Schönhauser Allee** ebenfalls zur »Protokollstrecke«, auf der die »Offiziellen« mit dem blauen Volvo vom Palast der Republik zum Pankower Schloß fuhren. Gleich hinter dem **Senefelderplatz** hat der Erfinder der Lithographie sein Denkmal, er zeichnet angemessen spiegelverkehrt: »redlefeneS«.

Am **Bahnhof Schönhauser Allee** kommt unsere »Berg-LiteraTour« zu ihrem höchsten Punkt. In Sichtweite steht dort an der Stargarder Straße die **Gethsemanekirche**. Im Herbst 1989 gehörte sie »eine kurze, aber wesentliche Zeit (zitiert nach »Berlin zu Fuß«) zu den eigentlichen Parlamenten dieser Republik.«

Am Friedhofseingang **Schönhauser**

Gethsemanekirche: Treffpunkt der Opposition

Allee Nr. 22-23 Gedenkstein: »Dieser **Jüdische Friedhof** wurde 1827 seiner Bestimmung übergeben. In der Zeit von 1933 bis 1945 wurde er von den Faschisten zerstört. Der Nachwelt soll er erhalten bleiben.« Neben den Gräbern des Malers M. Liebermann, des Komponisten G. Meyerbeer, Gedenktafel für dessen Bruder, den Dramatiker **Michael Beer**. Auch der Literarhistoriker **Ludwig Geiger** (1848-1919), Verfasser einer »Geschichte der Juden in Berlin« (1871), die Schriftstellerin und Vorkämpferin der Frauenemanzipation, **Jenny Hirsch** (1829-1902), und der beliebte Possendichter **Hermann Salingré** (1833-79), sein größter Erfolg: »Ein blauer Montag«, sind hier beigesetzt. Nicht zuletzt auch »der alte Leopold«, wie ihn

Heinz Ullstein (1893-1973) im Kapitel »Die Anfänge des Hauses U.« in seinen Erinnerungen »Spielplatz meines Lebens« (1961) nennt. »Hier stehst Du / Schweigend / Doch / Wenn Du / Dich wendest / Schweige nicht...«

Friedrichshain

»Es ist Berlin, Georgenkirchstraße, dritter Hinterhof, vier Treppen, Juli 1923, der Dollar steht jetzt – um 6 Uhr morgens – vorläufig noch auf 414 Tausend Mark... Dem Schlesischen Bahnhof näherte sich, aus dem Osten des Reiches kommend, ein früher Fernzug, mit klappernden Fenstern, zerbrochenen Scheiben, zerschnittenen Polstern – die Ruine eines Zuges. Schlagend, klirrend, stoßend fuhren die Wagen über die Weichen und Kreuzungen von Stralau-Rummelsburg«: In Friedrichshain beginnt **Hans Falladas** Roman, das »gigantische Epos einer aus den Fugen gegangenen Zeit«, »Wolf unter Wölfen« (1937). Ein halbes Jahrhundert später heißt es bei **Günter Kunert** über den »**Friedrichshain**«, den Park, der Berlins kleinstem Bezirk den Namen gab: »Das Ziel: der Friedrichshain, in sich widersprüchlich bezeichnet, denn die Freiluftanlage für Nymphen und Satyrn verträgt sich kaum mit dem Namen des friderizianischsten aller Friedriche. Rasen, Büsche, Stauden, Bäume bedecken einen Hügel, an die fünfzig Meter emporgegipfelt, unter der grünen Haut ausgestopft mit dem Trümmerschutt Halbberlins, unter welchem wiederum zwei gesprengte Flakbunker die Stunde der Archäologie erwarten.«

Der **Volkspark**, **Friedrich Meineckes** (Salzwedel/SAN) »Entzücken meiner Jugend mit seinen kleinen Teichen, Hügeln und Nachtigallen«, wurde 1846-48 angelegt und nach 1945 zu großen Teilen erneuert. An seiner Westecke liegt L. Hoffmanns neobarocker Märchenbrunnen, bewußt »in der kindergesegneten Gegend eines stark bevölkerten Stadtteiles« errichtet, damit »sein Anblick Tausende im Alltag der Arbeit und in den Feierstunden erfrischen und erfreuen könnte«, im Südosten an der **Landsberger Straße** der **Friedhof der Märzgefallenen**. Dem Trauerzug am 22. 3. 1848 folgte auch **Alexander von Humboldt. Fanny Lewald** und **Malwida von Meysenbug** (Kassel/H) erzählen von ihren Spaziergängen hierher (»außerhalb der Tore der Stadt«) zu den Gräbern der »im Kampfe gegen die Soldaten gefallenen Kämpfer für die Freiheit«. Im nahen Krankenhaus Friedrichshain arbeiteten in den zwanziger Jahren **Peter Bamm** (damals noch **Curt Emmerich**) und **Gottfried Bermann Fischer**. Südlich dann die Magistrale des Bezirks: bis 1945 die **Große Frankfurter Straße**, bis 61 **Stalin-**, dann **Karl-Marx-Allee**. 1913 eröffnete hier **Alfred Döblin** im Haus Nr. 194 (damaliger Zählung) seine erste kassenärztliche Praxis, 1919 die zweite in Haus Nr. 340, nahe der Kreuzung Petersburger Straße (heute im Bereich des Wohnblocks 121-131). Bereits seit 1888 hatte Döblin in den Bezirken Friedrichshain und Lichtenberg gelebt: so. u. a. in der **Blumenstraße**, wo er auch in die 49. Gemeindeschule

*Strausberger Platz, Juni 1953
Aktivisten während des Aufbaus der
Stalinallee*

ging; am **Grünen Weg** Nr. 108 und
Nr. 122 (heute **Singerstraße**); in der
nicht mehr existierenden »Wallner-
theaterstraße«, er bestand in dieser
Zeit im Herbst 1900 die Reifeprüfung
am Köllnischen Gymnasium/Mitte;
1907/09 in der **Pillauer Straße** Nr. 7,
nun bereits Assistenzarzt an der Nervenklinik Buch/Pankow. »In diesem
großen nüchternen Berlin bin ich aufgewachsen, dies ist der Mutterboden,
dieses Steinmeer, der Mutterboden aller meiner Gedanken«.

»Unsere Straße – unser Sieg«: als »erste sozialistische Straße Berlins«
wurde der 2,5 Kilometer lange Reprä-
sentationsboulevard vom **Frankfurter
Tor** zum **Strausberger Platz** und,
noch einmal verbreitert auf 125 Meter,
zum **Alexanderplatz** gefeiert. Frei
nach **Pablo Neruda** (nach dem in der
Mollstraße Nr. 31 die Bibliothek genannt ist) dichtete **Bertolt Brecht** für
das **Hochhaus an der Weberwiese**:
»Friede in unserem Lande! / Friede in

unserer Stadt. / Daß sie den gut be-
hause / Der sie gebauet hat!« Hier formierte sich aber auch der Protestzug
der Bauarbeiter am 16. Juni 1953, der
zum Aufstand des 17. Juni führte. Unter den kritischen Stimmen (über die
»Straße der vergilbten Wünsche«)
1959 der südamerikanische Dichter
Gabriel García Márquez 1959: »Die
sozialistische Antwort auf West-Ber-
lins Aufschwung ist der monumentale
Kitsch der Stalinallee, deren Dimen-
sionen ebenso überwältigend sind wie
ihre Geschmacklosigkeit... Kein Arbeiter lebt irgendwo auf der Welt und
zu so einem lächerlichen Preis besser
als in der Stalinallee. Aber gegenüber
den 11000 Privilegierten, die dort
wohnen, gibt es eine in Mansarden zu-
sammengepferchte Menschenmasse,
die meint – und sie sagt es offen –, daß
das, was die Statuen, der Marmor, der
Samt und die Spiegel gekostet haben,
ausgereicht hätte, um die ganze Stadt
anständig wiederaufzubauen.«
Strausberger Platz: Vor dem Haus
Nr. 12 steht ein Denkmal für **Karl
Marx.** Am früheren »Haus des Kindes« (Nr. 19) erinnert eine Tafel an die
Einweihung durch W. Pieck im Oktober 1954. An der Westfassade wird
programmatisch **Goethe** zitiert,
»Faust« II: »Solch ein Gewimmel
möcht ich sehn / Auf freiem Grund
mit freiem Volke stehn.« **Brecht** liefert
auf der anderen Straßenseite, am
»Haus Berlin« (Nr. 1), das Pendant:
»Als wir aber dann beschlossen / End-
lich unsrer eignen Kraft zu traun /
Und ein schönres Leben aufzubaun /
Haben Kampf und Müh uns nicht ver-

Stralauer Fischzug (Radierung um 1820)

drossen.« **Strausberger Platz** Nr. 1 hatte **Franz Fühmann** seit den fünfziger Jahren eine Wohnung. **F. C. Weiskopf** und seine Frau **Grete** (**Alex Wedding**/1905-66) wohnten ebenfalls hier, wie auch **Bodo Uhse**, in Nr. 19 (Gedenktafel).

Nördlich der Frankfurter Allee, in der **Rigaer Straße** Nr. 68, hauste ab August 1920 **Theodor Plivier** in einer »Stube, in der es kalt ist und wo der Wind durchgeht« (E. »Nacht in einer sterbenden Stadt«, 1923); dort starb die zweieinhalbjährige Tochter Viktoria, weil das Geld für Nahrung und Medikamente fehlte, an einer Lungenentzündung. Plivier begrub sie selbst im Kindermassengrab. Am **Grünen Weg** Nr. 94 (heute **Singerstraße**) kam **Jakob van Hoddis** zur Welt. Es war – »die Häuser stehn befleckt mit Staub und Ruß« – eine elende Welt. Am **Franz-Mehring-Platz** Bronzebüste des sozialist. Historikers und Publizisten **Franz Mehring**, am **Come-**niusplatz Büste des tschechischen Pädagogen und Philosophen **Amos Comenius (Komensky)**.

Am Spreeufer entlang, durch die Stralauer Allee, nach Stralau. Seit 1574 gibt es den »Stralauer Fischzug«; seit 1780 entwickelte er sich zum »dichtgedrängten Volksfeste« – »Jeder Krämer läßt die Elle, / Jeder Dichter seinen Reim, / Jeder Maurer seine Kelle, / Jeder Tischler seinen Leim... Kurz, das lebende Berlin / Sieht man hier nach Stralow ziehn!«, dichtete **Adolf Glaßbrenner** in seinem »launigen Gemälde« von 1845. Von **Julius von Voß** und **Achim von Arnim** bis **Erdmann Graeser** blieb das Fest vielbejubelt und bedichtet. Auch **Karl Marx**, der sich auf Anraten des Arztes 1837 eine Zeitlang im Haus des Fischers und Gastwirts G. Köhler, damals Alt-Stralau Nr. 11, eingemietet hatte, versäumte den »Fischzug« nicht. Heute dort (**Alt-Stralau** Nr. 25) Grünanlage mit Gedenkstätte: zwei Kunststeinmonumente mit dem Porträt von Marx und Reliefs, die an den Glasarbeiterstreik von 1901 erinnern. **Ludwig Renn** übersiedelte Ende der zwanziger Jahre (von Charlottenburg) ebenfalls nach **Alt-Stralau** (Nr. 70). Er wollte unter Proletariern wohnen. Romanschauplätze weiterhin, in: »Familie Buchholz« (1884 ff./»Herz und Schnauze« in der **Landsberger Straße**) von **Julius Stinde**; »Meister Timpe« (1888/**Holzmarktstraße** u. a.) von **Max Kretzer**; »Berlin – Schlesischer Bahnhof« (1930) von **Julius**

Berstl (1883-1975); »5 Tage im Juni« (1974) von **Stefan Heym**; »Legende vom Glück ohne Ende« (1979 / »auf der **Singerstraße**«) von **Ulrich Plenzdorf**; »Meine liebste Mathilde« (1985 / »Königlich-Preußisches Weibergefängnis« **Barnimstraße**, Gedenkstele **Weinstraße**, in dem **Rosa Luxemburg** inhaftiert war); »Der arme Epstein« (1993 / »Wie der Tod zu Horst Wessel kam«; nach 33 trug der ganze Bezirk F. den Namen Horst Wessels) von **Heinz Knobloch**.

Kreuzberg

Kreuzberg sei obligatorisch, schrieb **Franz Hessel** 1929, aber er meinte die **Tempelhofer Berge**, »die höchste Erhebung über der Spree-Ebene«, und nicht den Bezirk, der 1920 aus der südlichen Friedrichstadt, der Luisenstadt und der Tempelhofer Vorstadt entstanden war. Im Zweiten Weltkrieg, v. a. in der Friedrich- und Luisenstadt, fast völlig zerstört, hat Kreuzberg heute viele Gesichter. **Horst Krüger** 1967: »Das Armenhaus von Berlin ... Proletarierwelt, Kleinbürgermief, Zillefiguren... Seit einigen Jahren haben sich die Maler, Literaten und etwas Verrückten niedergelassen... Sie haben die Poesie dieser Zille-Hinterhöfe entdeckt und die Macht in den Kneipen an sich gerissen. Denn hier steht noch einmal Berlin, wie es 1919 war.« – **Walter Höllerer** 1977: »Hier ist, soweit nicht ›konsequent‹ geräumt wurde, improvisieren möglich... Nach so vielen bombardierenden, betonierenden, ausradierenden, wegbugsierenden und wirtschaftswunderlich-ökonomistischen Jahren gibt es noch so etwas wie ein Kreuzberger Zusammenwohnen.« – **Günter Grass** 1981: »Wie keine andere Stadt ist Berlin auf Neubürger, also auf Gastbeiter und deren Familien angewiesen... In Kreuzberg fehlt ein Minarett.« – **Klaus Esche** 1993: »Der türkischste aller Berliner Bezirke. Die ehemaligen Neuzuwanderer haben Kreuzberg längst zu ihrer Heimat gemacht.« – **Claudia Wahjudi** (ein Jahr zuvor):

»Kreuzberg befindet sich im Umbruch: der Bezirk ist zur Durchgangsstation zwischen Ost und West geworden. Er verbindet den Westen mit der neuen alten Stadtmitte und mit den Arbeitervierteln Lichtenberg und Friedrichshain«.

»Mancher, der das alte Berlin noch gekannt hat, wird sich entsinnen, wie still plötzlich die große **Friedrichstraße** wurde, wenn man, nach dem **Halleschen Tore** zu, eine bestimmte Linie passiert hatte. Die **Kochstraße** zog eine Grenze zwischen Stadt und Vorstadt; diesseits lag der Lärm, jenseits die Stille.« So begann 1867 **Theodor Fontane**, sich an den Sommer 1850 erinnernd, seinen Essay über **Paul Heyse** und lobte unter »lauter stillen Häusern ein allerstillstes«, das »gelbe Mansardenhaus, einst das Wohnhaus **Hitzigs**, das Nachbarhaus **Chamissos**, der hier halbe Tage lang verkehrte ... (nun) das Haus **Franz Kuglers**«. Außer der Nr. 242 ist von dem Haus keine Spur mehr zu finden, es wurde bereits 1893 abgerissen, auch vom Umfeld bis hin zum Halleschen Tor ist so gut wie nichts geblieben. Mit der literarischen Überlieferung steht es besser. J. E. Hitzigs Domizil gehörte zu den Treffpunkten der durch **E. T. A. Hoffmanns** Erzählungs- und Märchensammlung bekannt gewordenen »Serapions-Brüder« von 1814 (mit von der Partie auch **K. W. S. Contessa** und **Friedrich de la Motte Fouqué**) und der 1824 gegründeten »Neuen

Mittwochsgesellschaft«, zu deren Mitgliedern auch **Joseph von Eichendorff**, **Willibald Alexis** (als Sekretär) und **Franz von Gaudy** zählten.

F. Kugler wurde Hitzigs Schwiegersohn und bezog das Obergeschoß von Haus Nr. 242. Paul Heyse, seinerseits Kuglers Schwiegersohn (1854), in seinen Erinnerungen: »Das Kuglersche Haus war damals der Sammelpunkt eines ganzen Schwarms aufstrebender junger Leute, die sich freudig als seine Schüler bekannten.« Jacob **Burckhardt**, »der bedeutendste darunter«, **Victor (von) Scheffel** und **Felix Dahn** fanden sich ein. **Emanuel Geibel**, »damals besonders produktiv«, kam fast täglich. Fontane gehörte ebenso zum engeren Kreis. **Theodor Storm** war im Herbst 1853 (und später noch oft) zu Gast und feierte, wie ein Jahr zuvor Eichendorff, hier seinen Geburtstag. **Friedrichstraße** Nr. 235, wie schon erwähnt, wohnte und starb (1838) A. von Chamisso, ein, wie ihn **Karl Immermann** im Herbst 1833 erlebte, »weiß- und langhaariger Erzvater in einer tabakdurchräucherten Stube«. In Nr. 218 lebte von 1833 bis 47 **August Kopisch**; seine Übersetzung von Dantes »Göttlicher Komödie« erschien in dieser Zeit (1842). Im gleichen Jahr übersiedelte **Ludwig Tieck** auf Einladung Friedrich Wilhelms IV. von Dresden nach Berlin, wohnte im Sommer in Potsdam (an der Rückseite des Parks von Sanssouci) und im Winter **Friedrichstraße** Nr. 208: »Bücher waren sein Hauptbesitztum und ein Hauptschmuck der Zimmer« (R. Köpke). Er mußte sie zuletzt jedoch verkaufen. Und starb hier im April 1853.

Zurück noch einmal. »Dicht am **Belle-Alliance-Platz** am Ende der **Friedrichstraße**« (Nr. 250) eröffnete 1889 **Carl Ludwig Schleich** eine Privatklinik für Chirurgie und Frauenheilkunde. »Lebhaft im Kreise **Dehmel, Bierbaum, Hartleben, Ola Hansson**« (dem schwedischen Dichter) kam Schleich hier auch mit dem »hinreißend Chopin spielenden polnischen Dichter **Stanislaw Przybyszewski** in Berührung«. Anfang der neunziger Jahre trat dann ein Arztkollege mit einem Unbekannten in sein Arbeitszimmer und stellte vor: »Hier bringe ich Ihnen **Strindberg**.« »Von dem Augenblick unserer Bekanntschaft an sind wir ein volles Jahr wohl täglich zusammengewesen... Das Jahr war für mich und gewiß für viele, die ihm hier in Berlin nahestanden, das gedanklich ertragreichste meines Lebens«, heißt es (später) in Schleichs Aut. »Besonnte Vergangenheit«.

In der **Kochstraße** wurde »von Mosse, von Ullstein und Scherl deutsche Weltpresse gemacht«, schrieb Horst Krüger 1967 in seinen »Stadtplänen«. »Hier war die kritische Intelligenz der Nation zusammen. Von **Maximilian Harden** bis **Kerr** und **Tucholsky**: hier schrieben sie mit spitzer und böser Feder.« Ende der Inflationszeit erwies sich das Ullstein-Haus bereits als zu klein. Es »steckte in der Zwangsjacke des Straßengevierts **Kochstraße** – **Charlottenstraße** – **Markgrafenstraße** – **Wesselstraße**« (so **Peter de Mendelssohn**). Also verlegte man die Produktion all derjenigen Verlagserzeugnisse (wie Zeitschriften und Bücher), deren Herstellung nicht binnen weniger Stunden zu erfolgen hatte, aus der Kochstraße an den Stadtrand, in den »Turmbau zu Tempelhof«. Auf dem alten Grundstück des Scherl-Verlagshauses setzte im Mai 1959 der Hamburger Verleger A. C. Springer unmittelbar an der Mauer den Grundstein für das 66 fertiggestellte neue Zeitungshochhaus (Kochstraße 50). Es dominiert das legendäre alte Zeitungsviertel. **Kochstraße Nr. 62/Ecke Friedrichstraße Nr. 44** Museum »Haus am Checkpoint Charlie«.

Im literarischen Adreßbuch der **Kochstraße** weiterhin: Nr. 14 Wohnung des Verlegers **Georg Andreas Reimer** (1776-1842) von 1800 bis 15, hier traf sich im geheimen die Napoleon-Fronde, u. a. **Ernst Moritz Arndt, Achim von Arnim, Clemens Brentano, A. von Chamisso, Johann Gottlieb Fichte, Heinrich von Kleist, F. K. von Savigny, F. E. D. Schleiermacher, Henrik Steffens, Karl August Varnhagen von Ense.** Nr. 20: **W. Alexis,** sein erster (in der Nachfolge W. Scotts stehender) Roman »Walladmor« – »Frei nach dem Englischen des Walter Scott« – entstand hier (1824). Nr. 70: endlich im eigenen Zimmer **Karl Gutzkow**: »...es war das deutlich vernehmbare Läuten einer zurzeit noch unsichtbaren neuen Kirche des freien Geistes, das die Jünglingsseele fast nur noch allein erfüllte.«
In der **Wilhelmstraße** Nr. 3 a – fast schon symbolisch: zwischen Zeitungs- und Regierungsviertel – saß 30 Jahre lang, seit 1892, **Maximilian Harden** und gab seine »Wochenschrift für Politik, öffentliches Leben, Kunst und Literatur, unabhängige Rednertribüne für jedermann« »Die Zukunft« heraus. (Privat wohnte er bis zur Jahrhundertwende in der **Köthener Straße** Nr. 27.) Zugunsten seines zunehmenden politischen Engagements rückten nach und nach die literarischen Fehden von »Apostata« (so H.s nom de guerre), gegen H. Sudermann z. B. oder G. Hauptmann, in den Hintergrund. »Er gehört(e)«, verlauteten respektvoll die Nachrufe, »soweit man das überhaupt von einem einzelnen Menschen sagen kann, zu den Totengräbern des Kaiserreiches.«In Nr. 23 wohnte **Albrecht Haushofer.** »Der Körper des Abendlandes ist bereits tot, auch wenn das Kleid seiner äußeren Kultur noch erhalten ist«, schrieb er im Oktober 1939 visionär an seinen Freund H. Zehrer. »Der Krieg, in den wir jetzt hineingehen, wird auch dieses Kleid noch zerreißen.«

Puttkamerstraße Nr. 6 (heute Neubau) gehört zu den Kreuzberger **Fontane**-Stätten. Er hatte hier nach der Hochzeit im Oktober 1850 die erste Wohnung; April 52 ging er als Korrespondent für die »Preußische Zeitung«, zunächst für fünf Monate, nach London.

Mit der **Stresemannstraße** haben nicht nur »Literaturadreßbuchliebhaber« ihre liebe Not. Kreiert wurde sie als **Hirschelstraße** (und war noch so ländlich, berichtet **Paul de Lagarde**, dessen Geburtshaus in der **Koch-straße** Nr. 13 stand, »daß das Quaken der Frösche an lauen Abenden weithin gehört wurde«); 1867, nach dem Sieg über Österreich, erfolgte die erste Umtaufe: in den »volltönenden Siegesnamen« (so Fontane) **Königgrätzer-**, die zweite danach (**Hans Scholz**: »Kaiserreich, Weltkrieg, Nibelungentreue«) votierte für **Budapester Straße**; in der Weimarer Republik kamen, halbe-halbe, **Friedrich Ebert** und das **Saarland** zu Ehren; nicht gerade lange: Aus dem Saarland-Teil wurde noch in der Republik die **Stresemannstraße**, aus »Friedrich Ebert« nach 1933 »Hermann Göring«; im gleichen Zug 33 wurde Stresemann abund das Saarland (nach der Devise »Deutsch ist die Saar!«) wieder neu gewählt; was Wunder, daß 1945 dann wieder Stresemann an der Reihe war, jetzt hatte er sogar die ungeteilte Straße für sich.

In die »Hirschel- und Königgrätzer« Tage zunächst noch einmal zurück mit **Th. Fontane: Hirschelstraße** Nr. 9 fiel Fontane gern »drei Treppen hoch« im Hinterhaus bei **Friedrich Eggers** (1819-73) ein; er hatte den Lyriker (dessen plattdeutsche Gedichte er schätzte) und Kunstschriftsteller Ende 1846 schon als »wünschenswerte Tunnelakquisition« empfohlen. **Heinrich Seidel**, der Eggers mit seiner (»Vorstadt«-)»Sperlingsgeschichte« ein kleines literarisches Denkmal gesetzt hat, rühmte (wie Fontane) das »Gesellschaftsgenie«: »Ich habe nie einen Mann gekannt, der in aller Welt so viel Freunde gehabt hätte wie er, darunter

viele von Klang und Namen: Storm, Wilbrandt, Geibel, Heyse, Scheffel.« – **Bernburger-** / Ecke **Hirschelstraße** befand sich die Redaktion der »Neuen Preußischen (Kreuz-) Zeitung«. Hier wurde **Fontane** nach seiner Rückkehr aus England (Anfang 1859) zunächst als freier Schriftsteller lebend, im Juni 1860 als Redakteur für den »englischen Artikel« angestellt. Die Tätigkeit ließ ihm viel Muße, er nutzte sie und wanderte durch die Mark. Im April 1870 kündigte er bei der »Kreuzzeitung«. – Im Oktober 1863 bezog Fontane eine Wohnung in der **Hirschelstraße** Nr. 14 (Ecke **Dessauer Straße**). Hier entstand ein Großteil der »Wanderungen« und datiert der Beginn seines ersten Romans, »Vor dem Sturm«. – »Eine kleine Wohnung in der **Königgrätzer Straße**« schließlich, »zwischen Askanischem Platz und Halleschem Tor: ein Vorder- und ein Hinterzimmer und hinter diesem die Küche mit Mädchengelaß«, vor dem Fenster »die verschiedenen Bahndämme … und wie es beständig darauf hin- und herogleitet«. Effi Briest wohnt hier nach ihrer Scheidung, »so durchschnittsmäßig und alltäglich wie nur möglich«. Fontane kannte die Kreuzberger Rückzugsplätze. – **Hirschelstraße** Nr. 14 (heute **Stresemannstraße** Nr. 64) hatte 1846 **Max Stirner** eine Wohnung. (In der **Bernburger Straße** befanden sich die Kellerräume, in denen er sich als Milchhändler versuchte selbständig zu machen.) – **Günter Eich**, 1928 mit seinen Eltern nach Berlin zurückgekehrt, lebte (mit Unterbrechungen, u.a. zum Sinologie-Studium in Paris) bis 38 in der **Saarlandstraße** Nr.55. »Vergessene Stimmen rufen / Mir deutlich in das Ohr«: das Gedicht »Berlin, Hafenplatz« gibt alte Kreuzberger Ansichten. – **Königgrätzer Straße** Nr.77, »bei einer alten Tante« »in diesem schiebenden und schießenden Berlin«, im schlimmen Dezember 1918, versuchte, wie er seiner »muschelverkalkten Perle« in Ostpreußen mitteilte, der Marineleutnant a.D. Hans Bötticher wieder zu schreiben. Richtig kam er erst ein Jahr später dazu, er hatte sich diesbehufs sogar einen neuen Namen zugelegt – im Gedicht »Seepferdchen« entschlüsselte er ihn später: »Seestütchen! Schnörkelchen! Ringelnaß!« – und nannte sich fortan **Joachim Ringelnatz**. Von Januar bis Ende April 1920 arbeitete R. als Archivangestellter im Zeitungsverlag Scherl.

Im südlichen Teil der **Stresemannstraße** (Nr.29a) überlebte als einziges Kreuzberger Theater das **Hebbel-Theater** (das ehem., 1909 eröffnete »Theater in der Königgrätzer Straße«) den Zweiten Weltkrieg. Bis 1951 spielte hier das Städt. Schauspiel. – Der **Martin-Gropius-Bau** (Stresemannstraße Nr.110) wird seit 1981 als Ausstellungsgebäude und Museum genutzt, u.a. für die Berlinische Galerie (»Museum für moderne Kunst, Photographie und Architektur«), die Jüdische Abteilung des Berlin Museums und das Werkbund-Archiv.

Über ein Jahrhundert war der **Askanische Platz** der Vorplatz des **Anhalter**

Ruine Anhalter Bahnhof

Bahnhofs (an seiner Südwestecke): »Eines der großartigsten Bauwerke der Gründerzeit, funktional und pathetisch zugleich« (**Dieter Hildebrandt**). Berühmter noch als der Baumeister (F. Schwechten) ist der Konstrukteur des weitgespannten Dachs der Ankunftshalle geworden, **Heinrich Seidel**: »...eine Spannweite von 62½ Metern. Wem die Straße Unter den Linden bekannt ist, der kann sich davon eine Vorstellung machen, denn die Breite dieser Straße beträgt 60½ Meter... Und zugleich erfüllt mich immer wieder die Freude, etwas vorzeigen zu können, daran ich beweisen kann, daß ich nicht wegen verfehlten Berufes unter die Schriftsteller gegangen bin« (1894). Die »Mutterhöhle der Eisenbahnen« nannte **Walter Benjamin** den »Anhalter«. Nur ein kleiner Teil der Fassade mit dem Portikus ist geblieben. **Heinz Knobloch** in »Angehaltener Bahnhof« 1984: »Der Anhalter Bahnhof ist ein Kopfbahnhof gewesen. Ich bitte, sich seiner zu bedienen... Man sah ihn von Effi Briests Wohnung... Wird (auch) immer ein Stück Geschichte sein. Es kamen

20000 Menschen, zwanzigtausend, am 23. Oktober 1918 dorthin, um Karl Liebknecht zu empfangen.« Das Areal wurde zu einem Zentrum der revolutionären Aktivitäten des Kreises um Liebknecht und **Rosa Luxemburg**. Im Hotel »Excelsior«, dem Bahnhof gegenüber, wurde am 11. November 1918 der Spartakusbund gegründet, im Preußischen Abgeordnetenhaus in der **Prinz-Albrecht- (heute Niederkirchner-)**Straße Nr. 15 zum Jahreswechsel 1918/19 die Kommunistische Partei. Die Redaktion der »Roten Fahne« befand sich ab dem 17. Dezember 1918 für einen Monat in einem Hotel in der **Wilhelmstraße** Nr. 114 (behielt aber mehrere Zimmer noch im »Ascanischen Hof«); die (vorerst) letzte Ausgabe der Zeitung erschien am 15. Januar 1919.

Rund hundert Hotels und Pensionen hatten sich in der Umgebung des Bahnhofs angesiedelt, auch sie »ein Stück Geschichte« und hundert Geschichten. Zu dem einstmals größten, ins »Excelsior« (Ecke **Königgrätzer-/ Anhalter Straße**), führte von den Bahnsteigen sogar ein eigener Tunnel. **Vicki Baum**, wird erzählt, soll sich als Redakteurin im Ullsteinhaus, bevor sie ihren Millionenerfolg »Menschen im Hotel« (1929) schrieb, den »Kolportageroman mit Hintergründen«, für ein Vierteljahr als Zimmermädchen im »Excelsior« verdingt haben, um die Hotelatmosphäre von Grund auf zu studieren. Eine Legende, wie man in V. B.s Erinnerungen leicht nachlesen kann: »Ich würde gar nicht auf den Gedanken kommen, hinter die

Kulissen eines Hotels zu gucken, am wenigsten hinter die eines bestimmten Hotels.« »Es war alles ganz anders« lautet (eben) ihr Titel (1962).

Im »Ascanischen Hof« in der **Königgrätzer Straße** Nr. 21 pflegte 1913/14 **Franz Kafka** zu logieren. Am 23. Juli 1914 notierte er in sein Tagebuch: »Der Gerichtshof im Hotel«, es geht (»Teuflisch in aller Unschuld«) um die Entlobung von Felice Bauer. **Max Brod**: »Ich glaube nicht fehlzugehen, wenn ich in diesen furchtbaren Erschütterungen, in denen Kafka immer wieder die Gewissensfrage an sich selbst stellt (›Solche Leiden tragen müssen und verursachen‹, klagt das Tagebuch), den Ursprung zweier neuer Werke suche, die bald nach der Entlobung entstanden. Im September las er mir das erste Kapitel des Romans ›Der Prozeß‹ und im November ›Aus einer Strafkolonie‹ vor. Dokumente dichterischer Selbstbestrafung, imaginierte Sühnehandlungen.«

Der »Stuttgarter Hof« »mit seinem stillen Garten« in der **Anhalter Straße**, erzählt **Ilse Nicolas** (1979), gehörte zu den bevorzugten Quartieren von **Gerhart Hauptmann**. Es gibt sogar noch sein Zimmer im vierten Stock. »Und morgen werden wir sehn, wo wir bleiben«, heißt es zu guter Letzt in **J. Ringelnatz'** Gedicht vom »Frühlingsanfang auf der Bank vorm Anhalter Bahnhof«.

»Von dem lebendigen künstlerischen Klima (Berlins) entzückt«, schuf Henry van de Velde in der **Köthener Straße** Nr. 28 für **Harry Graf Keßler** »eine nach neuen stilistischen Ideen eingerichtete Wohnung ... für die Berliner Gesellschaft ein sensationelles Ereignis.« **Walther Kiaulehn:** »Die Wohnung machte den Namen des schreibenden Aristokraten beinahe bekannter, als es bis dahin seine Bücher getan hatten.« Unter den »vielen und berühmten Menschen« bei den »Déjeuners und Five o'clock teas, die der junge Graf veranstaltete«, im Laufe der nächsten drei Jahrzehnte: **Johannes R. Becher, George Grosz, M. Harden, G. Hauptmann** (»erschütternd, aufwühlend, tragisch, mächtig«, nannte er K.s Rathenau-Biografie), **Wieland Herzfelde, Mechthilde von Lichnowski, Theodor Plivier, Erich Maria Remarque, René Schickele** (der 1904/05 als Hrsg. des kurzlebigen »Neuen Magazins« am **Tempelhofer Ufer** Nr. 29 wohnte), **Rudolf Alexander** (»Rudi«) **Schröder, Karl Vollmoeller,** die Franzosen **André Gide, Roger Martin du Gard, Jean Schlumberger,** die Engländer **Harold Nicolson** und (»etwas vertrocknet, etwas dekadent, beste ›upper middle class‹«) **Virginia Woolf.**

»Schon von fern her sah er nach der Beletage hinauf«: die St. Arnauds in **Fontane**s Roman »Cécile« haben ihre elegante Wohnung am **Hafenplatz.** Das Haus (Nr. 7 a) steht längst nicht mehr, A. von Menzels in der Nachbarschaft entstandenes Bild »Balkonzimmer« mit der sacht wehenden Gardine hat etwas von seiner Atmosphäre.

»Gewages Leben«: **Ernst Niekisch** (1889-1967) wohnte ab 1929 am **Halleschen Ufer** Nr. 16 und gab die Zeitschrift »Der Widerstand. Blätter für

soziale und nationalrevolutionäre Politik« heraus. 1932 erschien sein Buch »Hitler, ein deutsches Verhängnis«. N. erzählt in seinen Erinnerungen über die kontroverse Diskussion im Kreis von **Carl Schmitt** (der 1933-45 an der Universität lehrte), **Ernst Jünger** und **Arnolt Bronnen.** Wegen Hochverrats wurde N. 1937 festgenommen (»Rückkehr unerwünscht«) und kam 45 wieder in Freiheit, »ein fast undurchdringliches Gestrüpp neuer, atembeengender Gebundenheiten«. Ab 1948 lehrte er an der Humboldt-Universität, brach nach dem 17. Juni 1953 mit dem System und siedelte nach Westberlin über. Gedenktafel **Koblenzer Straße** Nr. 8 (Wilmersdorf).

In der **Halleschen Straße** Nr. 21, wohin er von München aus zuzog, hatte **Klabund** ein möbliertes Zimmer. Es blieb seine letzte Berliner Behausung.

Gleisdreieck. Kaum ein Ort in Berlin, der so als »literarischer und rhetorischer Topos« fungiert (M. Bienert 1992 in »Die eingebildete Metropole«). Das alte Gleisdreieck, Knotenpunkt der drei ersten Hochbahnstrekken, lag inmitten der Gleisanlagen der großen Kopfbahnhöfe »Potsdamer« und »Anhalter« und faszinierte allein schon, weil ... (wie J. Ringelnatz die Situation bedichtete) »da fährt die Hochbahn in ein Haus hinein / und auf der andern Seite wieder raus«. Vom Gedicht bis zur Reportage – ganze Anthologien lassen sich zusammenstellen: von **Johannes Trojans** »Momentaufnahme« »Gegend der vielen Brücken« (von 1903) über **Jo-**

seph **Roths** »Bekenntnis zum Gleisdreieck« (von 1924), **Victor Auburtin, Egon Erwin Kisch, Walter Mehring, Victor Schklovskij, Siegfried
Kracauer, F. Hessel, Werner Hegemann** und **Walther Kiaulehn** bis zu
Günter Grass mit dem Titelgedicht
(von der »Spinne, die die Gleise legt«)
seines Gedichtbandes »Gleisdreieck«
(von 1960).
Im Sommer 1869 versuchte **K. Gutzkow** sich noch einmal in Berlin nieder-
zulassen. In der **Großbeerenstraße**
Nr. 7 bezog er eine Wohnung. Im Januar 71 fiel sein Lustspiel »Der Gefangene von Metz« durch. Im Dezember
73 verließ er in einem Anfall von Ver-
folgungswahn endgültig die Stadt.
Manches aus der Zeit hat sich die
Straße entlang noch erhalten. **Ilse Nicolas** empfiehlt in ihren »Kreuzberger
Impressionen« (1979) den »Großbee-
renkeller« (Nr. 90), wo »Schauspieler
und Dichter ihre Erfolge und Mißer-
folge feierten und feiern« (Gästebuch!) und als »architektonischen
Höhepunkt« **Riehmers Hofgarten**
(Haupteingang **Yorckstraße** Nr. 83-
86), »ein Stück altes Berlin aus der
bürgerlichen Epoche um die Jahrhundertwende«, wie aus dem Musterbuch
aber auch moderner Wohnstrukturen:
20 Wohnhäuser, architektonisch ein-
heitlich um Gartenhöfe gruppiert.
Marianne Eichholz' »lyrischer Stadtplan« skizziert den Weg zum nächsten
Zielpunkt: »Man sieht eine politische
Gegend./ Idyllisch entwickelt sich
diese / nunmehr in Richtung auf den
Kreuzberg / passender Anhöhe oder
Erhebung / benannt.« Auf den »Tem-

Nationaldenkmal auf dem Kreuzberg

pelhofschen Berge« lokalisierte **Karl
Philipp Moritz** im August 1780 noch
seine lyrische Vedute »Sonnenaufgang
über Berlin«: »Und grüßt mit Lächeln
unsre Königstadt...« Gebräuchlich
bis 1821 war der Name »Götzes« oder
»Runder Weinberg«, der **Kreuzberg**
gehörte in eine ganze Kette von Re-
benhügeln, die sich von der Schöneberger Grenze bis zur Hasenheide
hinzogen. **Adolf Glaßbrenner**, von
dem auch eine »Besteigung des Monte
Croce« stammt, hat die »Berliner
Wein-Karte« mit einem Dutzend
»Markennamen« überliefert, dem
»Fahnen-Wein« z. B.: »Wenn man een
eenziges Achtel über die Fahne jießt, so
zieht sich det janze Rejement zusammen«. Am 30. März 1821 wurde auf
dem Hügel das nach K. F. Schinkels

Entwurf geschaffene Nationaldenkmal für die »Vertheidiger des Vaterlandes« in den Befreiungskriegen 1813-15 mit dem namengebenden »Eisernen Kreuz« auf der Spitze eingeweiht. Die »Sänger der Freiheitskriege« bekamen im Viktoriapark ihre Denkmäler; von den fünf Porträt-Hermen (in Kopien) sind drei erhalten, die für Ludwig Uhland (Tübingen/BW), Friedrich Rückert und Heinrich von Kleist. Am 15. Juli 1525 flüchtete Kurfürst Joachim I. mit Familie und Hofstaat auf den Berg, um die von dem Astrologen Johannes Carion prophezeite Sintflut zu erwarten. Auf dem Heimweg tötete ein Blitzschlag den Kutscher und die Pferde der fürstlichen Karosse am Schloßtor. Der Fall machte Literaturgeschichten: W. Alexis (in »Der Werwolf«), Wilhelm Schäfer (»Der andere Noah«) und Werner Bergengruen (»Am Himmel wie auf Erden«) u. a. griffen ihn auf. Kreuzberger Berg-Passagen auch bei Th. Fontane (»Schach von Wuthenow«), H. Seidel (»Leberecht Hühnchen«), Erdmann Graeser, der in der Königgrätzer Straße zur Welt kam, (»Koblanks«), Erich Kästner (»Fabian«); F. Hessel (in »Spazieren in Berlin«) und W. Höllerer (über die Kreuzberger Festtage u. a., in »Übern Damm und durch die Dörfer«).

Vor Ort, ungefähr Arnold-/Ecke Nostitzstraße beim Chamissoplatz, gab es früher, nach Friedrich Nicolai, »einen Erdfall zwischen den Bergen, der angenehm mit Blumen bepflanzt ist.« Dort hatte sich der »Dustere Keller« etabliert, in einem zur Aufbewahrung des Weins vom Runden Weinberg dienenden Gewölbe; frequentiert wurde er jedoch v. a. wegen seines Weißbiers. Der junge Ludwig Tieck kam (und traf den Comte de Mirabeau, der überall auf Material für seine »Histoire secrète de la cour de Berlin«, 1789, aus war.) 1810 versammelte sich der antifranzösische »Großdeutsche Bund« um Friedrich Ludwig Jahn im »Dusteren Keller«. Auch A. v. Chamisso und F. Kugler kehrten hier ein, ebenso J. v. Eichendorff, der 1850-55 in den Sommermonaten sein Domizil in der Nachbarschaft hatte. In der Gründerzeit verschwanden Schlucht und Keller. In Kurt Pompluns »Großem Berlin-Buch« wird ihre Geschichte noch einmal erzählt. Reminiszenzen auch in W. Alexis' »Cabanis«, F. Spielhagens »Problematische Naturen« und in Hanns Fechners »Jugendgeschichte aus dem vorigen Jahrhundert« »Der Spreehanns«.

»Ich möchte nirgends anders wohnen als in der Belle-Alliance-Straße. Alles andere ist für meine Jahre Utopie«. 1917-35 hatte Mehringdamm Nr. 38/Ecke Yorckstraße (seinerzeit Belle-Alliance-Straße Nr. 12, heute Neubau) Gottfried Benn (»Spezialarzt für Hautkrankheiten«) seine erste Praxis. Von den »Räumen gingen drei auf die Straße, einer in den Hof.« In den »ergoß ein Musikcafé, das belauschte ich oft, entführende Weisen«. Abends saß er gegenüber in der »Reichskanzlei«, einer »Budike« in der Yorckstraße. Benn, erzählt Nico Rost (der, in den zwanziger Jahren als Korrespondent holländischer Zeitungen in Berlin, durch **Carl Einstein** mit G. B. bekannt geworden war), »war dort Stammgast und saß beinahe jeden Abend von acht bis zehn am selben Platz, trank sein Glas Bier, und danach, als echter Berliner, noch einen Steinhäger. Hier in diesem kleinen Berliner Volkscafé ... erlebte er die Visionen von den ›roten Abenden auf der Insel von Palau‹, dem ›Traum von den Normannenschlössern‹, dem ›Rauschen des Schleierkrautes‹ und arbeitete an ihrer Umsetzung ins Gedicht.«

Am **Blücherplatz** Nr. 1 liegt die 1954 mit Spenden aus den USA errichtete **Amerika-Gedenkbibliothek** (Berliner Zentralbibliothek); sie unterhielt die bestsortierte Berlin-Abteilung der Stadt, auch Sondersammlungen, u. a. von **W. Alexis, H. Courths-Mahler, A. Holz** und **H. v. Kleist.** Wo heute ihr Parkplatz ist, wohnte (damals **Tempelhofer Straße** Nr. 51, seit 1864 **Belle-Alliance-Straße**) **Th. Fontane** 1859-63.

In der **Blücherstraße** Nr. 18 (das Haus ist erhalten) eröffnete 1911 **Alfred Döblin**, zuvor Assistenzarzt am nahen Städt. Krankenhaus Am Urban (**Urbanstraße**), seine erste Praxis. Er blieb hier bis 1913. In diesem Jahr erschien der erste Sammelband seiner (z. T. schon in H. Waldens »Sturm« veröffentlichten) Erzählungen »Die Ermordung einer Butterblume«: »Der Ruhm seines ersten Buches beruhte vor allem auf einigen Kabinettstücken tiefenpsychologischer Schilderung, in denen er den Ausbruch der im Normalbürger schlummernden seelischen Unterwelt beschreibt« (A. Muschg). –

Blücherstraße Nr. 46/47 die **Carl-von-Ossietzky**-Oberschule; eine Skulptur zeigt den Chefredakteur der »Weltbühne« vor einem Schreibpult, auf dem seine Zeitschrift liegt, durch eine Zementmauer im Hintergrund geht ein tiefer, symbolischer Riß. **Fritz von Unruh** (Koblenz/RP), der mit Ossietzky zu den Gründern der »Republikanischen Partei« gehörte (und 1966 die C.-v.-O.-Medaille in Berlin erhielt), diente nach dem Offiziersexamen 1906 als Gardeleutnant in der »Kaserne und Sphinx« (R. 1969), die vordem am Platz der Schule stand. 1911 hatte Unruhs Kommandeur ihn vor der Uraufführung des Dramas »Offiziere« am Deutschen Theater vor die Alternative gestellt: Offizier oder Dichter, die Kaiserin sogar hatte versucht zu vermitteln, Unruh jedoch nahm seinen Abschied; M. Reinhardts Inszenierung brachte einen sensationellen Erfolg.

Das vorm Halleschen Tor gelegene »Rondell« wurde 1815 zum **Belle-Alliance-Platz** und erhielt 1945 den Namen des soz. Historikers und Schriftstellers **Franz Mehring** (1846-1919). **Clara Viebig** hat mit »Das Eisen im Feuer« (1913) einen Roman des Platzes zwischen 48er Revolution und 66 geschrieben, als »vom runden Loch des Platzes herunter (noch) ein freierer Luftzug kam, ein Odem der Felder jenseits der Stadtmauer«. Auch **Anna Seghers'** Roman »Die Toten bleiben jung« (1949) hat hier einen ihrer Hauptschauplätze.

Alte Jakobstraße Nr. 171 hauste **Fontane** von 1859 bis 1863 als Trockenwohner. Auch »Treibels« hatten in der »unvornehmen« Straße zunächst ihr Domizil, das »von Gontard, ja nach einigen sogar von Knobelsdorff herrühren sollte«. (Das Haus gab es wirklich. Fontane, der hier seine Apothekerprüfung bei dem Kreisphysikus Dr. Natorp ablegte, beschreibt es in »Von Zwanzig bis Dreißig«: »Das noch aus der fredericianischen Zeit stammende, in einem dünnen Rokokostil gehaltene Häuschen, drin Natorp residierte, glich eher einer Prediger- als einer Stadtphysikuswohnung, Blumenbretter zogen sich herum…«)

Lindenstraße Nr. 14 liegt das **Alte Königliche Kammergericht.** Laut Professor Schmidt, dem Freund des Hauses Treibel, war das Kammergericht »Gott sei Dank immer literarisch«. **Wilhelm Heinrich Wackenroder, E. T. A. Hoffmann, J. E. Hitzig, W. Alexis** und **Karl Simrock** hockten hier über den Akten. Heute ist hier das **Berlin Museum.**

»In besonderer Musenhuld«, erzählt **P. Heyse** in seinen »Jugenderinnerungen«, stand in der **Enckestraße** das »stille Haus« Nr. 10 (damals Enckeplatz Nr. 3, das Haus ist verschwunden). »Der zweite Stock beherbergte **Robert Prutz** mit seiner Familie, im dritten hatte **Emanuel Geibel** ein paar möblierte Zimmer inne«. Ende 1842 hatte Friedrich Wilhelm IV. Geibel »zur ungehemmten Fortsetzung einer poetischen Laufbahn« eine lebenslängliche Pension von 300 Talern bewilligt. Nach der Märzrevolution 1848 verließ der Dichter, der als »Bertrand de Born« auch zum »Tunnel« gehörte

»Rixdorfer Drucke«: Flugblatt

(den er gleichwohl als »Kleindichterbewahranstalt« herunterspielte), die Stadt.

Markgrafenstraße Nr. 87 (damals) besuchte **Franz von Gaudy** im Oktober 1837 sich selbst. So jedenfalls gab er es in der Humoreske »Besuch bei einem Dichter« vor: »Sofa, fünf Stühle… Am Fenster, über- und nebeneinander, die Bildnisse sämtlicher Dichter, welche bisher dem Deutschen Musenalmanach als Schutzheilige vorangezogen… Der Schreibtisch mit Büchern, sehr unleserlichen Manuskripten und anderm Schriftstellerhandwerkszeug belastet.« Im Februar 1840 starb Gaudy hier.

»Der freie Mensch hält nicht die Fresse, / sein Wort lebt durch die Druckerpresse, / im Auf und Ab von Mess' zu Messe« (F. C. Delius): Die

»Werkstatt Rixdorfer Drucke« wurde als Handpresse 1963 in der **Oranienstraße** Nr. 20 von G. B. Fuchs und Uwe Bremer, Albert Schindehütte, Johannes Vennekamp und Arno Waldschmidt gegründet; seit 1974 in Gümse im Wendland (NDS). **Oranienstraße** Nr. 27 befand sich die 1959 von **Günter Bruno Fuchs**, der aus der **Admiralstraße** Nr. 30 stammt, **Robert Wolfgang Schnell** und Günter Anlauf gegründete und 61 aufgelöste Hinterhofgalerie »die Zinke«. Im selben Haus richtete 1967 der aus Stierstadt im Taunus (Bad Homburg v. d. H./H) nach Berlin zurückgekehrte **VAUO Stomps** seine »Neue Rabenpresse« ein. Stomps starb im April 1970.

Max Kretzer, trotz vieler Veröffentlichungen stets in materieller Not, lebte in den achtziger Jahren, als seine ersten sozial anklagenden Romane erschienen (u. a. »Die Betrogenen«, 1882, »Die Verkommenen«, 83) in der **Adalbertstraße** Nr. 17. Sein frühestes Werk, »Die beiden Genossen« (1880), behandelt als eines der ersten die sozialist. Bewegung. Sein wichtigstes Werk, »Meister Timpe« (1883), das den verzweifelten, letztlich erfolglosen Kampf eines Berliner Drechslermeisters gegen die Konkurrenz der Großbetriebe schildert, spielt jenseits der Spree in dem »großen Stadtteil, der sich von der Frankfurter Straße bis zur Spree hinzieht…« Bei Timpes Tod drängen sich die Zeichen der Zeit ins Schlußtableau des Romans: »…unter dem Zittern der Erde braust(e) die Stadtbahn heran, die ihren Siegeszug durch das Steinmeer von Berlin hielt.«

An der Nord-West-Seite des **Mariannenplatzes** das **Künstlerhaus Bethanien**. Der Name verweist auf seine frühere Bestimmung: es war von 1847 bis 1956 das (erste) diakonische Krankenhaus Berlins, 1976 wurde es umgestaltet. **Fontane** war vom Frühling 1848 bis Sommer 49 hier angestellt: »Meine Übersiedlung in meine neue Stellung«, berichtet er in »Von Zwanzig bis Dreißig«, »fand gerade an dem Nachmittage statt, wo Bürgerwehr und Volk auf dem Köpenicker Felde herumbataillierten, so daß ich – ich war mit einem Male mitten in einer Schützenlinie – unter Flintengeknatter meinen Einzug in Bethanien hielt«. Im folgenden hatte er aber dann mehr Muße als Arbeit, er bereitete zwei Schwestern für das pharmazeutische Examen vor. (Die Offizin im letzten Zimmer des Erdgeschosses im Hauptgebäude rechts kann besichtigt werden.)

»Klein-Istanbul« liegt vor der Tür. **Aras Ören** hat Klein-Istanbul ein literarisches Denkmal gesetzt: »Was will Niyazi in der **Naunynstraße?**« (in deren Nr. 1 Karl Friedrich Zelter 1832 starb, Goethes Duzfreund), und antwortet: »Die Fremde ist auch ein Haus« (1980). Zwischen Mariannenplatz und Taborstraße erstreckt sich die **Wrangelstraße**. Auch der »Wrangelkiez« ist »ein Stück türkisches Zuhause«, heißt es in dem Sammelband »Multikulturelles Berlin« (1993). Dort auch in dem Kapitel »Berlin literarisch – diesmal auf Türkisch«: »Während die frühen Texte der Migrantenliteratur der Gastarbeiterthematik verhaftet blieben und die Opferrolle der Einwanderer festschrieben, begannen sich ab Mitte der 80er Jahre die Autoren ausländischer Herkunft, ebenso wie die bildenden Künstler und Musiker, zunehmend gegen diese thematische Festlegung zu sträuben und sich anderen Themen und Genres zuzuwenden. Die wohlwollende Rezeption unter dem Vorzeichen eines ›Türkenbonus‹ – so der Berliner Komponist Tayfun – ist nicht mehr gefragt... Die Einwanderer haben die Sprachlosigkeit längst überwunden und schreiten zur Landnahme in der Kultur- und Medienlandschaft« (D. Göktürk).

Das »Exil« liegt am Landwehrkanal. **Paul-Lincke-Ufer** Nr. 44 a eröffnete 1971 der Wiener **Oswald Wiener**, Autor der »Verbesserungen von Mitteleuropa«, das »Wiener Exil«. Es ist immer noch ein exklusiver Treffpunkt für Leute aus Literatur, Kunst, Theater, Film und Wissenschaft. Anlaß, auch an die andere Kreuzberger literarische Spezies noch einmal zu erinnern: Wie die Herren »Eule« und »Kabe« (aus **G.B. Fuchs'** »Zauberposse« von 1966 z.B. bzw. **Peter Schneiders** Erzählung »Der Mauerspringer« von 82) sowie den jungen »Wilhelm Meister« vom jüngsten K.er Sturm und Drang (in »W.M.s Abschied« von **Leonie Ossowski**, 1982). Die Villa des Kommerzienrats Treibel, ihres »Vorgängers«, in der **Köpenicker Straße** »mit kleinem Vorder- und parkartigem Hintergarten« – wir wissen es inzwischen, sie ist Fontanes Invention – hat gleichwohl ihr reales Vorbild: das Haus des Kupferfabri-

kanten C. Heckmann, den die Zeitgenossen leicht mit der Romangestalt identifizieren konnten, in der **Schlesischen Straße** Nr. 26.

Friedhöfe

Vier Friedhöfe an der **Bergmannstraße: Kirchhof I der Dreifaltigkeitsgemeinde:** Ehrengräber für **Franz Bopp** (1791-1867), Begründer der vergleichenden Sprachwiss.; **Charlotte von Kalb** (1762-1843); **August Kopisch** (1799-1853); **Karl Lachmann** (1793-1851), Germanist und Altphilologe; **Adolph von Menzel** (1815-1905), Maler und Grafiker; **Theodor Mommsen** (1817-1903); **Friedrich von Raumer** (1781-1873), Historiker; **F.E.D. Schleiermacher** (1768-1834); **Ludwig Tieck** (1773-1853). **Constantin Liebich** (1847-1928), Journalist, Begründer der »Schrippenkirche«; **Henrik Steffens** (1773-1845), Philosoph und Naturforscher; Familie **Mendelssohn Bartholdy**.

Kirchhof II der Dreifaltigkeitsgemeinde (Jüterboger Straße Nr. 5): Ehrengräber für **Georg Andreas Reimer** (1776-1842), Verleger; **Karl August** und **Rahel Varnhagen von Ense. Ernst Raupach** (1784-1852), Dramatiker (117 Dramen) und Prof. für Geschichte und Literatur.

Kirchhof IV der Jerusalems- und Neuen Kirchen-Gemeinde: Charlotte Birch-Pfeiffer (1800-1868), Hofschauspielerin und Schriftstellerin (Ges. dramat. Werke in 23 Bdn.); **Kurd von Schlözer** (1822-94), Diplomat

Grab Adolf Glaßbrenner auf dem Kirchhof III der Jerusalems- und Neuen Kirchen-Gemeinde am Halleschen Tor

Alter Luisenstadt-Kirchhof I: August Scherl (1849-1921), Zeitungsverleger.

Friedhöfe am Halleschen Tor: **Kirchhof I der Jerusalems- und Neuen Kirchen-Gemeinde: Franz von Gaudy** (1800-1840).

Kirchhof II der Jerusalems- und Neuen Kirchen-Gemeinde: Ehrengräber für **Henriette Herz** (1764-1847), die »Salon«-Dame; **August Wilhelm Iffland** (1759-1814).

Kirchhof III der Jerusalems- und Neuen Kirchen-Gemeinde: Ehrengräber für **Adelbert von Chamisso** (1781-1838); **Adolf Glaßbrenner** (1810-76); **E. T. A. Hoffmann** (1776-1822). Benachbart das Grab von **Reinhard Lettau** (1929-96). Außerdem **Adolph L'Arronge** (1838-1908), Lustspieldichter und Theaterdirektor: »Mein Leopold« rühmte W. Kiaulehn als »das schönste Volksstück, das jemals in Berlin gespielt worden ist«.

und Geschichtsschreiber. Das Grab von **Erich Schmidt** (1853-1913), der auf einem Dachboden in Weimar 1887 Goethes »Urfaust« entdeckte, ist eingeebnet.

Charlottenburg

Vom Schloß zum Knie

»Wir frolocken allzumahle! Im Charlottenburger Thale, Bey gewünschter Friedens-Zeit«: **Christian Reuter** ließ 1710 seiner »Frohlockenden Spree« ein Dito für Charlottenburg folgen. Fünf Jahre vorher war die Siedlung beim Schloß zur Stadt erhoben und nach der »philosophischen« Kurfürstin, inzwischen Königin, benannt worden. Bis 1695 gab es zwischen Berlin und Spandau nur das 1213 gegründete Dorf Lütze (Lützow, Lietzow). Als einzige Spur der dörflichen Vergangenheit findet sich im **Park Alt-Lietzow** hinter dem Charlottenburger Rathaus noch die ehemalige Dorfaue. Das Schloß selbst hieß denn auch nach seiner Erbauung (1695-99) zunächst Schloß Lützenburg. Das erste Rathaus der neuen Stadt stand dem Schloß gegenüber in der **Schloßstraße**. Das Dorf Lütze wurde 1720 eingemeindet, »und seitdem machen die Besitzer der 14 Liezenschen Bürgergüter mit der übrigen Charlottenburger Bürgerschaft ein Korpus aus«. So **Friedrich Nicolai** 1786 in seinem »Berlin-Baedeker«, wozu er noch vermerkt: »Es sind in Charlottenburg viele schöne Gartenhäuser und Gärten befindlich, welche meist Privatpersonen in Berlin gehören.« (**Georg Hermanns** »Geberts« sind in einem solchen Haus – »es stand so ganz verloren und verträumt und schweigsam mit seinen zu-

rückgeschlagenen, weißen Jalousien in all dem Grün, das es in einem Ring umschloß« – Sommergäste. Und hier beginnt auch die Sommeridylle von Jettchen und dem Doktor Friedrich Kößling.)

Um 1900 zählte »Schlorrenburg« zu den reichsten Städten im Deutschen Reich. Entsprechend bürgerstolz setzte man seine Symbole. Der 86 Meter hohe Turm des »neuen« Rathauses (1899-1905) an der Berliner Straße, die bis zum Bahnhof Tiergarten führte, überragte die Kuppel des Schlosses bei weitem. Und Oberbürgermeister Fritsche, erzählt **Kurt Pomplun**, forderte, »statt des von der preußischen Staatsregierung gewünschten ›Groß-Berlin‹ die Eingemeindung der Reichshauptstadt in ein ›Groß-Charlottenburg‹«.

Wir beginnen unsere LiteraTour beim **Schloß**. Mit »Schach in Charlottenburg« (**Th. Fontane**), der durch die »breite Hauptstraße mit ihren Sommerhäusern und Vorgärten« reitet, und dem Paar Jettchen-Kößling, dem Träumer, der am liebsten das Schloß mieten und, »ein wenig anders als meine Herren Vorgänger«, hier ein Gymnasium einrichten möchte, um u.a. »wie Byron alle Romane der Welt« zu lesen. (Aber auch einen großen Roman selbst schreiben will, »der soll bei Borsig spielen. Unter den Arbeitern der Eisengießerei.«) Über ihnen, wie eine Vision plötzlich auftauchend, »das Wahrzeichen, die flat-

Mausoleum, Sarkophag der Königin Luise im Charlottenburger Schloßpark

ternde goldene Puppe, die da oben auf ihrer durchbrochenen Kuppelspitze lustig tänzelt(e)…« »Goldne Frau im Winde ging/ siehdichum ist schon versehn…« heißt es in **Marianne Eichholzens** »lyrischem Stadtplan«. Der Blick zurück geht natürlich auf Sophie Charlotte und **Leibniz**, philosophierend im **Schloßpark**, und die »Theodizee« (1710). »Glauben Sie nicht«, so die frischgebackene Königin 1701 an Leibniz, »daß ich all' den Glanz und diese Krone, von der man so viel Aufhebens macht, dem Vergnügen vorziehe, das mir unsere philosophischen Unterhaltungen in Lietzenburg gewähren.« Aber dann auch, am Ende ihres Lebens: »Beklagen Sie mich nicht, denn ich werde jetzt meiner Neugier genug tun über den Grund der Dinge, den mir Leibniz nie erklären konnte, und ich verschaffe dem König den Anblick eines Leichenbe-

gängnisses, das ihm Gelegenheit geben wird, alle Pracht zu entfalten.« (Das Schreibkabinett Sophie Charlottens befindet sich im Erdgeschoß des Ursprungsbaus des Schlosses.)

Hundert Jahre später huldigten – man mag sich im Schloßpark vor dem Mausoleum, »wo uns're Heilige schlummert«, daran erinnern – die Dichter erneut einer großen Frau: Königin Luise. Bereits zu Lebzeiten hatte sich um **Max von Schenkendorf** ein Kreis gesellt, der sich der Königin in fast schon kultischer Verehrung verschrieb: **F. E. D. Schleiermacher, Heinrich von Kleist, Achim von Arnim, Friedrich de la Motte Fouqué, Zacharias Werner** u. a. **Theodor Körners** Sonett von 1812, angesichts von Ch. D. Rauchs Büste der Königin (der 1815 dann aufgestellte Marmorsarkophag von Rauch gilt als eines der Hauptwerke deutscher Skulptur des

Belvedere im Schloßpark

19. Jh.) vereinigt die Ingredienzen des Kults noch einmal, so sentimental (»Du schläfst so sanft!«) wie pathetisch (»Dann ruft dein Volk: dann, deutsche Frau, erwache...«). Im Herbst 1821 stand **F.-R. de Chateaubriand** vor Luisens Grab und schrieb sein Poem »Charlottenbourg ou le tombeau de la reine de Prusse«, aber es ging ihm mehr um die (ihn zu dieser Zeit bezaubernde) Herzogin von Cumberland. **Alfred Kerr** schließlich 1898 in seinem »Tagebuch eines Berliners« über die jungen Mädchen, die im Tiergarten »mit Vorliebe, zu zweien untergefaßt, um das Denkmal der Königin Luise streichen«: »Sie tun seltsame Bemerkungen über die heilige Frau (wie **Ernst von Wildenbruch** sie preußisch-religiös getauft hat) ... manche werden beinah heftig, wenn man die edle, legendenhafte Königin lobt. Du, Mädel, verschollenes, blon-

des, das einst ins Wasser hopste, sprachst wütend einmal zu mir: ›Ach was, die hat auch...‹«

Nordöstlich im Park das **Belvedere** (von 1788), **Fontane** im dritten Band der »Wanderungen«: »Rokokoschaubühne für eine Geisterkomödie« für Friedrich Wilhelm II., der hier die Geister Mark Aurels, des Großen Kurfürsten und von Leibniz zu sehen wünschte. Fontane: »Die Tage der Lichtenau standen wie auf einen Schlag vor mir: Sentimentalität und Sinnlichkeit, Schäferspiele und kurze Röckchen, Antonius und Kleopatra. Nur alles trivialisiert. Statt des Pharaonenkindes eine Stabstrompetertochter.« In »Irrungen, Wirrungen« wird die Szenerie auch noch einmal beschworen. Und auch Jettchen und der Doktor Kößling finden an dem »kleinen, runden Bau, um den unter dem Dach riesiger Pappeln dunkle, alte Eiben Wache hielten ... und die steinernen Putten mit dem Fruchtkorb ihren Reigen schwangen«, zueinander, vulgo: »Und dann umschlangen sie sich plötzlich.« Weitere (auch nicht ganz unkritische) Aufschlüsse über Schloß, Park und Belvedere und die »Tage der Lichtenau« auch in **Ernst von Salomons** »Roman aus Preußens galanter Zeit« »Die schöne Wilhelmine«.

Im (wiederhergestellten) **Schloß**, das mit seinen Interieurs und Sammlungen – in der Verbindung von höchster künstlerischer Qualität und historischer Reminiszenz – die Geschichte bis in die neueste Zeit spiegelt; auch zwei Bibliotheken und benachbart die Schreibzimmer (Kopien zum Teil): im Obergeschoß des Nering-Eosander-Baues die Bibliothek Friedrich Wilhelms IV. und im Obergeschoß des Neuen Flügels die Friedrichs d. Gr. (hier z. Z., da der Charlottenburger Bestand verlorenging, die Bibliothek aus Schloß Sanssouci).

Am Anfang der **Schloßstraße**, dem Mitteltrakt des Schlosses gegenüber, liegen F. A. Stülers ehem. Gardekasernen. Die östliche (Nr. 70) beherbergt heute das **Ägyptische Museum** (Nofretete!) und die Papyrussammlung, die westliche (Nr. 1) seit 1996 die Sammlung »Picasso und seine Zeit« von **Heinz Berggruen** (»Hauptweg und Nebenwege. Erinnerungen eines Kunstsammlers«, 1996) sowie (in Nr. 1 a) das **Bröhan-Museum** (mit europäischem Kunstgewerbe und Industriedesign von 1890 bis 1940 sowie Gemälden und Graphiken u. a. von H.

Baluschek, W. Leistikow und L. Ury). Die **Schloßstraße**, die bis zum Sophie-Charlotte-Platz führt, ist das Rückgrat des Viertels. In Nr. 69 befindet sich das **Heimatmuseum Charlottenburg.**

»Spandauerberg 1«, heute **Ecke Spandauer Damm / Sophie-Charlotten-Straße**, bewohnte im November 1912 **Robert Walser:** »...ein außerhalb der großen Stadt, dicht an der Stadtbahnlinie gelegenes, seltsames, zierliches, ältliches und wie mir schien, ziemlich verwahrlostes Haus... Oft ging ich in den nahegelegenen Tannen- und Föhrenwald, dessen Schönheiten, wundervolle, winterliche Einsamkeiten mich vor beginnender Verzweiflung zu bewahren schienen« (»Frau Wilke«). Im November 1913 übernahm **Gottfried Benn** die Leitung des Pathologischen Instituts am Städt. Krankenhaus in der **Sophie-Charlotten-Straße.** Ein Jahr vorher war das »Morgue«-Flugblatt erschienen, »das zu vielen Beanstandungen Anlaß gab... Wie kann man überhaupt Gedichte schreiben u. herausgeben. Bis zur Kunst kommt man doch nicht und Ikarus ist heutzutage zwischen all den Rumplertauben eine lächerliche Figur.« **Else Lasker-Schüler** (jedoch) war zutiefst beeindruckt und verliebte sich leidenschaftlich in den 17 Jahre Jüngeren, nannte ihn Giselher, Nibelunge, Heide, Barbar, König und Tiger und schrieb 17 Gedichte an ihn. Benn wohnte **Spandauer Damm** Nr. 15/16.

Sophie-Charlotten-Straße   Nr. 88, am Eingang des »Zille-Ecks«, erinnert eine Tafel an den »Meister des Zeichenstiftes, den Schilderer des Berliner Volkslebens«. Heinrich Zille lebte hier von 1892 (als der Wald noch kurz hinter dem heutigen U-Bahnhof Kaiserdamm begann) bis zu seinem Tod 1929. Im Alt-Charlottenburger Kiez – Ausgangspunkt heute der **Klausener Platz** – entdeckte Zille sein »Milljöh«: »...die Stadt wuchs, die Landschaft rückte weg – immer aber blieben die armen Figuren.« (Ein großes, von Zille selbst aufgenommenes Foto seines Wohnhauses ist im U-Bahnhof **Fehrbelliner Platz** zu sehen.) In Nr. 59-60 hatte **Ernst Rowohlt** – 1913 Prokurist bei S. Fischer und Geschäftsführer des Hyperion-Verlages – eine viel frequentierte Dreizimmerwohnung. Bei Kriegsausbruch verließ er den Verlag – »da seinen Bestrebungen und seinen Liebhabereien in libris die Zukunft keinerlei günstige Auspizien biete« – und meldete sich freiwillig.

In der **Christstraße** sind die klassizistisch aufgeputzten Mietshäuser aus den 1870er Jahren in fast lückenloser Reihe erhalten und saniert. **Friedrich Lienhard** – Elsässer, Weimaraner – wohnte um 1900 in Nr. 26 und propagierte seine These »Los von Berlin«.

»Du Kleine, Feine, Sonderliche, zartknöchelig Blonde, Jugendliche!«: **Luisenplatz** Nr. 2 (das Haus steht nicht mehr) begann am 13. September 1905 bei **Otto Brahm** ein neues Kapitel in **Gerhart Hauptmann**s »Buch der Leidenschaft«. Schon am nächsten Tag heißt es im Tagebuch: »Mit der kleinen Orloff ›Hannele‹ durchgenommen.« In Nr. 3 (das noch steht) hielt in der Pension Haßfort **Georg Kaiser** in den

zwanziger Jahren Cercle. Das halbe literarische Berlin – von **Brecht** und Weill, der hier die Musik zur »Dreigroschenoper« schrieb, Lotte Lenya und dem »Jean sans Terre« **Yvan Goll** bis **Carl Einstein** und **Alfred Wolfenstein** – gab sich in der Pension Stelldichein. Auch **Rudolf Leonhard**, wegen seiner Antikriegsgedichte »Über den Schlachten« (1914) verboten und wegen seiner »Spartakussonette« (1922) nicht unumstritten, wohnte zeitweilig hier.

In die **Kaiser-Friedrich-Straße** Nr. 16 zog Ende des vergangenen Jahrhunderts nach ihrer Verheiratung mit dem Verlagsbuchhändler F. Th. Cohn **Clara Viebig**. 1897 erschien ihr erstes Buch, die (noch der Landschaft ihrer Herkunft gewidmete) Novellensammlung »Kinder der Eifel«, 1900 ihr erster Berlin-Roman »Das tägliche Brot«. 1903 wohnte **Paul Scheerbart** kurze Zeit in Haus Nr. 29. – »Eines Tages floh er aus fester, wenn auch geringer Lebensstellung fort, um sich dem Dichten und seinen natürlichen Folgen ganz hinzugeben«: In Haus Nr. 70 kam im Frühjahr 1905 **Robert Walser** in der »schlichten Atelierwohnung« seines Bruders Karl unter. Der »bis in alle Nacht im Theater ... die Dekorationen machte« und auch als Buchillustrator seines »feinen Verständnisses« wegen begehrt war. Karl, das Modell des Kaspar in dem 1906 begonnenen Roman »Geschwister Tanner«, ging öfter auf Reisen und ließ Robert als »Alleinbewohner« zurück.

Die **Zillestraße** ist die alte (als Circumvalation um 1720 angelegte) **Wall-**

straße, die mit der **Rosinenstraße,** (heute **Loschmidtstraße**) die fehlende Stadtmauer ersetzte. 1936 erschien in der Schweiz unter dem Pseudonym **Jan Petersen** die Roman-Reportage des Charlottenburgers **Hans Schwalm** »Meine Straße, Aufzeichnungen eines deutschen Illegalen« (1947 u. d. T. »Unsere Straße. Eine Chronik. Geschrieben im Herzen des faschistischen Deutschlands 1933/34«). Im Mittelpunkt stehen der authentische Überfall einer SA-Truppe auf die Bewohner der Wallstraße (dem Synonym für das rote Charlottenburg) und deren Widerstand gegen den Terror des Regimes.

»Ich bilde mir ein, daß Berlin die Stadt sei, die mich entweder stürzen und verderben oder wachsen und gedeihen sehen soll«: 1907 verließ R. **Walser** das Quartier bei seinem Bruder und bezog in der **Wilmersdorfer Straße** Nr. 141 eine eigene Wohnung.

Seit 1987 steht **Shakespeare** an der **Bismarckstraße,** auf dem Platz gegenüber der **Deutschen Oper,** Ecke **Krumme Straße.** Die Bronzebüste ist ein Geschenk der City of London zur 750-Jahr-Feier Berlins. Die Oper hatte ihre Schicksale: 1911/12 als »Deutsches Opernhaus« errichtet, wurde sie seit 1924 als »Städtische Oper« geführt, 1935 umgebaut und im Zweiten Weltkrieg zerstört. 1956-61 erstand sie neu, 74 wurden die letzten Bauteile fertig. In der repräsentativen **Bismarckstraße** wohnten in den zwanziger und dreißiger Jahren in Nr. 72 **Bernhard Kellermann** (1933), in Nr. 38 **Ernst Bertram** (Mitte der

zwanziger Jahre bis zum Zweiten Weltkrieg/Köln NRW), in Nr. 12 **Leonhard Frank** (1920-33), der hier »nach zweieinhalb Jahren Unterbrechung durch die Revolution« wieder zu schreiben begann.

In der **Richard-Wagner-Straße** Nr. 28 bezog, der Oper gegenüber, im Dezember 1931 **Frank Thieß,** der in den zwanziger Jahren schon einmal im Viertel, in der **Eosanderstraße** Nr. 5 in der Nähe des Schlosses gewohnt hatte, eine neue Wohnung. Er behielt sie nicht lange, nach der »Machtergreifung« ging er im April 1933 außer Landes.

Nachbarlich am **Richard-Wagner-Platz** liegt **Alt-Lietzow.** In Nr. 12 wohnte nach seiner Entlassung (im Dezember 1924) aus der Festungshaft in Niederschönenfeld (B) bis 1927 **Erich Mühsam.** In seinen »Unpolitischen Erinnerungen« erzählt er, wie er vor dem Ersten Weltkrieg hier schon H. Zille, der »noch gar nicht berühmt war«, in seiner »Charlottenburger Proletarierwohnung« aufsuchte, in der so gar »keine Spur Atelierluft« war, um ihn für den von Gustav Meyrink (Starnberg/B) geleiteten Wiener »Lieben Augustin« zu gewinnen. Die erste Nummer der Zeitschrift brachte denn auch auf der ersten Seite Zilles nachmals berühmt gewordene Zeichnung von dem schwindsüchtigen Mädchen, das vor seinen Freundinnen renommiert: »Wenn ick will, kann ick Blut in den Schnee spucken!«

1950 wurden Kirchstraße und -platz nach **Anna von Gierke** (1874-1943), die sich ganz der Kinderfürsorge und

Jugendwohlfahrt gewidmet hatte, in **Gierkezeile** und **-platz** umbenannt.

Im Haus Nr. 2 (später **Lessingstraße** Nr. 16 am Wedding) in einer kärglichen Wohnung unterhielt in den zwanziger Jahren **Alexej Remisow** seine »Große und Freie Affenkammer«, eine 1908 in Rußland gegründete Gemeinschaft von gleichgesinnten freien Geistern, der inzwischen an die hundert russische Schriftsteller, Verleger, Philosophen, Maler und Musiker angehörten. Remisow war der »Cancellarius« des Ordens. **Thomas Mann**: »Meiner Meinung nach kann Berlin stolz darauf sein, Sie, einen der ersten Dichter des heutigen Rußland, in seinen Mauern zu beherbergen.«

Theodor Mommsens Studierzimmer

Am »**Knie**«, einer Kreuzung »mit Charme«, standen früher einmal Villen, Vorstadthäuser und Vergnügungspaläste. Aus dem »Knie« wurde 1953 der **Ernst-Reuter-Platz**, aus der Berliner Straße, die hier abknickte, die **Otto-Suhr-Allee**. In Haus Nr. 144 (nach 1900) und Nr. 166 (ab 1909 bis zu seinem Tod 1933), heute Nr. 7, wohnte **John Henry Mackay**. Er »trug seine schrullige Gestelztheit«, erzählt Erich Mühsam, »mit einer gewissen Absicht zur Schau … Niemand sollte in ein Herz hineinsehen, das unmaskiert nur in der Charlottenburger Junggesellenwohnung zwischen einer herrlichen Bibliothek klagen mochte.« An der Allee (Nr. 93) steht jetzt auch ein Denkmal für **Magnus Hirschfeld**.

»Es war Frühsommer 41 … Während der Brand wie ein Kugelblitz in die Welt rollte, wurde es still in Berlin.

Eine Wildente führte ihre Jungen durch die Fraunhofer Straße an der Telefonzelle vorbei; der Flieder blühte überschwenglich unter der sich belaubenden Blutbuche.« Noch einmal hielt sich **Reinhold Schneider** für kurze Zeit in Berlin auf, bei einem Freund in der **Fraunhoferstraße** Nr. 27: »Ich schrieb das kleine Buch vom Vaterunser, das nur ein Trost sein wollte« (»Verhüllter Tag«).

1874 kaufte **Theodor Mommsen**, wie seine Tochter Adelheid berichtet, »das kleine Häuschen in Charlottenburg, **Marchstraße** 8« (im Zweiten Weltkrieg zerstört, heute Nr. 6). »Die Gegend um das Knie war damals Sommeraufenthalt für die wohlhabenden Berliner … Uns Kindern verschaffte sie eine Freiheit, wie wir sie in der Stadt nie genossen hätten … Es gab nur eine Fahrgelegenheit: die Pferdebahn, die bis zum Kupfergraben ging. Bis zur Universitätsstraße fuhr der Vater, um dann seine schweren Bücher in die Universität oder in die Bibliothek zu schleppen. Riesentaschen, in denen Folianten Platz hatten, mußte der Schneider von innen in den Mänteln anbringen...« Im Juli 1880 vernichtete ein durch Unvorsichtigkeit des Gelehrten verursachter Brand die gesamte Bibliothek, u.a. auch zwei aus Brüssel und Halle entliehene Handschriften. Zu seinem 80. Geburtstag 1897 wurde Mommsen Ehrenbürger von Charlottenburg.

Wie sich die Bilder gleichen: »Die **Hardenbergstraße** zwischen Steinplatz und ›Knie‹ und von der Hochschule für Musik an auf dieser Seite noch nicht bebaut. Freies Feld ist da hinter einer Mauer, hinter einem Törchen, zu dem sich meine Mutter einen Schlüssel verschafft hat.« Im ersten Jahrzehnt des Jahrhunderts gehörte die Gegend zu **Marie Luise Kaschnitz'** »Orten« der Kindheit: »...auf jeden Fall sind sie in der von den Erwachsenen so gepriesenen frischen Luft.« **Hardenbergstraße** Nr.1a wohnte »Am Knie« von 1930 bis Februar 33 **Bertolt Brecht**. »Es war jene Zeit, in der Brecht aus vielen Diskussionen seine Theorie des ›epischen Theaters‹ zu entwickeln begann«, erinnert sich **Günther Weisenborn**.

Der Einmündung der **Marchstraße** in den **Ernst-Reuter-Platz** gegenüber liegt an der Ecke zur **Schlüterstraße** das **Schillertheater**. Vor dem Ersten Weltkrieg gegründet, im Zweiten zer-

stört und danach wieder aufgebaut, sollte es einmal »kleinen Geistern« zu einer »großmütigen Weltsicht« verhelfen. Nach der Wiedervereinigung wurde es Anfang der neunziger Jahre geschlossen; und avancierte dann zum »Musical-Tempel«. Ecke **Knesebeck-/ Hardenbergstraße** Nr.6 liegt das **Renaissance-Theater** (ursprünglicher Bau 1901/02), an dem im Oktober 1922 **Ferdinand Bruckner** mit Lessings »Miss Sarah Sampson« eine neue Theater-Ära einleitete; der »Entenbrunnen« davor von 1911 ein Geschenk von **Paul Cassirer**. Nr.22-24 das **Amerika-Haus**.

Zwischen Marchstraße und Hardenbergstraße bedeckt weitläufig das Areal beidseits der **Straße des 17. Juni** die (am 8. April 1946 im Studentenhaus am **Steinplatz** neugegründete) **Technische Universität**. »Die Flamme«, eine hohe Bronzeskulptur von B. Heiliger vor der Architekturfakultät der TU, ist dem Andenken Ernst Reuters (Regierender Bürgermeister 1948-53) gewidmet und trägt als Inschrift seine Worte: »Friede kann nur in Freiheit bestehen«. An der »grünen Oase« des **Steinplatzes**, der 1885 nach H.F.K. Reichsfreiherr vom und zum Stein benannt wurde, mit fast 120 Meter Prunkfassade die **Hochschule der Künste**, die Bildenden, vereint mit der Musik und den Darstellenden Künsten. (Kunstbibliothek **Jebenstraße** Nr.2). Im großen Hörsaal 3010 im dritten Stock des damals immer noch bombengeschädigten Hauptgebäudes der TU veranstaltete **Walter Höllerer** nach seiner Berufung die ersten Lese- und Diskussionsreihen »Literatur im technischen Zeitalter«. Noch im Winter 1959/60 lasen u. a. **Günter Eich** und **Ilse Aichinger, Max Frisch** und **Ingeborg Bachmann, Günter Grass, Wolfdietrich Schnurre** und **Otto F. Walter, Hans Magnus Enzensberger** und **Uwe Johnson.** Ende 1960 wurden die Veranstaltungen fortgesetzt, u. a. mit **Hans Erich Nossack, Barbara König, Franz Mon, Hans Bender, Heinrich Böll** und **Martin Walser,** der Hörsaal war mehr und mehr überfüllt. (Das deutschsprachige Lyriktreffen im November 60 fand dann schon im Saal der Kongreßhalle im Tiergarten statt.)

Einen Endpunkt unserer ersten Charlottenburger LiteraTour setzt der **Bahnhof Zoologischer Garten:** »Beim Bahnhof Zoo die vielen Omnibusse/ nach Nedlitz, Cladow, Pichelsdorf, Schildhorn./ Man kippt am Straßenschank noch einen Korn, / trifft an der Uhr sich mit vergnügtem Kusse…«: Die flotten Verse von **Max Herrmann-Neiße** galten noch der im Februar 1882 in Betrieb genommenen Station, in deren Wartesaal laut **Carl Zuckmayer** noch der »Hauptmann von Köpenick« genächtigt hatte. 1934-36 wurde der Bahnhof für die Olympischen Spiele umgebaut und war nach 45 (bis 89) der »Hauptbahnhof« von Berlin (West). Der »Zoo-Palast« am Platze gehört zu den Groß-Kinos der Filmfestspiele.

Die Kantstraße

Gleich linker Hand (an Haus Nr. 165) erinnert eine Tafel an **Friedrich Spielhagen,** der hier im dritten Stock von 1895 bis zu seinem Tod 1911 wohnte und angelegentlich auf seine literarische wie gesellschaftliche Reputation bedacht war. (»Figuren, die beständig an unser Interesse appellieren und es durchaus nicht wachrufen können«, notierte Fontane zu Spielhagens »Problematischen Naturen«). In Nr. 162 hielt das Malerehepaar R. und S. Lepsius stilvoll Haus. **Stefan George** nahm bei seinen spätherbstlichen Berlin-Besuchen hier Wohnung. Und **R. M. Rilke** bekannte: »Von Stefan George war das ›Jahr der Seele‹ mir von Anfang an bedeutend gewesen; es erschloß sich mir aber erst als Überwältigung, seit ich den Dichter im Lepsius'schen Kreise seine gebieterischen Verse hatte sagen hören.«

In Haus **Kantstraße** Nr. 152, in vier Räumen einer Sechszimmerwohnung, zog im April 1927 (vom »Eckladen« am Westender Königsweg) die Redaktion der »Weltbühne« um. Seit Januar 27 war **Carl von Ossietzky** verantwortlicher Redakteur. In der Nacht des Reichstagsbrandes wurde er verhaftet, er wohnte zu dieser Zeit bereits in der Bayerischen Straße in Wilmersdorf. Am nächsten Tag, 28. Februar 1933, erschien sein letzter »Weltbühne«-Artikel, »Herr **Walter Bloem**«: »Es erleichtert Herrn Bloems Position, daß er heute an der Seite der Mächtigen steht. Aber dadurch werden seine eigenen Romane nicht be-

Die Weltbühne

Der Schaubühne XXIII. Jahr

Wochenschrift für Politik · Kunst · Wirtschaft

Begründet von Siegfried Jacobsohn

Unter Mitarbeit von Kurt Tucholsky
geleitet von Carl v. Ossietzky

Inhalt:

Carl v. Ossietzky: . . . . Die große Verwirrung
Lothar Persius: . . . . Die verschämte Gösch
Alfons Steiniger: . . . . Monstre-Prozeß in Rom
Ignaz Wrobel: . . . . . . Über wirkungsvollen Pazifismus
Ferdinand Timpe: . . . . Die moskauer Hinrichtungen
Alfred Polgar und Theobald Tiger: . . . . . Lied der Kupplerin
Robert Neumann: . . . Die Öffentlichkeit ist ausgeschlossen
Alfred Polgar: . . . . Klabund: „X Y Z"
Harry Kahn: . . . . Blaue Bluse
Manfred Georg: . . . . Trench-Coat
Morus: . . . . Der Politiker Schacht
Bemerkungen von J. Gromans, Mario Mohr, W. Zucker u. a.
Antworten

Erscheint jeden Dienstag
XXIII. Jahrgang   11. Oktober 1927   Nummer 41
Versandort: Potsdam

Verlag der Weltbühne
Charlottenburg · Kantstrasse 152

»Die Weltbühne«

Fedor und Hanns von Zobeltitz

langvoller.« **Kurt Tucholsky,** seit 1924 als Korrespondent der »Weltbühne« und für die »Vossische Zeitung« in Paris, behielt für seine Berliner Zwischenaufenthalte ebenfalls in Nr. 152 ein Quartier. Im Nachbarhaus (Nr. 151), Ecke **Uhlandstraße** wohnte nach der Jahrhundertwende **Hanns von Zobeltitz.** Er hatte 1891 in Potsdam den Militärdienst quittiert, um »sich ganz der Literatur« zu widmen, und teilte »seitdem seine Zeit zwischen redaktioneller Tätigkeit (für Velhagen & Klasing) und freiem schriftstellerischem Schaffen« (v. a. märkischer Romane).
Gegenüber, **Kantstraße** Nr. 12, prunkt in einer merkwürdigen Stilmischung das »**Theater des Westens**«. Es verdankt seine Entstehung (1895/96),

erzählt Hannsens Bruder **Fedor von Zobeltitz,** »der Sehnsucht eines genialen Baumeisters, einen monumentalen Theaterbau zu schaffen, und eines unbeschäftigten Schriftstellers, einmal Theaterdirektor zu werden. Bernhard Sehring und Paul Blumenreich fanden sich zusammen…« Der Musentempel – mal »Goethe-Theater«, dann nach dem Ersten Weltkrieg »Große Volksoper« und »Städtische Oper Berlin« nach dem Zweiten – ist heute wieder Spielstätte für Operetten und Musicals. In seinem Terrassengarten, wo seit 1949 das Delphi-Filmtheater und in dessen Souterrain die »Vagantenbühne« spielen, stand ab 1899 für kurze Zeit das »possierliche kleine Haus« (L. Corinth) der Berliner Sezessionisten (W. Leistikow, M. Liebermann u.a.). Im Herbst 1921 eröffnete im Keller des Theaters **Trude Hesterberg** die »Wilde Bühne«. **Bertolt Brecht** trat hier auf und sang seine bösen »Soldatenballaden«. Es kam zum Skandal. Auch **Walter Mehring**, Kurt Tucholsky, **Joachim Ringelnatz, Klabund** und **Erich Kästner** schrieben Texte für das Kabarett. In Nr. 10 befand sich der Verlag Gustav Kiepenheuer. Literarischer Leiter »in den letzten sechs Jahren vor Hitler« war Hermann Kesten. Im März 33 plünderte die SA die Räume. Um 1905 wohnte in Nr. 16 Franz Mehring, in Nr. 19 Max Kretzer.

Savignyplatz Nr. 5, vierter Stock ... George Grosz rückblickend auf die Zeit nach dem Ersten Weltkrieg: »Ich kam zurück in die Stadt, die für das nächste Jahrzehnt mein Daheim sein sollte, bis New York an ihre Stelle trat... Ich hatte Eva kennengelert, bei Professor Orlik an der Kunstgewerbeschule, hatte mich in sie verliebt und sie geheiratet. Das war 1920 gewesen.« Nach der Emigration kehrte Grosz 1959 aus New York wieder nach Berlin zurück, an den Savignyplatz, wo er in der Wohnung seiner Schwiegermutter seinerzeit Hochzeit gefeiert hatte. Hier starb er bereits wenige Wochen später im Juli 1959, man fand ihn tot im Hausflur.

»Wenn das ›Romanische Café‹ bohememäßig und ›Schwannecke‹ bürgerlich ist, so ist der Club ›Bühne & Film‹ eine elegante Stätte, mit Sekt, mit Jazz, mit Tanz und mit Ecarté, für den mondänen Künstler«: von 1919 bis 26 lag der Club in der Hardenbergstraße Nr. 21-23, ab 1930 Fasanenstraße Nr. 9. Ein reich ausgebildetes Portal, von zwei Löwen flankiert, führt daneben (Nr. 11, die Anlage ist erhalten) in B. Sehrings »Künstlerhaus zum Lukas«. Jede der rund zwanzig Wohnungen hier hatte ein großes Atelier. George Grosz arbeitete in der Steindruckerei, Käte Kruse fertigte im dritten Stock ihre berühmten Puppen; Felix Hollaender wohnte hier und Ernst von Wolzogen (dessen Held, »Der Kraft-Mayr«, unweit als möblierter Herr »in einem der ältesten Häuser am Luisenplatz, drei Treppen hoch, bei der Magistratssekretärswitwe Stoltenhagen« haust). »Neben dem backsteinroten Künstlerhaus an der Stadtbahn«, Fasanenstraße Nr. 15, verbrachte Frank Thieß um die Jahrhundertwende seine Kinderjahre. Eine Zeit der Angst vor der Schule, wie er sich erinnert, aber »verblichenen Glücks« auch, das »von diesen Straßen und Plätzen ausging«.

Im Sommer 1927 übersiedelte **Ricarda Huch** von München nach Berlin. Hier lebte sie bis Oktober 1932 »bei den Böhms« (Schwiegersohn Franz und Tochter Marietta) in der **Uhlandstraße** Nr. 194: »Recht nett ist es, daß wir in die Stadt fahren, wie wenn man vom Land kommt, es ist so etwas Außergewöhnliches und ein richtiger Anlaß.« **Martin Hürlimann**, der Leiter des Atlantis-Verlags in der **Pommerschen Straße** (Wilmersdorf), beförderte seit 1930 entscheidend R. Huchs Werk. So ermöglichte er es ihr v.a., in Ruhe ihre dreibändige »Deutsche Geschichte« zu schreiben. – Das Steinplatz-Seniorenheim, **Uhlandstraße** Nr. 197, wurde 1906/07 als hochherrschaftliches Wohnhaus erbaut, die Jugendstilfassade ist so gut wie unverändert erhalten geblieben. In der in einem Teil des Gebäudes eingerichteten »Pension Steinplatz« logierte Februar/März 1914 **Robert Musil**. Im selben Haus wohnte **Ernst Toller** im Sommer 1924 für kurze Zeit. – **Steinplatz** Nr. 2 beherbergte seit 1963 das »Berliner Künstlerprogramm«. Als einer der ersten kam der englische Dichter **Wystan Hugh Auden**. (Eine Galerie für Ausstellungen und Lesungen wurde in der **Kurfürstenstraße** nahe beim Nollendorfplatz über dem Café Einstein eingerichtet.)

»Gefangener des alten und neuen Westens« immer noch: nach Magdeburger Platz und Kurfürstenstraße wohnte im ersten Jahrzehnt unseres Jahrhunderts **Walter Benjamin** mit seinen Eltern in der **Carmerstraße** Nr. 3. Von hier aus ging er, wie er in der »Berliner Chronik« erzählt, zur querüber »dicht am Stadtbahngelände des Savignyplatzes« gelegenen Kaiser-Friedrich-Schule: »Noch heute kann ich, wenn ich den Savignyplatz passiere, die Angst vergegenwärtigen… Der ganze Bau (war) von altjüngferlicher, trauriger Sprödigkeit… Keine einzige heitere Erinnerung bewahre ich an ihn.« 1920 kam **Carl Zuckmayer** nach Berlin. Sein »chaotisches Stück« »Kreuzweg« war von L. Jessner zur Uraufführung am Großen Haus am Gendarmenmarkt angenommen worden. »Es war ein kalter, garstiger Wintermorgen, als ich zum er-

sten Mal, meinen Koffer selbst schleppend, den Anhalter Bahnhof verließ.« Er kam bei seinem Freund Dr. **Ludwig Berger** in der **Carmerstraße** Nr. 16 unter, der das Stück auch inszenierte. (»Nach drei Aufführungen … verschwand es und ward nie mehr gesehen«.) **Buchhändlerkeller** und **Autorenbuchhandlung** liegen in der Nachbarschaft, und Buchhandlungen auch weiterhin zu beiden Seiten des **Savignyplatzes**.

Carmerstraße Nr. 4 (nicht weit entfernt vom Buchhändlerkeller) begann 1962 das »**Literarische Colloquium Berlin**«. Im Winter 63/64, erzählt **Walter Höllerer** in seinem Bericht »Literarische Sprünge in den sechziger Jahren« (»Berlin / Eine Ortsbesichtigung«, 1992), fand die erste viermonatige Veranstaltung statt: »Prosaschreiben«. Sechzehn junge Autoren (darunter **Nicolas Born** und **Hubert Fichte**) taten hier »erste oder zweite literarische Schritte«, Ergebnis der gemeinsam geschriebene Roman »Das Gästehaus«. Dazu stießen – erzählend, diskutierend – u. a. **John Steinbeck**, **Ernst Bloch**, **Uwe Johnson** und **Alfred Andersch**.

Die **Carmerstraße** wurde eine Art »Literaturstraße«. Zu den vielbesuchten literarischen Treffs gehörten die »Dicke Wirtin« (neben der Autorenbuchhandlung) und der »Zwiebelfisch« (am Savignyplatz).

In dem schön restaurierten Mietswohnhaus **Knesebeckstraße** Nr. 12, an der Ecke zur Goethestraße, lebte von Dezember 1914 bis 32 **Hedwig Courths-Mahler**. **Hermann Suder-**

mann gehörte zu dem illustren Besucherkreis von Bühne und Film. Dessen »konsequent naturalistische Kollegen«, die Romanciers der Großstadt, wohnten in den neunziger Jahren ganz in der Nähe: **Max Kretzer** in Nr. 2, **Karl Bleibtreu** in Nr. 1.

Die Kantstraße zwischen Savignyplatz und Suarezstraße: **Kantstraße** Nr. 26 wohnte **Erwin Piscator** 1920-25. In Nr. 30 der Tabakfabrikant **Ury**. Seine Tochter **Else** hatte Schreibtalent: allein ihre »Nesthäkchen«-Serie, zwischen 1918 und 25 erschienen (darunter 1922 auch »Nesthäkchen und der Weltkrieg«), brachte es bis heute auf eine Auflage von rund sieben Millionen.

Nahe der Kreuzung Kant- (Nr. 126/127?) **Leibnizstraße** lag **Franz Jungs** (Ende der zwanziger Jahre gegründeter) »Dreigroschen-Keller«, ein »Mittelding zwischen Künstler-Rendezvous und Ganoven-Kneipe«. (Jungs zweite Adresse in der Kantstraße: Nr. 162, Deutscher Korrespondenz-Verlag/Ernst-Josef-Aufricht-Produktion.) »Berlin-Charlottenburg/Kantstraße 118/III, Fernsprecher Steinplatz 8998«, signierte **Richard Huelsenbeck**, Impresario, »Trommler« und »Weltmeister der dadaistischen Bewegung«, die Annoncen zur »Dada-Reklame-Gesellschaft« sowie für das »Centralamt der dadaistischen Bewegung in Deutschland«.

Mitte Dezember 1901 erschien mit dem Impressum von 1902 **Else Lasker-Schülers** erster Gedichtband »Styx«. Sie wohnte zu dieser Zeit in der **Wielandstraße** Nr. 3.

Pestalozzistraße Nr. 61 lebte **Ernst Toller** nach seiner Entlassung aus der Festungshaft im Sommer 1924 als Gast mehrere Wochen in **Ernst Niekischs** Wohnung, dessen Haftstube in Niederschönenfeld der Tollers benachbart war. »Er hungerte und dürstete nach pulsierendem Leben; es war, als wollte er rasch nachholen, worauf er so lange hatte verzichten müssen. Verehrer und Verehrerinnen zogen ihn an sich... Es war selbstverständlich, daß er insbesondere die Gesellschaft von Schriftstellern aufsuchte...« (so E. Niekisch in »Gewagtes Leben«).

Nachbarn im Viertel für kurze Zeit auch: **Kurt Tucholsky** Anfang 1924, in der **Windscheidstraße** Nr. 34; **Christian Morgenstern** im Herbst 1899, am **Stuttgarter Platz** Nr. 4; **Heinrich Hart**, 1906 wenige Monate vor seinem Tod (in Tecklenburg/NRW), in der **Rönnestraße** Nr. 4. Herbartstraße Nr. 15 war **Hans Scholz'**, gestorben im November 1988, letzte Berliner Wohnung.

In der **Suarezstraße** Nr. 39 lebte von 1905 bis 09 **René Schickele** als freier Schriftsteller mit seiner Familie. Die Gedichtbände »Mon Repos« und »Der Ritt ins Leben« erschienen in diesen Jahren, und 1909 sein erster Roman »Der Fremde«. In »Trimpopp und Manasse« (1914) rückt die Szenerie expressionistisch noch einmal ins Bild: »Wenn er zum Bahnhof Charlottenburg ging, mußte er immer wieder daran denken: Wie dieser Platz im Frühling plötzlich beginnen werde, grünlich in einer grauen Luft zu schimmern... Abends aber, nach Sonnenuntergang, schwebten die Bahnsteige mit der Silhouette hängender Gärten im durchsichtigen Himmel, der die Farbe wechselte, als wäre er das duftige Spiegelbild großer, brennender Blumenbeete hinterm Horizont ... und hellerleuchtet fuhren die Züge in die Feuer hinein, vor denen die Häuser und die Bäume, alle Straßen und die Gesichter der Menschen erblaßt waren...«

Die **Neue Kantstraße** durchquert den **Lietzenseepark**. Als man sie 1905 anlegte, wurde der See in seiner Mitte künstlich eingeschnürt. »Alte Charlottenburger erzählen noch heute«, berichtet **Kurt Pomplun**, »daß im Lietzensee ein Dorf versunken sei. Auch hätten früher die Fischer mit ihrem Kahn an die Kirchturmspitze gestoßen oder seien mit ihren Netzen daran hängengeblieben.« **Marie von Bunsen** sah noch das weiße Landhäuschen, in dem Prinz Adalbert mit seiner zur Freifrau von Barnim erhobenen morganatischen Gemahlin Therese, geb. Elßler – einer ehemaligen Balletteuse und Schwester der berühmten Fanny – zurückgezogen lebte. »Diese Romanstimmung paßte zur weltverlorenen Stille, nur in weiter Ferne zeigten sich die Charlottenburger Häuserreihen.«

Die Brücke besang **Jakob van Hoddis**: »Die rote Sandsteinbrücke packt/ staubig / die andere Seite vom schwärzlichen Tümpel. / Laternen. Das verirrte Mondlicht zackt / über Sträucher und Wellen und träges Gerümpel. / Doch zu uns tönt der Abendschrei der Stadt...« Er widmete das Gedicht seinem Freund **Georg**

Heym. Der wohnte zunächst (seit 1909) **Neue Kantstraße Nr. 12** und zog dann (1911) mit seinen Eltern an den **Königsweg** (benannt nach dem alten Weg, den die preußischen Könige zwischen Charlottenburg und Potsdam benutzten, heute **Wundtstraße**) Nr. 31. »In 300 Jahren«, notierte Heym in sein letztes Tagebuch, »werden die Menschen sich an den Kopf fassen, wenn sie unser Leben sehen. Sie werden sich wahrhaftig fragen, wie die Günther. Lenz. Kleist. Grabbe. Hölderlin. Lenau, die Hoddis, Heym, Frank überhaupt soweit durchgekommen sind. Und wie es für diese Naturen, (die zu anständig waren, um zu compromißlern, wie die Göthe, Rilke, George etc.) in dieser trüben und vor Wahnsinn knallenden Zeit überhaupt noch möglich war, sich durchzuschlagen.«

In der Nachbarschaft, **Wundtstraße Nr. 33**, befand sich seit 1921 die Redaktion der »Weltbühne«: Ein »unmöglicher Laden, wo soviel Kraft des Personals im Kampf mit den unmöglichen Raumverhältnissen draufgeht«, schimpfte **Siegfried Jacobsohn** am Ende (vor dem Umzug in die Kantstraße). Am 4. April 1918 hatte Jacobsohn seine 1905 gegründete Theaterzeitschrift »Die Schaubühne«, deren Themenschwerpunkte sich allmählich vom Theater zur Politik verschoben, umbenannt in »Die Weltbühne«. In der Wohnung von Jacobsohns Eltern in der **Dernburger Straße Nr. 25** befand sich seit April 1910 die Redaktion der »Weltbühne«. Bis Mai 1915 wohnte Jacobsohn auch hier, um dann

in die Duisburger Straße in Wilmersdorf zu übersiedeln. »Der Mann war
der idealste Redakteur, den unsere Generation gesehen hat«, schrieb **Kurt
Tucholsky** S.J. zum Gedenken. »Tag
für Tag, Heft für Heft hat er sein Erbe
errichtet.«

Rund um die Gedächtniskirche

Aus dem 1889 angelegten Gutenberg-,
1892 dann nach der Kaiserin umbe-
nannten Auguste-Viktoria-Platz wurde 1947 der **Breitscheidplatz**. Eine
Tafel erinnert an den sozialdemokratischen Reichstagsabgeordneten R.

*Kaiser-Wilhelm-Gedächtniskirche im
letzten Kriegsjahr*

Breitscheid, der 1933 ins Exil ging und
44 in Buchenwald umkam: »Die Geschichte wird einmal ein vernichten-
des Urteil nicht nur über diejenigen
fällen, die Unrecht getan haben, sondern auch über die, die dem Unrecht
stillschweigend zusahen.« **Tauent-
zien-**, **Budapester-** und **Hardenbergstraße** münden ein, **Kantstraße**, **Kurfürstendamm** und **Rankestraße** beginnen hier: »Bei uns – um die
Gedächtniskirche rum« (wie F. Hollaender und M. Schiffer 1927 ihre
Kabarettrevue im Theater am Kurfürstendamm nannten) wurde zum geflügelten Wort.

»Die Spitze der schönen Kirche sieht
die Kreuzung der Zeiten und Räume«,
hatte drei Jahre vorher der russische
Dichter **Andrej Belyi** – »Wie schön es
in Berlin ist« – enthusiastisch geschrieben: »Das Vorsintflutliche kreuzt die
anbrechende Zukunft; Moskau kreuzt
Prag, Paris, Sofia. Die Spitze dieser

Kirche ist der Punkt, von dem aus, Radius für Radius, die Russen in Berlin
sich über Charlottengrad verteilen...«
Siegfried Kracauer 1930: »Die **Kaiser-Wilhelm-Gedächtniskirche** am
Abend: wer sie, vom Bahnhof Zoo
herkommend, erblickt – und der
Großstädter überblickt sie überhaupt
nur abends, da sie ihm tagsüber nichts
weiter als ein riesenhaftes Verkehrs-
hindernis ist–, dem wird ein merk-
würdiges, ein beinahe überirdisches
Schauspiel zuteil. Von der religiösen
Baumasse strahlt ein sanftes Leuchten aus ... (das seinen) Ursprung in
den Kaiser-Wilhelm-Gedächtniswän-
den selber zu haben scheint... Der ge-
heimnisvolle Glanz ist in Wirklichkeit
(jedoch nur) ein Reflex. Reflex der
Lichtfassaden, die vom Ufa-Palast an
bis über das Capitol hinaus die Nacht
zum Tage machen.« **Ursula von Kar-**

dorff 1944 (in ihren »Berliner Aufzeichnungen«): »Gingen schließlich
auf den Kurfürstendamm. Die Gedächtniskirche eine leuchtende Brand-
fackel. Zum erstenmal wirkte sie wie
ein romanischer Bau. ›Rund um die
Gedächtniskirche‹ hatten andere Ge-
walten die Lichtreklame angezündet
als in den Zeiten der Vergnügungen.
Es schien, als brenne der ganze Platz.«
Kurt Ihlenfeld 1968, in einer Replik
auf S. Kracauers »kostbaren Text«
(»Loses Blatt Berlin«): »Man kann
nicht umhin, diese Darstellung mit
dem 1959 errichteten Nachfolgebau
zu vergleichen, der ja nun, so Turm
wie Halle, von innen her magisch
leuchtet – ›wie im Berg der Mammon
glüht‹ –, ohne doch dem gegen damals
nicht schwächer gewordenen Rekla-
mezauber seiner Umgebung einen
Dämpfer aufsetzen zu können.«
Gegenüber der Gedächtniskirche,
Tauentzienstraße Nr. 13, wohnte im
zweiten Stock **Hermann Sudermann**
mit Familie, von Ende 1895 bis in den
Ersten Weltkrieg; 1915 zog er in den
Grunewald. Im gleichen Gebäude befand sich das Restaurant »Pschorr-
Haus«, eines der zahlreichen
Künstlerlokale im »Industriegebiet
der Intelligenz« im Neuen Westen.
Wie das auf der gleichen Seite (Nr. 15)
liegende »Cafe Zuntz« auch und das
»Atelier« an der Ecke gegenüber, das
1929 unmittelbar neben dem »Romanischen Café« eröffnet wurde. Als
»besonders gutes und billiges«
Künstlerlokal galt nahebei »Mutz-
bauer«, **Marburger Straße** Nr. 2. Im
ersten Jahrzehnt des Jahrhunderts

wohnte – »bei seinem Zuzug den Blick
noch frei auf kleine Kartoffel- und
Roggenfelder« – in Haus Nr. 12 **Johannes Trojan**.
»**Schwanneckes Weinstuben**«, **Rankestraße** Nr. 4, gehörten zu den großen »Theaterlokalen«. An Premieren-
abenden, erzählt **Eugen Szatmari** in
seinem »Buch von Berlin« (1927),
»verwandelte Schwannecke sich in einen Gerichtssaal«: »Das Femegericht
der Berliner Bühnen nimmt die Arbeit
auf und urteilt ohne Prozeßordnung
und Staatsanwalt, ohne Verteidiger
und ohne Plädoyers…« Bis 24 Uhr
mußten die Rezensionen in den Redaktionen vorliegen, damit sie in den
Morgenblättern erscheinen konnten.
Egon Erwin Kisch hatte hier seinen
nächtlichen Stammtisch. »**Allaverdi**«
am Ende der **Rankestraße** war das berühmteste russische Lokal; **Vladimir
Nabokov** und **Boris Pasternak** verkehrten hier, die Prominenz von Theater und Film (von Stanislawskij bis Eisenstein) trat auf.
Wein und Bier, die Gegensätze zogen
sich an: neben Schwannecke avancierte Mutter Maenz mit ihrem »**Bierhaus**« in der **Augsburger Straße**
Nr. 36 (Ecke **Joachimsthaler**) zum
zweiten bevorzugten »Theaterlokal«;
Kurt Pinthus gehörte von Anfang an
zu den Stammgästen. Nach der Jahrhundertwende hatte **Erich Mühsam**
in der Augsburger Straße bei einem
»Ideal einer toleranten Vermieterin«
ein »Berliner Zimmer«. Es stand auch
Freunden zur Verfügung, »denen der
Heimweg vom Café des Westens zu
weit war oder die gerade kein festes

Quartier hatten«, wie **Peter Hille** oder **Paul Scheerbart**.

»Die Lunte« in der **Eisleber Straße** Nr. 11, ein winziges Boheme-Café in einem ehemaligen Zigarrenladen, gehörte zur **Rankestraße** Nr. 22. Im Verfolg der (räumlichen) Verkleinerung seines Verlages zog **Ernst Rowohlt** aus der Potsdamer in die Passauer und von dort in die **Eisleber Straße** (Nr. 7). »Überall gab es einen Balkon, den Rowohlt, in der einen Hand eine Flasche Mosel, in der anderen einen Band Knut Hamsun, durch seine Körperlichkeit fast ganz besetzt hielt«, berichtet **Stefan Großmann**. Nach der »Machtergreifung« 1933 wurden 50 Prozent der Bücher des Verlages verbrannt, beschlagnahmt oder verboten. Als neue Lektoren kamen 1934 **Ernst von Salomon** und **Friedo Lampe** hinzu, als neue Autorin 35 – trotz ihres Ausschlusses aus der Reichskulturkammer – **Mascha Kaléko**. Rowohlt selbst zog sich mehr und mehr aus dem Büro nach Grünheide zurück, in sein Haus am Peetzsee. Dem Verlag gegenüber, **Eisleber Straße** Nr. 13, stieg **Bertolt Brecht**, zum erstenmal in Berlin, im Frühjahr 1920 ab. Auch von November 21 bis April 22, auf der Suche nach Verlagen für seine Texte und nach Theatern für seine Stücke, wohnte er hier.

In der **Nürnberger Straße** Nr. 2 befand sich die »Russische Konditorei«. In Nr. 13 (nahe Ecke **Tauentzien**) wohnte um 1930 **Ernst Heilborn**, in Nr. 26 von 1882 bis 93 **Ernst von Wolzogen**. »**Nürnberger Straße** 46[II],

Pension Bennecke« (bereits zu Wilmersdorf gehörig), »überwinterte« 1914/15 **Else Lasker-Schüler**. »Bin trostlos«, telegrafierte sie am 9. November an Ludwig von Ficker auf die Nachricht hin von Georg Trakls Tod. Über ihre Situation im ersten Kriegsjahr berichtet **Franz Jung**: »Ich traf sie meist im Café des Westens. Sie saß dort viel allein, wie von allen verlassen…« Ihre Wohnung »ein typisches Altberliner Zimmer mit einem kleinen Podium am Fenster«. Von dem sah sie »auf die Straße hinaus und in ihre Welt, die Kamelstraßen durch die fernen Wüsten, das seit Jahrtausenden angestammte Land des Prinzen von Theben.« **Otto Flake** logierte um 1915, im »Kohlrübenwinter« 17 und 1921 in der »Pension Bruhn«, **Nürnberger Straße** Nr. 65 (nun wieder Schöneberger Gebiet).

Kurfürstendamm: um die **Gedächtniskirche** entstanden um die Jahrhundertwende im Stil der Kirche die »Romanischen Häuser«. Das zweite von 1901 lag zwischen Kurfürstendamm und Tauentzienstraße. Es beherbergte ab 1916 das »**Romanische Café**«. **Leonhard Frank**, einst Stammgast im »Café Größenwahn«, gehörte zu den Künstlern, die nach dem Ersten Weltkrieg den »Umzug« hierher initiierten, in den »Wartesaal des Genius«. **Günther Birkenfeld** prägte den Begriff: »Hier traf sich alles, was zwischen Rejkjavik und Tahiti von Beruf oder aus Liebhaberei mit den Musen und Grazien in irgendeiner Beziehung stand.« **Erich Mühsam** hielt dagegen: »Die Meinungsbörse im Romanischen

Café wird im Ernst wohl niemand als den Sammelplatz freier Geister, aus Protest Entwurzelter und freiwillig Abseitiger ansehen, der das alte Café des Westens gekannt hat.« PEM (eig. **Paul Marcus**) hinwiederum: »Freilich, es ist eine andere Boheme, die Boheme um 1929 – gewissermaßen eine Boheme der Praxis und nicht der Ideale.«

Die bildende Kunst stellte die Renommiergäste, sie saßen am »Cassirertisch«, M. Slevogt führte den Vorsitz. Die Literaten bildeten das Gros: von **Brecht** und **Heinrich Mann** bis **Roda Roda** und **Zuckmayer; Anton Kuh** aus Wien (»Der Kuh im Kaffeehaus«) und **Alfred Polgar,** die illustren Ausländer nicht zuletzt, von **André Gide** bis **Thomas Wolfe.** Und »Dichter, die als Dichter verkleidet waren«, so **Hermann Kesten,** dazu. **Gabriele Tergit** hat 1931 die Szene ironisch zugespitzt beschrieben: »Käsebier erobert den Kurfürstendamm«. Auch für **Peter de Mendelssohns** Romanheld von 1930 »Fertig mit Berlin?« wird das »Romanische« zum »besonders merkwürdigen« Schauplatz. **Christopher Isherwood** über die Situation 33: »Fast jeden Abend kommt die SA ins Café. Manchmal sammelt sie nur Geld; jeder wird genötigt etwas zu geben. Manchmal kommen sie auch, um jemand zu verhaften…« (»Leb wohl, Berlin«). 1965 beschwor **Wolfgang Koeppen** (für K. Wagenbachs »Atlas«) das »Kaffeehaus« noch einmal in einem einzigen (hinreißenden) Satz, in dem es am Schluß heißt: »…wir waren im Purgatorium zwischen Wittenberg-

platz und Zoologischer Garten … über uns loderte die Stadt, brauste der Feuersturm, ich stieg aus dem Schacht, der Turm der Kirche war zerschmettert, und das romanische Haus mit dem Romanischen Café glühte, als leuchtete im Sieg die Oriflamme eines geheimen Vaterlandes.« An der Stelle steht heute das **Europa-Center**.

Kurfürstendamm-Lektüre

A la **Hessel** weiter nun in der »Straßenlektüre«, große Richtung Halensee: »Die Tauentzienstraße und der Kurfürstendamm haben die hohe Kulturmission, den Berlinern das Flanieren zu lehren…« Das »**Kaisereck**«, 1913 bis 15 entstanden, Nr. 237/Ecke **Rankestraße**, markiert den Übergang von der Tauentzien zum Ku'damm, den **Thomas Wolfe** Mitte der dreißiger Jahre noch das »größte Caféhaus Europas« nannte.

Kurfürstendamm Nr. 236 wurde 1913 der erste Film-Palast vor Ort eröffnet, das »**Marmorhaus**«. Der »**Gloria-Palast**« gegenüber (Nr. 12) trägt den Namen des im Zweiten Weltkrieg zerstörten weltberühmten Uraufführungskinos, es eröffnete 1926 mit F. W. Murnaus »Tartüff«.

In Nr. 11 setzen sich im Dezember 1912 in »Mampes guter Stube des Westens« übermütig zwei »Kurt's« in Szene: **Tucholsky** und sein Freund, der Zeichner Szafranski. Sie eröffneten eine »Bücherbar«, »ein richtiger Studikerunfug, über den sich die Leute halb krank ärgerten« (K. T.). **Max**

Von Berliner   Stammtischen.

Die »Modernen« an   ihrem Stammtisch
in einem Café   des Westens.
Paul Scheer-   Berliner Ill.-Ges.
bart (*).   phot.

»Café des Westens«: Die »Modernen« an ihrem Stammtisch

Krell: »…auf die Schaufensterscheibe schrieben sie in weißer Farbe: ›Wer Bücher kauft, kriegt auch Likör‹… Nach wenigen Wochen schloß die Bücherbar, sie war restlos ausverkauft.« Im Hofgebäude des Hauses Nr. 14/15 zog im Frühjahr 1899, von München kommend, **Ernst von Wolzogen** ein. Das Zimmer war »anständig«, die Lage günstig: das »Café Größenwahn« befand sich an der nächsten Straßenecke. Im Haupthaus wurde im April 1918 »**Mampes** (neue) **Gute Stube**« eingerichtet. **Joseph Roth** wählte »Mampe« als Stammlokal. Hier hatte er seine »Ecke«, die alles in sich vereinte: Arbeitsplatz (am Marmortisch entstanden sein erster Roman »Hotel Savoy« und sein bekanntester, »Radetzkymarsch«), Beobachtungswinkel, Treffpunkt (mit **G. Kiepenheuer** und seinen Lektoren,

v. a. **H. Kesten** und **W. Landauer**). Hier fielen im Juni 1932, als das Verbot der nationalsozialistischen Sturmtruppen aufgehoben wurde, auch seine prophetischen Worte: »Es ist Zeit, wegzugehen. Sie werden unsere Bücher verbrennen und uns damit meinen. Wenn einer jetzt Wassermann heißt, oder Döblin oder Roth, darf er nicht länger abwarten. Wir müssen fort, damit es nur die Bücher sind, die in Brand gesteckt werden.« Im »Prinzeß-Café«, das von 1911 bis 21 bestand, verkehrte vor dem Ersten Weltkrieg **Walter Benjamin.** 1893 eröffnete in damals fast unbebauter Gegend in der Nähe eines Kiefernwäldchens das erste Caféhaus am **Kurfürstendamm** überhaupt, das »Kleine Café«: W 15, Nr. 18/19, **Ecke Joachimsthaler Straße.** Als »**Café des Westens**« wurde es alsbald Treffpunkt

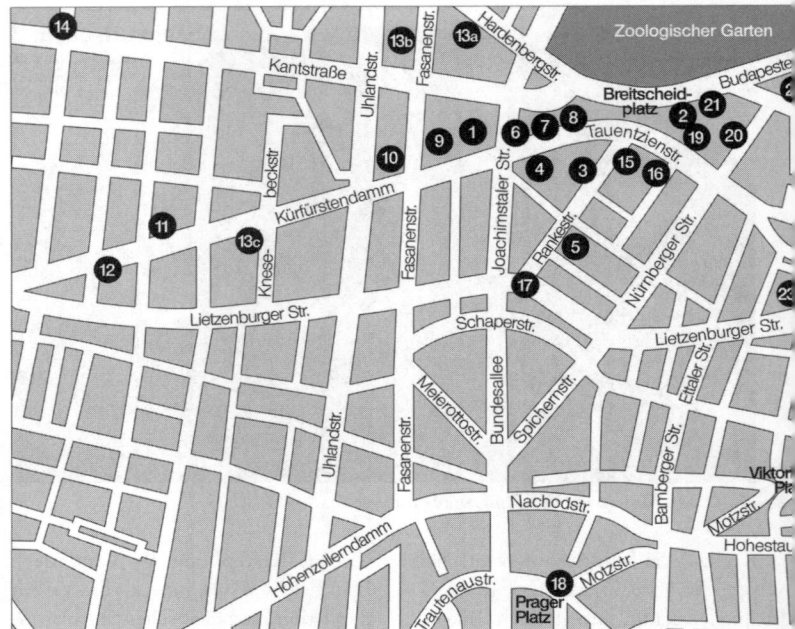

1 **Café des Westens** (Café »Größenwahn«); 1894 gegründet, erstes Kaffeehaus am Kurfürstendamm; Herwarth Walden konzipierte hier den »Sturm«; Treffpunkt auch des »Aktion«-Kreises um Franz Pfempfert und Kurt Hiller. Kurfürstendamm Nr. 18/19, ab 1915 Kurfürstendamm Nr. 26.

2 **Romanisches Café**, die »größte und wichtigste literarische und journalistische Nachrichtenbörse der zwanziger Jahre«, wegen seiner Architektur auch »Wartesaal des Genius« genannt. Kurfürstendamm Nr. 238, seit 1925 Budapester Straße Nr. 10.

3 **Schwannekes Weinstuben**; Anfang der zwanziger Jahre gegründetes Speiselokal, das neben arrivierten Schauspielern auch Diplomaten und Industrielle besuchten. Für Karl Kraus und seine Freunde war stets ein Nebenraum reserviert. Rankestraße Nr. 4.

4 **Maenz Bierhaus**; Treffpunkt der Theaterleute. Die ursprüngliche Kutscherkneipe wurde 1927 in ein Restaurant umgewandelt, zu dessen Stammgästen E. Lubitsch, E. Jannings, Ernst Rowohlt, Maximilian Harden, Alfred Kerr und Joachim Ringelnatz gehörten. Augsburger Straße Nr. 6.

5 **Die Lunte**; Kaffeehaus. 1929 in einem ehemaligen Zigarrenladen eröffnetes Bohèmelokal. Eislebener Straße Nr. 11 (bzw. Rankestr. Nr. 22).

6 **Tucholskys Bücherbar**; 1912 von Kurt Tucholsky und seinem Freund Rüdiger Szafranski eröffnet; auf der Schaufensterscheibe stand: »Wer Bücher kauft, kriegt auch Likör«. Kurfürstendamm Nr. 11.

7 **Mampes Gute Stube**; Stammlokal von Joseph Roth, in dem er den »Radetzkymarsch« schrieb und sich mit Hermann Kesten, Ernst Weiß, Ludwig Marcuse und Walter Landauer traf. Weitere Stammgäste: Alfred Polgar und Roda Roda. Kurfürstendamm Nr. 14/15.

8 **Prinzess-Café**; 1911-1921; später Café Steenwyk. Walter Benjamin schrieb, oft »in der Nähe irgendeiner Jazzbandkapelle«, am »Ursprung des deutschen Trauerspiels«. Kurfürstendamm Nr. 16.

9 **Konditorei Wien**; den hier stattfindenden mittäglichen Stammtisch um den Dichter und Kritiker Max Herrmann-Neiße besuchten vor allem Zeitungsleute. Kurfürstendamm Nr. 26.

10 **Weinrestaurant Kempinski**; das Restaurant des 1926 eröffneten gleichnamigen Hotels wurde zum Treffpunkt arrivierter Künstler. Kurfürstendamm Nr. 27 (Ecke Fasanenstraße).

11 **Konditorei Schneider**; Joseph Roth bevorzugte das im Gegensatz zum »Romanischen« ruhige, Ecke Schlüterstraße gelegene Café zum Schreiben,

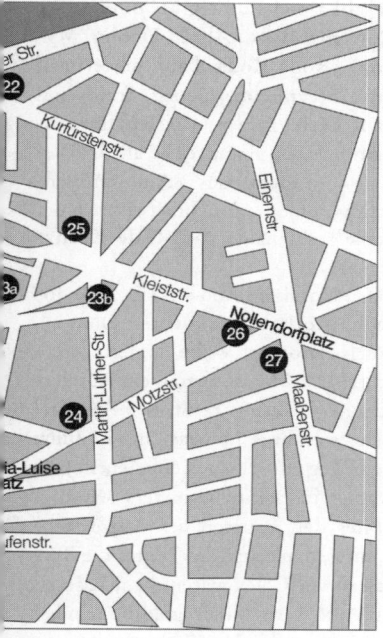

ebenso wie Ludwig Marcuse und Rudolf Leonhard. Kurfürstendamm Nr. 51.

12 **Konditorei Leon**; im Mendelssohn-Bau (der heutigen »Schaubühne«, damals das »Kabarett der Komiker«) gelegenes Café. Erich Kästner arbeitete hier, seit er in der Roscherstraße wohnte. Kurfürstendamm Nr. 155a.

13a,b,c **Klub Bühne und Film**; elegante (Künstler-) Tanzbar. Bis 1926 Hardenbergstraße Nr. 21: 1927-1929 Fasanenstraße Nr. 9; ab 1930 Knesebeckstraße Nr. 50/5.

14 **Dreigroschen-Keller**; von Franz Jung Ende der zwanziger Jahre gegründeter Keller-Nachtclub, der, zeitweise sehr in Mode, von Ganoven, Theaterleuten und Exzentrikern besucht wurde. Kantstraße.

15 **Restaurant Pschorr-Haus**; Zentrum des Lokals war der hier bis 1923 tagende Schauspieler-Stammtisch. Tauentzienstraße Nr. 13.

16 **Café Zuntz**; im 1. Stock entstand Anfang der dreißiger Jahre ein bescheidener Ableger des »Romanischen Cafés«, der nach 1934 Zuflucht vieler anti-na-

zistischer Intellektueller wurde. Tauentzienstraße Nr. 15.

17 **Allaverdi**; bekanntes russisches Restaurant. Zu den Gästen gehörten, neben Vladimir Nabokov, fast alle prominenten Russen, die Berlin in den zwanziger Jahren besuchten: Maxim Gorki, Boris Pasternak, A. Pawlowa, W. E. Meyerhold, K. Stanislawski und S. Eisenstein (s. auch »Russen in Berlin«). Rankestraße.

18 **Prager Diele**; der Kreis um Ilja Ehrenburg und Boris Pasternak hatte hier seinen Haupttreffpunkt. Prager Platz.

19 **Atelier**; Bar und Verkaufsort für moderne Bilder, in Pendelnähe zum »Romanischen Café«. Tauentzienstraße Nr. 12b.

20 **Russische Konditorei**; eines der vielen kleinen russischen Lokale zwischen Nollendorfplatz und Zoo. Nürnberger Straße Nr. 3.

21 **Künstlerkaffee**; kleines, einfaches Kaffeehaus mit Kabarettbühne, auf der zwischen 1920 und 1930 Erich Weinert, Ernst Toller, Mascha Kaléko, Erich Mühsam und Erich Kästner auftraten. Kurfürstendamm Nr. 242 (bzw. Budapester Straße Nr. 14).

22 **Bar im Eden-Hotel**; den in den zwanziger Jahren hier gegründeten Künstlerstammtisch besuchten Gustaf Gründgens und Marlene Dietrich, Heinrich Mann, Erich Maria Remarque, Leonhard Frank und Alfred Polgar. Kurfürstendamm Nr. 246/247 (bzw. Budapester Straße Nr. 8).

23 **Restaurant Schlichter**; solides Speiselokal. Der Maler Rudolf Schlichter führte die Prominenz bei seinem Bruder Max ein. Treffpunkt des »Club 1926« um Alfred Döblin und Erwin Piscator. Ansbacher Straße Nr. 46, ab 1929 Martin-Luther-Str. Nr. 33.

24 **Restaurant Horcher**, vornehmes kleines Restaurant ohne Musik, dessen individueller Service viele Künstler und Prominente anzog, so z. B. Franz Werfel und Fritzi Massary. Martin-Luther-Str. Nr. 20/21.

25 **Jockey-Bar Schulze**; Pianist und Jazzmusiker Ernst Engel spielte hier Klavier. Gäste waren u. a. die Maler Slevogt und Liebermann, Franz Werfel, Ernest Hemingway, Klaus und Erika Mann, Gustaf Gründgens und Marlene Dietrich. Martin-Luther-Str. Nr. 2.

26 **Café Nollendorf-Casino**; um die Jahrhundertwende gegründetes beliebtes Schriftstellercafé. Treffpunkt der u. a. von Rudolf Steiner geleiteten Vereinigung »Die Kommenden«; später tagten hier »Neuer Club« und »Neopathetisches Cabaret«. Kleiststraße Nr. 41.

27 **Café Leon**; in der kleinen Konditorei am Nollendorfplatz, der östlichen Grenze von »Charlottengrad«, trafen sich die Mitglieder des russischen »Hauses der Künste« und des »Schriftstellerclubs«.

der Künstler und Literaten aus den umliegenden Ateliers. Hier gründete **Ernst von Wolzogen** 1900 das »Überbrettl«, und **Max Reinhardt** entwarf seine »Schall- und -Rauch«-Bühne. Die »Friedrichshagener« fanden sich mit den **Gebrüdern Hart** ein. **Erich Mühsam** verglich 1903 das Café mit dem »Stefanie« in München (»Da sitzen sie – die Bohemiens und die, die sich dafür halten«), aus dem Spottnamen »Café Größenwahn« wurde ein Ehrentitel. **Herwarth Walden** und **Else Lasker-Schüler** verbrachten große Teile ihres gemeinsamen Lebens hier: »Das Café wurde zu unserer nächtlichen Heimat, unserer Oase, unserem Zigeunerwagen, unserem Zelt...« Der »Walden-Kreis« bestimmte alsbald die ganze Atmosphäre. Ab 1907 fielen die ersten Expressionisten um **Kurt Hiller** und sein »Neopathetisches Kabarett« ein. **Leonhard Frank** kam im Herbst 1910 »das erste Mal ins Café des Westens« und verließ es, wie er in »Links, wo das Herz ist« erzählt, »erst fünf Jahre später wieder auf längere Zeit«. 1914 lernte er **Egon Erwin Kisch** hier kennen, als dieser mit seinem eben erschienenen Roman »Der Mädchenhirt«, umschwärmt von einer erklecklichen Anzahl hübscher junger Mädchen (»siehe Romantitel«), seinen Einzug hielt. Inzwischen hatte eine Literaturrevolution im »Größenwahn« stattgefunden: **H. Walden** hatte den »Sturm«, **Franz Pfemfert** die »Aktion« ins Leben gerufen. Noch einmal strömten neue Gäste hinzu, darunter die (schreibenden) Maler **Oskar Ko-**

koschka und **Ludwig Meidner** sowie **Gottfried Benn**, **Alfred Döblin**, **Mynona**, **Roda Roda**, **Paul Scheerbart**, **Carl Sternheim**, **Georg Trakl** und **Paul Zech**. 1913 wurde **Kurfürstendamm** Nr. 26 ein neues »Café des Westens« eröffnet, das »Alte Größenwahn« schloß am 3. Juli 1921. An der Stelle steht heute das »**Café Kranzler**«.

Das »**Hotel am Zoo**«, Nr. 25, war **Joseph Roths** bevorzugtes Domizil. Auch **Thomas Wolfe** logierte 1936 hier: »Der Mai ist überall ein wunderschöner Monat«, heißt es im Kapitel »Der schwarze Messias« in »Es führt kein Weg zurück«, »aber in jenem Jahr war er in Berlin besonders schön... Unter den Bäumen des Kurfürstendamms flanierten die Leute, die Terrassen der Cafés waren dicht besetzt, und die Luft dieser goldfunkelnden Tage schien wie Musik zu schwingen.« Der Abschied (»Ein großer Narr«) beschwört die Gegenbilder: »Der Kurfürstendamm lag still und leer da... Die schönen Baumkronen, die in der Mitte des Fahrdamms die Straßenbahnschienen überwölbten, hatten ihre sommerliche Frische bereits verloren... Drei Häuserblocks weiter, am Ende der Straße, schlug die Uhr der Gedächtniskirche verspätet sieben.« **Günther Weisenborn** fand im »Hotel am Zoo« im Sommer 45 ein Obdach.

Das Nachbarhaus, Nr. 26, eines der wenigen Beispiele für die »Kurfürstendammarchitektur« der Gründerzeit, beherbergte um die Jahrhundertwende die »Pension Stern«, **Heinrich**

Mann wohnte 1905 hier. **Wilhelm Herzog** war Dauermieter. In der »Pension Fasaneneck«, die später hier eröffnet wurde, stieg **Klaus Mann** um 1930 öfters ab. Ebenfalls im Haus das »Café Wien«. **Max Herrmann-Neiße** – »Macke«, wie ihn **PEM** in seinem »Heimweh«-Buch nannte –, gehörte zu den »Ständigen«, Kabarettleuten vor allem, im Café und schrieb in dunkler Vorahnung Ende der zwanziger Jahre: »Hinter all dem zärtlich Schönen / geht die Raserei auf Raub...«

In Haus **Kurfürstendamm** Nr. 27 eröffnete im September 1926 »**Kempinski**« seine Kurfürstendamm-Filiale. **Franz Hessel:** »Vor vielen Cafés gehen die Terrassen weit auf das Trottoir hinaus und machen Haus und Straße zu einer Einheit.« Eine nicht unironische »Tatort«-Beschreibung einer solchen »Einheit« (mit »einer Ansammlung füllig straffer Damen, die Gebäck in sich hineinlöffeln«) gibt **Günter Grass** im »Tagebuch einer Schnecke« (1969).

Überm Damm erinnern zwei Gedenktafeln an **Max Herrmann-Neiße** (an Nr. 215, Porträtrelief nach der Zeichnung von George Grosz) und **Robert Musil** (an Nr. 217), der in der nun hier etablierten »Pension Stern« Sommer 33 mit seiner Frau Martha lebte und, von einem kleinen Kreis von Geldgebern unterstützt, am »Mann ohne Eigenschaften« schrieb (Anfang März 33 erschien Band 2).

An der nächsten Ecke (Nr. 213) liegt zur Uhlandstraße hin das **Maison de France.** »...da, wo der **Kurfürsten-**damm immer am meisten Kurfürstendamm war ... **Ecke Uhlandstraße«,** wollen **Dieter Hildebrandts** »Leute vom Kurfürstendamm« am Ende des Romans das Denkmal zu Ehren von Bismarck aufstellen, mit dessen Worten (von 1896) ehern eingegossen: »...Ich habe den Berlinern Luft verschafft. Den Kurfürstendamm habe ich ganz allein durchgekämpft...« (Gegenüber dem U-Bahn-Eingang Uhlandstraße sähen Hildebrandts Leute Begas' »Bismarck« vom großen Stern am liebsten hinversetzt, anstelle der futuristischen Uhr: »Die scheußliche Uhr mußte weg, diese Digitalscheuche, dieses Schrapnell von einem Chronometer, dieser mißratene Stundenstiel. Das Monstrum fort und Bismarck an seine Stelle...«)

In die 1905 eröffneten Ausstellungsräume **Kurfürstendamm** Nr. 208/209 (heute Neubauten der sechziger und siebziger Jahre) zog von der Kantstraße aus die »Berliner Secession«. Im Kriegswinter 1917/18 trommelte sich **Richard Huelsenbeck** hier durch die ersten Dada-Soiréen: »Schweinsblase Kesselpauke Zinnober cru cru cru / Theosophia pneumatica / die große Geistkunst=poème bruitiste aufgeführt/ zum erstenmal...« (Schauplatz des Romans »Dr. Billig am Ende« ist die großstädtische, vom Kriegserleben gezeichnete Hauptstadt.) 1921 eröffnete in den umgestalteten Räumen mit **Curt Goetz'** »Ingeborg« hier das »Theater am Kurfürstendamm«. Im Haus daneben (Nr. 206/207) richtete 1924 **Max Reinhardt** die »Komödie« ein, 28 war er Intendant beider Boulevardbühnen. **Erwin Piscator** hatte in Nr. 206 in den sechziger Jahren eine Wohnung.

Auf der Nordseite des Boulevards befanden sich in »weiland W 15« noch einmal zwei Künstlercafés: die »**Konditorei Reimann**« (Nr. 35), mit überwiegend jüdischem Publikum, gegen das schon Anfang der 30er Jahre Goebbels' SA-Trupps randalierten, und die »**Konditorei Schneider**« (Nr. 51, Ecke **Schlüterstraße**). Bei Schneider, so **Georg Zivier**, »herrschte paradiesische Ruhe... Joseph Roth hatte hier sein eigentliches Arbeitscafé.« Auch **Rudolf Leonhard** verkehrte hier, und **Ludwig Marcuse** fühlte sich besonders wohl: »Nur Cafés, in denen man auch die kennt, die man nicht kennt, ziehen mich an; sie sind die freieste Heimat.« Eines der Serviermädchen, »eine kapriziöse Brünette im Teenageralter« (G. Zivier), wurde Marcuses Frau.

Zurück noch einmal zu den Querstraßen. 32 verschiedene Namen haben die Querstraßen des Ku'damms, schreibt **Annemarie Weber**, »kein Gedicht erfaßt seine Sphäre besser als ihre einfache Reihung.« **Mascha Kaléko** widmete den Querstraßen Gedichte: »**Bleibtreu** heißt die Straße«, heißt es da, »Hier besuchten mich meine Freunde / und die Gestapo«, und ihr Abschiedsgedicht »Das letzte Mal« setzt der »**Mommsenstraße 44**« ein Denkmal.

In der **Joachimsthaler Straße** wohnte vom Ersten Weltkrieg an bis zu seiner Emigration 1933 **Martin Beradt**, zuerst in Nr. 25/26 (am **Rankeplatz**),

dann in Nr. 15; hier schrieb er v. a. an seinem (über Jahrzehnte geplanten und posthum erst 1966 erschienenen) Roman »Die Straße der kleinen Ewigkeit«. Zur Kantstraße hin, in Nr. 6, wohnte **Martin Gumpert**.

Fasanenstraße Nr. 34 (Ecke **Lietzenburger**) kam durch **Hans Scholz** zu literarischen Ehren. Im Vorspann zu seinem »Schriftwerk« »Am grünen Strand der Spree« erklärt er sich: »Anlaß, Verlauf und Schluß des nächtlichen Zusammenseins in der Jockey-Bar vom 26. auf den 27. April des Jahres 1954, von Hans Schott getreu nacherzählt, bilden ein Rahmenwerk um die Geschichten, die damals in der alten Jockey-Runde vorgebracht worden sind.« Am Ende erwies sich's als »So gut wie ein Roman«. In Haus Nr. 70 wohnte im Winter 1931/32 **Jochen Klepper**, in Nr. 72/73 nach der Jahrhundertwende **Ernst von Wolzogen**. Gegenüber liegen die **Villa Grisebach**, das **Käthe-Kollwitz-Museum** und – mit einer Buchhandlung im Souterrain und dem Café »Wintergarten« – das **Literaturhaus Berlin**. Im weiteren Verlauf der Straße (Nr. 79/80), nördlich des Kurfürstendamms, wurde 1912 die erste **Synagoge** im Berliner Westen eröffnet. Heute erinnert nur noch das alte Portal der (1938 zerstörten und 58 endgültig gesprengten) Synagoge vor dem neuen Gemeindehaus an das einmal berühmte jüdische Zentrum. In der Eingangshalle Büste von **M. Mendelssohn** (von 1785) und Vitrinen mit Dokumenten und Kultgeräten zur mehr als 300jährigen Geschichte der Jüdischen

Literaturhaus Berlin in der Fasanen-straße

Gemeinde in Berlin, im rückwärtigen Säulenhof Gedenkstätte.

Uhlandstraße: Gerhart Pohl kehrte nach dem Tod von Gerhart Haupt-mann am 6. Juni 1945 in »Haus Wie-senstein« in Agnetendorf von Schle-sien nach Berlin zurück und fand in Haus Nr. 173/174 (südlich nahe vom Kurfürstendamm) eine Wohnung.

Knesebeckstraße: Moritz Heimann, seit 1895 Lektor bei S. Fischer, wohnte im ersten Jahrzehnt unseres Jahrhun-derts in Nr. 45. Hier im Gartenhaus fanden sich, wie **Jakob Wassermann** berichtet, »Leute aus allen Teilen des Reichs oft ein, die sich eine weite Reise nicht verdrießen ließen, um ein paar Stunden mit ihm zusammenzusein.« In »Wohnungen und Wege/Berliner Kindheit um 1930« (»Schnittpunkte«) erinnert sich **Kyra Stromberg** auch der Knesebeckstraße und der elter-

lichen Gartenhauswohnung dort: »Schauplatz für das Ende einer eigen-sinnig verteidigten Kindheit und ein überstürztes Erwachsenwerden ... für die Ahnung (auch) vom fürchterlichen Fortgang der Geschichte, die mit Marschtritten in dieses Refugium drang.«

Bleibtreustraße: Anfang des Jahrhun-derts wohnte **Max Reinhardt** in Nr. 42, in den dreißiger Jahren (1936/ 37, gemeldet bis 38), **Mascha Kaléko** in Nr. 10/11: »Hier war mein Glück zu Hause. Und meine Not«, schrieb sie im Herbst 1974, als sie noch einmal die »Bleibtreu« entlangging, im Rück-blick. 1955 kehrte **Tilla Durieux** end-gültig nach Berlin zurück – ab 52 hatte sie bereits wieder hier gastiert und 54 in der »Urania« zum ersten Mal öf-fentlich aus ihren Memoiren »Eine Tür steht offen« gelesen. Sie wohnte zunächst in Nr. 24, später dann bis zu ihrem Tod in Nr. 15. »Die Tür zu T. D. war immer geöffnet, sofern da jemand kam, an dem sie Interesse gefunden hatte«, schreibt J. W. Preuß.

Schlüterstraße: »Wenn ich ein Trüm-merland auch wiederfand, / Bist du es doch: mein Deutschland, Vater-land...« Als einer der ersten Emigran-ten kehrte **Johannes R. Becher** aus Moskau nach Berlin zurück: »Ein Quartier zunächst in einer freige-machten Wohnung, wo noch alles her-umliegt«, heißt es im Juni 45 in einem Brief an Lilly, seine Frau. Die Woh-nung befand sich im zweiten Stock von Haus Nr. 45. Dort war auch das Büro des »Kulturbundes zur demo-kratischen Erneuerung Deutschlands«. In Haus Nr. 20 (nahe der Kreuzung Kantstraße) wohnte um 1910 **Alfred Döblin**; in Nr. 78 von September 1889 bis März 91 **Gerhart Hauptmann** mit seiner Familie, **Ibsen** besuchte ihn hier.

Wielandstraße: in Haus Nr. 23 wohnte um die Jahrhundertwende, jungvermählt, **Paul Ernst**.

Rings um die **Leibnizstraße** (benannt seit 1869) dauerte es nach der Eröffnung des »Stadtbahnhofes Charlottenburg« 1882 noch zwei Jahrzehnte, bis das Gelände südlich des Stadtbahndammes einigermaßen bebaut war. Historiker, der »Stolz des Jahrhunderts«, gaben den Straßen die Namen. Mommsen (1897) voran. »Unter seinem Namen« wohnten in der **Mommsenstraße**, meist über kurz nur: **Joseph Roth** 1922 in Nr. 66; **Robert Musil** 1914 in Nr. 64; länger (vom Beginn der dreißiger Jahre bis zu seinem Tod 1941) in Nr. 60 **Max Kretzer**; **Felix Hollaender** um 1910 in Nr. 22 (von hier zog er vor dem Ersten Weltkrieg in die **Waitzstraße** Nr. 8); **Ludwig Renn** 1928/29 (sein Roman »Krieg« war gerade erschienen) in Nr. 51; Nr. 44 ist, wie schon erwähnt, **Mascha Kalékos** Abschiedsgedicht, als sie im September 1938 mit Mann und Kind Deutschland verließ, gewidmet.

Marieluise Fleißer, 1926/27 von **Lion Feuchtwanger** und **Bertolt Brecht** nach Berlin »mitgenommen«, wohnte zeitweilig in der **Niebuhrstraße** Nr. 68. (Später, nun mit **Hellmuth Draws-Tychsen** zusammen, zog sie zunächst nach Steglitz und dann in die **Barfusstraße** Nr. 7 im Wedding).

Clausewitzstraße: Ernst von Salomon hatte im Hinterhaus von Nr. 5 »eine kleine Zweizimmerwohnung... Außer Herrn Cetteler, dem Portier, und dem Inhaber eines kleinen Milchladens, der sich neben dem Portal befand, sowie einem pensionierten Herrn vom Auswärtigen Amt im Parterre des Vorderhauses wohnten nur jüdische Mieter im Hause.« »An jenem Novemberabend des Jahres 1938« wurden er und seine Frau Ille auf dem Heimweg (nach einem Besuch bei dem befreundeten **Axel Eggebrecht** in der **Sächsischen Straße**) in Wilmersdorf am **Olivaer Platz** Zeuge der organisierten antijüdischen Pogrome, des Terrors der »Reichskristallnacht«, wie sie alsbald verfälschend genannt wurde.

Dahlmannstraße: Martin Beradt wohnte bis zum Ersten Weltkrieg in Haus Nr. 35. Sein Erstlingsroman »Go« (1908/09), eine psychologisch fundierte Selbstmördergeschichte von den Leiden eines Knaben, der an seiner bürgerlichen Umwelt zerbricht, den Moritz Heimann spontan S. Fischer zur Veröffentlichung vorschlug, verschaffte dem bekannten Anwalt schlagartig auch Anerkennung in der literarischen Szene.

Roscherstraße: Mit dem Erfolg kam das Geld. Also mietete sich im September 1929 **Erich Kästner** im Gartenhaus, vierter Stock, von Nr. 16 eine eigene Wohnung: »3 Zimmer, Morgensonne, Balkon, 1 Bad, Klosett, zusammen 1 Küche. 1 Mädchenkammer, kleine Diele, Speisekammer, zwei eingebaute Schränke. Zentralheizung, Telefon«, teilte er stolz dem »lieben, guten Muttchen« mit und zeichnete ihr einen Plan. Vorteil außerdem: Der Ku'damm lag (abermals) vor der Tür, das »**Leon**« am **Lehniner Platz** wurde das neue »Arbeitscafé« für die »kleine Versfabrik«. In der Nacht vom 15. auf 16. Februar 1944 brannte das Haus aus.

Atelierhaus Arnold Zweigs im Eichkamp

»Dreitausend Bücher, acht Anzüge, einige Manuskripte, sämtliche Möbel, zwei Schreibmaschinen, Erinnerungen in jeder Größe und Haarfarbe...« fielen britischen Phosphorbomben zum Opfer. Noch am selben Tag zog Kästner zu Luiselotte Enderle, **Sybel-/Ecke Giesebrechtstraße**. Zum Sommersemester 1903 bezog **Oskar Loerke** die Universität Berlin, »um Philosophie, Geschichte, germanische Philologie und Musik« zu studieren. Im Gartenhaus **Roscherstraße** Nr. 3 hatte er ein Zimmer. 1907 erschien sein »erstes erzählendes Buch« (»Vineta«): »Seither wurde ich im Hauptberuf Schriftsteller.«

Ab **Lehniner Platz** wird der Ku'damm »wilmersdörfisch«.

Vom Westend nach Plötzensee

»Ein magisches Dreieck war es schon. Zwischen Eichkamp, dem Theodor-Heuss-Platz, der damals noch Reichskanzlerplatz hieß, und dem Funkturm liegt für mich das, was man Heimat nennt«, bekennt **Horst Krüger** in seinem »Zeitbild« »Radiozeit« (1992). Er verbrachte, geboren 1919 in Magdeburg, Kindheit und Jugend in Eichkamp, **Eichkatzweg** Nr. 35. »Erste Erinnerung: Ich stehe im Garten unseres Eichkamper Hauses. Es ist ein bescheidenes Siedlungshaus, eigentlich nur der Abschnitt eines Reihenhauses, ein Scheibchen vom frischgebackenen Siedlerbrot, das wir jetzt kauen. 1925 muß es gewesen sein ... und sehe den Funkturm wachsen.« »Ein Ort wie Eichkamp« heißt auch das erste Kapitel von Krügers Erinnerungsbuch »Das zerbrochene Haus« (1966/76). Erinnerungen an die Nachbarn: »Arnold Zweig wohnte damals in Eichkamp. Sein modisches Flachdach war undeutsch und mußte gleich nach seiner Flucht germanisch gegiebelt werden. Ludwig Marcuse wohnte drei Häuser neben uns und war auch 33 geflohen. Man merkte das alles nicht. Direkt neben uns wohnte **Elisabeth Langgässer**. Sie kam manchmal zu uns, Beromünster zu hören. Sie sagte immer, der Hitler habe in drei oder vier Monaten ›abgewirtschaftet‹. Das sei doch klar. Sie glaubte das zwölf Jahre lang. Und blieb bis zum Schluß.« Im Garten des Langgässerschen »Eichkatznestes« gab es »einen großen Kirschbaum, das Mädchen«, erzählt Cordelia, Elisabeth Langgässers Tochter, »hat ein Herz mit ihren Initialen und denen des Nachbarjungen (C/H=Horst) in die Rinde geschnitten. Das Messer rutschte ab, und sie schnitt sich ins Handgelenk, die kleine Narbe neben der Pulsader wurde das Siegel der Zugehörigkeit... Später sollte das Auschwitzzeichen auf denselben Arm tätowiert werden.« »Dela« durfte, »als der Judenstern kam«, nachts nicht mehr zu Hause schlafen, sondern mußte jedes Mal in ein »Judenhaus«, und kam 1943 mit einem »Judentransport« über Theresienstadt nach Auschwitz und nach Kriegsende nach Schweden (**Cordelia Edvardson**, »Gebranntes Kind sucht das Feuer«).

Nachbar **Ludwig Marcuse** »faßte im lichten Dörfchen mit kindlich-schlichten Straßen und Häuschen Wurzeln – wie eine Eiche.« Für gerade mal drei Jahre, die »Republik wurde (bereits) ausgezählt.« **Arnold Zweig** wohnte **Zikadenweg** Nr. 59 und hatte am **Kühlen Weg** Nr. 9 – ein »weißer Würfel zwischen kleinen Gärten und dem Wald, Spielplätzen und Kiefern. Nachts tastet der Scheinwerfer des Funkturms an seine Ostwand, tagsüber überfliegen ihn Flugzeuge« – sein Atelierhaus. **Marienburger Allee** Nr. 43, im Haus seiner Eltern, wurde im April 1943 **Dietrich Bonhoeffer** verhaftet. Heute ist dort eine Erinnerungs- und Begegnungsstätte.

Messedamm: der **Funkturm** (von 1926) über der »Funkstadt Witzleben« wurde nicht nur das Wahrzeichen des Berliner Messegeländes, sondern ein Symbol von Berlin schlechthin: »Berliner Jahre kommen und gehen, Sturm wird kommen – der Turm wird stehen«, verkündete bei seiner Einweihung am 3. September 1926 nicht ohne Pathos **Alfred Braun**. »Sieh nur her«, sagt zwei Jahrzehnte später Ewald Hauteville in **Elisabeth Langgässers** »Märkischer Argonautenfahrt«, »und deutete jetzt von dem Funkturm der ehemaligen Reichshauptstadt auf ein Ruinenfeld, über das sich mit langhinlaufendem Heulen die letzte Sirene niedergesenkt und das sie wie Gog und Magog mit ihrem Drachenleib zugedeckt...« Lyrischer Nachklang 1974 bei **Aldona Gustas**: »der Funkturm / hat heute nacht / in der Havel gebadet... Hat heute nacht / den Grunewaldturm geküßt.« (Am Fuße des Turms das Deutsche Rundfunkmuseum.)

Rundherum ist Berlin die **Messe** wert. Mit der Halle I begann 1914 die Tradition des Platzes. Die Halle ist inzwischen zerstört. Doch das **Internationale Congress Centrum** (ICC) von 1979 am **Messedamm**, im Blickpunkt der als Einfahrt in die Stadt dienenden Avus, zeigt ähnliche Strukturen und setzt nun die neuen Signale, vergleichbar denen alter Stadttore. Vorm Haupteingang auf der Schmalseite zur Masurenallee hin, abgewandt vom eigentlichen Messebereich, J. Ipousteguys Plastik »Ecbatane«: »Der Mensch baut seine Stadt«.

Dem Funkturm schräg gegenüber liegt an der **Masurenallee** H. Poelzigs »**Haus des Rundfunks**«. »Stein und

Eisen«, hatte Poelzig wie vorausschauend 1922 geschrieben, »sind die schärfsten Gegensätze als konstruktive Grundfaktoren: Stein braucht Masse, Eisen Auflösung«. Im Januar 1931 zogen die Radiomacher vom Vox-Haus am Potsdamer Platz hier ein. Im Dezember 1957 besiedelte es der drei Jahre zuvor gegründete »Sender Freies Berlin« (SFB). Längst ist es ein Denkmal für ein Stück deutscher Rundfunkgeschichte. Auch für die frühe »Radiozeit« der Literatur. Vor dem Mikrofon im Programm der Jahre bis 33 u. v. a.: **W. Benjamin, G. Benn, A. Döblin, A. Eggebrecht, G. Hauptmann, E. Kästner, H. Kasack, O. Loerke, E. Toller**. Das literarische Ressort unterstand **Edlef Köppen**. Chef des Hörspiels (»und – nach A. Eggebrecht – so etwas wie ein Vorposten von Goebbels«) war **Arnolt Bronnen**. **Bertolt Brecht** inszenierte »Hamlet«, **Günter Eichs** Traumspiel »Eine Stunde Lexikon« wurde in der »Funkstunde« im September 1933 erstgesendet. »Nach Hitlers Machtergreifung«, so **Horst Krüger** in »Radiozeit«, »muß sich in diesem Haus vieles abgespielt haben, was beschämend bleibt, bis heute ... Der Kampf zwischen den Resten demokratischer Freiheit und der Naziideologie muß (hier) von barbarischer Härte gewesen sein.« Und er erinnert an das Schicksal von **Jochen Klepper**, der 1933 noch als literarischer Lektor angestellt war, dann aber ausgestoßen wurde. Krüger: »Ich erinnere in diesem Augenblick daran, weil in diesem Haus daran nichts erinnert. Ich könnte mir denken, daß hier im Lichthof eine Gedenktafel auch an solche Schicksale erinnert.«

Kaiserdamm: Theodor Tagger – unter seinem nom de guerre **Ferdinand Bruckner** später bekannter – heiratete 1920 in Berlin, war Dramaturg am Neuen Theater am Zoo und nahm 23 in Haus Nr. 102 Wohnung (Gedenktafel). Ein Jahr zuvor hatte er mit seiner Frau (in der Hardenbergstraße) das **Renaissance-Theater** gegründet. 1929 zog er nach Wilmersdorf, in die Emser Straße. Im Januar 1931 verlegte **Alfred Döblin** – als »Alexanderplatz«-Autor erfolgreich, als Arzt der Kassenpraxis verlustig – Wohnung und Praxis von der Frankfurter Allee in Friedrichshain in den Westen, Adresse nun: **Kaiserdamm** Nr. 28. Am 11. April eröffnete Döblin die 64. Ausstellung der »Berliner Secession«; die Rede, von der »Berliner Funkstunde« übertragen, provozierte heftige Proteste. Ende Mai begannen die »Donnerstagsabende« im Döblinschen Haus, Gespräche basierend auf den (im Februar bei S. Fischer erschienenen) »Offenen Briefen an einen jungen Menschen« »Wissen und Verändern!«: »In einer Zeit, die allerhand Nord- und Südpolexpeditionen mit modernen Mitteln ausstattet, die Vorstöße in die Stratosphäre plant, ist es unbekannt, daß noch ein ganz neuer Erdteil in der nächsten Nachbarschaft zu entdecken ist ... die Masse.« Unter den Teilnehmern auch **E. Mühsam, O. Loerke, K. Mehnert, A. Eggebrecht, Irmgard Keun** und **Harro Schulze-Boysen** (Gedenktafel an den in Plöt-

zensee hingerichteten Widerstandskämpfer am Wohnhaus **Altenburger
Allee** Nr. 19). – Von 1932 bis 39 lebte
Else Ury am **Kaiserdamm** Nr. 24. Im
März 35 wurde sie aus der Reichsschrifttumskammer ausgeschlossen.
1939 zog sie mit ihrer Mutter und einer Pflegerin nach Alt-Moabit, das
Haus dort Solinger Straße Nr. 10, gibt
es nicht mehr. Mit der »Welle XL«
wurde sie im Januar 1943 nach Auschwitz deportiert. (Memoriam/1877-
1943 auf dem Grabstein der Familie
Ury auf dem Jüdischen Friedhof Weißensee.)
In der **Fredericiastraße** Nr. 1 wohnte
ab 1920 **Curt Goetz**, 32 ging er in die
Schweiz. Dort, im April 33, bei der
Lektüre der deutschen Zeitungen:
»Dieses Deutsch, das da auf einmal
praktiziert wird, ist so grauenhaft, daß
ich am liebsten aufhörte, in dieser
Sprache zu schreiben.«
Das »Vergnügliche Handbuch der
deutschen Sprache« von **Hans Reimann** erschien 1931 (zum ersten Mal);
er wohnte zu dieser Zeit in der **Soorstraße** Nr. 28. »Tausend Jahre später«
erlebt in der Soorstraße Elsa Le-
winsky, die Heldin von **Annemarie
Webers** Roman »Westend«, die
»Stunde Null«, den »Tag Eins«, die
»neue Freiheit«. A. Weber bewohnte
Richtung Olympiastadion eine geräu-
mige Villa in der **Heerstraße** Nr. 30.
»Ihre Gartenparties galten etwas, doch
viel lieber hielt sie sich in der
›Künstlerkneipe‹ Zwiebelfisch am Savignyplatz auf, Börse noch frischer
Manuskripte« (J. Seyppel).
Olympische Brücke, -Straße, -Platz,

in der Längsachse des Platzes liegt das
Olympiastadion. Von W. March und
A. Speer wurde es 1934 bis 36 für die
XI. Olympischen Spiele 1936 auf dem
Gelände des »Reichssportfeldes« errichtet, »wie das alte Olympia Geistiges, Erzieherisches, Kämpferisches
und Vaterländisches miteinander ver-
bindend«. (Es ersetzte das 1913 von O.
March an gleicher Stelle angelegte
»Deutsche Stadion«, das Schauplatz
der wegen des Krieges ausgefallenen
Spiele von 1916 werden sollte.) »Wie
wohl an keinem anderen Berliner Ort
kulminieren in dieser grauen Beton-
stätte Sport und Politik, Hoffnung
und Wahnsinn, Begegnung der Völker
und Völkermord« (W. Ripp). **Thomas
Wolfe**, der 1936 »fast jeden Tag« ins
Stadion zog: »Unter den Linden entlang, durch die lange Allee des mär-
chenhaften Tiergartens, den ganzen
Weg durch das westliche Berlin bis vor
die Tore des Stadions war die Stadt ein
erschütternd farbenprächtiges, könig-
liches Fahnenmeer... Das prunkvolle
Bild war überwältigend, so überwältigend, daß es schon fast bedrückend
wirkte... Das Unheilverkündende lag
darin, daß diese Macht-Demonstra-
tion offensichtlich über die Erfor-
dernisse des sportlichen Ereignisses
hinausging...« In den (seit Stockholm 1912) gleichzeitig veranstalteten
Kunstwettbewerben erhielt 1936 in
der Sparte Dichtung der Bildhauer
und Dramatiker **Felix Dhünen** (1896-
1939) für sein Gedicht »Der Läufer«,
das »die übermenschliche körperliche
und seelische Anstrengung des ersten
Marathonläufers packend behandelt«,

eine Goldmedaille. Unter dem (1947 gesprengten und 60-62 wieder aufgebauten) Glockenturm die Langemarck-Halle, mit Versen von **Walter Flex** und **Friedrich Hölderlin** an den Schmalseiten: »Lebe droben, o Vaterland, / Und zähle nicht die Toten, / Dir ist, Liebes, / Nicht einer zuviel gefallen.« Die Olympiaglocke liegt heute gesprungen auf dem Rasen am Süd-Eingang zum Stadion, Inschrift: »Zum Gedenken an die Olympiakämpfer der Welt, die durch Krieg und Gewalt ihr Leben verloren.« Hinter dem Maifeld verbirgt sich die zur olympischen Anlage gehörende **Waldbühne**, angelegt als kultische und nationale Feierstätte wie ein Thingplatz (formal angelehnt an antike griechische Theater). Ursprünglich trug sie den Namen des »NS-Barden« und ersten Schriftleiters des »Völkischen Beobachters« **Dietrich Eckart** (1868-1923). Heute bereits Legende das (ein neues Waldbühnen-Kapitel eröffnende) Konzert der »Rolling Stones« 1966.

Zur Entlastung der Spandauer Straße (Spandauer Damm) wurde die **Reichsstraße** angelegt, deren Name ab 1909 richtungsweisend für neue Straßenbenennungen des Viertels wurde: man wählte Namen nach deutschen Stämmen, Königshäusern und Ländern. In der **Frankenallee** Nr. 14 wohnte, 1950 nach Berlin zurückgekommen, zuletzt **Thea von Harbou**, sie starb am 1. Juli 1954. In der **Oldenburgallee** Nr. 1 lebte **Felix Hollaender** in den letzten Lebensjahren; er starb im Mai 1931. In der **Württembergallee** Nr. 26 hatte **Moritz Heimann**, bevor er sich 1922

Joachim Ringelnatz: »Es sang eine Nachtigall vom Sachsenplatz«

ganz nach Kagel (BR) zurückzog, sein letztes Berliner Domizil. In der **Bayernallee** Nr. 43 wohnte um 1915 **Max Kretzer**, in Nr. 26 bis zu seiner Flucht 1939 der Shakespeare-Übersetzer **Hans Rothe**.

»Der **Sachsenplatz** bestand aus zwei großen sich gegenüberliegenden Mietskasernen. Zwischen ihnen … in einem Erdtrichter versenkt, war ein winziger Park zu sehen mit dicht aneinander gekuschelten Bäumen und Sträuchern. Und in deren Mitte schimmerte das klare Wasser des kleinsten Weihers der Welt«: **Fred Hildenbrandt**, der hier im Dachgeschoß in einem der großen Atelierzimmer wohnte, hat der »wunderbaren Idylle« ein Kapitel seiner Erinnerungen gewidmet. Ihm gegenüber, ebenfalls in einer Atelierwohnung, im vierten Stock des (im Krieg zerstörten) Mietshauses Nr. 12 (heute **Brixplatz** Nr. 11), »dichtete, malte, trank und träumte mit seiner wunderbaren Frau – Muschelkalk zwischen leuchtenden Aquarien« **Joachim Ringelnatz** von Februar 1930 bis zu seinem Tod im November 34: »Es sang eine Nacht... / Eine Nachti... / Ja Nachtigall am Sachsenplatz / Heute morgen. – Hast du in Berlin / das je gehört?« Die »Westend-Klause« nahebei, am **Steubenplatz/Ecke Reichsstraße**, war Ringelnatz' Stammkneipe.

»Daß die Weltstädte sich in Kleinstädte parzellieren lassen – das eben hält sie bei Kraft und Gesundheit, entmaßt sie und macht sie liebenswürdig«, notierte 1963 **Hugo Hartung**, engagierter Ringelnatz-Stammtischler in der »Westend-Klause« seiner Zeit, über »seinen« Bezirk Neu-Westend. In der ältesten Villensiedlung Deutschlands (nach dem Muster der englischen Cottages), erzählt **Annemarie Weber**, »gediehen im Laufe der Jahrzehnte aufs gediegenste die Alleen mit ihren vornehmen Villen und Gärten.« »Ein kleines, ländliches Paradies«, heißt es in **Hermann Brochs** erstem »Schlafwandler«-Roman, das eine »große und insulare Sicherheit« ausströmte, Joachim v. Pasenow war von der »Vorzüglichkeit dieser Wohngegend angenehm und herzlich durchdrungen.« »Die reine Abgeschiedenheit der Alleen ist geblieben«, so (noch einmal) A. Weber 1976.

In der **Akazienallee** Nr. 4 wohnte **Julius Bab** in den dreißiger Jahren bis zu seiner Emigration. In der **Kastanien-**allee Nr. 4 um 1900 **Paul Oskar Hökker**. Seine Tochter **Karla** kam 1901 hier zur Welt; ihre Erinnerungen »Ein Kind von damals« rufen die Kaiserzeit bis zum Ersten Weltkrieg wieder herauf. – In der **Nußbaumallee** Nr. 8 hatte – bis zum Ende des Zweiten Weltkrieges, bevor er nach Rastatt (BW) übersiedelte – P. O. Höcker sein letztes Berliner Domizil. – **Ebereschenallee** Nr. 18 wohnte zeitweilig **Martin Beheim-Schwarzbach** (Hamburg), das Haus hatte 1907/08 P. Schultze-Naumburg gebaut. – **Ahornallee** Nr. 37 – »ein ganz verwahrlostes und verwildertes Grundstück... Und in der Mitte sehr seltsam und wunderbar unser ›Hexenhaus‹« (heute dort Nachkriegsneubau mit Gedenktafel) – verbrachte **Gertrud Kolmar** von 1899 an Kinder- und Jugendjahre. Zur Schule ging sie zunächst in die Schmidt'sche Schule an der Akazienallee. Ende 1920 zog die Familie (Chodziesner) in eine Stadtwohnung am Kurfürstendamm. – In der **Ebereschenallee** Nr. 3, besonders aber in der **Ahornallee** Nr. 30/32 (bei R. und S. Lepsius) war Stefan George bei seinen Berlin-Besuchen vielfach zu Gast. Hier begegnete er denn auch einem größeren Kreis, er las vor ausgewähltem Publikum, im Musikzimmer stand immer »ein Kupfergefäß mit Lorbeerzweigen«.

Bereits auf Spandauer Gebiet liegt die Siemensstadt. **Robert Musil** 1932 in »Quer durch Charlottenburg«: »Links fließt nahe hinter gewöhnlichen Fabrikhöfen die Spree, rechts ruht der plötzlich breit gewordene Himmel auf den zauswipfligen Bäumen der Heide, gerade voran aber wächst etwas ins Übermenschliche, oder wenigstens ins Übereuropäische, höher als ein Haus, breiter als ein Turm, aufgerichtet über Schienensträngen und Röhrenleitungen: eins der Werkgebäude von Siemensstadt ... das schöne Riesenkind der Technik und des Aktienkapitals. Hinter ihm versteckt: das eigentliche Siemensstädtchen: ein bescheidenes Wesen für sich, deutsche Kleinstadt anno 90, mit Lohengrinarchitektur und neueren Zusätzen.« Hierhin übersiedelte 1933 **Elisabeth Langgässer** mit ihrer Tochter Cordelia, ins Haus Nr. 9 am **Schwiegersteig**, »mit dem langen, dunklen Korridor«, so Cordelia, »dem vertrauten Gefängnis des Mädchens.« E. L. vollendete hier – »ein Titanenkampf« den Zyklus der »Tierkreisgedichte«: »...und es zerfällt, dem eignen Fraß zum Knechte, der Zeitengott« (»Regent: Saturn«).

Im Norden grenzt die Siemensstadt an den (wieder zu Charlottenburg gehörenden) Volkspark **Jungfernheide**. Mit ihren »Eichen und Kienen, auch etwas Buchen und Elsen« war die Jungfernheide ein dichter Wald recht ursprünglicher Natur. In seinem Poem »An den Jungfernwald bei Berlin« besang der »Sandpoet«, der **Schmidt von Werneuchen**, 1797 den »trauten Wald« als »Gottesgarten, wild und schön«. In dem noch immer waldartigen Park heute u. a. große Freilichtbühne.

Im Winkel zum Wedding auf einer Enklave des Jugendgefängnisses am **Hüttigpfad** liegt die **Gedenkstätte Plötzensee** (Kurt Ihlenfeld: »Unser West-

minster. Unser arc de triomphe«). Für die 2915 (von 1933 bis zum 2. Mai 45) hier Hingerichteten seien stellvertretend drei Männer des Widerstandes genannt, denen **Carl Zuckmayers** Stück »Des Teufels General« gewidmet ist: Theo Haubach, Wilhelm Leuschner, Hellmuth Graf von Moltke. Am **Hekkerdamm** das **Evangelische Gemeindezentrum Plötzensee** (mit dem »Plötzenseer Totentanz« von A. Hrdlicka, Anlaß für Wolfdietrich Schnurres Kirchentagsrede 1977 »Der Bock im Garten«). Nahebei die Katholische Gedenkkirche »**Maria Regina Martyrum**« (u. a. mit dem Kreuzweg und Freialtar von O. H. Hajek im Feierhof und der »Apokalyptischen Frau« von F. König an der Kirchenfront). Eine zweite Plastik von F. König, eine Pietà, ist Mittelpunkt der Gedenkstätte der »Märtyrer für Glaubens- und Gewissensfreiheit« in der NS-Zeit in der Unterkirche. Drei Inschriften der Anlage sind Gedenkinschriften für Dr. Erich Klausener (erschossen während des »Röhm-Putsches« am 30. Juni 1934). Dompropst Bernhard Lichtenberg (gestorben auf dem Transport in das KZ Dachau am 5. November 1943) und an den Jesuitenpater Alfred Delp, Mitarbeiter an den »Stimmen der Zeit« und Berater des Kreisauer Kreises (geb. 1907 in Lampertheim/H, erhängt am 2. Februar 1945 in P.). Vor der Pietà befindet sich die Gesamtwidmung der Stätte: »Allen Blutzeugen, denen das Grab verweigert wurde – allen Blutzeugen, deren Gräber unbekannt sind.«

»Plötzenseer Totentanz« von Alfred Hrdlicka

Friedhöfe

Luisenfriedhof II, **Königin-Elisa-beth-Straße** Nr. 46-50: **Leo-Lenz Schwanzara** (1878-1962), Verfasser zahlreicher Lustspiele (»Ehe in Dosen« u. a.), von denen viele im Renaissance-Theater uraufgeführt wurden / Südmauer – **Gustav Roethe** (1859-1926), Germanist (»Die Entstehung des Urfaust« 1920) / M-2-19/20 – **Rochus von Liliencron** (1820-1912), Germanist (Mithrsg. »Allgemeine Deutsche Biographie«, »Die historischen Volkslieder der Deutschen) / M-13-24 – **Max Kretzer** / B-4-13 – **Julius Wolff** / B-21-13.

Friedhof der Kaiser-Wilhelm-Ge-dächtnis-Kirchengemeinde, Fürstenbrunner Weg Nr. 69-79: **Friedrich Spielhagen** / obere südliche Erbbegräbniswand – Nicht mehr erhalten die Gräber des Literaturhistorikers **Albert Bielschowsky** (gest. 1902) und von **John Henry Mackay** (gest. 1933).

Landeseigener Friedhof Heerstraße, Trakehner Allee Nr. 1: **August Scholtis** / 6-B-9 – **Thea von Harbou** / 6-H-10 – **Helene Lange** / **Gertrud Bäumer** / 5-A-1 – **Tilla Durieux** / Ehrengrab 5-D-4 – **Paul Cassirer** (1871-1926) / 5-D-4 – **Kurt Mühsam** (1882-1931), Mitbegründer des Hebbel-Theaters, Dramaturg und Dramatiker (»Salonmenschen«, 1911; »Germania und Austria«, 1913) / 5-B-1 – **Wolfgang Goetz** / 5-F-20.21 – **Josef Pelz von Felinau** (1895-1978), Filmautor und -regisseur (»Titanic«), Hörspiele / 8-B-1.2 – **Maximilian Harden** / 8-C-10 – **Franz Ullstein** (1868-1945), Verleger / 8-D-7.10 – **Joachim Ringelnatz** / 12-D-21 – **George Grosz** / Ehrengrab 16-B-19 – **Theodor Däubler**, Inschrift: »Ich bin der Glaube an die Macht der Sonne – Die Welt versöhnt und übertönt der Geist« / Ehrengrab 16-B-20 – **Victor de Kowa** / **Michiko Tanaka** (1904-73, Schauspieler, Aut. »Als ich noch Prinz war in Arkadien«, 1955) / (1909-88, Sängerin) / 16-G-21 – **Curt Goetz** / **Valerie von Martens** / Ehrengrab 16-G-11.12 – Gegenüber Grab von **Hans Ullstein** (1859-1935), Verleger – **Alfred Braun** (1888-1978), Rundfunk-

pionier (»Der Spreekieker«), Denkmal an der Spree (Iburger Ufer) / 18-K-102 – **Felix Hollaender** / 3-B-29.30 – **Arno Holz** / 3-B-27.28 – **Max Jakob Friedlaender** (1867-1958), Kunsthistoriker, langjähriger Direktor der Berliner Gemäldegalerie (»Erinnerungen und Aufzeichnungen«, 1967) / Erbb. 2-D – **Arthur Kahane** (1872-1932), M. Reinhardts erster »richtiger Dramaturg« (»Tagebuch des Dramaturgen«, 1928; Aut. »Judenbuch«, 1931) / 19-Q-10 – **Ferdinand Bruckner** / Abtlg. 20-Wald-1 f. Nicht mehr erhalten das Grab des Literatur- und Kunstkritikers **Julius Elias** (gest. 1927).

Friedhof Ruhleben, Charlottenburger Chaussee: Robert Wolfgang Schnell / Abtlg. XXIV-192.

Spandau

Noch einmal **Fontanes** »Havelland« – »Grüß Gott dich, Heimat!«, heißt es zu Beginn des 3. Buches der »Wanderungen«. »Landschaft und Genre prävalieren« zwar nicht mehr so ganz, aber die Aussicht von St. **Nikolai** in der Spandauer Altstadt lohnt (die Mühe des Aufstiegs) noch immer und lenkt den Blick »erinnerungsreich« auf alte Spuren: »Zu Füßen uns, in scharfer Zeichnung, als läge eine Karte vor uns ausgebreitet, die Zickzackwälle der Festung; ostwärts im grauen Dämmer die Türme von Berlin; nördlich, südlich die bucht- und seenreiche Havel, inselbetupfelt, mit Flößen und Kähnen überdeckt; nach Westen hin aber ein breites, kaum hier und da von einer Hügelwelle unterbrochenes Flachland…«

»Es spiegeln sich in deinem Strome / Wahrzeichen, Burgen, Schlösser, Dome: / Der Julius-Turm, den Märchen und Sagen / Bis Römerzeiten rückwärts tragen…« Neben St. Nikolai ist die **Zitadelle** das berühmteste (und war mit dem »Spinn- und Zuchthaus« lange das berüchtigtste) Bauwerk der Stadt. **Ludwig Rellstab**, der hier auch einsaß, 1851: »Ein Ort des Schreckens … die Festung bewahrt(e) viele hundert Gefangene verschiedener Gattung, von der höchsten Klasse der Staatsgefangenen abwärts bis zum Baugefangenen in schwerem Eisen«. Von der Literatur her: von **F. A. L. von der Marwitz** (1777-1837/»Wählte Ungnade, wo Gehorsam nicht Ehre

brachte«, steht auf seinem Grabstein in der Kirche von Friedersdorf im »Oderland«/BR) bis zu **Egon Erwin Kisch**, verhaftet im Februar 1933 in der Reichtagsbrandnacht (»In den Kasematten von Spandau«). Im 1898 abgebrochenen Zuchthaus (etwa im heutigen Karree von **Carl-Schurz-, Moritz-, Kinkel-** und **Charlottenstraße**) saß **Johann Gottfried Kinkel** ein, verurteilt zu lebenslanger Haft wegen »Teilnahme« an den Aufständen im Rheinland und »Aufreizung zur Bewaffnung«; am 6. November 1850 befreite ihn sein Schüler und Freund **Carl Schurz**.

Vor St. Nikolai steht das Joachims-Denkmal, errichtet 1889 zum Gedenken an den 350. Jahrestag der Reformation in Spandau. Auf den Bronzetafeln erscheint neben M. Luther u. a. auch **Philipp Melanchthon** (Bretten/NRW), er lebte und lehrte zwei Jahre in der Stadt. In der **Zitadelle** finden heutzutage Konzerte und Ausstellungen statt, im Sommer gibt es Burgfeste, auf dem Glacis hat eine Freilichtbühne ihren Platz, und im Zeughaus ist das Stadtgeschichtliche Museum untergebracht: eine Abteilung ist »Persönlichkeiten« gewidmet, »die in Spandau geboren, gelebt, gefangen, gewirkt, gestorben«.

Havelabwärts reicht der Bezirk – rund ein Zehntel der Fläche ist Wasser – bis Kladow. Pichelsdorf liegt am Wege. Von **Alt-Pichelsdorf** sind nur noch kümmerliche Reste erhalten. 1798

Spandauer Zitadelle

widmete der **Schmidt von Werneuchen** den »Pichelsbergen bei Spandau« ein Poem: »Geht dort einmal ein müder Wand'rer irr, / so muß er tagelang von Vogelkirschen / Sich sättigen, umflattert vom Geschwirr / Des Federwild's, begafft von Reh'n und Hirschen, / Noch glücklich, wenn aus dickem Dorngewirr / Der Bache Hau'r ihm nicht entgegen knirschen...« **Jean Paul** war im Juni 1800 hier und schrieb: »Auf der herrlichen Insel Pikkelswerder fand ich so viele schöne Freundinnen auf einmal, daß es einen ärgert, weil jeder Anteil den anderen aufhob...« **Fontane** erzählt in dem Kapitel »Die Havelschwäne« (im 3. Band der »Wanderungen«) vom »Sommerfang der Schwäne. Er erfolgt zweimal und hat den doppelten Zweck: den Jungschwan zu lähmen und den Altschwan zu rupfen... Die Schwäne der Oberhavel (von Tegel bis Potsdam) werden auf dem **Pichelswerder** gerupft... mit ebenso viel Vorsicht wie Virtuosität. Erst die Federn, dann die Daunen; kein Fleck von Fleisch darf sichtbar werden.«

In Kladow verbrachte **Mascha Kaléko** ihre Jugendzeit. Heimwehkrank schrieb sie im Exil im »heftigen Vorfrühling Manhattans«: »Ich denke oft an Kladow im April... Hier hab ich achtzehn Frühlinge gewohnt.« **Gerhart Hauptmann** gehörte zu den häufigen Gästen im Gutshaus Neu-Kladow der Guthmanns. Nach Berufs- und Publikationsverbot übersiedelte **Arnolt Bronnen** 1936 von der Helmstedter Straße in Wilmersdorf nach Kladow. Hier mietete er das »Haus Hohenföhren«: »Vor meinem Fenster lag das breite Havel-Tal, die blauen Kiefern-Wälder von Nikolskoje, Kälber-Werder und die Pfauen-Insel. Strahlende Sonne erhob sich über der weiten Landschaft...«, schreibt er am Tag (13. März 1938), da »Hitler die Vernichtung seiner Heimat brüllend in den Äther hinausschrie«.

Auf **Hakenfelde** im Grünen Norden verwies 1786 schon Friedrich Nicolai: »...bey der Haakschen Meyerey ein großer Garten mit schönen Alleen und hohen bedeckten Gängen«.

Wilmersdorf

Prager Platz und Bundesallee

Die ehemalige Stadtgemeinde, die sich um 1910 als die gesündeste Stadt Deutschlands bezeichnete, bildet seit 1920 mit den ehemaligen Landgemeinden Schmargendorf und Grunewald und dem Gutsbezirk Grunewald-Forst den 9. Berliner Bezirk. Am besten überschaut man diesen vom **Teufelsberg** aus, Berlins höchstem Trümmerberg... Und man sieht: Wilmersdorf ist Stadt und Land.

Wir beginnen unsere LiteraTour an der Grenze zu Schöneberg, im Bayerischen Viertel, an der **Bamberger Straße**. Dort, Nr. 22/Ecke **Güntzelstraße**, stand eines der 21 »Judenhäuser« des Bayerischen Viertels, in denen seit April 1939 jüdische Bürger ghettoisiert wurden. **Inge Deutschkron**, die ihre Geschichte in dem Buch »Ich trug den gelben Stern« niedergeschrieben hat (1975, Vorlage für das Grips-Theater-Stück »Ab heute heißt du Sara« 1989), wohnte, bevor sie untertauchte, in Haus Nr. 22. **Alfred Kerr** lebte um 1906 in der **Bamberger Straße** Nr. 42 (Schöneberg). An die Wilmersdorfer Synagoge, die letzte in Berlin gebaute, eingeweiht 1930, zerstört 38, die Überreste 58 abgerissen, erinnert unweit in der **Prinzregentenstraße** Nr. 69/70 (zwischen Badenscher und Waghäuseler Straße) beim Wohnhaus des Allgemeinen Blindenvereins (Nr. 69a) eine Gedenktafel. 1933 fand in der Synagoge, zu der auch eine Reihe von Nebeneinrichtungen (wie Religions- und Volksschule, Wohlfahrtsamt) gehörte, die erste große Veranstaltung des »Kulturbundes deutscher Juden« statt, dessen Intendant der im selben Jahr als Intendant der Deutschen Oper entlassene Kurt Singer wurde. 1941 wurde der Kulturbund verboten. Nahebei, **Prinzregentenstraße** Nr. 66, hatte **Walter Benjamin** von 1930 bis 33 seine letzte Berliner Wohnung: »Berlin W. W. W.«, wie er schrieb, mit einem »sehr weiten Blick über das alte zugeschüttete Wilmersdorfer Luch...« »Berliner Kindheit um 1900« ist hier entstanden. Die erste Buchausgabe besorgte 1950 Th. W. Adorno. (Das Typoskript der Fassung letzter Hand von 1938 wurde erst 1981 in der Pariser Nationalbibliothek entdeckt.)

Ebenfalls bis zu ihrer Emigration 1933 wohnte in der parallel verlaufenden **Helmstedter Straße** im Haus Nr. 24 seit 1928 **Anna Seghers**. Für ihre erste (hier geschriebene) Erzählung »Der Aufstand der Fischer von St. Barbara« erhielt sie noch im selben Jahr (28) den Kleist-Preis: und 33 noch einmal. In Haus Nr. 6 wohnte zu dieser Zeit – rechtzeitig vom linksradikalen Snob noch zum engagiertesten Rechten umgeschwenkt – **Arnolt Bronnen**. Im Funkhaus an der Masurenallee hatte er denn auch, wie er im Rückblick von 1954 »zu Protokoll gibt«, »äußerlich gesehen damals die größte Macht«.

1936 wurde er aus »rassischen Gründen« mit Berufs- und Publikationsverbot belegt und zog sich nach Kladow zurück.

In der Verlängerung der Helmstedter Straße, jenseits der Grunewaldstraße, in der **Babelsberger Straße** lebten in den zwanziger Jahren **Paul Zech** (in Nr. 13) und **Theodor Däubler** (im Gartenhaus von Nr. 50, wo er im Frühjahr 1932 einen Schlaganfall erlitt).

Jenaer Straße Nr. 5 wohnte **Carl Ludwig Schleich** zuletzt. Ein Jahr vor seinem Tod (im März 1922) erschien sein Erinnerungsbuch »Besonnte Vergangenheit«, auch heute noch ein deutscher Bestseller (G. Blöcker).

Ende der zwanziger Jahre zog **Egon Erwin Kisch** in die **Güntzelstraße** Nr. 3, wo er bis zum 28. Januar 1933 eine Wohnung hatte. Er wechselte dann in die **Motzstraße**, in der er genau vier Wochen später, wie er »Aus den ersten Tagen des Dritten Reiches« berichtet, am Morgen nach dem Reichstagsbrand verhaftet wurde.

Die Prinzregentenstraße führt zum **Prager Platz**. Die »Prager Diele« dort gehörte Anfang der zwanziger Jahre zu den Treffpunkten russischer Künstler, die gern in der Pension am Prager Platz Nr. 4a wohnten. **Ilja Ehrenburgs** Runde tagte in der »Diele«. Gegenüber zweigt die **Prager Straße** ab. Dort, in Haus Nr. 17 (heute Nr. 6, Neubau), mietete sich 1927 **Erich Kästner** ein: »Andre Menschen will der Himmel strafen, und er macht sie zu möblierten Herren.« Er war mit dem Zeichner E. O. Plauen (eig. Erich

Ohser) in die »interessanteste Großstadt der Welt« gekommen; »wir entdeckten Berlin auf unsere Weise und berichteten davon in illustrierten Reportagen, die uns die Provinzpresse abkaufte.«

Am Anfang der **Prager Straße** lebten Anfang des Jahrhunderts die wilhelminischen Erfolgsstückeschreiber und -romanautoren: in Nr. 2 (damals) **Wilhelm Meyer-Förster** (»Alt Heidelberg«), in (damals) Nr. 11 **Rudolf Herzog** (»Die Wiskottens«), in Nr. 26 (heute **Grainauer Straße** Nr. 19) **Walter Bloem** (Dramatiker zunächst, dann Massenerfolge mit seinen militant-nationalistischen Romanen aus dem Siebziger Krieg).

In der **Nachodstraße** Nr. 2 (jenseits der Einmündung der Grainauer Straße, kurz vor der Bundes-, damals noch Kaiserallee, in den siebziger Jahren abgerissen) hatte **Arno Holz** das letzte seiner sieben Wilmersdorfer Quartiere: »eingezwängt in seine Wohnung wie ein tibetanischer Mönch, der in die Erde vergraben wird und nur mit seinen Dämonen spricht, lebte er, und da haben allmählich seine Ideen und Spekulationen mit ihnen sein Werk ins Grenzenlose ausgedehnt«, sagte **Alfred Döblin** in seiner »Grabrede auf Arno Holz« (Oktober 1929). Im (ebenfalls abgerissenen) Haus Nr. 12 wohnte ab 1912 der Student (und mit seinem »Bilderbuch für Verliebte« »Rheinsberg« bereits berühmte Autor) **Kurt Tucholsky**. Nr. 17 blieb auch während des Krieges seine Heimatadresse.

Regensburger Straße Nr. 15 hatte im

Wintersemester 1908/09 Robert Musil ein Zimmer. (Aus der 1908 erschienenen Erzählung »Das verzauberte Haus« wurde drei Jahre später »Die Versuchung der stillen Veronika«).

Oberhalb der Einmündung der Nachodstraße fächert sich – **Spichernstraße, Nürnberger Platz, Schaperstraße, Rankeplatz, Fasanenplatz, Meierottostraße** – das Quartier in Form eines Kreissegments um den Anfang der **Bundesallee** auf. Nicht weit vom Kurfürstendamm und seinen Cafés war es eine von Künstlern und Literaten bevorzugte Wohngegend. Nach 1945 wurde das stark zerstörte Gebiet rasch wieder aufgebaut. In der **Spichernstraße** lebten: in Nr. 14 **Georg Heym** 1911, für gerade mal einen Monat; in Nr. 16 (Gedenktafel am Neubau) seit 1922 im Dachatelier **Helene Weigel**, die 24 die Wohnung für **Bertolt Brecht** räumte und mit dem gemeinsamen Sohn Stefan in die nahe gelegene **Babelsberger Straße** Nr. 52 zog, 28 kam die Familie dann wieder in der **Hardenbergstraße** Nr. 1 a (Charlottenburg) zusammen; **Spichernstraße** Nr. 19 wohnte kurze Zeit **Herwarth Walden**.

Arnolt Bronnen wohnte zeitweilig in Brechts Nachbarschaft, am **Nürnberger Platz**. Er »konnte vom 3. Stock Nürnberger Platz 3 genau in die Schräge von Helene Weigels Atelierfenster blicken ... und es strömte in ihn ein mitreißendes, drängendes Gefühl, wenn er die anderen Lichtfenster sah, hinter denen andere arbeiteten; er fühlte sie alle wie Vorposten einer Armee, deren Feind die Dunkelheit

Bertolt Brecht mit Elisabeth Hauptmann in der Atelierwohnung Spichernstraße Nr. 16

war... Es war eine gute Gegend, teils wegen der guten Leute in der Gegend, und es waren gute Leute, teils wegen der guten Gegend... Auch an jener Stelle steht heute kein Stein mehr auf dem andern«, schreibt er in seinen posthum veröffentlichten Erinnerungen »Tage mit Bertolt Brecht« (1960). In Nr. 2 am Platz befand sich **Erich Kästners** erstes Berliner »Schreibcafé«, das »Carlton«, das durch seine köstlichen Mohn- und Apfelstrudel und ein vorzügliches Konzert-Trio bekannt war.

»Alles ist Gegenwart. In verschollenen Gräbern beerdigt, schweigt die Vergangenheit...«, notierte **Bernard von Brentano** 1928 im Vorwort zu seinen »Bildern aus den zwanziger Jahren« »Wo in Europa ist Berlin?«. Er wohnte

Schaperstraße Nr. 8 und Nr. 22 und versammelte als homo politicus hier auch Gleichgesinnte aus der Nachbarschaft, unter ihnen **B. Brecht** und **Heinrich Mann** (Nr. 2-3). Schaperstraße Nr. 24 wurde 1962/63 die **Freie Volksbühne** errichtet; **Erwin Piscator** war bis zu seinem Tod 1966 hier Intendant. Seit Frühjahr 2001 Volksbühne Festspieltheater der »Berliner Festspiele«.

Am **Rankeplatz** (**Kaiserallee** Nr. 222) eröffnete im November 1917 **Franz Pfemfert** seine »Aktions-Buch- und Kunsthandlung«; 1924 kam ein Fotoatelier hinzu. Schräg gegenüber dem Westsanatorium richtete sich **August Scholtis** 1934 über der »Roxibar«, »wo viele Nazigrößen zu verkehren pflegten«, aus zurückgelassenen Möbeln seiner Freundin neu ein. Seine vorhergehende Wohnung in der Kaiserallee war nach dem Reichstagsbrand von einem SA-Trupp durchsucht worden, außerdem hatte er seit Mai 33, weil er eine Sympathieerklärung für Adolf Hitler zu unterzeichnen nachdrücklich abgelehnt hatte, Schreibverbot: »Ich machte mir bei meiner Romanarbeit keine Illusionen.«

Vom Fasanenplatz führt die Meierottostraße zu unserem Ausgangspunkt Bundesallee/Spichernstraße zurück. **Mascha Kaléko** hatte um 1933 in der **Meierottostraße** Nr. 7 eine Wohnung: »Leben Nummer 2/Bootfahrt auf dem Wasser/Der Jugend«. Ihre Verse erschienen im Januar 33 erstmals gesammelt: »Das lyrische Stenogrammheft«. Eine Welle des Erfolgs trug sie empor,

um sich jäh zu brechen: das neue Regime verbot und verbrannte ihre Bücher. **Bundesallee/Ecke Meierottostraße** ist eine **Parkanlage Gerhart Hauptmann** gewidmet. Ein Neuguß von S. Klimschs Porträtkopf des Dichters (von 1920) hat als »Bildlegende« auf der Sockelplatte das Wort aus »Florian Geyer«: »Der deutschen Zwietracht mitten ins Herz«.

Von der **Kaiser-** zur **Bundesallee**: »...das Berlin, von dem ich hier spreche, ist ja garnicht recht und eigentlich mehr Berlin, es ist Schöneberg, es ist Wilmersdorf, es ist Charlottenburg, es ist weit draußen«, schreibt **Georg Hermann**, der Anfang des Jahrhunderts in Friedenau in der Kaiserallee wohnte und die Gegend vom Lokalaugenschein her genau kannte, zu Beginn seines Romans »Kubinke«. Ein Dreivierteljahrhundert später dazu die »literarische Spaziergängerin« **Gundel Mattenklott**: »Die Kaiserallee war einmal eine wirklich prächtige Allee, 30 m breit, mit vier Baumreihen und Mittelpromenade... Sie verband den damals ›neuen‹ Westen des Kurfürstendamms mit Wilmersdorf und vor allem mit der Landhaus-Kolonie Friedenau... Jetzt ist sie nur noch Autostraße. Die Ampel-Furte sind spärlich, die Viertel diesseits und jenseits der Straße voneinander abgeschnitten.«

Bundesallee Nr. 1-12 steht in den spätklassizistischen Formen der Schinkelnachfolge das (1607 von Kurfürst Joachim Friedrich als Fürstenschule in Joachimsthal/BR gegründete) ehem. **Joachimsthaler Gymnasium**. Heute beherbergt der Bau verschiedene künstlerische Institutionen, darunter Fachbereiche der Hochschule der Künste.

Weitere Stationen auf der Westseite der **Bundesallee**: Nr. 19 **Julius Bab** (1906-08), weit und breit das einzige Haus, das die Kriegszerstörungen und die Abrißwut der Nachkriegszeit nahezu unversehrt überstanden hat; Nr. 20 **Ludwig Fulda** (1912-14) und **Oskar Blumenthal** (der hier im April 1917 starb); Nr. 27 **Ulrich Becher** um 1930. Ecke **Bundesallee/Berliner Straße** gab es Mitte der zwanziger Jahre eine groteske Eulenspiegelei. Die Frau des Kaufhausbesitzers H. Tietz stellte ihre dortige Villa während einer dreiwöchigen Reise **Ernst Toller** (nach dessen Entlassung aus der Niederschönenfelder/B Festungshaft) zur Verfügung. Toller lud sich seinen Freund **Walter Hasenclever** dazu ein und veranstaltete für die Hautevolee des Berliner Westens eine Party mit Sekt und Kartoffelpuffern, die in einem Fiasko endete. Die »Gastgeber« hatten die Puffer in Rhizinusöl ausgebacken. Anderntags sollen die Leute von der Müllabfuhr die Nachricht verbreitet haben, daß »Berlins Bonzen verscheißert« worden seien. Die bürgerliche Presse verschwieg den »Durchfall« (J. Serke in »Die verbrannten Dichter«).

Zurück auf die Ostseite der **Bundesallee**: Nr. 157 **Erdmann Graeser** (um 1912); Nr. 170 **Frank Thieß** (November 1915-Anfang 1920): »Am 15. Februar (1916) war ich bei **Theodor Wolff**, der mir eine Redaktionsassistenz in der Außenpolitik des Berliner Tageblatts anbot. 250 Mark monatlich... Es reichte nicht für ein Zusammenleben (mit seiner jungen Frau, die Lehrerin war), aber es war ein Anfang.« Von ihrer Mitgift richtete sich das Paar eine Dreizimmerwohnung ein, Thieß bewohnte sie allein. Sein Beruf machte ihm keine Freude. Der tägliche Nachtdienst brachte so wenig Geld ein, daß er angesichts der rasch wachsenden Teuerung wieder in Abhängigkeit von seinen Eltern geriet (Erinn. »Verbrannte Erde«).

Nr. 177 (und Nr. 222) **Robert Musil** (1910/Anfang 1927), Nr. 205 **Oda Schaefer**. Sie wurde hier »im zweiten Gartenhaus des mit mächtigen Karyatiden geschmückten Hauptbaues« am 21. Dezember 1900 geboren. Der Name Oda, den ihr der Vater, ohne die Mutter zu fragen, gegeben hatte... »Mir gefiel es, einen der seltenen weiblichen Namen zu tragen, nachdem ich die Sage von der Königstochter Oda aus Byzanz, die von König Rother dreimal geraubt wurde, gelesen hatte. Das gefiel mir ungemein, und ich glaube, daß mir vom Lesen der alten Sage etwas Abenteuerlichkeit zugekommen ist.« (Erinn. »Auch wenn Du träumst, gehen die Uhren«). Nr. 222 (auch, wie schon vermerkt, Pfemfertsche Adresse) **Rudolf Presber** (in den zwanziger Jahren). Er hatte seine Grunewaldvilla »in der bösen Nachrevolutionszeit« verkauft (Erinn. »Ich gehe durch mein Haus«).

Heinrich Mann: Gedenktafel Fasanenstraße Nr. 61,
der letzten Berliner Wohnung Manns

Vom Fasanenplatz zum Wilmersdorfer Volkspark und zum»Roten Block«

In der **Fasanenstraße** (damals in diesem Teil noch **Gravelottestraße**) hatten Mitte der neunziger Jahre die naturalistischen Hauptakteure ihr Quartier: **Gerhart Hauptmann** in Nr. 39, »eine kleine Hinterhauswohnung«; **Arno Holz** in Nr. 65. **Fasanenstraße** Nr. 61 erinnert eine Tafel an das letzte (»ständig bewachte«) Berliner Quartier (Dezember 1932-Februar 33) von **Heinrich Mann.** Er war zu dieser Zeit, als sich »Berlin von Feldmoching und Braunau« erobern ließ (»Hitler oder der Fluch des Glückes«) Präsident der »Dichterakademie«: »Zu der Stunde, als ihre Apparate brüllten (...daß sie mich hätten), war ich in Straßburg, geschrieben Strasbourg«. Über die Ereignisse vom »Einund-

zwanzigsten Februar« auch das 11. Kapitel von **Joachim Seyppels** »Geschichte von Heinrich und Nelly Mann« in »Abschied von Europa«.
Zeitweilige Wohnadresse des Ehepaars Georg Levin (**Herwarth Walden/Else Lasker-Schüler**) nach ihrer Heirat am 30. November 1903: Berlin W., **Ludwigkirchstraße** Nr. 12, Hofgebäude pt. Nell Walden erzählt, daß sich das Familienleben des Ehepaars während der Wilmersdorfer Zeit allerdings mehr im Café (des Westens vor allem) als in der Wohnung abspielte. Und **Alfred Döblin:** »Walden, mit seinem Spürtalent, hatte die große Begabung der jungen Frau erkannt, aber ihr Temperament, wie mir scheint, nicht mit derselben Sicherheit. Ich wohnte heftigen Szenen zwischen den beiden bei.«
Am **Ludwigkirchplatz** wohnte um 1900 **Karl Bleibtreu** (Haus Nr. 2).

Nach seinen zunächst extrem naturalistischen Romanen und Novellen aus der Berliner Großstadtwelt erschienen nun – wie im Kontext zu den Schlachtengemälden seines Vaters – seine großen »Schlachtdichtungen« (»Waterloo«, »Mars-La-Tour-Vionville« usw.). In Nr. 12 lebte von 1915 bis zu seiner Emigration **Arthur Holitscher** (1869 in Budapest geb., seit 1907 Lektor in B., 1941 in Genf gest.). »Majestätischer Genosse dem Genossen/ Sein Wort birgt eine Volksdemonstration«, schrieb Else Lasker-Schüler 1920 in der »Weltbühne«. 1929 und 31 erschienen Holitschers Romane »Es geschah in Moskau«, »Es geschieht in Berlin«; in »Ein Mensch ganz frei« warnte er 1931 nochmals vor der »Verbrecherherrschaft«. Die »Verbrecher« verbrannten 33 seine Bücher sofort.

»Und ich weiß auch, daß in der Nachbarschaft des Kurfürstendamms ... von Zeit zu Zeit merkwürdige Schreie zu hören sind... Heute vermute ich, daß nicht die Menschen in diesen Straßen schreien, sondern die Straßen selber«: **Siegfried Kracauer** lebte als Berliner Feuilletonleiter der »Frankfurter Zeitung« in der **Pariser Straße** Nr. 24, ab Dezember dann **Lietzenburger Straße** Nr. 7. **Pariser Straße** Nr. 52 versuchten einige Jahrzehnte früher, Ende der neunziger Jahre, **Arno Holz** und **Paul Ernst** in benachbarten Hofwohnungen, »drei Treppen hoch ... das ungeheure, rauschende Berlin im Rücken«, nebeneinander als Schriftsteller auszukommen. Der Versuch scheiterte.

Zwischen 1921 und 28 wohnte

George Grosz und Wieland Herzfelde im Gotteslästerungsprozeß 1930

George Grosz Hohenzollerndamm Nr. 201, im Hinterhaus richtete er sich sein Atelier ein. Zur Jahreswende 1922/23 kam in einer Auflage von rund 10000 Exemplaren im Malik-Verlag die Sammlung von 84 Zeichnungen und 16 Aquarellen »Ecce Homo« heraus. Wegen »Verbreitung unzüchtiger Schriften« machte man ihm und seinem Verleger **Wieland Herzfelde** den Prozeß. Eine Tafel (an Nr. 201) erinnert an den rumänischen Schriftsteller **Ion Luca Caragiale**, der hier vom Oktober 1906 bis Januar 1908 wohnte. Ganz in der Nähe, **Nassauische Straße** Nr. 4, hatte der kurz vor Kriegsschluß entlassene **G. Grosz** vorher ein Quartier: »In der Heimat, in der Heimat – Ich wohnte wieder in Berlin. Die Stadt glich einer grauen, steinernen Leiche... Es waren wilde Jahre... Berlin nach dem Krieg (dann): das war Lärm, Gerücht, Geschrei, po-

litische Parolen – was wird werden? ...
Künstlerisch waren wir damals ›Dadaisten‹. Wenn das überhaupt etwas zum Ausdruck brachte, so war es eine schon lange gärende Unruhe, Unzufriedenheit und Spottlust.« – **Nassauische Straße** Nr. 17 (an der Straßenfront heute noch die ev.-luther. Kirche »Zum heiligen Kreuz«), im obersten Stock des Gartenhauses, lebte und arbeitete von 1911 bis 33 **Franz Pfemfert**. Hier war auch der Verlag der »Aktion«, im August 1932 erschien die letzte Nummer der Zeitschrift. Ein halbes Jahr später durchsuchte die Polizei wiederholt Wohnung und Redaktionsräume, am 28. Februar 33 rieten Kriminalbeamte den Pfemferts zur Flucht.

In der »stillen **Holsteinischen Straße**« Nr. 34 lebte **Frank Thieß**, 1909 nach der Reifeprüfung in Aschersleben (SAN) wieder zurück in Berlin, erneut bei seinen Eltern. »Es war eine hübsche Wohnung... Von dem großen, mit Geranien bepflanzten Balkon (im 4. Stock) sah man auf den Hohenzollernplatz... So hatte sich einst Gewünschtes erfüllt, ohne mich jetzt froh zu machen. Ich sah, wie meine Mutter unter der Verödung des Hauses und den Stimmungen des Vaters litt, und geriet dadurch selber zuzeiten in Trotz, ja Empörung.«
Noch einmal auf der Spur von **George Grosz** sind wir in der **Trautenaustraße** Nr. 12 (Gedenktafel). Er lebte hier von 1928 bis 33. »Ganz kurz vor zwölf«, im Januar 33, verließ er Deutschland. In New York bekam er »bald Briefe, aus denen ich erfuhr, daß

man in meiner nun leeren Berliner Wohnung nach mir gesucht hatte, desgleichen in meinem Atelier. Daß ich da lebend davongekommen wäre, darf ich wohl bezweifeln.« 1938 wurde Grosz amerikanischer Staatsbürger. 1959 kehrte er nach Berlin zurück und starb wenige Wochen später nach einem Sturz im Hausflur seines Wohnhauses am Savignyplatz.

Die **Landhausstraße** hinunter (**Moritz Heimann** wohnte hier um 1910 in Nr. 53, heute Nr. 43), die **Berliner Straße**, wo 1895 in Nr. 46 **Peter Hille**, und die **Badensche Straße** querend, wo nach der Jahrhundertwende **Erich Mühsam**, zeitweilig ihre »Zufluchtsstätten« hatten, die Gerdauer Straße weiter, kommt man zur **Wilhelmsaue**, der alten »Wilmestorffer« Dorfaue. Man muß allerdings genau hinsehen, um Spuren der Aue noch zu entdecken, ein Gedenkstein auf dem Mittelstreifen nahe der **Mehlitzstraße** muß an sie erinnern. 1902/03 versuchte **Arno Holz** in Haus Nr. 16 sein Glück. Ein Jahr, »stets mitten auf einem Kinderspielplatz, umtost von Lastwagen und Klavieren«, hielt er's aus.

Mannheimer Straße Nr. 27 (früher Nr. 43) war, wie es auf einem in den Gehweg eingelassenen Granitstein heißt, »letzter Zufluchtsort der deutschen Revolutionäre **Rosa Luxemburg** (und) **Karl Liebknecht** vor ihrer Ermordung...« Die »Wilmersdorfer Bürgerwehr« verhaftete sie hier, zusammen mit W. Pieck.

Der Park hinter dem Schoeler-Schlößchen verbindet Dorfaue und den

Grünzug des Volksparks, der sich vom Schöneberger Rathaus bis zur Rudolstädter Straße erstreckt. Am **Schoelerpark** befand sich früher der Wilmersdorfer See, der nach und nach verlandete und nach dem Ersten Weltkrieg zugeschüttet wurde. Vorher jedoch war »Schramms Seebad Wilmersdorf« das Dorado der Schwimmer, Tänzer und Liebesleute. **Max Kretzers** Roman »Der Millionenbauer« beginnt hier, in der (noch) »kleinen märkischen Idylle, der die Eisenbahn von Tag zu Tag immer mehr das städtische Gepräge gab«, mit dem Auftritt von »Köppke aus Schöneberg«, eben dem Millionenbauern. Und auch um **Georg Hermanns** »Kubinke« dreht sich und wirbelt hier alles, Emma tritt die Erbschaft der dicken runden Hedwig an, »und man denkt auch nicht mit einem Gedanken daran, daß diese Stücke nur zu oft als Lustspiel beginnen und als Tragödie enden…«

Im Autobahndreieck beim Heidelberger Platz, in der **Binger Straße** Nr. 36, lebte **Erwin Piscator**, seit 1962 Intendant der Freien Volksbühne. Im ehem. Atelier Max Pechsteins in der **Offenbacher Straße** Nr. 8 hatte der österreichische Schriftsteller **Gerhard Rühm** 1964/76 sein Domizil; 72 fand hier der »österreichische Berliner Dichter-Workshop« statt.

Im ehem. Atelier von **Ludwig Meidner** in der Landauer Straße Nr. 16 fand **Martin Kessel** 1923 ein Quartier, 27 zog er weiter an den **Südwestkorso**, in Haus Nr. 46, und von dort weiter zum Laubenheimer Platz. »Herrn Brechers Fiasko«: »In vielen Städten Deutschlands mag man leben können, um sich einverleibt und geborgen zu fühlen, Berlin aber ist ein Fall, es wird stets ein schattenhafter Gegner bleiben, dem es gewachsen zu sein gilt … das Paradoxe liegt darin, daß hier die Labilität und Relativität ein feststehender Wert ist…« Martin Kessel vollendete 1932 seinen Roman »Herrn Brechers Fiasko« in der »Stempelburg« am Laubenheimer Platz, wie das Haus **Kreuznacher Straße** Nr. 48 im »Roten Block« wegen der vielen arbeitslosen Künstler auch genannt wurde. In der **Hanauer Straße** steht das Haus des »intimen Romans« »Die Schwester des Don Quixote« von 1938, »ein Zufluchtsort und eine Behausung zugleich«, in dem sich's, »nur zwei Minuten vom Bahnhof entfernt und nur 20 Minuten vom Zentrum der Stadt, wie im Märchen wohnt«. »Lydia Faude«, der Roman aus der Künstlerkolonie am Laubenheimer Platz (1965), entstand am **Steinrückweg** Nr. 9, wo Kessel nach Kriegsende eine bescheidene, jedoch heilgebliebene Wohnung gefunden hatte. 1975 wechselte er noch einmal und zog in die **Laubenheimer Straße** Nr. 5.

Ein Findling – »Mahnmal für die politisch Verfolgten der Künstler-Kolonie« – verweist am **Ludwig-Barnay-Platz** (dem früheren **Laubenheimer Platz**) auf den »**Roten Block**«. Die Künstler, Schauspieler und Literaten – von **Ernst Busch** und den **Blochs** bis zu **Erich Weinert** und **Hedda Zinner**, auch der junge **Wolfgang Leonhard** wohnte da mit seiner Mutter Susanne (**Bonner Straße** Nr. 12)–, die Ende

»Roter Block« am Ludwig-Barnay-Platz

der zwanziger Jahre bis 1933 hier zusammen lebten, auf der »kleinen Insel inmitten der Flut von Hakenkreuzen und Schwarz-Weiß-Rot, die Steglitz und Friedenau überschwemmten«, sahen sich schon bald gezwungen, Selbstschutzgruppen gegen rechte Schlägertrupps zu organisieren. **Axel Eggebrecht**: »Das war (eben) kein Worpswede, keine romantische Siedlung« (»Der halbe Weg«, 1975).

Schmargendorf

Die **Mecklenburgische Straße** verbindet Wilmersdorf mit Schmargendorf, dem 1354 urkundlich erstmals erwähnten »'s Marggrevendorp«, dessen Dorfaue sich in der heutigen **Breiten Straße** erstreckt. Die kleine Dorfkirche (aus dem Anfang des 14. Jh.) liegt noch da, und der alte Friedhof daneben (mit den Ehrengräbern des Malers M. Pechstein und des Bildhauers R. Scheibe). Das **Rathaus** am **Berkaer Platz** (1900-02 von O. Kerwin) putzt sich mittelalterlich auf, die Backsteinrathäuser der Mittelmark gaben die Vorlage (im Trauzimmer Kunst im Bau: Kamin mit einem Walküren-Re-

lief nach **R. Wagners** »Ring des Nibelungen«).

Die **Warnemünder Straße** mit ihren Gartenlokalen, die alle ihre einschlägigen Namen hatten: »Zum wilden Eber« und »Waldkater«, »Forsthaus« und »Waldschlößchen«, war um diese Zeit die volkstümlichste Vergnügungsmeile. Nicht immer – was Wunder – zum Vergnügen der in der Nachbarschaft wohnenden Poeten. In der **Mecklenburgischen Straße** Nr. 72 – »die nächste Umgebung mit der Landstraße zum Grunewald war ziemlich trostlos« – wohnte zu Beginn des Jahrhunderts **Herbert Eulenberg**; er war als Dramaturg am Deutschen Theater verpflichtet.

»Schmargendorf bei Berlin, im **Rheingau** 8« lautete ab Oktober 1897 R. M. Rilkes erste Berliner Adresse. Er wollte in der Nähe des Ehepaars Andreas sein. Für **Lou Andreas-Salomé** begann er hier im Sommer 98 das sog. »Schmargendorfer Tagebuch«, das bis zum Mai 1900 reicht. Um Lou noch näher zu sein, bezog er im August desselben Jahres dann ein Zimmer in der Villa »Waldfrieden« in der **Hundekehlestraße** Nr. 11 (Gedenktafel am Nachfolgebau). Lou: »Rainer teilte ganz unsere bescheidene Existenz am Schmargendorfer Waldrande bei Berlin, wo in wenigen Minuten der Wald in Richtung Paulsborn führte, vorbei an zutraulichen Rehen, die uns in die Manteltaschen schnupperten, während wir uns barfuß ergingen...« September/Oktober 99 entstand hier nach der ersten gemeinsamen Rußlandreise die ursprüngliche Fassung des ersten

Teils aus dem späteren »Stundenbuch«, das R., »gelegt in die Hände von Lou«, dann das »Buch vom mönchischen Leben« nannte. Gleichfalls hier »in einer stürmischen Herbstnacht« niedergeschrieben, die erste Fassung des »Cornet«: »Aus einer Chronik – Der Cornet – (1664)«. Nach der zweiten Rußlandreise und einem Aufenthalt in Worpswede mietete sich Rilke im Oktober 1900 in der **Misdroyer Straße** Nr. 1 ein: »Die neue Wohnung (und diesmal eine wirkliche: zwei Zimmer, Vorzimmer, Küche…) wird bald behaglich sein, und dann kann der Winter nicht mehr wehe tun.« Der Lärm aus den Gartenlokalen setzte ihm aber dann doch zu. Mitte Februar gab er die Wohnung auf.

Am (Schmargendorfer) **Hohenzollerndamm**, in Nr. 91, nahm 1939 **Ekkart von Naso** Wohnung: »…ein Eckhaus in kleinem Vorgarten, nahe dem Roseneck gelegen, mit zwei Balkons, einem Kiefernwäldchen gegenüber«. Die Wohnung selbst »ein D-Zug. Die fünf noch immer geräumigen Zimmer lagen hintereinander, der Karlsbader Straße zugekehrt.«

Am **Roseneck** und am **Wilden Eber** befand sich ab der Jahrhundertmitte, als die Grunewaldgrenze an der Südseite der **Hundekehlestraße** und der Westseite der **Warnemünder Straße** durch ein festes Wildgatter abgeschirmt war, der Einlaß für die Ausflüglerscharen, wenn »in den Grunewald / seit / fünf Uhr / früh… Berlin / seine Extrazüge /spie« (**Arno Holz**). Der eigentliche Auftrieb kam dann mit der 1875 gebauten **Havelchaussee**, vor allem aber mit dem 79 eröffneten, eigens für den Ausflüglerverkehr geschaffenen **Bahnhof Grunewald**: »…wenn man so in eine Equipage hineingegossen daran vorbeifährt, ist der Waldesreiz doch noch energischer«, orakelt Frau Wilhelmine in **Julius Stindes** »Familie Buchholz«.

Grunewald

Lieblingsziele, damals wie heute: vom Platz am Wilden Eber über die Pücklerstraße zu erreichen, das **Jagdschloß Grunewald** (es gehört bereits zum Zehlendorfer Revier). »Da ist der stille, verträumte Innenhof – eine steingewordene Jagdhornmelodie aus dem 16. Jahrhundert, mit Marstall und Wagenremisen, mit blühenden Kastanien und dem Ausblick auf einen blinkenden See, dessen etwas melancholischen Reiz die Grunewaldlandschaften des Malers Leistikow so unvergleichlich dargestellt haben«: aus »Der Frühling in Berlin« von **Hugo Hartung**, der, bevor er Charlottenburger wurde, in der **Furtwänglerstraße** wohnte. Und über den gleichnamigen Weg hinterm Bahnhof Grunewald, am **Teufelssee** vorbei, **Schildhorn**. Bis 1970 konnten dort noch »Familien Kaffee kochen«. **Georg Hermann** erzählt davon in »Kubinke«, anläßlich von Emils und Paulines Frühlingsausflug in den Grunewald. Am Schildhorn, »wo, bezwungen im Streite, / Fürst Jazkow dem Christengott sich weihte«, sind wir – romantisches Zeichen am romantischen Ort: A. Stülers

Schildhorn

Baumsäule mit Bronzeschild und -kreuz – in **Fontanes** »Alter Wendenwelt«. Am **Halensee** schließlich beginnt der Ausflug der »Treibels« mit ihrem Kreis, auf dem sich – wie schon Emil Kubinke und Pauline – Leopold Treibel und Corinna Schmidt verloben, und endet, Schloß Grunewald unter der Mondsichel am Wege, in **Paulsborn**. (**Albert Brachvogel** hat »Paulsborn« gleich einen ganzen Roman gewidmet, eine überaus romantische Liebesgeschichte, frei nach Johann Georg von dem Borne, der um 1800 am Grunewaldsee »eine Hütte erbaut und mit einer Concubine gelebt«.)
Franz Hessel (1929): »Um heute Wald im Grunewald zu finden, müssen wir schon ein gut Stück weiter, etwa an die Krumme Lanke oder nach Paulsborn. Da gibt es hübsche Nachmittagswege,

die einem das nötige Heimweh nach dem Abend an unserem Boulevard machen.« Die Villenkolonie Grunewald verdankt ihre Entstehung ab 1889 v. a. Bismarck, als »quartier residentiel« der Großbourgeoisie am Ende des zum Prachtboulevard ausgebauten Kurfürstendamms. **Christopher Isherwood** 1939 bissig: Die »Villen in allen bekannten Stilarten kostspieliger Häßlichkeit, von überspannten Rokoko-Torheiten bis zu den kubistischen Stahl-Glas-Kästen mit flachem Dach, sind in diesem feuchten, trübseligen Kiefernwald dicht zusammengedrängt... Der Stadtteil ist ein regelrechter Slum für Millionäre.« Durch die rücksichtslose Abholzung von rund 1000 Morgen Wald seinerzeit standen große Mengen gefällter Bäume billig zum Verkauf, und ganz Berlin sang **Otto Teichs** Couplet »Im Grunewald, im Grunewald ist Holzauktion«. Durch Ausbaggern des Fenngeländes entstand zudem eine kleine Seenplatte: **Diana-, Koenigs-, Hertha-,** und **Hubertussee.**

Nur vereinzelt lebten damals hier Menschen von bescheidenerem Lebenszuschnitt, Wissenschaftler oder Literaten. **Walter Höllerer:** »Wie ein freundschaftstiftendes Dach dehnt der Grunewald sich breit bis zur Havel hin und raschelt und stichelt stadtwärts über den Villengärten, in denen sich immer wieder neue Menschen-Gruppen und -Grüppchen formieren und deformieren...«

»Im alten Grunewald« beginnen **Nicolaus Sombarts** Erinnerungen »Jugend in Berlin« (1984). Der Sohn des berühmten Soziologen **Werner Sombart** (1863-1941) wuchs im elterlichen Haus in der **Humboldtstraße** Nr. 35 a auf, das Milieu preußisch-protestantisch-professorales Berliner Bildungsbürgertum. In Haus Nr. 13 bezog 1913 **Else Lasker-Schüler** ein möbliertes Zimmer, war aber meistens – in Süddeutschland, in Prag, auf »frommer Reise« nach Moskau und St. Petersburg – unterwegs. Als die Humboldtstraße noch **Boothstraße** hieß, lebte von August 1897 bis Februar 98 **Gerhart Hauptmann** zeitweilig in der Pension Kampmann (Nr. 9, Ecke **Gillweg**). Er wartete – eine »Kofferexistenz« führend, wie er im »Buch der Leidenschaft« schreibt –, bis die bereits im Juli 97 gemietete neue Wohnung, dem Bahnhof Grunewald gegenüber, fertig eingerichtet war. Tagebuchnotiz vom 6. November: »Um fröhlich zu bleiben, muß ich fort von Berlin.« Am Abend besuchte er Th. Fontane.

Kunz-Buntschuh-Straße Nr. 7 (früher **Gillstraße** Nr. 9): in dem Haus, das früher hier stand, »am Übergang von Halensee zur Kolonie Grunewald«, in einem ausgebauten Dachgeschoß lebten 1901-16 die Pädagogin und Vorkämpferin der bürgerlichen Frauenbewegung **Helene Lange** (1848-1930) und ihre Lebensgefährtin **Gertrud Bäumer** (1873-1954/Hohenlimburg, NRW). Gemeinsam publizierten sie das fünfbändige »Handbuch der Frauenbewegung«.

Im »Professorenviertel« weiterhin, in der **Wangenheimstraße** wohnte in Haus Nr. 14 von 1916 bis 35 die Familie des Psychiaters und Neurologen K. Bonhoeffer. **Dietrich Bonhoeffer** besuchte von hier aus das **Grunewald-Gymnasium** in der **Herbertstraße** Nr. 2-6 (heute nach **Walther Rathenau** benannt) und hielt Anfang der dreißiger Jahre in der Grunewaldkirche auch Kindergottesdienste und betreute im Elternhaus in der Wangenheimstraße einen Jugendkreis. (Über das Gymnasium, »eine elitär-liberale Kadettenanstalt für Humanisten«, auch **Horst Krüger** in seiner »Erinnerung an die Banalität des Bösen« in »Meine Schulzeit im Dritten Reich«, 1982/88.) In der Nachbarschaft in der **Wangenheimstraße**, in Haus Nr. 21, wohnte von 1905 an bis 44 Max Planck mit Familie. Bei den Hauskonzerten trat Albert Einstein als Geiger auf (Gedenktafel am Nachfolgebau). **Fritz Mauthner** lebte zwischen 1876 und der Jahrhundertwende **Wangenheimstraße** Nr. 46, später in Nr. 36. Mit dem dreibändigen Roman »Berlin W« schockierte er mit beißender Ironie die Berliner Gesellschaft seiner Zeit. »Jedes Lachen ist Kritik, die beste Kritik«, heißt es in den »Beiträgen zu einer Kritik der Sprache«, seinem Lebenswerk.

Salzbrunner Straße Nr. 41-47 liegt das Evangelische **Gymnasium zum Grauen Kloster**. 1962 übernahm die Schule Tradition und Namen des im Zuge der Reformation 1574 im Grauen Kloster der Franziskaner in der Klosterstraße (Mitte) gegründeten Berlinischen Gymnasiums. In der **Salzbrunner Straße** Nr. 8 a saß, wie

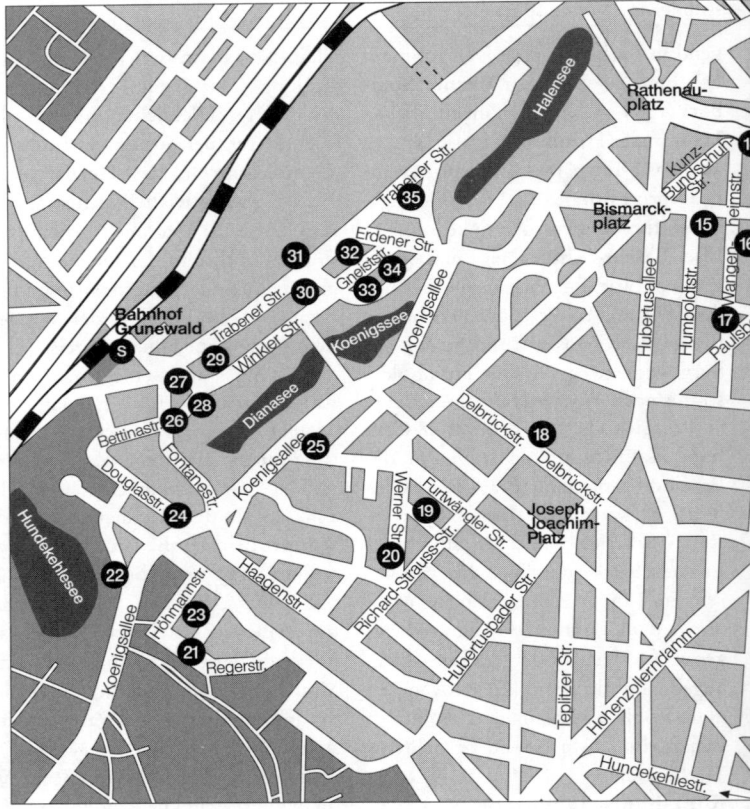

Ludwig-Barnay-Platz

1   Ludwig-Barnay-Platz Nr. 3 (Gedenktafel)
    – Walter Hasenclever
2   Ludwig-Barnay-Platz Nr. 5 – Victor
    Klages, Manès Sperber, Alexander Graf
    Stenbock-Fermor
3   Laubenheimer Str. Nr. 2 – Georg Hermann
    (Gedenktafel Neubau Kreuznacher Str.
    Nr. 28), Johannes R. Becher
4   Bonner Str. Nr. 1a – Oskar Loerke,
    Karl Otten
5   Bonner Str. Nr. 2 – Joachim Ringalnatz
6   Bonner Str. Nr. 8 – Gustav Regler
7   Bonner Str. Nr. 11 (Gedenktafel) – Ernst
    und Eva Busch
8   Bonner Str. Nr. 12 – Axel Eggebrecht,
    Susanne und Wolfgang Leonhard
9   Kreuznacher Str. Nr. 34 – Erich Weinert
10 Kreuznacher Str. Nr. 48 – Alfred und
    Friedel Kantorowicz (Gedenktafel),
    Martin Kessel
11 Kreuznacher Str. Nr. 52 – Ernst und
    Karola Bloch (Gedenktafel), Peter Huchel
    und Familie
12 Steinrückweg Nr. 3 – Fritz Erpenbeck
    und Hedda Zinner ("Fini", aut. R. 1973)

13 Ludwig-Barnay-Platz (Grünanlage) Findling
    mit Gedenktafel für die politisch Ver-
    folgten der Künstler-Kolonie

Grunewald

14 Kunz-Bundschuh-Str. Nr. 7
    (Gedenktafel Neubau) – Helene
    Lange und Gertrud Bäumer
15 Humboldtstr. Nr. 35a – Werner
    Sombardt
16 Wangenheimstr. Nr. 14 – Dietrich
    Bonhoeffer
17 Wangenheimstr. Nr. 46, Nr. 36 – Fritz
    Mauthner
18 Delbrückstr. Nr. 23 (Im Zweiten
    Weltkrieg zerstört) – Walter Benjamin
19 Furtwänglerstr. Nr. 7 – Wilhelm
    Meyer-Förster
20 Wernerstr. Nr. 16 – Lily und Heinrich
    Braun, Maximilian Harden
    (Gedenktafel)
21 Regerstr. Nr. 8 (Granitstein im Geh-
    weg) – Lion und Marta Feuchtwanger
22 Koenigsallee Nr. 65 (Gedenktafel) –
    Walter Rathenau

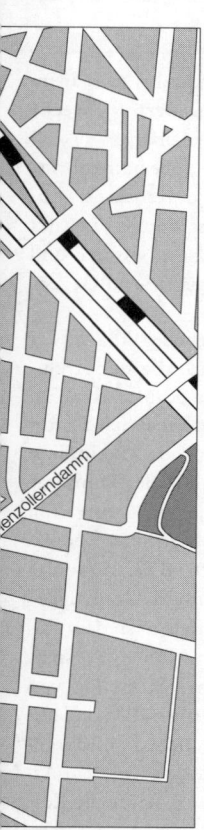

»Stempelburg und Villenkolonie in Wilmersdorf«

Grunewald

23 Höhmannstr. Nr. 6 (Gedenktafel) – Alfred Kerr
24 Douglasstr. Nr. 10 (Gedenktafel) – Alfred Kerr
25 Koenigsallee Nr. 43-45 (Gedenktafel Neubau) – Vicki Baum
26 Fontanestr. Nr. 8 (Gedenktafel Neubau) – Max Reinhardt
27 Bettinastr. Nr. 3 (Gedenktafel) – Hermann Sudermann
28 Bettinastr. Nr. 4 (heute Krankenhaus/Gedenktafel) – Hans Ullstein
29 Trabener Str. Nr. 2 – Gerhart Hauptmann, Engelbert Humperdinck
30 Trabener Str. Nr. 16 (Gedenktafel, auch für die Tänzerin Isadora Duncan) – Engelbert Humperdinck
31 TrabenerStr. Nr. 19 – Georg Hermann
32 Trabenerstr. Nr. 24 – Rudolf Presber
33 Gneiststr. Nr. 7 – Gottfried und Brigitte Bermann Fischer
34 Gneiststr. Nr. 9 – Alfred Kerr
35 Erdener Str. Nr. 8 (Gedenktafel) – S. Fischer

Ludwig-Barnay-Platz

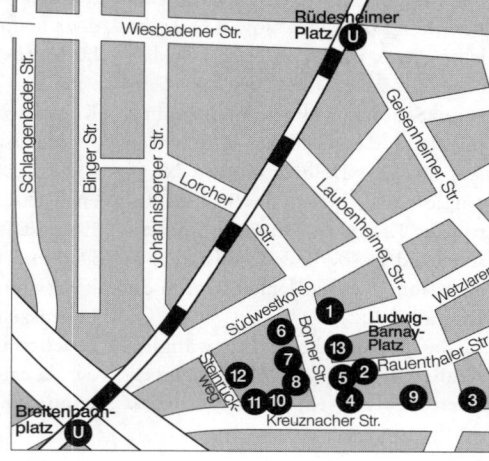

Walter Höllerer in seinen »Literarischen Sprüngen in den sechziger Jahren« erzählt, **Günter Bruno Fuchs** »in großem Schreibfleiß über seinen Arbeiten« ... und gab »Zeugnis von der Stadt, wie sie war, ohne Mauer in den fünfziger Jahren und von der Stadt mit einer Mauer ab 1961 bis hin zu seinem Tod mit 49 Jahren.«

Im Wintersemester 1912/13 studierte **Walter Benjamin** in Berlin. Er wohnte in der elterlichen Villa in der **Delbrückstraße** Nr. 23 (im Zweiten Weltkrieg zerstört), wohin die Familie 1912 übergesiedelt war. Bis 1930 sah er sich wegen seiner desolaten finanziellen Situation zumeist gezwungen, hier (ab Herbst 1920) auch weiterhin zu leben, zusammen mit Frau und Sohn, »unter bedrückenden Verhältnissen«. »Ich sehe Benjamin vor mir sitzen«, berichtet Charlotte Wolff, »hinter einem großen Tisch, auf dem sich Bücher und Manuskripte stapelten, die Wände seines Zimmers bis unter die Decke voll von Büchern, von einem kleinen Platz abgesehen, wo ein Bild von Paul Klee hing, ›Angelus Novus‹. Für ihn lebte dieses Bild, und er sprach darüber, als sei es eine Person.« (**Gershom Scholem** widmete W. B. zum 15. Juli 1921 das Gedicht »Gruß vom Angelus«.) – **Delbrückstraße** Nr. 33 erinnert eine Tafel an der St. Karl Boromäus Kirche an **Dr. Carl Sonnenschein**, den »Berliner Großstadtapostel«; ihm zum Gedenken wurde die Kirche erbaut.

In die **Beyme-**, heute **Furtwänglerstraße** Nr. 7 zog sich **Wilhelm Meyer-Förster** 1910 in sein Landhaus zurück.

Hier lebte er, erblindet bis zu seinem Tod im März 1934. **Bertolt Brecht** schmähte »Alt-Heidelberg« (1901) zwar als »Saustück«, aber umzubringen war es nicht, durch Ernst Lubitschs Stummfilm von 1927 mit Norma Shearer, Ramon Novarro und Werner Krauss wurde es – im Gegenteil – weltberühmt.

Die kleine ockerfarbene Villa in der **Wernerstraße** Nr. 16, die der Architekt des Wertheim-Kaufhauses, A. Messel, für **Lily** und **Heinrich Braun** erbaut hatte, kaufte 1901 **Maximilian Harden** und gab hier – der »Einsame vom Grunewald«, wie man ihn nannte – die 1892 gegründete politische Wochenschrift »Die Zukunft« heraus. Der »Censor Germaniae« wurde nur wenige Tage nach dem Rathenau-Mord am 3. Juli 1922 spätabends unweit seiner Wohnung von gedungenen Tätern überfallen und mit einer Eisenstange brutal niedergeschlagen. Er erholte sich von dem Attentat nie mehr richtig, stellte die Edition der »Zukunft« ein und übersiedelte in die Schweiz.

Hubertusbader Straße Nr. 43 wohnte 1964/65 als Gast des Berliner Künstlerprogramms des Deutschen Akademischen Austauschdienstes – nach 1930 noch einmal in Berlin – der englisch-amerikanische Lyriker und Essayist **Wystan Hugh Auden**.

Die mit viel Liebe »am schönsten Fleck von Berlin« »als Heimstätte auf Lebenszeit« von **Lion** und **Marta Feuchtwanger** eingerichtete Villa in der damaligen **Mahler-**, heute **Regerstraße** Nr. 8, die in den »Geschwistern

Lion Feuchtwanger auf der Terrasse seines Hauses Mahlerstraße Nr. 8

Oppermann«, literarisch widergespiegelt, erscheint, verblieb ihnen gerade mal zwei Jahre. Sie wurde im Dritten Reich »arisiert«. Schon Anfang 1933 überfielen SA-Leute, während Lion auf einer Vortragsreise in den USA unterwegs war, das Haus, plünderten es aus und verwüsteten die (10 000 Bände umfassende) wertvolle Bibliothek. L. F. kehrte von der Vortragsreise nicht mehr zurück. Aus dem französischen Exil schrieb er 1935 einen bitter-sarkastischen »Offenen Brief an den Bewohner meines Hauses Mahlerstraße 8 in Berlin«: »...Was fangen Sie wohl mit den beiden Räumen an, die meine Bibliothek enthielten? Bücher, habe ich mir sagen lassen, sind nicht sehr beliebt in dem Reich, in dem Sie leben, Herr X, und wer sich damit befaßt, gerät leicht in Unannehmlichkeiten.«

»Ich bin mit Berlin versöhnt, seit ich draußen wohne«, bekannte **Alfred Kerr** 1924 in einer Festschrift des »Grunewald-Echo«. Er wohnte in dieser Zeit in der **Höhmannstraße** Nr. 6 (vorher, im Ersten Weltkrieg, **Gneiststraße** Nr. 9). In die Höhmannstraße zog 1930 – »Die immer noch junge Republik kämpfte schon um den Rest ihres Bodens...« – **Ernst Wiechert** ein, »mehr als problematischer Oberstudienrat« am Kaiserin-Augusta-Gymnasium in der Cauerstraße in Charlottenburg, und daneben »meine eigene Welt, an der ich grübelte und in den Nächten schrieb«: 1932 erschien »Die Magd des Jürgen Doskocil«, für die er 33 den Raabe-Preis erhielt. Im selben Jahr übersiedelte er nach Ambach am Starnberger See.

Die Kerrs bezogen 1930 unweit eine eigene Villa, jenseits der Koenigsallee, **Douglasstraße** Nr. 10. In der Nacht vom 15. auf 16. Februar 33 mußten sie vor der »Diktatur des Hausknechts« fliehen – »In Deutschland nicht – doch im Hitlerland/ Wird mir die Heimat... aberkannt« – und gelangten zunächst in die Tschechoslowakei.

Das »schlichte Grunewalder Jagdhaus« **Koenigsallee** Nr. 65 erbaute und bewohnte ab 1912 bis zu seiner Ermordung 22 **Walther Rathenau**. Alfred Kerr in seinen »Erinnerungen eines Freundes«: »Es war beileibe weder schlicht noch ein Jagdhaus... Die märkisch-unscheinbare Front dieses betont einfachen Landhäusleins trog über den üppigen Inhalt.« Künstler und Schriftsteller waren hier beson-

392

ders willkommen: **R. Dehmel, M. Harden, G. Hauptmann, Harry Graf Keßler, R. Musil** (W. R. war ihm im »Mann ohne Eigenschaften« das »Vorbild« für »Dr. Paul Arnheim ... mit großen Erfahrungen und Beziehungen auf international kulturellem Gebiet und in den Zusammenhängen dieser Fragen mit denen der Wirtschaft«), **R. M. Rilke, J. Wassermann, F. Wedekind, St. Zweig.**

Im Gartenhaus des Anwesens **Koenigsallee** Nr. 45, das ihm Freunde zur Verfügung gestellt hatten, wohnte **Ernst Toller** im Sommer 1927, als **Erwin Piscator** mit den Proben zu »Hoppla, wir leben!« begann. In der Villa selbst, in der ausgebauten Mansarde, wohnten zur selben Zeit (1926-31) die Baums: **Vicki Baum** (»Auftakt zu den glücklichsten, interessantesten und fruchtbarsten Jahren meines Lebens ... Ullsteinhaus, dritter Stock«), ihr Mann R. Lert (Generalmusikdirektor an der Staatsoper Unter den Linden) und ihre beiden Söhne (die in der warmen Jahreszeit, bevor sie von den Eltern zum **Grunewald-Gymnasium** – »nie bis an den Eingang« – gebracht wurden, allesamt zuerst einmal in den Grunewaldseen »ein paar Stöße« schwammen.) Gedenktafel am Nachfolgebau.

Hans Ullstein, der mit seinen Brüdern **Hermann** (Taunusstraße Nr. 7), **Louis** (Höhmannstraße Nr. 10), **Franz** und **Rudolf** den vom Vater **Leopold** gegründeten Verlag leitete, lebte von 1903 bis 35 in der **Bettinastraße** Nr. 4 (heute dort Krankenhaus). In der Nachbarschaft (Nr. 3)

Vicki Baum mit dem Sohn beim Hockeyspiel im Grunewald

hielt sich 1915 bis 28 in den Wintermonaten in »edler Bescheidenheit ganz abseits« (so F. Werfel) **Hermann Sudermann** auf. Statt eines Porträts (von M. Slevogt) hätte er zum 70. Geburtstag lieber ein »Preisausschreiben« gehabt, »das die Stellung der Theaterkritik zu mir behandelt, damit historisch festgelegt werde, wie man mich zu Grunde gerichtet hat.« Nach Sudermann wohnten sein Stiefsohn, der Dramatiker **Rudolf Lauckner** (1887-1954), und der Kritiker **Florian Kienzl** (gest. 1972) hier. Heute Gedenkstätte und Sitz der Hermann-Sudermann-Stiftung.

Fontanestraße Nr. 8 mietete Ende 1902 – er stand am Beginn seiner Karriere – **Max Reinhardt** eine Wohnung, die er 1906 gegen ein Palais im Tiergarten wechselte. Zeitweilig war hier (in der Nähe des Bahnhofs) auch sein Kabarett »Schall und Rauch« etabliert.

Seinen Nachbarn in der **Trabener Straße** (Nr. 2 und Nr. 16), **Engelbert Humperdinck**, gewann er in dieser Zeit für seine Schauspielmusiken.

Auerbachstraße (heute **Auerbacher Straße** Nr. 17 am Bahnhof Grunewald lebte **Julius Bab** mit seiner Familie ab 1908 »elf Jahre in ganz guten Beziehungen zu meinem Wirt und in allerbestem Einvernehmen mit allen Hausgenossen«, bis ein neuer Eigentümer »Herrschgewalt entfaltete« und die Familie »exmittierte«. Von Charlottenburg aus ging Bab später, im Frühjahr 1939, ins Exil. Seine Vermächtnisschrift vom »Leben und Tod des deutschen Judentums« lag lange Jahre im Archiv der Akademie der Künste und wurde erst 1988 veröffentlicht.

Im Stil englischer Landhäuser wurde, dem »idyllisch-märkischen« Waldcharakter der Villenkolonie angepaßt, der S-**Bahnhof Grunewald** erbaut. Gleich rechts daneben liegt die **Rampe des Güterbahnhofs** (»Gleis 17«), von der am 18. Oktober 1941 die erste von insgesamt 63 Massendeportationen jüdischer Bürger Berlins in die Todeslager im Osten (bis Februar 1945) ausging. Ein Mahnmal zeichnet seit 1990 den Weg zur Rampe durch einen parallel zur Straße laufenden rauhen Betonblock nach, in den Negativformen menschlicher Körper eingelassen sind: Zeichen der »Auslöschung der Opfer« wie zugleich ihrer »Präsenz in der Gegenwart«.

Die **Trabener Straße** führt nach Halensee. In Nr. 2 (Nr. 54 bis 1899) richtete sich Ende 1897 **Gerhart Hauptmann** ein »Strohwitwer- oder Junggesellenheim« ein, mit »fünf Parterrezimmern mit Holzdecken, Paneelen, Kaminanlagen undsoweiter«. Im August übersiedelte er mit seiner späteren zweiten Ehefrau Margarete Marschalk nach Schlesien, in das Haus »Wiesenstein« bei Agnetendorf. – **Georg Hermann** wohnte die letzten Jahre vor dem Ersten Weltkrieg mit seiner Familie im ersten Stock der Villa Nr. 19 (»In jeder Beziehung stubenrein. Grunewald«). »Es waren alle Biedermeiermöbel da, die im ›Jettchen Gebert‹ beschrieben sind«, erinnerte sich Tochter Hilde. – In Nr. 24 lebte bis zu Beginn der zwanziger Jahre **Rudolf Presber**.

»Ein Ort für Zufälle«: im April 1963 folgte **Ingeborg Bachmann** einer Einladung der Ford-Foundation nach Berlin. Sie bezog zuerst eines der Ateliers der Akademie der Künste, wo auch **Witold Gombrowicz** wohnte. »Beide kamen sich nahe in einer Freundschaft komplizierter Art, in gegenseitiger Verletzlichkeit... Sie machte mit ihm Grunewald-Ausflüge« (W. Höllerer). Ingeborg Bachmann übersiedelte dann selbst dorthin, in die Nähe des Dianasees, **Am Hasensprung** Nr. 5.

Wissmannstraße Nr. 3 wohnten 1903-05 **Samuel** und **Hedwig Fischer**, bevor sie, wie Tochter **Brigitte** (1905-91) erzählt, die mit ihrem Mann **Gottfried Bermann** nur einen Steinwurf entfernt in der **Gneiststraße** Nr. 7 lebte, in das »festliche Haus« in der **Erdener Straße** Nr. 8 zogen. »Darauf eingestellt, die anwachsende Autorenfamilie und den großen Berliner

Familie S. Fischer im »Benz« vor der Villa Erdener Straße Nr. 8

Künstlerkreis zu empfangen und zu bewirten.« **Robert Walser** hat die Fresken seines Bruders Karl für die Fischersche Villa (»Dichterfries in Schattenbildern«) ausführlich in »Leben eines Dichters« beschrieben. **Otto Flake** zitiert in »Es wird Abend« schockweise die illustren »Namensträger« bei Fischer, von **G. Hauptmann, Th. Mann, A. Schnitzler** und **H. von Hofmannsthal** bis **B. Kellermann, F. Blei, J. Wassermann** und **Annette Kolb.** In den sechziger Jahren, als das **Literarische Colloquium** hier zeitweise zu Hause war, saßen da »wie auf einem Familienbild« (so W. Höllerer) **Hans Werner Richter** und Autoren aus dem Umkreis der Gruppe 47: der »Ostberliner« **Johannes Bobrowski** neben den »Westberlinern« **Schnabel** und **Grass,** dazu die Verleger und »so unterschiedliche Temperamente« wie **Uwe Johnson**

und **Gerald Bisinger … Hans Bender** und **Alexander Kluge.**

In dem weinumrankten Haus **Gneiststraße** Nr. 9 lebte **Alfred Kerr** mit seiner jungen Frau dreizehneinhalb Jahre lang bis 1919. Hier hatte er sich ein schlesisches Zimmer eingerichtet, mit Schränken von daheim, aber auch ein exotisches, ein ägyptisches mit Teppichen und Trophäen, »eigenpfötig aus dem Morgenland geholt.«

An der Einmündung der **Erdener Straße** in die **Koenigsallee** Gedenkstein für **Walther Rathenau:** »Er fiel an dieser Stelle durch Mörderhand am 24. Juni 1922«. (Nachbar **H. Sudermann** half mit drei Bediensteten R.s Leiche zu betten; Mitteilungen auch in Harry Graf Kesslers Rathenau-Biographie, in dem Kapitel »Es gibt keinen Tod!«) In der **Wallotstraße** Nr. 19 befindet sich das »**Wissenschaftskolleg** zu Berlin e. V.«, eine Stiftung zur

Förderung der Zusammenarbeit zwischen Forschern und Forscherinnen verschiedener Disziplinen und verschiedener Länder, die hier für ein Jahr zu Gast sind.

Endstation **Halensee**: für **Stindes** »Familie Buchholz« z. B. Man absolviert im Wirtshaus am See seine »Pfingsttour«: »Hin und wieder fuhr ein Bahnzug am Horizont durch die Natur, während der Vordergrund, wie die Poeten sagen, anmutig mit weißbeschürzten Kellnern und festlich geschmückter anständiger Gesellschaft belebt wurde.« Ab 1909 avancierte der **Lunapark** zum größten Berliner »Rummel«, einen »Super-Kurfürstendamm« nannte ihn **Max Fürst** später (»Talisman Sheherezade«). »Ich war kaum zehn Jahre alt, als mein Vater mich zum ersten Mal in den Lunapark mitnahm, nahe der Halenseer Eisenbahnbrücke«, erzählt **Oda Schaefer** in ihren Erinnerungen. Hier – »sein irisierender, taumelnder Zauber war mir unheimlich« – hat sie in einem kleinen Illusionstheater »kassandrisch«, was ihr erst später bewußt wird, »eine sehr frühe Vision der Ära des Zweiten Weltkrieges, der kommenden Zeit überhaupt ... Was mich am meisten erschreckte, war die Nähe der Katastrophe.« Endstation Halensee noch einmal: »Szondi was here« lautet der Titel eines Gedichtes von **Sabine Techel**: Am 9. November 1971 wurde **Peter Szondi**, seit dem 18. Oktober vermißt, tot aus dem Halensee geborgen.

Vom Lehniner Platz zur Uhlandstraße

Der Halenseer Teil des **Kurfürstendamms**, der am Lehniner Platz beginnt, galt zu Beginn des Jahrhunderts v. a. als Ort für Vergnügungen. **Vladimir Nabokov** erinnert sich in seinem Roman »Die Mutprobe« an die »riesige Rollschuhbahn« auf dem Grundstück von Nr. 151. In Haus Nr. 97/98 wohnte zuletzt der im Oktober 1966 gest. **Franz Xaver Kappus** (vorher **Johann-Georg-Straße** Nr. 6); **R. M. Rilke** hatte Ende der zwanziger Jahre an ihn seine »Briefe an einen jungen Dichter« gerichtet. In Nr. 110 lebte nach der Rückkehr aus Argentinien 1937 **Günther Weisenborn**, in Nr. 145 **Alfred Kerr**, bevor er in den Grunewald zog.

Am **Lehniner Platz** (**Kurfürstendamm** Nr. 153) liegt das ehem. »Universum«-Kino, heute Spielort der »**Schaubühne**«. E. Mendelsohn, der Architekt, 1928 bei der Eröffnung in seinem (poetischen) Manifest: »... kein Rokokoschloß für Buster Keaton. Keine Stucktorten für Potemkin und Scapa Flow. Aber keine Angst auch! Keine trockene Sachlichkeit ... Phantasie! Phantasie – aber kein Tollhaus – beherrscht durch Raum, Farbe, Licht.« In einem Seitenflügel war das »Kadeko«, wie die Berliner es abkürzten, das »Kabarett der Komiker« untergebracht. **Karl Valentin** trat u. a. hier auf. In der **Konditorei Leon** beim Kabarett hatte **Erich Kästner**, als er 1929 in die Charlottenburger Roscherstraße zog, seinen Arbeitsplatz.

Kurz nach der Jahrhundertwende in Gartenhäusern im Quartier: **Ringbahnstraße** Nr. 126 **Christian Morgenstern**, im März 1905 erschienen seine »Galgenlieder«, deren erste bereits in den neunziger Jahren auf dem »Galgenberg« von Werder bei Potsdam entstanden waren. (»...ein Galgenbruder ist die beneidenswerte Zwischenstufe zwischen Mensch und Universum«); in der **Katharinenstraße** Nr. 5 von 1909 bis zu ihrer Trennung 1911 **Else Lasker-Schüler** und **Herwarth Walden**, am 3. März 1910 ging in 30000 Exemplaren das erste Heft des »Sturm« an die Kioske. Ebenfalls in Nr. 5 hatte **Leonhard Frank** zu Beginn des Ersten Weltkriegs »ein Parterrezimmerchen mit eigenem Eingang von der Straße aus«. Es war »eine sogenannte Trockenwohnung, ein Vierteljahr mietefrei. Nachdem die Feuchtigkeit der Wände sich in Rheumatismus verwandelt hatte, mußte man Miete bezahlen oder ausziehen.« Drei Monate arbeitete er hier »jeden Tag bis tief in die Nacht« an der ersten halben Seite seines ersten Romans »Die Räuberbande«. **Katharinenstraße** Nr. 6 wohnte als freier Schriftsteller in den zwanziger Jahren – in der »demokratischen Ära, in der ich mich wohlfühlte, weil man in ihr frei reden konnte« – winters **Frank Thieß**, im Sommer lebte er in Steinhude (NDS). Für kurze Zeit auch in der **Katharinenstraße**, in Nr. 2: um 1922 **John Heartfield**, um 1930 **Erwin Piscator**.
In den fünfziger Jahren kam der Südtiroler **Franz Tumler** nach Berlin. Seine Wohnung **Karlsruher Straße** Nr. 7: »Zwei Dinge sind neu in Berlin. Die Stadt hat aus ihren Leiden einen Gewinn gezogen. Sie hat durch eine Kette mörderischen Zugriffs ... etwas bekommen, das ihr früher gefehlt hat: jenen unverwechselbaren Zug historischer Würde, den ein gleichgültiger Ort niemals besitzt... Das zweite: Berlin war Hauptstadt eines großen Reiches, nun ist sie es nicht mehr. Was Wien im Jahre 1918 erfahren hat, ist hier in anderer Weise 1945 geschehen« (»Hier in Berlin, wo ich wohne – Frühjahr 1952«). 1953 erschien »Berlin – Geist und Gesicht«, 60 »Menschen in Berlin«. 1967/68 war Tumler Direktor, 1969/70 Stellvertretender Direktor der Abteilung Literatur der Akademie der Künste.
Oskar Loerke, 1928 zum Sekretär der Sektion für Dichtkunst an der Preußischen Akademie der Künste ernannt, wohnte von 1912 bis 30 in der **Joachim-Friedrich-Straße**, südlich des Kurfürstendamms, im Gartenhaus, vierter Stock, von Nr. 32. »Arbeiten bleibt die Hauptsache«, lautet die erste Tagebucheintragung hier.
Inschrift **Johann-Georg-Straße** Nr. 20: »Hier lebte von 1913 bis zu seiner Emigration 1934 der Philosoph und Satiriker, Freund der Dadaisten, **Dr. Salomo Friedlaender**. Bekannt unter dem Pseudonym **Mynona**« (eine Umkehrung des Wortes anonym).
In der **Albrecht-Achilles-Straße** Nr. 85 an der Ecke **Paulsborner Straße** mietete sich ab 1920 **Walter Hasenclever** für seine regelmäßigen

Stefan George mit Claus und Berthold Stauffenberg (1924)

Berlin-Besuche ein Zimmer; er behielt es bis 1924 bei, als er als Korrespondent des »8-Uhr-Abendblattes« nach Paris ging. Dort schrieb er 28: »Sehnsucht nach Berlin. Ich weiß nicht warum. Ich möchte auf der Brücke in Halensee stehen, die grünen Vorortbäume sehen, den Lindenduft im Grunewald atmen...«

Das Atelier des Bildhauers L. Thormaehlen in der Nachbarschaft gehörte zu den zahlreichen Berliner Domizilen **Stefan Georges**. Im »Achilleion« stand für ihn stets ein Zimmer mit separatem Eingang zur Verfügung. Hier hielt er in den zwanziger Jahren seine Audienzen und Lesungen ab. Unter den Besuchern auch die Brüder Alexander, Bertold und später Claus von Stauffenberg. Im Atelier feierte man 1928 in ausgewähltem Kreis das Erscheinen des von **Max Kommerell** vorbereiteten letzten Gedichtbandes »Das Neue Reich« von George.

Im Haus **Paulsborner Straße** Nr. 3, seiner letzten Wohnung in Berlin, wurde **Manès Sperber** am 15. März 1933 verhaftet und in »Schutzhaft« genommen (Aut. »Die vergebliche Warnung«): »Siebenundzwanzig Jahre später habe ich Berlin wiedergesehen. Es war keine Heimkehr, nicht einmal eine Rückkehr, sondern ein gespenstischer Besuch. Keiner meiner Freunde war mehr da, keiner der Genossen, mit denen ich die letzten Krümel einer großen Hoffnung geteilt hatte.«

»Das Ländliche und das Mondäne«: am **Sesselmannweg** Nr. 9 (nahe der S-Bahn, zwischen Seesener Straße und Carionweg) hatte **Hugo Hartung** sein letztes Berliner Domizil.

Hohenzollerndamm Nr. 52 (noch im Schmargendorfer Teil) wohnten in ihrer großen Zeit (der erfolgreichen

Filme) bis 1933 (als die Ehe getrennt wurde) Fritz Lang, der nach Amerika ging, und **Thea von Harbou**, die in Deutschland blieb.

In einer aufgestockten Anderthalb-Zimmer-Wohnung am **Fehrbelliner Platz**, Ecke **Hohenzollerndamm** Nr. 34, lebten seit 1925 **Lion** und **Marta Feuchtwanger**. Vor dem Haus waren Tennisplätze, die im Winter zum Schlittschuhlaufen hergerichtet wurden. Der Blick nach Süden ging bis zum Botanischen Garten, rechter Hand auf den Kamin des **Krematoriums Wilmersdorf** an der **Berliner Straße** Nr. 81-103, wo am 30. Oktober 1929 die Einäscherung von **Arno Holz** stattfand. Unter den Rednern auch **Alfred Döblin** (»Sehr ausfällig«, notierte **Oskar Loerke** in sein Tagebuch): »Wo Künstlerschaft ist, da ist auch Betrübnis, Verzagen und Einsamkeit nicht fern. Und wo in Deutschland Künstler sterben, da ist die Klage und die Anklage des Verkanntseins schon fast selbstverständlich.«

»Lampioon«, **Manfred Hausmanns** abenteuerlicher Wanderer (1928), verschlägt es (»Es ist Unsinn, ich weiß es, aber es ist einmal geschehen.«) auch nach Berlin. Am **Fehrbelliner Platz** spielt seine »Berliner Legende«: »...der halbe Platz ist ein fruchtbarer Garten mit Obstbäumen, Zäunen, Schlackenwegen und allerlei Hütten aus Dachpappe. Ringsumher ragen Mietskasernen und Paläste in den Himmel, die Türken haben da sogar eine Moschee mit nadeldünnen Türmen hingebaut.« In einer dieser Mietskasernen, »in einem schäbigen und düsteren Hinterhaus« in der **Westfälischen Straße**, vier Etagen hoch hinter einer »blinden altmodischen Glastür, an deren Pfosten viele Visitenkarten mit Reißzwecken befestigt waren«, hauste Wanja, »der sah aus wie Kaspar Hauser, nur etwas kleiner.« **Horst Krüger** erzählt Wanjas Geschichte in dem aut. Bericht einer »Jugend in Deutschland«, »Das zerbrochene Haus«.

Seit 1925 lebte **Franz Blei** (»ein Süßwasserfisch, der sich geschmeidig in allen frischen Wassern tummelt«, so satirisch sich selbst skizzierend) in der Nähe des Fehrbelliner Platzes, in der **Pommerschen Straße** Nr. 5; von hier aus verließ er 1933 Deutschland. Im selben Haus wohnten auch die Verleger **Gustav Kiepenheuer** und **Martin Hürlimann**.

Wittelsbacher Straße Nr. 5 lebte ab 1925, als er eine Anstellung als Sportredakteur bei Scherl »Sport im Bild« gefunden hatte, bis 29 **Erich Maria Remarque**; hier schrieb er »Im Westen nichts Neues«.

Paul Kornfeld wohnte bis 1933 in der **Zähringer Straße** Nr. 26 und ging dann wieder in seine Heimatstadt Prag zurück. Wie durch ein Wunder hat sich das Manuskript seines einzigen Romans (und schönsten Buches) erhalten, »Blanche oder Das Atelier im Garten«, sein Schauplatz ist Berlin.

Düsseldorfer Straße Nr. 9 lebte Anfang des Jahrhunderts **Ernst Hardt**. – In Nr. 42 bezog im Dezember 1928 **Walter Benjamin** mit der lettischen Regisseurin Asja Lacis, die er 1924 auf

Fedor von Zobeltitz auf dem Dachgarten seiner Wohnung über der »stillen« Bregenzer Straße (Nr. 4)

Capri kennengelernt hatte, und 25 in Riga und 26 in Moskau aufsuchte, eine gemeinsame Wohnung. Anfang 29 verfaßte er hier für sie das »Programm eines proletarischen Kindertheaters«. Lange blieben sie nicht zusammen, Benjamin kehrte in die elterliche Villa im Grunewald zurück, Asja ging wieder nach Moskau. Nach 1930 haben sie sich nicht mehr wiedergesehen. Benjamins Briefe an Asja sind verschollen, ebenso die Gedichte, die er für sie geschrieben hat.

Konstanzer Straße Nr. 2 hatte **Ernst Weiß** seine letzte Berliner Wohnung. 1933 floh er nach Prag, 34 von dort nach Paris. In Paris schrieb er seinen letzten Roman »Ich – der Augenzeuge«, der 1945 durch Zufall wiedergefunden und 63 erstmals veröffentlicht wurde. Erzählt wird die Geschichte eines Arztes, der gegen Ende des Ersten Weltkrieges im Feldlazarett den Gefreiten A.H. von einer hysterischen Blindheit heilt und damit dessen »fürchterliche Entwicklung« erst ermöglicht. Denn A.H. wird, »jetzt nicht mehr der Mann mit der schmalen Gefreitenlitze an den Schulterklappen und dem angezweifelten Eisernen Kreuz Erster«, der Höchste und bald darauf der Einzige im Staate… »Wenn einer, mußte ich den neuen Herrn der Welt kennen. Ich mußte ihn fürchten, ich mußte ihn fliehen, da er der Starke war, ich der Schwache.«

Bregenzer Straße Nr. 4: »Nun hause ich abermals und wirklich in einer stillen Straße… Wenn ich sie durchschreite, währt es eine Minute und drei Sekunden«, erzählt **Fedor von Zobeltitz** im letzten Kapitel seiner Erinnerungen »Ich hab so gern gelebt« (1934). Als Verbindungsstraße sei sie

»eigentlich überflüssig, weil dicht daneben Parallelstraßen laufen, die ihren Zweck viel besser erfüllen... Sie umfaßt kaum mehr als ein Dutzend Häuser, die neue Wohnung liegt zudem im höchsten Stockwerk. Mein Arbeitsraum befindet sich unmittelbar neben dem Dachgarten ... der ist ein Stück Land, mit wirklichem Rasen, auf dem ich die Gänseblümchen zähle...« – In Haus Nr. 5 hatte **Ferdinand Bruckner**, der von 1922 bis 33 schon einmal in der Nähe (**Emser Straße** Nr. 1-2) gewohnt hatte, eine Wohnung; er war 1951 aus Amerika zurückgekommen, im Dezember 58 starb er.

In der **Sächsischen Straße** Nr. 10/11 kam **Axel Eggebrecht** in den ersten Kriegsjahren (1939-43) unter. Ab 1935 »zugelassen als Autor unpolitischer Filme«, fand er in seiner »anfangs als Notbehelf gedachten Tätigkeit« dann nach und nach doch, wie er in seinen Erinnerungen »Der halbe Weg« im Kapitel »Zuflucht beim Film« erzählt, den »wirklichen Beruf«. Dank zweier Regisseure v. a.: W. Forst und H. Käutner.

Emser Straße Nr. 21 wohnte in den zwanziger Jahren bis 1930 **Bernhard Kellermann**. 1925 erschien sein Roman der Berliner »Roaring Twenties«, »Die Brüder Schellenberg«: »Das Problem der Großstädte, ihr Ausbau, ihre Korrektur. Die Trabantenstädte, die sie umlagerten, ähnlich in der Struktur, die Grüngürtel, die sich um diese Stadtschaften zogen...«

In der **Pfalzburger Straße** Nr. 52 hauste Anfang des Jahrhunderts **Paul Scheerbart** und ging mit seinen gro-

tesk-phantastischen »Eisenbahn«-, »Arabischer Harem«–, »Phantastischer König«–, »Protzen«-, »See«-, »Seelen«- und »Mond«-Romanen bei den Verlegern hausieren. **Julius Hart**: »Er gehört zu den geborenen Lustgängern. Nicht kümmern ihn Bismarck und Sedan, aber eine rote Linie in einem Teppichmuster ... kann ihn stundenlang fesseln, da beweist er euch schlankweg, daß die rote Linie die Lösung aller Welträtsel sei...«

Beschluß in der **Uhlandstraße** (und literarischen Adressen) in ihrem Wilmersdorfer Verlauf: die der Manns zuerst: in Nr. 78 hatten **Klaus** und **Erika Mann** ihr Logis, ein »Etablissement... im schlechtesten Geschmack der Gründerzeit, dabei nicht ohne eine gewisse verstaubte Gemütlichkeit«; Onkel **Heinrich Mann** lebte 1930/31 in Nr. 126 (das Haus existiert noch), »Professor Unrat« wurde in dieser Zeit weltweit berühmt – als »Blauer Engel«; Szenario und Dialoge hatte in »Allein – Arbeit« **Carl Zuckmayer** geschrieben. – Gleich zweimal wohnte **Arno Holz** in Nr. 106, von Ende 1901 bis Herbst 02 und von Ende 1903 bis Herbst 05, eine Künstlerexistenz, die zu den »stärksten Leistungen der Berliner Boheme gehört«, was primitiv-absonderliche Lebensführung anbelangt« (so J. Bab 1904). – In Nr. 108/09 hatte im Parterre des Seitenflügels 1903 **Else Lasker-Schüler** für kurze Zeit ein möbliertes Zimmer. Ende März trennte sie sich von **Peter Hille**: »Es war im Spätfrühmonat 1903, als mich die Furcht vom Erdältesten vertrieb.« Im selben Haus wohnte **Ger-**

hart Pohl, bevor er 1933, aus der Reichsschrifttumskammer ausgeschlossen, Berlin verließ und wieder nach Schlesien ging. Dort, in Wolfshau, nahm er zeitweilig Jochen Kleppers jüdische Stieftochter Renerle auf. – »Im Berlin der reichen Leute, die kein Geld haben«: in einem Seitenflügel von Haus Nr. 114/115 (heute Neubau) wohnte von 1909 bis 12 Georg Hermann. »Kubinke« und »Die Nacht des Doktor Herzfeld« erschienen in dieser Zeit; 1909 gehörte er zu den Gründern des Schriftsteller-Schutzverbandes, dessen Vorsitzender er bis 12 blieb. – In Nr. 144, Gartenhaus/Parterre, gründeten im Frühjahr 1900 die Gebrüder Heinrich und Julius Hart mit Gleichgesinnten – u. a. Gustav Landauer und Felix Hollaender, Bruno Wille, Martin Buber, Ludwig Rubiner und Erich Mühsam (»Unpolitische Erinnerungen«) – eine Künstlerkommune, die »Neue Gemeinschaft«: »In inniger Verschmelzung von Religion, Kunst, Wissen und Leben sucht die Neue Gemeinschaft das Menschen- und Menschheitsideal, die Vollendung des Einzelnen und der Gesamtheit zu verwirklichen. 1902 etablierte sich der »Orden vom wahren Leben«, in der spöttischen Version die »Neue Alt-Gemeine«, am Schlachtensee.

Friedhöfe

Landeseigener Friedhof Wilmersdorf (Krematorium), Berliner Straße Nr. 81-103:

Heinrich Lautensack (Grab 1950 aufgelöst); Kurt Pomplun (»Berlin – und kein Ende«, 1976) / B 1-UW-53; in der Urnenhalle: Ernst Niekisch (1889-1967/Aut. »Gewagtes Leben«, 1958), Fedor von Zobeltitz (Ehrengrab im Kreuzgang/ Wand B-123).

Landeseigener Friedhof Grunewald, Bornstedter Straße Nr. 11-12:

Hans G.L. Delbrück (1848-1929), Historiker, Hrsg. der »Preußischen Jahrbücher« (Abtlg. III-1-9/10); Friedrich Dernburg (1833-1911), Schriftsteller und Publizist/ »Berliner Tageblatt« (Abtlg. III-Erbb.-9-15); Hermann Sudermann und seine Frau, die Schriftstellerin Clara S. (1861-1924) / Ehrengrab V-G-58/59.

Landeseigener Friedhof Grunewald-Forst, Im Jagen Nr. 135:

Clemens Laar (1906-60), Schriftsteller, u. a. »Meines Vaters Pferde«, 1951 (Abtlg. II-4-66).

Wilmersdorfer Waldfriedhof, Stahnsdorf/Alte Bahnhofstraße:

Heinz Knobloch erzählt in dem Band »Die schönen Umwege« (1993) von seinen »Umwegen zu Paul Levi« (1883 geb. in Hechingen/BW, Verteidiger von Rosa Luxemburg und Carl von Ossietzky u.a., 1930 stürzte er aus dem Fenster seiner Berliner Wohnung, ein »langangelegter Selbstmord«, bei der Trauerfeier im Reichstag verließen die Fraktionen der Nationalsozialisten und der Kommunisten demonstrativ den Saal). Knobloch entdeckte im Dezember 1988 auf dem Wilmersdorfer Waldfriedhof wieder das Grab: Findling am Weg zwischen Feldern AI und AII.

Zehlendorf

Berlins »exklusivster« Bezirk (»Dahlem und Zehlendorf«, schrieb noch **Max Herrmann-Neiße**, »gleichen traulichen Kurorten«) entstand zwar erst 1920, aus den Landgemeinden Zehlendorf, Nikolassee und Wannsee sowie den Gutsbezirken Dahlem, Klein-Glienicke und Pfaueninsel, aber zwischen der alten Dorfkirche in Dahlem (deren älteste Teile aus dem Anfang des 14. Jh. stammen) und der Glienicker Brücke (die DDR nannte sie »Brücke der Einheit«, sie wurde jedoch zum Symbol der Teilung, nur Spione tauschte man auf ihr aus) kommt doch viel Berliner Geschichte zusammen. **Walter Höllerer**: »Berlins Wasserfront... Die Gegend im Süden ist erstaunlich sanft und hat erschreckend viele Spuren von Gewalttätigkeit.« Ein Stück »Märkischer Dichtergarten« auch, mit arkadischen Friedhöfen und Inseln.

Dahlem: »Die riesige Stadt war wie ein Gigant in die Knie gegangen, die Dächer lagen im Parterre... Ein Wald von Ruinen umgab den Wandernden...« Am Rand des (Zehlendorfer) Grunewalds fand **Günther Weisenborn**, aus dem Zuchthaus Luckau (BR) befreit und nach Berlin zurückgekehrt, eine Unterkunft, im Haus **Pücklerstraße** Nr. 22. »Eine alte Villa«, in der auch, wie **Günter Kunert** »Zu Besuch in der Vergangenheit« (Neue Rundschau, Heft 1, 1966) erzählt, die Redaktion des »Ulenspiegel« »residierte«; **Wolfgang Weyrauch** fungierte als Redakteur.

Zwölf Jahre vorher, im September 1933, hatte sich in Dahlem der erste kirchliche Widerstand formiert, in dem von **Martin Niemöller** und **Dietrich Bonhoeffer** (im Hospiz St. Michael in der **Wilhelmstraße** Nr. 34) gegründeten »Pfarrernotbund«, aus dem sich die »Bekennende Kirche« entwickelte. Zum Zentrum des kirchlichen Widerstandes in Berlin wurde das Pfarrhaus der St.-Annen-Gemeinde (**Pacelliallee** Nr. 61), das Gemeindehaus (**Thielallee** Nr. 1-3), die **St.-Annen-Kirche** (**Pacelliallee**/Ecke **Königin-Luise-Straße**) sowie die **Jesus-Christus-Kirche** (**Hittorfstraße**/ Ecke **Faradayweg**), in der M. Niemöller predigte. Nach dessen Verhaftung 1937 (Verurteilung zu Festungshaft und Einweisung als »persönlicher Gefangener« Hitlers in die KZ Sachsenhausen und Dachau) übernahm der junge Theologe **Helmut Gollwitzer** (1908-93) im Geiste seines Vorgängers die Pfarrstelle in Dahlem, erhielt 1940 ebenfalls Redeverbot und wurde aus Berlin ausgewiesen. Das ehem. Pfarrhaus trägt heute den Namen »Friedenszentrum Martin-Niemöller-Haus«. Nahebei, **Königin-Luise-Straße** Nr. 49, am Nordrand des Dorfangers im ehem. Herrenhaus der Domäne Dahlem das **Heimatmuseum**.

Die Gebäude des »**Museums Dahlem**« in der **Arnimallee** Nr. 23-27 wurden 1914/21 auf Betreiben W. v. Bodes von B. Paul erbaut. Beabsichtigt war, an dieser Stelle das Asiatische

St. Annen-Kirche Dahlem

Museum unterzubringen. Erst nach dem Zweiten Weltkrieg jedoch entstand hier das große Museums-Provisorium der »Stiftung Preußischer Kulturbesitz«. Es beherbergt zur Zeit (und auf Zeit) nur die Gemäldegalerie, die Skulpturengalerie, das Kupferstichkabinett und Teile des Völkerkundemuseums, ferner die Museen für Indische, Islamische und Ostasiatische Kunst.

Am Ende der Hittorfstraße stößt man an der **Habelschwerdter Allee** Nr. 45 auf die – so jedenfalls hießen sie bald im »Spitznamen des Volkes« – »Rost«- und »Silberlaube« der Institutsbauten für die Geisteswissenschaften der FU (1967-73/1972-79). Die **Freie Universität** Berlin wurde am 4. Dezember 1948 offiziell im Titania-Palast in Steglitz eröffnet. Zum ersten Rektor der FU, die ihren Lehrbetrieb zunächst in provisorisch hergerichteten Dahlemer Villen aufnahm, wurde der Historiker **Friedrich Meinecke** gewählt (Wohnung von seiner Berufung nach B. 1914 bis zu seinem Tod 54 **Am Hirschsprung** Nr. 13, Gedenkstein im

Thielpark). 1959 wurde **Garystraße** Nr. 35/Ecke **Boltzmannstraße** der Henry-Ford-Bau eingeweiht. Der Komplex enthält das Auditorium Maximum (weitere Hörsäle und Seminarräume) sowie das Rektorat und die **Universitätsbibliothek**.

Weiter mit **Joachim Günther**: »Einen wirklichen Park hat Dahlem nicht... Dafür ist es der Vorort, in dem die Grünanlage ihre klassische Gestalt in den drei (miteinander leider nicht kommunizierenden) Grünzügen: **Schwarzer Grund, Dreipfuhl** und, schon zu Zehlendorf rechnend, **Fischtal**, gefunden hat.«

Im **Schwarzen Grund** Nr. 16 lebte **Margret Boveri** von Anfang der fünfziger Jahre bis zu ihrem Tod 1975 in einer (1951 erworbenen und nach und nach umgestalteten) Wehrmachtsbaracke, »16 Fenster und 8 Türen« immerhin. Die vierbändige Dokumentation »Der Verrat im 20. Jahrhundert« entstand hier, die **Uwe Johnson** die Bekanntschaft mit M. B. suchen ließ.

Um 1930 wohnte **Am Hegewinkel** Nr. 4 **Paul Eipper** (München/B), »Tiere sehen dich an« wurde sein bekanntestes Buch.

Hochwildpfad Nr. 1 hatte **Alice Berend** ihre letzte Berliner Wohnung. 1935 emigrierte sie, als Jüdin verfolgt, mit ihrer Tochter Carlotta in die Schweiz.

Aus dem amerikanischen Exil 1947 zurückgekehrt, lebte **Alfred Kantorowicz** in Ost-(**Westerlandstraße** Nr. 15 in Pankow) wie in West-Berlin (**Argentinische Allee** Nr. 162 b):

»Manchmal holt Friedel mich ab oder ich fahre, wie heut, nach Zehlendorf zu ihr und wir verbringen die Abende mit Freunden, amerikanischen, russischen, deutschen, tschechischen... (Tagebuch, 9. November 1947).

Riemeisterstraße Nr. 107 in Bruno Tauts »Papageiensiedlung« innerhalb der Großsiedlung **Onkel-Toms-Hütte** (Flachdach und farbig hieß die Konzeption: »Ist da einer, der sich traut / und dem guten Bruno Taut / seinen großen Pinsel klaut?«) hatte **Werner Bergengruen** sein »Häuschen«, mit Vorgärtchen und Gärtchen hinter dem Haus, handtuchbreit jeweils. Man wohnte dicht an dicht. In Haus Nr. 123 saßen **Horst Lange** und **Oda Schaefer** in Untermiete. Bergengruen wurde ihnen zum Freund: »Wir nannten uns ›Herr Nachbar‹ und ›Frau Nachbarin‹«. In der alten Konditorei Brumm bei der U-Bahn-Station wurde zeitweilig das Erscheinen jedes neues Bergengruen-Buches (v. a. der fünf »Zwieselchen«-Bücher) gefeiert.

Am **Fischtal** tauchte Franz Jung von 1933 an für zwei Jahre »in einer von Gewerkschaftsgeldern gebauten Siedlung am Rande des Grunewalds« unter. In Haus Nr. 21 lebte zuletzt **Günther Birkenfeld**, er starb im August 1966; in Haus Nr. 61 **Herbert Ihering**, gestorben im Januar 1977.

Biesalskistraße (damals **Elfriedenstraße**) Nr. 7 wohnte in den zwanziger Jahren **Ernst Bloch**. In der **Schweitzerstraße** Nr. 7 von 1923 an bis in die dreißiger Jahre **Walter von Molo**, hier entstand u. a. sein Berlin-Roman »Die Scheidung« (1929).

Die Zehlendorfer Hauptstraße entlang, heute im Bereich der Kreuzung **Clayallee/Teltower Damm** und **Berliner/Potsdamer Straße**, zog sich die alte **Dorfaue**. Kirche (ein Zentralbau aus friederizianischer Zeit, 1768 heißt es auf der Windfahne) und Schulhaus (1828, heute **Heimatmuseum**) stehen benachbart. »Mir neue Söhne – euch ein neues Vaterland!« Auf der **Potsdamer Chaussee** kamen 1732 in langen Trecks die aus Salzburg vertriebenen Protestanten: »Die hochgeachteten Vorleser trugen beim Einzug, wie auf der ganzen Wanderschaft, die Bibel voran, die den Gebirglern zum Schicksal geworden war.« Der König selbst, Friedrich Wilhelm I., empfing sie; von einer Begegnung »nicht weit vom Dorfkrug in Zehlendorf« erzählt **Jochen Klepper** in seinem Roman »Der Vater«.

Zwischen **Berliner Straße** und S-Bahn hatte **Paul Scheerbart** um 1910 im Souterrain eine Bleibe, **Ernst Rowohlt**, sein Verleger: »Ich habe ihn dort immer nur in Pantoffeln und ohne Kragen getroffen. Er arbeitete den ganzen Tag in seinem ›Laboratorium‹ an der Erfindung des Perpetuum mobile...«

Im Gartenhaus **Heimat** Nr. 85 wohnte **Kurt Ihlenfeld** von 1952 bis zu seinem Tod im Sommer 72. In »Hier, wo ich wohne« (»Loses Blatt Berlin«) schildert er eindrucksvoll die Lage in den sechziger Jahren »im Süden Berlins, eine Viertelstunde von der Zonengrenze entfernt, die hier dem Teltow-Kanal parallel läuft... Kurz vor der Brücke befindet sich ein Rest des

Dorfs **Alt-Schönow**, ein Straßenstück mit alten Bauern- und Leute-Häusern... Die Buslinie, die noch 1945 hier hinaus- und hinüberführte, ist unterbrochen, Teltow, ihr einstiges Ziel, unerreichbar, aber zum Greifen nahe, klar sichtbar, mit den alten märkischen Häusern, der schönen, von hohen Bäumen umwaldeten Kirche. Unsere Welt, unsere Wege...« (Ihlenfelds 1960 geschriebenes Stück »Rosa und der General« spielt in diesem »abseitigen« Milieu. In »Stadtmitte« erzählt er von den grotesken Umständen einer Beerdigung 1961 in Klein-Machnow, an der die Westberliner Trauergäste nur von einem nahe gelegenen Punkt an der Grenze, von dem man über die Sperre hinweg zum Friedhof sah, teilnehmen konnten.) Vor Ort handeln auch **Horst Kammrads** »Deutsche Geschichten 1961-1990« »Die Brücke nach Teltow« (1992); sie führen seine »Düppeler Geschichten« von 1926 bis 1960 weiter bis zur Gegenwart: bis zur Einweihung der neuen **Knesebeckbrücke** zwischen Zehlendorf und Teltow am 23. Juni 1990. Bei »Warnicke«, der »nah an Alt-Schönow (**Machnower Straße** Nr. 107), direkt an den Grenzverposamentierungen eine renommierte Kneipe hat«, erzählt Walter Höllerer, habe schon **Paul Scheerbart** gerne seinen Klaren getrunken. Den **Teltower Damm** wieder zurück zum **Bahnhof Zehlendorf**. Am 4. Mai 1904 fand um Mitternacht eine Freundin aus der »Neuen Gemeinschaft« vom Schlachtensee auf dem Bahnsteig **Peter Hille** blutend auf einer Bank, er kam von seinem Cabaret an der Pots-

damer Brücke zurück. Wenige Tage später starb der »Bohemien von Schlachtensee« noch nicht fünfzigjährig im Kreiskrankenhaus Lichterfelde.

Königstraße Nr. 3, im »Haus Clara«, lebte **Clara Viebig** vor der Jahrhundertwende – mit Ausnahme dreier Jahre im Zweiten Weltkrieg in Schlesien, von wo sie 1945 vertrieben wurde – bis zu ihrem Tod im Sommer 1952. Alle ihre Berlin-Bücher – von dem Roman »Das tägliche Brot« (1900) bis zu Wilhelmine Enckes Geschichte »Der Vielgeliebte und die Vielgehaßte« (1935), posthum erschien im Jahre ihres Todes noch eine Sammlung »Berliner Novellen« – entstanden hier. Südlich des alten Königsweges liegt an der **Clauertstraße** das **Museumsdorf Düppel**, »Urzehlendorf« sozusagen.

Wieder jenseits der Potsdamer Straße: »Meine Adresse ist vom 1. Feber ab Berlin-Zehlendorf, **Heidestraße** 25-26, bei Frau Dr. Busse«: **Franz Kafka** lebte mit Dora Diamant den letzten Monat in Berlin krank (»38 Grad ist zum täglichen Brot geworden«) im Hause der Witwe des 1918 verstorbenen Schriftstellers Dr. **Carl Busse** (heute **Busseallee** Nr. 7-9). »Sonst, trotzdem, ist es ja sehr schön hier, auf der Veranda zu liegen und zuzusehn, wie die Sonne an zwei der Schwere nach so verschiedenen Aufgaben arbeitet: mich und die Birke neben mir zu natürlichem Leben zu wecken (die Birke scheint Vorsprung zu haben).«

Von der Busseallee, unweit der Potsdamer Straße, führt die **Beerenstraße** zum Mexikoplatz: In Haus Nr. 39 wohnte von 1913 ab für ein Jahrzehnt **Bruno Bürgel**; in Nr. 49 in der ersten Hälfte der dreißiger Jahre **Walter Bloem**, in einem offenen Brief an **Heinrich Mann** bramarbasierend, »daß Michel erwacht« sei und sich anschicke, »in seinem Hause Großreinemachen zu veranstalten…« (Um 1910 hatte Bloem schon einmal in der Gegend gewohnt: **Luisenstraße**, heute **Kaiserstuhlstraße** Nr. 16.)

Nördlich des Mexikoplatzes: In Haus Nr. 2 der **Herderstraße**, heute **Bogotastraße**, lebte von 1924 bis zu seinem Tod im Dezember 45 **Hans Dominik**; als »deutscher Jules Verne« (so nicht ganz zutreffend gerühmt) hatte er seinen Weg »Vom Schraubstock zum Schreibtisch« (Aut. 1942) gemacht.

In der **Goethestraße** Nr. 10 wohnte in den dreißiger Jahren **Helene von Nostitz**; 1938 erschien ihr Buch »Berlin. Erinnerung und Gegenwart«. (**Harry Graf Keßler** im Juli 1932: »Die Atmosphäre im Nostitzschen Hause ist ganz nationalsozialistisch durchsetzt.«) Nah am Schlachtensee, in Haus Nr. 29, kam **Wolfdietrich Schnurre**, als er 1946 aus dem Krieg zurückkehrte, unter: »Sandszepter links, Kienapfel rechts, Kiefernkrone zu Häupten… Man kriegt doch diese karge, von der S-Bahn zerteilte Kiefernlandschaft nicht über. Sie wartet nicht mit den mindesten Überraschungen auf… Und doch trägt man sie nun schon ein gutes, nein: schlechtes halbes Jahrhundert wie einen kostbaren Besitz mit sich herum«, schrieb er rückblickend in »Gelernt ist gelernt«.

Südlich der S-Bahn: In der **Wolzogenstraße** (damals **Derfflingerstraße** Nr. 27) starb am 7. Juli 1930 **Julius Hart**. Sieben Jahre später (am gleichen Tag) in der **Ahrenshooper Zeile** (damals **Friedrich-Wilhelm-Straße**, ab hier bereits Nikolassee) Nr. 34 in seinem bescheidenen Landhaus **Erdmann Graeser**. In der **Matterhornstraße** Nr. 67 (damals **Waldemarstraße** Nr. 68) wohnte **Arnold Zweig** in den zwanziger Jahren, bevor er in den Eichkamp zog. 1927 erschien – nach dem erfolgreichen Fortsetzungsdruck u. d. T. »Alle gegen einen« in der »Frankfurter Zeitung« – »Der Streit um den Sergeanten Grischa« in Buchform, er begründete Zweigs Weltruhm.

Kirchblick Nr. 12 hatte 1964 als Gast des »Berliner Künstlerprogramms« der französische Schriftsteller **Michel Butor** und seine Familie ihr Domizil. (Im Winter der »vielen Unabsehbarkeiten« 1961/62 war er schon einmal mit den Roman-nouveau-Autoren in der Kongreßhalle aufgetreten). »Die Stadt Berlin ist für mich ein Instrument«, so Butor in einer Ansprache im Februar 64, »ein vollkommenes Instrument, kraft dessen ich die verschiedenen Erschütterungen und die verschiedenen Sprünge der Welt empfange und verarbeite.«

Nikolassee: Im Mai 1902 mieteten **Am Schlachtensee** (in der **Seestraße** Nr. 35 damals/Ecke **Terrassenstraße**) **Heinrich und Julius Hart** ein großes Haus mit Seegrundstück. Ihre »Neue

Berliner Schriftsteller auf einer Landpartie am Schlachtensee, um 1856 (oben 3. von links Fontane, unten 5. von rechts Gottfried Keller)

Gemeinschaft« sollte über die »Geistesgemeinschaft« hinaus zu einer »Lebensgemeinschaft« werden: »Wir stellen das Land unentgeltlich zu jeder Tageszeit den Freunden unserer Sache zur Verfügung, die in Garten- und Feldarbeit Kräftigung ihrer Gesundheit und Erholung von dem Leben der Großstadt suchen und nach einem notwendigen Gegengewicht gegen die auftreibende Berufsarbeit verlangen.« Anfang 1903 wurde **Peter Hille** in die gemeinsame Unterkunft aufgenommen. Seine »Waldspiele« erlebten Ende Juli im Forst der »Neuen Gemeinschaft« in der Regie von **Ludwig Rubiner** und **Erich Mühsam** ihre Uraufführung. Im übrigen blieb das Hartsche Projekt Utopie. Mühsam glossierte: »Die ganze Siedlungsidee versackte in einem Kompromiß, der den Bohemecharakter des Plans, Menschen, fern von aller Konvention, ein freies Leben in selbstgewählten Formen führen zu lassen, zur komischsten Karikatur verzerrte.« Feste gab es dafür das ganze Jahr über: vom »Tao-Fest« im Januar u. a. über das »Fest der Frühlingsstürme« im März und den »Sonnwendtag« am 21. Juni bis zum »Fest der Selbsterlösung« im Dezember. 1905 löste sich die »Gemeinschaft« auf. Auf einer Halbinsel im Schlachtensee nahebei der **Paul-Ernst-Park** (Gedenkstein).

In der Pfingstwoche 1939 bezogen **Jochen Klepper** und seine Familie ihr neues, letztes Haus in Berlin: **Teutonenstraße** Nr. 23. Tagebucheintrag vom Pfingstsonntag: »Hanni und ich gingen zur Kirche: welch feierlicher schöner Kirchgang war's an diesem trüben, grauen Pfingstmorgen, der Weg über die Rehwiese, den Steig zum

Literarisches Colloquium Am Sandwerder Nr. 5

Kirchhügel empor, der von den Kirchgängern reichlich bevölkert war. Die Kirche war wunderschön mit Birken, Goldregen- und Weißdornzweigen geschmückt, mit Flieder... Zum ersten Male hörte ich Hanni das Vaterunser mitbeten.« – Auszug aus dem letzten Tagebucheintrag aus dem Haus vom 10. Dezember 1942: »Nachmittags die Verhandlung auf dem Sicherheitsdienst... Wir gehen heute nacht gemeinsam in den Tod«. Auf dem **Friedhof auf dem Kirchhügel** haben Jochen, Hanni und Reni auch ihr gemeinsames Grab. Nahebei am **Jochen-Klepper-Weg** Gedenkstein (der ev. Kirchengemeinde) mit der Inschrift »Vergib uns unsere Schuld«. Am **Kirchweg** Nr. 33 Sitz der Historischen Kommission zu Berlin (Forschungs-Institut u. a. für Sozial- und Wirtschaftsgeschichte der Arbeiterbewegung und deutsch-jüdische Kulturgeschichte).

Mitte der dreißiger Jahre lebte **Ödön von Horváth** für kurze Zeit inkognito in einer Villa **An der Rehwiese** Nr. 4. **Joachim Günther** 1982: »Ein relatives Optimum liebenswerter Natur bietet die Rehwiese im Stadtbereich Berlins immer noch, auch wenn nur Kaninchen und Nebelkrähen auf die Wiesenplane treten...«

Ende der dreißiger Jahre zog **Kurt Kluge** in die **Krottnaurer Straße** Nr. 64; er starb auf einer Frontreise in Belgien im Juli 1940.

Auf der Suche nach einem geeigneten Ort für die Tagung der Gruppe 47 fand **Walter Höllerer** 1962 das Wannsee-Haus **Am Sandwerder** Nr. 5. »Es war ein gräßlicher Kasten im Stil einer imitierten Ritterburg, aber es hatte einen Park mit Seegrund und ein großes, achteckiges Turmzimmer, von dem man einen prächtigen Ausblick über die Landschaft hatte«: **Carl Zuckmayer** hatte 1925 hier den »Fröhlichen Weinberg« geschrieben. Höllerer gründete 1963 das »**Literarische**

Colloquium Berlin«. Das LCB-Haus wurde zum »Ort der vielstimmigen Verständigungen von Ost und West und Nord und Süd.«

In der **Königstraße** Nr. 4 (an der heutigen **Wannseebrücke**) stand bis 1870 »Stimmings Krug«, in dem **Heinrich von Kleist** und **Henriette Vogel** die letzten beiden Tage vor ihrem Selbstmord verbrachten. Über dem Südufer des Kleinen Wannsees (auf dem Grundstück **Bismarckstraße** Nr. 3) befindet sich ihr Grab. Der jetzige Grabstein (ohne Erwähnung H. Vogels) stammt aus dem Jahre 1936: »Nun, o Unsterblichkeit / bist du ganz mein.« (Neuere lyrische Nachlesen u. a. von **Kurt Bartsch**, »Wannsee 21. 11. 1811« und »Kleist, ein Mord am Wannsee« von **Peter Brasch**.) »Der Herbst geht aus dem Park in den Kleinen Wannsee über«: George »Efraim« in **Alfred Anderschs** gleichnamigem Roman (1967) sucht nach fast dreißig Jahren das Haus seiner Kindheit wieder auf. Es liegt ganz in der Nähe, in der **Bismarckstraße** Nr. 12. »Es wohnten nur andere Leute drin…«

Auf **Fontanes** Spuren geht es »etwa tausend Schritt« zum Forsthaus Dreilinden. In »Fünf Schlösser« ist dem Jagdschloß **Dreilinden**, Lieblingsaufenthalt des populären Prinzen Friedrich Karl: »Klein, aber mein«, ein eigener Aufsatz gewidmet. Nach dem Zweiten Weltkrieg wurde das Schloß abgerissen, »Dreilinden« blieb als Name des West-Berliner Grenzkontrollpunktes an der Autobahn, gleich hinterm Zehlendorfer Kleeblatt, erhalten.

Kleist noch einmal – zwischen Wannsee und **Steinstücken**: »Unter einer Brücken, die noch heutigen Tages **Kohlhasenbrücke** heißt« (heute **Nathanbrücke**), soll nach der Chronik des Rektors der Köllner Stadtschule, Peter Hafftiz, der Händler aus der Brüderstraße Hans Kohlhase dem Kurfürsten geraubte »Silberkuchen« versenkt haben, »nicht der Meinung solches zu behalten, sondern den Churfürsten dadurch zu verursachen, sich seiner anzunehmen. Aber dieser Anschlag geriet gar übel.« **Kleists** »Michael Kohlhaas« hat hier eine seiner Quellen. **Hans Scholz** (im vierten Band seiner »Wanderungen und Fahrten in der Mark Brandenburg«): »Die wahre Geschichte des Hans Kohlhase gehört zu unsern vielen Variationen der sächsisch-brandenburgischen Dauerkontroverse… der Patriot Kleist diktierte dem Dichter Kleist die antisächsischen Invektiven…« Und an anderer Stelle (in »Berlin, jetzt freue Dich!«): Daß der Name Kohlhasenbrück überdies »für die sagenschaffende Phantasie des Volkes Zeugnis ablegt, ist sicher.« Kohlhaas-Eiche am **Königsweg** Nr. 313. **Steinstücken** ist Schauplatz in **Helga Schütz'** Roman »Vom Glanz der Elbe« (1995).

Kleine »Insel« Wannsee-LiteraTour, Beginn in **Stolpe**: »Die Lage des Dorfes ist sehr malerisch, wozu die von Wannsee bis nach Klein-Glienicke sich hinziehende Seenkette das Ihrige beiträgt.« **Fontane** hat der »Kirche zu Stolpe« im Dreilinden-Kapitel der »Fünf Schlösser« einen eigenen Exkurs gewidmet. (So soll dort u. a. in einem Gewölbe im Mittelschiff, referiert er eine »Spinnstubengeschichte«, »der Sarg der Frau des Hans oder Michael Kohlhas« stehen.) Auf dem **Alten Friedhof** an der **Friedenstraße** Nr. 2-14 die Gräber des Verlegers **Lothar Blanvalet** (1910-80), der als erstes Buch nach dem Zweiten Weltkrieg **A. Haushofers** »Moabiter Sonette« herausbrachte, des Architekten H. Poelzig (Großes Schauspielhaus, Haus des Rundfunks u. a.) und von Gustav Hartmann (1859-1938), der, als »Eiserner Gustav« bekannt, im April 1928 zu der spektakulären Droschkenfahrt »Berlin–Wannsee–Paris/Paris–Berlin« aufbrach. Im September kehrte er zurück. Die Fahrt hat Hans Fallada »als Grundstoff« für das letzte Kapitel seines Romans »Der eiserne Gustav« benutzt.

Klein-Glienicke: Vor der **Glienicker Brücke** liegt nördlich der **Königstraße** am Rande von **Schloß** (Nr. 36) und **Park** K. Schinkels »**Große Neugierde**« (ein säulengetragener Rundbau, dessen Aufsatz das Lysikrates-Monument in Athen von 334 v. Chr. nachbildet). Mit dem Bau der zweiten Brücke 1834 war dieser Aussichtspunkt interessant geworden. Schon **Alexander von Humboldt** pries den Panoramablick auf die Potsdamer Parklandschaft. Der »Glienicker Park« verdient die »große Neugier« nicht minder. **Joachim Günther** (»Es ist ja wie verreist...«) empfiehlt sich als Cicerone abermals, behutsam seine Bilanz: »Der Park um die verstreuten Gebäude hat, seit er Volkspark ist, seine einstige Stille drangeben müssen.

Die Bauwerke in ihm präsentieren sich jetzt wie eine Freiland-Ausstellung für brandenburgischen Klassizismus, Biedermeier und Romantik, und es krabbelt von Besuchern um sie herum. Aber die mächtigen Buchen bringen mit ihren ausgebreiteten Zweigen immer wieder Bedächtigkeit von oben herunter in den Bezirk, als sagten sie sachte, sachte, doucement...« Wenn man den Park durch das Jägertor verläßt, kommt man zum **Krughorn.** Gegenüber liegt die Sacrower Heilandskirche (1844 nach einer Skizze von Friedrich Wilhelm IV. von L. Persius als »Kirche über den Wassern« erbaut). Sacrow selbst (es gehört heute zu Potsdam) kam 1779 in den Besitz der **Fouqués.** Der kleine **Friedrich** verlebte ab 81 hier Kindheitsjahre: »Den märkischen Sand abgerechnet, wars ein kleines Paradies: als Halbinsel umflutet von der Havel, dorten sehr breit und silberblau, ein Blick drüberhin aus den Fenstern des schönen wohnlichen Hauses nach der fernen Zugbrücke, welche über einen mächtigen Arm des Stromes hin von Potsdam nach Berlin führt.«

Nikolskoe: Neben dem »Blockhaus N« (Gaststätte) die ev. Kirche **St. Peter und Paul** »im russischen Stil« (1834-37, unverändert erhalten). **Fontane** seinerzeit: »Die Peter-Pauls-Kirche verfolgt... neben ihrer gottesdienstlichen Aufgabe vor allem zweierlei: sie soll als Bild in der Landschaft wirken und soll zweitens mit ihren Glocken die Stille romantisch-feierlichen Klanges unterbrechen. Und beides ist erreicht worden.«

Pfaueninsel

Beschluß auf der **Pfaueninsel**, abermals mit **Fontane**. (Einschlägiges aber auch wieder – u. a. über die Glashütte des Johannes Kunkel oder die Flucht des »Kartätschenprinzen« in den Wirren der 48er Revolution – bei **J. Günther** und **H. Scholz** oder bei **Kurt Pomplun**.) »Wie ein Märchen«, heißt es im »Havelland«-Band der »Wanderungen«, »steigt ein Bild aus meinen Kindertagen vor mir auf: ein Schloß, Palmen und Känguruhs; Papageien kreischen; Pfauen sitzen auf hoher Stange oder schlagen ein Rad, Volièren, Springbrunnen, überschattete Wiesen; Schlängelpfade, die überall hinführen und nirgends; ein rätselvolles Eiland, eine Oase, ein Blumenteppich inmitten der Mark... Der Abend kommt, die Nebel steigen, die Kühle mahnt zur Rückfahrt... Hinter uns, die verschleierte Mondsichel über den Bäumen, versinkt das Eiland.

Mehr eine Feen- als eine Pfaueninsel jetzt!« **Wolf Jobst Siedler** 1986 (»Spaziergänge in Preußens Arkadien«): »Kein Lustgut mehr, kein Zaubergarten, keine Feenwelt mit orientalischen Hängematten, seltenen Vögeln in luftigen Volieren, exotischen Bäumen in Schinkels Glashaus. Nur der letzte in deutscher Hand befindliche Platz zwischen den untergehenden Königsstädten an Havel und Spree... Kein tragischer Ort, nur ein Ort, wo eine Laune Geschichte an einem Platz zusammenzog... nur ein Stück Land, in die Geschichte gefallen.«

»Der Winter greift / Nach den Puppen des Winters« (R. Wagner): Zwischen **Lind-** und **Schwanenwerder** ertrank **Georg Heym** mit seinem Freund E. Balcke beim Schlittschuhlaufen auf der Havel im Winter 1912. Bis 1901 hieß der Schwanenwerder noch »Cladower Sandwerder«. Im Revolutionsjahr 1848, wie erinnerlich, habe **Michail Bakunin** hier mit seinesgleichen nächtens beim Hammelbraten die Lage und die Zukunft diskutiert. Kurz vor und nach dem Ersten Weltkrieg entwickelte sich die Insel dann zum »Millionenwerder«. Ab 33 zog die NS-Prominenz ein (u. a. J. Goebbels). **Inselstraße** Nr. 8 hat sich ein Kuriosum erhalten: eine Säule aus den 1871 im Pariser Communeaufstand zerstörten Tuilerien. Louise Paray, die Frau des Verlegers, hat auf Veranlassung des Lampenfabrikanten W. Wessel, der 1882 fast ganz Schwanenwerder erworben hatte, die Säule bedichtet: »Dieser Stein vom Seinestrande, / hergepflanzt in deutsche Lande, / ruft

Dir, Wanderer, mahnend zu./ Glück, wie wandelbar bist Du! 1884«.

Friedhöfe

Dahlem, Kirchhof der St. Annen-Gemeinde, Königin-Luise-Straße Nr. 55: Rudi Dutschke (1940-79), Soziologe, Führer der Studentenbewegung (APO) in Berlin / Reihe 28-3 – **Helmut Gollwitzer – Edwin Redslob** (1884-1973), Kunsthistoriker, Mitbegründer der FU/Ehrengrab Reihe 26-3 – **Bruno E. Werner** (wohnte im Grunewald, **Paulsborner Straße Nr. 46**).

Landeseigener Friedhof Dahlem, Königin-Luise-Straße Nr. 57: Friedrich Meinecke, Ehrengrab Abtlg. 31-W-17-18 – Zahlreiche Schauspieler-Gräber, darunter Ehrengräber für H. Caspar, L. Höflich, L. Lehmann, R. Richter.

Landeseigener Wald Friedhof Dahlem, Hüttenweg Nr. 47: Gottfried Benn / Ehrengrab Abtlg. 27-W-31/ 32 – **Ludwig Fulda** (erhängte sich nach brutalen Verfolgungen am 30. März 1939 in seinem Haus **Miquelstraße Nr. 86**) / Ehrengrab Abtlg. 17-U-33 – **Ilse Molzahn** (1895-1981), Erzählerin (»Der schwarze Storch« 1936) / Abtlg. 21-168-70 – **Erich Mühsam** / Abtlg. 2-A-144 – **Werner Sombart**, Volkswirtschaftler und Soziologe / Abtlg. 22-B-32/33.

Landeseigener Waldfriedhof Zehlendorf, Potsdamer Chaussee 75-77 und Wasgensteig: Günther Birkenfeld / XIX-R-568 – **Erik Reger** (eig. Her-

mann Dannenberger) / VI-W-107/ 108/109/110 – **Kurt Ihlenfeld** / XIII-W-459/460 **Friedrich Luft – Reinhold Conrad Muschler** / X-W-1-2 – **Erwin Piscator** / Ehrengrab XX-W-688/89/ 690 – **Gerhart Pohl** / Ehrengrab XX-W-CW-1/2.

Landeseigener Friedhof, Onkel-Tom-Straße 30: Hans Dominik / Ehrengrab Abtlg. 35-4-83 – **Emil Dovifat** (1890-1969), Zeitungswissenschaftler – **Erdmann Graeser** / Ehrengrab Abtlg. 24-47-48 – **Julius Hart** / Ehrengrab Abtlg. 26-W-135-136 – **Herbert Ihering** / Abtlg. 3-W-109-110 – **Hans Ostwald**, der »Urberliner« (letzte Wohnung **Schrockstraße Nr. 24**) – **VAUO Stomps – Georg Zivier**. Das Grab von **Ingeborg Drewitz** befindet sich im Nordteil des Friedhofs.

Kirchhof der ev. Kirchengemeinde Nikolassee, Kirchweg Nr. 8-12: Richard Friedenthal / Urne bei H. Soetmeer C 2-49-50 – **Jochen Klepper** (zus. mit Frau Hanni und Tochter Reni) / 2 D V St. 1/4 – **Kurt Kluge** / Fam.-St. 64 – **Hermann Muthesius** (1861-1927), Architekt und Kunstschriftsteller / Ehrengrab Fam.-St. 83.

Stahnsdorf – Südwestkirchhof des Berliner Stadtsynodalverbandes, Bahnhofstraße/Potsdamer Landstraße: Elisabeth Baronin von Ardenne (1853-1952), Vorbild von Fontanes »Effi Briest« (Block Trinitatis – Gartenblock V – Erbb. 112a, Grabstelle aufgelöst) – **Siegfried Jacobsohn** (Bl. Charlottenburg-Gartenblock II-Gst. 161) – **Gustav Kadelburg** (Bl.

Erlöser-Gbl. V, E B 26) – **Gustav Langenscheidt** (1832-95), Sprachlehrer und Verlagsbuchhändler (Umb. Erb., Abtlg. D, Nr. 179) – **Carl Ludwig Schleich** / Ehrengrab (Bl. Erlöser-Gbl. I, Gst. 47/48 – **August Stramm** (Bl. Hl. Geist-Gbl. II-Gst. 88/89) – **Paul Wiegler** (1878-1949), Literaturhistoriker (Bl. Reformation-F 9, Gst. 56) – **Heinrich Zille** / Ehrengrab (Bl. Epiphanien-F 14, Gst. 34/35).

Wilmersdorfer Waldfriedhof, Alte Bahnhofstraße: Hans Baluschek / Ehrengrab (Abtlg. L I – S III – 334).

Am Zehlendorfer **Erlenweg** ist im Garten ihres früheren Besitzes die Urne mit der Asche von **Lily Braun** (1865-1916/»Memoiren einer Sozialistin«, 1909/11) und ihres Sohnes **Otto** (1897-1918/»Aus den nachgelassenen Schriften eines Frühvollendeten«, 1919) aufgestellt.

Nachtrag von **Hans Scholz** (Berlin, jetzt freue Dich!«, Nr. 277) über Westberliner Beerdigungen in Stahnsdorf während der Berliner Blockade: »Man gab den Leichenwagen bis zum Schlagbaum auf dem Machnower Damm in Zehlendorf das Geleit. Jenseits der Barriere erschien ein bestellter Lastwagen, der mit geöffneter Ladeklappe zurückstieß, soweit es ging. Die Schranke wurde von den Wachorganen angehoben. Der Sarg wurde vom westlichen Vehikel aufs östliche Vehikel umgeladen. Die Schranke senkte sich. Und die Trauergemeinde durfte den Wagen mit ihren Blicken verfolgen, wie er sich entfernte und endlich hinter der Biegung bei der Hakestraße verschwand... Hitler kann als der Erfinder der Ferntrauung gelten, dies nun war Fernbeerdigung.« – Nachtrag zu Scholz: Die Inschrift auf **C. L. Schleichs** Grabstein bekam da den merkwürdigsten Doppelsinn: »Grenzstein des Lebens, aber nicht der Liebe.«

Schöneberg

Rund um den Wittenbergplatz

Die Grenze zwischen Tiergarten und Schöneberg verläuft seit der Bildung Groß-Berlins an der **Kurfürsten-straße**. Ein halbes Jahrhundert vorher, »in der Mitte der siebziger Jahre«, heißt es in **Fontanes** »Irrungen, Wirrungen«, befand sich noch »ein stiller Wiesenpfad« hier, und am Horizont stand der Wilmersdorfer Kirchturm. In den achtziger Jahren wohnte an der Ecke der **Ansbacher Straße** (Nr. 2) **Johannes Trojan**: »Das war damals noch Neuland, und die Straße noch ungepflastert, als ich einzog. Auf dem freigelegten Bauterrain dort wuchs noch Spargel und anderes Gemüse.« »Ansbacher Straße eins. Ruine, Gartenhaus, drei Treppen rechts, nicht weit vom Wittenbergplatz«, gehört zu den Hauptschauplätzen in **Günther Weisenborns** Roman »Der dritte Blick« (1960): »An die Direktion, Gefängnis Moabit... Ich erstatte hiermit Anzeige gegen den Wachtmeister Artur Briese...« »Es kommt jetzt vieles ans Tageslicht, das bisher verborgen war.« (Auf dem **Wittenbergplatz** erinnert eine vor dem westlichen Eingang des U-Bahnhofs mitten im Straßenraum installierte Tafel von Auschwitz bis Bergen-Belsen an zehn »Orte des Schreckens, die wir niemals vergessen dürfen«.)
In der **Bayreuther Straße** Nr. 39 hatte **Herwarth Walden** seine letzte Berliner Wohnung, 1931 emigrierte er in die Sowjetunion. **Ernst Heilborns** letzte Wohnung lag in der **Keithstraße** Nr. 18, er starb 1942 in Gestapo-Haft.

Noch einmal in die **Kurfürsten-straße**: **Frank Wedekind** wohnte in Nr. 125, seine Tochter Pamela kam am 12. Dezember 1906 hier zur Welt; in Nr. 63, beim »Hotel Berlin«, um 1900 **Cäsar Flaischlen**, 1895-1900 Schriftleiter der Zeitschrift »Pan«.

»...es riecht nach Rußland!«: Der **Wittenbergplatz** gehörte nach der Oktoberrevolution 1917 zu den »geweihten Orten«, an denen sich in Berlin die große russische Emigrantenkolonie konzentrierte. **Andrej Belyi**: »Man zog in die Passauer Straße, Ecke Wittenbergplatz, gegenüber vom berühmten KaDeWe...« und versammelte sich im nahen »Café Landgraf« (**Kurfürstenstraße** Nr. 75), wo der Kreis um das von Belyi mitbegründete russische »Haus der Künste« in Permanenz tagte. Bekannt als russische Lokale in W 50 und W 30 auch: das »Tscherkess«, **Passauer Straße** Nr. 37 a, das »Café Alschäfsky« (ab 1929 »Neva-Grill«), **Ansbacher Straße** Nr. 41, und das »Medwjed«, **Bayreuther Straße** Nr. 11. Von der deutschen Umwelt lebte man weitgehend isoliert: »Das Leben am Wittenbergplatz wird nur selten gestört durch eine Razzia gegen Schwarzhändler, noch seltener durch eine kommunistische Kundgebung...« (»Wie schön es in Berlin ist«, 1924). **Vladimir Nabo-**

kovs erster Roman »Maschenka« (1926 von dem russischen Exilverlag »Slowo« veröffentlicht), der ihm – »wegen der ungewöhnlichen Ferne von Rußland und weil einem das Heimweh ein ganzes Leben lang zur Seite bleibt« – »mit sentimentaler Inständigkeit am Herzen lag«, spielt vor Ort. In einer der poweren Pensionen, »ein russisches Unternehmen und ausgesprochen unangenehm«, Tag und Nacht lärmten die Straßenbahnzüge vorbei.

Ähnlich erging es **Belyi**, er hauste zunächst in der **Passauer Straße** Nr. 3. In Haus Nr. 5 – auch dieses hat wie die Nr. 3 den Zweiten Weltkrieg nicht überdauert – hatte der 1917 von **Wieland Herzfelde**, seinem Bruder **John Heartfield** u. a. gegründete Malik-Verlag von 1925 bis zum Verbot 33 sein Domizil. Der Verlag wurde zum Treffpunkt der radikalen Intellektuellen; **Axel Eggebrecht** läßt sie, von **Georg Lukács** und **Leonhard Frank** bis zu den »Kumpanen aus den Dada-Tagen«, in seiner »Zwischenbilanz« »Der halbe Weg« Revue passieren. – Von der Potsdamer Brücke übersiedelte **Ernst Rowohlt** 1927 mit seinem Verlag in die **Passauer Straße** Nr. 8-9, die Räume waren kleiner; es gab wirtschaftliche Schwierigkeiten, man mußte sich einschränken. An neuen Autoren gewann er hier 1928 u. a. die großen amerikanischen Erzähler **Ernest Hemingway** und **Sinclair Lewis**. In einem kleinen Lokal in der Nähe, erzählt **Hans Sahl**, traf sich Rowohlt mit seinen Autoren **Franz Hessel, Joachim Ringelnatz, Hans Siemsen**, mitunter war auch Asta Nielsen dabei (und hörte, den ausgestreckten Zeigefinger unter dem Kinn, wortlos und unnahbar den Gesprächen zu: »Noch ihr Schweigen schien einen dänischen Akzent zu haben«). Siemsen (»Verbotene Liebe«, 1927) gehörte zu jener »Gruppe von jungen Menschen, die den Film ernst nahm, und ihn als eine neue Kunst, die Kunst dieses Jahrhunderts begrüßte und interpretierte.«

Bayreuther Straße Nr. 10 hatte 1913/14 **Egon Erwin Kisch** – in Berlin der »besseren Verhältnisse wegen« als in Prag – sein Logis. Er war Mitarbeiter des »Berliner Tageblatt« und betätigte sich auch als Dramaturg am »Künstlertheater«. Im selben Haus, in ihrer Atelierwohnung, wurden im Sommer 1942 **Günther Weisenborn** und seine Frau Joy von der Gestapo verhaftet. Als er nach drei Jahren wiederkam und »lief dahin, wo ich einst gewohnt./ Wo ich liebte und sie des nachts umarmte, / Freund, da oben sah ich nichts als lauter Luft.«

Im Schöneberger Teil der (auch durch Wilmersdorf und Charlottenburg führenden) **Lietzenburger Straße** wohnten in den zwanziger Jahren, Untermieter über kurz oder lang: **Ernst Blaß** (in Nr. 5), **Ernst Toller** (in Nr. 8) und **Carl Zuckmayer** (in Nr. 14): »Die Honorare reichten nicht für die Miete der möblierten Zimmer, aus denen ich immer wieder, von schroffen Wirtinnen bedroht, in billigere umzog... Ich lebte in desperaten Verhältnissen, aber ich war nicht allein.« Mit der Schauspielerin Mirl Seidel (Inas Schwester), die »in einem Haus im ›Bayerischen

Viertel‹ eine halbe Etage« bewohnte, und er in einer ungeheizten Dachstube darüber, die er selten benutzte, durchlebte er seine »erste Berliner Bohème« (»Als wär's ein Stück von mir«). **Kleiststraße** Nr. 6 (zweiter Hof, fünf Treppen) hatte in der Wohnung von Melchior Lechter **Stefan George** eines seiner zahlreichen Berliner Refugien. – Im Logenhaus **Kleiststraße** Nr. 10 hielt **A.** **Belyi** im Dezember 1921 seinen vielbeachteten Vortrag über die »Kultur des heutigen Rußlands«. Im März 22 las hier vor versammeltem russischen Publikum **Thomas Mann** seine noch nicht veröffentlichte Erzählung »Das Eisenbahnunglück«; Bely dankte ihm bewegt auf deutsch. – In der »Pension Bayreuth« (damals Nr. 22) lebte – »immer arm in allen Lebenslagen und zu allen Zeiten« (G. Benn) – zeitweilig **Else Lasker-Schüler**. – In der **Kleiststraße** Nr. 35, über dem »Kleist-Casino«, wohnte 1965/66 **H. C. Artmann**. – Im »Nollendorf-Casino« (**Kleiststraße** Nr. 41) trafen sich um 1900 »Die Kommenden«, **Rudolf Steiner** gehörte zu den Protagonisten. Unter der Ägide von **Kurt Hiller**, der »Cabaret als universale Heiterkeit, als panisches Lachen« verstanden wissen wollte, kamen 1909 hier **Jakob van Hoddis** (»Dem Bürger fliegt vom spitzen Kopf der Hut…«), **Ernst Blaß** (»Die Straßen komme ich entlang geweht…«), später **Georg Heym**, **Alfred Lichtenstein**, **Ferdinand Hardekopf** u. a. zum »Neuen Club« zusammen und gründeten das »Neopathetische Cabaret«, in der Folge dann das »Gnu«.

An der Urania – als sie noch **Nettelbeckstraße** hieß – wohnte um 1900 **Walter Benjamin** hier, auf dem Weg der Familie in den »Neuen Westen«. In Haus Nr. 24 wurde 1962 das neue (West-Berliner) Domizil der 1888 (u. a. von W. v. Siemens mitbegründeten) populärwissenschaftlichen Vereinigung »Urania« eröffnet. Ecke **Kalckreuthstraße** – in der 1908 **Christian Morgenstern** kurze Zeit wohnte, und um 1925 **Herbert Ihering** – befindet sich das Landesarchiv Berlin.

Maienstraße Nr. 4 erinnert eine Tafel: »Hier wohnte und arbeitete / 50 Jahre lang / bis zu seinem Tod 1990 / **Friedrich Luft** / ›Die Stimme der Kritik‹«.

Legende Nollendorfplatz

Platz und Umgebung haben ihre Legende. In den zwanziger Jahren und Anfang der dreißiger gehörte das Viertel mit seinen Künstlerlokalen und -pensionen und dem 1906 als »Neues Schauspielhaus« eröffneten »**Theater am Nollendorfplatz**« zu den Brennpunkten des »Industriegebiets der Intelligenz« im Neuen Westen. Im »Café Adler« trafen sich **Gottfried Benn**, **Alfred Döblin** und **Ludwig Marcuse**. **Ödön von Horváth** (Walter Mehrings Mutter: »Ein neuer Wedekind!«) logierte meist in den kleinen Pensionen in der Nähe (so **Martin-Luther-Straße** Nr. 20/20a). **Erwin Piscator** inszenierte 1927-30 hier sein »revolutionäres Theater«; nach der Premiere von **Ernst Tollers** Politrevue »Hopp-

Nollendorfplatz (mit »Theater am Nollendorfplatz«)

la, wir leben!« wurde spontan die «Internationale« angestimmt (Gedenktafel, Nebeneingang Motzstraße). 1930 ging Piscator pleite, aus dem Theater wurde eine Filmbühne, der »Mozartsaal«. Am 6. Dezember 1930 kam es bei der Premiere des amerikanischen Films nach **Erich Maria Remarques** »Im Westen nichts Neues« hier zum Skandal, als protestierende Nationalsozialisten unter Führung von **Arnolt Bronnen** weiße Mäuse ins Parkett laufen ließen und Stinkbomben warfen. In »…gibt zu Protokoll« schob Bronnen 1954 zynisch dann die Schuld an diesem »Kultur-Kampf« allein Goebbels zu. »Die Straße hatte gesiegt«, konstatierte **Axel Eggebrecht** in seiner »Chronik« »Volk ans Gewehr« (1959). Aus dem »Mozartsaal« wurde nach dem Krieg das »**Metropol**«, es fungiert heute als »Rock-Palast« und ist Berlins größte Diskothek.

Im Hof, der zum Theater gehört, beziehen **Erich Kästners** »Emil und die Detektive« ihr letztes Standquartier. Am **Nollendorfplatz** endet fürs erste ihre Jagd nach dem »Mann im steifen Hut«, dem Dieb. Die Stationen der Jagd: **Bahnhof Zoo – Kaiserallee (Bundesallee)** – Ecke **Trautenaustraße** (die Detektive auf der Westseite der Allee, zwischen Kiosk und Litfaßsäule, die heute noch da steht; Grundeis gegenüber, in der damaligen Filiale des »Café Josty«, Nr. 201) – **Nikolsburger Platz – Prager Platz – Motzstraße – Viktoria-Luise-Platz – Martin-Luther-Straße**. »Am Nollendorfplatz«, so noch einmal E. Kästner, »liegt, wenn ich mich nicht zufällig irre, das Hotel, in dem verschiedene Personen der Geschichte zusammentreffen.« Der »**Sachsenhof**« am Ende der **Motzstraße** könnte das Vorbild für Kästners »Hotel Kreid« gewesen

»Emil und die Detektive«

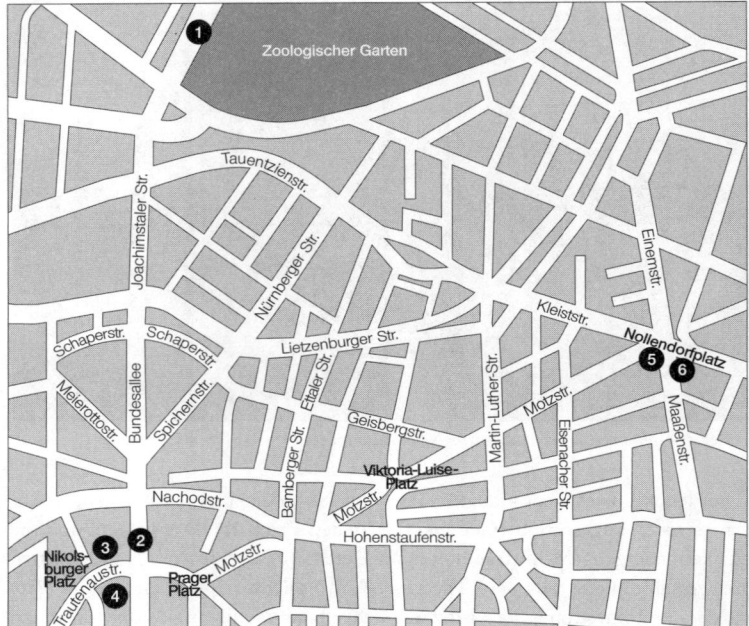

1 **Bahnhof Zoo**
   Vom Bahnhof aus nimmt Emil die Straßenbahn 177, um Herrn Grundeis , der ihm im Zug 140 Mark
   gestohlen hat, nicht aus den Augen zu verlieren.
2 **Bundesallee/Ecke Trautenaustraße**
   In der Kaiserallee (der heutigenBundesallee) steigt Herr Grundeis an der Ecke Trautenaustraße aus,
   um in der gegenüberliegenden Filiale des Caé Josty auf der Terrasse zu frühstücken
   (Bundesalle Nr. 201, heute Neubau).
3 **Litfaßsäule**
   Emil versteckt sich nahe der Straßenbahnhaltestelle auf der Westseite der Kaiserallee, zwischen einem
   Kiosk und der dort stehenden Litfaßsäule. Die Säule steht heute noch.
4 **Nikolsburger Platz**
   Der Platz wird zum Hauptquartier der Jungen. Auch heute gibt es dort einen Zaun, auf dem man wie
   damals sitzen kann. Von dort aus verfolgen Emil und "Gustav mit der Hupe" den Dieb in einem Taxi die
   Trautenaustraße hinunter bis zum Prager Platz, die Motzstraße entlang, über den Viktoria-Luise-Platz bis
   zur Martin-Luther-Straße.
5 **Nollendorfplatz**
   Nach kurzem Halt an einer roten Ampel geht es weiter zum Nollendorfplatz. Das "Hotel Kreid", in dem
   Herr Grundeis sich einmietete, gibt es nicht mehr. Der "Sachsenhof" (damals "Hotel Koschel") in der
   Motzstraße (damals Nr. 78, heute Nr. 7) könnte das Vorbild gewesen sein. Den U-Bahneingang und die
   davorliegende Grünanlage zu beobachten, wie Herr Grundeis das tat, ist von den vorderen Hotelfenstern
   aus möglich.
6 **Metropol**
   Emil und seine Freunde verfolgen vom Hof des benachbarten Theaters am Nollendorfplatz (heute
   Metropol) aus das weitere Geschehen. In einem nahegelegenen Bankhaus (Richtung Kleistraße) endet
   die Jagd schließlich mit der Überführung des Diebes.

»Emil und die Detektive«, Szenenfoto aus dem Film (nach Erich Kästner)

sein, vor dem Herr Grundeis, als er es anderntags verläßt und Richtung Kleiststraße gehen will, sich plötzlich – »Hinter ihm Kinder, vor ihm Kinder, links Kinder, rechts Kinder!« – umzingelt sieht. »Kästners Roman gehört zu den ersten Kinderbüchern, die nicht nur in der Großstadt spielen, sondern in der sie selbst auch eine Rolle spielt (und keine negative, wie das in der traditionellen Kinderliteratur häufig vorkam und vorkommt)«: **Gundel Mattenklott**.

»Er wurde geboren, fiel in Schuld, überantwortete sich der Gnade«: **Werner Bergengruens** (in den Jahren 1927 bis 30 geschriebener) Roman »Der goldene Griffel« spielt vielerorts auch im Geviert.

Am Platz, **Bülowstraße** Nr. 1, lag das »Café Leon«, auch hier tagte zeitweilig das russische »Haus der Künste«. – **Georg Büchmann** wohnte in dem (heute verschwundenen) Haus, auch bevor er Anfang der achtziger Jahre des 19. Jahrhunderts in seine letzte Wohnung zog, in die **Zietenstraße** Nr. 20. – **Bülowstraße** Nr. 18/Ecke **Frobenstraße** lebte in den neunziger Jahren der junge **Georg Borchardt** (ab 97 **G. Hermann**), 1896 erschien sein erster Roman »Spielkinder«. »Spielkind« – die Eltern wohnten in Nr. 82 – war hier schon in den siebziger Jahren **Erdmann Graeser**. Er siedelte denn auch seine Roman-Familie, die »Koblanks«, hier an, die noch in die fast unbebaute Bülowstraße einziehen und hoffen, daß das mal »'ne piekfeine Jejend« werde. Graeser blieb auch später der »Jejend« treu. Ähnlich wie den »Koblanks« erging es auch **Heinrich Seidel**. Nach seiner Hochzeit im Mai 1875 in Schwerin (MVP) bezog er ein eben fertiggebautes, noch feuchtes Mietshaus in der **Frobenstraße** Nr. 37.

Hier wurde ein Jahr später an Goethes Geburtstag der älteste Sohn, **Heinrich Wolfgang**, geboren.

Nach mehreren Umzügen – 1888 Charlottenstraße Nr. 79, 89 Linkstraße Nr. 25, 91 Köthener Straße Nr. 44 (auf der anderen Seite des Potsdamer Bahnhofs), 93 Steglitzer Straße Nr. 49 (heute Pohlstraße) – verlegte **Samuel Fischer** 1897 seinen Verlag, der »der literarischen Lufterneuerung diente« (Th. Mann), endgültig nach Berlin W. in die **Bülowstraße**. Im Doppelhaus Nr. 90/91 verblieb »S. Fischer« über den Tod seines Gründers hinaus bis 1936.

Der »**Bülowbogen**«, die Gegend, wo sich **Bülow-** und **Potsdamer Straße** kreuzen, steht seit dem Bau der Hochbahn 1905 in keinem guten Ruf. **Joseph Roth** 1922: »…ein unbekanntes Stück verbrecherischer Romantik. Alles Licht… trägt die Zeit westwärts, dem Kurfürstendamm zu… Keiner merkt, wie wunderbar es eigentlich ist, daß oben Züge rasen und unten die Welt so aussieht, als wäre noch gar keine Hochbahn erfunden… Alles ist Vorwand und nichts wirklich. Das Verbrechen hat seine Regie, und der Platz unter dem Bülowbogen ist seine Bühne.« Zwei Jahre später beschwor **Paul Zech** in seinem Gedicht »Bülowbogen« noch einmal die Szenerie, in der Betrieb und Idylle »so einträchtig beisammen« liegen: »Maxe mit der Brühwurst ist schon aufgezogen…«

In der **Dennewitzstraße** an dem nach der Dichterin benannten **Park** Gedenkstein für **Nelly Sachs**. Sie kam **Maaßenstraße** Nr. 12 (früher Nr. 15)

zur Welt. Neunundvierzig Jahre verbrachte sie in ihrer Geburtsstadt.

»Unter meinem Fenster die düstere Straße, eine massive Pracht, Kellerläden, in denen tagsüber Licht brennt, im Schatten gewaltiger balkongeschmückter Fassaden, schmutziger Stuckfronten, mit hervorquellenden Schnörkeln und heraldischen Symbolen. Das ganze Viertel ist so…« **Christopher Isherwood** wohnte hier, **Nollendorfstraße** Nr. 17, in der Pension von »Fräulein Schröder«. 1939 erschien sein »Roman in Episoden« »Goodbye to Berlin« (1979 u. d. T. »Lebwohl, Berlin«). Isherwood bevorzugte das Viertel nicht zuletzt auch der Szene der »Effeminierten, der Alkibiadesse und ihrer Lustknaben« (**Oda Schaefer**) wegen. **Wystan Hugh Auden** führte ihn ein, sein Schulfreund, dem sein erster Berlin-Roman »Mr. Norris changes trains« (1935, dt. u. d. T. »Mr. Norris steigt um«) gewidmet ist. Isherwood verließ im Mai 1933 Berlin. Der **Nollendorfplatz** ist auch heute noch ein Treffpunkt der Homosexuellen aus aller Welt. Zwei Gedenktafeln, am Eingang zur U-Bahnstation, erinnern: »Totgeschlagen / Totgeschwiegen / Den homosexuellen Opfern des Nationalsozialismus«.

Nollendorfstraße Nr. 18, »in freier Ehe verbunden«, wie es in einer aufsehenerregenden Anzeige vom September 1905 hieß, lebte **Roda Roda** mit Elsbeth von Zeppelin während seines ersten Berliner Aufenthaltes (1904-06). In G. D. Schulz' »Poetenbänkel zum siebten Himmel« trat er zusammen mit **Erich Mühsam** und **Hanns Heinz Ewers** als Vortragskünstler auf. Wohnung 1920-33 **Innsbrucker Straße** Nr. 44 (Gedenktafel). In Nr. 22a wohnte Anfang der zwanziger Jahre **Ernst Weiß** (das Haus existiert nicht mehr), die »spießbürgerliche« Konditorei »Hahnen« am Nollendorfplatz war sein »Arbeitscafé«; in Nr. 34 um 1910 **Kurt Hiller**, das »Nollendorf-Casino« lag nur ein paar Ekken weiter.

Frequentierter Literatentreff am **Winterfeldtplatz** – den Joseph Roth 1921 noch als »Dorfidyll bei der Untergrundbahn« sah: »Wo ist das Schweinegrunzen, fragt der liebevolle Betrachter« – ist das seit 1981 (im Jahr, als die Auseinandersetzungen zwischen Hausbesetzern und Polizei hier ihren Höhepunkt erreichten) bestehende »Literatur-Café« (jetzt Café »Belmundo«, **Winterfeldtstraße** Nr. 36). In der **Habsburgerstraße** Nr. 5 – das Haus blieb erhalten – wohnte um 1900 **August Bebel**.

»Ich war ein Berliner, bevor ich nach Berlin ging ... Und bin ein Berliner geblieben, nachdem ich Berlin verlassen hatte«: **Hermann Kesten** lebte bis März 1933 in den letzten Jahren in der **Eisenacher Straße** Nr. 98. Die Schauplätze seiner Berliner Romane hatte er vor der Tür: Das Birkenrondell im Tiergarten, wo Josef Bar zum Dieb wird (»Ein ausschweifender Mensch«, 1929), Max Blattners »Inflationsbordell« am **Lützowplatz** (»Glückliche Menschen«, 1931), die kleine Konditorei nahe der **Potsdamer Brücke**, in der es immer »ein wenig nach Kanal,

ein wenig nach Lakritzen und sehr nach alten Zeitungen« roch, mit den immer »gleichen neun Liebespaaren« (»Der Scharlatan«, 1932).

Erdmann Graeser wohnte in den neunziger Jahren des vergangenen Jahrhunderts in der **Winterfeldtstraße** Nr. 24 (heute – das Haus ist erhalten – Nr. 33), nach 1900 in der **Luitpoldstraße** Nr. 6, zu Beginn der zwanziger Jahre schließlich in der **Münchener Straße** Nr. 36. (Der 1907 erschienene Roman »Lemkes selige Witwe« folgt dem allgemeinen Zug in den Westen, von Moabit nach Schöneberg und weiter zum Kurfürstendamm, »ganz vorn in der Nähe der Hochbahn«.)

Nach der Jahrhundertwende war **Hans Fallada** »Damals bei uns daheim« in der **Luitpoldstraße** Nr. 11 (heute dort Kinderspielplatz). Seine Schülerjahre verbrachte auch **Alfred Kantorowicz** hier (Nr. 18). In Nr. 34 (Sackgasse an der **Martin-Luther-Straße** / Gedenktafel) wohnte **Ernst Weiß** Ende der zwanziger Jahre, zusammen mit **Ödön von Horváth**.

Über den Viktoria-Luise-Platz führt vom Nollendorfplatz zum Prager Platz (Wilmersdorf) die **Motzstraße**. Die »wohl höchste Antiquariatsdichte östlich der Seine« wird ihr hier bescheinigt. Und an Bars und Restaurants fehlt es auch nicht. Nahe beim Nollendorfplatz, **Motzstraße** Nr. 7 (ehemals Nr. 78), befand sich das **Hotel »Koschel«**, heute an der Stelle der »Sachsenhof«. Hier hatte in den zwanziger Jahren bis zu ihrer Emigration im April 33 **Else Lasker-Schüler** eine Dachkammer (mit Heizung und heißem Wasser 5,50 Mark). **Georg Zivier**: »Eine Karawane von Glastieren stand auf dem Mitteltisch, kompaßgenau in der Richtung nach Jerusalem aufgestellt.« Hotelgäste während und nach dem Ersten Weltkrieg auch **Ernst Rowohlt** (seinen zweiten Verlag vorbereitend), sein »wahrhafter Freund und guter Kamerad« **Walter Hasenclever**, dessen Freund **Oskar Kokoschka** sowie **Theodor Däubler**. – **Motzstraße** Nr. 30 (ehemals Nr. 17) hatte zwei Jahrzehnte lang (1903-23) **Rudolf Steiner** sein Domizil; 1913 gründete er hier die Anthroposophische Gesellschaft.

Ein paar Häuser weiter kreuzt die **Martin-Luther-Straße**. Richtung Augsburger Straße reihten sich berühmte Lokale: rechter Hand in Nr. 29 das Tanzkabarett »Eldorado« (Berlins berühmtester Homosexuellen-Treffpunkt); direkt daneben, dem »Scala«-Varieté gegenüber, das Restaurant »Zur kleinen Scala«. An der Ecke zur **Augsburger Straße** lag ab 1929 das Restaurant »**Schlichter**« (vorher **Ansbacher Straße** Nr. 46); der Maler **Rudolf Schlichter** – 1931 erschien sein aut. Roman »Zwischenwelt« – führte die Prominenz bei seinem Bruder Max ein, auch Literaten darunter zuhauf: von **Brecht**, **Döblin** und **Oskar Maria Graf** (dessen Porträt an einem Ehrenplatz hing) bis **Piscator**, **Toller** und **Tucholsky**. An der Ecke gegenüber (**Lutherstraße** Nr. 20.21 damals) empfing »**Horcher**«; **Franz Werfel** und **Hanns Heinz Ewers** gehörten zu seiner »ausgewählt guten Gesellschaft«.

»Szene im Café«, Illustration von R. Schlichter zu seinem Roman »Zwischenwelt« (1931)

Ganz am Anfang der **Lutherstraße** (W 62, Nr. 2), nahe der Kurfürstenstraße, eröffnete Anfang der dreißiger Jahre die Jockey-Bar Schulze; es ging international zu: **Jean Cocteau** und **André Gide** verkehrten hier, **Ernest Hemingway**, **Klaus** und **Erika Mann**, **Vicki Baum**, **Alfred Kerr** und F. **Werfel**. – Richtung Hohenstaufenstraße, in Haus **Lutherstraße** Nr. 5, Ecke **(Neue)-Winterfeldtstraße**, lebte nach der Jahrhundertwende in der elterlichen Wohnung (»unbotmäßiger Schüler« am **Joachimsthalschen Gymnasium**) **Georg Heym**.

Motzstraße Nr. 38 (ehemals Nr. 20) wohnte im Sommer 1927 **Robert Musil**: »Daß du nicht berühmt bist, ist natürlich; daß du aber nicht genug Leser zum Leben hast, ist schändlich.« Weitere Bewohner der **Motzstraße**: 1900 **Stefan Zweig** (ein Semester lang, ohne jedoch zu studieren), bei den »Kommenden« verkehrend, von **Rudolf Steiner** und v. a. von **Peter Hille** beeindruckt. Auch **Max Dauthendey** und **Ludwig Meidner**, in dessen Atelier (»Motzstraße 55, V. Stock«) sich in den frühen zwanziger Jahren eine bunte Gesellschaft traf – Meidner malte sie alle –, von **Johannes R. Becher** bis **Paul Zech** und dem Oberdada **Johannes Baader**; 1927 gab Meidner das Atelier auf. Anfang der dreißiger Jahre dann der junge **Stephen Spender**, von seiner Oxforder Gruppe her noch ganz poetischer Propagandist des Marxismus.

Hohenstaufenstraße Nr. 36 (zwischen Münchener und Ansbacher Straße) hatte **Egon Erwin Kisch** 1921 – zum dritten Mal inzwischen in Berlin – eine Wohnung und schrieb sarkastisch über die »von Fremden besorgte Berliner Heimatkunst«. In Nr. 50 wohnte von Oktober 1906 bis April 08 **Robert Musil**; er verkehrte in dieser Zeit viel in der »Pension Stolzenberg« am **Viktoria-Luise-Platz**.

Dort, am wiederhergestellten Platz, Neubau Nr. 11 bei der Einmündung der **Münchener Straße**, erinnert eine Tafel an den Komponisten **Ferruccio Busoni** (1866-1924), der seit 1894 in Berlin lebte, von 1908-15 und 1920-24 hier wohnte und in Armut starb. Die Libretti seiner Opern schrieb er alle selbst. »Die Brautwahl« folgt einer Erzählung von **E. T. A. Hoffmann**, der (wie **H. H. Stuckenschmidt** im Nachwort zu Busonis – R. M. Rilke »verehrungsvoll und freundschaftlich dargebotenen« – »Entwurf einer neuen

Ästhetik der Tonkunst« schreibt) mit Goethe »zu seinen eigentlichen Göttern« gehörte. Am Haus auch eine Gedenktafel für den Filmregisseur **Billy Wilder**, der hier 1927/28 vor seiner Emigration nach Amerika wohnte.

Im Bayerischen Viertel

Münchener, Heilbronner und **Landshuter Straße** führen vollends ins Bayerische Viertel. Wie dieses vor dem Krieg ausgesehen hat, läßt sich in der **Heilbronner Straße** mit ihrem alten Hausbestand noch erahnen. **Kurt Pinthus** wohnte bis zu seiner Emigration in die USA 1937 in Haus Nr. 2; in Nr. 21 verbrachte bis 1935 **Kurt Marek** (als **C. W. Ceram** und später bekannt durch »Götter, Gräber und Gelehrte«) Kindheit und Jugend.

Franz Hessel über das Bayerische Viertel: »Wieviel man davon nach Berlin, zu Schöneberg oder zu Wilmersdorf rechnen soll, weiß keiner.« Anfang der dreißiger Jahre lebten etwa 16000 Juden in Schöneberg, ihr Anteil im Bayerischen Viertel war besonders hoch, man nannte es deshalb die »Jüdische Schweiz«. Entsprechend groß war dann aber auch die Zahl der ausgegrenzten, zwischen Enteignung und Deportation in sog. »Judenhäusern« (rund zwei Dutzend sind inzwischen recherchiert) eingewiesenen und im KZ ermordeten Juden. »Orte des Erinnerns«: im Juni 1993 wurden im Straßenraum des Viertels 80 Tafeln mit Gesetzestexten aus der NS-Zeit instal-

Das Denkmal: »Juden dürfen am Baye-
rischen Platz nur die gelb markierten
Sitzbänke benutzen«

liert, die über die damals verordneten
und kollektiv weitestgehend akzep-
tierten Schritte informieren, die den
Holocaust erst möglich gemacht haben. Am Ende des Krieges war der
Bayerische Platz, an dem die »Rote
Kapelle« eine ihrer Funkanlagen versteckt hielt, zu achtzig Prozent zerstört. (Das Kunstamt Schöneberg hat
u. d. T. »Orte des Erinnerns« eine
zweibändige Dokumentation – über
»Das Denkmal« und das »Jüdische
Alltagsleben im Bayerischen Viertel«,
u. a. mit einem »literarischen Stadt-
rundgang durch die Jüdische Geschichte« von **Gundel Mattenklott** –
herausgebracht.)
Die Eckkneipe **Innsbrucker Straße**,
wo er von seinem Tisch im Winkel die
Gäste – »Mitmenschen... Mittelmen-
schen... Stehaufmännchen des Beha-
gens« – im Blick hatte, gehörte zu
Gottfried Benns »Werkstätten«. **Walter Lennig**, der manchen Abend mit
Benn hier verbrachte: »Es mag für
viele eine seltsame, durchaus ungewohnte Vorstellung sein: in solchen

Bierlokalen entstanden manche seiner
schönsten Gedichte.« Im Nachlaß
fand sich das Gedicht vom »letzten
Abend«: »...du sitzt allein / an klei-
nem Tisch, an abgeschlossenem
Rund / dicht an der Heizung... dich
schlossen immer ziemlich enge
Wände / von der Geburt bis diesen
Abend ein. / ...doch Zeus und alle
Macht, / das All, die großen Geister,

Gottfried Benns letzte Wohnung, Bozener Straße Nr. 20, Erdgeschoß

»Fern der Welt, nahe dem Himmel«: Arno Holz' Dachwohnung, Stübbenstraße Nr. 5

alle Sonnen / sind auch für dich geschehn, durch dich geronnen...« Wohnung (seit 1937) und Praxis (1945-53) hatte Benn ganz in der Nähe, **Bozener Straße** Nr. 20, vier Zimmer im Erdgeschoß rechts. Auch seine dritte Frau, die Zahnärztin Dr. Ilse Kaul, praktizierte hier. »Nach dem Zusammenbruch und noch viele Jahre darauf ragte diese kleine Straße wie ein museales Kuriosum aus dem riesigen Schutt- und Trümmerfeld ringsumher, fast wie ausgespart vom Kriege« (W. Lennig). – In Haus **Bozener Straße** Nr. 17 wohnte Ende der zwanziger und in den dreißiger Jahren **Jakob Schaffner**. Die meisten seiner Berlin-Romane erschienen in dieser Zeit, 1936 auch die Sammlung »Der Luftballon«, Gestalten und Schicksale aus dem Berliner Volksleben.

In der **Innsbrucker Straße** bezog **Roda Roda**, 1928 von Paris nach Berlin übergesiedelt – sein neues Betätigungsfeld hier v. a. der Film, der Tonfilm hatte Europa eingeholt –, ein Zweifamilienhaus (Nr. 44). Einige Namen aus dem Gästebuch dieser Zeit: **Robert Neumann** (München/B), **Egon Erwin Kisch, Waldemar Bonsels** (Ahrendsburg/Bad Oldesloe/SH), **Oskar Maurus Fontana, George Grosz, Ernst Toller, Alfred Polgar, Joseph Roth**. Ende 1932 löste Roda Roda seinen Berliner Haushalt auf, am 9. März 33 floh er – von seinem Freund **Hermann Sinsheimer** (Freinsheim/Bad Dürkheim/RP) in letzter Minute gewarnt – nach Prag. **Stübbenstraße** Nr. 5 erinnert eine Tafel – »Hat auch das Leben Eile, / Lang ward mir manche Meile« – an **Arno**

Holz. Hoch unterm Dach hauste er von 1910 bis 29 »fern der Welt, nahe dem Himmel«, der zerrissene arme Poet par excellence. Sein bürgerliches Quartier hatte Holz ganz in der Nähe bei seiner zweiten Frau, der Malerin Anita Gewelke-Diaz, **Heilbronner Straße** Nr. 6.

Haberlandstraße Nr. 6 (heute Neubau) nahm sich am 4. Oktober 1933 der Jurist und Berlin-Romancier **Artur Landsberger** aus Angst vor Verfolgungen der SA das Leben. **Haberlandstraße** Nr. 8/8a (ebenfalls Neubau) erinnern zwei Tafeln an Albert Einstein, der in dem (zerstörten) Haus (urspr. Nr. 5) von 1918 bis 33 lebte – »die Mütter der ganzen Welt haben die Verantwortung, ihre Kinder im Sinne der Friedenserhaltung zu erziehen«, appellierte er 1932 –, und den 1944 in Buchenwald umgekommenen sozialdemokratischen Politiker Rudolf Breitscheid. – **Treuchtlinger Straße** Nr. 1 (**Haberlandstraße** Nr. 13 seinerzeit) wohnte **Lisa Matthias**, »Tucholskys Lottchen«: »Ich bin mit K. T. vom 27. Januar 1927 bis Herbst 1931 so intim befreundet gewesen, wie man das als Frau mit einem Mann sein kann… Uns beiden war von Anfang an klar, daß unsere Bekanntschaft jeden Tag ein herbes Ende nehmen konnte.«
Elßholzstraße Nr. 13 lebte zu Beginn des Jahrhunderts **Clara Viebig.** Hier im Viertel handelt auch ihr erster Berlin-Roman »Das tägliche Brot«. Die Geschichte des Dienstmädchens Mine beginnt in der **Neuen Göbenstraße** Nr. 8, im Keller bei Reschkes: »Mehl und Vorkost / Obst und Ge-

müse« – Einmündung **Kirschbachstraße**: »Linke Ecke: Materialwaren en gros und en detail von Hermann Handke; rechte Ecke: Stehbierhalle und Destillation« – und endet in der **Winterfeldtstraße.**

In dem (heute nicht mehr existierenden) »Judenhaus« **Speyerer Straße** Nr. 10 (jetzt **Rosenheimer Straße/ Ecke München Straße**) wurde im Januar 1939 **Gertrud Kolmar** mit ihrem alten Vater eine Wohnung zugewiesen, in der immer neue Untermieter aufgenommen werden mußten. G. K. in Briefen: »…ich bin hier so fremd wie am ersten Tag… ich gehe früh zu Bett, und wenn dann die oberen Mieter bei ihrer allnächtlichen Heimkehr zwischen 1 und 3 Uhr mich wecken, habe ich schon ein paar Stunden geschlafen und die Kopfarbeit kann beginnen. Morgens nach dem Anziehn wird alles gleich niedergeschrieben; dabei bin ich sehr müde…« Die Erzählung »Susanna« entstand in dieser Zeit.

Neu- und Alt-Schöneberg und die »Rote Insel«

Zurück zur Potsdamer-, Haupt- und Rheinstraße, nach Neu- und Alt-Schöneberg. Es beginnt mit einem Kuriosum. Die Schöneberger **Hauptstraße** heißt am Anfang (ab der **Großgörschenstraße**) nur auf der Ostseite Hauptstraße, auf der Westseite dagegen (bis zur **Grunewaldstraße**) noch **Potsdamer Straße.**

Nahe dem Haus **Potsdamer Straße** Nr. 170/Ecke **Pallasstraße** erinnert eine Gedenktafel an den 1910 (mit Beethovens Neunter, Dirigent Richard Strauss) eröffneten und 74 abgerissenen **Sportpalast**. Einmal »größter Eispalast«, dann »größtes Kino der Welt«. Schmeling boxte hier, 1925 beim Sechs-Tage-Rennen (**Egon Erwin Kisch**: »Ein Inquisitor, der solche Tortur, etwa ›elliptische Tretmühle‹ benamst, ausgeheckt hätte, wäre im finstersten Mittelalter selbst aufs Rad geflochten worden«) pfiff »Krücke« den »Sportpalast-Walzer«, und hier rief Goebbels den totalen Krieg aus. Sportpalast-»Bilder« bereits 1916 von **Georg Kaiser** (in seinem Drama »Von Morgens bis Mitternachts«) und aus den zwanziger Jahren, u. a. von **Bernard von Brentano** – »Es ist nicht zu verstehen, warum diese Fahrerei so beliebt ist, wenn man nicht erkennt, daß sie das einzige Volksfest ist, das es hier gibt« – und – »Wer das Volk von Berlin im Fieber sehen will« – von **Franz Hessel**.

Bis 1881 hieß ein Teil der **Potsdamer Straße** hier noch »**Botanische Garten-Straße**«. Denn dort, wo heute der **Kleistpark** liegt, lag damals der doppelt so große Kgl. Botanische Garten, in dem **Adelbert von Chamisso** von 1819 bis 38 »Aufseher der Pflanzen« war und, wenn er nicht gerade illustren Besuch hatte (wie etwa den französischen Gesandten, **François René de Chateaubriand**), sich seinen Liedern widmete, um »bei Dichtern und Sängern nicht bloß für einen Heuochsen, sondern auch für einen Blumenmenschen zu gelten.« Im »Haus am Kleistpark« befindet sich heute das

Kunstamt Schöneberg mit dem **Schöneberg Museum**.

Auf dem »vor dem Potsdamer Thore nach dem Hopfengarten zu gelegenen wüsten Sandberg« (zwischen **Grunewaldstraße** und **Kaiser-Wilhelm-Platz**) lag die von Friedrich dem Großen für böhmische Glaubensflüchtlinge angelegte Weberkolonie Neu-Schöneberg, der »Monte bello nuovo« des Berliner Volksmundes. **Hauptstraße** Nr. 14/15 steht noch das 1862 eröffnete und 1919 geschlossene »Maison de Santé«, das jetzt nach und nach zum kommunalen Kulturzentrum wird. **Georg Büchmann** starb hier im Februar 1884.

Zwischen der **Hauptstraße** Nr. 25/26, über die jetzige **Belziger** hinweg bis zur **Apostel-Paulus-Straße**, befand sich bis 1893 Schönebergs berühmtestes Lokal, der »**Schwarze Adler**«. Bereits 1847/48 gab es hier ein Sommertheater, auf dem **David Kalisch** mit seinen ersten Possen debütierte. **Heinrich Seidel** und **Hans Brennert** wahrten die literarische Tradition weiterhin. – Benachbart, **Hauptstraße** Nr. 16, stand das alte Kolonistengut Nr. 9, das »Henselsche Haus« nach 1800. Es wurde zum Anziehungspunkt junger Künstler. **Helmina von Chézy** pries 1816 die »Oasis« im märkischen Sande. Im Mittelpunkt des hier versammelten »Jungmädchenflors« stand die achtzehnjährige **Luise Hensel**, **Wilhelm Müller** schwärmte für sie und schrieb die ersten Texte seines »Monodrams« »Die schöne Müllerin«. (**Clemens Brentano**, Nebenbuhler um Luisens Gunst, karikierte ihn dafür in der Erzählung »Die mehreren Wehmüller und ungarischen Nationalgesichter«).

Vom **Kaiser-Wilhelm-Platz** zur **Dominicusstraße** erstreckt sich **Alt-Schöneberg**. Auf der ehem. **Dorfaue** – einen Rest stellt, wenn man so will, die Mittelpromenade der hier sich teilenden Hauptstraße dar – blieben nur die Dorfkirche von 1764/66 (die moderne Paul-Gerhardt-Kirche von 1961/62) und der **Kirchhof (Hauptstraße Nr. 47)** erhalten. **Christian Friedrich Scherenberg**, der die letzten beiden Lebensjahrzehnte in der **Potsdamer Straße Nr. 81** in der Nähe des Botanischen Gartens gewohnt hatte, wurde 1881 hier in der Familiengrabstätte beigesetzt. **Theodor Fontane** über »Scherenbergs Tod und Begräbnis«: »Sein eigen Grab ist ohne Bild und Schmuck geblieben, vielleicht, weil ers so gewollt. Er war bis dahin gekommen, wo man bei jeglichem fragt ›wozu?‹«. Ergänzend heißt es dann in einem Brief vom Dezember 1891: »...nachdem Scherenberg schon fünf, sechs Jahre auf dem Schöneberger Friedhof lag, traf von Valparaiso her eine Riesenkiste ein, in ihr ein in Eisen gegossenes, mächtiges Buch, aufgeschlagen, und auf der einen Seite ein kleines Scherenbergsches Gedicht... Der Übersender war ein wohlhabender Kaufmann namens Chodowiecki, Enkel oder Urenkel des Berühmten...« Von 1929 bis 33 war auch **Arno Holz** hier bestattet, provisorisch (bis zur Überführung in ein Ehrengrab auf den Friedhof an der Heerstraße) in einem Kindergrab.

Auf dem Kirchhof erhalten ist auch noch eine Reihe prunkvoller Erbbegräbnisse der Schöneberger »Millionenbauern«. Deren aufwendig klassizistische Villen schließen sich weiter in der Hauptstraße nach Nordosten an, so **Hauptstraße Nr. 45** (um 1865), Nr. 43 und Nr. 41/42 (um 1870), Nr. 44 und Nr. 40 (um 1880); auf der Gegenseite Nr. 126 (von 1864) und Nr. 127. **Max Kretzers** einschlägiger Schlüsselroman »Der Millionenbauer« machte 1891 bereits Sensation. Auf dem Gelände des »Prälat« (Nr. 122/124), schräg gegenüber der Kirche, wohnte in dem Schlößchen, das dem Großen Kurfürsten als Jagdquartier diente, neben dem einstigen Dorfkrug zeitweilig **Adelbert von Chamisso**: »Schloß Boncourt«, das Erinnerungsgedicht an seine Kinderheimat in der Champagne, entstand hier.

Die Kolonnenstraße quert die Schöneberger »Insel«, die »**Rote Insel**«. Das allseitig von Bahnanlagen eingeschlossene Gebiet an der Grenze zu Kreuzberg und Tempelhof reicht von der **Yorckstraße** im Norden bis zur **Torgauer Straße** im Süden. **Johannes Trojan** 1903 über das Straßenstück unter den acht »Yorckbrücken«: »...rechts eine Bierschenke, links gleichfalls eine solche und außerdem drei Destillationen. Drei Destillationen in sieben nebeneinander stehenden Häusern, das ist denn doch ein Beweis dafür, wie sorgfältig bei der Verleihung von Schankkonzessionen die Bedürfnisfrage geprüft wird.«
(Lange bevor der Kiez kommunistische Hochburg wurde, hatte in der Se-

danstraße der Bierverleger Becker zum Einzug Kaiser Wilhelms I. eine rote Fahne aus dem Fenster gehängt, so gegen das Sozialistengesetz von 1878 protestierend; er wurde sofort aus Schöneberg ausgewiesen.)
»Es ist Schicksal... Uns liegt das Wurstmachen gewissermaßen im Blut.« Oskar Külz, der Chef der »Fleischerdynastie« Külz und Protagonist in **Erich Kästners** Roman »Die verschwundene Miniatur«, hat in der **Yorckstraße** sein Geschäft: »im vorigen Oktober hatte ich das dreißigjährige Jubiläum.«
In der **Großgörschenstraße** nimmt in einem Eckhaus nach dem Tod ihres Mannes auf dem Schlachtfeld von Gravelotte **Fontanes** »Majorin von Poggenpuhl mit ihren drei Töchtern« Wohnung, »deren einziger wirklicher Vorzug in ihrer großen Billigkeit« bestand. Frau von Poggenpuhl führt jedoch neben dem »kriegsgeschichtlichen Namen der Straße« v. a. die »wundervolle Aussicht« ins Feld: »Von den Vorderfenstern aus auf die Grabdenkmäler und Erbbegräbnisse des **Matthäikirchhofs**, von den Hinterfenstern aus auf einige zur Kulmstraße gehörige Rückfronten, an deren einer man, in abwechselnd roten und blauen Riesenbuchstaben, die Worte ›Schulzes Bonbonfabrik‹ lesen konnte.« In Nr. 22a wohnte 1893 **Friedrich Engels** bei den Bebels.
In der **Kulmer Straße** (damals noch **Kulmstraße**) lebten in den neunziger Jahren des vorigen Jahrhunderts **Max Halbe** und – »gegenüber der **Großgörschenstraße**, wo noch ein herrlicher Park mit Nachtigallengesang lag« – **Friedrich Meinecke**.
»Eine lange, kalte Fassadenreihe im Schwindelstil der ersten Hälfte der neunziger Jahre« ... Vom Fenster aus hatte man »einen weiten Blick über ein endloses Gelände sich kreuzender Eisenbahnschienen« (G. Hermann 1909 über »H.B.s Kunst«): In der **Cheruskerstraße** Nr. 5 bezog der Maler **Hans Baluschek** (1870-1935), der auch als Erzähler hervortrat (1913 »Spreeluft«, 24 neue Aufl. u.d.T. »Großstadtgeschichten«; 1920 »Enthüllte Seelen«), seine zweite Schöneberger Wohnung. »Berlin«, schrieb er 1922, »ist eine graue Stadt, grau, wie es sich für eine Arbeitsstadt geziemt«.
Kinder der »Insel« auch zwei berühmte Schauspielerinnen: in der **Leberstraße** Nr. 25 (damals noch **Sedanstraße**) wurde 1925 **Hildegard Knef** geboren (»Der geschenkte Gaul«), wenige Häuser weiter, Leberstraße Nr. 65 (Gedenktafel), 1901 **Marlene Dietrich**, der »Blaue Engel« (gest. 1994). Ihre letzte Adresse, bevor sie 1930 Berlin in Richtung Hollywood verließ: **Kaiserallee** Nr. 54 (3. Stock).
Naumannstraße Nr. 78 (damals **Königsweg** Nr. 22, einmal die Westgrenze des Tempelhofer Feldes) lebte von 1923 bis zu seiner Emigration 33 **Paul Zech** (»Deutschland, dein Tänzer ist der Tod«). Im Eckhaus Nr. 24 befand sich von 1906 bis 18 die Wohnung des Namengebers der Straße, des liberalen Politikers und Schriftstellers **Friedrich Naumann**. In der Redaktion seiner Zeitschrift »Die Hilfe«, die sich im Haus befand, arbeitete von

Familie Zuckmayer auf dem Dach ihrer Berliner Wohnung »Am Park«

1905 bis 12 der junge **Theodor Heuss**. Der suchte in den dreißiger Jahren gelegentlich auch eine Kohlenhandlung in der **Torgauer Straße** Nr. 20 auf. Julius Leber, ehem. sozialdemokratischer Reichstagsabgeordneter, hatte sich dort 1937 nach der Entlassung aus dem KZ Sachsenhausen eine wirtschaftliche Existenz aufgebaut. Heuss: »Die zwei kleinen Zimmer in dem fragwürdigen Häuschen, nahe bei dem Bahnhof Schöneberg, zwischen den Kohlenbergen der Firma Bruno Meyer Nachf. waren eine rechte Verschwörerbude... In der Hinterstube, auf verhockten Sesseln, hatte die politische Leidenschaft ihre Herberge.« Die **Dominicusstraße** – **Alexander Dominicus** war von 1911-21 Schöneberger Oberbürgermeister – führt vorbei an der Dorfaue zum **Rathaus Schöneberg** am John-F.-Kennedy-Platz. Am Hauptportal des Rathauses u. a. Gedenktafel zur Erinnerung an die Übergabe der Berliner Freiheitsglocke 1950 durch Ernst Reuter und General Lucius D. Clay sowie an den ermordeten amerikanischen Präsidenten (mit den historischen Worten von 1963: »Ich bin ein Berliner!«). An der Südseite des Gebäudes Relief für **Freiherr vom Stein** (als Schöpfer der preußischen Städteordnung). Südwestlich des Rathauses überquert zwischen der Freiherr-vom-Stein- und der Fritz-Elsas-Straße die **Carl-Zuckmayer-Brücke** den Rudolph-Wilde-Park. »Am Park« (heute hier die neuangelegte **Fritz-Elsas-Straße** Nr. 18), lebte von 1926 bis 33 in den Wintermonaten **Carl Zuckmayer** mit seiner Frau **Alice** (Frank, geb. von **Herdan**), den Sommer verbrachte man in der »Wiesmühl« in Henndorf bei Salzburg. »Für uns bot die Wohnung alles, was wir brauchten – ein

Arbeitszimmer für mich, ein kleines Speisezimmer, zwei Schlafkämmerchen wie Schiffskabinen... ein Kinderzimmer, Küche und Bad. Dazu einen großen Dachgarten, von dem man über die ganze Stadt, vom Funkturm bis zur Kuppel des Doms, hinwegsehen konnte« (»Als wär's ein Stück von mir«).

In der **Kufsteiner Straße** bezog im Juni 1948 der Rundfunk im amerikanischen Sektor (**RIAS**) sein endgültiges Domizil.

1928 übersiedelte **Hans Baluschek** in die neue Wohnhausanlage »**Ceciliengärten**« (Nr. 26/Tafel); 33 mußte er sein Atelier räumen, er mietete sich in der **Bozener Straße** Nr. 13-14 ein.

Friedenau

Die »Ceciliengärten« führen bis zum S-Bahnhof Friedenau. Die 1872 nach dem Frankfurter Frieden offiziell »Friedenau« genannte Landhaussiedlung galt schon bald als »Dichterkolonie«. Bereits um die Jahrhundertwende stellte der als »Onkel Ete« aus den Zeitungen bekannte Lokalpoet **Eduard Jürgensen**, auf die vielen ortsansässigen Schriftsteller und Journalisten anspielend, fest: »In Friedenau gibt's doch das meiste Federvieh.« An »Feder-Haltern« fehlt es auch heute noch nicht. **Jürgen Becker** in seinem »Berliner Programmgedicht« 1971: »Die ganze Umgebung / wird überschaubar in Friedenau / auf den Meßtischblättern von Johnson... und ich betrachte die Gegend, / zusam-

menmontiert, an der Wand,/ und lasse mir zeigen die Nähe / von Peter Huchel / – wie er da saß, suchte / Johnson genau auf der Karte die Gegend zusammen / aus seinen Erzählungen, / verwischtes Erinnern...«

Uwe Johnson kam 1959 aus der DDR nach West-Berlin, kam zunächst in Dahlem unter und fand dann in der **Niedstraße** Nr. 14 (im früheren Atelier des Malers Schmidt-Rottluff; Gedenktafel September 1995 gestohlen) eine Wohnung: »Friedenau ist ein Dorf, es steht auch voller Bäume, meistens Kastanien...« Anfang Juli 63 zog die Familie in die **Stierstraße** Nr. 3/II. Stock um, ohne allerdings die alte Wohnung aufzugeben, die fortan als »Schreibstube« des Schriftstellers diente. Dahin »gehe ich morgens in einem unbürgerlichen Sinne... Abends kehre ich via Hauptstraße oder via Handjerystraße, Perelsplatz, Hähnelstraße in die Stierstraße zurück und halte die Beine neben den Tisch, als wäre nichts gewesen. Und diese beiden Vorrichtungen sind durch einen Draht verbunden. Jede Wohnung ist das telefonische Vorzimmer des andern.« Im Oktober 1974 gab die Familie Johnson die Wohnung in West-Berlin endgültig auf und übersiedelte auf die Isle of Sheppey, Grafschaft Kent/England.

In der **Niedstraße** Nr. 13 – der »Bau aus bunten Klinkern mit leicht verförstertem Dach... Nach hinten noch einmal 500 qm Garten mit Apfelbäumen« – wurde **Günter Grass** 1964 Johnsons unmittelbarer Nachbar. Zwischen S-Bahnhof und Haupt- und

»Der Bau aus bunten Klinkern«, Haus von Günter Grass, Niedstraße Nr. 13

Rheinstraße wohnten zeitweilig: in der **Wielandstraße** Nr. 23 **Rosa Luxemburg** (1899-1902), in der Nachbarschaft (**Saarstraße** Nr. 14) ihre Freunde, der Publizist **Karl Kautsky** und Frau Luise, im Frühjahr 1902 zog R.L. in die **Cranachstraße** Nr. 58 beim Dürerplatz (Gedenktafel); in der **Fregestraße** Nr. 80 (gegenüber dem Rathaus Friedenau) **Theodor Heuss** (1918-30); in Nr. 19 einige Jahre **Hans Magnus Enzensberger**.

Hauptstraße Nr. 97 erinnert eine Gedenktafel an **August Bebel**, er lebte hier die letzten zehn Jahre (Aut. »Aus meinem Leben«).

Am Anfang der **Rheingaustraße**, in der bei der Kaisereiche von der **Saarstraße** abzweigenden **Illstraße** (heute Sackgasse, das Haus Nr. 4 verschwunden) wohnte Ernst Barlach ab 1906 –

mit Unterbrechungen durch Reisen (Rußland, Italien) – abermals in Berlin: »Man ist Berliner, aber nur mit den Stiefelsohlen und der Hutkrempe... Irgendetwas wird mir hier immer lahm!« Dennoch setzte Berlin ihn auch in Bewegung: Paul Cassirer »hat mich verpflichtet, ihm alle Arbeiten zum Verkauf zu geben«, teilte er seinen Freunden im Dezember 1908 mit. Im Sommer 1910 zog er sein »Schneckenhaus« wieder nach Norden – nach Güstrow (MVP).

Für »Literaturadreßbuchliebhaber« weiterhin (im Uhrzeigersinn rund um den **Friedrich-Wilhelm-Platz**: **Sarrazinstraße** Nr. 8 **Max Frisch** (»Montauk«, 1975) – **Hähnelstraße** Nr. 9 **Kurt Hiller** (Ende des Ersten Weltkriegs) – **Stierstraße** Nr. 14/15 (Gartenhaus) **Max Herrmann-Neiße**; zur Straße gehörig auch **Bruno Nelissen-Hakens** (1901-75) unverwüstlicher »frecher Dackel Haidjer aus der Stierstraße« (1936ff.) – **Handjerystraße** Nr. 86 ab 1892 Max Halbe: die schiere Idylle. »Hübsche, zweizimmerige Mansardenwohnung« ... Träumereien »aus dem Fenster über die Dächer hinweg... Ein allererstes Vorfrühlingsahnen lag in der Luft... Blaugrauer Rauch stieg aus den Schornsteinen... von einem der Nachbarhöfe kam der Klang eines Leierkastens.« (»Jugend« entstand hier, 1893, Halbes erfolgreichstes Stück: »Man hat es mir in Berlin, das ja in Hinsicht auf den Lokalpatriotismus nicht seinesgleichen in Deutschland findet, als groben Undank ausgelegt, daß ich der Stadt, die mich soeben erst auf den Schild erho-

»Friedenauer Flora« am Georg-Her-mann-Garten

ben hatte, schon nach kurzem aus tief-innersten Gründen den Rücken keh-ren mußte.«) – **Albestraße** Nr. 6 **Heinz Tovote** (um 1900) – **Nied-straße** Nr. 5 **Erich Kästner** (Zweit-wohnung und Büro nach dem Zweiten Weltkrieg); Nr. 28 **Günther Weisen-born** (letzte Berliner Wohnung).
Bundesallee (bis 1950 **Kaiserallee**) Nr. 79 **Kurt Tucholsky** (1920-24); Nr. 108 **Georg Hermann** (1901-06), er zog von dort in die **Stubenrauch-straße** Nr. 6 (anstelle des im Zweiten Weltkrieg zerstörten Hauses dort »G.-H.-Garten«; (Gedenkstein auf dem Gelände der Kindertagesstätte): »Als um die Jahrhundertwende Berlins Neuer Westen entstand, war er der li-terarische Chronist der schnell wach-senden Vororte Schöneberg, Charlot-tenburg und Wilmersdorf« (G. Jä-ger).

Rheingaustraße Nr. 8 (heute dort Spielplatz) **Rainer Maria Rilke** (1897/ 98) – **Wilhelmshöher Straße** Nr. 21 (nahe dem Südwestkorso) Atelier von **Ludwig Meidner**, in dem im Sommer und Herbst 1913 die »Mittwoch-Abende« mit »Gesprächen und Dis-kussionen, oftmals in ungemein hefti-ger Form« stattfanden; Teilnehmer u. a. **Jakob van Hoddis, Kurt Hiller, Paul Zech, Albert Ehrenstein, Alfred Wolfenstein, René Schickele, Kurt Pinthus, Max Herrmann-Neiße.** **Wilhelmshöher Straße** Nr. 18 **Adam Kuckhoff** (im Haus befand sich eine Funkstation der »Roten Kapelle«); in Nr. 6 **Günter Bruno Fuchs.** – **Stu-benrauchstraße** Nr. 47 »Comedian Harmonists« (Gründung zum Jahres-wechsel 1927/28 in der Mansarde); Nr. 8 **Volker von Törne:** »Am Abend füllt uns meine Frau den Teller, / zu-erst den Kindern und sich selbst zu-letzt. / Ich les die Zeitung, und ich esse schneller. / Ich bin es nicht, der hier zum Aufruhr hetzt.«

Friedhöfe

Hinter dem S-Bahnhof liegt an der **Großgörschenstraße** Nr. 12-14/ **Mo-numentenstraße** der **Alte Kirchhof der St. Matthäus-Gemeinde.** Er war der Friedhof des »Geheimratviertels« (zwischen Tiergarten und Landwehr-kanal). Am Eingang Tafel mit 25 be-rühmten Namen, Ehrengräber u. a. für: **Georg Büchmann** (Grab mit Pin-dar-Zitat: »Eines Schatten Traum ist der Mensch«); **Ernst Curtius** (1814-

96), Archäologe und Philologe; F.A.W. Diesterweg, Pädagoge und Schulpolitiker; die **Brüder Grimm** (ihnen zur Seite Wilhelm Grimms Söhne: der Kunsthistoriker **Herman Grimm**, 1828-1901, und der Regierungsrat und erfolglose Dichter **Rudolf Grimm**, 1830-89); **David Kalisch; Franz Theodor Kugler; Franz Josef Freiherr von Lipperheide** (1838-1906), Verleger (»Spruchwörterbuch«, 1907); **Karl Victor Müllenhoff** (Marne/SH); **Friedrich Paulsen** (1846-1908), Philosoph und Pädagoge; **Wilhelm Scherer** (1841-86), Germanist; **H.K.L. von Sybel** (1817-95), Historiker; **Heinrich von Treitschke. F. Kuglers** Grab gegenüber Gedenkstein (A-s4) für die fünf Widerstandskämpfer in der ehem. Bendlerstraße (C. Graf Schenk von Stauffenberg, L. Beck, F. Olbricht, A. Ritter Mertz von Quirnheim, W. von Haeften), hier für wenige Stunden begraben, dann exhumiert, an einem unbekannten Ort verbrannt, die Asche auf den Rieselfeldern verstreut. Weiterhin die Gräber von **Theodor Mundt** und **Luise Mühlbach** sowie beiden Verlegern **Wilhelm Ludwig Hertz** (1822-1901)/ Ehrengrab Erb 231 Q-oI und **Paul Paray** (1842-1900)/ Erb Q-wI-.

Alter Kirchhof der Zwölf-Apostel-Gemeinde, Kolonnenstraße Nr. 24-25: Ehrengräber für den Historiker **Johann Gustav Droysen** (1808-84)/ Hauptweg, linke Seite; **Friedrich Naumann** (1860-1919)/ Abtlg. Südmauer.

Neuer Kirchhof der Zwölf-Apostel-Gemeinde, Werdauer Weg am Sachsendamm:
Ernst Wichert (1831-1902), Dramatiker und Erzähler (»Ein Schritt vom Wege«, Dr. – »Effi Briest«-Stoff – 1873; »Litauische Geschichten«, 1881-90; »Der Große Kurfürst in Preußen«, R. 1886/90; »Richter und Dichter«, Aut. 1899) / Abtlg. 2-49-4/5.

Landeseigener Friedhof Schöneberg III:
Ehrengräber u.a. für **Ferrucio Busoni** / Abtlg. 13 – Reihe 3 und **Paul Zech**/ Abtlg. I 12. Weiterhin: **Hans Halden** (1888-1973), Schriftsteller (Dramen, Novellen, Filme, Hör- und Fernsehspiele)/ Abtlg. 6 – Reihe 4-8; **Hans Bruno Franz Kyser** (1882-1940), Schriftsteller (u.a. »Charlotte Stieglitz«, Dr. 1915; Filmbücher »Der Student von Prag«, »Faust«) / Abtlg. 3 – Reihe 2 11/12; **Dinah Nelken** (1900-89) und, seit Mai 1992, **Marlene Dietrich**, Stein mit der Inschrift: »Marlene« – »Hier steh ich an den Marken meiner Tage«.

Steglitz

»Wo die Kastanienallee in die **Schloß-straße** mündet, fängt Steglitz an. Es beginnt hochmodern mit einem stolz ragenden Filmpalast, an dessen Flanken in strahlenden Röhren das Licht flutet, in dessen Innerm strenge Linien und kühne Wölbungen Zuschauer- und Bühnenraum umschweifen«: **Franz Hessel** entdeckte beim »Spazieren in Berlin« 1929 den gerade als Großkino erbauten **Titania-Palast**, der am Abend und bei Nacht zur »Kinozeit« sich in eine »Lichtburg« verwandelte. Der Palast überstand fast unbeschädigt den Zweiten Weltkrieg. Am 4. Dezember 1948 fand hier (während einer Versammlung von Studenten und Professoren der Ostberliner Humboldt-Universität) die Gründung der Freien Universität (Berlin) statt (Gedenktafel).

In den zwanziger Jahren übersiedelte **Willy Haas** endgültig nach Berlin: »Berlin war«, wie er in seinen Erinnerungen bekennt, »das Glück meines Lebens«. Er wohnte **Menckenstraße** Nr. 4 und zog dann nach Falkensee (Borsigstraße 64/Kreis Nauen/BR). H. war zunächst Redakteur und Kritiker beim »Filmkurier« in der Leipziger Straße. 1925 wechselte er zu E. Rowohlt, sie gründeten zusammen »Die Literarische Welt«. Steglitzer in dieser Zeit, von 1921 bis 25, auch **Werner Bergengruen**; er wohnte in der **Lauenburger Straße** Nr. 9. Hier erlebte er das Erscheinen seiner ersten Bücher.

George Grosz: »Menschenwege« (1915)

»Hitler ante portas« ... **Richard Huelsenbeck** beendete 1933 seine Tätigkeit als Reiseschriftsteller und eröffnete eine Arztpraxis in Berlin. Zeitweilig wohnte er in Steglitz in der **Lessingstraße** Nr. 12 (Tafel). 1936 emigrierte er: ein Mord vor seinem Hause, der von SA-Männern verübt und dessen Zeuge H. wurde, gab den letzten Anstoß. In »Reise bis ans Ende der Freiheit« erzählt H., wie er – »der Krieg hatte Berlin verändert ... Die Grauheit (der Stadt) und die wachsende Sorge um den Krieg legte sich auf die Gemüter der Menschen wie ein nasses Tuch« – in **George Grosz** »einen Freund fürs Leben fand«. Grosz hatte, 1916 aus dem Militärdienst entlassen, »im Dachgeschoß eines Mietshauses in der **Stephanstraße** (Nr. 15),

Südende bei Berlin« ein Atelier gemietet: »Mein Atelier war ein romantisches Zelt. Ein Zelt wie auf einem
Jahrmarkt.« Er zeichnete wie besessen, viele Soldatenszenen oder auch
einen »Querschnitt durch ein Mietshaus«: »In einem Fenster geht einer mit
einem Besen auf seine Frau los, im
zweiten lieben sich zwei, im dritten
hängt jemand, von Fliegen umsummt,
am Fensterkreuz«. Auch Gedichte
schrieb er; ein paar erschienen in der
gerade gegründeten radikalen Zeitschrift **Wieland Herzfeldes** »Neue Jugend«. **Theodor Däubler**, »Theodor
der Dicke«, den er im Café des Westens
kennengelernt hatte, schrieb in den

Rathaus Steglitz (um 1900)

»Weißen Blättern« über Grosz und
machte ihn »über Nacht bekannt«.

»Wenn ein unpolitischer Mensch in
ein politisches Zeitalter gerät, ist es
fast, als ob er unter die Räder kommt«,
notierte im August 1933 **Jochen Klepper** in sein Tagebuch. Er wohnte seit
Frühjahr 32 im »Villenvorort Südende« (**Berliner Straße** Nr. 20[II]/heute
Sembritzkistraße): »Aus allen Zim-
mern ging der Blick ins Freie: auf einen
wilden, abgeschlossenen Park, eine
Blumengärtnerei vor dem Schlafzimmer ...« »Der Weg zum nahen
Schwimmbad ... ist immer wieder
neue Freude.« (Im Sommer 1935 steht
dort dann das Verbotsschild für
»Nichtarier«.) Ende September 35 zog
die Familie in ein bis in alle Einzelhei-
ten durchdachtes neues Haus (»das
Traumhaus meiner Träume«) ganz in
der Nähe (**Karlstraße** Nr. 6/heute in
den **Oehlertring** einbezogen). Auch
hier ein »Leben zwischen Idyllen und

Katastrophen«. **Reinhold Schneider**
sowie **Kurt Ihlenfeld** und **Rudolf A.
Schröder** (vom Eckart-Kreis) zählten
zu den willkommenen Gästen. Im Mai
1938 abermals Umzug der Familie,
nun nach Nikolassee (Zehlendorf).
Zurück zur Steglitzer Magistrale. Im
ehem. Ratskeller des (heute »alten«)
Rathauses – Schloßstraße Nr. 36/37,
Ecke **Grunewaldstraße** – wurde im
November 1901 auf Initiative des Steglitzer Gymnasiasten **Karl Fischer**
(1881-1941) der »Wandervogel« ins
Leben gerufen. Zu den Mitbegründern
zählte auch der Schriftsteller **Wolfgang Kirchbach** (1857-1906); er
wohnte in den letzten Lebensjahren in
Lichterfelde, **Steinäckerstraße** Nr. 32.
Gedenkstein – »Wandervogel – Ursprung der Jugendbewegung« – im
Westteil des Stadtparks (Goeben-
wiese), **Johanna-Stegen-Straße**. In

Schloßparktheater Steglitz

die **Beymestraße** Nr. 7 zog um die Jahrhundertwende der Publizist und Historiker **Franz Mehring** (Gedenktafel), später in die (Steglitzer) **Kantstraße** Nr. 16.

Eine Gedenktafel im Rathaus (von einem nicht mehr existierenden Haus in der **Kamillenstraße**) erinnert an **Theodor Heuss'** Steglitzer Zeit (ab 1930 bis 1943): »An keinem anderen Ort habe ich so dauerhaft gewohnt und gearbeitet, wie in Berlin; immerhin 33 Jahre.« Auf der verschwundenen Dorfaue steht neben dem »Wrangelschlößchen« (nobelstes Beispiel des Berliner Klassizismus um 1800) das in den früheren Wirtschaftsgebäuden eingerichtete (im November 1945 mit **Curt Goetz'** »Hokuspokus« eröffnete **Schloßpark-Theater**.

In der **Grunewaldstraße** Nr. 6, in einer Mansarde, mietete sich in den fünfziger Jahren der »Herr aus Bolatitz« **August Scholtis** ein (vorher wohnte er in der **Südendstraße** Nr. 9): »Aus meinen Fenstern genieße ich das gleiche baumumstandene Bild zwischen evangelischer Kirche und Fichtenberg, mit dem Botanischen Garten im Hintergrund«, wie **Franz Kafka** es dankerfüllt in seinen Tagebüchern schildert, der eine Hausnummer weiter wohnte. Text der Gedenktafel dort (Nr. 13): »Die Guten gehn im gleichen Schritt / Ohne von ihnen zu wissen, / tanzen die andern um sie die Tänze der Zeit«. Kafka lebte hier von Herbst 1923 bis März 24 mit Dora Diamant. Von seinen Ausflügen in die »innere Stadt« kam er immer nur »elend und tief dankbar, daß ich in Steglitz wohne«, zurück. »Mein Potsdamer Platz ist der Platz vorm Steglitzer Rathaus ...« Um dort dann »in die wunderbar stillen Alleen« zu tauchen. »Meine Straße ist die letzte annähernd städtische, dann löst sich alles in den Frieden von Gärten und Villen auf, jede Straße ist ein friedlicher Gartenspazierweg oder kann es sein ...« (Kafka besuchte oft den **Stadtpark**, es gibt dazu eine liebevolle Anekdote. **Klaus Nonnenmann**/Pforzheim/BW hat diese zur Vorlage seines Romans »Die sieben Briefe des Doktor Wambach« gemacht.)

In der **Schmidt-Ott-Straße** Nr. 3 (heute dort Neubau) wohnte **Rudolf Pannwitz**. 1904 gründete er mit **Otto zur Linde** und **Rudolf Paulsen** (dem Sohn von Friedrich P.), der zuletzt in der **Lepsiusstraße** Nr. 96 wohnte, den antinaturalistischen »Charon«-Kreis; ihre Zeitschrift wurde als »Witzblatt« bespöttelt, hielt sich aber doch bis zum Weltkrieg. **Am Fichtenberg** erinnert ein Findling vor dem nach ihr benannten Park an die Journalistin **Ruth Andreas-Friedrich** (1901-77). Sie gehörte der Widerstandsgruppe »Onkel Emil« (vom **Hünensteig** Nr. 6) an, die Juden und anderen im Dritten Reich Verfolgten, Verhafteten und mit dem Tod Bedrohten zu helfen versuchte. 1947 erschienen ihre Tagebuchaufzeichnungen 1938 bis 1945 »Der Schattenmann«, 84 die Aufzeichnungen von 45 bis 48 »Schauplatz Berlin«. Nahebei Gedenkstein mit Bronzebüste für den Philosophen und Pädagogen **Friedrich Paulsen** (1846-1908), errichtet »von den deutschen Oberlehrern«. Im »Blumenviertel«, **Hortensienstraße** Nr. 50, gab es, umgeben von SS-Einrichtungen, ebenfalls ein Zentrum des Widerstandes. Die meisten Zusammenkünfte des »Kreisauer Kreises« fanden hier bei Peter Graf Yorck von Wartenburg statt.

Selbst im »Winkel der inneren Stadt« ist es, um mit **Joachim Günther** zu sprechen, »wie verreist«, wenn man »Durch den **Botanischen Garten**« (1973) spaziert. **Friedrich Georg Jünger**, der in seinen ersten Berliner Jahren »geraume Zeit in der Nähe des Botanischen Gartens« bei einer Blumenhändlerin wohnte, sein Bruder **Ernst** hatte unweit in der (heutigen) **Wulffstraße** Nr. 6 sein letztes B.er Domizil, hat dem Botanischen Garten in seinen Erinnerungen »Spiegel der Jahre« (1958) einen »kleinen Denkstein« ge-

setzt: Die »grüne Oase im Gestein der Straße« wurde ein »Lieblingsort für Ernst und mich, ein Ort auch unserer Gespräche ... Er war groß genug, um in ihm zu streifen und sich zu verlieren«, in den merkwürdigsten »pflanzengeographischen Bereichen« (von Skandinavien bis zu den Seychellen), »mit den Siebenmeilenstiefeln Peter Schlemihls, der ja wie sein Biograph ein großer Botaniker war.«

Unter den Eichen Nr. 63 (damals hier »Pension Lichterfelde-West«) wohnte 1920 bis 23 der griechische Schriftsteller **Nikos Kazantzakis. Margret Boveri**, die »große Dame des politischen Journalismus« (Gedenktafel **Opitzstraße** Nr. 8), übersiedelte »nach drei Jahren Neapel« im Oktober 1929 nach Berlin, zunächst nach Friedenau (in die **Rotdornstraße**), dann in ein neues Laubenganghaus in Lichterfelde, **Neuchateller Straße** Nr. 19, »entlang der Wannseebahn, um die Ecke vom Hindenburgdamm und vom Händelplatz«: »Es hat etwa ein Jahr gedauert, bis ich in Berlin Fuß gefaßt hatte« (»Verzweigungen«). Am **Hindenburgdamm** (Nr. 21 der damaligen **Chausseestraße**) kam im Juli 1882 der Psychologe und Pädagoge **Eduard Spranger** (gest. 1963 in Tübingen/ BW) zur Welt; wohnte von 1927 bis 46 in Dahlem, **Fabeckstraße** Nr. 13; eine Promenade am Hafen Lichterfelde ist nach ihm benannt. In Haus Nr. 32 wurde am 3. April 1903 **Peter Huchel** geboren: »Der Himmel war von Schnee noch wund, / ich kam auf die Welt, es regnete still / in der dritten Nacht im April« (Gedenktafel).

Um zwei Ecken die **Marschnerstraße, Paul Scheerbart** hauste zuletzt hier (Nr. 15). Zwei »Liebes- und Schmollbriefe« aus dieser Zeit: »Erklärung vom 13. November 1912. Hierdurch erkläre ich meinem lieben Mausel-Pausel, daß der Ratskeller zu Steglitz nichts taugt – und daß wir da nicht mehr hinzugehen brauchen. Paulemann.« / »Telegramm. Frau Anna Scheerbart, hier. Ew. Hochwohlgeboren werden hierdurch ganz ergebenst eingeladen, einer Vorlesung des Herrn Paul Scheerbart beizuwohnen; diese findet Sonntag nachmittag in Groß-Lichterfelde W, Marschnerstraße 15^I, statt um 5 Uhr. Kein Wein-, nur Bierzwang ...« Scheerbart starb am 15. Oktober 1915 ... verhungert, er wollte nicht mehr leben.

Klingsorstraße Nr. 27 erinnert eine Tafel an den (heute vergessenen) Lyriker, Sammler und Editor (»Moderne Deutsche Lyrik«, 1904 bei Reclam) **Hans Benzmann** (1869 bis 1926), beim **Pestalozziplatz** ein Findling (mit der Inschrift: »Lebe nicht Dir, lebe den Brüdern«) an den großen Schweizer Erzieher und Volksschriftsteller **Johann Heinrich Pestalozzi**.

In der **Boothstraße** Nr. 29 wohnte seit 1895 **Heinrich Seidel** im Grünen und hatte, wenn er in »18 Minuten« nach Berlin fuhr, sein besonderes Vergnügen, weil »bei dieser Fahrt der Zug nur über Brücken« fuhr, die von ihm, ebenso wie die mächtige Halle des Anhalter Bahnhofs am Ziel, konstruiert worden waren. Berühmt hat Seidel aber die Geschichte des Steglitzer Lebenskünstlers »Leberecht Hühn-

chen« gemacht, dessen »reizendes Häuschen« an der **Albrecht-** und **Schützenstraße** stand.

In der **Dessauer Straße** Nr. 28 in Lankwitz wohnte, bevor er 1894 als ständiger Berichterstatter für 12 Jahre nach Paris ging, **Theodor Wolff** (1868-1943). W., »unzweifelhaft die bedeutendste journalistische Persönlichkeit Berlins und Deutschlands seit der Jahrhundertwende« (P. de Mendelssohn), war 27 Jahre lang Chefredakteur des »Berliner Tageblatts«. Seine mit »T.W.« gezeichneten Leitartikel wurden zu einer nationalen Einrichtung, unter ihm kam das »Tageblatt« zu Weltgeltung. »Theodor-Wolff-Park« in Kreuzberg (**Franz-Klühs-Straße**).

Lichterfelde hat noch viele romantische Ecken, **Klabund** hat sie besungen: »Ich hab' einmal ein Mädchen gehabt / In Lichterfelde Ost. / Das war wie Frau Venus selber begabt. / Sie hat mich mit Lust und Liebe gelabt / In Lichterfelde Ost ... / Jetzt bietet Papierblumen sie feil – noch knapp / In Lichterfelde Ost. / Zuweilen kauf ich ihr welche ab. / Die leg ich ihr übers Jahr aufs Grab / In Lichterfelde Ost.«

Friedhöfe

Beschluß unter Linden, den 200jährigen auf der **Alt-Lankwitzer Dorfaue**, bei der spätromanischen Dorfkirche. Und – die **Malteserstraße** hinunter – auf dem **Luther-Friedhof**; dort ruht **Luise Nordmann** (1829-1911). Auch sie hat Klabund besungen: »Und

so dreht sich meine Spule, / Tief vom
Innersten bewegt, / Bis die alte Harfenjule / Einst im Himmel Harfe schlägt.«
Auf dem **Alten Friedhof** in **Lichterfelde-West**, **Moltkestraße** Nr. 42,
Ehrengrab von **Heinrich Seidel**. – Auf
dem **Parkfriedhof L., Thuner Platz**
Nr. 2-4, die Gräber des Verlegers **Walter de Gruyter** (1862 bis 1923), des
Volksbühnen-Mitbegründers **Bruno**
Wille, der »Charon«-Autoren **Otto**
zur Linde und **Rudolf Paulsen** sowie
von **Arthur Moeller van den Bruck**
(1876-1925/»Der Preußische Stil«,
1914; »Das Dritte Reich«, 23), seine
letzte Wohnung **Unter den Eichen**
Nr. 127. – Städt. Friedhof Steglitz,
Bergstraße Nr. 33-49: **Karl Fischer**
(»Wandervogel«).

Tempelhof

Am besten kommt man von Kreuzberg her, dem alten »Tempelhofer (Wein)Berg«, und hält sich immer nach Süden. Auf Tempelhof folgt Mariendorf, dann Marienfelde und Lichtenrade. In allen vieren stehen noch die alten **Dorfkirchen** (die in **Marienfelde** ist das älteste Bauwerk Berlins überhaupt), Templerordensgründungen zumeist, der Hauptname besagt's. **Friedrich Nicolai** rühmte schon 1786 die (»ihrer Bauart wegen merkwürdige, da sie aus granitartigen, insgevierte gehauenen Feldsteinen gebauet ist«) Kirche im »sehr angenehmen Dorfe« T., mit seiner »sehr schönen fünffachen Lindenallee« und den »verschiedenen Landhäusern von Privatpersonen in Berlin daselbst«.

Adolf Glaßbrenner 1842 (in seiner Posse »Ein Sonntag in Tempelhof«): »Sei mir jejrüßt, freundliches Kartoffel-Getreide –, Milch- und weißes Rübendorf! ... Mit deinen (siehe oben) zierlichen Sommerwohnungen wohlhabender Residenzler und deinen stattlichen Bauernhöfen, sei jejrüßt«. Tempelhof blieb auch weiterhin ein Fall für die Feuilletonisten der Hauptstadt – man lese nur in **Julius Rodenbergs** »Bildern aus dem Berliner Leben« nach – und lieferte Romanschauplätze: »Die Ritter vom Geist« (1850/52) von **Karl Gutzkow**, »Ruhe ist die erste Bürgerpflicht« (1852) von **Willibald Alexis**, »Schach von Wuthenow« (1883) von **Theodor Fontane**, »Die vor den Toren« (1910) von **Clara Vie-** big, »Kubinke« (1911) von **Georg Hermann**.

Seit Friedrich Wilhelm I., von 1732 bis 1918, diente das **Tempelhofer Feld** der Berliner Garnison als Exerzier- und Paradeplatz, die »Kaiserparaden« galten als Touristenattraktionen ersten Ranges. In den übungsfreien Zeiten war das Feld Berlins größte Liegewiese und bevorzugter Tummelplatz der ersten Fußballer. 1883 begann man mit der Nutzung als Fluggelände, 1926 fand der erste »Großflugplatz« statt, 1934 bis 39 entstand der »Zentralflughafen«. Er machte die Luftbrücke während der Blockade von 1948/49 erst möglich. Das Erinnerungsmal auf dem Platz der Luftbrücke, das in seiner Form an die drei Luftkorridore erinnern soll, über die West-Berlin fast ein Jahr lang versorgt wurde, hatte seinen Spitznamen gleich weg, es wurde zur »Hungerharke«.

Gleich am Anfang von **Mariendorf** (hinter UFA-Fabrik und Teltowkanal) steht das ehem. »Ullsteinhaus« von 1925/27 (mit F. Klimchs »Ullstein-Eule«). **Franz Hessel** seinerzeit – er war in das benachbarte (in der **Oberlandstraße** liegende) »Glashaus« mitgenommen worden, »wo die Filme gedreht werden«: »Rundherum ist ödes Weichbild und Weltende, innen aber ist wunderlich belebte Welt.« Nicht minder begeistert war er vom »Druckhaus«, in dem »der in den Redaktionen und Setzereien der Kochstraße gesammelte Geist auf dem Wege über allerlei

Ullsteinhaus Tempelhof

Rotation ... zu Zeitungen, Zeitschriften, Broschüren und Büchern wird«: »Ja, da stehen wir betäubt im Riesensaal der Berliner Illustrierten und sehen an der Decke die Papierrollen hinlaufen, sich niederlassen in das eiserne Greifen und Drehen und als bebilderte, aufgeschnittene fertige Zeitschrift herausspazieren.«

Im ehem. Dorfschulhaus in **Alt-Mariendorf** Nr. 43 ist das **Heimatmuseum** und Heimatarchiv Tempelhof untergebracht. Auf dem **Friedhof der St. Matthias-Gemeinde, Röblingstraße** Nr. 91, liegt »Sanctus **Peter Hille**«, wie ihn seine große Liebe **Else Lasker-Schüler** nannte, begraben.

Lichtenrade stößt weit in die Mark hinein. Hier – rund um Dorfteich und Kirche – finde man noch alles beisammen, was ein märkisches Dorf einmal ausgemacht habe, konstatierte noch in den siebziger Jahren **Kurt Pomplun**:

»Durch den **Lichtenrader Damm** behutsam geschont, stehen hier noch die schlichten, in ihrem sparsamen Stuckdekor so anmutigen Wohnhäuser der Gebert, Grunow, Happe, Koppe, Lehne, Rademeier, und wie die Lichtenrader Bauern sonst noch heißen ... Wenn sie aus den Fenstern schauen, blicken sie auf die Gräber ihrer Vorväter rund um die Feldsteinkirche des 14. Jahrhunderts.« Das stimmt im großen und ganzen noch immer. Jenseits des Dammes auf dem **Kirchhof der ev. Gemeinde an der Paplitzer-Straße** ruht **Paul Fechter**; er lebte von 1921 bis zu seinem Tod 58 am **Franziusweg** Nr. 48 (nordwestlich vom Bahnhof).

In der Nähe, auf dem früheren Tränkefeld, steht **Prinzessinnenstraße** Nr. 14/Ecke **Cecilienstraße** der Rest des neoklassizistischen Domizils (der »Tempio Hermione« im Garten ist abgerissen) von L.s prominentester Einwohnerin der Jahre 1908-18, **Hermione von Preuschen,** Malerpoetin und Weltreisende, nach dem Urteil der Zeitgenossen ein »Zwitterding von Raubritter und Osterlamm« (Erinnerungsstücke, Kataloge und Gästebuch im Tempelhofer Heimatmuseum). »Erinnern und nicht vergessen«: am **Bornhagenweg,** Höhe **Hanowsteig,** nahe beim Dorfplatz erinnert ein Mahnmal an das ehem. Außenlager L. des KZ Sachsenhausen. Jetzt stehen dort Hochhäuser. **Liselotte Welskopf-Henrichs** Roman »Jan und Jutta« (1965) hat hier einen seiner mit »chronistischer Treue« dargestellten Schauplätze.

Neukölln

Kurz vor der Jahrhundertwende hatte **Rixdorf** 85 000 Einwohner und galt als das größte Dorf Preußens. 1899 bekam es als zweite Vorortgemeinde nach Schöneberg Stadtrechte, blieb aber die »Arbeiterschlafstube« Berlins. 1912 entledigte man sich – zwecks »Imagepflege« – des dörflichen Namens und wurde als Neukölln 1920 mit Britz, Buckow und Rudow Groß-Berlins 14. Bezirk.

Neukölln hat den Kelch im Wappen. Was es damit auf sich hat, erfährt man im »**Böhmischen Dorf**« an der **Richardstraße**, der **Kirchgasse** und dem **Jan-Hus-Weg**. (**Egon Erwin Kisch** hat dem »beinahe deplacierten Idyll« 1926 eine seiner Berliner Reportagen gewidmet.) Friedrich Wilhelm I. jedenfalls siedelte 1737 hier 18 böhmische Familien an, »Exulanten«, v. a. der Herrnhuter Brüdergemeinde. (Ein Wandgemälde **Richardstraße** Nr. 98a erzählt die Geschichte dieser Böhmen in Rixdorf.) Böhmisches gibt es überhaupt noch viel im denkmalgeschützten Dorf zu sehen: vom ältesten Schul- und zeitweiligen Bethaus (von 1753) mit dem Kelch im Giebel in der **Kirchgasse** Nr. 5 bis zum »**Böhmischen Gottesacker**« am **Karl-Marx-Platz**. (Dorthin ziehen am Ostersonntag eine halbe Stunde vor Sonnenaufgang Bläserchor und Brüdergemeinde, wo der Toten des letzten Jahres gedacht wird und Osterlieder angestimmt werden.) In der Nachbarschaft der Schule hat der »Soldatenkönig« 1912 von den »dankbaren Nachfahren der hier aufgenommenen Böhmen« sein eher zivil gehaltenes Denkmal bekommen. Einige Schritte entfernt wurde 1987 (zur 250. Wiederkehr der Gründung des »Böhmischen Dorfes«) ein Findling mit Medaillon zur Erinnerung an den letzten gemeinsamen Bischof der Böhmen, den Pädagogen und Philosophen **Amos Comenius** (**Komensky**/1592-1670), aufgestellt. Ein zweites Comenius-Denkmal steht am **Richardplatz**. (Zur Lektüre empfiehlt sich die von H. Vierck vom Kunstamt Neukölln hrsg. »Leseprobe aus dem Buch der Natur«, Aufsätze über den kulturhistorischen Hintergrund des Rixdorfer »Comenius-Gartens«.) Im **Heimatmuseum** im Hof des Stadtbades, **Ganghoferstraße** Nr. 4-5, findet sich alles noch einmal wieder.

Man kann sich hier auch über die heimische Musik- und Theaterszene kundig machen. »In Rixdorf ist Musike« ging immerhin einmal um die halbe Welt. Die Polka war der Hit von **Louis Angelys** umjubelten Singspiel »Alle fürchten sich oder Die Hasen in der Hasenheide«. Einschlägiges über das »demokratische Pendant zum aristokratischen Hydepark von Berlin« (dem Tiergarten), die »Straße des großen Bier-Vergnügens« (A. Weber) auch bei **Stindes** »Frau Buchholz«: »›Nach der Heide?‹ fragte Doris erstaunt, als wenn sie sich verhört hätte, ›is ja da denn nich zu jemischt für Madam …?‹«; **Kurt Pomplun**: »Feste mit

Jahn-Denkmal in der Hasenheide (1904)

verjnüchtem Sinn, Pferdebus nach Rixdorf hin«; und **Franz Hessel**: »Ein anderes Stück Hasenheide: Turnvater Jahn schaut noch immer, wenn auch nur als Büste, vom Postament seines Denkmals ... nah bei der Stätte, auf der er (1811) die erste Turnerschaft versammelte ... Erst nach 48 wurde sein Werk richtig anerkannt und wurden die vielen Turngemeinden gegründet, die in ihm ihren Turnvater sehen. Die haben dann aus allen Teilen der Welt die Steine gesandt, aus denen das Postament seines Denkmals gebaut ist.« **Ludwig Rellstab** seinerzeit über den politischen Hintergrund des »deutschen Turnens«: »Im Geiste sahen wir uns stets als die Bekämpfer der Franzosen ...« Die **Hasenheide** ist

heute Volkspark. Auf der »**Rixdorfer Höhe**« steht das Denkmal der »Trümmerfrau«, nahebei liegt das Freilichttheater (und -kino). In der »**Neuen Welt**« (wo es die Rutschbahn, Bockbierfeste und die größten politischen Versammlungen gab) trat 1912 Jean Jaurès beim Internationalen Antikriegstag auf, vergnügte sich **Alfred Döblins** Held Franz mit Lina in den Zwanzigern beim Schwof, riß **Wladimir Majakowski**, russisch seinen »linken Marsch« rezitierend, sein Publikum zu Begeisterungsstürmen hin und streunte mit **F. C. Weiskopf** stundenlang von Bude zu Bude, und saß sein Landsmann **Sergej Tretjakow** im Publikum, als **Ernst Busch** auftrat: »Man weiß nicht einmal gleich, ob es sich um ein Lied handelt, es scheint manchmal ein Zwiegespräch mit dem Zuhörer zu sein«. Inzwischen ist die alte »Neue Welt« zu einer neuen Einkaufs-, Freizeit- und Erholungswelt geworden.

Hommage schließlich für den »Großen Unordentlichen in einer ordentlichen Zeit«: auf dem **Garnisonfriedhof am Columbiadamm** Nr. 122-158 (wo auch **Balduin Möllhausen**, 1825-1905, Forschungsreisender und fruchtbarster Trivialromancier, begraben ist) hat der Holzschneider der »Rixdorfer Drucke« **Günter Bruno Fuchs** seine originelle letzte »Liegestatt«.

Franz Hessel 1929 über **Britz**: »Wohltuender Anblick – die Siedlung. Ihre Farben leuchten, gelb, weiß und rot und dazwischen das Blau der Umrahmungen und der Balkonwände ... An der Seite, wo das Hufeisen schmal

Günter Bruno Fuchs vor der Mühle in Britz

wird, hat die glückhafte kleine Stadt ihren Marktplatz ... Das ist eine der vielen Siedlungen, die den stärksten Vorstoß in das Chaos der Zwischenwelt, die Stadt und Land trennt, bedeuten ... Ein Werk, das dauernd fortgesetzt wird und wohl das Wichtigste ist, was zur Zeit mit Berlin geschieht. Dieses neue, werdende Berlin vermag ich noch nicht zu schildern, ich kann es nur preisen.«

Die Straßen in B. Tauts und M. Wagners »**Hufeisensiedlung**« (1925-27) berufen sich alle auf **Fritz Reuter** (nach dem auch die Hauptallee dort benannt ist) und sein Werk. **Dörchläuchtingstraße** Nr. 48 wohnte von 1930 bis zu seiner Verhaftung am 28. Februar 1933 (in der Nacht nach dem Reichtagsbrand) **Erich Mühsam**. (An der Stelle des im Zweiten Weltkrieg zerstörten Hauses Gedenkstein für den »Dichter der Freiheit und Menschlichkeit«.) **Günter de Bruyn** erzählt in »Zwischenbilanz« aus dieser Zeit der »inflationären Verwendung des Wortes Verbot«: »Verboten war jetzt ... (auch) weiterzusagen, was mir mein Freund Hannes erzählte: daß nämlich in der Dörchläuchtingstraße ein Mann, der Gedichte machte (heute weiß ich: es war Erich Mühsam), nachts aus dem Bett geholt, in ein Auto gezerrt und niemals wiedergesehen wurde; er saß, hieß es geheimnisvoll-drohend, in einem KZ.« »Östlich an diese sogenannte Hufeisensiedlung anschließend«, noch einmal G. de Bruyn, »wurde zu gleicher Zeit eine zweite, mehr romantisierende Siedlung gebaut. Hier, in der **Rudower Allee** 8, zwei Treppen rechts, wurde ich kurz nach Fertigstellung des Baus geboren. Hier habe ich 17 Jahre und einen Monat gewohnt. Dann hat eine Luftmine das Haus zerstört«. **Onkel-Bräsig-Straße** Nr. 28 erinnert eine Tafel an **Heinrich Vogeler**, (Worpswede/NDS), der hier von 1927 bis 31 wohnte.

Der Rest BBR (Britz-Buckow-Rudow) hütet zwar immer noch die preziös inszenierten Reste seiner alten Dorfkerne – mit Kirche, »historischer« Gaststätte und manchmal Mühle (die »**Jungfernmühle**« an der **Goldammerstraße** hat sogar ihre einschlägige Story) –, aber diese verlieren sich mehr und mehr in den neuesten Neubausiedlungen. In der Gropiusstadt steht an der Ecke Fritz-Erler-/Lipschitzallee Berlins (bis dato) höchstes Wohnhaus. Das letzte Waldstück nahebei, das »Vogelwäldchen«, gehört schon zu den Merkwürdigkeiten von BBR.

Treptow

»Grün ist das sanfte Polster, auf das
der Bezirksbär im Wappen seine Tat-
zen setzt, grün auch ist die Spree, an
der entlang sich zu jeder Zeit ein Spaziergang lohnt« (K. Esche). Zwischen
1876 und 87 wurde von dem ehem.
Hofgärtner von Sanssouci G. Meyer
der **Treptower Park** angelegt. Er
wurde – »Mensch, willste Menschen
sehn, / Mensch, da mußte nach Treptow jehn, / Mensch, da kannste Menschen sehn, / Menschen über Menschen!« – zum Volkspark. Auf der einstigen Spiel- und Liegewiese steht das
1946/48 errichtete Sowjetische Ehren-
mal. Nahebei – und leicht an seinem
21 Meter langen Fernrohr auszumachen – die Archenhold-Sternwarte
(mit dem Himmelskundlichen Museum, Spezialbibliothek und Kinder-
kino) und, jenseits der **Puschkinallee**,
am See das legendäre Ausflugslokal
(von 1822) »Haus Zenner«. Nicht
minder berühmt am Rand des **Plänterwaldes**, südlich vom Spreepark, am
Spreeufer das »**Eierhäuschen**«. Es ist
wichtiger Schauplatz von **Theodor
Fontanes** »Stechlin«. Heute firmiert
das »Eierhäuschen« als »**Café der Jugend**«.
Die Extreme berühren sich: im Zweiten Weltkrieg lagen benachbart am
Baumschulenweg die Zwangsarbei-
terlager. Der Franzose **François Ca-
vanna** hat am eigenen Schicksal bei-
spielhaft ihre Chronik geschrieben:
»Das Lied der Baba«.

*Anna Seghers in ihrer Wohnung in Ad-
lershof (um 1978)*

Schnellerstraße Nr. 104, im Foyer
der Hochschule für Schauspielkunst
Ernst Busch, erinnern zwei Bronzen
an den Schauspieler und Volkssänger
und an **B. Brechts** »Mutter Courage«.
Anna Seghers, 1947 aus dem Exil zurückgekehrt, lebte ab 55 in Adlershof,
in der **Volkswohlstraße** Nr. 81: »Ich
mag die Straße gern, schon weil sie
Volkswohlstraße heißt. Volkswohl,
das klingt doch gut?« Die Straße trägt
jetzt ihren Namen.
Gedenksteine für die »Opfer des
Nationalsozialismus« u. a. **Friedhof
Baumschulenweg (Kiefholzstraße)**,
**Friedhof Altglienicke (Schönefelder
Chaussee** Nr. 100).

Köpenick

Berlins größter Stadtbezirk, drei Viertel Wasser, Wald und Wiesen, die »Grüne Adresse«, wie sie zu Buche schlägt. Die Großindustrie zog es nach Oberschöneweide. Die Stadt selbst ist so alt wie Cölln und Spandau. Geschichte machte allerdings erst ein »Geschichtchen« aus unserem Jahrhundert.

»Am 16. Oktober 1906 erschien der Schuster Wilhelm Voigt in einer schlechtsitzenden Hauptmannsuniform mit zwölf Soldaten des vierten Garderegiments vor dem **Rathaus** von K., besetzte die Ausgänge, verhaftete den Bürgermeister, ließ ihn unter militärischer Begleitung nach der Neuen Wache Unter den Linden bringen und setzte sich selbst in den Besitz der Stadtkasse. Dieser Streich, der das Gelächter der ganzen Welt erregte, war ein politisches Ereignis erster Ordnung.« So resümiert **Herbert Ihering** den »Possenstreich« in seiner Besprechung der Uraufführung von **Carl Zuckmayers** »Deutschem Märchen« im März 1931 im **Deutschen Theater**: ein »ungewöhnlicher Erfolg«. (1930 war der gleichnamige Roman von **Wilhelm Schäfer** erschienen; von W. Voigt selbst gab es die Schrift »Wie ich Hauptmann von Köpenick wurde«, 1909). Seit 1961 (bzw. 94) spielt man die »Köpenickiade«, wenn der Sommer anfängt, wieder nach und eröffnet damit ein Volksfest, den »Köpenicker Sommer« (Hauptmann-Denkmal am Rathaus).

»Wo liegt **Schloß Köpenick**? / An der Spree; / Wasser und Wald in Fern und Näh', / Die Müggelberge, der Müggelsee«. Alt-Köpenick hat seine Sagen und steht unter Denkmalschutz. Man findet manches wieder, das **Theodor Fontane** im »Spreeland«-Band der »Wanderungen« beschrieben hat. Im Schloß auf der Insel ist (noch) das Berliner **Kunstgewerbemuseum** untergebracht, die **Schloßkapelle** (der erste Zentralbau auf märkischem Boden) wird auch als Konzertsaal genutzt. Im Wappensaal trat am 28. Oktober 1730 das Kriegsgericht zusammen, das über den Leutnant Katte sowie über den »desertierten Obristlieutnant Fritz« Urteil sprechen sollte. Friedrich Wilhelm I. kassierte das Urteil (Fontane im »Oderland-Band« »Die Katte-Tragödie«). Jenseits des **Frauentogs** liegt der **Kietz**, die 1355 zum ersten Mal urkundlich erwähnte Fischersiedlung. Literarische Reminiszenzen auch im **Bellevuepark** nordöstlich des Schlosses. Das (im Zweiten Weltkrieg dort zerstörte und dann abgerissene) Schlößchen im »Weinberg« des Hofpredigers St. Aubin kaufte 1836 der Offizier und Dichter (und intimste Freund des jüngeren Fontane) **Bernhard von Lepel** (1818-85). **Franz Kugler** und **Paul Heyse**, die Freunde aus dem »Tunnel«-Kreis, waren hier zu Gast. Möglich, daß das Schlößchen für Fontane später als Modell für das Vaterhaus des »Schach von Wuthenow« diente.

Historischer Festumzug »Köpenicker Sommer«

In der **Seelenbinderstraße** (damals **Kaiser-Wilhelm-Straße**), in der sich der Eingang zum Park befindet, wohnte in Nr. 44 »zwischen Schrebergärten, mit dem Blick auf Gärten und abschließendem Bach, auf Gänse und Enten«, von Herbst 1930 bis Frühjahr 33 **Elisabeth Langgässer** mit ihrer Tochter Cordelia: »Die Stadt kotzt mich an ... In die Bäume zu sehen, den Kuckuck zu hören, den Mond zu betrachten, wenn er abends hinter den Wipfeln heraufkommt – das sind (hier) meine Freuden.«

Sie wohne »eine Station vor Friedrichshagen«, betonte die Langgässer in ihren Briefen. »Ohne die rasche Entwicklung des Berliner Vorortverkehrs wäre das märkische Kolonistendorf Friedrichshagen wohl kaum in die Literaturgeschichte geraten«, schreibt **Günter de Bruyn** über »Friedrichshagen und seine Dichter« (1992); »denn die Autoren, die sich um 1890 hier niederließen, wollten die Großstadt zwar fliehen, ihr gleichzeitig aber auch nahe sein«. Die Vorortbahn endete in **Erkner** (Kreis Fürstenwalde/BR). Dorthin zog im Spätsommer 1885 **Gerhart Hauptmann** von Moabit aus. Die **Villa Lassen** (heute **G.-H.-Museum**) lag noch am Ende des Dorfes, wo der Wald begann. (Heute verläuft da eine verkehrsreiche Straße.) »Die märkische Erde nahm uns an, der märkische Kiefernforst nahm uns auf«, heißt es im »Abenteuer meiner Jugend« (1937). Die Novellen »Fasching« (**Flakensee**) und »Bahnwärter Thiel« (Wärterhaus an der Strecke **Erkner-Fangschleuse**) gehören hierher. Den Stoff für »Biberpelz« und »Roter Hahn« fand er ebenfalls in Erkner und Umgebung. »Die Vorgänge dieser Dichtung geschehen in einem Landhause zu Friedrichshagen bei Berlin, dessen Garten an den Müggelsee stößt ... Ausblick über den Garten, auf den

Die »Friedrichshagener« um Wilhelm Bölsche

See und die Müggelberge jenseits«, vermerkt sodann die Bühnenanweisung am Anfang von »Einsame Menschen« (1891). Und kurz vor dem Schluß: »Plötzlich kommt ein Rauschen fernher. Der ankommende Eisenbahnzug, der durch den Wald rast … Das Läuten der Bahnhofsglocke wird vernehmlich. Sie läutet ein zweites Mal – ein drittes Mal. Ein Pfiff gellt …« (Vorlage für das »Landhaus am See« dürfte G. Hauptmanns zeitweiliges Domizil, **Müggelseedamm Nr. 288**, gewesen sein.)

Zuerst übersiedelten im Frühjahr 1890 »aus der Weltstadt in die Kiefernheide« die »Berliner Literaturnovizen« **Bruno Wille** und **Wilhelm Bölsche** nach **Friedrichshagen**: Wille wohnte zunächst **Kurze Straße Nr. 8** (später die Nr. 19, das heutige Haus Nr. 15 **Am Goldmannpark**), dann bis 1920 nahe beim Bahnhof in der **Kastanienallee Nr. 9**. Bölsche bezog in der **Scharnweberstraße** Nr. 73 Quartier. Sechs weitere Wohnungen folgten: u. a. 1894 bis 1901 **Ahornallee Nr. 19** und Nr. 22, 1902 **Bruno-Wille-Straße Nr. 101** (damals **Kaiserstraße**, Abbésches Haus), bis er 1907 an der **Seestraße Nr. 63** (heute **Müggelseedamm Nr. 254**) eine Villa erwarb.

Andere »Musenverehrer« folgten, zuvörderst die Brüder **Heinrich** und **Julius Hart**; sie hausten zuerst gemeinsam in der **Ahornallee Nr. 52** (im Zweiten Weltkrieg zerstört), zeitweilig (um 1895) auch in **Wilhelmshagen** (**Moltkestraße Nr. 16**, heute **Eichbergstraße**); Julius dann **Köpenicker Straße Nr. 31** (heute Bereich **Fürstenwalder Damm**) und **Ahornallee Nr. 24**. Heinrich 1907: Friedrichshagen wurde »in kurzer Frist ein Hauptmittelpunkt des literarischen Treibens und ebenso der sozialen Bewegung« (Gründung der »Freien Volksbühne«). **Max Halbe**, der über Jahre hin bei

Bölsche zu nächtigen pflegte: »Friedrichshagen war ein Zustand, eine Gemütsverfassung« (»Jahrhundertwende«, 1976). »Friedrichshagener« über kurz oder lang auch: **Richard Dehmel, Maximilian Harden, Otto Erich Hartleben, Carl Hauptmann, Karl Friedrich Henckell, Peter Hille,** Gustav Landauer, **Detlev von Liliencron,** Fritz Mauthner, **Stanisław Przybyszewski, Frank Wedekind, Ernst von Wolzogen** und, zuzeiten, selbst **Lou Andreas-Salomé.** Im September 1892 kam **August Strindberg** und wohnte bei seinem schwedischen Landsmann, dem Dichter **Ola Hansson,** in der **Lindenallee** Nr. 20. Die Idylle währte nicht lange. Nach wenigen Wochen beschimpfte Strindberg Friedrichshagen als »Friedrichshölle« und setzte sich nach Berlin ab. Zehn Jahre später zog »Der arme Teufel« (so jedenfalls hieß seine Zeitschrift) **Erich Mühsam** nach Friedrichshagen und mietete sich im Nebenraum einer Waschküche im Hof des Hauses Nr. 24 in der **Ahornallee** ein. Die Erinnerungen an die »jungen Stürmer« war noch »springlebendig, doch aber schon nur als Erinnerung«. Das große Erinnerungsbuch schrieb dann ein Einheimischer, der Redakteur **Wilhelm Spohr** (1868-1959), **Heinrich Hart**s Hymnus lieferte den Titel: »O ihr Tage von Friedrichshagen!« Und noch einmal die **Ahornallee.** In seinem »stillen Ort in Grün« im Haus Nr. 26 lebte von 1953 bis zu seinem Tod am 2. September 1965 **Johannes Bobrowski** (Grab auf dem benachbarten **Friedhof in der Aßmannstraße).**

Günter Bruno Fuchs über den »letzten Präsidenten des Neuen Friedrichshagener Dichterkreises«: »Der Präsident wurde einstimmig gewählt ... (und) vereidigt auf einen Satz von Peter Hille: ›Nur innerhalb der Wahrheit kann ich vergnügt und ruhig sein‹ ... An der letzten Zusammenkunft unter Vorsitz von Johannes Bobrowski beteiligten sich der Spielwarenhändler **M. Bieler,** der Mondmaler **R.W. Schnell** und deren gemeinsamer Protokollschreiber **J. Bobrowski:** »Und wir hatten da noch ein korrespondierendes Mitglied, das war der **Klaus Wagenbach«.** (Seit 1990 lit. Vereinigung »Friedrichshagener Kreis«.) Die »alten« Friedrichshagener haben z.T. »ihre« Straßen, die Hauptstraße ist sogar nach **Bölsche** benannt. In der **Rahnsdorfer Straße** Nr. 5 saß in einem zum Gefängnis umfunktionierten Hofhaus des (nicht mehr existierenden) Gasthofes »Zum Schwarzen Adler« 1895 **B. Wille** ein (er hatte ohne Erlaubnis Kinder »freireligiös« unterrichtet). Es war ein fideles Gefängnis, wie man in W.s Roman »Das Gefängnis zum Preußischen Adler« nachlesen kann. **Fürstenwalder Damm** Nr. 482 in **Wilhelmshagen** wohnte **Bernd Jentzsch.** Sein »Erzählchen« »Berliner Dichtergarten«, eine zauberhafte Fabelei (1974), dürfte hier ihren Ort haben. Nahe beim **Bahnhof Rahnsdorf,** vom **Dahlwitzer Heuweg** abzweigend, »Bölsche-Weg«, auf dem über Jahre hinweg **Bölsche** und **Wille** zwischen zwei und fünf Uhr nachmittags spazierenzugehen pflegten. **Fidus** (eig. **Hugo Hoeppener**/1868-

Karte auf den folgenden Seiten:

Köpenick, Fontane und die Friedrichshagener

1 Bellevuepark
  (Theodor Fontane »Spreeland«: »Schloß Köpenick«)
2 Rathaus
  (»Hauptmann von Köpenick«)
3 Lange Brücke
  (»Seufzerbrücke«)
4 Schloßinsel: Schloß, Wappensaal, Schloßkapelle
  (Th. F. »Spreeland«: »Schloß Köpenick«/
  Th. F. »Das Oderland«: »Küstrin«: »Die Katte-Tragödie«)
5 Frauentog
  (»Frauenfischzug«)
6 Kietz
  (»Fischer Buke und die verwünschte Prinzessin auf den Müggelsbergen«)
7 Am Goldmannpark Nr. 15
  Bruno Wille
8 Kastanienallee Nr. 9
  B. W.
9 Rahnsdorfer Straße Nr. 5
  Früher »Gasthof zum Schwarzen Adler«, dahinter
  B. W.s »Gefängnis zum Preußischen Adler«
10 Scharnweberstraße Nr. 73
   Wilhelm Bölsche
11 Peter-Hille-Straße Nr. 66 (früher: Wilhelmstraße 72)
   W. B.
12 Ahornallee Nr. 19
   W. B.
13 Ahornallee Nr. 22
   W. B.
14 Dreiserstraße Nr. 16 (früher: Viktoriastraße 7)
   W. B.
15 Bruno-Wille-Straße Nr. 101
   W. B.
16 Müggelseedamm Nr. 254
   W. B.
17 Ahornallee Nr. 24
   Julius Hart
18 Ahornallee Nr. 24 (im Hof)
   Erich Mühsam
19 Lindenallee Nr. 20
   Ehepaar Hansson/August Strindberg
20 Müggelseedamm Nr. 288
   Szenerie für Gerhart Hauptmanns »Einsame Menschen«
21 Ahornallee Nr. 26
   Johannes Bobrowski
22 Friedhof
   Grab von J. B.
23 »Müggelbude«
   (Th. F. »Spreeland«: »Der Müggelsee«)
24 »Müggelseeperle«
   Ausflugslokal (nahebei »Kuhle Wampe«)
25 Teufelssee
   (Th. F. »Spreeland«: »Der Müggelsee«)
26 Müggelturm
   (Th. F. »Spreeland«: »Die Müggelsberge«)
27 »Auf der Kuppe der Müggelberge«
   (Th. F. »Semnonen-Vision« nach einem Bild von C. Blechen)

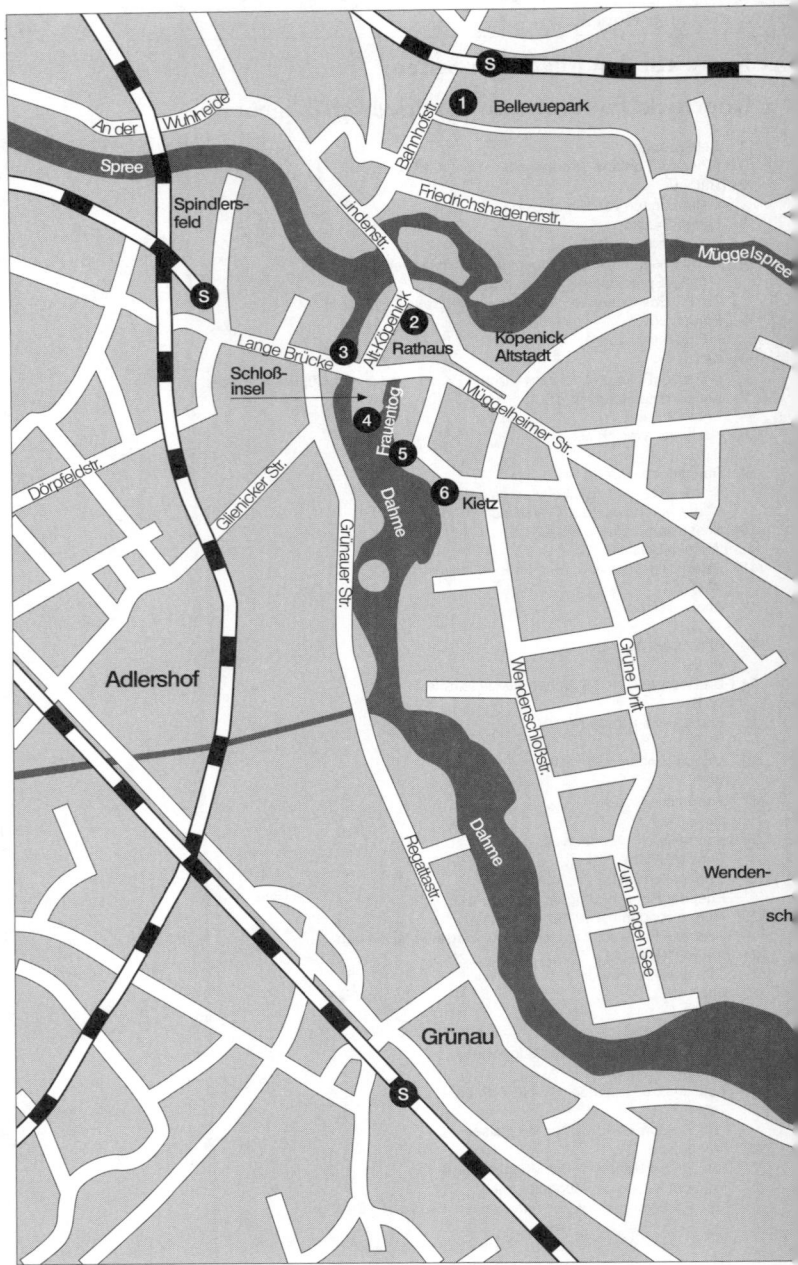

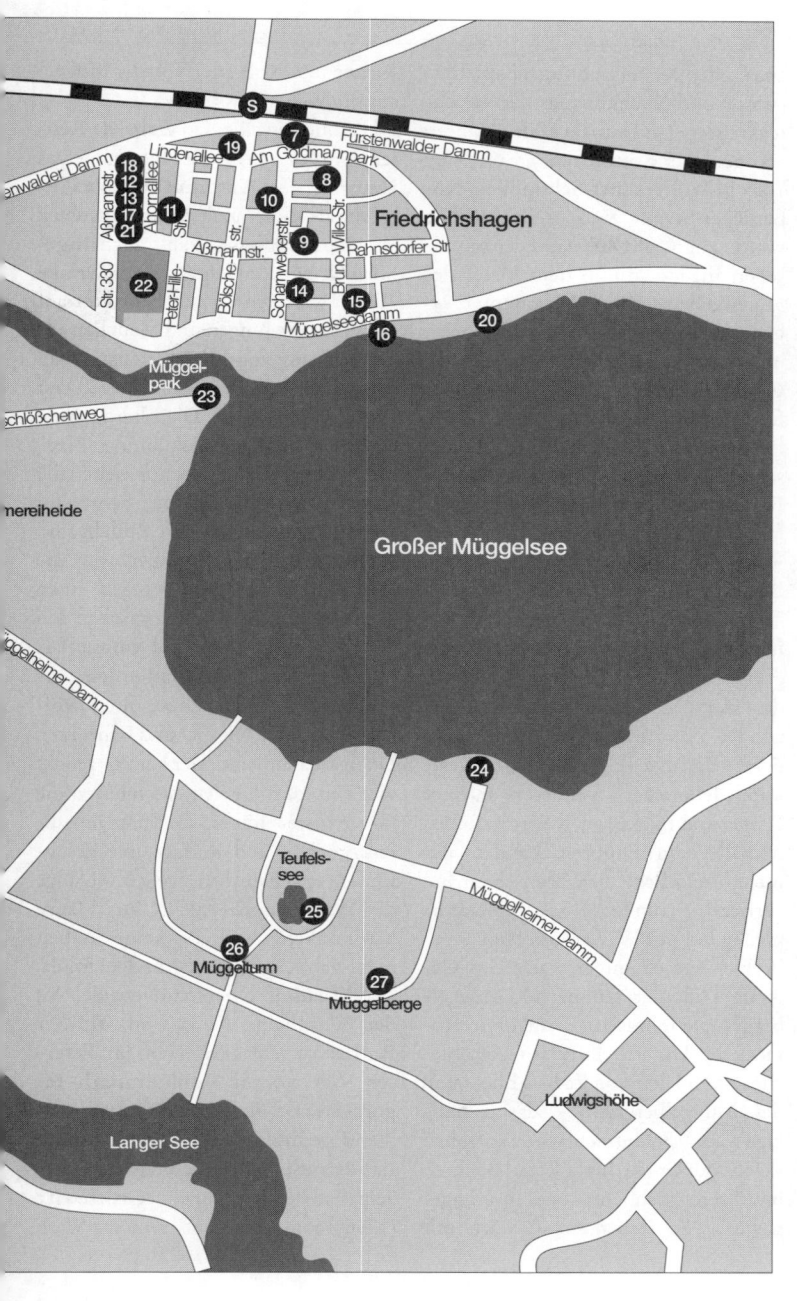

1948), der genialische Jugendstil-Illustrator und Buchkünstler der »Dichterkreisler« (so **Daniela Dahn** in ihren »Köpenicker Kontrasten«), baute sich 1907 in **Woltersdorf-Schönblick, Köpenicker Straße** Nr. 46, sein Haus. Es wurde zur Wallfahrtsstätte der bündischen Jugend (die in dem Maler des »Lichtgebets« ihren Vorkämpfer sahen) ebenso wie von Lebensreformern und Lichtkämpfern aller Spielarten. Grab von **Fidus** auf dem **Woltersdorfer Friedhof**. Unweit der **Woltersdorfer Schleuse** – beliebtes Ausflugsziel schon zu Fontanes Zeiten – das von Fidus 1926 gestiftete Kriegerdenkmal.

»Die **Müggelberge**, der **Müggelsee**«: Beschluß der Köpenicker »Litera-Tour« »unmittelbar hinter dem **Teufelssee**«, abermals mit **Fontane**. Am größten Berliner See vorbei (»Es freut das Herz, so an der Müggel zu sitzen ...«) und auf den höchsten natürlichen Berliner Punkt. Auf der Westkuppe lehnte der »Wanderer« an einer Kiefer und blickte nach West: »Leben überall, kein Fußbreit Landes, der nicht die Pflege der Menschenhand verriete ...«, und Ost: »Auf Quadratmeilen hin nur Wasser und Wald ... es ist hier wie es immer war.« Das Gedicht »Auf der Kuppe der Müggelberge« paraphrasiert nicht ohne Ironie – der Untertitel verrät's – K. Blechens Gemälde von 1828 »Blick von den Müggelbergen ...«, das als Staffage ein Semnonenlager aufführt: »Und die Spree hinauf, an Buchten und Seen, / Seh ich wieder ihre Lager stehn ... So ziehen sie südwärts mit Kiepen und Kobern, / Von der Müggel aus die Welt zu erobern«.

Oberschöneweide, wo **Gabriele Reuters** (1859-1941) Erzählung »Das Haus in der **Antoniuskirchstraße**« spielt, als diese noch mehr Baustellen als Häuser aufwies, zählt auch **Ingeborg Drewitz** zu »ihren« Ortschaften: »In O. warteten wir am Fabriktor auf die Väter, die Jungen und Mädchen aus der Siedlung, machten uns einen Spaß daraus, zu wetten, wessen Vater zuerst über den Hof käme. Die Eltern hatten endlich eine eigene Wohnung, Neubau, im ersten Winter schimmelten die Tapeten, und die kleine Schwester wurde krank. Aber zum Rodeln und auch nachher im Sommer war die Wuhlheide nahe. Und es gab einen großen Hof ohne Zäune zwischen den Grundstücken. Vom Hof wurden sie manchmal durch Jungenhorden verjagt, die Zündblättchen für ihre Revolver hatten und Wimpel und Fahrräder. Doch die Laubenkinder hatten ja nicht viel Zeit zum Spielen, sie mußten die Geschwister hüten, mußten einkaufen, kochen und mittags mit Essentöpfen ans Fabriktor gehen, solange die Väter noch nicht zu Hause herumsaßen, weil es keine Arbeit mehr gab ...« / 1970). Auf dem **Städt. Waldfriedhof Oberschöneweide, An der Wuhlheide**, Grab von **Walther Rathenau**. – Das Grab von **Jan Petersen** – er wohnte **Rabindranath-Tagore-Straße** Nr. 11 in **Grünau** – auf dem **Friedhof Müggelheim, Gosener Landstraße**. Dort auch das Grab des Schriftstellers **Curt Grottewitz** (1866-1906), der mit seinem Werk

(»Sonntage eines Großstädters in der Natur«) besonders für das Naturerlebnis unter Arbeitern eintrat (Gedenktafel **Alt-Müggelheim** Nr. 15). Der Uferweg an der **Großen Krampe**, in der er 1905 ertrank, ist nach ihm benannt. Ein Campingplatz hier trägt den Namen »**Kuhle Wampe**«. Er erinnert an den einstigen gleichnamigen Zeltplatz, der durch den Film (von Dudow, Ottwolt und Brecht, 1932) bekannt wurde: »Im neuen Licht erscheint den Liebenden / Die Landschaft im Frühjahr...«

Lichtenberg

»Flach, flach, kahl, kahl ist der Weg nach Lichtenberg!«, erinnerte sich **Karl Gutzkow** an die Sonntagsausflüge seiner »Knabenzeit«. »Kornblumen und Lichtenberg waren dem Knaben ein und derselbe Begriff ... Eine spröde Opposition des märkischen Bauern gegen Berlin und Berlinertum« kam dazu, und »die Sprache plattdeutsch, frei noch von dem scheußlichsten aller deutschen Dialekte, dem der Hauptstadt«. – Im Januar 1884 ertrank beim Versuch, einen im Eis des **Rummelsburger Sees** eingebrochenen Jungen zu retten, die Schriftstellerin **Margarethe von Bülow** (geb. 1860 in B.); ihre Novellen (im »nervösen Berlin wie im Herbst und Winter der Thüringer Landschaft handelnd«) erschienen alle posthum.

In der **Parkaue** Nr. 10 fand **Alfred Döblin** bei seiner Rückkehr aus dem Krieg im November 1918 bei Mutter und Bruder eine Unterkunft. Im Januar 1919 zog er in die Frankfurter Allee. In »Ehre, dem Ehre gebührt« (»Erster Rückblick«, 1928) berichtet er aus dieser Zeit: »Die Schwester Meta ist schon tot. Sie wurde 1919 bei den Lichtenberger Unruhen von einem Granatsplitter getroffen, als sie vormittags aus ihrem Haus trat, um Milch für ihre kleinen Kinder zu holen ... Ich war damals nicht weit von ihr in Lichtenberg und habe diesen Putsch und die grausigen, unerhörten, erschütternden Dinge der Eroberung

Lichtenbergs durch die weißen Truppen miterlebt. Um dieselbe Zeit, wo in unserer Gegend die Granaten und Minenwerfer der Befreier ganze Häuser demolierten, wo viele in den Kellern saßen und dann, schrecklich, wo viele füsiliert wurden auf dem kleinen Lichtenberger Friedhof in der Möllendorffstraße. – Man muß die Leichen da vor der Schule liegen gesehen haben, die Männer mit den Mützen vor dem Gesicht, um zu wissen, was Klassenhaß und Rachegeist ist –, um dieselbe Zeit wurde im übrigen Berlin lustig getanzt, es gab Bälle und Zeitungen.«

Phantastische Szenerie in **Wolfgang Hilbigs** Roman »Ich« (1993): die Cafés an der Frankfurter Allee und die Kellergänge, die, »gleichsam mitten im Unterleib der Stadt«, bis in den Bannkreis der »Firma« führen, die **Stasi-Zentrale** in der **Normannenstraße** (**Ruschestraße** Nr. 59 Ausstellung): »Es war, als sei man der Stadt Berlin, jener uralten monströsen Vettel, unter die Röcke gekrochen ... Hier unten fand sich alles, was von ihrer Hurerei mit den wechselnden Systemen noch übrig war ...«

In Karlshorst draußen wohnten: von 1905 bis 14 im »Heimatviertel« (**Dönhoffstraße** Nr. 11, mit Blick auf die berühmte Trabrennbahn) **Hedwig Courths-Mahler**; in der **Lehndorffstraße** Nr. 8-9 (damals noch **Kaiser-Wilhelm-Straße**) **August Stramm** und seine Frau, die Romanschriftstel-

Im Bannkreis der »Firma«, Umschlagbild von Wolfgang Hilbigs Roman »Ich« (1993)

Mies van der Rohes (zerstörtes) »Revolutionsdenkmal« auf dem Zentralfriedhof Friedrichsfelde

lerin **Else Krafft** (1877-1947); in der **Honnefer Straße** Nr. 16 im »Rheinischen Viertel« ab 1977 **Herbert Nachbar,** von seinen vielen Wohnungen in B. (rund ein Dutzend seit 1950) war es die letzte, er starb am 25. Mai 1980.
Nach dem Vorbild des Ohlsdorfer Friedhofs in Hamburg wurde 1881 der **Zentralfriedhof Friedrichsfelde** angelegt. **Mies van der Rohe** schuf 1924/26 die weltberühmte »**Gedenkstätte der Sozialisten**«. 1935 wurde diese von den Nazis zerstört, im Januar 1951 eine neue, nunmehr in den Eingangsbereich des Zentralfriedhofs verlegte Mahnstätte eingeweiht. An der alten Stelle Erinnerungsmal.

Hier nun u. a. beigesetzt: Gedenkstein im Rondell des Innenhofes: **Karl Liebknecht; Rosa Luxemburg; Franz Mehring** (1846-1919), sozialist. Historiker, Begründer einer materialist. Literaturgeschichtsschreibung (»Die Lessinglegende«, 1893), Publizist und Politiker. – Urnenstätten in der Ringmauer: **Erich Weinert, Friedrich Wolf** (Bronzebüste vor der nach ihm benannten Klinik, **Karl-Lade-Straße**), **Willi Bredel, Fritz Selbmann, Alfred Kurella.** – Innerhalb der Gedenkstätte auch **Michael Tschesno-Hell** (1902-80), Verleger, Film- und Fernsehautor (»Trotz alledem«, 1972, über K. Liebknecht). – Weiterhin die Gräber von

Spurensuche Rosa Luxemburg

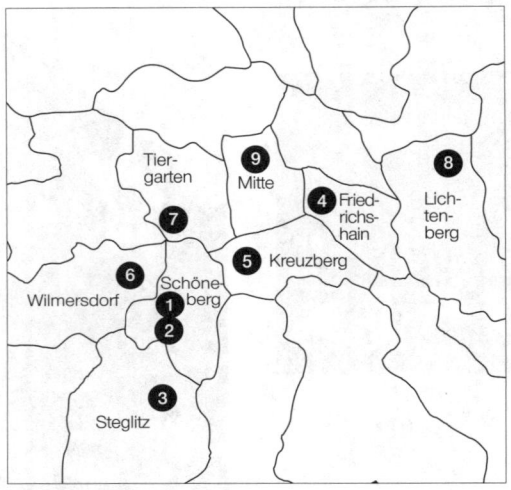

1   Wielandstraße Nr. 23
    Wohnung 1900-02
2   Cranachstraße Nr. 58
    Wohnung 1902-11
3   Biberacher Weg
    (ehem. Lindenstraße Nr. 2)
    Wohnung 1911-19
4   Weinstraße 1-2
    Gedenkstele Frauengefängnis Barnimstraße
5a Anhalter Bahnhof
5b Stresemann- (Königgrätzer)/Ecke Anhalter Straße
    (ehem. Hotel "Excelsior" 11.11.1918 Gründung des Spartakusbundes)
5c Niederkirchner- (Prinz-Albrecht-) Straße Nr. 15
    (Gründung der KP 1918/19)
5d Wilhelmstraße Nr. 114
    (Redaktion "Die Rote Fahne" 1918/19)
6   Mannheimer Straße Nr. 27
    letzter Zufluchtsort, Verhaftung
7a Dreieck Budapester/ Kurfürsten/Nürnberger Straße
    (ehem. Eden-Hotel Stabsquartier der Garde-Kavallerie-Schützen-Division)
7b Corneliusbrücke
    Gedenktafel R.L. und K.L. (gesprengt)
7c Lichtensteinallee
    Mahnmal am Uferweg des Landwehrkanals
7d Nordufer Neuer See
    Mahnmal für Karl Liebknecht
8   Zentralfriedhof Friedrichsfelde, Gudrunstraße
    Grab "Gedenkstätte der Sozialisten"
9   Rosa-Luxemburg-Platz

Tiergarten

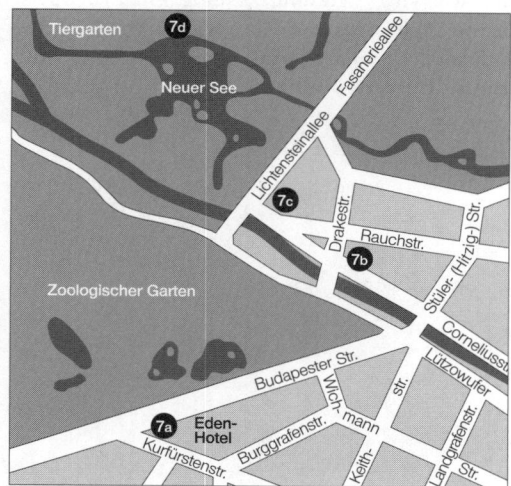

Kreuzberg

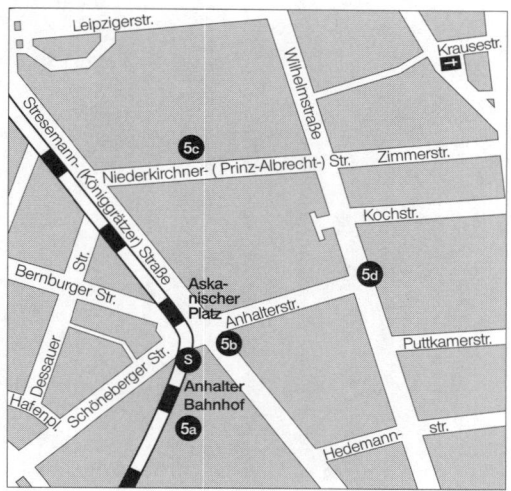

Slang (eig. Fritz Hampel/1895-1932), Karikaturist und Publizist, Satiriker; **Käthe Kollwitz, Alexander Abusch, Bruno Apitz, Peter Edel, Berta Lask, Rudolf Leonhard, Irmtraud Morgner, Herbert Nachbar, Ludwig Renn, Ludwig Turek, Gustav von Wangenheim, Alex Wedding** (Grete) und **F. C. Weiskopf, Paul Wiens.** (Das Grab von **Julius Rodenberg,** gest. 1914, wurde 1973 eingeebnet.)

Weißensee

»Im Dorfe Weißensee bei Berlin« – »Es ist daselbst ein sehr schöner Garten, dem die angenehme Lage an dem großen See ... noch mehr Reiz gibt«, wußte schon 1786 **Friedrich Nicolai** zu berichten – schwang sich im Herbst 1829 **Karl Gutzkow** als »theologischer Noviz« in der ev. Kirche in der **Falkenberger Straße** auf die Kanzel und predigte. Was an der Begebenheit komisch war – »und dessen war genug« –, findet sich in seinem dreibändigen Roman »Blasedow und seine Söhne« (1838). **Wolfdietrich Schnurre** erinnert sich: »In Berlin kam ich 1928 ein zweites Mal auf die Welt. Wir wohnten ganz im Nordosten, in Weißensee, einem Arbeiterviertel. Es gab viele Mauersegler am Himmel und fast ständig politische Unruhen auf den Straßen« (»Brief an eine Schülerin«, 1963). W.er Schulgeschichten: »Jenö war mein Freund«, »Und Richard lebt auch nicht mehr«, »Die Verbündeten«. Schnurre wohnte mit seinem Vater in der **Straßburgstraße** Nr. 32 (heute **Meyerbeerstraße** Nr. 87) an der Ecke der **Wörthstraße** (heute **Smetanastraße**).

»Zurückgekehrt nach fünfzehnjährigem Exil / Bin ich eingezogen in ein schönes Haus ... Immer noch / Liegt auf dem Schrank mit den Manuskripten / Mein Koffer«. In der **Berliner Allee** Nr. 185 bekam **Bertolt Brecht** im Mai 1949 sein »Neues Haus«. – »Freundschaftlich sahen wir uns oft, solange er (Brecht) und Heli (Weigel) in Weißensee wohnten, insbesondere auch, als **Anna Seghers** zeitweise bei ihnen ein Zimmer hatte«, erzählt **Jürgen Kuczynski** (1904-97) in seinen Memoiren 1945/1989 »Ein linientreuer Dissident«. Der führende Wirtschaftshistoriker der DDR übersiedelte 1950 nach Weißensee und lebte hier, in der **Parkstraße** Nr. 94, inmitten seiner legendären Bibliothek. Im Haus **Woelckpromenade** Nr. 5 wohnte bis zu seinem Tod 1988 **Wieland Herzfelde** (Gedenktafel). – **Till Eulenspiegel** steht als »Säulenheiliger« vor der Kaufhalle in der **Buschallee**. Zwölf Reliefs erzählen aus seinem Schelmenleben. Berlin gehörte dazu.

Den **Jüdischen Friedhof** – er gehört zu den größten Europas – erreicht man – eine Doppelzeile alter Kastanien – über die **Herbert-Baum-Straße**. »Gedenke Ewiger, was uns geschehen«, heißt es auf dem Stein am Haupteingang, »Gewidmet dem Gedächtnis unserer ermordeten Brüder und Schwestern 1933-1945 und den Lebenden, die das ·Vermächtnis der Toten erfüllen sollen.«
Ehrenreihe A 1: Der Philosoph (Völker- und Sprachpsychologie) **Heymann Steinthal** (1823-99) / der Erzähler aus dem jüd. Milieu Galiziens und Osteuropas (»Der Pojaz«, 1905) **Karl Emil Franzos / Gustav Karpeles** (1848-1909), Literaturhistoriker (sein erstes und letztes Buch galt H. Heine) und Schriftsteller.
Ehrenplatz A 1: Grab **Herbert Baum**;

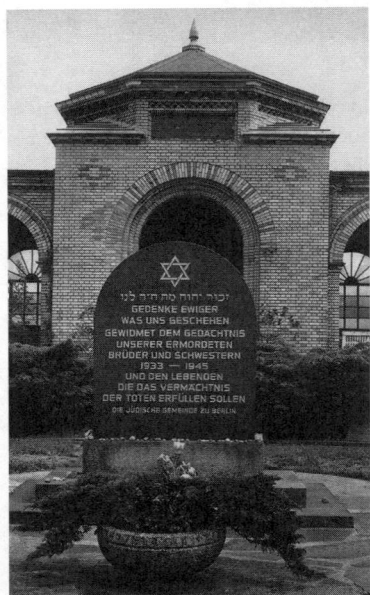

Gedenkstein am Haupteingang des Jüdischen Friedhofs Weißensee

auf der Rückseite die Namen der hingerichteten Angehörigen seiner Gruppe, die meisten waren zwischen 19 und 23 Jahre alt.

Ehrenreihe G1: **Hermann Cohen** (1842-1918), Philosoph, Gründer der sog. Marburger Schule des Neukantianismus / **Micha Josef bin Gorion** (1865-1921), hebräischer Schriftsteller aus der Ukraine; am bekanntesten und immer wieder aufgelegt seine Slg. jüdischer Märchen, Legenden und Mythen »Der Born Judas« (1916, n. 1978, im Leipziger Insel Verlag).

Reihe 10 von A1: **Theodor Wolff** (1868-1943), Chefredakteur des »Berliner Tageblatt«.

Reihe 28 von A1: **Eduard Jacobsohn** (1833-97), neben D. Kalisch der wichtigste Vertreter der B.er Lokalposse (unter seinen über 100 Gesangspossen »Meine Tante, deine Tante« und »500000 Taler«).

Reihe 18 H1: **Robert Linderer** (1824-86). Das Flaggenlied »Stolz weht die Flagge schwarz-weiß-rot auf unseres Schiffes Mast« aus dem Singspiel »Unsere Marine« (1886) stammt von ihm. Während und nach den beiden Weltkriegen – und heute – v.a. von rechtsradikalen Gruppierungen als »Nationallied« ausgenutzt.

Friedhofsmauer gegenüber M1: **Rudolf Mosse** (1843-1920), Zeitungsverleger (»Berliner Tageblatt«).

Ecke J1/M1 liegt, seinem Verleger gegenüber, der Schriftsteller und Humorist (Chefredakteur des Witzblattes »Ulk«) **Siegmund Haber** (1835-95).

Gegenüber der Mauer im Feld M2: »rastlos, furchtlos, selbstlos« steht hier auf dem Grabstein von **Ludwig Jacobowski** (1868-1900). Er gründete den Künstlerklub »Die Kommenden« und erregte Aufsehen mit seinem Roman »Werther der Jude« (1892).

T2 gegenüber der Mauer: Grab von **Alex** (gest. 1.11.1905) und Symbolgrab von **Doris Tucholsky** (7.5.1943 umgekommen in Theresienstadt), den Eltern von Kurt T., dessen Gedicht »In Weißensee« 1925 von jüdischer Seite als »geschmacklos, respektlos, verletzend und zynisch« verurteilt wurde. Gegenüber Z4 an der Grenzmauer: Erinn. an die Literaturwissenschaftlerin **Helene** (1877-nach 16.5.1944 in

Auschwitz verschollen) und den Theaterwissenschaftler **Max Herrmann** (1865-17. 11. 1942, umgekommen in Theresienstadt), 1923 Begründer des Theaterwiss. Institutes an der Universität (M.-H.-Preis der Staatsbibliothek).

J 4: Erbbegräbnis S. **Fischer** (1859-1934), Verleger, der – so einer seiner Ehrentitel – »Cotta des Naturalismus«; **Gottfried Bermann Fischer** (1897-1995). 3. Reihe K 5 (nahe Eingang Indira-Gandhi-Straße): **Ernst Blaß** (1890-1935), expressionist. Lyriker (»Die Straßen komme ich entlanggeweht«, 1912).

Reihe 6 Q 4: **Alexander Eliasberg** (1878-1924), in Minsk geb. Schriftsteller und Übersetzer (Puschkin, Dostojewski, Gorki, Scholem Alejchem).

P 4, Reihe 20: **Moritz Heimann** (1868-1925), Dichter, Essayist und als Lektor »Fischers Angler«.

A 5, Reihe 15: **Leo Hirsch** (1903-43), bis 1933 Feuilletonchef beim »Berliner Tageblatt«, 38 Dramaturg beim Jüd. Kulturbund; 1928 R. »Lampion«.

O 7, Reihe 13: **Richard Wilde** (1872-1938), u. a. Chefredakteur der Zs. »Der Autor«, schrieb über 30 Theaterstücke; kam im KZ Sachsenhausen um.

Mauer von U 2: **Oskar Blumenthal** (1852-1917), Lustspieldichter, machte 1889 in dem von ihm gegründeten Lessingtheater mit der Uraufführung von G. Hauptmanns »Vor Sonnenaufgang« Theatergeschichte.

P 2, Reihe 18: **David Frischmann** (1865-1922), klassischer neuhebräischer Schriftsteller und Übersetzer.

U 1, Reihe 11: die »große Menschenfreundin« **Lina Morgenstern** (1830-1909), Schriftstellerin (»Universalkochbuch«, »Frauenarbeit in Deutschland« u.a.) und Sozialarbeiterin. Die Gründung des »Vereins Berliner Volksküchen« 1866 brachte ihr den Ehrentitel »Suppen-Lina« ein.

Der Friedhof ist Schauplatz der Erzählung aus dem Sommer 1941 »Die Familiengruft« von **Christoph Hein** und in **Wolfdietrich Schnurres** Roman »Ein Unglücksfall«. Dokumentarisch das Erinnerungsbuch des Rabbiners **Martin Riesenburger** (1896-1965/Ehrenreihe A 1), der im Dritten Reich vom Friedhof aus die Gemeinde führte, »Das Licht verlösche nicht« (1958) und die Sammlungen »Weißensee« von **Peter Melcher** (1986) und »Der Gute Ort in Weißensee« von **Jürgen Rennert** und **Dietmar Riemann** (1987). Von einem Friedhofsbesuch mit **Gershom Scholem** (1897-1982) erzählt **Barbara Honigmann** in »Doppeltes Grab« (FAZ, 6. 9. 1986).

Jüdischer Friedhof Weißensee

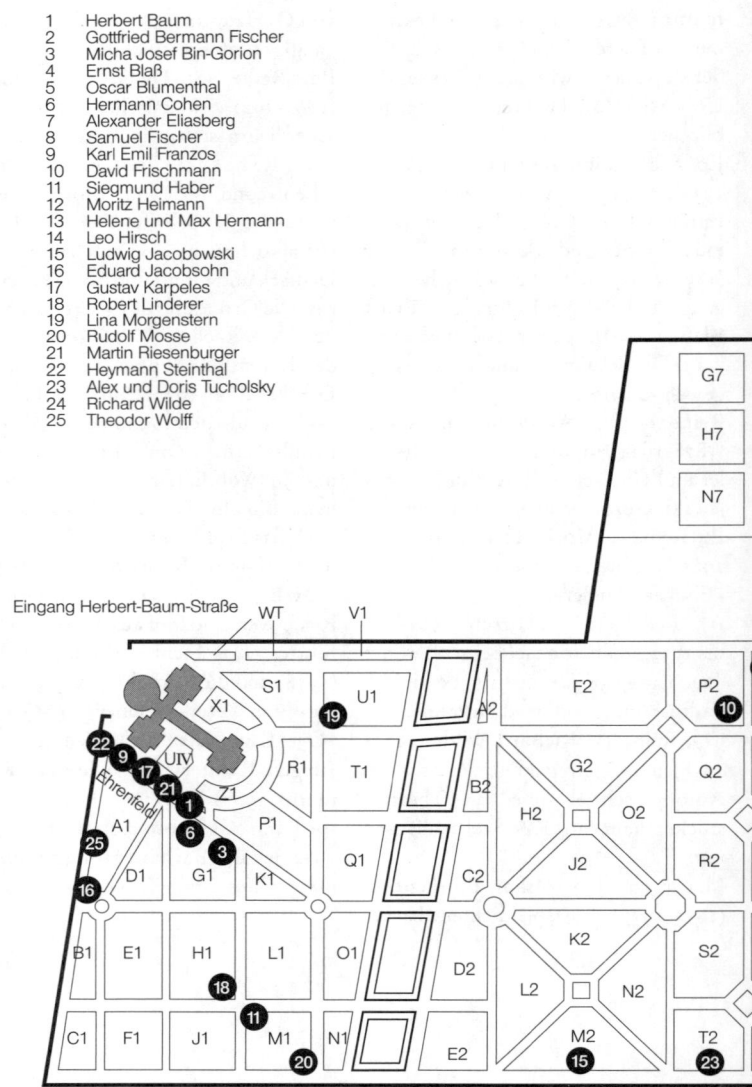

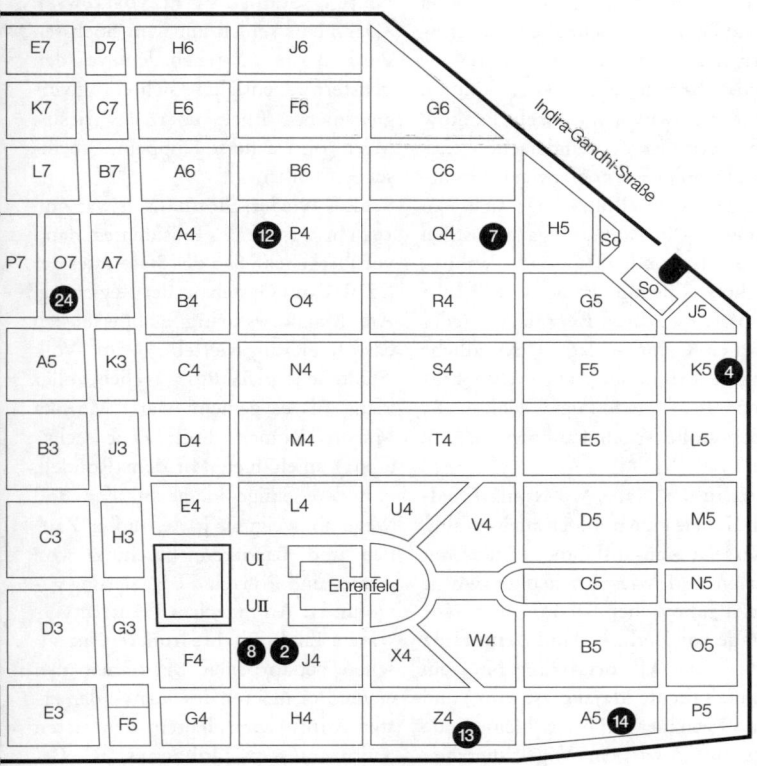

Pankow

Franz Hessel, der Flaneur, 1929: »Auf einer Trambahn lese ich: Pankow, Niederschönhausen. Ich springe auf. Und nun fahre ich durch dies seltsame Gemisch von Großstadt und Gartenstadt, wo es Musterbeispiele von allem gibt, dazu noch den Schloßpark mit seinen alten Eichen und den Bürgerpark mit dem stolzen Toreingang ...« **Heinz Knobloch**, auch ein Mann der »schönen Umwege«, 1977/81: »Bei uns in Pankow ... Sehr alte Leute erinnern sich an eine Polka aus ihrer Jugend. ›Komm Karliniken, komm‹, heißt es, ›wir wolln nach Pankow gehn, dort ist es wunderschön‹ ...« Und hängt gleich noch zwei Ohrwürmer an. Von »Bolle«, der sich »zu Pfingsten« in Pankow »ganz köstlich amüsiert«, und »Pankow, Pankow, Pankow, kille kille Pankow, kille kille Hopsasa« – **Alfred Kerr** dazu: »Jedes Wort ein Gehirnschlag!« (Freundliche jüngere Erinnerung: auch Udo Lindenbergs »Sonderzug« lenkte 83 gleich Bolle »nach Pankow hin sein Ziel«.)

Ganz in der Nähe, wo König Friedrich II., wie H. Knobloch auch erzählt, Rousseau »ein anständiges Haus mit Garten und Wiese« schenken wollte (»in Pankow bei Schönhausen eine Stunde von Berlin«), fand **Arno Holz** 1887 in der **Viktoriastraße** Nr. 4 ein Domizil (heute **Majakowskiring**) und schloß sich hier – »Unsere kleine Bude hing luftig wie ein Vogelbauerchen mitten über einer wunderbaren Win-

terlandschaft« – mit **Johannes Schlaf** zur »Kleinkunstfirma Holz und Schlaf« zusammen. Später wohnte Holz für kurze Zeit **Kronprinzenstraße** Nr. 8 (heute ebenfalls **Majakowskiring**) und 1888 an der Panke »**Am Schloßpark**«. Schloß- und Bürgerpark verbindet die **Parkstraße**; 1893 zog **Richard Dehmel** mit Kind und Kegel in Haus Nr. 25 ein (heute Nr. 56). **Stanislaw Przybyszewski**: »Das Haus schien auf dem höchsten Punkt Berlins zu stehen, denn von den Fenstern ... entfaltete sich ein unvergleichlicher Blick über das riesige Meer von Dächern, Kuppeln, Fabrikschornsteinen.«

Schloß Niederschönhausen war von 1949 bis 60 Sitz des Präsidenten, dann vorübergehend Sitz des Staatsrates der DDR, dann Gästehaus der Regierung. Am **Majakowskiring** etablierte sich das Regierungsviertel. »Vom Volk ›Städtchen‹ genannt, was liebevoller klang, als es gemeint war«: **Monika Marons** Roman »Stille Zeile sechs« (1991) spielt hier. »In dem Rondell, von dem einige kleine Straßen und Wege abzweigten, hatte, hinter Zäunen und Barrieren, beschützt von Armee und Polizei, die Regierung gewohnt ... An manchen Häusern verwiesen Tafeln auf ihre früheren, inzwischen verstorbenen Bewohner: den ersten Präsidenten des Staates, den ersten Ministerpräsidenten, den ersten Kulturminister.« **Johannes R. Bechers** Haus (Nr. 34) liegt gegenüber

Denkmal Johannes R. Becher im Pankower Bürgerpark

dem Eingang zum Schloßpark, Archiv und Gedenkstätte sind vor Ort aufgelöst (die ehem. **J.-R.-B.-Straße** ist wieder in **Breite Straße** rückbenannt). In O. Grotewohls Haus (Nr. 46-48) befindet sich jetzt die **Literaturwerkstatt** Pankow (litWERKstatt berlin), jetzt Kulturbrauerei Prenzlauer Berg. **Otto Gotsche** (1904-85), nach 45 in zahlreichen staatlichen Funktionen (1960-71 u.a. Sekretär des Staatsrates der DDR), verschrieb sich als Autor »reportagehafter, typenhaft vorgeprägter« Romane dem Klassenkampf der Arbeiter in seiner mansfeldischen Heimat / SAN (»Märzstürme«, 1933/53, 2. Bd. 71) und der Bodenreform

(»Tiefe Furchen«, 1949); Gotsche lebte bis zu seinem Tod **Majakowskiring** Nr. 10.

Zum **Bürgerpark** ist es nicht weit. Dort gibt es beim Parktor eine kleine Parkbibliothek und im Park gleich drei Dichterdenkmäler: in figura lebensgroß, die Hände in den Hosentaschen, **J. R. Becher** in Bronze; eine **Heinrich-Mann**-Büste aus Naturstein, und – nahe der Ecke **Heinrich-Mann-/ Cottastraße** – ein Ensemble von fünf Stelen für den 1943 in Plötzensee erhängten tschechischen Journalisten und Schriftsteller **Julius Fučík**. In großen Lettern mahnen die letzten Worte aus seiner »Reportage, unter dem Strang geschrieben«: »Menschen, ich hatte euch lieb. Seid wachsam!« (Die Becher-Statue von F. Cremer war zunächst, wie H. Knobloch berichtet, für das Ministerium für Kultur am Molkenmarkt/Mitte gedacht. Aber man fand sie – der Minister mit den Händen in den Hosentaschen!? – zu wenig repräsentativ. Also wurde sie nach P. »versetzt«.)

Nördlich des Bürgerparks, in der **Leonhard-Frank-Straße** Nr. 11, hatte **Ernst Busch**, der »Barrikaden-Tauber«, sein Haus. (Bis Mitte 1992 konnte man es noch besichtigen.) Gleich hinter dem Haus, auf dem **Pankower Friedhof III**, liegt sein Grab. Hier auch beigesetzt – »Die Frage Woher, Wohin / sie foltert mich mit Messern./ Verzeiht, daß ich heut töricht bin –/ ich will mich morgen bessern«, bekannte er am Ende – **Wilhelm Tkaczyk** (gest. 1982). Bis 1981 befand sich auf dem Friedhof auch das Grab von

Hans Fallada, der seine letzten Lebensjahre in einer kleinen Villa am **Eisenmengerweg** Nr. 19 (**heute Majakowskiweg**) verbracht hatte. Gestorben ist H. F. in der (heutigen) 3. Gesamtschule an der **Blankenburger Straße** Nr. 21/23, die seinerzeit Hilfskrankenhaus war (Gedenktafel, Totenmaske im Lehrerzimmer).

Im weiteren Verlauf notierte 1969 **Horst Krüger**: »Das Dichterviertel der Hauptstadt ... rund um den **Heinrich-Mann-Platz** wohnen sie in vielen kleinen grünen Inseln der Poesie.« Und beim Besuch in **Arnold Zweigs** Haus in der **Homeyerstraße** Nr. 13 im Garten: »Man spürt die Stille, die Gesammeltheit dieses Ortes – wahrlich, ein Ort für Dichter«. Auch hier gibt es Archiv und Gedenkstätte nicht mehr. Zweigs anderes Ich, der Referendar und Schriftsteller Werner Bertin aus »Junge Frau von 1914« (1931), hauste, wie wir gleich zu Anfang des Romans erfahren, weniger musisch: **Brixener Straße** Nr. 6, Hochparterre rechts, das Zimmer nach hinten, »gegenüber türmte sich finster und breit eine Brandmauer bis in den Himmel.« – In der **Kurt-Fischer-Straße** (seit 1992 **Hermann-Hesse-Straße**) lebte 1951-61 **Walther Victor** (Weimar/TH); er gab in dieser Zeit u.a. die letzten Bände der 30 »Lesebücher für unsere Zeit« heraus (Lessing, Tucholsky, Kleist, Shakespeare). Im Haus Nr. 39, das er, zwei Jahre nach dem Krieg nach Berlin zurückgekehrt, gemietet hatte, wohnte **Stephan Hermlin** (1915-97). In der Siedlung hinterm Heinrich-Mann-Platz, im Bereich der **Straßen**

Carl von Ossietzky, letztes Foto Frühjahr 1938 in der Wohnung des Arztes Hans Dosquet

200 und 201 v.a., lebte, nach der Rückkehr aus dem Exil benachbart, eine Reihe von Schriftstellern: in Nr. 10 der **Straße 200 Fritz Erpenbeck** (nach dem die »200« dann in **Fritz-Erpenbeck-Ring** umbenannt wurde) und seine Frau **Hedda Zinner** (»Umbenennung«, in der Aut. »Auf dem roten Teppich«, 1978/86), in Nr. 22 **Willi Bredel** (die Tril. »Ein neues Kapitel« wurde hier begonnen), in Nr. 23 **Arnolt Bronnen** (»Deutschland – kein Wintermärchen«, 1956); in Nr. 4 der **Straße 201 Erich Weinert** (Gedenkmauer auch **Heinrich-Mann-Straße/Hermann-Hesse-Straße**).

Bodo Uhse wohnte 1955-60 in der **Kuckhoffstraße** Nr. 39b. Im Nordend-Krankenhaus starb, vollständig von der Außenwelt isoliert, am 4. Mai 1938 an den Folgen der KZ-Haft **Carl**

von Ossietzky. (In der heutigen **Ossietzkystraße** Nr. 24, damals **Schloßstraße**, hatte er ab Ende 1936 seine letzte Wohnung; seit 1989 hier Standbild.) Die Urne wurde wenige Tage später an der Mauer des **Friedhofs Niederschönhausen**, **Buchholzer Straße**, beigesetzt. Das Grab mußte anonym bleiben. Auf der Tafel heute heißt es – für den Träger des Friedensnobelpreises 1936, den anzunehmen man ihm verboten hatte – »Frieden für immer«. Das **Pankower Gymnasium** (zu Beginn unseres Jh. die größte Schule ihrer Art im Raum Berlin) trägt den Namen Ossietzkys. Eine Bronzebüste steht vor der ausgedehnten Anlage (**Görschstraße** Nr. 42-44). Unweit, in der **Heynstraße** Nr. 8, befinden sich Archiv und **Heimatmuseum**, die »Bezirkschronik Pankow«.

Zurück noch einmal nach Alt-Pankow, in das Quartier zwischen der Dorfkirche »Zu den vier Evangelisten« (sie geht auf das Jahr 1230 zurück) und S-Bahnhof Pankow. Vor der nach ihm benannten Bibliothek steht in der **Mühlenstraße** Nr. 24 eine Büste des rumänischen Dramatikers **Ion Luca Caragiale**, der 1904 seine Heimat verließ und bis zu seinem Tod 1912 in Berlin lebte. In der benachbarten **Dusekstraße** Nr. 14-22 im Garten erinnert eine lebensgroße Darstellung an **Anne Frank**, die 1945 im KZ Bergen-Belsen (NDS) umkam. In Bahnhofsnähe bezog im Frühjahr 1946 **Friedrich Wolf** in der **Elsa-Brandström-Straße** Nr. 22 eine Wohnung. Er blieb hier zwei Jahre und übersiedelte dann nach Lehnitz bei Oranienburg (BR). **C. Corrinth** wohnte zuletzt in Nr. 32.

In P.-**Heinersdorf**, »in einer alten Seifenfabrik, ganz oben, an der äußersten Spitze. Hinter der Fabrik kamen bloß noch Felder und Wiesen ...« (etwa im Bereich **Am Wasserturm/Berliner Straße**), beginnt eine der Geschichten aus **Wolfdietrich Schnurre**s »Roman in Geschichten« »Als Vaters Bart noch rot war«, die von Brunos »Abstecher ins Leben«. Der Abstecher führt Bruno – auf der Suche nach einem Efeublatt von Großvaters Grab – bis nach Weißensee, auf den dortigen Pferdemarkt allerdings und nicht auf den Friedhof, doch Aron Schatzhauser, der alte Pferdehändler, bringt die Geschichte gut zu Ende.

Reinickendorf

»Jottwede« einmal im Grünen Norden. **Tegel** ist das Ziel. »Das Teufelspack, es fragt nach keiner Regel. Wir sind so klug, und dennoch spukt's in Tegel«, spielte **Goethe** im »Faust« auf die T.er Spukgeschichten an. Auch **Gottfried Keller** hattte es der »nordsche Geistersee« angetan. **Theodor Fontane** rühmte **Schloß Tegel** (bei Keller das »stille heitre Haus«) »als das Besitztum der Familie **Humboldt** ... seine reizende Lage wie seine historischen Erinnerungen« und – schier prophetisch – das »berühmte Brüderpaar, das diesem Fleckchen märkischen Sandes auf Jahrhunderte an Bedeutung verleihen und es zur Pilgerstätte für Tausende machen sollte ...« **Julius Stindes** »Buchholzens«, Frau Wilhelmine v.a., wenn sie auf »Sommerfrische im Dorf Tegel« war, zählten bereits zu den »Pilgern«. Auch »Leberecht Hühnchen« von **Heinrich Seidel** hatte für T. »eine kleine Schwärmerei«. Hier finden der Erzähler und Frieda, die Tochter Hühnchens, endlich zusammen. Auch die Flitterwochen verbringen die beiden dort, in einem Häuschen an der heutigen **Greenwichpromenade**. Am **Eisenhammerweg** Nr. 16 lebte von 1893-95 **Otto Julius Bierbaum**.

Am 10. Mai 1932 trat **Carl von Ossietzky** seine Haftstrafe (wegen »Landesverrats militärischer Geheimnisse«) im Gefängnis T. an: »Es waren sehr viele Leute gekommen, ein paar berühmte Schriftsteller dazwischen, wie **Toller, Feuchtwanger, Arnold Zweig, Roda Roda, Leonhard Frank**. Es gab Ansprachen, es wurde wieder und wieder photographiert. Unter Hochrufen ging ich durch's Gefängnistor. Dieser Tag, der der traurigste hätte werden können, ist für mich der stolzeste meines Lebens geworden.« (Vom Nollendorfplatz war eine demonstrativ mit schwarz-rot-goldenen Flaggen der Republik geschmückte Kolonne aus 20 Fahrzeugen, in denen Ossietzkys Freunde saßen, gekommen. Als O. hinterm Gefängnistor verschwunden war, entfernten sie die schwarz-rot-goldenen Wimpel von den Autos.) Aufgrund einer Weihnachtsamnestie wurde er am 22. Dezember zwar entlassen, aber zwei Monate später, in der Nacht des Reichstagsbrandes, abermals in Schutzhaft genommen, in das Untersuchungsgefängnis Spandau eingeliefert und am 6. April 33 in das KZ Sonnenburg bei Küstrin überführt.

Vom April 1943 bis Oktober 44 wurde **Dietrich Bonhoeffer** im Militärgefängnis (**Seidelstraße** Nr. 39) gefangengehalten. Das Gedicht »Stationen auf dem Weg zur Freiheit« entstand hier kurz nach dem 20. Juli 44; aus Briefen stellte E. Bethge nach dem Krieg den Band »Widerstand und Ergebung« zusammen. Gedenktafel, auch für **Alfred Delp**.

An der Wildbahn Nr. 33 in Heiligensee erinnert eine Tafel an die Malerin **Hannah Höch** (1889-1978), die ein-

Schloß Tegel

zige Frau von »Dada-Berlin«; auch »Der archaische Erzengel vom Heiligensee« **Gabrielenstraße/»Seglerkopf«** an der Malche ist ihr gewidmet; Ehrengrab auf dem **Friedhof Heiligensee**. Ein Gedenkstein für **Albrecht Haushofer** steht vor der nach dem 1945 ermordeten Autor der »Moabiter Sonette« benannten Oberschule am **Kurzebracker Weg** Nr. 40.

Hermsdorf (Reinickendorfer **Heimatmuseum** am **Dorfanger**) beruft sich (in der **Berliner Straße** Nr. 53) auf den Schriftsteller und Psychotherapeuten **Hans Blüher** (1888-1955), der durch seine von F. Nietzsche beeinflußte Lebensphilosophie entscheidend auf die Wandervogelbewegung einwirkte, (in der **Schloßstraße**

Nr. 17) auf **Gustav Landauer**, (in der **Parkstraße** Nr. 3) auf **Erich Kästner** und (in der **Ringstraße** Nr. 17) auf den Maler **Max Beckmann**, der 1908/09 hier in der Stille am Ende der Stadt sein Atelier hatte; »Leben in Berlin« nannte er sein Tagebuch über diese Zeit.

An der höchsten Stelle **Frohnaus** (**Edelhofdamm** Nr. 54) steht das Buddhistische Haus (Spezialbibliothek) des Arztes und Religionsforschers **Paul Dahlke** (1865-1928). In der **Zeltinger Straße** Nr. 54 (Gedenktafel) wohnte bis 1928 der Expressionist **Carl Einstein**, dessen 26 erschienene »Kunst des 20. Jahrhunderts« als die beste zeitgenössische Kunstanalyse galt; in der heutigen **Welfenallee** (damals **Barbarossakorso**), im Haus

Nr. 33/34 und nach dem Zweiten Weltkrieg in Nr. 47/48, **Karl Friedrich Borée.**

»Herrliches Glück, hier in der Stille und in guter Luft eine Weile zu wandern ...« Im Dezember 1930 war **Oskar Loerke** nach Frohnau gezogen, ins eigene Haus in der **Kreuzritterstraße** Nr. 8, es »sieht äußerlich stattlich und innen sehr schön aus«. Hier starb er am 24. Februar 1941. Im Sommer 1944 kam **Wilhelm Lehmann** allein auf den **Frohnauer Friedhof** (an der **Hainbuchenstraße**) und schrieb dem Freund – »Der Tag ist süß und ladet ein, / Noch einmal säßen wir zu zwein ...« – den bewegendsten Nachruf im Gedicht.

Marzahn – Hohenschönhausen – Hellersdorf

»Berlin ist viele Städte«: Seit der Wiedervereinigung kamen zu den 20 Bezirken (von 1920) drei neue hinzu: **Marzahn** (1979), **Hohenschönhausen** (1985), **Hellersdorf** (1986). »Avant la lettre« hatte 1960 noch **Hans Scholz** in seinen »Betrachtungen an und in den Grenzen der deutschen Hauptstadt« »Berlin, jetzt freue dich!« notiert: »Von Norden gesehen, erweckt Marzahn fast den Eindruck eines noch unbeeinträchtigten Bauerndorfes« und hat, »gleich Hohenschönhausen, auch noch einige richtige Bauernwirtschaften. Falkenberg und Hellersdorf sind noch überwiegend in bäuerlicher Hand ...«

Nun, angesichts der drei neuen »Kreationen«: »Weltniveau erreicht man damit zwar nicht, setzte aber der Großplattenarchitektur ein bleibendes Denkmal« (H. J. Fosel).

Nur in Resten noch sind alte Dorfkerne erhalten. So in **Alt-Marzahn** (**Berliner Dorfmuseum**) und **Biesdorf: Hafersteig** Nr. 63 hatte hier der Dramatiker, Filmregisseur und Schauspieler (Agitproptheater) **Gustav von Wangenheim** (1895-1975) nach der Rückkehr aus dem sowjet. Exil sein Domizil.

Hohenschönhausen mit **Malchow, Wartenberg** und **Falkenberg**: auf dem Kirchhof von F. Gruft der Eltern von **A. und W. von Humboldt.**

Alt-Hellersdorf, Mahlsdorf (**Gründerzeitmuseum, Hultschiner Damm** Nr. 333) und **Kaulsdorf**: In seinem Haus **Am Kornfeld** Nr. 78 lebte hier seit 1952 **Ludwig Renn** und schrieb Erinnerungsbücher, wie »Meine Kindheit und Jugend« (1957), »In Mexiko« (79), v. a. aber wandte er sich den Kindern zu. 1954 erschien »Trini«, die Geschichte eines Indianerjungen im Befreiungskampf der mexikanischen Bauern, das erste seiner erfolgreichen Jugendbücher im Alter.

Nachträge

S. 20: Mit der Eröffnung der **Alten Nationalgalerie** (19. Jh., von C. D. Friedrich bis A. von Menzel) Ende 2001 wurde der erste große Schritt zum Wiederaufbau der Museumsinsel getan. Geplant bis etwa 2010 ist die Neugestaltung des Bodemuseums, des Neuen Museums, des Pergamonmuseums und des Alten Museums. **Berlinische Galerie**, vorgesehen im ehem. Glaslager, **Alte Jakobstraße** 124–128 (Kreuzberg); **Berlin Museum** (u. a. Porträtgalerie, Theaterleben, B.er Humor), dahinter D. Libeskinds **Jüdisches Museum**.

S. 27: Haus **Spandauer Straße** 68, in dem 1748-51 G. E. Lessing und 1762-86 M. Mendelssohn wohnten, nicht mehr erhalten.

S. 30: **Karl Philipp Moritz:** Gedenktafel **Münzstraße** 7.

S. 32: **Wilhelm von Humboldt** und **Alexander von Humboldt:** **Jägerstraße** 22 Gedenktafel am einstigen Wohnsitz der Familie; Stadtwohnungen Unter den Linden 26, Behrenstraße 30 zerstört.

S. 34: **Rahel Varnhagen von Ense:** **Jägerstraße** 54 Gedenktafel am Nachfolgebau; **Französische Straße** 20 heute Galeries Lafayette.

S. 35: **E. T. A. Hoffmann:** Nach Demolierungen seines Denkmals (aus Sandstein) nahe der Liebknechtbrücke wurde 1998 von der E.T.A.-Hoffmann-Gesellschaft am Deutschen Dom (Gendarmenmarkt) eine Kopie in Bronze aufgestellt.

»Lutter & Wegner«: Gedenkinschrift am Neubau einige Häuser weiter (**Charlottenstraße** 56).

S. 41: Die Wohnhäuser der **Brüder Grimm**, Lennéstraße 8 (ab 1841) und Linkstraße 7 (ab 1847), sind nicht erhalten; eine neu angelegte Straße in der Nähe am Potsdamer Platz heißt seit 1998 **Brüder-Grimm-Gasse**.

S. 45: **Heinrich Heine:** Originalgebäude der Wohnungen nicht erhalten. Zweitguß des Denkmals von W. Grzimek, das ursprünglich für das Kastanienwäldchen hinter der Neuen Wache vorgesehen war, dann aber wegen der angeblich wenig heroischen Darstellung an den Weinbergweg versetzt wurde, an der Ostseite der **Humboldtuniversität**; Heine-Zitat in den Eingangshallen des **U-Bahnhofs Westhafen**; Dauerausstellung im U-Bahnhof Heinrich-Heine-Straße.

S. 46: **Christian Friedrich Scherenberg:** Grab auf dem Alt-Schöneberger Kirchhof eingeebnet.

S. 49, 150, 164, 194: **Matthäikirchstraße** 1998 in **Herbert-von-Karajan-Straße** umbenannt.

S. 50/51: **Theodor Fontane:** Neue Gedenktafel **Alte Potsdamer Straße/ Ecke Eichendorffgasse**; benachbart am Weinhaus Huth **Fontaneplatz**. Statue des Dichters am **Märkischen Museum**.

S. 52: **Julius Rodenberg:** Grab Nr. 4 im Mittelallee-Rondell Zentralfriedhof Friedrichsfelde 1973 eingeebnet, seit 1993 dort Erinnerungstafel.

S. 57: **Julius Hart** wohnte ab 1904 in Wilhelmshagen, **Moltkestraße** 16 (heute **Eichbergstraße** 17). »Neue Gemeinschaft« existierte nur bis 1904.

S. 59: **Julius Hart**: Köpenicker Straße 31 heute **Fürstenwalder Damm** 469.

S. 61: **Gerhart Hauptmann**: 1889 Übersiedlung nach Charlottenburg, **Schlüterstraße** 78 (Gedenktafel am Neubau). Mitte neunziger Jahre Gravelottestraße 8 (heute **Fasanenstraße** 39). Später zeitw. im Grunewald (Villenkolonie: **Trabener Straße** 54 / heute 2, 1913-18 **Hubertusallee** 25 / Wilmersdorf). Ecke **Voltaire-Alexanderstraße** anstelle der um 1770 errichteten Kasernen heute freier Platz. G.-H.-Museum in Erkner (BR).

S. 63: **Richard Dehmel**: Wohnung 1891-93 **Torstraße** 39 (vorm. Lothringer Straße 15).

S. 66: **Moritz Heimann**: Geburtsort **Werder** Amt Tauche (Landkreis Märkisch-Oderland/BR).

S. 68: **Rosa Luxemburg**: Neue Statue **Franz-Mehring-Platz** vor dem Haus der R.-L.-Stiftung.

S. 69: **Georg Hermann**: Gedenktafel am Wohnhaus (1911-14) **Trabener Straße** 19 im Grunewald.
Roda Roda (eig. **Sandór Friedrich Rosenfeld**), geb. 13. 4. 1872 Puszta Zdenci/Slawonien.

S. 72: **Kantstraße** 30 Gedenktafel für **Else Uri**.
Carl Sternheim: Belle-Alliance-Straße heute **Mehringdamm**.

S. 73: **Alfred Döblin**: **Blücherstraße** 18 Gedenktafel; **Karl-Marx-Allee** 121-31 (früher Frankfurter Allee

340) Kassenarztpraxis 1919-31, Porträtbüste neben dem Kino »Kosmos«; **Alexanderplatz**: Zitat aus »Berlin Alexanderplatz« als Fassadendekor an einer Bürohausfront.

S. 78: **Franz Kafka**: Haus Busseallee 7-9 (Zehlendorf).

S. 81/82: **Gottfried Benn**: **Mehringdamm** 38 (ehedem Belle-Alliance-Straße 12); gegenüber, **Yorckstraße** 90, befand sich das Restaurant »Reichskanzler« (heute dort Schnellgaststätte), wo Benn von Zeit zu Zeit mit seinem Freund und Verleger Erich Reiss sein Bier trank.

S. 89: **Nelly Sachs**: Haus **Siegmunds Hof** 16 und Haus **Lessingstraße** 5, früher 33 (fehlerhafte Gedenktafel am Zaun der Hansa-Grundschule) zerstört.

S. 91: **Hans Fallada**: Haus **Calvinstraße** 15a zerstört; Majakowskiweg in Niederschönhausen/Pankow in **Rudolf-Ditzen-Weg** umbenannt.

S. 98: **Axel Eggebrecht**: Wohnung 1931-33 **Bonner Straße** 12 (Gedenktafel) in der Künstlerkolonie.

S. 98/99: **Erich Kästner**: Café Carlton **Nürnberger Platz** 2 nicht erhalten, ebenso die Originalgebäude **Roscherstraße** 16 und **Prager Straße** 6.

S. 108: **Peter Huchel**: Gedenktafel am Geburtshaus **Hindenburgdamm** 32. Hubertusweg 41 in Wilhelmshorst seit 1997 Gedenkstätte.
»Wie soll man da Gedichte schreiben. Peter Huchel, Briefe 1925-1977«, Hrsg. H. Nijssen 2000.

S. 109: **Albrecht Haushofer**: Bronzebüste im Spreebogen gegenüber dem Innenministerium.

S. 112: **Irmgard Keun**: Wohnungen **Meinekestraße** 6 (Charlottenburg), **Ludwigkirchstraße** 11a (Wilmersdorf), **Konstanzer Straße** 77 und 57 (Wilmersdorf). **Joachim Günther**: War bis zu seinem Tod 1990 Herausgeber der »Neuen Deutschen Hefte«.

S. 124: **Heiner Müller**. (Ps. **Max Messer**), *29. 1. 1929 Eppendorf (SA), † 30. 12. 1995 Berlin, kam 1951 nach B. Dramaturg, Regisseur, Stückeschreiber (»Der Lohndrücker«, 1956; »Germania Tod in Berlin«, 1956/71; »Wolokolamsker Chaussee« I-V, 1984/87, Lyriker. 1990-93 Präsident der Akademie der Künste Berlin (Ost). – Werke, Hrsg. F. Hörnigk, 1998 ff. – Wohnungen u. a.: **Kissingerplatz** 12 in Pankow, **Erich-Kurz-Straße** 9 (Lichtenberg); Grab **Friedhof der Dorotheenstädt. und Friedrich-Werderschen Gem., Chausseestraße** (Mitte). – Nachlaß Akademie der Künste.

S. 130: **Goethe: Unter den Linden** 35 (heute Teil des »Grand Hotel«), vormals Nr. 23, befand sich 1778-1804 das Hotel »Zur goldenen Sonne«, dann das »Hôtel de Russie«, wo 1804 auch **Friedrich Schiller** logierte.

S. 135: **F. R. de Chateaubriand** residierte 1821 **Unter den Linden** 67 (vormals 5), heute hier russische Botschaft.

S. 136: **Hans Christian Andersen**: Traf bei seinem ersten Berlin-Besuch auch A. von Chamisso, der einige Gedichte von ihm übersetzte und ihn damit zum ersten Mal außerhalb Dänemarks bekannt machte. In der Folgezeit kam Andersen wiederholt nach B.

Fritz Reuter: Schützenstraße 18-25 heute das 1921-23 von E. Mendelssohn und R. J. Neutra umgebaute Mosse-Haus des Zeitungsverlegers Rudolf Mosse (1843-1920). Tür von R.s Zelle jetzt im Museum Stavenhagen (MVP).

S. 137: **Friedrich Rückert**: Las jeweils nur im Wintersemester; Vorlesungen in seiner Wohnung meist vor nur drei, vier Studenten; darunter im Winter 1844/45 **Luisenstraße** 16/ Ecke **Schiffbauer Damm** (Mitte) Paul de Lagarde.

S. 144: **Emil Nolde** wohnte 1928-44 in Charlottenburg, Bayernallee 11 (Gedenktafel).

S. 148: **Mori Ogai: Luisenstraße** 39/Ecke **Marienstraße** 32 seit 1984 Gedenkstätte.

S. 149: **Theodor Heuss** wohnte 1903-05 Elsässerstraße 38 (heute **Torstraße** 223).

Robert Walser: Kaiser-Friedrich-Straße 70, wo 1905-08 Robert bei seinem Bruder Karl wohnte, Gedenktafel.

S. 150: **Matthäikirchstraße** siehe S. 49.

S. 151/54: »**Sturm**« und »**Aktion**«: Im Café des Westens (**Kurfürstendamm** 18/19) wurden 1910 »Der Sturm« und 1911 »Die Aktion« gegründet. **Kurfürstendamm** 173 befand sich bis 1932 die »Sturm«-Redaktion; Gedenktafel für **Franz Pfemfert** und den »Aktion«-Verlag **Nassauische Straße** 17.

S. 159: Trautenaustraße 9 (Wilmersdorf) lebten 1922 **Marina Iwanowna Zwetajewa** und 1924/25 auch **Vladimir Nabokov** (Gedenktafel).

S. 161: **Vladimir Nabokov** wohnte u. a. 1921-23 **Sächsische Straße** 67 (zerstört), 1925/26 **Motzstraße** 31 (zerstört), 1932 **Westfälische Straße** 29 (Neubau). Dazu auch: Dieter E. Zimmer, »Nabokovs Berlin«, 2001.

S. 164: **Karl Zuckmayer: Lietzenburger Straße** 14 heute 96; **Matthäikirchstraße** siehe Seite 49.

S. 165: Ernst Jünger: Berliner Wohnungen: **Nollendorfstraße** 29 (Neubau), **Stralauer Allee** 36 (Neubau, versetzt), **Dortmunder Straße** 13 (erhalten), **Hohenzollernstraße** 6 (heute **Wulffstraße** 6).

S. 166: **Franz Hessel: Friedrich-Wilhelm-Straße** 15 (heute **Klingelhöferstraße** 15 (zerstört); ab 1933 bis zu seiner Emigration 1938 Wohnung im Hinterhaus **Lindauer Straße** 8. Sämtliche Werke in 5 Bdn., Hrsg. H. Vollmer und B. Witte, 1999.

S. 167: **Ernst Rowohlt:** Der Verlag war ab 1927 **Passauer Straße** 8/9 (Haus erhalten) ansässig.

S. 172: Haus **Hohenzollerndamm** 52, wo in den zwanziger Jahren **Fritz Lang** und **Thea von Harbou** wohnten, nicht mehr erhalten. Wohnung Anfang der dreißiger Jahre **Schorlemerallee** 7a (wichtiger Bau der »Neuen Sachlichkeit«).

S. 184: **Stefan Heym** (eig. **Helmut Flieg**), *10. 4. 1913 Chemnitz (SA), †16. 12. 2001 Jerusalem. Dezember 1994 bis Oktober 95 Alterspräsident des 13. Deutschen Bundestages. – »Radek« (R. 1995), »Die Architekten« (R. 2000, bereits 1965 fertiggestellt). – Grab **Jüdischer Friedhof Weißensee.**

Stephan Hermlin (eig. **Rudolf Leder**), *13. 4. 1915 Chemnitz (SA), †6. 4. 1977 B., der Grandseigneur – er nannte sich selber einen »spätbürgerlichen Schriftsteller« – unter den DDR-Schriftstellern. F. Dieckmann: H.s »Ich-Erzähler und Ich-Figuren sind poetische Über-Ichs, denen der gealterte Dichter aufgibt, eigene Irrtümer reflektierend aufzuheben.« – Grab **Friedhof der Dorotheenstädt. und Friedrich-Werderschen Gem., Chausseestraße** (Mitte).

S. 185: **Hans Mayer,** *19. 3. 1907 Köln (NRW), †19. 5. 2001 Tübingen (BW), »Ein Deutscher auf Widerruf«, wie der Titel seiner 1982-84 ersch. Erinnerungen lautet. Juni 2001 postum Ehrenbürgerschaft der Stadt Leipzig, wo er 1948-63 an der Karl-Marx-Universität Kultursoziologie und Literaturgeschichte lehrte. – Grab **Friedhof der Dorotheenstädt. und Friedrich-Werderschen Gem., Chausseestraße** (Mitte).

Thomas Brasch, *19. 2. 1945 Westow/ Yorkshire/England, †3. 11. 2001 B., Dramatiker, Lyriker, (Shakespeare-) Übersetzer und Filmemacher. Sein (letztes) Stück »Eine Märchenkomödie aus Berlin«, das er für das Berliner Ensemble schreiben wollte, blieb unvollendet. – Grab **Friedhof der Dorotheenstädt. und Friedrich-Werderschen Gem., Chausseestraße** (Mitte).

Jürgen Fuchs, *19. 12. 1950 Reichenbach/Vogtland (SA), †9. 5. 1999 B. Die DDR-Staatssicherheitszentrale zwischen **Magdalenen,- Rusche-** und **Normannenstraße** in Lichtenberg ist

Schauplatz seines Dokumentarromans »Magdalena« (1998). – Grab **Heidefriedhof Mariendorf** (Tempelhof).

Einar Schleef, *17. 1. 1944 Sangerhausen (TH), †21. 7. 2001 B. »Er war Maler, Bühnenbildner, Fotograf, ein grandioser Rezitator und als Autor – auch von Theaterstücken – grob unterschätzt. ›Berlin – ein Meer des Friedens‹ ist eines unserer kühnsten Familiendramen« (H. Schödel). – Grab in Sangerhausen.

Klaus Schlesinger, *11. 5. 1937 B., †11. 5. 2001 ebd. »Fliegender Wechsel« nannte er 1990 seine »persönliche Chronik« übers »Rübermachen« mit Bettina Wegner zehn Jahre vorher. 1998 rückblickend: »Von der Schwierigkeit, Westler zu werden«; dazu F. Dieckmann:»Das ganze Berlin, in seiner realexistierenden Teilung und Verdoppelung, war und ist dieses Autors Heimat« (letzte Wohnung **Torstraße** 15/Mitte). – Grab **Friedhof der Dorotheenstädt. und Friedrich-Werderschen Gem., Chausseestraße** (Mitte).

S.210: **Lisa Tetzner**, geb. 1894 in Zittau (SA), gest. 1963 in Carona im Tessin, heiratete 1923 **Kurt Kläber** (1897-1959), der unter dem Ps. **Kurt Heid** den Jugendbuch-Klassiker »Die rote Zora und ihre Bande« (1941) schrieb.

S.213: **Franz Joachim Behnisch** (1920-1983) lebte 1920-38 **Katzlerstraße** 11 in Schöneberg (Gedenktafel); ein zweiter B.-Roman, »Nicht mehr in Friedenau« erschien 1982.

Johanna Moosdorf, geb. 1911 in

Leipzig (SA), gest. 2000 in B., veröffentlichte 1989 ihr Alterswerk, den aut. Roman »Jahrhundertträume«. Wohnte zuletzt **Kastanienallee** 27 (Charlottenburg).

Monika Maron, geb. 1941 **Schillerpromenade** 11, später Schillerpromenade 28 in Neukölln, das in ihrer »Familiengeschichte« »Pawels Briefe« (1999) die bestimmende Szenerie ist.

S.215: **Karl Mickel**, geb. 1935 in Dresden, gest. 2000 in B., »ein Meister der neuen sächsischen Dichterschule« und »überzeugter poeta doctus«, wie es im Nachruf der Hochschule für Schauspielkunst »Ernst Busch« heißt, veröffentlichte u. a. die Lyrikslg. »Vita nova mea« und gab mit A. Endler die epochemachende Lyrikanth. »In diesem bessern Land« heraus (beide 1966). – Grab **Friedhof der Dorotheenstädt. und Friedrich-Werderschen Gem., Chausseestraße** (Mitte).

S.217: **Ruth Andreas-Friedrich**: Gedenktafel **Hünensteig** 6. Sebastian **Haffner** (1907-1999): Postum erschien 2000 H.s Jugendwerk »Geschichte eines Deutschen« aus dem Nachlaß. Die Niederschrift des Textes, der H.s »privates Duell mit dem Dritten Reich«, Schauplatz Berlin, schildert, datiert auf den Beginn des Jahres 1939.

Hans Rosenthal: seit Dezember 2000 Gedenktafel an R.s Geburtshaus in Prenzlauer Berg, **Winsstraße** 62/63.

S.218: **Wolf Jobst Siedler**: »Phoenix im Sand. Glanz und Elend der Hauptstadt«; »Ein Leben wird besichtigt. In der Welt der Eltern« (beide 2000).

Jurek Becker, geb. 1937 in Lodz/Polen, Kindheit in Ghettos und KZ, seit 1945 in B. Übersiedelte im Dezember 1977 von Ost- nach Westberlin, starb 14. 3. 1977 in Sieseby/SH (dort auch Grab).

S. 221: Von **Ulrich Janetzki** und **Jürgen Jakob Becker** erschien 1998 »Die Stadt nach der Mauer. Junge Autoren schreiben über ihr Berlin«; »Ein deutsches Lesebuch 1989-1999« gab **Hermann Glaser** 1999 u. d. T. »Die Mauer fiel, die Mauer steht« heraus.

S. 223: **Michael Bienert** 1999 in »Berlin«. Wege durch den Text der Stadt«: »Mit dem Fall der Mauer wurde die Bohême vom Prenzlauer Berg zur Legende … Um den Sprachmonteur **Bert Papenfuß**, das ›Druckhaus Galrev‹ und die Zeitschrift ›Sklaven‹ formierte sich die Prenzlauer-Berg-Szene neu. Ihr Revier liegt etwas abseits vom touristischen Kollwitzplatz im LSD-Viertel (**Lychener-, Schliemann-, Dunckerstraße**).« Erneute Verwerfungen sind nicht auszuschließen: die neue Hauptstadt schickt sich jedenfalls an, das Nachkriegsberlin auch in der Literatur zu verdrängen. (Dazu auch »DDR-Literatur der neunziger Jahre«, Hrsg. **Heinz Ludwig Arnold**, 2000, und »Berlin zwischen Mauerfall und Regierungsumzug«, in: »Das literarische Berlin im 20. Jahrhundert«, Hrsg. **Silvio Vietta**, 2001).

S. 227: **Staatsbibliothek**: rd. 9 Mio Bde.

Bibliothek der Humboldt-Universität: über 6 Mio Bde.

Bibliothek der Freien Universität: 2,5 Mio Bde.; insgesamt, mit allen Instituten, 8,1 Mio Bde.

Akademie der Künste: Weitere Nachlässe u. a.: F. Fühmann, G. Grass, H. Heißenbüttel, W. Jens, H. Mann, H. W. Richter, A. Zweig. Außerdem »Sinn und Form«-Archiv und Archiv des Deutschen Schriftstellerverbandes.

S. 229: **Gesellschaften:** Gerhart Hauptmann-G. (seit 1952); Sitz der Karl May-G. (seit 1969) in Föhren (RP). Charles Bukowski-G. (Gründung 1996), Heimito von Doderer-G. (Gr. 1995), Fouqué-G. Berlin-Brandenburg (Gr. 1996), Heiner Müller-G., Sartre-G., Deutsche Stendhal-G. (Gr. 1984), Kurt Tucholsky-G. (Gr. 1988), Internationale Peter Weiss-G. (Gr. 1989).

Preise: Kritikerpreis wird jetzt in Leipzig verliehen. Akademie der Künste: Heinrich-Mann-Preis; F.-C. Weiskopf-Preis. Literarisches Colloquium: Lyrik-Debut-Preis (seit 1999). Hans-Sahl-Preis (seit 1995); Walter-Serner-Preis; Kurt-Tucholsky-Preis für literarische Publizistik (seit 1995).

Café Clara: »Orplid & Co« hat sich aufgelöst.

S. 230: Neue Adresse der **literaturWERKstatt**: Kulturbrauerei, **Knaackstraße** 97 (Prenzlauer Berg).

S. 237: Die **Alte Kommandantur Unter den Linden** 1 entsteht neu. Mit der Eröffnung der Baustelle im Sommer 2001 war die Entfernung des Denkmals des **Freiherrn vom Stein** verbunden; neuer Standort provisorisch am **Spittelmarkt**.

S. 241: **Naumannsgasse** nicht mehr erhalten.

S. 245: Das **Lessing**-Haus am **Nikolaiplatz** trug früher die Nummer 10, heute 7.

S. 253: **Sophienstraße** 18 erinnert in der Hofeinfahrt eine Tafel an die Gründung des »Bundes proletarisch-revolutionärer Schriftsteller« am 19. Oktober 1928. **Johannes R. Becher** war der erste Vorsitzende.

S. 253/254: Die erwähnte Grünanlage am **Hackeschen Markt** zwischen **Rosenthaler** und **Dircksenstraße**, an der sich das Polizeirevier von Wilhelm Krützfeld befand, ist inzwischen neu überbaut. Eine Gedenktafel für den »beherzten Reviervorsteher« befindet sich jetzt am **Centrum Judaicum** in der **Oranienburger Straße** 28.

S. 255: Das Gebäude der »Hochschule für die Wissenschaft des Judentums« (1872-1942) **Tucholskystraße** 9 ist noch original erhalten. Bis 1942 lehrte hier Rabbiner **Leo Baeck** (1873-1956).

S. 257: **Kleine Rosenthaler Straße** 11 hatte im Herbstsemester 1884 der junge **Gerhart Hauptmann** eine Studentenbude und notierte: Im »Rosenthaler Viertel« erlebt man »weniger sich als das Volk.« Elsässer Straße 38, heute **Torstraße** 223, das Gebäude, in dem **Theodor Heuss** in Untermiete wohnte, ist noch original erhalten. Ebenso **Torstraße** 39 (vormals Lothringer Straße 15), wo **Richard Dehmel** 1891-93 lebte.

S. 258: Wo sich das **Stadion der Weltjugend** befand, heute Brachfeld.

S. 261: **Charitéstraße** 1, wo 1878-

79 **Ludwig Ganghofer** lebte, heute **Unterbaumstraße** 1 b (Originalgebäude)

S. 263: Schauplatz der Erzählung »Was bleibt« von **Christa Wolf** ist v. a. **Friedrichstraße** 133; nach der Ausbürgerung Wolf Biermanns im November 1976 Treffpunkt zahlreicher Künstler, die sich dem Protest gegen die Ausbürgerung anschlossen.

S. 264: Jetzt stehen auf dem Vorplatz des **Deutschen Theaters** vier ehem. Intendanten in Bronze: neben Otto Brahm und Max Reinhardt noch **Heinz Hilpert** (1934-45) und **Wolfgang Langhoff** (1946-63).

S. 265: Die Meusebach'sche Bibliothek (vormals Karlstraße 34) heute **Reinhardtstraße** 36.

S. 266: **Luisenstraße** 39: **Mori Ogai** wohnte während seines vierjährigen Studienaufenthaltes in B. im Frühjahr 1887 für zwei Monate hier, im damaligen Haus **Marienstraße** 32 (Gedenktafel).

S. 268: **Karl August** und **Rahel Varnhagen**: **Französische Straße** 20 heute Galeries Lafayette; Originalgebäude **Mauerstraße** 36, wo sie ab 1827 wohnten, nicht erhalten.

S. 271: Am **Deutschen Dom**, schräg gegenüber von »Lutter & Wegner« (neue Weinstube seit 1997 **Charlottenstraße** 56), Denkmalbüste von **E.T.A. Hoffmann**.

S. 274: Der Gebäudekomplex an **Wilhelm-** und **Leipziger Straße** hat seine Geschichte: Reichsluftfahrtministerium im Dritten Reich, »Haus der Ministerien« der DDR, Treuhandanstalt nach der deutschen Vereinigung

(»Detlev-Rohwedder-Haus«, Schauplatz von »Ein weites Feld«, 1995, von **Günter Grass**), jetzt Bundesministerium der Finanzen. 47 Jahre nach dem Arbeiteraufstand vom 17. Juni 1953 wurde vor dem Ministerium ein Denkmal in Form eines in den Boden eingelassenen langen Glasbildes installiert.

1891-93 war der **S. Fischer Verlag** nahebei, **Köthener Straße** 44, ansässig.

S. 275: Am Treffpunkt von Kreuzberg, Tiergarten und Mitte an der **Stresemannstraße** begann **Dieter Huhn** 1997 den ersten seiner elf »Grenzgänge« entlang der einstigen »Weltengrenze«. Das Vademekum erschien 1999 in der dritten Auflage des Bandes »Vom Wedding nach Gethsemane und andere Spaziergänge in Berlin«. – Blick zurück ohne Zorn, die respektlose »Mauerschau« der nach dem Mauerbau Geborenen: **Thomas Brussigs** Romane z. B.: »Am kürzeren Ende der Sonnenalle« (1999), »Helden wie wir« (1995).

S. 279 Weitere Gräber auf dem Friedhof der **Dorotheenstädt. und Friedrichwerderschen Gem.**, Chausseestraße (Mitte): **Karl Mickel** († 20. 6. 2000), **Klaus Schlesinger** († 11. 5. 2001), **Hans Mayer** († 19. 5. 2001), **Thomas Brasch** († 3. 11. 2001).

S. 284/85: **Nelly Sachs**: die Häuser **Siegmunds Hof** 16 und **Lessingstraße** 5 nicht erhalten.

S. 293: **Corneliusstraße** 4a (**H. H. Ewers**) und **Klingelhöferstraße** 15 (**F. Hessel**) nicht erhalten.

S. 294: **Matthäikirchstraße** siehe S. 49.

S. 298: Keine 20 Jahre später kreiert der **Potsdamer Platz** bereits wieder seine neuen Mythen. **Cees Nooteboom** 1997: »Wenn das, was ich hier sah, kein Potemkinsches Dorf war, dann mußte es doch einfach sein, was meine Augen sahen, eine Vision künftiger Macht.« Seit 2001 gibt es unter dem futuristischen gläsernen Regenschirm des Sony-Centers wieder das **Café Josty**, und darüber ragt wie in einer Vitrine der einstige Frühstückssaal des Hotels Esplanade.

S. 300: **Fontanes** letzte Wohnung befand sich ca. 100 Meter nördlich der Staatsbibliothek (Gedenktafel **Alte Podsdamer Straße** Ecke **Eichendorffgasse**). **Link- und Lennéstraße** (**Heinrich von Treitschke** wohnte seinerzeit in Nr. 9, **S. Fischer** in Nr. 25) sind in ihrer alten Führung nicht mehr erhalten.

S. 304: **Walter Benjamins** Geburtshaus am **Magdeburger Platz** 4 nicht erhalten.

S. 312: Im August 1998 sind in der **Bernauer Straße** die **Gedenkstätte Berliner Mauer**, im November 1999 gegenüber (Bernauer Straße 111) das **Dokumentationszentrum Berliner Mauer**, ein Jahr später die »**Kapelle der Versöhnung**« auf dem ehem. Todesstreifen eingeweiht worden.

S. 314: **Heinrich** und **Julius Hart** wohnten 1882-84 in der **Fehrbelliner Straße** 7.

Seit 1995 hat die Volksbühne im »**Prater**« wieder eine Probe- und Spielstätte. Von Pankow hierher (**Knaackstraße** 97) ist die **literaturWERKstatt** gezogen. Umgezogen ist auch das

»Friseur-Museum« in der Husemannstraße nach Marzahn, ins dortige Dorfmuseum (**Alt-Marzahn** 31). Die Sammlung »**Berliner Arbeiterleben um 1900**« wurde aufgelöst.

S. 316: Die Plastik »Schützende Mutter« Ecke **Kollwitz-, Knaackstraße** mußte 1996 trotz massiver Proteste einem Neubau weichen und steht heute auf dem Gelände des Bezirksamtes.

S. 321: **Franz-Mehring-Platz:** **Rosa-Luxemburg**-Statue vor dem Haus der R.-L.-Stiftung.

S. 322: Zwischen Warschauer Straße und Ostbahnhof ließ man entlang der **Mühlenstraße** ein langes, das längste der erhaltenen Mauerstücke gleich nach der Wende stehen und von Künstlern bemalen. So entstand die »größte Freilicht-Gemäldegalerie der Welt«, die **East Side Gallery**.

S. 327: **Martin-Gropius-Bau** jetzt nur noch für große Ausstellungen.

S. 328: »Excelsior« und »Ascasnischer Hof« existieren im Bereich **Stresemannstraße** nicht mehr.

S. 331: Auf dem einstigen Werksgelände der Schultheiss-Brauerei am Südhang des Kreuzberges (**Methfesselstraße** 28-48) ist ein »Quartier für Kreative« entstanden, das **Viktoria-Quartier.**

S. 334: Das **Künstlerhaus Bethanien**, ehemals Diakonissen-Krankenhaus, wurde von Hausbesetzern vor dem Abriß gerettet und beherbergt im Hauptgebäude: Musikschule, Kunstamt, Bibliothek, Ausstellungsräume, Ateliers und Druckwerkstatt.

S. 344: Haus **Hardenbergstraße** 1 a,

wo **Bertolt Brecht** wohnte, ist nicht mehr erhalten.

S. 348: Die Villa in der **Carmerstraße** 4 ist abgerissen.

S. 354: Nach dem »**Gloria-Palast**« hat im Januar 2001 auch das »**Marmorhaus**« geschlossen.

S. 357: **Restaurant Schlichter:** Gebäude **Ansbacher Straße** 46 nicht erhalten, **Martin-Luther-Straße** 11 a (vormals Lutherstraße 33) Originalgebäude erhalten. Ebenso das Gebäude der **Jockey-Bar Schulze Keithstraße** 17 (vormals Lutherstraße 2), heute »Der Dicke Heinrich«.

S. 377: Die gesamte alte Bebauung des **Nürnberger Platzes** ist im Zweiten Weltkrieg zerstört worden.

S. 391: **Siegfried Jacobsohn** bezog Oktober 1926 »eine menschenwürdige Wohnung« **Douglasstraße** 30. Der berühmte Schauspieler Albert Bassermann hatte vorher hier gewohnt.

S. 393: Insgesamt 186 Zwangstransporte gingen vom **Bahnhof Grunewald** aus. Ein zweites Memorial, »Gleis 17«, markiert die Rampe selbst; »Güterbahnhof Grunewald« Briefgedicht von **Wolf Biermann** (1998).

Gerhart Hauptmann übersiedelte im August 1901 von der **Trabener Straße** 2 nach Schlesien.

Ingeborg Bachmann: Am Hasensprung Nr. 5 heute 2.

S. 395: **Vladimir Nabokov** wohnte seine letzten fünf (von insgesamt 15) Berliner Jahre **Nestorstraße** 22 (der »**Agamemnonstraße**« seines besten russischen Romans »Die Gabe«); von hier aus emigrierte er am 18. Januar 1937.

S. 396: **Katharinenstraße** 5 Gedenktafel für **Else Lasker-Schüler** und **Herwarth Walden**.

Franz Tumler, geb. 1912 in Gries bei Bozen, starb im Oktober 1998 in B. Grab **Landeseigener Friedhof Heerstraße, Trakehner Allee** 1 (Charlottenburg).

Oskar Loerke wohnte **Joachim-Friedrich-Straße** 34.

S. 397: Haus von **Thea von Harbou** und **Fritz Lang Hohenzollerndamm** 52 nicht erhalten.

S. 405: **Friedo Lampe**, im November 1943 im Berliner Westend (Neuer Fürstenbrunner Weg 10) ausgebombt, zog in das Haus von **Ilse Molzahn** in der Heimdallstraße 62 (heute Geschwister-Scholl-Allee) in Kleinmachnow (BR). An der Straße Heidefeld wurde er am 2. Mai 1945 von einer sowjetischen Militärpatrouille erschossen. Grab auf dem Waldfriedhof von Kleinmachnow. (Ilse Molzahn, »Dunkle Sarabande. In Memoriam Friedo Lampe«, in: Neue Deutsche Hefte 2, 1955/56).

S. 407: Die »**Neue Gemeinschaft**« löste sich bereits 1904 wieder auf, das Gemeinschaftshaus wurde in den zwanziger Jahren abgerissen.

S. 412: Ehrengrab von **Ingeborg Drewitz** im Nordteil des Friedhofs, Abt. 31.

Die aufgelöste Grabstelle von **Elisabeth Baronin von Ardenne** ist nach zahlreichen Protesten wieder hergestellt worden.

S. 415: Das Haus **Lietzenburger**

Straße (vormals) 14, in dem **Karl Zuckmayer** wohnte, ist noch erhalten und trägt heute die Nr. 96.

S. 422: Das »Eldorado«-Haus in der **Martin-Luther-Straße** nicht erhalten. Eine Filiale wurde 1930 **Motzstraße** 15 (heute 24) eröffnet. »Jockey-Bar Schulze« heute **Keithstraße** 17. Wohnhaus der Familie **Heym Martin-Luther-Straße** 5 zerstört.

S. 429: **Marlene Dietrich**, gest. 1992.

S. 448: Das »**Eierhäuschen**«, für die »Weltfestspiele« 1973 »Café der Jugend«, steht heute leer (und droht zu verfallen).

»Am kürzeren Ende der **Sonnenallee**«, dem direkt an der Mauer »nahe am proletarischen Neukölln« gelegenen DDR-Straßenstück handelt **Thomas Brussigs** gleichnamiger Roman (1999) einer Berliner Clique, die zwischen Mauerbau und Perestroika erwachsen wird.

Entlang der Rummelsburger Bucht gibt es jetzt einen vier Kilometer langen Weg mit dem schönen Namen »**Paul-und-Paula-Ufer**«, der DEFA-Kultfilm »Die Legende von Paul und Paula« (1973) – Drehbuch **Ulrich Plenzdorf** – stand Pate.

S. 453: **Gerhart Hauptmann** hat nie in Friedrichshagen gewohnt; Vorlage für das »Landhaus am See« in »Einsame Menschen« war die Villa Lassen in Erkner, aus dramaturgischen Gründen wurde die Szene nur an den **Müggelseedamm** verlegt.

Julius Hart wohnte 1904-ca. 1912 in **Wilhelmshagen** (Moltkestraße 16, heute **Eichbergstraße** 17), dann Köpenicker Straße 31 (heute **Fürstenwalder Damm** 469).

S. 462: Eine Tafel am Blumenrondell in der Mittelallee erinnert jetzt an **Julius Rodenberg.**

S. 465: Die Gedenkinschrift für **Helene** und **Max Herrmann** ist am Grab der Eltern Louis und Pauline Herrmann angebracht. **Louis Herrmann,** um 1848 nach Berlin gekommen, 1915 gestorben, lieferte mit seinen Volksstücken wie »Unser Doktor« oder »König Krause« einem ganzen Geschlecht von Komikern und Soubretten die zündkräftigsten Couplets«, so H. Knobloch.

Für **Arthur Eloesser,** für dessen Urnengrab auf dem Wilmerdorfer Waldfriedhof es kein Memorial gibt, wurde 1998 in Weißensee ein Gedenkstein errichtet.

Im Dezember 2001 wurde **Stefan Heym** hier beigesetzt.

S. 470: **Mittelstraße** 6-8 befand sich das Privatklinikum Nordend des jüdischen Arztes Wilhelm Dosquet, in dem **Carl von Ossietzky** aufgenommen wurde.

Hans Fallada: Majakowskiweg in **Rudolf-Ditzen-Weg** umbenannt (Gedenktafel an Nr. 19).

Anhang

LiteraTouren rund um Berlin

Zunächst noch auf Fontanes Spuren entlang der Grenzen von Groß-Berlin. »Der Grüne Pfad« führt von der Lohmühleninsel in Kreuzberg durch Charlottenburg zum Grunewaldturm und zum Wannsee: Pfaueninsel (»Wanderungen« III), Nikolskoe, Dreilinden (»Wanderungen« V). Über Kladow und Gatow geht es nach Spandau und von dort über Heiligensee nach Tegel (»Wanderungen« III). Über Lübars erreichen wir im Nordosten Buch und von dort, über Blankenburg, Falkenberg und Kaulsdorf, Müggelsee und Müggelberge (»Wanderungen« IV). Nach Köpenick fuhr Fontane mit dem Pferdeomnibus: (»Wanderungen« IV). »›Wo liegt Schloß Köpenick?‹ An der Spree; Wasser und Wald in Fern und Näh ...« (Als Begleitbuch empfiehlt sich außerdem die Taschenbuchausgabe von Hans Scholz’ »Betrachtungen an und in den Grenzen der deutschen Hauptstadt«: »Berlin, jetzt freue dich!«.)
Für weitere Wanderungen in der Mark sind die »Wanderungen« nach wie vor das beste Vademecum, der Reihe nach: »Die Grafschaft Ruppin«, »Das Oderland«, »Havelland«, »Spreeland« und die »Fünf Schlösser« (Quitzöwel, unterhalb Havelberg; Plaue a.H., westlich von Brandenburg; Hoppenrade, im Kreis Nauen; Liebenberg, südlich von Zehdenick; Dreilinden, das bereits wieder zu Groß-Berlin gehört). In den (1992 in 2. Aufl.) erschienenen zwei Ergänzungsbänden geht es u.a. in »Dörfer und Flecken im Lande Ruppin« und in »Das Ländchen Friesack«. (Auch hier empfiehlt

sich Hans Scholz als Wegbegleiter, diesmal mit den 10 Bänden seiner »Wanderungen und Fahrten in der Mark Brandenburg« von 1972 bis 1982.)
Weitere LiteraTour-Ziele:
Potsdam (Friedrich II., Voltaire, L. Tieck, Th. Storm, Th. Fontane, M.L. Kaschnitz, R. Schneider, B. Kellermann, E. Claudius, H. Marschwitza) – Brandenburg und Nennhausen (F. von Fouqué) – Oranienburg (E. Mühsam) – Neu-Ruppin (G. Kühns Bilderbogen, Th. Fontane) – Rheinsberg (für »Friedrich, der die Muse pflegt«, K. Tucholsky) – Neuglobsow (»Stechlin«) – Fürstenberg (H. Schliemann, R. Schickele) – Angermünde und Biesenbrow (E. Welk) – Eberswalde (I. und H.W. Seidel) – Bad Freienwalde (K. Weise, W. Rathenau) – Bernau (G. Rollenhagen) – Buckow (B. Brecht) – Erkner (G. Hauptmann) – Grünheide (G. Kaiser, E. Rowohlt) – Frankfurt a.d. Oder (Universität, E.Ch. von Kleist, H. von Kleist) – Bad Saarow-Pieskow (M. Gorki, J.R. Becher) – Cottbus (Theater, I.J. Pyra) – Branitz und Bad Muskau (H. von Pückler-Muskau) – Lübben (P. Gerhardt, E.Ch. von Houwald) – Märkisch Buchholz (F. Fühmann) – Mittenwalde (P. Gerhardt) – Trebbin (B. Krüger und sein märkischer Eulenspiegel »Hans Clauert«) – Wiepersdorf und Bärwalde (A. und B. von Arnim) – Blankensee (H. Sudermann) – Alt-Langerwiesch und Wilhelmshorst (P. Huchel, E. Köppen, E. Arendt).

Literatur (Auswahl)

Geschichte Berlins. Von der Frühgeschichte bis zur Industrialisierung; Von der Märzrevolution bis zur Gegenwart, Hrsg. W. Ribbe, 2 Bde. 1987. – Die Chronik Berlins, Hrsg. B. Harenberg, 2. Aufl. 1991. – Historische Stätten in Berlin, Hrsg. R. Schneider, 1987 (West- und Ost-B.). – Berlin. Historische Stätten, hg. vom Institut für Denkmalpflege der DDR, 1986 (nur Ost-B.). – Reise in die Geschichte. Schauplätze der Vergangenheit. Berlin, Hrsg. Ch. Gross, 2. Aufl. 1991. – Siebenhundertfünfzig Jahre Berlin. Stadt der Gegenwart. Lesebuch und Programmbuch zum Stadtjubiläum, Hrsg. U. Eckhardt, 1987. – M. Haack, Bundeshauptstadt Berlin. Politisch-historischer Stadtführer, 1995. – K. Katzur, Berlins Straßennamen, 1969. – Berliner Straßennamen. Nachschlagewerk für Friedrichshain, Hellersdorf, Hohenschönhausen, Lichtenberg, Mitte, Pankow, Prenzlauer Berg und Weißensee, Hrsg. G. Nitschke u.a., 1992. – W. Dittmann, G. von Glowczewski, F. Pauli, M. Richter, R. Stawinski, Berlin. 750 Jahre Kirchen und Klöster, 1987. – Juden in Berlin. Ein Lesebuch 1671-1945, mit Beiträgen von A. Ehmann, R. Livné-Freudenthal, M. Richarz, J.H. Schoeps, R. Wolff, 1988. – Die Mendelssohns in Berlin. Eine Familie und ihre Stadt, Ausstellungskatalog des M.-Archivs der Staatsbibliothek Preuß. Kulturbesitz Berlin, 1983. – Stätten des Widerstands in Berlin 1933-1945, hg. von der Gedenkstätte Deutscher Widerstand, o.J. – Jodock, Die Mauer entlang. Auf den Spuren der verschwundenen Grenze, 1996. – J. Berger, Berlin freiheitlich & rebellisch, o.J. W. Wohlberedt, Verzeichnis der Grabstätten bekannter und berühmter Persönlichkeiten in Großberlin, Potsdam und Umgebung, 4 Teile: 1932, 1934, 1952. – J. Seyppel, Nun o Unsterblichkeit, Wanderungen zu den Friedhöfen Berlins, 1964. – W. Finger-Hain, Das Ewige ist stille. Gräber unserer Großen in Berlin, 1965. – H. Ernst, H.

Stümbke, Wo sie ruhen ... Kleiner Führer zu den Grabstätten bekannter Berliner in West und Ost, 1986. – A. Etzold, J. Fait, P. Kirchner, H. Knobloch, Die jüdischen Friedhöfe in Berlin, 4., verbesserte und erw. Aufl. 1991. – K. Hammer, J. Nagel, Historische Friedhöfe & Grabmäler in Berlin, 1994. M. Wörner, D. Mollenschott, K.-H. Hüter, Architekturführer Berlin, 3., überarbeitete und um die östlichen Stadtbezirke erw. Aufl. 1991. – U. Kieling, Berlin. Baumeister und Bauten, 1987 (nur Ost-B.). – E. und H. Börsch-Supan, G. Kühne, H. Reelfs, Kunstführer Berlin, 1991. – St. Endlich, B. Wuclitzer, Skulpturen und Denkmäler in Berlin, 1990. D. Hildebrandt, Deutschland deine Berliner, 1973. – W.G. Oschilewski, Berühmte Deutsche in Berlin, 1965. – Berliner Begegnungen. Ausländische Künstler in Berlin 1918 bis 1933, Hrsg. K. Kändler, H. Karolewski, J. Siebert, 1987. – A. von Müller, Edelmann ... Bürger, Bauer, Bettelmann. Berlin im Mittelalter, 1979. – D. und R. Glatzer, Berliner Leben 1900-1914, 2 Bde. 1986; dies., Berliner Leben 1914-1918, 1983. – A. Lange, Berlin zur Zeit Bebels und Bismarcks, o.J.; dies., Das Wilhelminische Berlin, 1972; dies., Berlin in der Weimarer Republik, 1987. – K. Pomplun, Berlins alte Dorfkirchen, 1984; ders., Berliner Häuser. Geschichte und Geschichten, 1971; ders., Pomplun's großes Berlin-Buch, 1985. – D.H. Schubert, Berliner Köpfe. Wer lebt(e) wo?, 1992; ders., Was war wo? Historische Adressen in Berlin, 1993; Wer war Wer in der DDR. Ein biographisches Handbuch, Hrsg. B.-R. Barth, Ch. Links, H. Müller-Enbergs, J. Wielgohs, erw. und aktualisierte Ausg. 1995. Museen in Berlin. Ein Führer durch über 70 Museen und Sammlungen, 1987. – Berliner Bibliotheken. Sprach- und Literaturwissenschaften, hrsg. vom Senator für Wissenschaft und Kulturelle Angelegenheiten.

Bearbeitet von H. Schade, 1983. – Ch. Funke und D. Kranz, Theaterstadt Berlin, 1978. – P. de Mendelssohn, Zeitungsstadt Berlin, überarbeitete und erw. Ausg. 1982. Preußen / Dein Spree-Athen. Beiträge zur Literatur, Theater und Musik in Berlin, Hrsg. H. Kühn (Ausstellungskatalog »Preußen – Versuch einer Bilanz«), 1981. – G. Sichelschmidt, So schrieb Berlin, 1971. – H. Steinberg, Große Literatur in der großen Stadt Berlin, 1995. – K. Hermsdorf, Literarisches Leben in Berlin. Aufklärer und Romantiker, 1987; 1871-1933, Hrsg. P. Wruck, 2 Bde. 1987. – H. Denkler, Berliner Straßenecken-Literatur 1848/49, 1977. – »Industriegebiet der Intelligenz«. Literatur im Neuen Berliner Westen der 20er und 30er Jahre. Ausstellungskatalog, Hrsg. E. Wichner, H. Wiesner, 1990. – »Fünfuhr-Tee im Adlon«. Menschen und Hotels, Hrsg. E. Gruber, 1994. – M. Bienert, Die eingebildete Metropole. Berlin im Feuilleton der Weimarer Republik, 1992. – H. Kähler, Berlin – Asphalt und Licht. Die große Stadt in der Literatur der Weimarer Republik, 1986. – Gundel Mattenklott, Literarische Spaziergänge: Berlin – Vom Alten in den Neuen Westen, o. J. – J. Schebera, Damals im Romanischen Café ... Künstler und ihre Lokale der zwanziger Jahre, 1988. – Reise Textbuch Berlin. Ein literarischer Begleiter auf den Wegen durch die Stadt, Hrsg. B. und W. Laufenberg, 1987. – G. Holtz-Baumert, Berlin wie es im Buche steht. Literarische Spaziergänge, 1996. – LiteraturOrt Berlin, Hrsg. G. Rühle, 1994. – K. Voß, Reiseführer für Literaturfreunde. Berlin. Vom Alex bis zum Kudamm, 2. Aufl. 1980. Lexikon sozialistischer Literatur. Ihre Geschichte in Deutschland bis 1945, Hrsg. S. Barck u. a., 1994. – Geschichte der deutschen Literatur von 1945 bis zur Gegenwart, Hrsg. W. Barner, 1994. – Geschichte der Literatur der Deutschen Demokratischen Republik, hg. Autorenkollektiv unter Leitung von H. Haase, H. J. Geerdts, E. Kühne, W. Pallus, 1980. – Schriftsteller der DDR, hg. G. Albrecht, K. Böttcher, H.

Greiner-Mai, P. G. Krohn, 1974. – R. Köhler-Hausmann, Literaturbetrieb in der DDR. Schriftsteller und Literaturinstanzen, 1984. – W. Emmerich, Kleine Literaturgeschichte der DDR, 1981 (erw. Neuausg. 1996). – K. Franke, Die Literatur der Deutschen Demokratischen Republik, 1974. – Romanführer, Bd. II,1 und II,2 / 20. Jh. Der deutsche Roman bis 1949 / Romane der DDR, hrsg. Autorenkollektiv unter Leitung von W. Spiewok, 1974. – Der Romanführer. Der Inhalt der Romane und Novellen der Weltliteratur / Bd. XXV: Prosa der DDR von den Anfängen bis zu ihrem Ende 1990, Erster Teil: A-K, Zweiter Teil: L-Z, Hrsg. B. und J. Gräf, 1992. – U. Wittstock, Von der Stalinallee zum Prenzlauer Berg. Wege der DDR-Literatur 1949-1989, 1989. – Zeit läuft. Dokumentarliteratur vor und nach der Wende, Hrsg. L. Scherzer, 1990. – Die Zeit danach. Neue deutsche Literatur, Hrsg. H. Malchow, H. Winkels, 1991. – Verrat an der Kunst? Rückblicke auf die DDR-Literatur, Hrsg. K. Deiritz, H. Krauss, 1993. – Das Literaturbuch 1993/94, hrsg. Deutscher Kulturrat, 1993.
Berlin zu Fuß. 22 Stadtteilstreifzüge durch Geschichte und Gegenwart, Hrsg. A. Hallen, B. Müller, 1987; 18 Stadtteilrundgänge, Hrsg. J. Dittmann, D. Kuhlbrodt, 1992. – Durch Berlin zu Fuß. Wanderungen in Geschichte und Gegenwart, Hrsg. H. Prang, H. G. Kleinschmidt, 3. Aufl. 1990 (nur Ost-B.). – Berlin. Übern Damm und durch die Dörfer. 382 Fotografien von R. von Mangoldt, zwölf Essays von W. Höllerer, hrsg. Literarisches Colloquium Berlin, 1978. – Hauptstadt Berlin. Merian EXTRA, Sonderausg. im 44 Jg., 1991. – Ganz Berlin / West-Ost, Hrsg. A. Besteher-Hegenbart, K. Esche, 2 Bde. 1993.
U. Zelle, Unter den Linden. Gesichter und Geschichten eines Boulevards, 1991. – P. Mugay, Die Friedrichstraße. Geschichte & Geschichten, 1991. – E. Geisel, Im Scheunenviertel, 1981. – Das Scheunenviertel. Spuren eines verlorenen Berlins, hrsg. Verein Stiftung Scheunenviertel, 1994. – Friedrich Dieckmann, Wege durch Mitte. Stadt-

erfahrungen, 1995. – J. Nicolas, Vom Potsdamer Platz zur Glienicker Brücke, 1979. – K.D. Wille, Spaziergänge im Tiergarten, 1982. – H. Joop, Berliner Straßen. Beispiel: Wedding, 1987. – D. Dahn, Kunst und Kohle. Die »Szene« am Prenzlauer Berg, 2. Aufl. 1989. – A. Haeder, U. Wüst, »Prenzlauer Berg«. Besichtigung einer Legende, 1994. – K.D. Wille, Spaziergänge in Kreuzberg, 1986. – K.-H. Metzger, U. Duncker, Der Kurfürstendamm. Leben und Mythos des Boulevards in 100 Jahren deutscher Geschichte, 1986. – G. Scholtze, Charlottenburg und seine Straßen. Straßennamen im Spiegel der Zeiten, 1993. – G. Jäger, Wilmersdorfer Portraits. Spurensuche in einem Berliner Bezirk, 1991. – Orte des Erinnerns: Das Denkmal im Bayerischen Viertel – Jüdischer Alltag im Bayerischen Viertel, hrsg. Kunstamt Schöneberg u.a., 2 Bde. 1994/95. – G. Lentz, Märkische Protokolle (u.a. »Der Königsweg und Dreilinden«, »Der Teltow-Kanal«), 1992. G. Hellwig und Berolina, Vom Alex bis zum Zoo. Ein lexikalischer Berlin-Bummel, 1973. – Kleines Berlin-Lexikon, hrsg. H. Pretsch, 6., völlig veränderte Aufl. 1984. – D. Hildebrandt, Berliner Enzyklopädie. Von Alexanderplatz bis Zusammenwachsen, 1991. – Kaupert's Straßenführer durch Berlin mit Potsdam, Ausg. 1997. Berlin. Eine Bibliographie, hrsg. Buchhandlung Elwert und Meurer, 1984; Berlin-Bibliographie. Bis 1960, 1965; Nachtrag 1961-1966, 1973; 2. Nachtrag 1967-1977, 1984; 3. Nachtrag 1978-1983/84, 1987. – H. Hübner, Das Gedächtnis der Stadt. Gedenktafeln in Berlin, 1997.

Register der Straßen, Plätze und öffentlichen Gebäude, Parks und Friedhöfe

Autoren

Bildnachweis

Akademie der Künste, Berlin: Seite 173, 363, 381, 391, 448
Archiv für Kunst und Geschichte, Berlin: 37, 132
Sibylle Bergemann/Ostkreuz: 138
Berlinische Galerie: 355
Bildarchiv Preußischer Kulturbesitz, Berlin: 26, 27, 32, 33, 136, 165, 248, 321, 367, 473
Centrum Judaicum, Berlin: 256
Deutsches Literaturarchiv, Marbach: 52, 73, 82, 86, 152, 153, 394
Peter W. Engelmeier, München: 419
Joachim Fait, Berlin: 176, 464
Theodor Fontane-Archiv, Potsdam: 407
Freies Deutsches Hochstift/Frankfurter Goethe-Museum: 42
Stefan George-Archiv/Württembergische Landesbibliothek, Stuttgart: 397
Goethe-Museum, Düsseldorf: 36, 37
Hamburger Kunsthalle: 140
Christiane Hartmann-Ohff, Berlin: 336
Jewish National and University Library, Jerusalem: 67
Eva Kemlein, Berlin: 224
Landesbildstelle, Berlin: 38, 137, 169, 191, 234, 320, 373, 380, 386, 411, 425, 436, 437, 445
Renate von Mangoldt, Berlin: 179, 408, 446
Roger Melis, Berlin: 119, 220
Münchner Stadtbibliothek/Monacensia: 147
Gabi Oberhauser, Sankt Ingbert: 90, 108, 216, 259, 288, 295, 305, 308, 316, 425, 432
Tullio Pericoli, Mailand: 4
Toni Richter, München: 193
Ulrich Ritter, Berlin: 450
Jutta Rosenkranz, Berlin: 45, 97, 114, 237, 384, 469
Sebastian Schleicher, Berlin: 361
Staatsbibliothek, Bamberg: 271
Cornelius Steckner, Köln: 123
Süddeutscher Verlag, München: 351
Tucholsky-Archiv, Rottach-Egern: 282
Ullstein Bilderdienst, Berlin: 50, 58, 99, 113, 174, 182, 330, 442
Universität Oldenburg: 470
Wolfgang Volz/Bilderberg, Hamburg: 287
Umschlagfoto: ZEFA/Svenja-Foto

Die hier nicht aufgeführten Abbildungen stammen aus dem Archiv des Autors.

© VG Bild-Kunst, Bonn 1997 für die Wiedergabe der Werke von George Grosz
© Galerie Alvensleben, München 1997 für die Wiedergabe der Werke von Rudolf
  Schlichter